漳浦年鉴

（2018）

漳 浦 县 人 民 政 府 主办
漳浦县地方志编纂委员会 承编

方志出版社
Publishing House of Local Records

图书在版编目(CIP)数据

漳浦年鉴. 2018 / 漳浦县地方志编纂委员会编. —
北京:方志出版社,2018.11
ISBN 978-7-5144-3410-1

Ⅰ. ①漳… Ⅱ. ①漳… Ⅲ. ①漳浦县—2018—年鉴
Ⅳ. ①Z525.74

中国版本图书馆 CIP 数据核字(2018)第 261191 号

漳浦年鉴 (2018)

编　　者: 漳浦县地方志编纂委员会
责任编辑: 黄　彦

出 版 人: 冀祥德
出 版 者: 方志出版社
地址　北京市朝阳区潘家园东里 9 号(国家方志馆 4 层)
邮编　100021
网址　http//www.fzph.org
发　　行: 方志出版社图书经销中心
电话 (010) 67110500
经　　销: 各地新华书店
印　　刷: 漳浦县金浦新闻发展有限公司

开　　本: 889×1194　1/16
印　　张: 25
字　　数: 577 千
版　　次: 2018 年 11 月第 1 版　2018 年 11 月第 1 次印刷
印　　数: 001～700 册

ISBN 978-7-5144-3410-1　　**定价:** 180.00 元

《漳浦年鉴》编纂委员会

名誉主任：戴平忠

主　　任：黄庆华

副 主 任：魏建真

委　　员：王永盛　陈志元　赵惠娇　杨和来

陈世杰　陈衍龙　王永华

《漳浦年鉴》编辑室

主　　编：赵惠娇

执行副主编：姚鸣声

副 主 编：陈淑惠

编　　辑：赵惠娇　姚鸣声　许建生　林雪芬

编辑说明

一、《漳浦年鉴(2018)》以马克思列宁主义、毛泽东思想、邓小平理论、“三个代表”重要思想、科学发展观、习近平新时代中国特色社会主义思想为指导,坚持辩证唯物主义和历史唯物主义的立场、观点和方法以及实事求是的原则,力求全面、客观地记载2017年漳浦县自然、政治、社会、经济、生态环境、文化发展等方面的基本情况,反映各行各业一年中的新成就、新事物、新经验、新问题、新趋势,体现时代特征、地方特色和年度特点。

二、《漳浦年鉴(2018)》采用条目体结构编辑,主体部分由类目、分目、条目组成,个别层次较多的在分目之下增设二级分目类。一般按行业或归口管理部门编排,类目下的分目除少数特殊行业外,一般按县辖一级单位编排。

三、《漳浦年鉴(2018)》采用规范化的语体文记述,力求言简意赅,通俗易懂。书中单位名称首次出现用全称,再次出现用简称。计量单位以国际法定计量单位为准。采用的资料和数据,除大事记外,其余均由全县各级机关、人民团体、企事业单位提供。

《漳浦年鉴》编辑室

漳浦县地图
图 例
县级行政中心
乡、镇
村委会 社区居委会
自然村 工区
农林场
县级行政区域界
乡、镇行政区域界
高速公路
在建高速公路
出入口 枢纽
铁路及车站
在建铁路
G324 国道及编号
在建国道
S219 省道及编号
县道
一般道路
主要堤坝
山峰
河流
水库
盐田
审图号：闽S〔2018〕141号
比例尺：1:370 000
福建省制图院 编制
资料截至2017年12月
注：本图界线为权宜画法，不作划界依据。
漳浦县
绥安镇
旧镇镇
佛昙镇
赤湖镇
深土镇
霞美镇
杜浔镇
沙西镇
古雷镇
六鳌镇
大南坂镇
盘陀镇
石榴镇
长桥镇
官浔镇
马坪镇
前亭镇
赤土
南浦
湖西畲族乡
赤岭畲族乡
龙海市
平和县
云霄县
东山县
东山县
海澄镇
程溪镇
东泗
白水镇
港尾镇
东园镇
浮宫镇
列屿镇
陈岱镇
铜陵镇
康美镇
樟塘镇
西埔镇
五寨
台湾海峡
浮头湾
旧镇港
将军湾
东山湾
后港（金銮湾）
菜屿列岛
古雷港区
古雷港
漳浦
赵家堡
云霄
漳州招银港
港尾枢纽
海澄分叉
漳州港
S1525漳州南连接线
S1591招银疏港
G15沈海
G324
G228
S219
S50漳武
S59东山连接线

2 月 14 日，国家电子商务进农村综合示范县绩效评价组到漳浦县开展示范县创建工作绩效评价工作。

（阮雪铮/摄）

2 月 23 日，国家旅游局副局长王晓峰（左五）带领调研组一行到漳浦县开展调研活动。

（蔡宇琼/摄）

12 月 7 日，国家信访局副局长范小毛（左三）带领调研组一行到漳浦县开展工作调研。

（陈丽萍/摄）

6 月 16 日，海峡两岸关系协会会长陈德铭（右一）到漳浦县看望在此投资兴业的台商（前亭镇　供图）

5 月 10 日，台湾 31 家媒体“清新福建（茶路寻源）行”一行到漳浦县进行为期两天的采访活动（洪锦城/摄）

5月22日，县委书记戴平忠（前排左三）在港城大道施工现场调研项目建设
（洪锦城/摄）

8月18日，县长黄庆华（左一）调研水环境综合治理（蔡张杰/摄）

12月31日，新当选的漳浦县国家工作人员在县十七届人大二次会议上进行宪法宣誓
（杨志林/摄）

9 月 23 日,漳浦县举行“喜迎十九大——百亿投资百个项目”集中奠基开工·竣工投产仪式(许秋生/摄)

7 月 6 日，位于绥安工业区盈丰食品有限公司闽南地区已投产的最大屋顶分布式光伏电站并网发电(高源/摄)

6 月 24 日，漳浦县在深圳举行“福建漳浦（深圳）投资推介会”

（林奕颖/摄）

位于绥安工业区的致易生产车间一瞥

（绥安工业区　供图/摄于 8 月）

1 月 31 日，漳浦县畲族文化研究会成立（蓝智伟/摄）

9 月 28 日，漳浦县在第六批全国重点文物保护单位，位于县城区的文庙举行孔子文化节（严峥/摄）

10月25日，漳浦县举行首届十佳文明家庭表彰大会(蔡张杰/摄)

《漳浦年鉴(2006)》获全国县(区)级年鉴特等奖。图为漳浦县方志委主任赵惠娇在9月28日全省会上作经验介绍

(林忠玉/摄)

5月20日，漳浦县在革命老区山城村“雷公会”旧址举行“红色记忆”漳浦县纪念漳浦苏区暨红三团创建85周年诗词吟诵会(蔡松君/摄)

目　录

社会团体

漳浦县老区建设促进会

漳浦县科学技术协会

漳浦县计划生育协会

漳浦县社会科学界联合会

漳浦县企业与企业家联合会

漳浦县红十字会

法　治

法治政府建设

公安

检察

农机推广与服务

畜牧业

工业 园区

工业经济

信息化建设

电力工业

二轻联社

绥安工业开发区

漳浦台湾农民创业园

商务 贸易

商业贸易

供销贸易

先进单位

文　献

附　录

县情概览

·自然理地·

【地理位置】

漳浦县位于福建省南部沿海，漳州市东南部，介于北纬23° 36′—24° 21′，东经 117° 24′—118° 01′。东及东南濒台湾海峡，南偏西与东山县隔海相望，西南与云霄县相连，西及西北与平和县毗邻，北及东北与龙海市接壤。全境东西最宽距离 62.80 千米，南北最宽距离 71 千米。县域总面积 1981 平方千米（航拍 2135.33 平方千米，其中陆地 2008.61 平方千米，占 93.58%；水域 137.72 平方千米，占 6.42%）。海岸线长 216 千米（航拍 267 千米），居全省第二位；突出部形成整美、六鳌、古雷 3 个半岛，凹岸形成东山（古雷）湾、浮头湾、将军澳、佛昙湾、后蔡湾等垵澳。

【地形地貌】

县境属博平岭山脉的延伸，在鹿溪上游河谷分野，分为梁山山脉和石屏山脉，派分出灶山山脉。梁山山脉绵亘于县境西南 150 多千米，西半部是漳浦与云霄两县的界山，东半部为县境中部盆地与南区沿海的分水岭南。梁山山脉多山峰，有“梁山九十九峰”之说，主要有：洞仔尖、雀目山、狮石尖、金刚山、莲花峰等。石屏山山脉绵亘于县境西北部，其极顶海拔 1006 米，是漳浦县境内的最高峰；石屏山山脉崇高险峻，海拔 800 米以上的山峰有 7 座，900 米以上的有 5 座，主要有：石屏峰、玳瑁山、五牙山、摩顶山、海云山等。灶山山脉是石屏山支脉溪坂五牙山—长桥横内山从县境中部腹地向沿海的延伸，山脉的南北两侧形成赤土、湖西两个盆地。主要山脉有：胶丢尾山、乌龟山、朝天马山、灶山、南峰等。县域地势由西北向东南倾斜，各山脉之间为大小不同的平原、盆地，其间夹有许多丘陵。

【水文】

境内主要溪流有鹿溪、南溪、浯江溪、赤湖溪、佛昙溪、杜浔溪，六条溪流各成水系，主河道总长 204.88 千米，流域面积 1460.40 平方千米。河网（含 13 条一级支流）密度 0.19 千米／平方千米，年平均径流量 13.88 亿立方米，年排涝量 16.83 亿立方米，年最大排涝量 23.33 亿立方米。鹿溪是境内最长的溪，源自平和侯门，入县域后，纳盘龙溪、胜利溪、东山溪、盘陀溪、马坑溪、查岭溪、罗山溪、万安溪、后井溪，至旧镇城内村入东海，主河道 57 千米，境内长 43.90 千米，流域面积 631.90 平方千米，年均径流量 5.95 亿立方米，平均流量 15.33 立方米／秒。境内有西湖、鉴湖两个淡水湖，水域面积 5.55 平方千米。全县有水库 89 座，其中中型八座，小（一）型 20 座，小（二）型 61 座，总库容 25154.70 万立方米，集雨面积 362.02 平方千米。水库年可供水 2.30 亿立方米，有效灌溉面积 133 平方千米。

【气候】

漳浦县属南亚热带海洋性季风气候。雨量充沛、冬无严寒、夏无酷暑、冬季短、春、夏、秋长。多年平均气温 21.3℃，1 月平均气温 13.6℃，极端最低气温 -0.3℃（2016 年 1 月 25 日）；7 月平均气温 28.4℃，极端最高气温38.7℃（2002 年 7 月 4 日）。最高月平均气温29.7℃(2003年7月);最低月平均气温11.5℃(1986年2月)。平均气温年较差15.4℃,平均气温日较差8.1℃。年平均霜日3.9天,无霜期353天、最长365天、最短349天,沿海村及半岛、海岛全年无霜。年平均日照时数1825.40小时,年总辐射132.76千卡/平方厘米。5℃以上持续期365天。年均降水量1690.30毫米。内山区1700毫米—1800毫米,半岛及沿海900毫米—1200毫米;年平均降雨日数125天,最多达200天(1984年),最少123天(2009年)。极端年最大降雨量2557.20毫米(2006年),极端年最少降雨量1043.30毫米(1988年),降雨集中在每年3月至9月,6月为最多。年平均相对湿度77%,年平均蒸发量1782.60毫米,年平均雾日8天。常年平均风速2.1米/秒,夏季以东南风、南风为主,冬季以西北风、东北风为主。

2017年,全年气候概况:年平均气温21.8℃,比历年平均偏高0.5℃,属偏高。年≥35℃高温日数19天。年极端最高气温37.6℃,出现在9月27日,年极端最低气温4.5℃,出现在2月12日。10月21日出现“23型”、11月18日出现“20型”寒露风。无倒春寒和“五月寒”天气。9月、10月最高气温创历史同期新高。年降雨量1401.40毫米,比历年平均偏少203.50毫米约13%,属正常偏少。全年降雨日数143天,>=0.1的日数106天。年日照时数1899小时,比历年平均偏多80.50小时,属正常。年日照百分率43%。春播期旬平均气温16.1℃,比历年平均低0.1℃,总雨量167.80毫米,比历年平均偏少25毫米13%,降水主要集中在2月下旬,进入3月之后降水持续偏少。总日照时数165.70小时,比历年偏多14.50小时约10%。汛期(4—9月)总降水量1121.80毫米,与历年同期偏少129.90毫米10%,其中前汛期(梅雨季4—6月)降水量620.50毫米,比历年平均偏少32.10毫米约5%,后汛期(台风季7-9月)降水量501.30毫米,比历年同期偏少97.80毫米16%。台风季有5次台风影响漳浦县,影响程度较轻,降水量501.30毫米,比历年同期偏少97.80毫米16%。是年,漳浦县平均温度比历年平均偏高,降水偏少,日照偏多,台风影响偏少,出现夏秋旱天气,气候年景较差。

【矿藏】

境内已探明矿产有23种,其中金属矿有铁矿、铅锌矿、铝土矿、钨锡矿等六种。铝土矿储量81.90万吨(已开采36.235万吨),钨矿储量602吨、锡矿112吨。非金属矿有砂矿、花岗岩、玄武岩、辉绿岩、高岭土、陶瓷土、硅藻土、石英等。其中玻璃砂储量两亿吨以上,铸型用砂1.27亿吨,水泥用标准砂94.69万吨,硅藻土储量198.7万吨,高岭土储量500万吨,饰面用花岗岩2.15亿立方米以上,饰面用辉绿岩500万立方米,陶瓷土101.90万吨,建筑用花岗岩资源达5亿立方米以上。地下淡水常年储量2.60亿立方米,每年利用0.80亿立方米;地下热水有石榴象牙、东山村温泉,盘陀雀埔温泉,沙西院前,土楼埔头温泉,均已局部开发建温泉浴室;另有旧镇狮头海水温泉,一个钻孔自喷涌水量1000吨/日以上,孔口水温52℃。

·人文地理·

【建置沿革】

漳浦县秦前属七闽地。秦并入版图属闽中郡。汉部分属东治县,部分属南海郡。晋义熙九年(413年)置绥安县,属义安郡。隋大业三年(607年),并入建安郡的龙溪县。唐武德元年(618年),属领南道建州龙溪县。唐武德五年(622年),属江南道丰州龙溪县。唐贞观元年(627年),属岭南道泉州龙溪县。唐垂拱二年(686年),置岭南道漳州,漳浦属漳州。五代后梁开平三年(909年),属闽王国漳州。南唐保大四年(946年),改漳州为南州,属南州。宋乾德四年(966年),复南州为漳州,属漳州。元至元十六年(1279年),改漳州为漳州路,属福州行中书省漳州路。明洪武元年(1368年),改漳州路为漳州府,属漳州府。清时,均属漳州府。民国元年(1912年),属福建省漳州府。民国二年(1913年),废除府州制度,福建设东、西、南、北四路，属南路。民国三年(1914年)，改设闽海、厦门、汀漳、建安四道，属汀漳道。民国二十三年(1934年)，全省设10个行政督察区，属第六行政督察区。民国二十四年(1935年)，全省设七个行政督察区，属第五行政督察区。

1949年9月，漳浦县解放，属福建省第六行政专区。1950年4月，第六行政专区改称漳州行政督察区，属漳州行政督察区；是年8月，漳州行政督察区改为龙溪地区，属龙溪地区。1955年3月，龙溪地区改为龙溪专区，属龙溪专区。1985年6月，龙溪专区改称漳州市，属漳州市至今。

【政区划分】

宋乾德四年(966年)，漳浦县城区设坊，城区外设乡。元至元十六年(1279年)，县域设一坊三乡。明洪武元年(1368年)，县域设坊、都、图，有一坊13都76图。清初，县域设坊、都、保，有一坊九都175保；嘉庆三年(1798年)，县域有一坊九都135保。民国二十三年(1934年)，推行保甲制度，县域设306保，编为50个联保。民国二十九年(1940年)，联保改为乡镇，编为30个乡镇301保。

1949年9月，漳浦县解放，设立7个区，后增设至十二个区，分辖6个镇，135个乡。1958年9月后，撤销区(乡镇)建制，成立10个人民公社；之后，分设为26个人民公社，再合并为17个人民公社。1984年9月后，人民公社改为乡(镇)，原生产大队改为行政村(建制村)，全县共有3个镇，18个乡。1988年5月起，漳浦县陆续撤乡改镇。至2017年，全县有绥安、旧镇、霞美、杜浔、沙西、古雷、六鳌、深土、赤湖、佛昙、前亭、马坪、官浔、长桥、石榴、盘陀、大南坂17个镇，南浦、赤土2个乡，湖西畲族乡、赤岭畲族乡2个少数民族乡，共21个乡镇。

【人口】

2017年，登记出生25266人，出生率21.01‰，政策符合率93.85%，出生人口中，男13363人，女11903人，出生人口性别比112.27。至年末，全县总户数237568户，总人口930429人，其中：城镇人口360276人，乡村人口570153人；男478472人，女451957人；0～15岁196493人，0～17岁214550人，18～34岁223748人，35～59岁351918人，60岁以上140213人。是年，登记死亡6179人、迁入5164人(省内迁入3644人，省外迁入1520人)、迁出人(迁往省内6098人，迁往省外824人)。登记流动人口33812人，其中务工25754人，务农600人，经商421人，其他7037人。

【名胜古迹】

赵家堡 位于湖西畲族乡，系宋朝皇室后裔闽冲郡王赵若和的第九世孙、进士赵范于明万历二十八年(1600年)始建；第十世孙赵义续建而成的一座仿宋朝建筑建造的城堡。城内主要建筑有完璧楼、府第、汴派桥等及宋、明著名书法家的刻石、石碑十几处。全城规模恢宏，建筑类型丰富，历史文化内涵浓厚。2001年6月，列入第五批全国重点文物保护单位。

诒安堡 位于湖西畲族乡，始建于清康熙二十六年(1687年)。系清平台谋士，曾任广西按察使、湖南布政使和太常寺卿的黄性震为家族抵御寇患，捐资兴建的一座全国罕见、至今保存最完好的清代典型闽南民居城堡。诒安堡平面为锁形，城墙周长1200米；城内现有95座民居，布局有序，巷道分明。2001年6月，列入第五批全国重点文物保护单位。

威惠庙 位于绥安镇西郊，始建于唐开元四年(716年)，是诏立敕建奉祀“开漳圣王”陈元光及其主要将领的庙宇，是漳台两地开漳圣王庙的祖庙。历代均有修护，至清末民初庙宇建筑大部毁坏。20世纪90年代开始重修，建成庙宇主体前、中、后三大殿及2座石牌坊，主体建筑面积1500平方米。

明诚堂 位于绥安镇东郊，系明代大儒黄道周故居，为省级重点文物单位。建于明万历三十七年(1609年)，黄道周居此施教，初称为“东皋书舍”；明崇祯十七年(1644年)明灭后，黄道周把东皋书舍扩建成四合院，改称为“明诚堂”，以表爱国之志。1961年辟为纪念馆。馆中存有黄道周制作的用于释天论地、研究和讲授易学数理的仪器“天地盘”,其中的奥秘至今无人能破解。

乌石天后宫　位于旧镇镇乌石山麓，系在紫薇书院基础上，于20世纪90年代修建,供奉明嘉靖漳浦探花林士章于万历九年(1581年)致仕归家乡漳浦时,特地从莆田湄洲妈祖庙迎回故乡奉祀的湄洲妈祖庙开基金身雕像的寺庙。天后宫与紫薇寺交相辉映,景区内有唐建的谢安庙以及明嘉靖至万历年间,9名进士、7名举人在此修学成才的紫薇洞等文物古迹。

【旅游景点】

漳州滨海火山国家地质公园　位于前亭镇,景区规划开发建设面积4平方千米。主要地质遗迹有:柱状玄武岩、古火山口、火山喷气口群玄武岩西瓜皮构造等4种。2001年3月,经国土资源部批准，成为全国首批11个国家地质公园之一。2004年10月正式开园,2007年被国家旅游局评为国家AAAA级旅游景区。是全国目前唯一规模最大、保存最完整、特色最突出的滨海火山地质遗迹，属世界罕见,被省政府列入福建十大旅游品牌。2005年,被《中国国家地理》杂志评选为“中国最美的十个海岛”之一。

天福茶博物院　位于盘陀镇，景区面积53336平方米，2000年1月创建,2002年1月建成开院。2003年被国家旅游局评为国家AAAA级旅游区。2005年被授予首批全国农业旅游示范点。是目前世界最大的茶博物院。设有主展馆、中国茶道教室、日本茶道馆、韩国茶道馆和书画馆五大馆区。景区内有薪火相传、茗风石刻、明湖垂影、茂林修竹、唐山瀑布、武人茶苑、兰亭曲水、天宫赐福等八大景观。整个茶博物院布局精巧,立意独具匠心,环境舒心高雅,文化氛围浓厚,是一处善缔茶缘,感受茶情、传播茶文化、以及休闲养性的高品位旅游区。

东南花都　位于官浔镇马口,距漳浦县城36千米,景区面积5.20平方千米。是“海峡两岸(福建·漳州)花卉博览会”的举办地。2005年被国家旅游局评为国家AAAA级旅游区,2006年被评为全国农业旅游示范点。是海峡两岸农业科技与经贸合作示范基地,闽台风俗文化互动的舞台。至2017年，已连续举办19届“海峡两岸(福建·漳州)花卉博览会”。以花为媒,成为海峡两岸文化、旅游和经贸活动的载体和合作双赢、共谋发展的平台。景区依山傍水,群花锦簇,生机盎然,四季花香横溢。景区设有“六园六馆一市一庄一个俱乐部”。有50多家外资企业在此投资种植世界名贵的花卉品种。是一个集花展会务、休闲度假、生态观光、户外拓展训练的多功能综合生态旅游区。

·经济社会发展综述·

【概述】

2017年,漳浦县基本完成县十七届人大一次会议确定的目标任务,全年实现地区生产总值329.50亿元、同比增长8.60%,固定资产投资312亿元、同比增长22.20%,规模工业总产值463亿元、同比增长9.90%,规模工业增加值130亿元、同比增长9.60%，一般公共预算总收入23.10亿元、同比增长16%,地方一般公共预算收入15.50亿元、同比增长14.50%,社会消费品零售总额113.60亿元、同比增长12%，实际利用外资1.03亿美元,出口总值39.80亿元、同比增长14%，城镇居民人均可支配收入33786元、同比增长10.10%,农村居民人均可支配收入18056元、同比增长9.20%。2017年，漳浦县被国家发改委、住建部确定为福建省唯一的“全国重大市政工程领域PPP创新工作重点城市”；被农业部列入首批国家农村产业融合发展示范园创建名单;被国家质检总局列为国家级出口食品质量安全示范区;由漳浦县人民政府主办的《漳浦年鉴(2016)》在第四届全国地方志优秀成果（年鉴类）质量评审中,被评为“特等奖”。是年,漳浦县连续每届被福建省委、省政府、省军区授予“双拥模范县”;还被评为2016年度福建省计划生育工作先进县；县海峡花卉集散中心园区列入省级现代服务业集聚区；漳浦海峡花木小镇列入省级特色小镇。

【工业发展步伐加快】

2017年，漳浦县完成工业投资115亿元、同比增长47.40%。园区布局优化提升。绥安工业区基础设施全面升级；万安工业园“五纵八横”道路建设全面铺开；赤湖工业园首批11家皮革企业全部投产，实现产值超30亿元。项目建设力度加大。持续“拔钉清障”，解决34个项目落地难题，联创光电、绿泉食品等27个项目开工建设，中电光伏、致易电子、敏捷动漫等21个项目竣工投产；净增规模企业11家、高新技术企业4家。招商引资氛围浓厚。开展外出招商220场次，促成签约项目96个、总投资231.90亿元，落地项目36个、总投资64.10亿元。企业帮扶成效显著。开展“追问题、解难题、促发展”活动，补办企业不动产证68家，盈丰、格联特、同溢堂、车城汽配等多家企业实现产值、税收双增长。

【现代农业提质增效】

2017年，漳浦县实现农业总产值66.50亿元、同比增长3.50%。载体建设再创佳绩。石榴田园综合体完成投资1亿元，引进扬基铁皮石斛、康华芦荟等7个特色项目；赤土立体现代农业核心示范园建成光伏农业大棚60万平方米；海峡花卉集散中心入驻花木企业152家，实现交易额30亿元。基础配套不断完善。投入3.40亿元，建成一批水利、渔港和农业综合开发建设项目，虎头山一级渔港投入使用，建成3335多公顷高标准农田。特色品牌逐步打响。新增农业龙头企业21家、国家地理标志产品1个、省级名牌4个、省级示范家庭农场6家，基本形成六鳌地瓜、佛昙河鲀等“一地一品、一地多品”的特色产业格局。

【第三产业活力增强】

2017年，漳浦县实现第三产业增加值154.30亿元、同比增长12%。全年接待旅游总人数突破435万人次，实现旅游收入44.80亿元，同比分别增长22.10%、31.70%。龙美湾旅游区开工建设，古雷欢乐岛入选全国优选旅游项目和国家AAA级景区，六鳌被评为省级乡村旅游休闲集镇，佛昙轧内跻身全省二十佳旅游特色村。长德商贸城、漳浦创客空间投入使用，香江物流园、四通创业港加快建设，大南坂汽车4S产业园初具雏形。电商服务中心和互联网经济产业园正式运营，建成201个村级服务站，实现电子商务交易额25亿元、同比增长22.70%，国家电子商务进农村综合示范县通过考核验收。

【宜居水平持续提升】

2017年，漳浦县实施城建项目119个，完成投资45亿元。启动创建国家卫生县城，打通“断头路”取得实质性进展。鹿溪两岸征迁同步推进，龙湖公园、蓝理路、滨江大道等市政项目开工建设。中心市场改造提升，青年农贸市场建成投用，标志标线、夜景工程、绿化美化全面升级，城市颜值显著提高。佛昙商贸城一期建成，深土碧水丹山、盘陀鹿水新城等城镇综合体加快建设。初步建成南浦大坪、佛昙人坪等一批新的美丽乡村。海峡花木小镇入围第二批省级特色小镇。佛昙湾、旧镇湾跨海特大桥建成通车，国道外甩、沈海高速万安互通口等项目前期进展顺利，漳浦汽车客运站主体竣工，新建农村水泥路120千米。强化“两违”治理，完成拆违58.90万平方米。完成造林绿化1067公顷。关闭拆除养猪场2449家，重点流域水环境治理和面源污染专项整治取得明显成效。

【社会事业齐头并进】

2017年，漳浦县全年民生投入43.60亿元，占财政总支出85.50%。脱贫攻坚全面发力，落实产业扶贫项目19个、造福工程扶贫搬迁195户820人，实施异地商会挂钩帮扶和“百企挂百村”工程，全县4219户12390人和5个贫困村全部脱贫脱帽。基本建成绥安中学科学楼和佛昙第二中心幼儿园、万安中心幼儿园等一批中小学幼儿园项目，新招聘教师200人，推出首批人才公寓29套；武庙重建，文庙、旧县衙和锦江楼修复相继完成，举办首届孔子文化节；新招卫技人员257人，县疾控中心、赤岭、六鳌、官浔等5个卫生项目有序推进。新建停车场4个、停车位245个。全县城乡居民养老保险参保率超过95%，11189个低保对象实现应保尽保，发放农村低保金和高龄补贴3990万元。古雷新港城17个社区居委会挂牌试运行。开展维稳"八大专项行动"，省禁毒重点关注县和道安综合整治重点县均已脱帽，食品药品监管得到加强，顺利通过国务院安全生产巡查和中央、省委省政府环保督察，社会保持安定稳定。

【漳浦特色美食】

凤胎螺蚌汤

※主料：童鸡1只约1250克

※配料：海螺肉120克、海蚌肉100克、水发干贝25克、大白菜芯250克、洋参8克、鲜人参1条、姜葱汁25克

※调料：精盐15克、味精8克、料酒10克、纯净水900克

※制作方法：

1、将鸡宰杀退净细毛，斩去五尖，不得开腹取内脏，要求整鸡去骨，不可搓破鸡皮，肛门通洗干净

2、另将海螺肉、海蚌肉、水发干贝分别切小丁，大白菜芯改刀，然后同洋参装入鸡腹内，用鸡颈皮扎紧成布袋状，氽水洗净置于汤碗内，调和滋味及人参，上笼蒸60分钟熟透即成

※特点：味道鲜醇、汤清黄油亮闪、肉质软烂滑嫩，有安神益智、养胃滋阴之功效

※营养成分：蛋白质190.6克、脂肪79克、能量1566千卡、钙1168毫克、铁50毫克、锌18毫克、维生素A683毫克、维素生E9毫克、维生素B10.6毫克、维生素B21.16毫克、维生素C108毫克

(2004年10月，被中国烹饪协会认定为"中国名菜")

漳浦美食协会供稿

【漳浦特色美食】

百花锅贴鱼

※主料：净大鱼肉250克、净虾仁200克

※配料：肥膘肉200克、蟹黄15克、鸡蛋清1粒、荸荠米8克、姜末6克、葱白末5克、香菜叶8克

※调料：精盐6克、味精5克、料酒5克、胡椒粉4克、生粉12克、食用油40克

※制作方法：

1、将虾仁加入精盐用刀捶打成有弹性的泥胶状，加入肥膘肉末、味精、鸡蛋清、荸荠米、姜末、葱白末拌均后调料成胶团状

2、将大鱼肉、肥膘肉分别切成6.5厘米X4厘米长方厚片，拍生粉制成锅贴鱼生坯，底层是肥膘肉，中层夹虾胶团摊平，上层是鱼肉片，抹上蛋清点缀香菜和蟹黄；每块锅贴鱼生坯投入平锅，中火煎至肥膘肉金黄，虾胶熟透，鱼片成熟即可点缀上桌食用

※特点：成品质地脆嫩富有弹性、外观艳丽白里透红、香气扑鼻、回味可口

※营养成分：蛋白质73克、脂肪24克、能量2434千卡、钙171毫克、铁8.6毫克、锌8.8毫克、维生素A151毫克、维素生E14.5毫克、维生素B10.3毫克、维生素B20.55毫克、维生素C0毫克

(2004年10月，被中国烹饪协会认定为"中国名菜")

漳浦美食协会供稿

专　记

问渠哪得清如许

——漳浦县实施脱贫攻坚战纪实

2017年12月，漳浦县脱贫攻坚传出捷报，自2016年起，经过2年的持续努力，在全县各方力量的助力下，至当月，漳浦县建档立卡贫困人口4412户12648人全部完成脱贫退出，其中脱贫3941户11193人，稳定脱贫（不再享受政策）471户1455人；石榴镇龙岭村，南浦乡美林村、中西村，湖西乡后洞村，赤岭乡土塔村等5个贫困村也实现脱贫摘帽。按照漳州市委、市政府的决策部署，漳浦县脱贫攻坚任务如期保质保量完成。

夯实脱贫基础

产业扶贫项目有效推进　2016年，全县各乡镇场在财力有限的情况下，多方筹措资金支持贫困户家庭发展生产，各乡镇本级财政资金投入产业扶贫的资金600多万元。2017年，全县创建产业扶贫项目21个，重点培育石榴现代观光休闲农业、湖西优质蔬菜生产营销示范项目、前亭镇骆驼牛专业养殖示范项目3个优质项目。累计投入资金1.30亿元，完成土地整理200公顷，建设农田机耕路38千米，建设进水排水渠道65千米，种植优质蔬菜1000公顷，优质水果1066.67公顷，养殖优质肉牛1500头，产业扶贫项目带动贫困户900多户，贫困户户均增收1万元以上。

造福工程扶贫搬迁项目全面完成　2016年以来，全县解决1202户4185人建档立卡贫困户住房安全保障问题。同时，6户易地搬迁已全部竣工入住。六鳌新厝村集中安置点建设92幢，投入资金3500多万元，其中通过民生银行融资300万元；完成湖西乡赵家城村、南浦乡后坑村东湖新村配套项目；石榴镇龙岭村省级50户集中安置点投入资金90多万元，已完成主干道改建，完成排水排污管道建设。扶贫搬迁补助资金291.70万元已全部在2017年年底前打卡到户。

扶贫小额信贷项目稳步开展　截至2017年12月31日，累计完成发放小额信贷1000户3300多万元，贴息补助189万元，覆盖面占贫困户的22.27%，发放量在漳州市排名第三，有力地支持贫困户发展产业增收项目。

扶贫长效机制创新项目增收明显　整合资金500万元，投资建设赤土乡光伏发电＋现代休闲农业模式的绿领农业科技项目；至2017年，项目已投入资金1000万元，完成种植辣木20公顷，长条桑葚20公顷，优质菠萝20公顷，优质蔬菜13.33公顷，室内盆景6.67公顷。结合光伏发电站，建设现代休闲观光农业，年实现增收60万元以上。整合村级扶贫资金250万元，在5个贫困村创建优质增收项目，确保每个贫困村年村财经营收入或投资固定收益收入12万元以上。整合扶贫资金150万元以上，创建贫困户21个增收示范点，参与项目的贫困户每户年均增收近2万元。

开展挂钩帮扶

明确龙岭村、中西村、美林村、土塔村、后洞村等5个重点贫困村分别由县主要领导挂钩。县直78个单位和部门挂钩21个乡镇和10个农林茶盐场，县直挂钩部门累计投入资金400多万元。县乡村三级干部有6254人参与帮扶挂钩，实现贫困户帮扶挂钩全覆盖，做到每个贫困村都有驻村干部，每一户贫困户都有帮扶责任人、帮扶计划和帮扶措施。

发动5个异地商会挂钩帮扶5个贫困村脱贫。组织指导北京、上海、深圳、泉州、厦门等5个漳浦异地商会分别挂钩5个贫困村，已落实帮扶资金220万元，支持贫困村基础设施项目11个，村集体经济发展项目6个。

开展社会扶贫助困活动，累计投入500多万元。由社会热心人士组成的大众公益联盟、微益联盟，在全县开展50多场慰问贫困户活动；县扶贫协会筹集资金10万元资助28名贫困户大学生。

加大财政投入

2016年以来，全县筹集县级及以上扶贫资金2.96亿元，其中：县级投入8781.71万元，达到县地方一般公共预算收入的29‰，远远高于规定的3‰。一是执行精准扶贫“两线合一”，将低保标准由2016年每人每年2800元提高到4050元；二是县财政统筹120万元为全县贫困户购买健康扶贫宝；三是扶贫专项资金450万元；四是县财政筹集1500万元，加大对贫困户危旧房改造及造福工程的支持力度，将新建房补助标准提高到3.15万元，修缮加固提高到2.65万元，确保全面实现贫困户住房安全保障。

合力攻坚克难

宣传扶贫 直各部门根据自身职能职责，先后制定出台相关扶贫政策29项。编印《扶贫政策汇编》2000本、《脱贫攻坚应知应会》5000本、《贫困对象应知应会》5000份，并及时发放到每个贫困户及县镇村三级干部手中，广泛宣传各项扶贫政策。

就业扶贫 开展建档立卡贫困户培训总人数277人。2017年开发公益性岗位(保洁员)313个，发放资金632475元，帮助建档立卡贫困劳动力实现了就业。开展农村贫困家庭劳动力“就业创业证”的办理发放，2017年发放“就业创业证”2551本。

教育扶贫 2016年以来，有建档立卡贫困或低保户学生1423人次受到资助，资助金额376.25万元。

健康扶贫 将全县建档立卡贫困户全部纳入医疗救助，贫困户有10906人次享受第一道、第二道精准扶贫补偿，补偿总额共计85.92万元。2016年以来，全县资助贫困户新农合投保补助24086人次302.81万元，医疗救助与新农合对接，开通了一站式实时结算。同时，全面完成贫困户“家庭医生”签约，保障贫困人群医疗服务到位。

低保兜底扶贫 通过福建省核对平台信息比对和开展入户核实，已将605户1124人符合低保条件的建档立卡贫困户纳入低保兜底保障。

其他政策措施落实 推进农村电子商务扶贫活动。2017年来，县商务局、邮政公司、任淘E购农村电商平台、电商企业悯农闽味等对接蜜柚专业合作社，推广赤岭乡大行村贫困户的蜜柚，打响“畲村蜜柚”品牌知名度，拓宽销售渠道，累计网销蜜柚100多吨，价值60多万元。推动旅游扶贫。依托美丽乡村建设发展乡村旅游，结合农业新兴产业打造生态走廊，带动30余户贫困户拓宽增收和就业渠道。

精准发力到位

漳浦县有5个市县重点贫困村，为确保贫困村脱帽，县委、县政府在研究政策、项目布局和资金安排上给予倾斜支持，突出资金保障，促进贫困村发展。2017年年底，5个贫困村实现脱贫脱帽。

突出项目带动 通过认真谋划，在5个贫困村积极打造各具特色的脱贫示范项目，如：在石榴龙岭村扶持发展家禽养殖和水果种植，全村24户贫困户均落实帮扶措施，并对每个有种养殖的贫困户给予现金补助2000～3000元；在南浦美林村发展竹笋种植和竹笋深加工产业；在南浦中西村结合山区特色，发展桃李梅种植，稳定收入；在赤岭畲族乡土塔村鼓励种植蜜柚、“茂谷柑”等名优水果；在湖西后洞村鼓励种植油茶经济林木。

突出资金保障 除了及时下拨每年每村15万元补助资金，县财政在贫困村设立“脱贫攻坚工作专项资金”170万元，其中：石榴镇龙岭村50万元，南浦乡中西村30万元、美林村30万元，湖西乡后洞村30万元，赤岭乡土塔村30万元，主要用于扶持贫困村已建档立卡的贫困户发展生产以及对因病残、因学致贫的贫困户适当救助，增强贫困村贫困户自我“造血”功能。

突出培训帮扶 先后在5个扶贫村开展特色培训，如在石榴镇龙岭村主要针对家兔饲养技术进行培训，在南浦乡美林村主要针对特种养殖技术与果树种植技术的培训等。同时，开展以种植大户和贫困户在一起学习的创新培训方式，通过培训起到“传、帮、带”的作用，形成互帮互助，带动贫困户就业，极大提高贫困户养殖种植技能，大大增强贫困户“造血”功能，促进增产增收。

突出经济项目 为增加贫困村村集体经济收入，促进贫困村发展，在湖西乡后洞村、赤岭乡土塔村、南浦乡美林村、石榴镇龙岭村建设光伏电站1400平方米，每年可为贫困村增加3万元经营性收入。南浦乡中西村整合资金60万元投资小水电站项目，其中泉州商会支持40万元、县财政项目资金20万元，每年可得分红6万元。

（供稿：县扶贫办）

【漳浦特色美食】

香芋竹筒饭

※主料：优质大米600克

※配料：芋头丁30克、鲜虾仁丁20克、卤五花肋肉丁25克、水发香菇丁15克、水发干贝末15克、青葱珠15克、青豆20克

※调料：鱼露8克、味精5克、白糖5克、胡椒粉6克、大骨汤50克、葱头油15克、青竹叶3张、食用油15克

※制作方法：

1、热锅加入食用油，旺火将香菇丁、卤五花肋肉丁、芋头丁煸炒出香味注入鱼露，倒入掏洗干净大米炒匀，加入鲜虾仁丁、水发干贝末、青葱珠、青豆、味精、白糖、胡椒粉、大骨汤、葱头油放入盆里搅匀入味待用

2、青竹叶剪成10个圆形片，取10个精制鲜竹筒，分别装入上面炒制的大米，并盖上青竹叶上笼蒸30分钟后即可成

※特点：质地脆嫩滑爽、味道鲜香可口、竹香芋香香气扑鼻

※营养成分：蛋白质克、脂肪33克、能量2476千卡、钙147毫克、铁17.6毫克、锌13.8毫克、维生素A64毫克、维生素E11.毫克、维生素B1 0.8毫克、维生素B2 0.44毫克、维生素C1.66毫克

（2003年8月，被福建省烹饪协会认定为“福建名小吃”）

漳浦美食协会供稿

大事记

1月

1日　漳浦县农村首条规范化步行街——联创城市广场在佛昙镇建成开放。

13日　漳浦县首届医院院长论坛暨2016年医学会年会召开，28篇论文参加年会学术交流，其中6篇获优秀奖。

13日　六鳌边防派出所成功救回被困在六鳌海域距岸5.60千米一艘游艇上10名来自广东的游客。

14日　漳浦县2017年全民健身运动会暨“金绿杯”少儿乒乓球比赛落幕。

16日　市精准扶贫工作考核领导小组到漳浦县开展2016年度精准扶贫工作考核督查。

23－28日　在2017美国迈阿密举行的帆船世界杯女子RS:X级比赛中，漳浦籍运动员卢云秀获得女子组冠军。

24日　中共漳浦县委召开第十三届第三次全体会议。

28日　住建部发布《关于公布第四批美丽宜居小镇、美丽宜居村庄示范名单的通知》，福建3个乡镇、19个村入选，佛昙镇轧内村榜上有名。

本月　由县文联、县书法家协会组织开展的“迎春送福，义写春联”活动的书法家，先后到官浔镇溪坂村、万安工业园古陂作业区、赤湖镇等地为居民书写春联。

2月

5日　县人社局、绥安开发区组团在湖南省凤凰县举办现场招聘会。会上，来自漳浦的景盛服饰、诚隆休闲用品、玮柏自行车、顺洋食品、前垣纺织、钰铭山机械工业6家企业为当地提供600多个工作岗位。漳浦县与凤凰县建立长期的劳务协作关系。此次招聘会吸引当地6000余位农民工进场求职，有112人达成求职意向。

5日　由县文广体局、县文联、农行漳浦支行、漳州祥庆房地产开发有限公司联合主办的漳浦县第二届“相约农行·翰墨金浦”少年儿童书法现场比赛获奖作品展在县城举行，有108名少年儿童参加，其中40名选手的作品获奖并展出。

10日　漳浦县新型农民培训班50多名从事食品行业的人员，前往长泰县参观考察。

14－15日　国家电子商务进农村综合示范县绩效评价组长姜汉萍带领评价组，对漳浦县电子商务进农村综合示范创建工作进行绩效评价。

20日　国家发改委、住建部联合确定，漳浦县被确定全国ppp(政府和社会资本合作)创新重点城市，成为全国43个、福建省唯一一个ppp创新重点城市。

21－22日　省人大常委会副主任、省总工会主席张广敏到漳浦县调研，指导基层工会工作，走访看望“全国五一劳动奖章”获得者。

22日　省校园安全与校园建设检查组到漳浦县开展工作检查。

23日　国家旅游局副局长王晓峰带领调研组到漳浦县，考察指导漳浦县旅游业发展。

25日　宁夏中卫市委常委、海原县委书记徐海宁，中卫市副市长刘学智带领海原县考察团到漳浦县开展闽宁帮扶对接考察活动，并与漳浦县签订对口协作协议。根据协议，漳浦将重点扶持涉及海原县民生领域的项目建设、科技扶贫、闽宁示范村建设、经济协作、拓宽对口协作领域等开展帮扶，助推海原县脱贫攻坚。

26日　福州市闽侯县考察团一行，到漳浦县学习考察城市规划建设工作。

27－28日　福建文学杂志社社长曾章团带领福建文学编辑、省内部分实力青年小说家，到漳浦县开展文学创作采风活动。

3月

2日　省文史馆馆长陈澍一行到漳浦县赵家堡、诒安堡、黄道周讲学处、威惠庙等地，开展文史研究和采风活动。

4～5日，县长黄庆华带领有关单位负责人赴泉州市晋江、南安、丰泽等地开展招商引资活动，推介漳浦县招商引资的优惠政策，邀请泉州的实力企业到漳浦县考察投资环境，共谋发展。

9日　省气象局党组书记、局长董熔到漳浦调研基层气象台建设与气象服务社会情况。

14日　团省委书记宿利南到漳浦县开展“1＋100”团干部直接联系青年活动。县领导黄庆华、沈顺来陪同。

16－20日　县长黄庆华率漳浦县招商考察团赴台湾开展经贸考察和交流合作活动。达成投资意向项目3个，总投资逾42亿元；达成意向合作项目1个；促成观光文创旅游项目1个；涉及橡塑、电子信息和健康器材等多个产业。

21日　国家旅游局原副局长吴文学带领专家到漳浦县，调研创建AAAAA旅游景区和旅游产业发展工作。县领导黄庆华、陈美慧陪同调研。

21日　农业部国际合作司副司长张陆彪一行到漳浦县开展为期10天农业部组织的“百乡万户调查”考察活动。

23日　全省农村宣传思想文化工作示范乡镇考评组到赤湖镇开展验收考评工作。

23日　省道安办道路工程组组长、省交通厅调研员吴跃华带队到漳浦县督查道安工作。

30日　省委组织部副部长、省委非公企业和社会组织工委书记林承通带队到漳浦县，调研非公企业和社会组织党建工作情况。市县领导檀云坤、沈金水、黄庆华、沈顺来等陪同调研。

30日　漳浦县在大南坂工业园举行项目集中签约、开工、竣工庆典活动。庆典筛选项目49个，总投资84.97亿元，包括工业项目35个，总投资70.59亿元，其中签约项目20个，总投资48.77亿元，工业项目15个，总投资45.69亿元。20个签约项目包括国企项目2个，总投资16.20亿元；民营项目16个，总投资31.78亿元；外企项目2个，总投资0.79亿元。开工竣工项目29个，总投资36.20亿元。

4月

12日　中国邮政集团邮务局处长马海平、上海WISH平台商务部总负责人陈墨香一行到漳浦县，就邮政漳浦分公司WISH平台线上仓开办开展调研活动。

17－18日　内蒙古呼伦贝尔新区管委会党组书记刘景春带领呼伦贝尔新区管委会招商考察团，到漳浦县开展招商考察活动。

18日　中央人民广播电台原副台长赵铁骑带领调研组一行到漳浦县，进行“闽南语播音主持水平测试标准”调研活动。

19日　宁夏中卫市委副书记马世军带领考察团，到漳浦县参观考察。县领导简洪坤、郑世然陪同。

20日　农业部渔业渔政管理局副局长李书民、国家食品药品监督管理总局副处长马朝辉带队到佛昙镇调研河鲀产业。

21日　省政协民宗委主任杨志英带队，到漳浦县调研少数民族特色村寨。市县领导陈少青、蓝振强陪同调研。

22日　漳浦（北京）投资推介会在北京世纪金源大饭店举行，应邀出席推介会的有：林亚溪、陈再炳、陈有庆、余满松等漳浦籍在京领导，中国民生银行股份有限公司副董事长梁玉堂等，市委常委、统战部部长黄水木，福建省外贸中心集团原副总裁黄荣文、北京福建企业总商会会长陈春玖，县领导戴平忠、陈少华、林培兴等及43家企业、68名客商代表，在京闽籍省、市级商会代表，在京漳州县级商会代表、漳浦异地商会代表、漳浦在京乡贤等约400人出席活动。

26日　省残联党组书记、理事长柯少愚带队到漳浦县调研督导残疾人专项业务工作。

26日　全省首个以税收为主题的公园——漳浦税收主题

公园正式开园。

27日　省委常委、副省长周联清带队到漳浦县开展企业生产工作调研，市县领导檀云坤、张琳光、沈志平、黄庆华等陪同。

27日　国家煤矿安监局技装司副巡视员杨以民带领国务院安委会第三巡查组，到漳浦县开展安全巡查活动，市县领导吴卫红、简洪坤等陪同。

27—28日　国务院发展研究中心农村部研究室主任、研究员程郁带队到漳浦县，调研金融支持现代农业发展工作。

5月

4—5日　省政协陈荣凯副主席带队到漳浦县开展“提升水产品食品安全保障水平”民主监督专题调研，对漳浦县食品安全工作给予高度肯定。市县领导吴卫红、柳建聪、戴平忠、林培兴等陪同调研。

4日　省住建厅厅长林瑞良带领专家组到漳浦县督导水污染治理情况，并表示，省住建厅专家将与漳浦建立长期对接机制，继续为漳浦县治污工作提供智力支持。市县领导梁伟新、吴文团、黄庆华等陪同。

5日　漳浦县召开漳浦苏区创建暨红三团成立八十五周年纪念大会。期间，还举行《漳浦苏区革命史》首发式和书画摄影作品展等活动。

8日　2017年发展中国家无公害茶叶生产技术培训班在盘陀漳州科技学院举行。

9日　国家级“出口食品农产品质量安全示范区”年审小组到漳浦县，开展出口食品农产品质量安全示范区年审工作。

9日　四川省乐山市市长张彤率考察团到漳浦县，学习茶文化特色小镇建设经验做法。市县领导吴卫红、黄庆华陪同。

9—10日　参加2017台湾媒体“清新福建行”之旅，来自台湾31家报纸、网站、电台的媒体记者一行45人，首站在盘陀镇开展采访活动。

12日　第十二届海峡旅游博览会在厦门会展中心开幕，漳浦县组织重点旅游区、特色村及美食企业组团参会，设立14个展位，宣传推介漳浦县独特的旅游资源、产品、线路及地方美食，重点突出“花样漳州•唐郡漳浦”和“厦一站，漳浦”等旅游品牌。

12日　农业部规划设计研究院研究员孟海波带队到漳浦县，调研农业可持续发展试验示范区创建情况。市县领导张翼腾、郑世然陪同调研。

17日　省财政厅党组成员、省农发办主任陈东荣率调研组到漳浦县，调研农业综合开发工作开展情况，调研组对漳浦县农业综合开发工作成效给予充分肯定。

18—24日　赤土乡、湖西乡、马坪镇等3个乡镇分别组团赴台湾与台湾台中西屯区何福里、福和里、福林里，梧栖区永安里、大村里、顶寮里开展村里对接交流联谊活动。

19日　漳州市2017年中国旅游日公益宣传活动暨翡翠湾自驾车房车营地授牌仪式在六鳌翡翠湾景区举行。

20日　丁酉端午“红色记忆”漳浦县纪念漳浦苏区暨红三团创建85周年诗词吟诵会在山城革命老区村“雷公会”旧址举行。活动由县委宣传部、县文广体局、石榴镇党委政府、县老区办、县文联、县老促会主办。

21日　台湾商青会考察团到漳浦县参观考察投资环境。市、县领导吴卫红、戴平忠、黄庆华等出席座谈会。

23日　省高速公路总公司总经理陈岳峰到漳浦县，调研沈海高速公路增设漳浦万安互通口工作。市县领导陈水树、戴平忠等陪同。

25日　“喜迎十九大　建设新福建”全省广播记者大走访活动首站走进漳浦县，来自全省68家市县电台的120多名记者对漳浦县各行各业取得的成就进行采访报道；活动还特邀中央人民广播电台、新华网、人民网、中新社等驻闽中央媒体，《香港商报》《福建日报》、福建电视台新闻中心参与。

25日　省禁毒委副主任林群带领验收组到漳浦县验收禁毒工作。

6月

5日　省农业厅副厅长姜绍丰带队到漳浦县，开展农业经济调研。

6—7日　省政府发展研究中心副主任黄端带队到漳浦县，开展县域经济评价调研。

7－8日　2017年全国普通高考举行。漳浦县参加普通高考考生3960人，全县设漳浦一中、道周中学2个考点、134个考场。漳浦一中为理科考点，考生2369人；道周中学为文科考点，考生1591人。

7日　省商务厅副厅长陈安生带领省政府质量工作考核组到漳浦县考核质量工作。县领导戴平忠、黄建平陪同。考核组对漳浦县质量工作取得的经验和成效给予肯定，特别是对漳浦县旅游服务业的服务质量以及政府对品牌企业的奖励和扶持力度表示赞赏。

8日　漳浦县举办2017年军警民防台救灾联合演练，模拟组织对被洪水围困人员进行救援、转移物资和巡堤排险行动。县领导郑世然、韩晓东到场指挥演练活动。

8日　漳浦县佛昙镇发生疑似贝类中毒突发公共卫生事件，是日，先后有36名村民被送往漳州市级医院和漳浦县级医院检查救治，其中1人病情较重，其余患者病情均相对稳定。县委、县政府高度重视，立即启动突发公共卫生事件应急预案。县长黄庆华第一时间带领县分管领导和有关部门、乡镇领导赴医院看望慰问患者，并召开会议，研究部署及时救治和全面防范措施。

9日　漳浦县举行“扶贫之光——企业家在行动”活动启动仪式，并在仪式上发出《漳浦县异地商会与贫困村结对帮扶暨“百企挂百村”活动倡议书》，驻北京、上海、深圳、泉州、厦门等5个异地商会和漳浦总商会分别与石榴镇龙岭村、湖西乡后洞村、南浦乡美林村、南浦乡中西村、赤岭乡土塔村和石榴镇长兴村签订“企村结对”帮扶。县领导戴平忠、黄庆华、刘达文参加活动。

10日　县长黄庆华主持召开疑似贝类中毒突发事件处置汇报会，要求要加强对市场、餐饮等单位的检查，做好船只出海管控工作，强化舆论宣传工作，确保人民群众舌尖上的安全。

10日　福建省全民健身运动会漳浦分赛区暨漳浦县威龙杯首届游泳邀请赛在佛昙举行，市体育局副局长朱伟贤、东南地区海峡两岸冬泳联合会秘书长翁庆瑞出席开幕式。除漳州地区参赛队伍外，还有来自潮州、石狮、晋江、龙岩等地代表队参加比赛。

10日　省民政厅优抚安置处处长陈勇带领省考评组到漳浦县，考评漳浦县创建省级双拥模范县工作。市、县领导沈志平、戴平忠、黄庆华等出席汇报会。

16日　第九届海峡论坛•第四届海峡（漳州）茶会在漳浦马口东南花都花博园开幕。该届茶会以“提质增效•绿色发展”为办会主题，由海峡两岸茶业交流会、漳州市政府、省农业厅、省供销合作社联合社、省农业科学院、省闽台交流协会和台湾茶叶学会共同主办。活动汇集福建、台湾地区、云南、贵州和印度、日本等海内外近200家知名茶企。设漳州展区、台湾展区、新技术新业态展区、漳州味茶食品特色展区等7个主题展区。在开幕式后的项目签约仪式上，漳浦县的汉农园农业开发、福建海风装备制造基地工程等4个项目参与签约。

16日　海峡两岸关系协会会长陈德铭到漳浦县调研，看望在漳浦县投资兴业的台商，了解台资企业发展情况。市县领导刘远、阮开森、戴平忠等陪同。

16－18日　2017中国国际现代渔业暨渔业科技博览会在合肥滨湖国际会展中心举行。漳浦县选送剪纸、油画作品等展现漳浦特色河鲀文化的河鲀主题作品参评“首届中国渔文化创意设计展”。

19日　全国政协副主席李海峰带领全国政协提案委员会调研组一行到漳浦县，就“海洋工程装备建设及海洋资源开发”进行专题调研。省政协副主席杨根生，市县领导檀云坤、张祯锦、戴平忠等陪同调研。

19－23日　应金门烈屿乡埔头社区邀请，佛昙镇新世纪歌仔剧团30名演职员赴金门开展6场次歌仔戏民间戏曲演出。

22日　省农业厅厅长黄华康带队到漳浦县，调研智慧农业发展工作。对漳浦县推进农业绿色发展、循环经济发展等环节的系统整合及打造智慧农业示范区所取得的成效给予肯定。

23－24日　漳浦县青年作家吴可彦文学创作研讨会在福

州召开。活动由福建省作家协会、海峡文艺出版社、漳州市作家协会、漳浦县文学艺术界联合会主办。省文联原副主席、作家协会主席杨少衡主持，省文化厅艺术处处长吴新斌，漳浦县委常委、宣传部部长林苏洪等领导参加研讨活动。

24日　漳浦（深圳）投资推介会暨项目现场签约仪式在深圳宝亨达大酒店举行。漳州市人大常委会副主任陈福州，漳浦县县长黄庆华、漳浦台商联谊会会长陈隆峰、深圳漳浦商会会长吴志民、漳浦香港同乡会会长陈国强，粤港福建家居商会创会会长、香港家俬协会主席张呈峰等参加签约仪式。12个项目参加现场签约，总投资45.75亿元，其中，国企（央企）项目1个，总投资6.05亿元；民企项目7个，总投资17.70亿元；外企项目4个，总投资19亿元；工业项目6个，总投资11.20亿元。活动吸引了当地主要媒体的关注，广东卫视、《深圳商报》《深圳晚报》《香港商报》、今日头条等知名媒体分别派出记者采访报道。

29日　由漳浦国电光伏有限公司投资兴建的、闽南地区已投产最大的漳浦盈丰屋顶分布式光伏电站并网发电。电站利用厂房面积10.80万平方米，总装机容量9.93兆瓦，年发电量1043.81万千瓦时。

7月

1日　第四届漳浦（乌石）荔枝采摘节在旧镇乌石天后宫景区开幕。其间，举行“乌石荔枝”荔枝皇后的评选，潭仔头村的荔枝被评为“乌石荔枝”荔枝皇后金奖。采摘节活动由县旅游局、农业局、商务局、旧镇镇政府联合主办。

2日　上海漳浦商会党支部到湖西后洞村开展结对帮扶共建活动，现场与后洞村签订共建帮扶协议，并捐赠由上海商会会员捐赠的帮扶资金50万元。

2日　县机关公务用车服务中心揭牌成立，同时启用漳浦县公务用车自动化综合管理平台。

11日　县司法大楼落成投用，县政法委、人防办、综治办、安监局、司法局、安办、公证处、物价局等8家单位入驻办公。

12日　省人大常委会副主任邓力平率检查组到漳浦县，就《中华人民共和国农产品质量安全法》的贯彻执行情况开展检查。

14日　由《福建日报》新媒体中心和漳州市委宣传部联合主办的“三抓三比撸袖干、十项竞赛开新局”大型主题巡回直播活动在漳浦盐场海上光伏项目工地进行直播。

18日　漳浦县举行2017年“生育关怀·金秋助学”助学金发放仪式，向是年考上大学本一院校的147名计生户学子发放助学金及生活用品计23.52万元。

19日　县长黄庆华率领漳浦县考察团一行赴宁夏海原县考察对口帮扶工作，并参加福建、宁夏两省区在银川举行的部门合作协议签约仪式。

20日　全国人大常委会副委员长张平率执法检查组到漳浦县，就贯彻实施《中华人民共和国固体废物污染环境防治法》情况开展检查，全国人大环资委副主任王鸿举、黄小晶、孟伟，环保部副部长赵英民等参加检查。省人大常委会副主任潘征，市县领导檀云坤、刘远、陈汉夫、张琳光、陈福州、沈志平、戴平忠等陪同检查。

20日　县城鹿溪南岸片区金浦大道、滨江大道举行开工建设仪式。金浦大道全长2.41千米，设计时速60千米，为双向8车道城市主干道，规划总投资1.60亿元；滨江大道全长3.90千米，设计时速40千米，为双向4车道城市次干道，规划总投资1.40亿元。

20日　台中蓝庭珍（平台名将）后裔蓝国宾父子首次回漳浦县寻根谒祖。并带回其祖上传下的蓝庭珍治台期间的一些重要信物。

23日　由漳浦“比高”新能源有限公司投产的漳浦县首座农村光伏电站，在杜浔镇路打村并网发电。

26日　应湖南郴州市桂东县委、县政府邀请，漳浦县剪纸协会组团前往该县的贫困乡青山乡举行剪纸技艺培训，开展艺术扶贫活动。漳浦剪纸协会已连续3年开展艺术扶贫活动，帮助300多名贫困人口掌握剪纸技艺。

28日　泉州漳浦商会一行10余人在会长李佳添带领下，到南浦乡中西村开展结对帮扶活动，现场向中西村捐赠首批帮扶资金50万元。

本月 省委常委、省纪委书记刘学新到漳浦县对乡镇纪检组织建设、精准监督助推精准扶贫、产业发展、项目建设、生态文明建设廉政文化建设等开展调研活动。省纪委副书记黄汉升随同，市县领导檀云坤、林叶萍、戴平忠、陈金生陪同调研。

本月 厦门市政协副主席黄学惠带领“提升文化软实力”课题组到漳浦县开展调研活动，借鉴学习漳浦县文化保护与开发的经验和做法。市县领导吴芳华、林培兴陪同。

本月 漳浦县档案局选送的民国重刊的康熙《漳浦县志》《清末华侨王加禄个人档案》获评“漳州市珍贵档案”，被列入《漳州市珍贵档案名录》。

8月

5日 由县人民政府主办、县地方志编纂委员会承编的《漳浦年鉴(2016)》获全国地方志优秀成果(年鉴类)县区级综合年鉴特等奖，成为全国17部、福建省唯一一部获此殊荣的年鉴。评审活动由中国地方志指导小组、中国地方志学会举办。

10日 省人大常委会委员、侨(台)工委副主任朱清带领调研组，到漳浦县调研少数民族贫困地区及贫困人口基本情况，征求对《福建省少数民族权益保障条例(修订草案)》的意见和建议。

11日 宁夏中卫市海原县县长许正清带领海原县考察团，到漳浦县开展考察交流活动。其间，考察团参观了海峡(漳州)花卉集散中心、万辰生物科技、古雷港区石化基地等企业。

13日 台湾林氏宗亲林光清携儿子和兄弟一行19人，再次到石榴镇攀龙村祭祖；在祭祖仪式上，林光清向攀龙村捐资60万元。

21日 泉州民宗局带领泉州东海观音普化利生慈善会到霞美镇眉田村开展捐资助学活动，向该村29名在校大、中、小学生发放资助金6万元。

24日 县老促会、关工委、县妇联、团县委联合举行2017年“圆梦大学”助学金发放仪式，向157名家境贫困大学新生发放助学金42.80万元。县领导沈顺来、张秀华参加仪式活动。

26日—9月3日 在天津滨海新区东疆港举行的第十三届全国运动会帆板项目比赛中，漳浦籍运动员卢云秀获女子RS:X级亚军。

本月 漳浦县被福建省委、省人民政府、福建省军区评为“双拥模范县”。漳浦县已连续七届获此殊荣。

本月 河北省张家口市政协副主席李品军带领考察团到漳浦县考察现代农业发展工作。其间，考察团参观石榴现代农业示范区核心示范园、考察示范园的规划建设与农业种植培育新技术。

本月 来自台湾的美国环球投资管理公司总裁郑璞如、“中国餐饮学会”执行长沈佑瑜、中华国际投融资促进会副秘书长林世骏一行，到漳浦县参观交流河鲀产业发展。

9月

4日 国家防总工作组在防汛抗旱督查专员张家团带领下，到漳浦县指导防汛工作。

8日 中共漳浦县委召开第十三届第四次全体会议。

8日 漳浦县召开县直派驻监督全覆盖工作会，标志着漳浦县实现对县一级党政机关派驻监督全覆盖；设置县纪委派驻机构19个，其中综合派驻16个，单独派驻3个。撤销县纪委派驻纪检组15个，撤销县监察局派驻监察室24家。覆盖后，县一级监督单位98家，其中机关单位66家，企事业单位32家。

8日 山东省潍坊市委副书记张小梅带领考察团到漳浦县考察现代农业发展工作，参观钜宝生物科技、万辰生物科技、海峡(漳州)花卉集散中心、漳浦台创园等企业。

8日 应漳浦县县长邀请，台湾苗栗县县长徐耀昌率工业会成员27人到漳浦县开展考察交流活动。国台办、省市台办派员陪同。

8日 漳浦县举办退役士兵、随军家属专场招聘会，52家企业提供176个就业岗位，186名求职者达成就业意向。

13—18日 县委书记戴平忠率漳浦县招商考察团，赴台湾进行经贸考察和招商引资活动。

13—14日 人民日报新闻

战线杂志社总编辑万仕同、执行主编祝晓虎等一行13人到漳浦县，围绕红色文化、历史文化等学习教育主题，团队建设、党员教育暨新闻宣传等开展调研活动。

15日　省财政厅党组成员、省农发办主任陈东荣带队，到漳浦县调研现代田园综合体试点项目建设进展情况。

21日　省人大常委会党组副书记、副主任陈桦率省委调研检查组到漳浦县，就贯彻落实中央、省委关于县乡人大工作和建设有关文件情况开展专题调研。市县领导檀云坤、陈汉夫、戴平忠、黄庆华、陈少华等陪同调研。

22日　"2017闽南文化学术研讨会"在漳浦县开幕，全国台联副会长杨毅周、漳州市副市长吴卫红、县领导黄庆华、林培兴参加活动。研讨会由闽南师大、省闽南文化研究会主办，金门大学、金门县文化局、台湾"中国民俗学会"合办。

23日　漳浦县举行"喜迎十九大·百亿投资、百个项目"集中奠基开、竣工投产仪式暨朝阳水库工程开工仪式。全县开工（奠基）、竣工投产（投用）项目106个，总投资158.10亿元，其中，开工（奠基）项目51个，总投资69.01亿元；竣工投产（投用）项目55个，总投资89.10亿元。

23日　漳浦县举办"喜迎中秋　情牵两岸"休闲垂钓友谊赛，活动除漳浦县垂钓爱好者参赛外，还吸引来自台湾、厦门、龙海、漳州等地的垂钓爱好者参加。活动由漳浦县文广体局、台办、旅游局、县台联、侨联联合主办。

28日　漳浦县举行文庙竣工剪彩仪式暨孔子文化节，纪念孔子诞辰2568周年和漳浦文庙建庙819周年。这是漳浦县200年来首次恢复的一次祭孔活动，活动期间，还举行小学生朗诵《礼运大同篇》、回廊书画展、文艺会演等。县各套班子领导及社会各界人士500多人参加活动。

10月

19日　马来西亚著名儿童文学作家谢智慧，应邀到漳浦县实验小学举办《阅读滋润精神　思考孕育智慧》公益讲座。

22－23日　台湾成功大学EMBA企业管理系主任、国际企业研究所所长史习安教授带领一行40人到漳浦县开展企业管理考察。

27日　漳浦县首届十佳文明家庭表彰大会在县会议中心举行。会上表彰从3月起开展的"德行金浦——漳浦县首届十佳文明家庭"评选活动中获评的10户文明家庭以及19户提名获奖者。

29－30日　宝岛时代村董事长江钦良、"台湾国民党中常委"沈志慧率南投、彰化商务考察团一行40人，到漳浦县开展为期2天的考察活动。

本月　青年路农贸市场竣工投入使用。市场总投资1589万元，总用地面积6750平方米，总建筑面积5400平方米，总摊位数244个。

11月

3日　省政协文史和学习委副主任郑民生带队，到漳浦县滨海火山国家地质公园、赵家堡、诒安堡、蓝廷珍府第等调研旅游产业发展情况。

7日　漳浦县广播电视台全媒体高清数字直播车、竹马戏（芗剧）传承保护中心流动舞台车在漳浦广电中心启用，标志着漳浦县广播电视数字化发展达到全省乃至全国县级广电领先水平。

15日　青海省黄南州委常委、同仁县委书记蒋树成带领同仁县考察团，到漳浦县考察现代农业发展工作，先后到万辰生物科技、海峡（漳州）花卉集散中心等企业，参观大棚蔬菜种植、工厂化真菌产销一体化及农业旅游观光。

17日　省台办副主任钟志刚到漳浦县台商联谊会为20多名台商解读习近平总书记十九大报告。

18日　第九届海峡两岸现代农业博览会·第十九届海峡两岸花卉博览会在漳浦马口东南花都开幕。该届农博会·花博会由农业部、国台办、国家林业局、中国贸促会、中国食品工业协会和省人民政府共同主办。漳浦县参加现场签约的项目4个，包括1个央企项目，1个民企项目，2个外资项目。其中央企华润电力投资有限公司华南分公司与台创园签约的漳龙林业循环经济产业园"互联网＋"智慧能源项目，总投资6亿元，将打造集

"发－输－配－售"为一体的电力供应产业链。

20－21日 2017年中国皮革业发展论坛暨中国皮革协会制革专业委员会年会在漳浦县召开。会议由中国皮革协会、中国皮革和制鞋工业研究院、国家皮革和制鞋行业生产力促进中心主办，漳浦县人民政府协办。会议以"皮革未来之路"为主题。环保部排污许可专项小组办公室王焕松、环保部固体废物与化学品管理技术中心博士郭瑞、第十二届全国政协委员裴长洪、中国皮革协会理事长李玉中、中国皮革和制鞋工业研究院党委书记陈镭、中国皮革协会制革专业委员会主席吴华春、漳浦县县长黄庆华及制革产业链上下游的企业、行业协会、科研院所、行业媒体的代表300多人参加。

21日 中共漳浦县委召开第十三届第五次全体会议。

21日 福建省住房和城乡建设厅专业人员对漳浦县乡镇、国有农林茶场的120多名从事农村建筑工作工匠、各乡镇(场)村镇建设站长、列入2017年"千村整治、百村示范"美丽乡村建设工程村庄各村主干开展"住房与幸福""认识地震 科学防御"等平安建设安全主题培训。

22日 古雷新港城17个社区党支部、居委会举行集中揭牌仪式，县领导黄庆华、林培兴等参加活动。17个社区是由古雷镇原来的建制村组成。

24日 省工商局副局长吴添富在市工商局局长朱东风的陪同下，到漳浦县调研2017年企业登记和个私经济监督管理工作情况。

26日 2017年"天福杯"海峡两岸名茶邀请赛结束，中国茶叶流通协会秘书长梅宇、中国农科院茶叶研究所副所长、农业部茶叶质量检测中心主任鲁成银、漳州市海峡两岸茶业交流协会会长刘文标出席活动。

29日 漳州市工商(市场监管)系统消费者权益保护工作会议在漳浦县召开。

30日－12月3日 漳浦县金燕芗剧团26名演职员赴金门烈屿乡西方社区演出，开展民间艺术交流活动。

12月

4日 全国政协科教文卫体委副主任、中国奥委会副主席、中国田径协会主席段世杰带领考察组，到漳浦县考察飞秒(漳州)服饰发展公司生产经营情况，该公司主要生产运动装、沙滩装、泳装等。县领导林增兴、陈美慧陪同。

7日 国家信访局党组成员、副局长范小毛，省信访局副局长郑敏带领相关人员到漳浦县，就基层信访工作开展调研。

7日 省政协科教文卫体委主任李福生，带领全省各地政协科教文卫体委负责人到漳浦县，就特色文化建设成果开展考察活动。市县领导周小华、林培兴陪同考察。

19日 全国妇联2017全国巾帼脱贫示范基地负责人(福建漳州)培训班在漳浦开班。来自福建、云南、湖南、广西、安徽、贵州、海南、四川、湖北、江西、重庆等11个省、区、直辖市的79名脱贫示范基地负责人参加培训。培训班由全国妇联妇女发展部主办，全国妇女创业就业培训示范基地漳州科技学院承办。

21日 漳州市船舶安全生产管理现场推进会在漳浦县召开，市县领导陈水树、蓝主保参加。

28－30日 政协漳浦县第十四届第二次会议在县城会议中心召开。

29－31日 漳浦县第十七届人民代表大会第二次会议在县城召开。

中共漳浦县委员会

·主要会议·

【中共漳浦县委全体会议】

县委第十三届第三次全体会议 1月24日，中共漳浦县十三届三次全体会议在县会议中心召开，县委书记戴平忠主持会议，县委委员、候补委员参加会议。不是县委委员、候补委员的县各套班子领导，县纪委常委，各乡镇党政主要领导，绥安工业区党工委书记、台创园党委书记、主任，国有农林盐茶场、各工业园负责人及县直各单位主要负责人列席会议。会议的主要议题是：深入贯彻落实党的十八届六中全会和省第十次党代会、省委十届一次全会以及市委十一届二次全会精神，坚定不移推进全面从严治党，凝心聚力加快建设富美金漳浦。会议听取和讨论戴平忠代表县委常委会向全委会所作的报告，讨论通过县委常委会工作报告。

县委第十三届第四次全体会议 9月8日，中共漳浦县十三届四次全体会议在县会议中心召开，县委书记戴平忠主持会议，33名县委委员、5名候补委员参加会议。不是县委委员、候补委员的县各套班子领导，县纪委常委，各乡镇党政主要领导，绥安工业区党工委书记、台创园党委书记、主任，国有农林盐茶场、各工业园负责人，以及县直各单位主要负责人列席会议。全会的主要议题是：认真贯彻落实省委十届三次全会、市委十一届四次全会精神，研究部署漳浦县教育、卫生与健康、养老、城乡民生基础设施等领域补短板工作，加快提升社会事业发展水平，确保如期全面建成小康社会。会议听取和讨论戴平忠代表县委常委会向全委会所作的报告。会上，县委副书记、县长黄庆华就《中共漳浦县委关于加快社会事业发展补充民生短板确保如期全面建成小康社会的决定(讨论稿)》作起草说明。全会审议并通过《关于加快社会事业发展补充民生短板确保如期全面建成小康社会的决定》和《中国共产党漳浦县第十三届委员会第四次全体会议决议(草案)》。

县委第十三届第五次全体会议 11月21日，中共漳浦县第十三届委员会第五次全体会议在县城召开，县委书记戴平忠主持会议，县委委员、候补委员

12月18日，县委书记戴平忠在检疫检验漳浦办事处开展工作调研（吴炀 摄）

参加会议;不是县委委员、候补委员的县各套班子领导,县纪委常委,各乡镇党政主要领导,绥安工业区党工委书记、台创园党委书记、主任,国有农林盐茶场、各工业园负责人,及县直各单位主要负责人列席会议。会议主要议题:深入学习贯彻党的十九大和省委十届四次全会、市委十一届五次全会精神,进一步组织动员全县各级党组织、广大党员和干部群众,高举中国特色社会主义伟大旗帜,坚持以习近平新时代中国特色社会主义思想为指导,不忘初心,牢记使命,决胜全面建成小康社会。会议听取戴平忠代表县委常委会向全委会所作的报告。会议号召,全县党员干部要更加紧密地团结在以习近平总书记为核心的党中央周围,坚持以习近平新时代特色社会主义思想为指导,锐意进取、攻坚克难,凝心聚力、奋力拼搏,加快建设新时代富美金漳浦,为实现十九大描绘的宏伟蓝图而努力奋斗。会前,全体县委委员、候补委员集体重温入党誓词;会上,县委常委会以书面形式向全会报告一年中的工作情况,会议分组讨论了县委书记戴平忠所作的报告,审议并通过《中国共产党漳浦县第十三届委员会第五次全体会议决议(草案)》。

【中共漳浦县委常委(扩大)会议】

1月6日,召开县委常委(扩大)会议,县委书记戴平忠主持会议。会议听取县委副书记、县长黄庆华传达全市经济工作会议精神;听取县委常委戴文利传达市委十一届二次全会精神;听取县委常委、纪委书记陈金生传达省市巡察工作推进会精神,并提出漳浦县贯彻意见。在家县委领导出席会议,县人大、县政府、县政协各套班子领导列席会议。

2月24日,召开县委常委会议,县委书记戴平忠主持会议。会议听取县委常委戴文利传达全省领导干部学习贯彻中共十八届六中全会精神专题研讨班有关精神;听取县委宣传部部长林苏洪传达全省宣传部长会议精神;听取县委组织部部长沈顺来传达全省组织部长会议精神,并提出漳浦县贯彻意见。会议讨论通过副县长陈伟红汇报的《漳浦县“两违”综合治理有关乡镇实行单列管理实施办法》;讨论通过常务副县长黄国峰汇报的2017年县委工作要点、“三抓三比、十项竞赛”活动相关组织机构、“三抓三比、十项竞赛”活动工作方案;讨论通过县纪委书记陈金生汇报的县委巡察工作2017—2021年规划。在家县委领导出席会议。

3月1日,召开县委常委(扩大)会议,县委副书记、县长黄庆华主持会议。会议听取县委常委、政法委书记黄海明传达中央、省委、市委政法工作及省委、市委维稳工作会议精神,及漳浦县信访工作情况;听取县委副书记、县长黄庆华传达2016年省委对市委全面从严治党主体责任检查集体约谈会议主要精神,并提出漳浦县贯彻意见。在家县委领导出席会议,县人大、县政府、县政协各套班子领导列席会议。

3月30日,召开县委常委(扩大)会议,县委副书记、县长黄庆华主持会议并在会议上传达市委常委(扩大)会议精神;传达省市对台工作会议精神。会议讨论创建新一届省级双拥模范城(县)有关情况、落实省委全面从严治党移交问题清单和问责建议的整改任务与分解方案、落实市委2016年度责任制检查反馈意见的整改任务与分解方案、挂职干部和第二季度拟退休科级干部相关情况;讨论通过《县委组织部关于强化在一线考察干部工作的实施细则(试行)》及干部轮岗交流意见;县长黄庆华就道安、打假、信访、生态环境整治、安全生产等重点工作作了部署。在家县委领导出席会议,县人大、县政府、县政协各套班子领导列席会议。

5月8日,召开县委常委(扩大)会议,县委书记戴平忠主持会议。会议听取县委副书记、县长黄庆华传达全国禁毒工作会议精神和全市第一季度经济分析会精神,并对下阶段经济工作作具体部署;听取县委副书记简洪坤就生猪养殖面源污染整治、迎环保督察和信访维稳等工作作部署;听取县委常委、组织部部长沈顺来传达全省、全市学习廖俊波先进事迹座谈会精神;会议还听取关于2017年漳浦县重点项目实行分级管理和建立领导挂钩责任制的汇报。在家县委领导出席会议，县人大、县政府、县政协各套班子领导列席会议。

5月18日，召开县委常委(扩大)会议，县委书记戴平忠主持会议。会议传达省委、省政府工作检查总结会暨第一季度经济形势分析会精神，并结合漳浦县实际提出贯彻意见；讨论了漳浦县2017年度乡镇、县直机关绩效考评方案，推荐申报省级爱国拥军模范单位事宜，2017年4—5月试用期满干部考核相关事宜。在家县委领导出席会议，县人大、县政府、县政协各套班子领导列席会议。

6月15日，召开县委常委(扩大)会议，县委书记戴平忠主持会议。会议观看反邪教专题片《反邪教斗争形势汇报》；听取县处级领导信访包案情况，全面从严治党有关情况，2016年度综治平安建设考核奖励评定情况，《关于全面落实县纪委向县一级党政机关派驻纪检机构的方案》和《关于加强县纪委派驻机构建设的意见》；传达《省政府安办关于做好安全生产巡查有关事项的通知》精神。在家县委领导出席会议，县人大、县政府、县政协各套班子领导列席会议。

7月31日，召开县委常委(扩大)会议，县委书记戴平忠主持会议。会议讨论通过拟提交省委巡视组的县委工作汇报和纪检监察、选人用人工作汇报等三份材料，研究通过有关人事任免；常委扩大会议对配合做好省委巡视相关工作进行部署。在家县委领导出席会议，县人大、县政府、县政协各套班子领导列席会议。

8月9日，召开县委常委(扩大)会议，县委书记戴平忠主持会议。会议传达省委十届三次全会和市委常委(扩大)会议精神、省政协主席张昌平在2017年省政协委员暨市县政协主席培训研讨班上的讲话精神及习近平总书记在省部级主要领导干部专题研讨班上的重要讲话精神，并提出漳浦县贯彻意见。在家县委领导出席会议，县人大、县政府、县政协各套班子领导列席会议。

8月25日，召开县委常委(扩大)会议，县委书记戴平忠主持会议。会议传达市委十一届四次全会精神，学习中央关于市县党委建立巡查制度的意见。在家县委领导出席会议，县人大、县政府、县政协各套班子领导列席会议。

9月8日，召开县委常委会议，县委书记戴平忠主持会议。会议审议戴平忠代表县委常委会在县委十三届四次全会上作的报告，研究2017年县、乡两级团委换届选举有关工作，传达全市城市基层党建工作推进会精神。在家县委领导出席会议。

9月11日，召开县委常委(扩大)会议，县委书记戴平忠主持会议。会议部署省委巡视三组反馈即巡即改问题整改工作。在家县委领导出席会议，县人大、县政府、县政协各套班子领导列席会议。

10月30日，召开县委常委(扩大)会议，县委书记戴平忠主持会议。会议专题传达学习党的十九大精神。会议指出，认真学习贯彻党的十九大精神是当前和今后一个时期的首要政治任务，各级各部门要加强组织领导，迅速掀起学习宣传贯彻热潮；要结合漳浦实际，深入贯彻十九大精神；要激发干事热情，全力以赴抓好当前工作。在家县委领导出席会议，县人大、县政府、县政协各套班子领导列席会议。

11月9日，召开县委常委(扩大)会议，县委书记戴平忠主持会议。会议通报分析2017年前三季度“三抓三比、十项竞赛”进展情况，部署下阶段工作。在家县委领导出席会议，县人大、县政府、县政协各套班子领导列席会议。

12月1日，召开县委常委(扩大)会议，县委书记戴平忠主持会议。会议传达学习省委第一期省管干部“学习贯彻党的十九大精神”专题研讨班和专题会议精神，及市委常委(扩大)会议和市委专题研讨班主要精神，提出漳浦县贯彻意见。在家县委领导出席会议，县人大、县政府、县政协各套班子领导列席会议。

12月15日，召开县委常委会议，县委书记戴平忠主持会议。会议传达习近平总书记关于进一步纠正“四风”加强作风建设重要指示的通知精神，研究省委巡视三组巡视反馈意见整改方案，传达习近平总书记关于进一步强化扶贫领域监督执纪方面的重要指示精神。在家县委领导出席会议。

12 月 26 日，召开县委常委议军专题会议,县委书记戴平忠主持会议。会议听取漳浦县驻军部队需要协调解决的困难和问题的汇报,并对需要解决的困难和问题逐一进行讨论和协调。在家县委领导出席会议。

·组织工作·

【概况】

2017 年,漳浦县委组织工作抓好各级党组织、党员参与各类党性学习实践活动，开课 197 场，覆盖 156 个村党支部、2.06 余万名农村党员；投入资金 200 万元，培育一批村级党建示范点；推进 26 个软弱涣散村党组织和 26 个集体经济扶持重点村的转化提升；设立天福集团、台创园等特色教育培训点,举办各类培训班 19 场次、授训 890 余人;完善“135”党建模式,32 个县直单位与社区共建,2000 多名在职党员到社区开展志愿活动;强化人才支撑，引进优秀人才 25 人;接收预备党员 332 人,新确定入党积极分子 713 人。

【全面从严治党】

抓党员教育 以开展学习贯彻中共的十九大、十八届六中全会精神、廖俊波同志先进事迹为载体，组织全县各级党组织、党员参与各类党性学习实践活动,推进“两学一做”常态化制度化。创新党员教育模式,以湖西畲族乡为试点,探索农村党员教育管理新方法、新途径。推行“基地授教＋下乡送教”“双教模式”，组建县党教轻骑队和乡镇党教服务队,建立一批“农村党校”。是年,开课 197 场,覆盖 156 个村党支部、2.06 余万名农村党员;依托“十大党员教育培训基地”,开展“体验式”党性教育活动 154 批次。

落实党内政治生活 贯彻落实《关于新形势下党内政治生活的若干准则》,向基层党(工)委印发“三会一课”、组织生活会、谈心谈话等 9 份指导性文件;开展常态化的督促检查,推动各级党组织从严执行党内政治生活制度,实现时间、主题、流程、记录“四个统一”。指导督促基层党组织定期开展支部主题活动,开展“两优一先”示范引领、“红色主题周”等纪念建党 96 周年“十个一”系列活动,提高基层党组织凝聚力和战斗力。抓住“关键少数”,协调、督导开好处级领导班子和 89 个乡科级单位领导干部的年度民主生活会,用好“批评与自我批评”武器,发扬党内民主,加强党内监督。

把好党员“出入口” 规范发展党员程序,成立 8 个由县委组织部副科级以上干部担任组长的发展党员预审工作组,加强业务指导和审查把关,推动发展党员全程纪实等工作制度的落实。是年,接收预备党员 332 人,新确定入党积极分子 713 人。开展党员组织关系排查,以教育系统党组织隶属关系划归整合为契机，重点排查寻找教师队伍、返乡大学生、退伍军人中的失联口袋党员,排查出失联口袋党员 48 人,全部取得联系。以湖西畲族乡党委为试点,细化量化民主评议党员标准,开展不合格党员处置工作,畅通党员“出口”。

【农村党建】

建强村级队伍 加快推进党员数超标的长桥镇割后村等 77 个村(社区)及石古农场等 3 个国企党总支的党组织升格设置,提升党组织服务功能。组织开展 4 批次 304 人次的村主干“全覆盖”培训,提升村级班子履职能力。常态化督促检查村级“两学一做”、党务村务公开、村干部坐班值班等的落实情况,敦促职业化管理制度落地见效。搭建村“两委”干部、党员担责尽责载体，推行无职党员设岗定责、“党员责任区”“党员示范岗”,激发村级党员、干部队伍在服务大局、助力发展、基层治理、服务民生中的“头雁”作用。

做强典型示范 突出“一村一韵”,投入“以奖代补”资金 200 万元，培育提升绥安镇大埔村、佛昙镇轧内村等一批村级党建示范点,有效连接“绿色”“古色”“蓝色”“金色”4 条党建“精·彩”路线,拓宽村级党建示范面。

着力补齐补强 坚持“双薄弱”村整改挂钩机制,按既定部署有序推进 26 个软弱涣散村党组织和 26 个集体经济扶持重点村的转化提升，实现村集体经济收入150多万元。推进11个村级综合服务场所建设，加快化解部分村级组织“无址办公”问题。抓党建促扶贫，创新推行“商会党组织＋村党组织”“企业家＋贫困户”挂钩扶贫，成功对接产业扶贫项目19个。

【“两新”党建】

突出育优训强 以县委党校为中心，设立天福集团、台创园、四通物流等多个特色教育培训点，全方位开展非公党务队伍教育培训。举办涵盖党务、技能、国学等内容的各类培训班19场次、授训890余人。

优化帮带服务 创新开展非公党建“五送”活动，通过下发规范性文件、进企辅导，着力抓好非公党组织制度建设，结合企业社会组织实际，把非公党组织的“三会一课”、主题党日活动等政治生活开展起来，让非公党组织真正发挥作用。

深化典型引领 扩大台企党建“天福样板”示范效应，推行示范点创建、五星级党组织评选、党员评分、“党建之友”评优等制度，评选出10个党建示范点，15个五星级非公企业和社会组织党组织、10名党建标兵和8名“党建之友”，并实施以奖代补80余万元。延伸“两新”党建链条，组建北京、上海、泉州漳浦商会党支部，稳步推进广东、福州、厦门等地商会党组织组建，逐步构建起全县外出流动党员教育管理服务的组织体系。

【城市党建】

优化组织设置，推进党员数超标的县国税局等10个机关党总支的党组织升格设置，有效破解“小马拉大车”难题。探索实施4个社区试点先行，整合社区党建资源，有序推进城市党建。绥南、绥东、绥西等社区以商圈为载体，将党建向商务楼宇覆盖；城西社区以住宅小区为载体，通过健全党员双向管理、党员志愿服务等机制，完善“135”党建模式。是年，有32个县直单位与社区共建，2000多名在职党员到社区开展志愿活动。组建120多支服务队开展220多场义务劳动、扶贫帮困等活动。

【干部管理机制创新】

一线考察提士气 成立县委考察组，专项考察参与重点项目建设的县管干部、县管后备干部、县委抽调的干部。推动参与竞赛项目建设的55个单位将管理权限内的500余名一线干部纳入考察范围，实现考察全覆盖。实行“月考制”，建立“责任清单”“问题清单”，动态跟踪管理一线干部。建立“责任清单”1941份、“问题清单”246份，形成“正、负”数据库。以考促效推动落实，将一线干部和责任单位实绩表现与干部培养使用、评先评优、职称评聘等方面相挂钩。是年，从一线实绩突出的干部中提拔7人，重用17人。评选出季度一线标兵99人次。针对履职不到位的情形，诫勉教育8人次，通报批评1人、3个单位。

班子访谈促提升 在全县79个正科级单位开展“干部大走访”活动，采集领导班子及成员实绩表现，结合民主测评与1132名干部职工的谈话情况，形成1045个实绩台账。查短板找差距，梳理班子运行中的突出问

县委组织部推行“下乡送教”农村党员教育新模式，组织县级党教轻骑队和乡镇党教服务队。图为县委常委、组织部长沈顺来在4月13日的启动仪式上授旗 （组织部 供图）

题;设置双向评选环节,给各单位干部进行“排位”,摸排出优秀科级干部146人、表现“一般”的科级干部89人,并梳理出优秀一线干部推荐人选154人。以整改促提升,对班子和成员进行把脉问诊,厘清问题及责任,有针对性地指导和推动各单位整改落实,提升领导班子整体功能。

股级轮岗激活力 聚焦中层干部作风转变,在全县90个单位推行股级干部轮岗交流。明确执法执纪、干部人事、财务审计、项目(计划、指标)审批、资金管理等重点岗位轮岗。坚持组织意图与个人意愿相结合,均衡岗位“供需”关系,从严审核轮岗交流的推荐、考察、征求意见、公示等环节。完成50个单位221名股级干部轮岗交流,促推全县干部作风建设。

【干部监管常态化】

落实干部选拔任用全程纪实制度 贯彻落实干部标准和新修订的《党政领导干部选拔任用工作条例》,严把动议提名、考察考核、讨论决定三个关口,对2017年新提拔的33名干部的选拔任用实行全程纪实。

落实“凡提四必”及任前各项制度 组织3批次27名拟提任领导职务或转任同级领导职务考察对象按要求撰写任前对照检查材料,参加并通过廉政法规知识测试;对新提拔和转任重要岗位的42名科级干部全部进行任前公示;落实任前廉政谈话制度,对113名调整对象进行任前廉政谈话。

落实领导干部有关事项填报制度 组织36名处级干部和751名科级领导干部集中填报《领导干部有关事项报告表》,报告率100%。

抓实经济责任审计 把领导干部经济责任审计作为强化干部日常管理监督的重要抓手,执行党政领导干部任中和离任经济责任审计制度。是年,委托县审计局对5个单位、8位主要领导进行经济责任审计。

开展廉政谈话 是年,开展对相关单位领导干部廉政谈话22人次,同时对新调整的编办、农业局等单位主要领导进行专门谈话,强化党风廉政建设的督促和指导。用好谈话提醒、函询及诫勉等干部监督管理手段,开展对领导干部函询7人次。

【强化人才支撑】

推进引才聚才 推进“一县一品”特色人才工作品牌创建活动,加快人才引进、培养、使用机制和人才平台载体创新。推报福建省“外专百人计划”1人、省级引进高层次人才2人、省引进台湾高层次人才“百人计划”2人、省引进台湾高层次人才1人、台湾优秀人才创业项目1人、台湾专业人才引进聘用14人、市级引进高层次人才4人、“全国五一劳动奖”1人,获奖省、市五四青年奖章、省岗位标兵1人,市青年英才优秀创业项目7个。

打造创新平台 推进同溢堂、微水环保、美丽家香、福船一帆、万辰生物科技等企业对接建立院士专家工作站。至年底,万辰生物科技有限公司已与中国工程院院士李玉建立市级院士专家工作站,美丽家香同管华诗院士团队签订项目合作协议;仂元工业等6家企业通过省科技小巨人领军企业认定;新增致易电子、桂宏工业等5家高新技术企业;指导广盛创客、四通物流、麦埔村大学生创业园建设众创空间;福船一帆新能源、同溢堂、天福茶业、车城、桂宏、华达6家企业获得市级工业设计中心认定,其中福船一帆新能源、同溢堂、天福茶业3家企业申报省级工业设计中心;组织28家企业105个作品参加第三届海峡两岸工业设计创新大赛,获银奖3件,铜奖3件,优秀奖10件。

产学研对接 与国家海洋局第三海洋研究所、省农科院等省内外高校及科研院所开展产学研合作,帮助县域内企业解决技术难题40多项,引进先进性、关键性、适用性技术30多项。

(供稿:县委组织部)

·宣传工作·

【概况】

2017年,漳浦县宣传思想文化战线按照县委、县政府提出的建设“五个漳浦”、打造“三张名片”和“三抓三比、十项竞赛”的部署,坚持围绕中心、服务大局,着力落实党委(党组)意识形态工作责任制，加强思想理论、社会主义核心价值观、文化强县建设，营造改革发展舆论氛围，为“再上新台阶、建设金漳浦”提供思想保证、道德滋养、舆论支持和文化条件。

【加强思想建设】

掀起学习宣传中共十九大精神热潮 中共十九大召开前，在县域媒体开设“砥砺奋进的五年”等专栏，刊播新闻300多篇，转载上级媒体评论50多篇；在电视频道及时转播《将改革进行到底》《法治中国》等系列大型政论专题片，在全县悬挂滚动宣传标语200多条；举办“奋进金漳浦•喜迎十九大”专题晚会等活动10多场。中共十九大闭幕后，及时召开县委常委(扩大)会议，学习贯彻中共十九大精神，研究部署学习宣传贯彻意见，在各乡镇各单位开展学习活动。组建县委理论宣讲团分赴24个乡镇场(园区)和11个县直机关系统集中开展宣讲活动35场，为6000名干部群众解读中共十九大精神。开展“喜庆十九大”专题“三下乡”活动走进前亭镇，组织综治巡防志愿者开展“红马甲”宣传中共十九大精神活动。

理论学习常态化、制度化 制定《2017年理论学习安排意见》，邀请省委党校教授杨小冬等专家学者到漳浦县作辅导报告10余场，在全县党员干部中开展“两学一做”活动，组织学习廖俊波先进事迹。健全县委理论学习中心组制度，发挥其牵引作用，示范带动各级党委(党组)中心组理论学习活动，是年组织集中学习19次，专题研讨学习4次。把理论学习纳入党建工作责任制，纳入乡镇场绩效考核指标体系，形成督促考核长效机制。

理论宣传有滋有味、入脑入心 发挥媒体优势，在县广播电台、电视台、报纸和网站开设《砥砺奋进的五年》《新时代　新征程》等专题专栏，解读理论热点。通过“三下乡”等平台将党的新精神、新理论、新政策融入寓教于乐的宣传教育活动，形成全方位、多角度的理论宣传效应。

理论研究出成果 紧扣“四大重点区域、十项重点工作”，梳理年度重点课题调研工作，组织领导干部经常性深入基层，探索新形势下加快漳浦科学发展跨越发展的思路对策。撰写出一批调研成果，为县委、县政府提供优质的决策咨询服务。是年，已收集县委中心组成员年度理论调研报告38篇，中心组成员理论文章发表于市级以上刊物16篇。其中，《项目驱动　助推产业转型升级》等近10篇理论文章在《福建日报》《漳州宣传》等报纸杂志发表。完成全县20个哲学社会科学研究规划课题立项，其中《传统媒体与新媒体融合问题研究》《传统村落文化保护与美丽乡村建设研究》等4项课题列入年度全市规划课题。

【营造良好舆论氛围】

围绕中心开展新闻宣传 围绕县委、县政府中心工作，先后开设《再上新台阶　建设金漳浦》《弘扬红军精神　再铸漳浦辉煌》等专栏；继续办好《平安漳浦你我同行》《安全曝光台》等专栏。突出“三抓三比　十项竞赛”，制定专门宣传方案，“三抓三比　十项竞赛”新闻上稿持续保持全市第一。是年，漳浦县在市级以上媒体上稿7429篇，其中，中央级媒体《人民日报》、人民网、央视、央广、中国县域社会经济报等)上稿512篇，在省级媒体《福建日报》、省电视台、省电台新闻广播、东南网等)上稿1750篇，在市级媒体《闽南日报》、漳州电视台、漳州人民广播电台、漳州新闻网等)上稿5167篇。同时，在本地广播电视台播出广播、电视新闻3000多篇，在漳浦新闻网上稿2700多篇，在金浦报200多篇。

管控结合坚守阵地 增强阵地意识，推进文化长廊建设，加强讲座讲坛、新闻网络等各类文化阵地管理，加强爱国主义教育基地管理和建设。开展“扫黄打非”，高度警惕错误思想和思潮向教育、文化、卫生等领域渗透的动向。加强网络阅评员和新闻发言人队伍建设，先后印发《关于加强网络舆情处置工作的通知》《关于进一步规范新闻记者采访接待工作的通知》《关于进一步健全新闻发言人制度做好新闻发布工作的通知》，健全新闻发布和新闻发言人制度，完善突发公共事件新闻发布应急机制。强化网络巡查，对涉漳、涉浦舆情做到即时发现，即时上报，并适时做好网络引导工作，确保网络空间清朗纯净。

舆论引导力不断提升 推动传统媒体和新兴媒体在内容、平台、管理等方面的深度融合，打造电视台、广播电台、新闻网、金浦报、微信公众号五大主流媒体平台。其中，漳浦广播电视台微信公众号关注人数10万以上，用户覆盖全国各地，总点击量突破1100万人次，实现广播、电视节目在线直播、图文网站在线浏览功能，单篇阅读量超过7万人次，在全省自媒体大数据统计中多次排名第一。利用传统媒体优势和新媒体覆盖受众广、传播快的特点，在处置6月的赤潮引发食品中毒事件中，及时发布新闻通稿，及时刊播预警预告，及时报送网络舆情，及时开辟专题专栏，成功实现舆论正面引导。

【凝聚社会发展正能量】

注重典型引路 开展“我推荐我评议身边好人”活动，推荐薛燕榕、许丽芬等一批道德模范入围中国好人榜、福建好人榜。发挥志愿服务示范作用，挖掘陈伟琳、柯文惠等一批优秀志愿者，其中陈伟琳被评为2017年度全省岗位学雷锋标兵。开展第四届漳浦县“美德少年”评选表彰活动，初评确定48位候选人，其中南浦中学的许敏如和石斋小学的蔡子龙入选第四届漳州市“美德少年”，蔡子龙又被推荐为全省第四届“美德少年”候选人。开展“向国旗敬礼”等主题教育活动，开办家长学校课题200多场次，构建学校、家庭、社会“三结合”育人网络。

弘扬传统文化、优良家风 举办县级文明家庭评选活动，开展“德行金浦－漳浦县首届十佳文明家庭”评选活动，确定陈康太等10户“漳浦县首届十佳文明家庭”和林国太等19户提名奖。传承弘扬蔡新、蔡世远等历代名人的优良家风家训，广泛开展“晒家训、扬家风”活动，收到全县近20个姓氏家训和20多个家风故事。选址佛昙镇轧内村建设家训展示馆、家风文化园、漳浦故事汇。漳浦文庙大成殿及其他附属建筑的修缮和复建工程圆满竣工，9月28日举行孔子文化节活动，是漳浦县200年来首次恢复祭孔活动。

深化文明创建 以文明创建总评年为契机，开展(2015－2017年)文明创建总评工作，加强对各级各类文明单位（学校、社区、风景区)、文明行业的动态管理和业务指导。开展公益广告宣传、城乡环境整治、典型培育等工作，推进公民道德、志愿服务、未成年思想道德、农村精神文明、群众性文明建设五大建设工程。按照省市要求，建设完成第二批社会主义核心价值观主题公园(街道、社区)。

【文化活动蓬勃开展】

文艺创作全面开花 鼓励和支持全县文艺工作者加强交流、扎根漳浦、潜心创作出一批具有深刻思想内涵和漳浦艺术特色的文学、书法、美术、剪纸、摄影、音乐、舞蹈、戏剧的精品力作。其中，小说《向南飞》获全国首届“百盛杯”微小说比赛一等奖、短篇童话小说《白云女孩》获福建省第三届启明儿童文学双年榜提名奖、长篇儿童小说《走进妈妈心里》获福建省第三届启明儿童文学奖、长篇小说《星期八》获漳州市第八届“百花文艺奖”一等奖；舞蹈《小嫚》、芭蕾舞《彩蝶舞飞扬》获中国舞蹈家协

10月15日，漳浦县举办“奋进金漳浦 喜迎十九大”图片展　（蓝智伟 摄）

会“舞动中国梦”福建省教学成果展一等奖；剪纸作品《中华民族礼仪》、芗剧《芝麻官系列》获福建省第八届百花文艺奖三等奖；“太和茶器”作品获得第四届福建文创奖金奖。推荐广播剧《一代相国蔡新》、竹马戏《煎石记》《兄弟讼》等参加全国精神文明建设“五个一工程”奖，其中广播剧《一代相国蔡新》被省委宣传部授予第十四届精神文明建设“五个一工程”贡献奖。是年，全县组织举办“记住乡愁”漳浦剪纸精品展等文艺活动50场。

基层文化服务体系不断完善 组织丰富多彩文化惠民活动，开展“三下乡”活动走进赤湖、盘陀、前亭；组织芗剧团下乡演出102场，获奖剧目《芝麻官系列》下乡巡演20场。是年全县举办各种文体活动上百场。深入挖掘农村传统民俗文化，组织举办“穿灯脚”“排宵”“大车鼓”等形式多样的民间传统民俗活动，逐步形成“一镇一品牌”“一村一特色”的品牌民俗文化。组织放映农村公益电影3326场，完成西湖公园双号免费电影放映158场。按照《四年规划》要求，建设完成第二批95个农村基层宣传文化长廊。赤湖镇农村宣传思想文化工作示范乡镇创建以全市第一的成绩获得省级授牌。

传承、保护、弘扬红色文化 以漳浦苏区成立暨红三团成立85周年为契机，开展形式多样的文艺作品创作。拍摄微电影《赤塚》《铁番号》和纪录片《闽南井冈山》，出版中篇小说《红杜鹃》和单行本《漳浦苏区革命史》，创作红色歌曲《因为有了你》，举办红歌演唱会、红色文化书法美术摄影作品展等活动。向上对接沟通，筹拍“闽南红三团”革命历史题材电视连续剧。同时，推动红色文化与旅游、产品设计等融合，结合美丽乡村和特色小镇建设，把“闽南井冈山”石榴车本村等红色旅游资源串联起来，推出红色文化教育游、红色文化乡村游等旅游精品路线；鼓励文创企业将红色文化融入漳浦剪纸、陶瓷等产品设计。

文化产业持续稳步发展 推动贝品儿童用品、福建致易电子等已投产项目增资扩产，跟踪、服务好敏捷动漫玩具、六鳌翡翠湾旅游度假中心项目、龙美湾旅游区一期项目等建设。据统计，是年，全县18家规模工业文化企业实现增加值6.13亿元，完成年度任务3.71亿元的165.10%。推进“文化＋”模式，加快文化与科技的融合发展，发展数字印刷、电动玩具、数字网络等新型文化业态，推动华达（福建）玩具有限公司为龙头的玩具企业发挥引领带动作用，力促优势资源要素向园区聚集、重点文化产业项目向园区集中。华达（福建）玩具有限公司、长方隆（福建）塑胶有限公司、漳浦正威工业有限公司等3家企业年实现规模产值4.61亿元。漳浦敏捷动漫塑胶精品有限公司项目一期工程于7月试投产。

【提升漳浦形象】

创新形式 紧扣“三张名片”主题，制作宣传片《千年古县》《食品名城》《浪漫之都》在县电视台滚动播出。新制作的十秒城市形象宣传片自5月中旬起在《福建新闻联播》中播出，向全省观众展示漳浦深厚的历史文化底蕴、优美的自然风光和独具特色的人文风情。以中国工农红军闽南独立第三团原型为线索创作的红色微电影《铁番号》线上线下同步上映，展现漳浦作为革命老区的风貌。

提升传播力和影响力 与主流媒体对接，主动融入全市“采访线工程”，推介“五里三城”（在相距不及五里的区域里，有赵家城、诒安堡、蓝廷珍府第三座古城堡）和茶文化。由大陆和台湾30余家媒体组成的2017台湾媒体清新福建行，首站活动在漳浦县拉开帷幕。“喜迎十九大 建设新福建”全省广播记者大走访活动首站走进漳浦，来自全省68家市、县电台的记者动态报道漳浦县。

扩大对台文化交流 加强对台文化交流，鼓励文艺、新闻界和民间人士到台湾开展文化交流活动。广播剧《一代相国蔡新》在中央台、海峡之声广播电台、台湾胜利之声、台湾非凡音等海峡两岸闽南话协作网成员台进行播出，被评定为2016年度全国对台港澳广播创优文艺类一等作品。是年，台胞至漳浦县开展文化交流、进香朝拜、寻根谒祖、投资考察共34团1300

多人次;漳浦县组织赴台开展经贸、文化交流共8团57人次。

（供稿:县委宣传部）

·统一战线工作·

【概况】

2017年,漳浦县委统一战线工作加强党外干部的安排和党外人士队伍建设,建立和保持50人的党外后备干部队伍;党外人民代表110人，占代表总数的37.90%;党外政协委员170人,占政协委员总数的54.10%,党外政协常委27人，占政协常委总数的66%;接待海外华侨华人、港澳同胞17批346人次;接受海外华侨华人、港澳同胞捐赠公益事业款项合计213.66万元。加强工商联组织建设,完成北京等异地商会的换届;成立上海、北京等异地商会党支部;做好少数民族发展项目的申报,争取各级民族补助款1109.12万元;引导宗教界团体捐赠公益事业款项累计773.58万元。

【做好党外人士工作】

做好党外干部的安排和党外人士队伍建设,在各乡镇场和县直各单位推荐的基础上,筛选德才兼备、有发展潜力的人选,建立和保持一支50人的党外后备干部队伍。是年,县人大常委会党外常委7人，党外代表110人,占代表总数的37.90%;县政协党外政协委员170人,占政协委员总数的54.10%,党外政协常委27人,占政协常委总数的66%。

【港澳侨台统战工作】

维护侨益 为归侨侨眷排忧解难，受理涉侨信访案件7宗,接受来信4件、来访3件,均做到件件有回复。

服务台胞台商 做好定居台胞普查、办证和户籍更改工作，为41名台胞开具台籍身份证明，向24名老龄台胞发放老龄补助7.32万元。开展台资企业调研,县台联会撰写的《当前两岸关系背景下推进闽台深度融合问题研究》论文,被闽南师范大学两岸关系理论漳州研究基地论文集收录。

接待侨胞港澳台同胞及公益捐资 是年,接待海外华侨华人、港澳同胞17批346人次。其中,3月,接待香港漳浦同乡会会长陈国强考察团一行9人;5月,接待由香港漳州同乡总会会长杨集文为团长的香港希望工程基金会捐建项目考察团一行15人在湖西、漳浦二中考察教育事业发展情况;10月，接待香港漳浦同乡会妇女部参访团一行30人回乡开展为期4天的交流活动;11月，接待香港福建希望工程基金会主席余毅一行19人在湖西顶坛小学揭牌活动。是年接受海外华侨华人、港澳同胞捐赠公益事业款项合计213.66万元。

【经济领域统战】

加强工商联组织建设 4月,完成北京等异地商会的换届;协同县委组织部做好异地商会和县域内各商协会的党支部筹建,上海、北京等异地商会党支部挂牌成立。

服务民营企业 着力解决民营企业融资难问题,协调县邮政储蓄银行与县建筑装修建材协会对接,帮助企业和个体户办理小额贷款，已落实贷款户100多户,解决资金近3千万元。

参与招商引资 协助漳浦泉州商会引进超盛石化交易中心入驻,完成交易额12亿元,上缴税收1000多万元；促成漳浦泉州商会投资1.20亿元，建设泉商总部经济园,已完成公司注册、项目选址;促成香港亘今集团投资20亿元在石榴镇发展健康养老产业,已完成项目规划。

引导民营企业履行社会责任 加强对非公有制经济人士的教育，引导他们致富思源、富而思进。6月9日举行“扶贫之光一企业家在行动”活动启动仪式,北京、上海、深圳、厦门、泉州等5个异地商会和县总商会分别与5个重点贫困村和全县30个贫困村签订挂钩帮扶协议,帮扶资金300万元。

搭建维权平台 2017年,受理商会会员法律服务10多件次，为会员代理民事诉讼案件2起,接待企业和个体工商户来信来访20余次，协调处理矛盾问题6件次。

【民族宗教事务】

开展民族文化交流 成立“畲族文化研究会”,挖掘、传承民族文化。选送赤岭畲族歌舞团参加海峡两岸(闽台)少数民族体育文化节暨海峡两岸少数民族青年舞蹈大赛,获得一等奖。

做好少数民族发展项目的申报　是年,争取到各级民族补助款1109.12万元。其中,中央补助资金102.50万元,省级项目补助68万元,少数民族助学金44.62万元,市级补助款94万元,省政府挂钩帮扶湖西、赤岭各400万元。

落实少数民族考生优惠政策　为少数民族参加中考学生开具少数民族成分证明253份。

引导宗教界人士热心慈善活动　是年,全县宗教团体捐赠公益事业款项累计773.58万元,其中,道教263.36万元,佛教363.12万元,基督教91.52万元,民间信仰场所53.08万元,天主教场所2.50万元。

开展宗教工作的联谊交流活动　漳浦县宗教场所组团到台湾1次,期间走访宫庙10处;接待台湾到漳浦开展民俗文化交流参访团28批次、1138人次。

加强宗教活动场所管理　完成全县106间宗教活动和2间省级联系点民间信仰场所及216名教职人员的信息采集录入。完成漳浦西湖宫、漳浦仙峰岩女娲宫、漳浦仙脚川福德正神庙、漳浦乌石天后庙的换届工作。

【统战信息编写与报送】

报送各种信息151条,其中《福建统一战线》采用1条,省委统战部统战网络信息采用1条,市委统战部《漳州统战情况》采用16条。

【统战课题调研和撰写】

根据省、市委统战部《关于做好2017年度统一战线理论政策研究工作的通知》要求,结合实际情况,深入基层和有关单位就《当前两岸关系背景下推进闽台深度融合问题研究》《关于加强基层宗教工作力量的调查与思考》《新形势下侨联创新联谊交友工作问题的思考》《优化营商环境促进民营经济发展》等4个重点课展开调研和文稿的撰写。

(撰稿人:张翠珏)

·政法委及综治·

【概况】

2017年,漳浦县政法综治工作坚守"六个不发生"底线,持续开展"维稳八大专项行动",全县刑事发案总数同比下降20%,初信初访限期内100%化解,打假、道安两项重点整治成效显著,群众公众安全感率98.18%;圆满完成全国"两会"、北京"一带一路"峰会、福州"三合一"会议、厦门金砖会晤及中共十九大等重大活动安保维稳工作,漳浦县被评为全市综治工作先进县。

【落实综治责任】

部署到位　将综治平安建设纳入县委、县政府"三抓三比·十项竞赛"年度工作计划,层层签订、下发综治责任书。召开县委常委会7次、县政府常务会议4次、全县大会7次,部署研究综治维稳工作,制定县处级领导责任清单,严格履行稳定第一责任。

资金人员到位　对与综治工作有关的人、财、物及政策给予倾斜,综治与平安建设经费按每人高于1元标准保障到位。2月,出台《漳浦县健全落实综治领导责任制实施办法》和《漳浦县综治平安建设考评奖励办法》,建立健全落实综治领导责任制和综治责任奖惩机制。11月,为落实基层反邪教工作有人抓、有人管的要求,每年增加拨付99.20万元反邪教协理员工资,通过政府购买服务方式,配备22名乡镇场反邪教专职协理员;六鳌镇店下村、赤岭乡赤岭村、绥安镇麦铺村等3个村被评为全国无邪教示范村,国家安全人民防线建设、反邪教工作考评均排名全市第一。

【重大活动安保维稳】

摸排稳控　按照"隐患穷尽、问题归零"和"宁可交叉重复、绝不留下缝隙"要求,对重点人员的摸排和管控力度。各乡镇、主管部门联动,实时纳入"漳州市涉稳隐患排查处置管理系统"。做好教育稳控,对进京非访的个人极端人员、信访重点人员等,实行一人一档,落实"人盯人"制度,做到底数清楚、行为可知、动向明确,坚决吸附在当地。

督查落实　县成立政策落实、排查化解、应急处置、督查问责4个维稳专项领导小组，由4名县委、县政府分管领导担任组长。县委书记、县长等县处级领导到挂钩乡镇场进行督导指挥。县委办、政府办、综治办、信访联席办组成5个督导组，对各乡镇场维稳工作进行督导，压实维稳属地责任和部门主管责任，发现问题、立行整改，确保工作万无一失。是年，省、市交办风险隐患清单174件，化解149件，化解率85.60%，稳控率100%；其中省交办19件，化解17件，化解率89.50%。初信初访限期内100%化解，进京到省到市上访人次均同比下降50%以上。重大活动均没有发生进京到省到厦门非访，实现“零失控、零非访、零登记”。

【夯实综治基层基础】

发挥综治责任制龙头作用和考评奖惩激励机制，推进治安防控体系建设，提高社会治理和群防群治水平。建成农村平安监控3000多路、铁路沿线视频监控61路，接入“雪亮工程”视频监控共享平台1387路。组建平安志愿者队伍26086人，使用“芗里芗亲APP”发布任务和自主巡逻，开展治安巡逻14万多小时。推进严重精神障碍患者专项治理、区域治安问题整治、网格化服务管理、综治中心建设等各项工作。是年，72项综治基础项目考评有50项位居全市第一。

（供稿：县委政法委）

·农村工作·

【概况】

2017年，漳浦县农村工作加快脱贫攻坚和推进，多种模式推进产业扶贫，投入资金1.30亿元，创建21个产业扶贫项目，发放扶贫小额信贷1003户3300多万元，至年底，实现全县贫困人口全部脱贫，贫困村全部脱帽。是年，农村居民人均纯收入达18106元，同比增长9.50%。投入资金3800万元，实施20个富美乡村建设。

【脱贫攻坚】

多种模式推进产业扶贫，创建21个产业扶贫项目，投入资金1.30亿元，重点培育石榴现代观光休闲农业、湖西优质蔬菜生产营销示范、前亭镇骆驼牛专业养殖示范3个优质项目。加大资金投入，完成省、市下达的800人造福工程。推进扶贫小额信贷，全县小额信贷累计发放1003户3300多万元，发放面超过25%，发放量排全市第三。探索扶贫长效机制，在龙岭、土塔、后洞、美林等4个贫困村建设光伏项目1500平方米，贫困村预计年可增收30万元以上。至年底，漳浦县实现全县贫困人口全部脱贫，贫困村全部脱帽。

【深化农村改革】

农村土地承包经营权确权登记颁证 漳浦县是全省13个农村土地承包经营权确权登记颁证工作试点县之一。是年，派出土地确权工作组和督查组深入农村基层，开展进村入户指导和督查，有效推进工作的有序开展。至年底，全县280个建制村已100%完成权属调查，并全部完成审核公示和合同的签署工作。

培育壮大新型经营主体 是

11月7日，漳浦县召开脱贫攻坚、土地确认、生猪并殖污染整治加温会

（农业局 供图）

年，培育和发展合作社94家，家庭农场141家。其中，市级示范社2家、家庭农场3家，县级示范社4家、家庭农场10家。

办理土地经营权抵押登记贷款 是年，办理农村土地经营权抵押贷款10笔，涉及流转土地面积102.79公顷，抵押物认定价值3359.70万元，贷款金额1579.40万元。

【农村建设“双百”行动】

20个富美乡村建设 完成投资3800万元，占计划投资3000万元的126.66%；至年底，累计拆除废旧建筑物1.40万平方米，硬化路面20千米，绿化1万平方米，清理沟渠25千米，建设休闲公园20个，公厕20座。其中攀龙村和东升村2个村为市级创建村。

11个环境整治村 完成投资1250万元，占计划投资1000万元的125%，至年底，已全部完成整治规划，清理沟渠10千米，拆除废旧建筑物8562平方米，硬化路面7.50千米，建设休闲公园9个、公厕8座。

（撰稿人　蔡小玲）

·精神文明建设·

【概况】

2017年，深化群众性精神文明建设，开展漳浦县首届十佳文明家庭评选活动，评选首届十佳文明家庭10户；开展第四届漳浦县学雷锋志愿服务系列先进评选表彰活动，评选出“学雷锋优秀志愿服务组织”26个，“学雷锋优秀志愿者”163人；开展第四届漳浦县“美德少年”评选表彰活动，授予16位同学为第四届漳浦县“美德少年”称号；督促51个文明单位结对共建51个文明村，促进城乡结对共建文明村活动开展。

【公民思想道德建设】

加强公益广告宣传 为迎接中共十九大胜利召开，推动社会主义核心价值观更好地融入百姓日常生活，潜移默化增进人们对核心价值观的认同感和践行力，组织开展“图说我们的价值观”公益广告作品征集展示活动。是年，在万安隧道口、绥安开发区县城入口处、万新广场等制作6幅文明县城创建大型公益广告。同时，利用车站、广场、公园、旅游景点、户外电子显示屏、网站等媒介，刊播“中国梦”、社会主义核心价值观、志愿服务、食品安全等公益内容。

开展“慰问·帮扶”活动 元旦、春节期间，走访慰问2009年度百名“中国好人榜”林莲花、2012年度福建好人榜“见义勇为好人”陈志军烈士家属和2013年“感动漳浦十大道德模范”（自强自立模范）获得者黄荣跃等；到首届福建省“自强自立美德少年”提名奖获得者何小艺、第三届漳浦县“自立自强美德少年”获得者范秀银、陈冠荣等同学家中，鼓励她们战胜困难，努力学习；到六鳌镇东门村慰问5户计生困难二女户。

传统节日活动丰富多彩 春节、元宵期间，开展“喜气过大年·火红金漳浦”主题活动，各种传统的民俗活动缤彩纷呈。清明节期间，组织开展“和谐清明·文明过节”倡议书发放、爱国诗词吟诵、祭奠革命先烈、网上祭先烈、参观先贤遗踪文化踏青等多项活动，倡导社会新风。端午节期间，开展“经典诵读·文化端午”“文化娱乐·民俗端午”“志愿服务·爱心端午”三大主题活动。中秋节期间，突出“团团圆圆·爱在中秋”主题，开展迎中秋庆国庆系列活动。重阳节期间，突出“浓浓敬老情”主题，通过慰问老人、义诊、义演等方式，给老年人带去温暖和祝福。

评选文明家庭 为展示家庭文明建设成果，推动全县群众性精神文明创建活动深入发展，联合6个部门率全市之先开展县级“德行金浦——漳浦县首届十佳文明家庭”评选活动。确定陈康太等10户“漳浦县首届十佳文明家庭”和林国太等19户“漳浦县首届十佳文明家庭”提名奖获得者。

强化好人建设 建立健全新一年度身边好人数据库，开展“我推荐我评议身边好人”活动。发动各级各类文明单位积极组织人员学习身边好人的不平凡事迹，要求广大干部群众参与身边好人推荐评议和网上投票活动。是年，薛燕榕入选1月份福建好人榜“孝老爱亲好人”；许丽芬入选6月份福建好人榜“孝老爱亲好人”;陈伟琳入围第五届福建省道德模范(助人为乐模范)候选人;林荣花(助人为乐)、林万发(见义勇为)、林树彬(诚实守信)、许丽芬(孝老爱亲)入围第五届漳州市道德模范候选人。

【志愿服务建设】

健全志愿服务信息系统 在全县推广使用“志愿云”志愿服务信息系统开展志愿团队和志愿者注册。至年底,全县已有112个志愿服务组织、4297名志愿者成功注册。

提高志愿服务示范作用 在福建省“2016年度最美志愿者、最佳志愿服务项目、最佳志愿服务组织、最美志愿服务社区”评选活动中,柯文惠、庄智敏获“最美志愿者”称号,漳台义勇消防大队获“最佳志愿服务组织”称号。在漳州市2016年度“最美志愿者、最佳志愿服务组织、最佳志愿服务项目、最美志愿服务社区”系列评选活动中,王剑锋获“最美志愿者”称号,漳浦微益联盟、漳浦县青年志愿者服务中心获“最佳志愿服务组织”称号,县供电公司践行核心价值观爱心光明服务活动项目获“最佳志愿服务项目”称号,绥安镇城西社区获“最美志愿服务社区”称号。组织开展第四届漳浦县学雷锋志愿服务系列先进评选表彰活动,评选出“学雷锋优秀志愿服务组织”26个,“学雷锋优秀志愿者”163人。陈伟琳被评为2017年度全省岗位学雷锋标兵。

注重志愿服务活动开展 以“情暖金漳浦·山水绿家园”为主题,在全县范围集中开展主题志愿服务活动。开展创卫志愿服务系列行动:县妇联、绥安镇等动员全县妇女响应“创建国家卫生县城”号召,开展“美丽漳浦·巾帼创卫”活动;县委文明办、团县委、县妇联、县创卫办联合在县城区域内开展“创卫志愿行金浦更美丽”暨“创卫寻宝青春有约”活动。各级文明单位(学校)、文明乡镇网络志愿者开展“为美德点赞、向模范学习”主题活动。

【未成年人思想道德建设】

突出未成年人实践活动 开展“走访慰问送温暖、代理家长送亲情、法律援助送回归、宣传教育送文化、安全保护送平安、拓宽渠道送就业”等“六送”为主题的“关爱青少年月”活动。清明节,各中小学通过网上献花、签名寄语、宣誓等多种形式,开展“网上祭英烈”活动。以“七一”党的生日为契机,开展“童心向党歌咏活动”,组织未成年人广泛传唱歌颂党、歌颂祖国、歌颂中国梦的优秀歌曲。

突出乡村学校少年宫建设 加强对中央专项彩票公益金支持建设的乡村学校少年宫—赤湖中心学校的培育验收及对八一希望小学、湖西中心学校和深土中心学校乡村学校少年宫项目的帮扶;组织省市级文明单位挂钩全县自建乡村学校少年宫,对少年宫的场所建设、器材配备等方面进行指导和支持。

突出激励表彰先进典型作用 开展第四届漳浦县“美德少年”评选表彰活动,收到各类参评人选256人,授予杨梦萍等16位同学为第四届漳浦县“美德少年”称号,卢艾琪等16位同学为第四届漳浦县“美德少年提名奖”称号。南浦中学的许敏如和石斋小学的蔡子龙被评为第四届漳州市“美德少年”,蔡子龙同时被评为全省第四届“美德少年”。

【农村精神文明建设】

注重家风家训建设 持续组织开展“晒家训、扬家风”活动,以家训为抓手,树立家教新风;以舆论为导向,强化宣传引领;以网络为平台,增强带动效应;以典型为榜样,传播家教文化。围绕“家教、仁爱、清廉、诚信、俭朴、立志、惜时、勤勉、修养”等方面,寻找家训、撰写家训、悬挂家训、传播家训、继承家训,推动社会主义核心价值观在每个家庭落地生根。

注重农村风气治理 以农村社会普遍存在的封建迷信、黄赌毒、大操大办红白喜事、比阔斗富等为重点,开展农村社会风气突出问题专项治理活动。发挥宣传引导、文明倡导、系列活动、阵地建设、典型带动、重点整治等六个方面作用,努力在摒弃陋习陋俗、净化农村社会风气、形成良好道德风尚方面取得新成效,实现乡风民风整体提升。

注重环境综合整治 完善和规范垃圾处理设施管理制度,

将环境卫生整治纳入各单位年终绩效考评项目。联合有关部门开展生态环境整治督查，定期不定期地深入到各个乡镇督促检查。建立垃圾收集量监控体系，全县已有17座垃圾中转站投入使用，对乡镇生活垃圾进行集中收集、压缩清运，解决农村垃圾处理难问题。

注重城乡结对共建 抓好“城乡结对共建文明村”活动，督促51个文明单位结对共建51个文明村，帮扶共建村，推动共建村全面发展。落实“文明共建、文化共享”工作计划，把“结对子、种文化”的结对帮扶工作纳入全县群众性精神文明创建活动总体规划，推动文化共建工程落实落地。

【群众性精神文明建设】

开展文明创建总评 以新一届各级文明单位(学校、社区、旅游风景区)、文明村镇、文明行业创建总评年为契机，加强文明创建指导和考评，落实创建举措，提升创建实效。修订《漳浦县精神文明创建活动管理办法》，向文明委成员单位征求意见，提高文明创建活动管理水平。漳浦东南花都景区、漳浦天福“唐山过台湾”石雕园被确定为“2016年度漳州市文明旅游示范点”。

文明县城创建 做好省级文明县城总评年实地考察点网络申报工作。协调好市委文明办文明县城创建工作调研督查活动，加大环境综合整治力度、公共秩序管理力度和公益广告刊播力度，通过分解责任、明确任务，对照标准、开展整改，推动文明县城创建。

(撰稿人：林燕坤)

·机关党建·

【概况】

2017年，机关党工委把抓“两学一做”作为机关党建重中之重的工作，落实“三会一课”制度，印发“三会一课”会议记录本1000份，举办党务干部、发展党员业务等培训3期，受训340人次，创建“两学一做”示范点3个，发展党员工作示范点2个；加强基层组织建设，新成立9个党支部，撤销1个党总支、5个党支部，发展党员35人。

【“两学一做”学习教育】

把抓“两学一做”作为机关党建重中之重的工作，做到常态化制度化。抓好机关党组织“三会一课”制度落实，印发“三会一课”会议记录本1000份，确保机关党组织全覆盖。抓好示范带动，召开县直机关“两学一做”学习教育常态化制度化推进会，到供电公司党委、地税局党总支、检察院党总支调研并指导“两学一做”示范点的创建。强化机关党务干部业务培训教育，先后举办“党员e家”网络系统培训、发展党员业务培训、党费收缴业务培训等，提高机关党务干部工作水平。

【庆“七一”系列活动】

开展纪念“建党96周年”系列活动，组织县直机关单位党务干部到县廉政教育基地了解党的反腐历程，接受廉政教育；与团县委联合举办“不忘初心、砥砺前行”主题演讲比赛，与卫计局机关党委联办“党建引领　健康漳浦”主题庆“七一”晚会，与文广体局党总支举办“喜迎十九大　永远跟党走”庆“七一”文艺晚会，晚会中还进行“两学一做”知识问答。编印“七一”专刊。

【党建常规事务】

基层组织建设 落实按时换届选举工作制度，是年，1个机关党委、6个党总支、62个党支部完成换届选举工作；机关党组织召开换届大会时，机关工委均到会督查指导，保证换届按要求进行。新成立9个党支部，撤销1个党总支、5个党支部，理顺县直机关党组织设置。

发展党员 做好发展党员工作，严格发展党员程序，发展对象主要从一线优秀青年中选拔，举办发展对象培训班2期，发展党员35人。

党费收缴 严格党费收缴标准，督促机关党组织按时足额上缴，并做好党费台账管理，是年，收缴党费149.77万元。

【提升党建工作水平】

业务培训 举办党务干部业务培训3期，受训200多人次；举办公安系统、卫计系统支部书记培训班，受训140人次。

创建示范点 指导创建供电公司党委、检察院党总支、地税局党总支“两学一做”示范点3个，及环保局党总支、供电公司党委2个发展党员工作示范点。

规范党支部活动室 印制下发党建上墙制度牌30套，规范机关党组织党员活动室。

【规范党内政治生活制度】

根据县委要求，作为第九督导组落实好民主生活会的督查及会后材料汇总工作。推进“三会一课”、民主生活会和组织生活会、谈心谈话、党员党性分析和民主评议、主题党日和党内监督制度的严格执行和落实。向机关4600多名党员分发党徽，统一佩戴党徽。并要求在岗示身份，在工作中做表率。落实书记述职制度，要求各党组织书记在党建工作中实行“一岗双责”的情况进行述职；将所有材料汇编成册，分发到各党组织，为机关党建的创新起到交流、指导和总结的作用，提升机关党建工作水平。

（供稿：机关党工委）

·党校教育·

【概况】

2017年，漳浦县委党校先后开设培训班15期，受训学员1189人；创新办学机制，成立“金浦党教轻骑队”，开展送教下基层41场次，有1900多名基层党员、群众接受教育培训；推进现场教学基地建设，创建蔡新故居、中共靖和浦中心县委机关旧址所在地“闽南井冈山”车本村、南浦红军楼（中共漳州中心县委机关驻地旧址）、黄道周纪念馆等4个现场教学点。

【创新办学机制】

办好各类培训班 是年，漳浦党校开设青年干部培训班、科级干部进修班、村级党组织书记培训班等主体班次及其他短期专题培训班次共15期，受训学员1189人。具体为：1月，与漳州市卫生职业学院联合举办师资培训班；3月13日至5月12日，举办为期2个月的漳浦县第七期科级干部进修班，44名科级干部参训；3月27日，与县武装部联合举办武装部长培训班，30名学员参训；4月10日起，举办4期的村级党组织书记培训班，每期集中培训4天，全县290多名村级党组织书记参训；5月8日至7月7日，举办漳浦县第十九期青年干部培训班，51名青年干部参训；6月15—16日，与县卫计局联合举办卫计系统党建专题培训班，120名学员参训；6月22—23日，与县委组织部联合举办非公企业党建培训班，49名学员参训；9月18日，举办为期2个月的漳浦县第八期科级干部进修班，48名科级干部参训；9月24—29日，省民兵工程防化集训在漳浦党校举行，97名学员参训；10月31日，与团市委、市农业局联合举办漳州市农村青年致富带头人暨新型经营主体培训班，77名学员参训；11月23—24日，与县妇联联合举办漳浦县妇联执委暨基层妇女干部履职培训班，81名学员参训；12月27—28日，举办漳浦县领导干部学习贯彻中共十九大精神第一期专题研讨班，学员260多人。

送教下基层 党校2位领导和6位老师加入漳浦县“学习贯彻中共十九大精神县委宣讲团”，分赴全县各乡镇（场）、开发区以及各县直单位开展38场专题辅导宣讲活动。成立“金浦党教轻骑队”以1＋1＋1（党课＋政策宣传＋技能培训）方式送教下乡。以湖西畲族乡为试点，成立村级党校，作为送教下乡的主要载体实行“菜单式”培训。4月13日“送教下乡”启动，至年底，送教下乡41场次，有1900多名基层党员、群众接受教育培训。在青年干部培训班中开展“学员微课堂”活动，精选其中优秀的成果作为课题储备，列入送教下乡的课题菜单中。

建立党政领导同志到党校讲课制度 在科级干部进修班等主体班次中，邀请县委、县政协、纪委、检察院等部门领导前来授课。是年，县委书记戴平忠，县委副书记简洪坤，县委常委、组织部部长、党校校长沈顺来，县委常委戴文利，县委常委、纪委书记陈金生，县人民检察院检察长吴锦棋，县政协领导林仲文等县领导到党校为学员授课。

创新培训方式方法 实行组织调训与干部选学、集中培训

4月10日，漳浦县村级党组织书记培训班在县委党校开班　（县委党校 供图）

与经常性教育、实体培训与网络培训相结合，针对不同类别、不同层次、不同岗位培训对象的实际开展教育培训。在主体班进行教学方式创新，实行课堂教学、现场教学、体验教学、结构化讨论、异地教学等多种教学方式。推行现场教学、异地教学常态化，在每个主体班中，每周都组织学员到县域里的廉政教育基地、党性锻炼基地、非公党建示范点、富美乡村建设示范点进行现场教学。科级干部进修班和青年干部培训班都组织学员进行异地培训，是年已组织学员到河南林州、古田、井冈山、瑞金、长汀等地开展党性教育体验式教学活动。在课堂教学中，党校年轻教师尝试新的教学方式方法，把结构化讨论、情景模拟、现场演示有效地运用到课堂教学中。集中学习后，学员以小组为单位展开调研，形成调研成果，以PPT的形式进行交流汇报。

教师队伍建设　加大干部教师培养、使用和实践锻炼力度。是年，选派10人次教师参加上级党校举办的各类培训班，选派1名教师参与县委的中心工作任务，选派干部参加漳浦县科级干部进修班和青年干部培训班，通过多种途径锻炼和提高教师的业务水平及理论联系实际的能力。

【加强科研与咨询工作】

围绕全县经济社会发展情况开展调研活动。2017年，党校老师的调研课题《古雷整岛搬迁后的农民就业问题》获漳州市哲学社会科学研究规划课题立项（结项文件未出），调研课题《着眼健康农业　推进漳浦农业供给侧结构性改革》结项并被市委党校评为县级一等科研课题；在CN级刊物《福建教育学院学报》上发表论文《也谈中国共产党基层党内政治文化建设》；调研文章《精准扶贫与推进农村社区发展研究》收录漳浦县社科联调研文章汇编。

【现场教学基地建设】

根据党校教学内容和党员学习需求，立足实际教学需要，确定党性与爱国主义教育、廉政警示教育、富美乡村建设、非公企业党建等教学基地类别。重点打造蔡新故居、中共靖和浦中心县委机关旧址所在地“闽南井冈山”车本村、南浦红军楼（中共漳州中心县委机关驻地旧址）、黄道周纪念馆等4个现场教学点。党校培训处负责与各个现场教学基地的联系工作，在基地建设中，坚持突出特色、打造精品，深入挖掘。根据教学基地类别，指派党校相关科室和老师，对基地教学内容设置进行专业化对口指导，设计专门配套课程和教学活动，推动课堂教学、基地教学与社会实践有机结合。

（撰稿人：林泽贤、朱慧斌）

·老干部工作·

【概况】

2017年，漳浦县结合实际，不断改善老干部服务方式、落实老干部政治、生活待遇，办理老干部护理费22人次，为34名企业离退休老干部落实综治平安建设考评奖励；充实丰富老干部精神文化生活，常年向老干部赠阅《福建老年报》《金浦报》等形势教育资料；探索“四就近”服务老干部形式，绥安镇城西社区被省委老干部局授予“福建省社区服务老干部工作示范点”。

【落实老干部政治、生活待遇】

组织政治学习 利用老年大学、离退休党支部等，组织老干部开展学习活动；特别是利用老年大学这个阵地，组织老干部开展学习中央《关于进一步加强和改进离退休干部工作的意见》、省委《关于进一步加强和改进离退休干部工作的实施意见》和十九大精神。城西社区、漳浦一中等离退休党支部也及时组织党员老干部进行学习。县老干局结合走访慰问活动，开展《意见》《实施意见》和中共十九大精神的宣讲、宣传，让广大老干部感受到党中央、国务院的关心爱护和对老干部工作的重视支持，激发他们政治热情。

加强老干部思想政治工作 强化老干部教育管理，支出2万多元征订《福建老年报》《金浦报》等资料，赠送全县离休老干部、“5•12”退休干部阅读，丰富他们的精神生活。通过重大节日慰问、住院必访，日常以走访、电话问候等多方式与老干部沟通，及时了解掌握老干部思想动态。

参观重点项目建设 10月27日，组织20多名处级离退休老干部参观了古雷填海造地工程、新港城“欢乐谷”项目、前亭滨海新城、佛昙城市综合体等多个漳浦县经济发展新项目，让他们感受漳浦社会经济的发展成果，引导他们结合亲身经历感受美好生活，畅谈发展变化，为漳浦县改革发展提建议、献良策。

成立离退休干部党工委 9月，县离退休干部党工委挂牌成立。以党工委为平台，指导各离退休干部党支部开展活动，引导离退休干部发挥专业特长和长期树立的威信作用，在各自所在单位、社区按照“六个老有”，以不同的形式支持县委、县政府工作大局。促使一批离退休老同志热心参加关工委、老促会、老体协、计生协、老妇协等单位，在各自的“新岗位”上，以自身的正能量影响着年轻一代。

【老干部服务】

分组挂钩服务 针对老干部年龄高、居住地较分散的特点，将全县离退休老干部分成4个组，并建立老干部“一人一档”手本。制定老干局常态化分组挂钩方案，确保每月至少与所挂钩的老干部见一次面，谈一次心，老干局工作人员手机24小时开通，全天候随时准备服务老干部。以“马上就办”的态度，对生活不能自理的老干部，及时帮助协调老干部原单位、财政等部门。是年，办理老干部护理费22人次。此外，协调财政、社保及老干部原单位及时做好老干部逝世后的一次性抚恤金发放。是年，调解2起老干部逝世后一次性抚恤金纠纷。

开展走访慰问活动 1月初，县老干局分组分片，组织慰问省内易地安置老干部及漳浦县有关乡镇，慰问离退休老干部及离休干部遗偶，走访慰问80位离退休老干部或家属、102位离休干部遗偶。3月，结合离退休干部基本情况、离休干部遗偶基本情况调查，分组分片深入每一个老干部家庭，详细了解老干部或老干部遗偶的生活、身体、家庭情况等，为老干部解疑释惑。中秋节、重阳节期间，分别走访看望慰问60多位离休干部、“5•12”退休干部。

维护老干部权益 6月，根据省老干部局《关于调整离休干部无工作遗偶定期定额生活补助标准的通知》精神，与县财政、机关社保、劳动社保等单位取得联系，做好离休干部遗偶定期定额生活补助标准调整。7月，针对企业离退休干部没有纳入平安建设评奖的情况，根据省委组织部等部门有关文件，及时向县委、县政府报告，要求将34名企业离退休老干部纳入综治平安建设考评奖励，与县综治办、财政局等有关部门沟通协调，使企业离退休老干部综治平安建设考评奖得到落实。

【老干部文体活动】

庆中共十九大系列活动 以县老年大学为主体，在中共十九大召开前后，开展征文活动、书法展览、出版班级板报、文艺会演等形式的一系列活动，庆祝中共十九大召开。不定时开设专题课程，对中共十九大精神、《老年教育发展规划》等进行宣传、解读，鼓励老干部继续保持党的优良传统和作风，增强党性修养，展示自身价值。

开展红色文化教育 邀请原县老区办、党史办领导到县老年大学为学员作“漳浦县老区革命史”讲座。组织老干部到乌山、车本老区村、古田会议会址等革命纪念馆或革命圣地参观学习。举办“纪念漳浦苏区暨红三团创立85周年文艺晚会”“走进新时代、扬帆再起航”庆祝中共十九大胜利召开文艺晚会等纪念、庆祝活动，弘扬党的优良传统。

（撰稿人：陈泗杰）

·信访工作·

【概况】

2017年，漳浦县信访局受理群众来访363批，其中到县上访269批399人次，同比批次上升40.80%，人次下降5%；到市上访65批79人次，同比批次下降13.30%，人次下降59.50%；到省上访14批20人次，同比下降63.20%，人次下降65.50%；无到市集体访，无到省集体访；到国家信访局正常访15人次，同比下降16.70%。

【化解信访事项】

强化初信初访化解 重视初信初访的办理，采取热心接待、热心服务、热心跟踪“三热心措施”规范初信初访办理程序。对群众反映的信访诉求进行梳理甄别，当场出具信访事项受理或不予受理告知单，避免在责任单位调查落实期间重复信访；对涉法涉诉的信访人，耐心细致做好疏导解释工作，引导其走法律途径。县信访局在3个工作日内把信访件转交责任单位办理，责任单位按照规定的程序、期限，做好初信初访事项办理工作，并书面答复信访人。对初信初访事项的办理情况采取电话督办、发函督办、实地回访等方式定期进行跟踪督办，确保初信初访“件件有着落，事事有回音”。

做好省、市、县信访积案化解 年初，印发《关于开展信访积案化解及依法严厉整治进京非访专项活动的实施意见》，部署全县信访积案化解和非访整治工作，对79件信访积案逐一落实领导包案责任，明确化解时限，制定重点敏感时期的管控责任追究制度。年中，发出《关于进一步推进信访积案化解工作的通知》，下达全县信访积案89件，明确任务、工作目标和时间安排。至年底，实现历年信访积案（含省、市交办）基本成功化解。

【完善信访机制】

开展“三无”创建活动 开展县、镇、村“三无”创建活动，着力从源头上预防和减少信访问题的发生。全县309个村（居、社区），除绥安镇楼脚村、石斋社区、绥北社区、后港村、北街社区，旧镇镇林美村、后埭村，杜浔镇近城村，古雷镇港口村，深土镇南境村，石榴镇象牙村等11个村（社区）外，其他村（社区）全部达到“三无”乡村创建条件。

建立矛盾纠纷排查机制 建立县每半月一次、镇村每周一次的矛盾纠纷排查例会制度，开展矛盾纠纷排查化解，把可能引发的矛盾纠纷和上访事件的苗头纳入视线，做到早发现、早控制、早化解。是年，排查出矛盾纠纷3191件，已化解3185件，化解率99.81%；民代幼教师、参战退伍老兵集体上访等问题均被化解在萌芽状态。

完善县、乡、村领导干部接访机制 完善县党政主要领导每月15日、县党政领导每周一到县信访局定点接访制度；健全乡（镇、场）领导班子成员每周下村接访和每天轮流定点接访制度；建立村（居、社）主干敏感时期定点在村部接待群众投诉制度。把各种不稳定因素化解在初始萌芽状态。

严格法定分类处理机制 按每类信访诉求对应一类法定途径的要求，梳理形成分类处理清单，明确处理办法、程序、途径和职能部门。推动10家职能部门编制完成分类处理清单，通过部门网站等平台向社会公布，已协调解决信访事项3件。

【整治“非访”】

成立以县政府副县长、公安局局长为队长，由公检法等部门抽调精干人员组成的工作队，对“非访”现象开展整治。是年，公安机关依法逮捕涉嫌违法重点信访人员15人次，信访秩序出现良性好转。

【促“阳光信访”】

成立县“12345”便民服务中心领导小组，规范各乡镇场、县直各部门网上投诉、咨询便民业务。把“12345”便民服务平台建设作为做好“创新群众工作方法解决信访突出问题”的举措，全县已有98个联动单位加入便民服务平台。落实“马上就办”措施，及时解决群众身边遇到的各种困难和问题1053件，群众满意度97.44%。

（撰稿人：胡惠瑜）

·巡察工作·

【概况】

2017年1月6日，经中共漳浦县委机构编制委员会批复，同意成立县委巡察工作领导小组办公室（以下简称巡察办），为县委工作部门，机构规格正科级，同时承担县委巡视巡察工作联络组办公室职责；另设立2个县委巡察组。2016年12月6日，县委出台《漳浦县委巡察工作实施办法（试行）》，正式建立县委巡察制度，并于12月14日启动首轮巡察。

【常规巡察和专项巡察】

是年，组织开展三轮5批次的常规巡察和1次县区交叉巡察，涉及9个乡镇和6个县直部门，延伸巡察21个建制村；组织2次扶贫领域专项巡察。

5批次的常规巡察 2016年12月14日至2017年1月13日，分2个组开展第一批次巡察，巡察官浔镇和交警大队，巡察发现问题35个。3月3日至4月2日，分3个组开展第二批次巡察，巡察深土镇、马坪镇和教育局，巡察发现问题59个。5月4日至6月3日，分3个组开展第三批次巡察，巡察杜浔镇、长桥镇和海洋与渔业局，巡察发现问题61个。7月9日至8月8日，分3个组开展第四批次巡察，巡察赤岭乡、湖西乡和审计局，巡察发现问题59个。11月7日至2月6日，分3个组开展第五批次巡察，巡察六鳌镇、赤土乡和农业局，巡察发现问题55个。

2次扶贫领域专项巡察 8月7—17日，开展第一次扶贫领域专项巡察，发现问题5个。10月30日至11月14日，开展第二次扶贫领域专项巡察，发现问题15个。

【配合省、市委巡视】

5月9日至6月10日，县民政局接受市委第一轮县（市、区）交叉巡察，巡察发现问题21个。8月1日至9月1日，省委巡视三组对漳浦县开展巡视；12月14日，巡视组向漳浦县反馈巡视情况，指出6个方面20项36个问题，提出4条整改意见。县委高度重视，履行巡视整改主体责任，强化措施，统筹推进整改，取得很好的整改成效。

（撰稿人：林为国）

2月27日，县委巡察工作领导小组办公室挂牌成立 （陈永镇 摄）

漳浦县人大常委会

·主要会议·

【县第十七届人民代表大会第二次会议】

12月29—31日，漳浦县第十七届人民代表大会第二次会议在绥城召开，出席会议的人大代表290人。县委副书记、县长黄庆华向大会作2017年县政府工作报告；县人大常委会主任陈少华向大会作县人大常委会工作报告；县人民法院院长郑通斌向大会作县人民法院工作报告；县人民检察院检察长吴锦棋向大会作县人民检察院工作报告；县委书记戴平忠在大会上作重要讲话。大会选举林志辉为县监察委员会主任，增选林志辉为漳州市第十六届人民代表大会代表；选举杨艺明为县第十七届人民代表大会常务委员会副主任，王鸿为县第十七届人民代表大会常务委员会委员。新当选的国家机关工作人员向宪法宣誓。

会议期间，全体与会代表听取和审议县委副书记、县长黄庆华关于漳浦县人民政府工作的报告；审查漳浦县2017年国民经济和社会发展计划执行情况及2018年国民经济和社会发展计划草案的报告；审查漳浦县2017年财政预算执行情况和2018年财政预算草案的报告；听取和审议县人大常委会主任陈少华关于漳浦县第十七届人民代表大会常务委员会工作的报告；听取和审议漳浦县人民法院院长郑通斌关于漳浦县人民法院工作的报告；听取和审议漳浦县人民检察院检察长吴锦棋关于漳浦县人民检察院工作的报告。并在县十七届人大二次会议第三次全体大会上，表决通过大会各项决议草案。

出席政协第十四届漳浦县委员会第二次会议的全体委员，县直机关、部门负责人，各乡镇（场）长等列席了县十七届人大二次会议相关全体会议。

【县十七届人大常委会会议】

县十七届人大常委会第一次会议　2月23日下午至24日上午，县十七届人大常委会举行第一次会议。县人大常委会主任陈少华，副主任王予军、张秀华、王朱申、王赐义以及县人大常委会委员28人出席会议。县长黄庆华，县委常委、组织部部长沈顺来及县人民法院、县人民检察院有关负责人和各乡镇人大主席列席24日上午会议。会议由陈少华主持。23日下午，县人大常委会对新一届组成人员进行履职培训，组织学习电子表决器的使用方法以及县人民代表大会议事规则、常委会议事规则、讨论和决定本行政区域重大事项实施办法、任免国家机关工作人员办法要点。在随后的会议上，审议通过主任会议关于通过漳浦县人民代表大会常务委员会组成人员守则的议案、关于设立县十七届人大常委会代表资格审查委员会的议案、关于县十七届人大常委会各工作委员会委员任职的议案。24日上午，会议听取和审议县长黄庆华关于新一届县政府组成人员任职的提请报告，听取县委常委、组织部部长沈顺来关于新一届县政府组成人员的简历介绍，决定任命26名新一届县政府组成人员。县发展和改革局局长吕坤新代表新一届县政府组成人员作了表态发言。会议颁发任命书并组织新一届县政府组成人员进行宪法宣誓。

县十七届人大常委会第二次会议 3月27日，县十七届人大常委会举行第二次会议。县人大常委会主任陈少华，副主任王予军、张秀华、王朱申、王赐义和委员28人出席会议。县政府、县人民法院、县人民检察院有关领导及县政府办、县人大机关副主任科员以上干部和各乡镇人大主席列席会议。会议由陈少华主持。会议听取和审议古雷港经济开发区关于2016年财政预算执行情况和2017年财政预算草案的报告；听取和审议绥安工业区关于2016年财政预算执行情况和2017年财政预算草案的报告；审议和批准县政府关于漳浦县城区蓝理路等市政道路工程PPP项目财政支出责任纳入本级财政预算及中长期财政规划的议案及关于漳浦县中心城区路网提升工程PPP项目财政支出责任纳入本级财政预算及中长期财政规划的议案；传达学习十二届全国人大五次会议精神。

县十七届人大常委会第三次会议 5月25日，县十七届人大常委会举行第三次会议。县人大常委会主任陈少华，副主任王予军、张秀华、王朱申、王赐义和委员28出席会议。县政府、县人民法院、县人民检察院有关领导以及县政府办、县人大机关副主任科员以上干部和各乡镇人大主席列席会议。会议由陈少华主持。会议听取和审议县政府关于安全生产专项工作报告，形成审议意见交县政府办理；听取和审议县人大常委会执法检查组关于道路交通安全法执法检查情况的报告，形成审议意见，连同执法检查报告交县政府办理；审议和批准漳浦县万安生态产业园启动区道路用地收储及前期整理建设项目财政支出责任纳入本级财政预算及中长期财政规划的议案，漳浦万安生态开发项目一期市政道路工程PPP项目财政支出责任纳入本级财政预算及中长期财政规划的议案；听取和审议主任会议关于2017年度“6•28代表统一活动日”活动主题的议案，决定活动日活动主题为“不忘初心　为民履职”。表彰2016年度乡镇人大主席团宣传信息工作先进单位；听取和审议县人民法院、县人民检察院有关人事任免议案；会议还进行宪法宣誓，县人民检察院检察长吴锦棋及县人民法院新任命的2位检察员向宪法宣誓。

县十七届人大常委会第四次会议 7月27日，县十七届人

12月29–31日，漳浦县第十七届人民代表大会第二次会议在县城召开　（蓝智伟 摄）

大常委会举行第四次会议。县人大常委会主任陈少华，副主任王予军、张秀华、王朱申、王赐义和委员28人出席会议。县政府、县人民法院、县人民检察院有关领导以及县政府办、县人大机关副主任科员以上干部和各乡镇人大主席、3名县人大代表列席会议。县审计局、县财政局、县发改局、县司法局等单位有关负责人列席相关阶段会议。会议由陈少华主持。会议听取和审议县政府2017年上半年工作报告；听取和审议县人民法院2017年上半年工作报告；听取和审议县人民检察院2017年上半年工作报告；听取和审议县政府关于2016年度预算执行和其他财政收支的审计情况报告；听取和审议县政府关于2017年上半年国民经济与社会发展计划执行情况报告；听取和审议县政府关于2016年度财政决算(草案)和2017年上半年预算执行情况报告，批准2016年县本级财政决算；听取和审议县政府关于2017年漳浦县新增政府债券资金预算调整草案的报告，同意2017年漳浦县新增政府债券资金分配使用方案，批准漳浦县新增政府债券资金预算调整；听取和审议县政府关于全县“七五”普法工作安排情况的报告，通过关于在全县开展第七个五年(2016－2020年)法治宣传的决议；审议和批准县政府关于增加漳浦县国民经济和社会发展第十三个五年规划纲要安全生产相关内容的报告。

县十七届人大常委会第五次会议　9月25日，县十七届人大常委会举行第五次会议。县人大常委会主任陈少华，副主任王予军、张秀华、王朱申、王赐义和委员24人出席会议。县政府、县人民法院、县人民检察院有关领导以及县政府办负责人、县人大机关副主任科员以上干部、各乡镇人大主席和3名县人大代表列席会议。县人社局、县农业局等单位有关负责人列席相关阶段会议。会议由陈少华主持。会议听取和审议县政府关于失业保险工作情况的报告，形成审议意见，交县政府办理；听取和审议县政府关于县十七届人大一次会议代表提出的建议、批评、意见办理情况的报告，形成审议意见，交县政府办理；听取和审议县人大常委会执法检查组关于农产品质量安全法执法检查情况的报告，形成审议意见，连同执法检查报告交县政府办理；审议蔡其鸿请求辞去县十七届人民代表大会代表职务的报告，决定接受其辞职；根据县人民法院院长郑通斌提请，任免县人民法院审判委员会委员、审判员和人民陪审员；新任命的审判委员会委员、审判员进行宪法宣誓。

县十七届人大常委会第六次会议　11月27日，县十七届人大常委会举行第六次会议。县人大常委会主任陈少华，副主任王予军、张秀华、王朱申、王赐义和委员28人出席会议。县政府、县人民法院、县人民检察院有关领导以及县政府办负责人、县人大机关副主任科员以上干部、各乡镇人大主席和3名县人大代表列席会议。县财政局、古雷港经济开发区、绥安工业区管委会等单位有关负责同志列席相关阶段会议。会议由陈少华主持。会议听取和审议县政府关于分级诊疗制度实施情况专项工作报告，形成审议意见，交县政府办理；听取和审议县政府关于城市建设与管理专项工作报告，形成审议意见，交县政府办理；听取和审议县政府、古雷港经济开发区、绥安工业区关于2017年财政收支预算调整的报告，批准县政府、古雷港经济开发区和绥安工业区2017年预算调整方案。

县十七届人大常委会第七次会议　12月6日，县十七届人大常委会举行第七次会议。县人大常委会主任陈少华，副主任张秀华、王予军、王朱申、王赐义以及县人大常委会委员23人出席会议。县政府、县人民法院、县人民检察院有关领导以及县政府办有关负责人、县人大机关副科级以上干部和各乡镇人大主席列席会议。会议由陈少华主持。会议决定接受程伟平辞去漳浦县第十七届人大常委会委员和县十七届人民代表大会代表职务的请求。听取和审议主任会议关于召开县十七届人大二次会议的议案，决定于2017年12月28日在绥城召开漳浦县第十七届人民代表大会第二次会议，会期一天；听取和审议主任会议关于补选县十七届人大代表的议案，决定在绥安镇绥南选区、绥西选区，赤湖镇保安选区以及县人武部及驻军部队选区各补选县人大代表1人。

县十七届人大常委会第八次会议 12月12日，县十七届人大常委会举行第八次会议。县人大常委会主任陈少华，副主任王予军、张秀华、王朱申、王赐义以及县人大常委会委员共22人出席会议。县政府、县人民法院、县人民检察院有关领导以及县政府办有关负责人，县人大机关副科级以上干部和各乡镇人大主席列席会议。会议由陈少华主持。会议听取和审议主任会议关于重新确定县十七届人大二次会议召开时间的议案，决定县十七届人大二次会议召开时间由原定的2017年12月28日重新确定为2017年12月29日至31日。会上，王予军还就县十七届人大二次会议有关工作进行部署安排。

县十七届人大常委会第九次会议 12月25日，县十七届人大常委会举行第九次会议。县人大常委会主任陈少华，副主任王予军、张秀华、王朱申、王赐义以及县人大常委会委员22人出席会议。县政府、县人民法院、县人民检察院有关领导以及县政府办有关负责人，县人大机关副科级以上干部和各乡镇人大主席列席会议。会议由陈少华主持。会议听取县人大常委会副主任王予军关于县十七届人大二次会议筹备工作情况的报告；听取和审议县十七届人大常委会代表资格审查委员主任委员王予军关于县十七届人大二次会议代表变动情况的代表资格审查报告；听取和审议主任会议关于提请审议县十七届人大二次会议各代表团召集人建议名单及主席团和秘书长等名单（草案）的议案。

县十七届人大常委会第十会议 12月31日，县十七届人大常委会举行第十次会议。县人大常委会主任陈少华，副主任王予军、张秀华、王朱申、王赐义、杨艺明以及县人大常委会委员29人出席会议。县政府、县监察委、县人民法院、县人民检察院有关领导以及县政府办有关负责人，县人大机关副科级以上干部和各乡镇人大主席列席会议。会议由陈少华主持。会议听取县监察委员会主任林志辉关于人事任免提请报告，任命林锦泉、程伟平等2人为县监察委员会副主任，陈汉章、洪国华、吴志强、许九德等4人为县监察委员会委员；听取县人民检察院检察长吴锦棋关于人事任免提请报告，任命叶婷婷为县人民检察院检察员，免去卢望华、林炳合、蔡伟民等3人的县检察院检察员职务。新任命的国家机关工作人员进行宪法宣誓。

·主要工作与活动·

【概况】

2017年，是县十七届人大常委会召开主任会议16次，举行常委会会议10次，听取和审议专项工作报告21项，讨论并作出重大事项决定、决议22项，形成审议意见13件58条；先后对2部法律法规实施情况进行检查，开展调研、视察和督查活动24次；任免国家机关工作人员142人次。

【服务大局】

尽力尽职服务大局 根据中央和省委、市委关于推进监察体制改革试点工作的精神和县委的工作部署，主动对接配合，研究制定人大实施方案，确保按时选举产生县监察委员会。开展国家卫生县城创建和环境卫生整治工作督查，提出合理化建议，推动县委决策部署贯彻落实。县人大常委会领导挂钩重点项目和联系乡镇，经常深入项目建设现场和乡镇检查指导，促使项目建设扎实推进和挂钩乡镇各项经济指标顺利完成。

适时议决重大事项 围绕县城区和万安生态产业园建设发展中的重大项目及资金安排，依法行使重大事项决定权，作出决议4项、批准资金42.31亿元，支持市政道路等基础设施建设。同意县政府关于"十三五"规划纲要增加安全生产相关内容，进一步明确安全生产的重点工作和主要措施。作出关于在全县开展第七个五年法治宣传教育的决议，强化"谁执法谁普法""谁主管谁负责"的责任落实。决定召开人民代表大会、补选人大代表、人大自身建设等事项7项，促使地方人大工作更加符合宪法法律精神，更好反映人民意志与利益。

依法做好人事任免 坚持党管干部原则，依法行使人事任免权，严格依法做好人事任免工作。2017年，决定任命行政机关工作人员26人；任免司法机关工作人员20人次；任免县十七届人大常委会各工作委员会委员64人，为地方国家机关更好地履行职能提供有力的组织保障。任命人民陪审员22人，有利于推动公民依法参加审判活动，促进司法公正。决定任命或任命之后随即举行宪法宣誓仪式，有助于新当选的国家机关工作人员增强责任感、公仆意识和法治观念。

【人民监督】

法律监督推动法律法规正确实施 按照突出重点、增强实效的原则，围绕公共领域安全，有针对性地开展道路交通安全法、农产品质量安全法等法律实施情况的检查，分别形成执法检查报告，连同审议意见，交执法机关办理。开展道路交通安全法执法检查，常委会组成人员针对检查中发现的问题，提出审议意见，对于道路交通安全法的正确实施，持续加强监管体制和能力建设，严厉整治道路交通突出问题，确保广大人民群众出行安全起着积极推动作用。通过对农产品质量安全法的执法检查，促进县政府及其职能部门围绕"从农田到餐桌"的各个环节，抓住农产品监管中的薄弱环节以及农产品生产经营中存在的突出问题进行整改，加强农产品品牌建设，严格落实属地监管责任，推进农产品质量安全管理工作长效化、制度化，切实保障广大人民群众"舌尖上的安全"。

工作监督促进依法行政公正司法 听取县政府2016年决算报告、2017年预算执行及调整的报告，审查批准县政府2016年决算、2017年预算调整方案；听取古雷港经济开发区、绥安工业区2016年预算执行、2017年预算及其预算调整的报告，批准古雷港经济开发区、绥安工业区2017年预算及预算调整方案。听取县政府关于审计工作报告，要求县政府加强对审计查出问题整改情况的跟踪督查和责任追究。听取县政府2017年上半年工作报告及2017年上半年国民经济和社会发展计划执行情况的报告，强调适应经济发展新常态，推进供给侧结构性改革，做好"三去一降一补"工作，实施创新驱动发展战略，有效防范和化解风险，确保经济社会平稳较快发展。听取县政府关于安全生产专项工作报告，促进县政府不断完善三级监管网络，定期开展应急救援演练，及时排查安全隐患，推进安全生产管理规范化、制度化。听取县政府关于失业保险工作报告，推动县政府及其职能部门有效保障失业者基本生活，促进再就业。听取县政府关于城市建设与管理专项工作报告，督促县政府及其职能部门加强基础设施建设，创新城市管理体制机制，不断增强广大人民群众的幸福感和获得感。听取县政府关于分级诊疗制度实施情况专项工作报告，要求县政府夯实基层基础，发挥县级公立医院龙头作用，规范就医秩序，不断缓解广大人民群众"看病难、看病贵"等问题。听取县人民法院、县人民检察院2017年上半年工作报告，要求司法机关深入开展法治宣传教育，推动深化司法体制改革，优化职权配置，加强队伍建设，规范司法行为，不断提升司法公信力。

关注社会热点难点问题 围绕人民群众普遍关注的热点难点问题，先后开展法院执行工作、漳浦一中省一级达标校创建、气象服务"三农"、巡回检察、文物保护、电子商务发展、少数民族地区经济社会发展情况等工作调研，组织对美丽乡村建设和重点项目建设进展情况进行视察，提出合理化建议，引起"一府两院"对相关工作的重视。督促县政府依法向县人大常委会报告年度环境状况和环境保护目标完成情况，自觉接受人大和人民群众监督。把信访工作作为监督工作的重要组成部分，协助做好"厦门会晤""十九大"会议期间信访工作。是年，县人大常委会健全和完善信访工作机制，受理群众来信136件、接待群众来访62批121人次；听取信访群众合理诉求，推动涉法涉诉等问题的解决，依法维护信访群众的合法权益。

【代表工作】

保障代表履职　2016年12月换届之后，以乡镇为单位，把全县290名县人大代表编成30个活动小组，1676名各级人大代表混合编成145个活动小组，为代表参加活动创造条件。每月向代表寄送有关文件和材料，及时通报常委会行使职权的情况以及县情县政，保障代表的学习权和知情知政权。6月，举办县人大代表初任培训班，邀请全国人大深圳基地教授和市人大人事代表委负责人授课，激发代表履职热情，提升代表履职能力和水平。依法接受个别代表的辞职请求，及时做好代表补选工作，确保代表工作连续性。落实代表活动经费，为代表活动提供有效保障。

发挥代表作用　邀请县人大代表列席县人大常委会会议，参加常委会组织的调研、视察和执法检查等活动，拓展代表对“一府两院”工作的知情知政途径和履职渠道。直面县人大代表履新实际，确定2017年“6•28代表统一活动日”主题为“不忘初心　为民履职”，有效增强代表履职的责任感和使命感。拓展代表联系人民群众的平台建设，把乡镇人大代表工作室作为各级人大代表联系人民群众的重要平台，完善接访、议事、交办、督办、反馈等制度，推进代表履职常态化、长效化，密切人大代表与人民群众的联系，畅通民意表达渠道，广泛听取、真实反映广大人民群众愿望和诉求。

提升代表建议办理质量　引导代表围绕全局性、普遍性问题提出议案、建议，增强议案、建议的针对性。完善督办机制，通过开展代表建议办理工作视察、检查和“回头看”等活动，对办理方案、进度、质量进行督查。将与民生关系密切、迫切需要解决的代表建议作为重点督办件，由县人大常委会领导进行重点督办；对于其他的代表建议按照对口联系挂钩的原则进行对口督办和协同督办。听取县政府关于代表建议办理情况的报告，提出审议意见，督促县政府及其有关部门及时解决办理过程中的突出问题，推动办理工作从“答复型”向“落实型”转变。县十七届人大一次会议期间，代表依法提出议案，建议、批评和意见93件，分解为191个交办件，交由46个承办单位办理，办结率为100%，满意率达89.20%。

【人大新闻宣传与理论研讨】

把握意识形态工作主动权，围绕常委会履职亮点，组织策划，加强宣传阵地建设，办好《漳浦人大简报》。向《人民政坛》《漳州人大》等杂志和省市人大网站投稿，做好以宪法为核心、以弘扬社会主义法治精神为目标的法治宣传教育，提升县人大常委会在全市、全省乃至全国的影响力。组织县乡人大干部参加省人大常委会组织的“推进人大工作创新发展，为再上新台阶、建设新福建提供重要保障”课题研讨，提交研讨论文49篇，有5篇论文获奖。县人大常委会宣传信息工作以及课题研讨论文获奖总数和等次均位居全市各县(市、区)首位。

【履职情况】

听取和审议专项工作报告(21项)

1.听取和审议县政府关于提请审议批准将县城区蓝理路等市政道路工程PPP项目财政支出责任纳入本级财政预算及中长期财政规划的议案。

2.听取和审议县政府关于提请审议批准将县中心城区路网提升工程PPP项目财政支出责任纳入本级财政预算及中长期财政规划的议案。

3.听取和审议县政府关于安全生产专项工作报告。

4.听取和审议县政府关于提请审议批准将万安生态产业园启动区道路用地收储及前期整理建设项目财政支出责任纳入本级财政预算及中长期财政规划的议案。

5.听取和审议县政府关于提请审议批准将万安生态开发项目一期市政道路工程PPP项目财政支出责任纳入本级财政预算及中长期财政规划的议案。

6.听取和审议县政府2017年上半年工作报告。

7.听取和审议县人民法院2017年上半年工作报告。

8. 听取和审议县人民检察院2017年上半年工作报告。

9.听取和审议县政府关于2016年度本级预算执行和其他财政收支的审计工作报告。

10.听取和审议县政府关于2017年上半年国民经济和社会发展计划执行情况的报告。

11. 听取和审议县政府关于2016年财政决算草案和2017年上半年财政预算执行情况的报告。

12.听取和审议县政府关于2017年漳浦县新增政府债券资金预算调整草案的报告。

13.听取和审议县政府关于县“六五”普法工作情况及“七五”普法工作安排意见的报告。

14.听取和审议县政府关于增加漳浦县国民经济和社会发展第十三个五年规划纲要安全生产相关内容的报告。

15.听取和审议县政府关于失业保险工作情况的报告。

16.听取和审议县政府关于县十七届人大一次会议代表建议、批评、意见办理情况的报告。

17.听取和审议县政府关于全县分级诊疗制度实施情况专项工作报告。

18.听取和审议县政府关于城市建设与管理专项工作报告。

19.听取和审议县政府关于漳浦县2017年财政收支预算调整的报告。

20.听取和审议古雷港经济开发区2017年财政收支预算调整的报告。

21.听取和审议绥安工业区关于2017年财政收支预算调整的报告。

执法检查(2项)

1.道路交通安全法执法检查。

2.农产品质量安全法执法检查。

专题调研、视察、检查、跟踪督查(12次)

1.“同级审”工作调研。

2.推进漳浦一中创建市级名校工作调研。

3.法院执行工作调研。

4.美丽乡村建设情况工作视察。

5.气象服务“三农”工作调研。

6.乡镇人大代表工作室工作检查。

7.巡回检察工作调研。

8.电子商务发展情况工作调研。

9.代表建议办理情况工作检查。

10.县城区域文物保护和开发利用工作调研。

11.少数民族地区社会发展情况工作调研。

12.重点项目建设工作视察。

审议意见(13件58条)

1.关于县人大常委会会议对安全生产专项工作报告的审议意见。(4条)

2.关于县人大常委会会议对《中华人民共和国道路交通安全法》实施情况的检查报告的审议意见。(5条)

3.关于县人大常委会会议对县政府2017年上半年工作报告的审议意见。(5条)

4.关于县人大常委会会议对县人民法院2017年上半年工作报告的审议意见。(5条)

5.关于县人大常委会会议对县人民检察院2017年上半年工作报告的审议意见。(5条)

6.关于县人大常委会会议对县政府2016年度本级预算执行和其他财政收支的审计工作报告的审议意见。(5条)

7.关于县人大常委会会议对县政府2017年上半年国民经济和社会发展计划执行情况的报告的审议意见。(5条)

8.关于县人大常委会会议对县政府2017年上半年预算执行情况的报告的审议意见。(4条)

9.关于县人大常委会会议对《漳浦县失业保险工作情况的报告》的审议意见。(4条)

10.关于县人大常委会会议对县十七届人大一次会议代表建议、批评、意见办理情况的报告的审议意见。(4条)

11.关于县人大常委会会议对《中华人民共和国农产品质量安全法》实施情况的检查报告的审议意见。(4条)

12.关于县人大常委会会议对分级诊疗制度实施情况专项工作报告的审议意见。(4条)

13.关于县人大常委会会议对城市建设与管理专项工作报告的审议意见。(4条)

决定、决议(22项)

1.关于设立漳浦县第十七届人大常委会代表资格审查委员会的决定。

2.关于批准古雷港经济开发区2016年预算执行情况和2017年财政预算草案的决议。

3. 关于批准绥安工业区2016年财政预算执行情况和2017年财政预算草案的决议。

4.关于批准县城区蓝理路等市政道路工程PPP项目财政支出责任纳入本级财政预算及中长期财政规划的决议。

5.关于批准县中心城区路网提升工程PPP项目财政支出责任纳入本级财政预算及中长期财政规划的决议。

6.关于表彰2016年度乡镇人大主席团宣传信息工作先进单位的决定。

7.关于表彰2013－2016年度乡镇人大代表工作室单位的决定。

8.关于批准万安生态产业园启动区道路用地收储及前期整理建设项目财政支出责任纳入本级财政预算及中长期财政规划的决议。

9.关于批准万安生态开发项目一期市政道路工程PPP项目财政支出责任纳入本级财政预算及中长期财政规划的决议。

10.关于2017年度"6·28代表统一活动日"主题的决定。

11.关于批准2016年漳浦县本级财政决算的决议。

12.关于批准2017年漳浦县新增政府债券资金预算调整的决议。

13.关于在全县开展第七个五年(2016－2020年)法治宣传教育的决议。

14.关于同意《漳浦县人民政府关于增加漳浦县国民经济和社会发展第十三个五年规划纲要安全生产相关内容的报告》的决议。

15.关于接受蔡其鸿辞去漳浦县第十七届人民代表大会代表职务的请求的决定。

16.关于批准漳浦县2017年财政收支预算调整的决定。

17.关于批准古雷港经济开发区2017年财政收支预算调整的决定。

18.关于批准绥安工业区2017年财政收支预算调整的决定。

19.关于接受程伟平辞去漳浦县第十七届人大常委会委员和县十七届人大代表职务的请求的决定。

20.关于召开漳浦县第十七届人民代表大会第二次会议的决定。

21.关于补选县十七届人大代表的决定。

22.关于重新确定县十七届人大二次会议时间的决定。

人事任免事项(142人次)

1.关于县十七届人大常委会各工作委员会委员任职的通知。(64人次)

2.关于陈志元等同志任职的通知。(26人次)

3.关于戴主岁等同志职务任免的通知。(2人次)

4.关于陈奕雄等同志免职的通知。(8人次)

5.关于王道生等同志职务任免的通知。(10人次)

6.关于阮智盟等同志任职的通知。(22人次)

7.关于林锦泉等同志任职的通知。(6人次)

8.关于叶婷婷等同志职务任免的通知。(4人次)

(供稿:县人大常委会办公室)

漳浦县人民政府

·主要会议·

【县政府常务会议】

1月18日下午，县长黄庆华主持召开县政府第一次常务会议，县政府班子成员出席会议，县委、县人大常委会、县政协有关领导及县直有关部门主要负责人列席会议。会议原则通过2016年推进依法行政建设法治政府工作情况汇报、2017年部门预算细化实施方案、漳浦职业技术学校、城关中心学校和城关中心幼儿园选址问题、2016年调整教育系统退养人员基本养老金问题、妥善解决乡镇(公社)老放映员历史遗留等问题。

2月22日下午，县长黄庆华主持召开县政府第二次常务会议，县政府班子成员出席会议，县委、县人大常委会、县政协有关领导及县直有关部门主要负责人列席会议。会议原则通过《漳浦县“三抓三比、十项竞赛”活动工作方案（征求意见稿)》、关于县城区2017年度土地及房屋征收地块用地范围问题、原六鳌卫生院地块划拨问题、2016年县政府税收收入考核奖发放问题及《漳浦县安全生产考核办法》《全县安全生产大排查、大整治百日行动方案》《漳浦县机关工作人员效能问责办法（送审稿)》、县第三实验小学及附属幼儿园筹建等问题。

3月15日下午，县长黄庆华主持召开县政府第三次常务会议，县政府班子成员出席会议，县委、县人大常委会、县政协有关领导及县直有关部门主要负责人列席会议。会议原则通过万安工业园启动区及长桥林业循环产业园局部控规调整问题、海岸新城项目前湖湾片区规划范围调整问题、县廉政教育中心及县综合应急救援指挥中心选址问题及《漳浦县全面推行河长制实施方案》《漳浦县城区保障性住房回购和上市交易管理办法》《漳浦县“十三五”卫生计生事业发展专项规划》《漳浦县医疗卫生服务体系规划2016－2020年》《朝阳水库移民安置区征地补偿方案》等问题。会议还研究县污水处理厂一级A扩容提标改造和漳浦盐场后礁养殖场国有建设用地收回等有关事项。

4月18日，县长黄庆华主持召开县政府第四次常务会议，县政府班子成员出席会议，县委、县人大常委会、县政协有关领导及县直有关部门主要负责人列席会议。会议原则通过《漳浦县交通基础设施建设PPP项目实施方案》、漳浦虎炉水库乡村旅游特色经营项目开发建设问题、对杜浔镇拨付旅游产业发展专项资金问题、《漳浦县进一步深化基层医药卫生体制综合改革的实施意见（试行)》《涉改有关车辆处置和司勤人员配备方案》问题及刘坂学校，六鳌、前亭第二中心幼儿园土地使用权等问题。

5月15日，县长黄庆华主持召开县政府第五次常务会议，县政府班子成员出席会议，县委、县人大常委会、县政协有关领导及县直有关部门主要负责人列席会议。会议原则通过第二批乡镇(含县城区)公办幼儿园建设项目向龙睿公司购买服务、漳浦县库区移民创业园项目建设、《漳浦县城区2017年度房屋征收补偿安置实施方案》、古雷港经济开发区街路命名、新港城社区居委会划分命名和部分乡镇道路及住宅小区地名命名、更名，2017年制造业基本养老保险

11 月 10 日，县长黄庆华在大南坂工业园指导工作　　（漳浦广电 供图）

费缴费基数调整、下达 2017 年度主要经济指标目标任务、《漳浦县 2017 年度乡镇、县直机关绩效考评方案》等问题。

7 月 14 日，县长黄庆华主持召开县政府第六次常务会议，县政府班子成员出席会议，县委、县人大常委会、县政协有关领导及县直有关部门主要负责人列席会议。会议原则通过县政府常务会学法、2017 年法治政府建设重点工作安排及《漳浦县人民政府行政复议行政诉讼应诉工作规则》、赤湖工业园闲置土地处置、县“十三五”规划纲要增加安全生产相关内容、设立政策性融资担保机构、实验小学城北分校、刘坂学校部分土地收回及划拨、六鳌海上风电场项目立塔测风等问题。

9 月 11 日，县长黄庆华主持召开县政府第七次常务会议，县政府班子成员出席会议，县委、县人大常委会、县政协有关领导及县直有关部门主要负责人列席会议。会议原则通过万安工业园启动区控规修改方案、《万安工业园启动区房屋征收补偿安置实施方案（征求意见稿）》及新增安置地块、加快脱贫攻坚工作、漳浦县第二实验小学及漳浦县吉祥幼儿园筹建、生活垃圾焚烧发电厂二期工程启动建设、取消鹿溪及赤湖溪饮用水源保护区、实施漳浦县村镇污水处理 PPP 项目、安全生产工作有关问题、“智慧漳浦（一期）－数字城管”项目建设方案等问题。

10 月 25 日，县长黄庆华主持召开县政府第八次常务会议，县政府班子成员出席会议，县委、县人大常委会、县政协有关领导及县直有关部门主要负责人列席会议。会议原则通过朝阳水库工程设计纳入 PPP 项目范围、福建万辰生物科技股份有限公司国有建设用地闲置处置、漳浦生态养老社区开发建设方案、《漳浦县乡村教师生活补助实施办法（送审稿）》《县属国有企业（公司）实施“三重一大”决策制度的通知（草案）》《加强和规范乡镇船舶管理的工作意见》《行政事业单位国有资产管理问题》、配套人才公寓及经费补助等问题。

12 月 25 日，县长黄庆华主持召开县政府第九次常务会议，县政府班子成员出席会议，县委、县人大常委会、县政协有关领导及县直有关部门主要负责人列席会议。会议原则通过《2017 年推进依法行政建设法治政府工作进展情况及2018年工作思路的报告和2017年度县政府及县政府办公室规范性文件清理工作、2018年《政府工作报告（征求意见稿）》《漳浦县深入推进城市执法体制改革改进城市管理工作实施方案（讨论稿）》、天福医院项目建设、“漳浦万人海鲜广场”产业综合体（即漳浦中联海晟物流园）项目建设、在县文体中心建设档案馆问题、2017年转业士官安置方案等问题。

·重要活动·

组团赴泉州开展招商引资活动　3月4—5日，县长黄庆华带领工业园区、各有关单位负责人组团赴泉州市晋江、南安、丰泽等地开展招商引资活动。招商团一行先后考察宝泰皮业有限公司、雨丝梦洋伞业有限公司、利豪电子科技股份有限公司、纸匠文化科技股份有限公司、海西石化交易中心、中豹物流有限公司等企业，向企业宣传漳浦县的发展优势、推介漳浦县招商引资的优惠政策。邀请在泉州的实力企业到漳浦县考察投资环境，共谋发展。

组团赴台湾开展经贸考察和交流合作活动　3月16—20日，县长黄庆华率漳浦县招商考察团赴台湾开展经贸考察和交流合作活动，县委常委戴文利、副县长蓝主保，县政府党组成员、绥安工业区管委会主任涂平辉，商务局、前亭镇、万安农场负责人及台商协会有关负责人参加活动。在台期间，考察团先后走访建大工业、彰化秀传纪念医院、台明将企业、葆灿企业、彰化公路花园、明跃国际健康科技、景泽生物科技、庆腾精密科技、国全精密工业及苗栗县工业会、致振企业、中国机电进出口商会台北办事处、天仁茶业台北总店等企业、协会。依托漳浦经济开发区、万安工业园和前亭工业园3个重点产业发展平台，有针对性地对接与漳浦县产业关联度高的重点企业、协会，开展高度密集的敲门招商。同时，学习了酒店式健康园区的新型医院模式、文创观光工厂模式、园艺特色小镇、植物工厂等新产业模式，开拓致振企业电子信息产业链、苗栗县工业会产业群、“中国机电进出口商会”招商平台等招商渠道。

此次赴台经贸考察和交流合作活动，达成投资意向项目3个，总投资逾42亿元，包括台湾建大工业股份有限公司轮胎生产项目、台湾庆腾精密科技股份有限公司电子皮件生产项目、台湾明跃国际健康科技有限公司运动办公家具生产项目等，涉及橡塑、电子信息和健康器材等多个产业；意向合作项目1个，即与秀传纪念医院达成培训漳浦医护人员合作意向；并促成彰化永昌股份有限公司与彩露华化妆品有限公司合作开发的观光文创旅游项目，加快建设进度。

举行项目集中签约、开工、竣工庆典活动　3月30日，漳浦县在大南坂工业园举行项目集中签约、开工、竣工庆典活动。庆典活动筛选项目49个，总投资84.97亿元；包括工业项目35个，总投资70.59亿元；其中签约项目20个，总投资48.77亿元。20个签约项目包括国企项目2个，总投资16.20亿元；民营项目16个，总投资31.78亿元；外企项目2个，总投资0.79亿元。开工竣工项目29个，总投资36.20亿元。

举办漳浦（北京）投资推介会　4月22日，漳浦（北京）投资推介会在北京世纪金源大饭店举行。应邀出席推介会的有：少将林亚溪、陈再炳、陈有庆、余满松等漳浦籍在京领导，中国民生银行股份有限公司副董事长梁玉堂等。漳州市委常委、统战部部长黄水木，原福建省外贸中心集团副总裁黄荣文、北京福建企业总商会会长陈春玖，县领导戴平忠、陈少华、林培兴、刘达文、戴文利、沈顺来、陈美慧、蓝主保、涂平辉、魏建真，县人民法院院长郑通斌、县人民检察院检察长吴锦棋及43家企业、68名客商代表，在京闽籍省、市级商会代表、在京漳州市各县商会代表、漳浦异地商会代表、漳浦在京乡贤等约400人出席活动。推介会重点推介漳浦县投资环境和招商项目，并举行项目签约仪式，6个项目现场签约，总投资50.70元。分别是：总投资20亿元的速普瑞新能源汽车项目、总投资10亿元的ZMTO甲醇制烯烃催化剂项目、总投资6.90亿元的蓝理路及周边道路PPP项目、总投资6.80亿元的漳浦县乡镇污水处理厂及配套设施建设PPP项目、总投资5亿元的水生态环境综合治理项目、总投资2亿元的万德鼎盛铬锆铜合金生产项目。6个项目中,工业项目3个,总投资32亿元;国企项目2个(含央企项目1个),总投资13.70亿元;民企项目4个,总投资37亿元。

组团参加第十二届海峡旅游博览会 5月12日,漳浦县组织重点旅游区、特色村及美食企业,组团参加在厦门会展中心举行的第十二届海峡旅游博览会。展会有展位2000个,漳浦县在会上设立14个展位,重点突出“花样漳州·唐郡漳浦”和“厦一站,漳浦”旅游品牌,围绕漳浦县山海田兼备、优质、独特的旅游资源进行布展。展示宣传推介漳浦县独特的旅游资源、产品、线路及地方美食,及对接洽谈与产品串线合作。其间,副县长陈美慧带领相关部门及乡镇负责人在厦门开展旅游项目招商活动。

组团赴深圳开展招商活动 6月24日,县长黄庆华率团赴深圳开展招商活动。其间,黄庆华会见深圳漳州商会、深圳漳浦商会、粤港家居产业协会、沙井台商协会及意向投资项目(企业)负责人,开展漳浦县的项目推介。是日,在深圳宝亨达大酒店举行漳浦(深圳)投资推介会暨项目现场签约仪式。有12个项目参加现场签约,总投资45.75亿元,分别是:福建东南海洋文化特色小镇项目、沿海大通道连接线等交通道路BT项目、多尼斯安全带总成生产项目、福建绿力生物科技有限公司增资项目、彰泰汽车综合市场及4S店项目、安东尼奥家具、童话森林家具、长丰家具、名达威家具生产项目、广富宝汽车4S项目、爱联生态养老项目、鑫协福特色乡镇旅游项目。其中,国企(央企)项目1个,总投资6.05亿元;民企项目7个,总投资17.70亿元;外企项目4个,总投资19亿元;工业项目6个,总投资6.05亿元;总投资11.20亿元。漳州市人大常委会副主任陈福州、县长黄庆华、漳浦台商联谊会会长陈隆峰、深圳漳浦商会会长吴志民、漳浦香港同乡会会长陈国强,粤港福建家居商会创会会长、香港家俬协会主席张呈峰,漳浦县直有关单位负责人,部分乡镇场、工业园区主要负责人等出席签约活动。

组团赴台湾开展招商考察活动 9月13—18日,县委书记戴平忠率漳浦县赴台招商考察团一行6人到台湾开展经贸考察和招商引资活动。招商考察团在台期间,考察学习长庚养生文化村“医养结合”的服务模式、华亚科技园“现代化智能型科技园区”开放式管理方式,及“新业态”的城市建设和小区管理模式。招商考察活动签约唯乐车业制造、政伸企业股份2个项目,总投资4.20亿元;并与建大工业股份有限公司、六晖集团、卡莲达机械工业股份有限公司分别达成轮胎生产、六晖气门嘴生产、橡、塑胶生产3个投资意向项目,总投资57.20亿元;与三阳工业股份有限公司洽谈对接项目1个。

·政务纪略·

【信息工作】

落实信息量化考核及奖惩制度,并做好省市约稿组织编报工作,及时反映地方动态性及趋势性问题,反映社会热点难点及领导关心、百姓关注的问题,完善基层政务信息服务功能。是年,向省政府办报送信息387条,被省政府办刊物采用18条(其中《福建信息》3条,《今日要讯》正刊15条);向市政府办报送信息299条,被市政府办刊物采用44条。编辑《漳浦要讯》30期。漳浦县人民政府获“全省政府系统信息报送优秀单位”称号。

【数字工作】

以“数字漳浦”建设为中心,以电子政务和电子商务为抓手,加快智慧漳浦建设规划。组织相关单位完成智慧漳浦(一期)数字城管项目规划。推进政府网站集约化,完善县政府门户网站建设,组织全县各单位完成60个政府网站关停和内容迁移工作。完善电子政务内外网建设,夯实政务网络基础,开展政务网络巡检维护，做到全天候值班，保障政务视频会议和应急视频会商指挥系统顺利运行，实现全年视频会议零故障。推动全县党政OA和电子证照系统建设，是年，已有120个单位接入公文交换平台，实现公文流转无纸化，提高办公效率。服务漳浦农村电商创建，为物流配送体系构建、电商服务站点建设、电商品牌培育等工作提供技术支撑，打造县城全覆盖、全程可管控的"县、乡、村三级物流配送体系"，建成210个村级服务站并投入运营。

【督查工作】

围绕政府工作报告、县三级干部大会、县政府第一次全体会议确定的各项目标任务，县政府常委会、专题会等重要会议议定的事项及县长批示件进行跟踪督查。按照"督查要全面深入、督查要认真分析、督查要解决问题"的总体要求，深入基层督查督办，狠抓落实。是年，办理反馈中央、省、市领导批示件15件，县长批示件32件；开展阶段性重点工作督查28次，引发专项督查通报18期，联合县委督查室、县效能办开展严肃会风会纪督查8次。同时，开展精准扶贫、省市县为民办实事项目、水环境污染专项整治、公办村卫生所标准化建设等工作落实情况专项督查。

【人大代表建议、政协委员提案办理】

通过筹办交办会和督办会、明确定责任领导、定责任科室、定具体经办人、定办理期限、确保办理治理和"四定一确保"原则，督促承办单位强化时效意识，提高办理质量。是年，督办省人大代表建议1件，市人大代表建议和政协委员提案6件，县人大代表议案建议93件，县政协委员提案75件，办结率100%。

（供稿：县政府办）

· 行政审批 ·

【概况】

2017年，漳浦县行政服务工作以"规范行政审批行为，提高审批效率"为目标，推进简政放权，创新服务方式，营造务实、便民、高效的发展软环境，办理服务事项14万件，其中承诺件3.31万件，即办件11万件，即办率76.42%，群众满意率99.98%；开展公共资源交易510宗，增价节支4.1亿元，其中建设工程391宗，节约资金3.9亿元，政府采购82宗，节约资金61万元，国有产权物权37宗，增价1293.50万元。

【清理审批项目】

按照县审改办公布的"三项权力清单"，及时承接上级调整、取消、下放的审批服务事项，做到权利清单之外无审批，中心窗口之外无审批。清理前置审批和中介服务项目，对于没有法律法规依据的，涉及前置审批和中介服务事项一律取消。经承接、取消及调整后，至年底，保留的行政审批事项207项，其中79项包含子项303项，保留公共服务事项234项，其中50项包含子项199项。实现行政审批服务事项"五个规范"和"四个统一"，即规范审批事项名称、申请材料、审批流程、办理时限、收费项目，统一行政审批事项的统计口径和目录、统一使用行政审批专用章、统一行政服务中心设置、统一行政服务中心工作规则，实现有限监管。

【简化办事程序】

优化项目举措　严格按照市中心提出的"十个凡是"要求，鼓励各窗口敢于打破常规的审批服务模式，建立由中心总牵头、服务窗口、进驻部门共同参与的服务平台。精简审批材料，压缩审批时限，减少审批环节，取消废除无法律法规规章依据的材料证明等优化服务项目的举措，构筑项目审批环节少、提供材料简、办事效率高的服务软环境。其中，林业局窗口在办理省重点项目九龙江林业产业园使用林地报批过程中，考虑到涉及面积大，实地情况复杂，为缩短办事时限，中心林业窗口人员主动进入一线了解实际情况，并及时与省林业厅沟通协调，精简材料，破解审批难题，推行"零障碍"服务，使得该项目报批得于顺利进行。

延伸服务项目　中心把工业发展服务窗口调整为投资项

目综合服务窗口,全程免费代办服务范围延伸至工业项目、省市县重点项目以及领导交办的重要项目,让企业少跑路。是年,窗口为97家项目业主代办相关证照,信息咨询800多人次,实现合同注册外资3000多万美元。

实现"一级"办结 是年,市场监督管理局在部门重新整合的情况下,局领导重新签署窗口授权委托书,把该局办理营业执照、食品经营许可等7个行政审批事项百分百授权进驻中心审批窗口办理,并全部授权中心的审核审批股股长审批,所有的审批环节全部在中心窗口一级办结,实现局领导零审批;市场监督管理局窗口在实行"一照一码"登记制度改革后,实现监管部门和企业"双减负",是年,办理新设立内外资企业核发"一照一码"营业执照1719户,内外资企业统一社会信用代码换发5518户,内外资企业发放电子营业执照4533户。

开展并联审批 中心除常规性地开展延时预约服务、主动上门服务外,还针对性地开展联审联办服务。4月22—26日,中心召集国土、建设、环保、消防、人防办、气象等相关窗口负责人和审批科长,对际诺思(漳州)轻工制品有限公司1#、2#、3#厂房及附属工程建设项目、唐郡(福建)实业有限公司文化产业村项目和漳州伟伊化纤有限公司扩建项目规划许可项目进行联合审批,减少项目业主不必要的麻烦。

【强化监督检查】

针对以往管理存在一定漏洞的问题,把原来在一、二楼大厅设立值日主任的制度改为巡查制度,每天不定期4次对服务大厅工作人员的工作纪律、服务态度、办件情况等进行随机抽查,杜绝窗口工作人员上班时间玩手机,玩电脑及聚集聊天的现象;在窗口《月通报》反馈表中,及时将各窗口的标准化执行情况反馈给窗口和进驻部门领导,敦促大厅人员遵守好各项规章制度。对在工作中存在的庸、懒、散、拖、粗等现象,坚决纠正,并按规定严格处理。按照省、市每季度一轮督查的办法,每月一次开展对各窗口的档案进行抽查和业务督查,及时解决窗口在办件中存在的办件程序、申办材料、授权到位、办理时限等问题。

(供稿:县行政服务中心)

·台湾事务·

【概况】

2017年,漳浦县台湾事务工作拓展渠道,推动浦台经贸、文化与民间交流与互动,先后接待来漳浦县开展民俗交流、商贸考察、寻根谒祖的台胞39团1417人次,旅游观光数千人次;有18家台资企业来漳浦投资兴企,总注册资金2010.82万美元,总投资额6051万美元;县台办获评全国对台宣传工作先进单位。

【浦台宗亲交往】

是年,有8个团组130多人次到漳浦县开展寻根谒祖活动。3月2日,台湾"林成祖祭祀公业暨五公业祭祀委员会"一行17人,在主委林麒星带领下再次回到祖籍地石榴攀龙村祭祖。6月2日,县台办副主任林松山率漳浦县林氏宗亲团赴台进行林氏宗亲交流,在台交流期间,受到"中国国民党原副主席"林丰正及台湾林氏宗亲会主委林麒星等的热情接待。6月10日,台湾彰化县贡寮赵氏宗亲团到湖西乡赵家堡祭祖垦亲。7月20日,台中蓝庭珍后裔蓝国宾父子首次回漳浦寻根谒祖,并带回其祖上传下蓝庭珍治台期间的印信等珍贵历史物件。8月13日,台湾林氏宗亲林光清携儿子和兄弟一行19人,再次到石榴镇攀龙村祭祖,两岸宗亲共同举行祭祖仪式;仪式后,林光清向攀龙村捐款60万元(50万元用于祖祠管理和维护,10万元用于攀龙小学添置教学设施)。

【浦台宫庙文化交流】

是年,接待台湾到漳浦的进香团14团867人次。其中,3月5日,由主委郭明德带领的台湾高雄福安宫参访团一行12人到绥安镇京里福顺宫进香;郭明德又于4月27日率团125人到漳浦京里福顺宫进香。5月18日,绥安镇京里福顺宫、南门妈祖庙分别组团共计65人,赴台湾高雄市湖内区福安宫,参加福安宫的"三府千岁"圣诞的祭祀及浦台两岸宗教文化交流活动。3月17日，台湾金门青岐关圣太子庙、西园圣义宫、青屿圣宁宫、浯岛武庙、西宅忠仁庙组团96人，到漳浦威惠庙进香交流。6月3日，台湾道教古公三王弘道协会董事长张明华，带领台湾18间古公三王庙196人到湖西乡古公三王庙谒祖进香，并举行过火仪式。10月13日，台湾台南市陈氏宗亲，到漳浦威惠庙进香朝圣，并祈得开漳圣王金尊回台南建庙。

【浦台乡镇村里对接】

浦台两地在农业、特色产业等方面有广阔的合作空间，把浦台两地的乡镇基层交往合作作为工作重点。5月18－24日，赤土乡、湖西乡、马坪镇等3个乡镇分别组团赴台与台湾台中西屯区何福里、福和里、福林里，梧栖区永安里、大村里、顶寮里开展村里对接交流，通过对接交流活动，开通乡村信息交流平台，开辟更加便捷的对接交流渠道，增进对台湾经济、民俗、村(里)民管理等方面的了解。活动期间，双方在农业产业、汽车零配件产业、旅游观光等方面达成一些合作意向。第九届农博会期间，邀请彰化、南投县12个农会理事长参加农博会活动，考察漳浦县农业；彰化县和美镇农会理事长李明成确定在漳浦县租地6.67公顷，发展现代农业。

【民间艺术交流】

6月19－23日，应金门烈屿乡埔头社区邀请，佛昙镇新世纪歌仔剧团30名演职员赴金门开展6场次歌仔戏民间戏曲演出。11月30至12月3日，漳浦县金燕芗剧团26名演职员赴金门烈屿乡西方社区演出，开展民间艺术交流活动。

【推进浦台经贸合作】

招商考察团赴台活动 3月16－20日，县长黄庆华带领招商考察团，赴台湾进行经贸考察和交流合作活动。分别与台湾建大工业股份有限公司、台湾庆腾精密科技股份有限公司、台湾明跃国际健康科技有限公司达成轮胎生产、电子皮件生产、运动办公家具生产3个投资意向项目，总投资逾42亿元；与秀传纪念医院达成培训漳浦医护人员合作意向项目1个；促成彰化永昌股份有限公司与彩露华化妆品有限合作开发的观光文创旅游项目。招商考察团在台期间，学习了酒店式健康园区的新型医院模式、文创观光工厂模式、园艺特色小镇、植物工厂等新产业模式，开拓了致振企业电子信息产业链、苗栗县工业会产业群、中国机电进出口商会招商平台等招商渠道。

经贸考察团赴台活动 9月13－18日，县委书记戴平忠率漳浦县经贸考察团，赴台湾开展经贸考察和招商引资活动。签约唯乐车业制造、政伸企业股份2个项目，总投资4.20亿元；与建大工业股份有限公司、六晖集团、卡莲达机械工业股份有限公司分别达成轮胎生产、六晖气门嘴生产，橡、塑胶生产3个投资意向项目，总投资57.20亿元；与三阳工业股份有限公司洽谈对接项目1个。招商考察团在台期间，还考察学习了长庚养生文化村“医养结合”的服务模式、华亚科技园“现代化智能型科技园区”开放式管理方式，及“新业态”的城市建设和小区管理模式。

台湾到漳浦经贸活动 9月8日，台湾苗栗县长徐耀昌应漳浦县县长邀请，率工业会成员27人到漳浦考察交流。10月22－23日，台湾成功大学EMBA企业管理系主任、国际企业研究所所长史习安一行40人到漳浦县开展企业管理考察。10月29－30日，台湾宝岛时代村江钦良董事长、“国民党中常委”沈志慧率南投、彰化商务考察团一行40人应邀到漳浦县考察。

【维护台海局势祥和稳定】

加强沿海平安海域创建及涉台沿海渔船民涉台宣传教育，深入沿海乡镇重点村，向沿海渔船民发放“沿海渔船民涉台知识须知”等相关宣传资料，教育渔船民不到敏感海域作业，避免引发冲突。全年没有台海海上安全事故、涉台纠纷和越界捕捞事件的发生。

（撰稿人：陈有金）

·机构编制工作·

【概况】

2017年，漳浦县机构编制工作强化机构编制总量管理，实现机构编制“两个不突破”和“一个只减不增”目标；做好纪检监察体制改革，整合现有33个县纪委派驻纪检组，设置综合派驻纪检组16个，单独派驻纪检组3个，派出纪工委1个；及时承接取消下放事项，承接国务院、省政府、市政府下放事项3项，对应取消8项，取消中央指定地方实施的行政许可事项15项。清理规范中介服务事项7项，取消27项中央指定地方实施行政审批中介服务和证明材料；梳理公布“一趟不用跑、最多跑一趟”办事清单1297项。

【强化机构编制总量管理】

制定出台控编减编工作实施方案，将控编减编工作落实到具体部门、具体责任领导，确保有效落实。建立机构编制管理集体议事规则，坚持所有机构编制事宜均提交编委会审议，执行机构编制集中统一管理、专题专报、一个部门承办、“一支笔”、一家行文的审批制度。是年，全县行政编制没有突破中央核定的总额，事业机构、编制均没有突破2012年年底的总量，机关工勤人员实际减少3人，实现机构编制“两个不突破”和“一个只减不增”。

【建立审批联动机制】

采用专项核编、联合检查、日常核查及审批联动等形式，强化机构编制督查，推进机构编制核查制度化、常态化，杜绝“吃空饷”等违规违纪现象。以省市编办减编控编督查为契机，在全县开展机构编制专项核查自查自纠工作，建立问题整改台账，逐项整改，提高机构编制资源配置效益。

【绿化配置机构编制资源】

做好纪检监察体制改革 完成县纪委派驻机构全覆盖涉及的构编制调整工作，实现全县一级党政机关派驻纪检机构全覆盖。整合现有33个县纪委派驻纪检组，撤销县监察局派驻监察室，设置综合派驻纪检组16个，单独派驻纪检组3个，派出纪工委1个，设立县廉政文化教育中心1个。设立县委巡察工作领导小组及其办公室，为县委工作部门，机构规格为正科级，设在县纪委，明确县委巡察办和巡察组的工作职责。

推进重点领域和行业体制改革 完成法检机构编制上收省级管理相关工作。配合做好9家国有林场改革工作。按照分工配合推进教育、卫生、文化等行业体制改革。完成医保经办机构整合和人员划转工作。实现行业协会商会与行政机关脱钩，撤销漳浦县农村卫生协会。

深化公益类事业单位管理体制创新 聚焦教育、医疗等公共服务领域编制需求，为加强全县教师队伍建设，根据相关文件精神，结合实际，联合县纪委、教育局、人社局、财政局对全县公办学校教职工编制进行核编。调剂乡镇卫生和计划生育服务中心等单位部分人员、编制负责本乡镇或辖区内计生协会专职工作。

盘活编制存量 向市编委申请，增加县委组织部1名副部长职数。成立县委离退休干部工作委员会，挂靠在县委老干局，核增县委老干局副科级领导1名职数，用于配备县委离退休干部党工委专职副书记。向市编委申请，县招商服务中心升格为副科级事业单位，配备科级领导1名职数。支持安全生产工作，成立“漳浦县安全生产监督管理局总工程师工作站”。核增县投资审计中心事业编制，扩大固投审计覆盖能力。加强网络舆情中心等意识形态工作队伍建设。

【改革行政审批制度】

及时承接取消下放事项 国务院、省、市审批与服务事项取消下放后，均按要求于20个工作日内做好衔接，及时将承接的项目清单向社会公布。经梳理，漳浦县2017年承接国务院、省、市取消下放事项为：承接国务院、省政府、市政府下放事项3项，对应取消8项；取消中央指定地方实施的行政许可事项15项。各承接部门及时对接省、市对应部门，制定配套措施，优化审批流程，确保接得住、管得好。

完善行政审批和服务事项清单管理 落实省政府《关于进

一步规范行政审批行为改进行政审批有关工作的通知》，按照省审改办《关于简化优化行政审批和公共服务流程的实施意见》要求，统一梳理口径。严格要求各单位以省级纵向清单、市级编制的县级参考目录、本级保留的目录清单及历年来上级下放、委托和取消事项为依托，梳理本部门事项，确保做到事项名称统一、上级下放事项无遗漏、权力事项与本地实际相一致。是年，梳理并对外公布28个部门行政审批和服务事项655大项，其中155项含有子项658项，形成纵向清单总目录于10月30日在政府门户网站对外公布，接受监督。

清理规范前置审批、中介服务及收费事项　根据省市有关清理工作要求，组织各单位对各自的审批项目、申报材料进行全面清理，对没有法律法规依据的前置审批和中介服务事项一律取消，对于保留的事项通过规范名称、设定依据、时限、收费等，形成目录清单向社会公布。是年，全县清理规范中介服务事项7项，取消27项中央指定地方实施行政审批中介服务和证明材料。

完善清单管理　推进县权力清单和责任清单融合工作，建立权责清单动态调整和规范运行机制，强化对权力运行的监督和责任追究。完成全县41个县直部门权责清单编制工作并经法制办合法性审查，于12月30日经县长办公会通过，县直部门权责事项全部导入省网办事大厅，并在政府门户网站对外公布。

推行“一趟不用跑、最多跑一趟”办事清单　梳理公布“一趟不用跑、最多跑一趟”办事清单，成熟一批，公布一批，实现年内“一趟不用跑”和“最多跑一趟”的事项达到80%以上，“最多跑一趟”事项的办件量达到总办件量的70%以上。推动更多“最多跑一趟”的事项优化为“一趟不用跑”，是年已达到转化率超过50%的目标。至年底，已全面梳理公布3批“一趟不用跑、最多跑一趟”办事清单1297项，其中，县直部门1109项，乡镇188项。

（供稿：县委编办）

·事业单位登记管理·

【概况】

2017年，全县事业单位登记管理工作做好事业单位法人登记和年度报告公示，完成事业单位法人登记年检340个，办理变更登记62个，设立登记4个，办理全国统一社会信用代码证110个。

【规范事业单位登记管理】

开展《事业单位登记管理条例》《福建省事业单位登记管理实施细则》等法规的宣传。推行事业单位登记制度改革，实行年度报告制度，建立事业单位诚信体系，建立“双随机、一公开”制度，加强事中事后监管。对部分事业单位进行实地核查，是年完成事业单位法人登记年检340个，办理变更登记62个，设立登记4个。

【全国统一社会信用代码赋码发证】

受县委编办委托，承办机关事业单位统一社会信用代码赋码发证工作，办理全国统一社会信用代码证110个。

【优化政务和公益中文域名注册续费】

持续做实做好机关事业单位中文域名注册管理，结合事业单位法人新设立登记和提交年度报告的同时，提交中文域名注册申请或续费申请，实现多项工作同步进行，减少注册和续费工作的环节和步骤，提高工作效率。

（供稿：县事业单位登记局）

政协漳浦县委员会

·主要会议·

【政协第十四届漳浦县委员会第二次会议】

12月28—30日，中国人民政治协商会议第十四届漳浦县委员会第二次会议在县会议中心召开，245名政协委员出席会议。县委书记戴平忠在大会上讲话；县政协主席林培兴代表第十四届漳浦县政协常委会向大会作工作报告并在闭幕会上致闭幕词。会议期间，县政协委员们讨论县委书记戴平忠在开幕式上的讲话；听取、审议并同意县政协主席林培兴向大会所作的县政协常委会工作报告，县政协副主席蓝振强所作的县政协常委会提案工作报告；审议通过本次会议提案审查报告；委员们还列席县十七届人大二次会议相关全体大会。会议还表彰一批2017年度县政协工作先进单位和个人。

12月28-30日，政协漳浦县第十四委员会第二次会议在县会议中心召开　（县政协 供图）

【政协党组成员会议】

1月12日、1月22日、1月25日、4月20日、6月23日、7月17日、7月21日、7月26日、7月28日、8月27日、10月27日、11月27日、12月20日，分别召开政协党组成员会议13次，学习政治业务知识；研究部署年度绩效奖金发放方案；研究部署"两学一做"学习教育常态化、制度化；研究部署政协机关开展落实中央八项规定自查自纠活动；传达县委常委会有关精神及县委书记戴平忠有关要求；传达省政协召开市、县政协主席研讨班主要精神；研究驾驶员解除劳动合同经济补偿方案；研究协调政协机关办公用房事宜；研究协调纪委派驻县政协机关纪检组办公用房事宜；研究通过政协机关干部辞去在社团组织兼任职务事宜；研究部署政协办公楼装修事宜；学习传达中共十九大精神；研究讨论县政协2017年度工作总结及2018年工作计划；研究讨论县政协十四届二次会议委员增补、变动、调整名单。

【政协主席会议】

1月19日、2月27日、3月6日、3月12日、3月21日、4月24日、5月25日、6月12日、6月23日、6月26日、7月7日、7月10日、7月17日、7月21日、7月28日、7月31日、8月2日、

8月27日、9月11日、9月28日、10月9日、12月14日、12月20日，分别召开政协主席（办公）会议23次，传达县委有关人事任免决定；研究确定2017年开展调研视察活动有关事项；讨论政府政协领导联席会议有关议题；研究部署2017年文史工作；研究2017年文史资料编撰、书籍印刷等经费预算；研究部署2017年提案工作；研究确定十四届政协专委会组成人员名单；研究通过《政协漳浦县委员会委员管理办法》；研究部署族谱修编工作；研究政协机关办公楼装修事宜；研究公车改革后驾驶员安置转岗事宜；研究确定政协机关有关制度要求；研究部署政协机关开展执行“八项规定”情况自查自纠活动；研究部署政协机关“创卫”工作；学习传达县委有关会议精神；组织政治业务学习；研究确定县纪委派驻县政协机关纪检组办公用房等有关事宜；研究确定县政协道周书画院有关人事事宜；研究确定县诚信促进会有关人事事宜；传达县委关于派驻纪检组的有关人事任免决定；传达上级政协有关会议精神；研究通过装修文史室有关事宜；研究确定聘请1名临时工专门负责文史室的日常管理工作；研究通过十四届政协委员人员变动事宜；研究县政协十四届二次全会有关筹备工作；研究讨论年度评优评先工作。

【政府政协联席会议】

3月12日，政府政协联席会议在县政府办公楼会议室召开。县政府正副县长、县政协正副主席出席会议，县政府办、财政局、建设局、经信局、卫计局、农业局、执法局、交警大队、督查室及县政府办、县政协各机关委办负责人列席会议。会上，县政协副主席何北贡、蓝振强分别就有关课题的调研情况作通报，县政府、县政协相互通报工作情况，县政府相关职能部门及分管副县长就县政协重点提出的民生问题作详细解答，会议还就政协文史资料档案室装修经费、政协文史资料书籍编撰经费、推动族谱修编工作经费及政协办公楼装修等相关问题达成共识。

【政协十四届常委会议】

4月1日、8月9日、11月10日、12月27日，分别召开县政协十四届二次、三次、四次、五次常委会，听取县政协十四届一次会议以来提案工作通报；听取农业局、林业局、水利局、海洋渔业局、建设局、交通局等有关政府成员单位领导作工作通报；审议通过2017年县政协常委会有关工作和制度；听取有关视察调研报告起草说明；听取县政府2017年上半年工作通报；听取县政协2017年上半年工作通报；传达学习省委办《关于加强和改进人民政协民主监督工作的实施意见》；传达学习贯彻中共十九大精神；听取县政府2017年工作报告起草说明和县政协提案办理情况通报；听取县政协常委会工作报告起草说明；听取提案工作报告起草说明；听取关于增补十四届县政协委员和常务委员建议名单的说明。

·主要工作与活动·

【规范协商运作程序】

协商民主有序推进　按照“三抓三比、十项竞赛”的活动要求，制定《2017年协商工作计划》，明确协商议题，规范协商成果报送和协商意见反馈制度，使协商民主走向程序化和规范化。

协商密度明显增加　先后就政府工作报告和特色现代农业发展、工业园区建设等，开展8次集中协商活动，组织委员与党政领导面对面沟通情况，交换看法，商讨对策，形成40多条具体协商意见，助推党政决策的科学化和民主化。

协商成果有效转化　将专题协商结果书面报送县委、县政府。其中，协商规划建设龙湖公园时所形成的高起点规划、合理配套、保护生态等6条意见；协商朝阳水库建设时所形成的加快安置小区建设、引导就业、加强设施配套、科学制定补偿方案等4条意见，被县委、县政府采纳落实，为项目建设发挥作用。

【创新民主监督形式】

拓展监督范围　建立健全反映社情民意队伍网络，形成政协委员、界别、党派、团体、基层信息员等多元化反映收集社情民意的机制，通过社情民意将监督范围延伸到农村、社区，利用委员贴近基层、贴近群众、贴近生活的优势，发挥日常监督职能。是年，收集社情民意信息121条，向县委、县政府领导和上级政协反映社情民意信息105条，被上级政协采用35条。其中，《建议及时修订药品说明书以保障用药安全》等信息被省政协专报件采用。

突出监督重点 以专项视察为重点，抽调参政议政能力强的委员和有关部门负责人或专家，采取听汇报、座谈、实地走访、翻查资料等方法，对创建卫生县城、工业园区建设、城市建设等多项工作进行专项视察，经过反复论证、分析提炼，形成5篇视察报告，报送县委、县政府。

【履行参政议政职能】

发挥界别委员建言作用 紧扣县委工作决策部署，为助推全县工作建言献策。在政协全委会和常委会上，安排不同界别的委员进行重点发言。委员庄永宏《整合优化营商环境的法律资源，服务招商引资大局》、委员戴两全《提升基层服务能力，推进分级诊疗工作》等意见和建议被相关部门转化为具体的工作措施。

发挥协商调研议政作用 按照选题求准、调研求深、建议求实的工作思路，精心选择事关全县发展大局、事关社会和谐稳定的重要事项，组织对基层卫生院、威惠公园、朝阳水库、印池文化公园、开通旧镇桥闸等工作进行专题调研，形成5篇调研报告，得到县委、县政府的重视。

发挥文史工作资政作用 以存史、资政、团结、育人为目的，传承漳浦地域文化和人文精神，实现“征集整理型”向“挖掘研究型”的转变，编印出版《漳浦文史资料(第36辑)》《漳浦古代诗词选》等2部史籍。

推动文物保护与修缮 推动历史文化传承创新，推进文化遗产、非物质文化遗产和历史文化名镇、名村的保护开发。推动县城关帝文化公园、龙湖公园、文庙、旧县衙等项目的提案办理落实，相关部门已组织实施。

【服务大局】

聚焦兴县惠民 委员们挖掘自身的人脉资源优势，捕捉项目信息，投身各项兴县惠民工作主战场。在寻找项目、引进客商、争取资金、“三农”提振、工业增效、电商发展、文化繁荣、旅游开发、教育强县、科技创新、卫生惠民、平安创建等方面做出贡献。

聚焦项目建设 将工作力量推向经济社会发展的主战场，先后有5名政协领导、4名机关干部和部分委员在县城关帝文化公园、朝阳水库、古雷搬迁收海、竹屿阳光电源、县城建设及城镇综合体等项目建设一线担任指挥长、副指挥长和组长、业务骨干等工作。政协班子成员还经常深入基层、企业，做好挂钩乡镇和项目的跟踪服务。政协委员群策群力，主动带头配合征迁工作，主动了解项目建设情况，帮助解疑释惑、化解矛盾、建言献策，以实际行动加快项目建设步伐。

深化联系协作与交流 接待46批次各级政协到漳浦考察调研，联合完成38个课题的调研协作。协办2017年世界闽南文化学术研讨会、全省政协科教文卫体委工作座谈会、市政协提案委员会第十次联席会议等重要会议。

【为脱贫攻坚献智献力】

把委员履职融入脱贫攻坚之中，对口帮扶7个乡镇、14个村、31户的脱贫攻坚任务，定期到对口村梳理脱贫思路，帮助筹集帮扶资金，协调脱贫致富发展项目。异地商会开展“扶贫之光”活动，到挂钩帮扶村考察了解，对接帮扶工作和项目要求，北京、上海、泉州、厦门、深圳等异地商会专门设立帮扶项目资金，以实际行动助推脱贫攻坚。政协委员黄全和、吴志民、王建祥、刘跃平、洪泰荣、杨坤田、杨国强、杨小龙、杨集文、杨向阳、汤玲玲、梁加辉、黄华丽、蓝佳金、周建阳、张群豪、林炳义、林永民、林建平、林雄申、林海旭、郑洪坤、王阿文、王建枝、陈纪林、陈吉祥、陈瑞和、陈建中、陈展平、黄万丁、蓝宝华、蓝宝菁、蓝智贤、蓝智强、洪星福、陈筱丹、简瑞斌、刘演习、郑明煌、方德华、黄亚斌、陈迪、吴玉玲等人，有的慷慨解囊、扶危济困，为贫困群众献爱心、送温暖；有的心怀桑梓、情系教育，主动到中小学设立奖教奖学金；有的关注基层、关心农村，捐资修路建公园建公厕，用实际行动为社会做贡献。

【助力社会文化进步】

营造社会诚信氛围　围绕构建社会核心价值体系，以县诚信促进会为依托，参与道德模范评选推荐，宣传社会诚信典型事迹，开展诚信维权活动，弘扬社会诚信风尚。创办《诚信漳浦》会刊，宣传会员创建诚信的事迹；丰富完善“诚信漳浦”网站和“诚信漳浦”微信平台建设，促进社会民生重点领域的诚信文化建设，倡导“以诚实守信为荣、以见利忘义为辱”的社会氛围。

促进民生福祉改善　发挥政协提案在履行职能中的重要作用，抓好提案质量、办理质量、服务质量。县政协十四届一次会议后，收到委员提案76件。35个具体承办部门做到“领导重视、办理认真、部门协作、措施有力、落实到位”，提案件件有着落，事事有回音，提案办结率和委员满意率明显提高。促成《关于整治中心市场环境的建议》《关于增加县城车辆临时停车位的建议》等一批提案的办理。

推动族谱修编　成立族谱修编领导小组，倡导以“实事求是，谨慎细致，通俗易懂”为原则，组织发动民间力量和广大老百姓开展族谱修编和对接工作，为漳浦籍子孙，特别是港澳台同胞和海外侨胞寻根谒祖、文化交流创造有利条件和便捷通道。是年，完成林、李等姓氏的族谱修编，陈、蓝、刘、张等4个姓氏正在收集汇总。至年底，全县已完成12个姓氏族谱修编。

（撰稿人：陈伟斌）

【漳浦特色美食】

巴浪萝卜丝粥

※主料：粳米150克、巴浪鱼干150克

※配料：猪肉50克、白萝卜150克、芹菜珠20克

※调料：鱼露10克、味精5克、胡椒粉6克、葱头油20克、纯净水1400克、食用油15克

※制作方法：

1、将粳米淘洗净沥干水分，巴浪鱼干取净肉洗净，白萝卜刨皮切丝，猪肉切米粒状调味上浆，鲜蚝去碎壳洗净沥干水分备用

2、炒锅置旺火上注入食用油，投入巴浪鱼肉炒出香味后加入猪肉翻炒均匀，倒入纯净水、粳米、白萝卜丝烧沸，倒入高压锅加盖烧煮，待出气后将锅端离火源，10分钟左右开盖，滴入葱头油，撒上芹菜珠，调入鱼露、味精、胡椒粉起锅后即成

※特点：鲜香味美、清淡可口

※营养成分：蛋白质76克、脂肪44克、能量1216千卡、钙964毫克、铁9.9毫克、锌10.6毫克、维生素A241毫克、维素生E12.2毫克、维生素B1　0.4毫克、维生素B2　0.5毫克、维生素C31.5毫克

注：巴浪鱼，学名鲐鱼、蓝圆鲹，另名又称刺巴鱼、鲐巴鱼、青花鱼、棍子鱼、池鱼、黄占、池仔

(2003年8月，被福建省烹饪协会认定为“福建名小吃”)

漳浦美食协会供稿

纪 检 监 察

·纪律检查·

【概况】

2017年，漳浦县纪律监察工作完成3轮对6个县直单位和9个乡镇的巡察，延伸巡察21个村、4所学校；深化“四风”整治，查处违反中央八项规定典型问题23起，处理33人，党政纪处分17人；查处落实“两个责任”不力问题35起，问责1个党组织和37名领导干部，给予党纪处分20人；立案246件，党政纪处分237人，移送司法机关14人。

【优化组织建设】

设置综合派驻纪检组16个、单独派驻纪检组3个，实现对县一级党政机关派驻监督全覆盖。按照“五个专有”目标要求，配齐配强乡镇专职纪检监察干部80人，实现100%乡镇配齐3名以上专职纪检监察干部，电脑、打印机、保险柜、全程录音录像等设备一应俱全。清理整改乡镇纪检监察干部驻村挂村等问题，巩固深化“三转”成果。全县各乡镇纪委立案82件，同比增长228%，实现100%有自办案件。

【夯实“两个责任”】

责任担当 盯紧抓牢“关键少数”，协助县委下达处级领导干部“落实党风廉政建设责任状”，落实责任清单，把主体责任“扛上肩”。把全面从严治党主体责任落实情况纳入全县年度绩效考评重要内容，大幅提高考评分值权重，其中，乡镇从30分提高至80分，分值权重提高4倍，

9月8日，漳浦县县直派驻监督全覆盖工作会在县会议中心举行 （陈永镇 摄）

县直机关从20分提高至50分，分值权重提高2.50倍。

落实责任 协助制定《关于实行常态化谈心谈话制度的实施办法》，下发《谈话记录本》，规范化、常态化开展谈心谈话。建立党委纪委“捆绑谈话”机制，对党员干部存在的苗头性、倾向性问题，早发现、早提醒、早处置。

责任追究 执行《中国共产党问责条例》及省委实施办法，根据省市责任制检查反馈问题清单，逐一足量落实整改，从严执行“一案双查四问责”制度，用好问责“撒手锏”，着力解决主体责任空转虚化问题。全县查处落实“两个责任”不力问题35起，问责1个党组织和37名领导干部，给予党纪处分20人。

【坚持把纪律挺在前面】

优化线索处置 推行“纪检干部全员接访”和“三级督办”机制，开展“六个一”活动，优化线索处置、跟踪反馈方式。全县纪检监察机关办理检控类初信初访231件，提供问题线索122条，转立案42件；为103名受错告、诬告的干部澄清事实。

深化“四风”整治 通过召开碰头会、编发“1+X”专项督查通报、严格实行“零报告”等方式，促进职能部门主动履职。加大专项督查力度和明察暗访密度，查处顶风违纪问题，释放越往后执纪越严的信号。查处违反中央八项规定精神典型问题23起，处理33人，党政纪处分17人，通报曝光典型案例10起24人。

强化执纪审查 建立1009名干部廉政档案，把握“树木”与“森林”的关系，摸清“腐木”“病木”重灾区。深化隐患排查，规范“走读式”谈话工作，牢牢守住执纪审查安全底线，始终保持惩治腐败的高压态势。全年立案246件，同比增长32.90%，其中自办案件176件，同比增长76%，经济大案49件，同比增长63.30%，科级干部案件33件，同比增长175%，给予党政纪处分237人，移送司法机关14人。

【严肃惩治基层微腐败】

探索执纪创新 依托“分片挂钩联系机制”，建立乡镇纪检组织“分片管理”模式，探索试行乡镇“5+X”精准监督、“季通报”制度，加大对“村霸”、宗族恶势力等问题的查处力度。

着力一线监督 推行下派村级党风监督员，统筹乡镇专职纪检监察干部、纪委委员、村级党风监督员，抓实“一线监督”、基层党风动态反馈等工作，为谋划全局工作提供参考和助力。

保持高压态势 查处侵害群众身边利益的不正之风和腐败问题55起88人和2个单位，给予党政纪处分57人。严肃查处官浔镇春建村两委干部集体贪污“粮补款”、绥安镇溪南村“村霸”柯某建非法采矿等窝串案。

【助推精准扶贫】

搭建数据平台 针对扶贫工作主管部门多、资金分散、底子不清、情况不明、监督无从下手等问题，建立扶贫专项资金县镇村“三级”数据库，进行“点穴”监督、精准发力，增强监督检查工作实效。至年底，已建立2013年以来279笔3.89亿元扶贫专项资金数据库。建设项目125个，涉及金额3515.95万元。

抓实入户访查 深入乡镇对入户访查工作进行两轮全覆盖指导、督办，各乡镇纪委按照入户访查工作计划，倒排时间节点、责任到户到人，推进访查工作。实现全县贫困户4219户12390人入户访查全覆盖。

实施严查快办 对群众举报、常态化督查及巡察等渠道发现的问题线索，建立专项台账，实行挂牌督办，限时逐条对账销号，查处“零容忍、出重拳”。全县查处扶贫领域违规违纪问题29起，处理40人和2个单位，通报曝光典型问题6起5人2个单位。

【落实监察体制改革】

在全县形成县委负主责、纪委负专责、相关部门协同配合的纪检监察工作格局。制定工作实施方案，做细做实思想政治工作，开展谈心谈话和家访活动，严把政治关和廉洁关，全县转隶人员14人；顺利完成县监察委员会的组建和挂牌，选出主任1人，任命副主任2人、委员4人。监督执纪一线人员占总数80%以上，监察对象从原来的1614人增加到12764人，增长6.90倍，实现对所有行使公权力的公职人员监察全覆盖。

（供稿：县纪委办）

社会团体

·漳浦县总工会·

【概况】

2017年,漳浦县总工会加强基层组织建设,新组建企业工会330家,新增会员4593人;建立集体合同制度的企业有单独2472家,推动工资集体协商工作有序进展;发动360家企业职工31257人参加“安康杯”劳动竞赛;开展扶贫助困和送温暖活动,慰问433人,发放慰问金56.89万元;落实“职工素质建设工程”,培训职工1000多人次,提升职工素质。

【基层组织建设】

基层工会组建 成立县总工会建会工作领导小组,建立组建工作责任制,根据市总工会下达的2017年组建工会和发展会员工作目标任务要求,下发《关于2017年全县各乡镇工会组建目标任务分解的通知》,把任务落实到人,指导各乡镇开展组建工作。至年底,完成企业新组建任务数300家的110%,新增会员数4593人,完成任务数4200人的109%。

推动工资集体协商工作顺利开展 按照市总工会开展工资集体协商“要约行动月”的安排部署,结合本地实际,细化实施方案,督促全县各类企业开展工资集体协商,着力解决工资水平、奖金分配、福利津贴等突出问题。至年底,全县已建立集体合同制度的企业有单独2472家,区域覆盖2264家,行业性82家,完成年任务的120%,工资集体协商完成年任务的110%。

【职工生活保障】

送温暖工程活动 县总工会元旦、春节慰问433人,发放慰问金56.89万元。各镇工委、基层工会在总工会的组织下,也相应开展慰问活动。

关爱帮扶女职工 除春节、元旦“两节”开展送温暖活动外,采取联系计生困难户、结对帮扶困难女职工和挂钩女职工困难户等形式,对女职工开展扶贫助困。与县妇联协作,联合举办有关女性健康知识讲座,提高女职工心理素质和健康水平;组织开展女职工妇科普查。在上一年开展的在档困难女农民工“两癌”普查的基础上,继续对在档困难女职工开展“两癌”检查,推进“两癌”检查的规范运作,杜绝检查流于形式。

职工医疗互助活动 根据市总工会《关于在全市机关企事业单位中开展职工医疗互助活动的通知》要求,县总工会结合全县实际,出台《漳浦县职工医疗互助活动实施方案》,深入基层宣传发动职工参加医疗互助保障工作,推进职工医疗互助更广泛更深入开展。

“防暑降温”慰问活动 在暑期高温季节,慰问部分企业职工人数2500人,发放慰问金18万元。

【维权维稳】

成立县总工会处置职工群体事件应急领导小组,印发《漳浦县总工会处置职工群体性事件应急预案》,要求全县各级工会组织配备1—2名维稳信息员。发挥工会群众组织的优势,及时了解和反映职工群众的思想动态和利益诉求。一旦发现不稳定的倾向性、苗头性问题,及时、准确地向本级党政和上级工会反映,并配合做好深入细致的思想工作，把矛盾解决在基层、化解在萌芽状态。参与企业改制工作，从源头上维护职工合法权益，在改制中做到政策宣传到位、民主程序到位，所有的职工改制方案、职工改制分配方案均经职工大会或职工代表大会通过。

【劳动竞赛】

以创建“工人先锋号”为主要载体，带动各方面的竞赛活动，形成全方位、多层次的劳动竞赛格局，在全县职工中掀起学知识、练技能、提素质的热潮。是年，在“安康杯”劳动竞赛中，发动参赛企业总数（单位）360家，职工总数31257人；同时，组织职工开展创建“工人先锋号”活动，扩大“工人先锋号”的影响力，开展“工人先锋号”品牌建设走访。

【劳模管理】

关爱劳模系列活动　“五一”前夕，在县广播电视台推出劳模访谈录专题，介绍劳模的先进事迹。关爱劳模们的身心健康，10月，组织劳模到县中医院进行免费体检。是年，向劳模发放节日慰问金和困难补助金等共计15万多元。

做好评模工作　“五一”前夕，开展2017年度全国、省、市“五一劳动奖章（状）”的推荐评选活动，把漳浦县符合条件的、在改革开放和创新创业中作出突出成绩或重要贡献的先进个人推荐至市总工会参加评选。

【职工素质建设】

落实“职工素质建设工程”，加大与社会职业培训机构合作，举办多个培训班，培训职工1000多人次。为职工转岗，贫困职工家属转岗，职工素质提升等创造条件，同时解决部分企业用工需求。发动基层工会利用节假日，开展职工喜闻乐见的文体活动，丰富职工业余生活。县总工会在2017年春节、元宵“两节”期间，与基层工会联合举办“迎新春职工门球比赛”“全县健身秧歌比赛”“庆元宵乒乓球比赛”“庆元宵柔力球比赛”职工书画展等活动。

【财务、经审工作】

县总工会根据《中华人民共和国工会法》和《工会财务管理制度》有关规定，把收缴和上缴工作列入工作日程，形成领导负总责，财务人员具体抓，继续委托县地税局代征的工作格局，是年上解工会经费610.35万元，完成年上解预算计划的111.35%。严格执行国家和上级工会的财经纪律，县总工会经审委做好一年一度收支预算和决算审查审计，完成上级经审会下达的专项审计任务，按时上报经审工作台账，不迟报漏报。

（撰稿人：黄百万）

·共青团漳浦县委员会·

【概况】

2017年，共青团漳浦县委发挥经济建设生力军作用，建立15支青年突击队；搭建“青年之声·漳浦”平台，推送文章367期，总阅读量超过52万人次，通过多形式主题教育活动，为青少年健康成长传播正能量。实施青春精准扶贫行动，募集爱心助学基金23.60万元，助学65名新考上大学的贫困学生；引领青年就业创业，推报11个项目参评市青年英才优秀创业项目；拓展青年志愿服务领域，开展“保护母亲河，山水绿家园”“爱心课业辅导”等系列志愿服务活动。

【服务大局有作为】

发挥经济建设生力军作用　发挥广大团员青年参与“三抓三比、十项竞赛”的生力军和突击队作用，在征迁拆迁、项目建设、手续审批等领域建立15支青年突击队。其中，推报厦门港南岸滨海新城漳浦片区建设青年突击队获评“福建省青年突击队”称号；推报漳浦县反恐保障青年突击队获评漳州市“三抓三比、十项竞赛”优秀青年突击队；推报台湾农民创业园青年服务驿站等3个集体获评“漳州共青团优质服务示范岗”。

助力精准扶贫　根据团市委青春精准扶贫行动计划安排，

发挥共青团优势，发动深圳漳浦商会、厦门漳浦商会、漳浦泉州商会以及青商会、驻外团工委等各类青年社会组织参与扶贫开发工作。将圆梦助学行动与共青团助力脱贫攻坚相结合，对建档立卡的精准扶贫户优先保障，募捐筹集到爱心助学基金 23.60 万元，为 65 名新考上本科的贫困学子送去每人 2000－5000 元助学金；发动漳浦驻深圳团工委向官浔中心学校农民工子女捐赠爱心书包 350 个。

开展青春助力创卫行动 多次组织单位青年干部职工、青年志愿者走上街头、走进社区，为创建国家卫生县城和城乡环境整治行动做贡献。4 月，在青年文明号优质服务示范月统一行动中，号召全县青年文明号单位发挥岗位特色投身全县创卫工作，参与家园清洁行动；5 月，组织 250 多名团员青年开展“创卫寻宝 青春有约”活动。12 月，组织 300 余名团员青年开展“乐行漳浦 平安相伴”创建国家卫生县城乐跑活动。

【加强青少年思想引领】

开展多形式主题教育活动 遵循青少年理想信念教育的实效性、分众化、时代感要求，以春节、清明节等传统节日及“五四”“六一”“七一”、国庆节、少先队建队节等特色性节日时间为载体，先后开展“不忘初心跟党走”“红领巾相约中国梦”“我向习爷爷说句心里话”“十八岁成人宣誓仪式”“重温入团誓词”“不忘初心砥砺前行”“我是光荣的少先队员”等主题教育活动 36 场，强化青少年理论学习和社会主义核心价值观的践行。

选树典型 推报县人民检察院公诉科获得“全国青年文明号”称号，推报县行政服务中心管委会等 3 个集体获得省级“青年文明号”“青年突击队”“五四红旗团委、团支部”等称号，推报林智勇等 4 名个人获评省级“五四青年奖章”“向上向善好青年”“优秀团干、团员”称号。同时，通过开展典型先进青年事迹分享等主题活动，发挥先进典型的示范引领作用，激励全县广大青少年向上向善。

双“微”联动，构建清朗网络 加强微博、微信等新媒体运作，为青少年健康成长传播正能量。根据微博“一对多”的强传播性特点，利用微博扩大和维持粉丝数量，并引导忠诚粉丝转化为微信粉丝，实行“一对一”精准服务。注重提高团县委官方微信公众号“漳浦团县委”的辐射面和影响力，重点搭建“青年之声·漳浦”平台，官方微信公众号粉丝数稳步上升，自行采编、推送文章 367 期，总阅读量超过 52 万人次。

【引领服务青年】

引领青年就业创业 不定期在微信公众平台发布“青年创业扶持政策”“人才新政”“高层

5 月 4 日，团县委举行“创卫寻宝 青春有约”青年志愿者活动启动仪式，纪念建团 95 周年 （陈心逸 摄）

次创业创新人才"等推文，营造重视、支持、参与青年创业创新的氛围。成立由青年致富带头人、青商会青年企业家组建的"导师团"和"顾问团"，与创业青年一对一帮扶结对，推报美丽（富美）乡村工程设计及乡土文化推广项目等11个项目参评漳州市青年英才优秀创业项目，有7个项目入围，根据层次标准分别获得10万元与5万元创业资金补助，获奖项目数量列全市各县区市第一名。

发挥团属机构的服务功能 以县青少年宫团中央"青少年综合服务平台"一个中心为基础，在镇门社区、城西社区、美伦清华园等社区设立"青少年之家"，形成县城东西南北全覆盖的格局。开展"七彩公益课""四点半"课堂、"魔法课堂""暑期公益成长营"等活动。在外来务工人员子女及留守儿童较多的镇门社区，联合县民政局开展漳浦县首个青少年社工项目－困境未成年人社会保护项目，运用"社区＋家庭＋社工"的工作机制，帮扶家庭300多户，惠及人数2000人。联合县妇联携手青年文明号、巾帼文明岗到漳浦看守所开展"书香暖金浦"活动，捐赠图书700余册。

全方位服务青年成长需求 针对青年的婚恋、交友、公益、权益等实质性诉求，开展"青年汇"交友联谊会、暑期"三下乡"、返乡大学生社会实践、大学生村干部座谈会、"共青团员与人大代表、政协委员面对面"等活动，倾听青年需求。参与社会管理创新，有针对性地印发"预防青少年违法犯罪法制教育"宣传材料，开展"携手抵御毒品、拥抱七彩生活"禁毒宣传等，提升广大青少年法律意识，预防青少年违法犯罪。在2017年漳州市综治平安建设预防青少年违法犯罪工作考评中，漳浦县名列全市第二名。

【传承创新品牌】

办好漳浦少年军校 漳浦少年军校创办于1996年。7月，来自全国各地300余名中小学生参加为期12天的全封闭军事化训练，学员在此可学习到军事文化、自救自护、军营歌曲等知识。少年军校还通过"家校联系博客"，让家长在少年军校封闭化管理期间通过网络多角度、全方位了解孩子在少年军校中的点点滴滴。

强化"青年志愿者"品牌 探索青年志愿服务的基本规律，寻求新的工作突破口，通过树立一面旗帜、带好一支队伍、打造一个平台，拓展志愿服务领域。是年，先后开展"青春助力创建全国卫生县城行动""青春志愿行，温暖回家路""保护母亲河，山水绿家园""青春自护·平安春节""爱心课业辅导"等系列志愿服务活动。团县委被全国铁道团委授予"春运志愿者优秀组织"称号。

【基层团组织建设】

拓展团组织覆盖面 强化层级化组织载体，巩固和加强乡镇、学校、机关等领域团的基层组织；同时抓好"大学生村官联合会""返乡大学生团委""驻深圳、广州、泉州团工委"建设。通过资源统筹整合，引导扶持各类青年组织、互联网等新兴领域团建，开创全县团建工作新格局。

团干部队伍建设 针对共青团组织"机关化、行政化、贵族化、娱乐化"等问题，持续开展"六大青春行动""十项竞赛"、青春精准扶贫"六个一百"行动、"团干部如何健康成长"大讨论等活动，引导团干部树立"学习、实干、谦虚、正派"良好形象。实施团干部教育培训工程，组织各级团干部参加培训，提高团干部服务青年的工作水平。

镇、县两级团组织换届工作 按照《中国共产主义青年团章程》和《中华人民共和国全国人民代表大会和地方各级人民代表大会选举法》的规定，创新编制内＋编制外，专职＋兼挂职模式，推进团组织换届选举。至11月，全县各基层团委顺利完成团组织换届，选举产生新一届基层团委班子。

（撰稿人：林勇华）

·漳浦县妇女联合会·

【概况】

2017年，漳浦县妇联通过开展纪念"三八"国际妇女节系列活动、巾帼志愿服务活动等形式多样活动，组建200多个“一呼百万好姐妹”微信群、开通妇联微信公众平台等宣传形式，切实维护妇女儿童合法权益，团结引领广大妇女；广泛开展平安示范村（社区）、平安家庭创建活动，创建平安示范村（社区）285个，平安家庭19.80万户，开展创业创新巾帼行动、巾帼脱贫攻坚行动。

3月2日，由县妇联组织的“巾帼创卫”活动举行启动仪式 （杨艺琦 摄）

【引领妇女群众】

推行“一呼百应”工作法 组建200多个直接联系妇女群众的“一呼百应好姐妹”微信群，与在家及外出的妇女群众建立稳定有效的联系渠道，实现线上有声音、线下面对面、互动常态化、沟通零距离，形成“一呼百应”的号召效应。

开通微信公众平台 2月，县妇联开通官方微信公众服务平台—“漳浦县妇女联合会”。通过公众号发布妇联工作动态，展示漳浦县妇女儿童事业发展成果，让妇联工作更加贴近民众，将妇联的声音融入全县妇女的工作圈、生活圈、朋友圈。

制作宣传用品 以妇女常用生活用品为宣传载体，在围裙、购物袋、压缩毛巾、雨伞等日常用品上印制平安家庭创建、家教家风建设、巾帼创卫等内容的宣传口号。是年发放宣传用品2万多份。

开展宣传活动 在“三八”妇女节、“六一”儿童节、“6•26”禁毒日、“七一”建党节、国庆节、“全国科普日”“12•4”法制宣传日等节点，开展丰富多彩活动，宣传平安家庭创建、良好家风家教、妇女儿童相关法律法规等，引领广大妇女群众听党话、跟党走。累计开展宣传咨询服务20场次，服务群众3000多人次，发放宣传专刊、宣传折页2万多份，发送平安建设宣传短信1万多条。

【夯实基层组织基础】

漳浦县是全市“乡镇妇联组织区域化建设和农村妇代会改建妇联”工作试点，为确保全县按时圆满完成“两个全面”工作，通过试点先行，示范带动等形式，于7月中旬，在全市率先完成乡镇场妇联组织区域化建设和村级妇代会改建。全县23个乡镇场妇联配备主席23人，专职副主席29人，兼职副主席23人，执委490人（其中新增执委305人）；265个村、26个居（社区）完成妇代会改建妇联工作，选举产生村（居、社区）妇联主席291人，专兼职副主席558人，执委3330人。

【提升妇女工作者履职能力】

提高县妇联机关干部理论素养 建立健全“三会一课”制度，为县妇联机关每位干部订阅报纸杂志，坚持每周一次政治、业务学习。把中共十八大、十九大精神、《党章》、《习近平总书记系列讲话摘编》等政治理论作为党支部集中学习的重要内容，并用于指导工作。7月5日，组织机关全体党员开展“向廖俊波同志学习—争做合格党员”党课教育活动。

开展妇联干部履职培训 推进基层妇联执委教育培训工作系统化、规范化、科学化。11月23—24日，在县委党校举办为期2天的“漳浦县妇联执委暨基层妇女干部履职培训班”，县妇联第十六届执委，各乡镇场妇联主席，村级妇联主席代表和县直机关妇委会主任代表等82人参加培训。

【形式多样开展活动】

纪念“三八”国际妇女节系列活动 举办庆“三八”表彰大会，对获得2017年漳浦县“三八红旗手”“三八红旗集体”和“示范性家长学校”等先进集体进行通报表彰。开展“美丽漳浦 巾帼创卫”创建国家卫生县城之迎“三八”公益活动，近800名巾帼志愿者参加。联合卫计局、疾控中心组织近百名女职工举办庆“三八”女职工趣味健身比赛系列活动；组织县离退休女干部协会举办“巾帼杯”老年妇女门球赛。在赤岭乡开展“三八”维权月巾帼行动暨《中华人民共和国反家庭暴力法》宣传活动，现场分发印有宣传标语的雨伞和建设法制漳浦巾帼在行动《中华人民共和国反家庭暴力法》宣传折页200多份。分别邀请县医院原主任医师杨南太、从事中医养生工作多年的郑梨文举办关爱女性健康讲座，

巾帼志愿服务活动 春节期间，组织40多名巾帼志愿者到社区、商场、街道分发“厉行勤俭节约 反对铺张浪费”倡议书3000多份；“植树节”期间，开展“巾帼绿化家园”行动，组织机关事业单位20多名巾帼志愿者参与植树造林。11月24日，组织近70名巾帼志愿者前往鹿溪沿岸开展“巾帼护河·共建生态家园”主题活动。

巾帼共建平安家庭活动 各级妇联组织以家庭美德建设为内容，立足家庭和社区，开展学习型家庭、廉洁家庭、节能减排家庭等平安家庭创建活动。同时，深入宣传《中华人民共和国反家庭暴力法》，开展送法送科技下乡活动，开展深化平安家庭创建知晓率活动，开展评选“德行金浦－漳浦县首届十佳文明家庭”树典型活动。是年，全县有“平安家庭”示范村（社区）285个，创建率90%；“平安家庭”户19.80万户，占全县总户数的99%，“平安家庭”巩固率99%。

创业创新巾帼行动 各级妇联组织主动为创业就业妇女提供服务，3月23日，县妇联举办首期家政服务员（月嫂）培训班，来自全县各乡镇（场）72名农村妇女参加5天理论与实践相结合的培训，全部通过技能鉴定考试合格并取得相应的职业资格等级证书。已有20余人从事相关工作。

“巾帼脱贫攻坚行动” 在全县开展“母亲健康1＋1”公益募捐活动，收到众多个人和86个单位的爱心捐款11.60万元。已将所得善款汇入“福建省母亲健康天使基金”，专项用于救助罹患“两癌”的贫困母亲。开展关爱困境儿童活动，5月31日，县妇联携女企业家向锦屿中心小学20名困境儿童发放慰问金1万元及书包、文具盒等生活学习用品。继续实施“春蕾圆梦”助学活动，是年向36名贫困女生发放每人1000－5000元不等的助学金，共计9.60万元。9月26－30日，组织各乡镇场80名建档立卡贫困妇女参加市妇联举办的“2017年度漳州市巾帼精准脱贫家政培训班（漳浦站）”培训，提升贫困妇女就业实用技能。

举办学习宣传贯彻中共十九大精神专题文艺晚会 12月7日晚，由县妇联牵头，联合绥安镇党委政府、县综治办和县创卫办，在新都城市广场举办的“平安漳浦·美丽绥城·巾帼创卫”文艺晚会，现场观众1000余人。

【协调维权】

以“热心接访、耐心倾听、细心了解、贴心解答”的“四心”工作法，热情接待来访，当好妇女儿童维权调解者。发挥“12338”妇女维权公益热线作用，调处妇女来信来访来电中反映的问题，引导她们合理有序地反映诉求、维护权益。是年，接待妇女群众来信来访来电89件，其中婚姻家庭权益类案件78件，劳动权益类5件，财产权益类6件，办理率达100%。依托基层“妇女之家”，推行妇女“维权三制”建设，把实施妇女维权“三制”作为深化“平安家庭”创建工作新平台，开展就业指导、矛盾排查调处、家暴投诉和法律援助、心理咨询等。

【贯彻落实“两纲”】

“两纲”宣传工作 通过宣传手册、现场咨询、手机短信、公益广告标语等，营造有利于新《两纲》（《中国妇女发展纲要（2011－2020年）》《中国儿童发

展纲要(2011—2020年)》实施的舆论氛围,提高民众对《两纲》的解读能力,促进妇女儿童与经济社会的协调发展。同时,梳理出现有的工作亮点,形成经验;加强对重难点目标的分析研究,协调攻坚,推动问题解决。

丰富妇女儿童业余文化活动 以县妇女儿童活动中心为平台,免费开展舞蹈培训、乒乓健身、普法宣传等项目。8月,举办亲子阅读分享课、亲子剪纸课堂、国学经典诵读课等暑期公益亲子课堂8场,受益儿童及家长500多人次。

加强未成年人思想道德建设 举办家庭教育公益大讲堂12课,帮助引导家长更新家庭教育理念,提高家庭教育的质量水平;开展"守护童年·春蕾计划护蕾行动",结合妇联各项宣传活动分发《儿童手册》和《家长手册》,做好关注儿童安全促进儿童保护工作。

(撰稿人:周小娟)

·漳浦县文学艺术界联合会·

【概况】

2017年,漳浦县文联带领文艺工作者潜心创作,7件作品入选福建省书坛新人展,2部舞蹈获中国舞蹈家协会福建省教学成果展一等奖;组织各类文艺活动,先后举办第七届漳浦诗人节、"红色记忆"诗词吟诵会、中国书法名城名家作品邀请展等活动,组织书法家官浔、万安等地为群众义写春联。

【创作文艺新品精品】

组织带领文艺工作者潜心创作,创作出一批具有深刻思想内涵和漳浦艺术特色的文学、书法、美术、剪纸、摄影、音乐、舞蹈、戏剧等方面的作品、精品。吴可彦的长篇小说《茶生》由作家出版社出版发行,杨丰泽的书法作品参加中国书协主办的"全国第二届临帖展",7件作品入选福建省书坛新人展,陈明华的国画作品入选省美协"八闽丹青奖"美术作品展,舞蹈《小嫚》、芭蕾舞《彩蝶舞飞扬》获中国舞蹈家协会"舞动中国梦"福建省教学成果展一等奖。

【文艺活动异彩纷呈】

文学 协同福建省作家协会、福建文学杂志社等单位举办第七届漳浦诗人节,邀请《青年文学》主编张菁等文学家到漳浦县开展福建青年小说家文学采风活动,在第21个世界读书日举办青年作家吴可彦《茶生》创作分享会,在福州举行吴可彦文学作品研讨会,在天读民居书院举办"抛书—激发阅读兴趣"活动,举行福建省作家协会创作基地揭牌。

书画 举办中国书法名城名家作品邀请展、"丹青墨韵"2017漳浦美协会员迎春作品展,漳浦画院首届画师作品展;10月16日,在漳浦文庙举行"奋进金漳浦·喜迎十九大"图片、美术、书法作品展,展出图片290幅。

7月26日至8月2日,受湖南省郴州市桂东县委、县政府邀请,漳浦文联剪纸协会组团前往桂东县,用剪纸艺术在青山乡开展精准扶贫活动

(洪锦城 摄)

以纪念漳浦苏区创建暨红三团成立八十五周年为主题，组织书法、美术、摄影、诗词等艺术家深入老区采风，创作一批主题鲜明的艺术作品，并在县博物馆举办书法、美术摄影作品展，展出书法作品44件，美术作品20件，摄影作品30件。

剪纸　举办“记住乡愁”漳浦剪纸精品展，“金浦梦·家乡美”剪纸技能竞赛作品展、漳浦县第27次“全国助残日”暨漳浦县特殊教育学校学生剪纸、手工作品展。

诗词　举办“元宵”“纪念漳浦县苏区创建八十五周年—传承红色基因”在山城老区村举办“红色记忆”诗词吟诵会，数十位诗词爱好者用诗词的形式纪念红三团奋战的历史。9月28日，在新修缮的文庙举行孔子文化节活动，活动内容包括小学生朗诵《礼运大同篇》、书画精品展、文艺会演等。10月9日，在万安生态工业园区举行“喜迎十九大—万安新曲”诗词吟诵会。

戏曲、音乐、舞蹈　依托县竹马戏传承中心演奏班底，组建民乐团，创作编排《大广弦畅想曲》大型节目。重新编排富有漳浦地方特色的大型节目《穿灯新娘》。

【文化惠民活动】

文艺工作者热心参与“三下乡”系列活动；书法家先后到官浔溪坂、万安古陂、赤湖北桥、福晟钱隆首府等地，为城乡群众义写春联；剪纸协会举办面向市民的“漳浦剪纸公益课”活动，组织剪纸艺人开展“剪纸文化下乡”“剪纸文化进军营”等活动；灯谜协会举办新春灯谜射猜活动；电影协会坚持每月一村一场电影放映和西湖公园双号电影放映；戏曲工作者在春节期间举办戏剧公演活动，为群众献上《芝麻官系列》等精彩剧目及《金猴闹春》文艺晚会；舞蹈、音乐协会共同举办“春的畅想”迎新春综艺晚会，举办“飞舞四季”“爱的阳光”少儿舞蹈专场会演、“快乐公主小V”大型广场舞展示活动，参与新春团拜会、征兵晚会等大型文艺演出活动，进入校园担任社团活动义务教学，到妇女儿童活动中心为机关妇女干部义务教学拉丁舞等。

（供稿：县文联）

·漳浦县工商业联合会（总商会）·

【概况】

2017年，漳浦县工商联（总商会）加强组织建设，指导、引导各商协会创建“四好商会”，完成北京、厦门漳浦企业商会换届工作，成立上海、北京异地商会和县建筑装修建材商会党支部；为企业和会员排忧解难，帮助企业和个体户办理小额贷款，已落实贷款户100多户，解决资金3000多万元；启动“百企挂百村”精准扶贫帮扶活动，与5个重点贫困村和30个贫困村签订挂钩帮扶协议，落实帮扶资金300万元。至年底，县工商联（总商会）有异地商会7个，基层商会8个，行业协会9个，会员近3000人。

【商会基层组织建设】

加强对商协会的指导、引导和服务，指导各商协会按照行业商会协会与行政机关脱钩会议精神适时开展改选，选好配强会长和秘书长，推动商协会加强组织能力建设和“四好商会”创建。至年底，已有县建筑业协会正在筹备换届和脱钩工作。配合北京漳浦企业商会、厦门漳浦商会完成换届工作，帮助县建筑装修建材

6月9日，由县工商联（商会）发起的“扶贫之光——企业家在行动”活动举行启动仪式

（县工商联 供图）

协会开好年会工作。配合县委组织部做好异地商会、漳浦各商协会的党支部筹建成立工作，已有上海、北京等异地商会和县建筑装修建材商会党支部挂牌成立。

【为企业和会员排忧解难】

协调县邮政储蓄银行与县建筑装修建材协会对接，帮助企业和个体户办理小额贷款，已落实贷款户100多户，解决资金3千多万元；与县机动车维修协会举行面对面交流和现场解说的方式，帮助会员了解信贷业务，促成部分企业融资意向。

【精准扶贫活动】

与县扶贫办制定《漳浦县"百企挂百村"扶贫帮扶活动方案》和《漳浦县异地商会挂钩帮扶贫困村的实施方案》，从目标任务、帮扶原则、帮扶方式、工作安排、时间节点和组织保障等六个方面对活动进行全面部署。县工商联与县扶贫办联合成立"百企挂百村"精准扶贫行动领导小组和挂钩帮扶重点贫困村领导小组，并于6月9日举行"扶贫之光－企业家在行动"活动启动仪式。向全县非公经济人士发出开展"百企挂百村"精准扶贫行动的倡议书，组织各异地商会企业家前往各挂钩村实地考察，北京、上海、深圳、厦门、泉州等5个异地商会和县总商会分别与5个重点贫困村和全县30个贫困村签订挂钩帮扶协议，当场落实帮扶资金300万元。

【招商引资】

通过以商引商、商会招商方式，多次前往全国各地开展招商工作，取得明显成效。协助漳浦泉州商会引进泉州超盛石化交易中心入驻，完成交易额12亿元，上缴税收1000多万元；促成漳浦泉州商会投资1.20亿元、占地1.07万平方米建设泉商总部经济园项目，已完成公司注册、项目选址；协助石榴镇在广州、东莞等地开展招商推介活动，召开23家企业参加的座谈会、走访当地11家企业，有4家企业达成投资意向，项目涉及精密仪器、服装生产、新材料、家具制造等产业，已陆续到漳浦进行考察；促成香港亘今集团投资20亿元在石榴镇发展健康养老产业，已完成项目概念性规划方案、公司注册、土地测绘等工作。

（供稿：县总商会）

·漳浦县归国华侨联合会·

【概况】

2017年，漳浦县侨联引进服务侨资企业，力促华侨足球公益基金会在漳浦县建立国际足球训练基地，引进佳峰投资控股集团投资10亿元，在南浦乡开发乡村生态旅游项目；做好联谊接待事务，接待回乡省亲、旅游考察的海外侨胞、港澳台同胞17批346人次；开展精准脱贫，实现全县贫困归侨侨眷73人基本脱贫；鼓励海外侨胞捐资捐赠漳浦县公益事业。是年，海外侨胞捐资款项达213.66万元。

【引进服务侨资企业】

联系招引侨资企业到漳浦县考察、落户。2月16日，吸引中国华侨公益基金会项目部杨

7月7日，漳州市侨联委员到漳浦湖西乡视察调研活动 （何惟英 摄）

紫一行7人到漳浦调研，力促争取华侨足球公益基金会在漳浦县建立国际足球训练基地，通过持续跟踪服务，至年底，该项目已在考察商议中。是年，县侨联常委许见星，引进佳峰投资控股集团到南浦乡投资乡村生态旅游开发，项目规划投资10亿元，至年底，项目各项规划正在进行中。一手抓引进，一手抓服务，通过上门走访调研，力所能及地为侨资企业提供服务，3月7日，市、县侨联领导前往位于古雷港区的涉侨民营化工企业福建春达开展调研工作，为企业在生产和科技人才引荐方面提供帮助。

【拓展联谊】

借助春节、"两会"、清明节、端午节等节假日，利用电子邮件、微信、看望慰问、随团出访、参加庆典等方式，加强与海外华侨华人重点社团和重点人士、新生代华人骨干和港澳台胞联谊交流，邀请鼓励他们回乡参观考察、投资兴业。是年，接待回乡省亲、旅游考察的海外侨胞、港澳台同胞17批346人次。其中有印尼侨胞陈迪鹏及家人，蓝宝华、黄万丁伉俪及家人，蓝龙华及家人；菲律宾郑远达兄弟及家人等。

【侨户精准脱贫】

是年，漳浦县贫困归侨侨眷73人，其中纳入省专项扶贫归侨侨眷9人、市侨联救助对象8人、县侨联挂钩帮扶的3户。县侨联对贫困户建档立卡，制定帮扶计划、措施，帮助解决实际困难。发放省专项救助资金1.08万元、市侨联专项救助资金0.96万元；发放慰问款物共计2.45万元。至年底，全县贫困归侨侨眷实现基本脱贫。

【化解涉侨信访】

宣传贯彻《福建省华侨权益保护法》，与县人民法院、公安等部门形成联动机制，做好涉侨信访接待、矛盾排查工作，维护侨界和谐稳定。3月13日，到湖西乡协调乡侨联办公场所权属和修缮问题；10月9日，发函县国土资源局，要求办理反馈关于港澳同胞蔡丽君女士在漳浦县购买房屋能否办理土地使用权事宜等。是年，受理来信来访案件7件，来信4件，来访3件，通过主席办公会研究，及时把情况向有关部门进行反映，并做好反馈工作。

【捐赠公益事业】

发挥侨力资源丰富优势，把服务引资引智摆在重要位置，鼓励海外侨胞捐资捐赠漳浦县公益事业。是年，海外侨胞捐资款项达213.66万元。

2017年度海外侨胞、港澳同胞捐赠公益事业览表

表1　　单位：万元

序号	捐赠者	捐赠时间	捐赠金额	捐赠意向、用途	受捐单位
1	陈迪鹏、吴玉玲伉俪	1月3日	10	学校配套建设资金	马坪镇马圩小学
2	林雄申	4月27日	50	扶助希望学校资金	湖西顶坛民族小学
3	黄侨书	5月29日	5	新民村老人活动中心	新民村村民
4	黄金龙	5月29日	1.50	六一活动经费	新民小学
5	黄成基	6月1日	0.65	黄成基奖学奖教金	大南板镇新民小学
6	蓝宝菁、蓝智贤、蓝智强	7月1日	17	完善办学条件	湖西顶坛小学
7	陈宗文家族	8月15日	1.50	奖教奖学金	马圩小学
8	陈逢福	8月15日	0.50	奖教奖学金	马圩小学
9	旅菲青年联谊会	9月28日	0.65	老人协会经费	新民村老人协会
10	张群豪	10月20日	3.68	群豪奖教奖学金	漳浦一中
11	王建祥、杨向阳伉俪	10月25日	13	奖教奖学金	佛昙中心学校

续表1

序号	捐赠者	捐赠时间	捐赠金额	捐赠意向、用途	受捐单位
12	杨江泽	10月28日	0.80	杨江泽奖教奖学金	佛县鸿儒小学
13	蓝宝华、黄万丁伉俪	11月1日	80	完善学校综合	湖西民族华侨中学
14	陈迪鹏	11月10日	5	龙美奖教奖学金	漳浦二中
15	汤玲玲	11月10日	8	汤玲玲助学金	漳浦二中
16	杨集文	11月10日	4.38	杨集文奖学奖教金	漳浦二中
17	杨维廉后裔	11月24日	2	杨维廉奖学奖教金	佛县岱嵩小学
18	陈迪鹏	11月24日	2	陈迪鹏奖学奖教金	马坪马圩小学
19	陈志超	12月1日	3	芳浦奖学奖教金	马坪中学
20	蓝宝华、黄万丁	12月19日	3	有才奖学奖教金	湖西民族华侨中学
21	蓝智贤 蓝智强	12月19日	2	蓝天奖学奖教金	湖西顶坛小学
合计			213.66		

（撰稿人：吴世强、何惟英）

·漳浦县台湾同胞联谊会·

【概况】

2017年，漳浦县台联切实做好困难和老龄台胞“两补”工作，向3名困难台胞发放补助款0.72万元，向24名老龄台胞发放7.32万元；为41名台胞开具台籍身份证明，3名台籍考生办理证明；通过县台湾籍党员大会，选举5名代表出席中共漳州市台湾籍党员代表会议；做好相关的工作调研，论文《当前两岸关系背景下推进闽台深度融合问题研究》被闽南师范大学两岸关系理论漳州研究基地论文集收录。

【工作调研】

5月18日，陪同漳州市台盟秘书长陈红斌带领的由市台盟机关支部、医卫支部成员组成的调研组，围绕《发展地方实体经济》的调研课题，到旧镇台资企业漳浦桂宏工业有限公司开展工作调研。5月20日，吴敦义当选“国民党主席”后，县台联到一些台资企业及崎溪村了解台胞台商、吴氏乡亲的看法和期待，并在第一时间形成材料上报上级台联。7月14日，协同市委统战部、市政协台侨委、市台联陪同台盟成都市支部主委潘裕萍率领的新津台湾农民创业园管委会一行5人到漳浦农民创业园进行工作调研。是年，县台联撰写的调研论文《当前两岸关系背景下推进闽台深度融合问题研究》被闽南师范大学两岸关系理论漳州研究基地论文集收录；会长张群被邀请参加福建省统一战线理论研究会两岸关系理论漳州研究基地主办的新形势下两岸经济文化交流合作学术研讨会。

【组织在浦台胞开展活动】

引导台籍人民代表、政协委员参政议政，为漳浦县的经济社会发展建言献策。县“两会”期间，台籍委员撰写《关于增加县城车辆临时停车位》等提案。在全县定居台胞中开展“德行漳浦—漳浦县首届十佳文明家庭”评选活动，并推荐在浦高山族台胞陈友全一家获评“十佳”文明家庭称号。协助省台联做好2017年海峡论坛“同名村·心连心”联谊活动。中秋节期间，与县文广体局、台办等部门共同主办“喜迎中秋，情牵两岸”—福建省全民健身运动会漳浦休闲垂钓友谊赛，吸引漳浦和厦门、漳州港、龙海的不少台商前来参加。

9月20日，漳浦台联与多部门共同举办科学普法进校园活动　（李珊红　摄）

【困难和老龄台胞“两补”】

年初，再次核实年度享受“两补”的台胞名单，并向上申报增补2018年度福建省老龄台胞生活补助人员。是年，有3名台胞得到省台联下发的困难补助7200元；有24名台胞得到省台联下发的老龄补助7.32万元。同时，按照《全国台联特困定居台胞帮扶工作实施方案》的要求，做好漳浦县2017年度特困定居台胞家庭帮扶工作，为1名台胞低保户申请特困补助金2000元。春节前夕，县台联开展走访困难台胞和老台胞春节慰问活动，为困难台胞和老台胞送去每人800元的慰问金。并到部分台资企业拜访台商，与他们座谈，关心了解其生产生活状况。

【台籍考生优惠政策】

深入各乡镇走访台胞，为41名台胞开具台籍身份证明，帮助他们完成台籍身份转换，落实国家对台籍考生特殊加分优惠政策，凡符合报考条件的考生，主动关心，协助3名参加高考的台籍考生办理台籍证明，做好高考“注意录取”工作。此外，组织全县台籍学生参加《第十九届世界华人学生作文大赛》。

【代表选举】

1月18日，召开漳浦县台湾籍党员大会，选举李珊红、张英聪、陈飞、徐志鹏、林龙源等5人作为漳浦县出席中共漳州市台湾籍党员代表会议代表。在市台湾籍党员代表会议选举中，漳浦县台籍党员陈飞当选出席省台籍党员代表会议代表。10月，推选2名台胞代表参加10月30日举办的福建省第八次台湾同胞代表会议，会议中，陈飞被推选为省台联第八届理事会理事。12月22日，会长张群作为代表参加第十次全国台湾同胞代表会议。

【协助台胞寻根谒祖】

年初，县台联应济南台湾同胞投资企业协会常务副会长陈世伟的请求，在陈世伟祖辈跨海到台湾时间久，线索少的情况下，经多方寻找并实地调查，确定陈世伟祖籍地为深土镇墩柄村。并于6月17日，协同漳州市台盟副主委兼秘书长陈红斌、副主委陈奕颖陪同陈世伟到墩柄村认亲谒祖。3月31日，县台联陪同浙江省瑞安市吴氏宗亲寻亲团到漳浦县石榴镇崎溪村寻根问祖，并举行认祖归宗仪式；寻亲团43人，其中部分是台胞。6月25日，陪同台湾桃园市吴氏宗亲一行16人到祖籍地石榴镇崎溪村溯源祭祖。是年，还协助湖西乡蓝氏宗亲与台北市蓝姓宗亲会的联系对接，组织2名蓝姓宗亲代表入岛交流。

（供稿：县台联）

·漳浦县残疾人联合会·

【概况】

2017年，漳浦县残疾人联合会健全、完善残疾人社会保障体系和扶残助残服务体系。实施康复救助，加大残疾儿童抢救性康复力度，向105名接受康复残疾儿童发放补助款94.33万元，免费发放残疾人辅助器具157件，助听器10台；实施困难残疾人生活补贴和重度残疾人护理补贴制度，惠及残疾人3101人；实施残疾人托养服务补助，惠及残疾人371人；开展扶残助学，向残疾学生和残疾人家庭子女159人发放助学金额26.95万元；扶持就业创业，向93名自主创业的残疾人发放创业补助46.50万元，向37人自主创业的残疾人发放社保(医保)补助8.97万元。

【县残联第六次代表大会】

10月25日，县残联第六次代表大会在县城会议中心召开，应出席会议正式代表110人，其中残疾人和亲友92人，健全人18人，残疾人及亲友占代表总数的83.60%；实际出席大会的正式代表110人，特邀代表27人、列席代表24人。会议选举蓝振祥为县残联理事长，林玉法、郑元顺为副理事长。

【精准康复服务】

开展残疾预防 结合“爱耳日”“全国助残日”“自闭症日”“国际残疾人日”等时段，开展残疾预防与康复宣传活动，与县卫计局联合开展“如何预防听力障碍以及新生儿听力筛查的流程”等讲座。在县残联办证大厅LED显示屏滚动宣传标语，展示宣传栏，发放宣传材料1万多份，营造全社会关爱老年人听力健康及残疾儿童预防与早期康复教育工作的良好氛围，引导民众树立健康保护意识。残疾儿童预防与早期康复知识的知晓率90%以上。

实施康复救助 采取转介康复和提高康复救助标准的办法，加大0—6周岁残疾儿童抢救性康复力度，在省级补助的基础上，每人每月再补助200元，接受康复救助残疾儿童105人，补助款94.33万元；实施重性精神病人服药医疗补助280人，补助款10.43万元。11月，《关于印发〈漳浦县残疾人精准康复服务行动实施方案(2019—2020年)〉的通知》，以听力、肢体、智力、精神等4类残疾人为重点，分别细化基本康复服务对象、内容及补贴标准。

完善辅具配发 由政府采购免费向有需求的残疾人发放辅助器具，免费发放轮椅、拐杖、坐便椅、助行器等残疾人辅助器具157件，为听力残疾人免费发放助听器10台。同时制定《漳浦县残疾人基本型辅助器具适配补贴实施细则》，重点解决残疾人最基本、最迫切的辅助器具需求。补贴范围和补贴金额按照《福建省残疾人基本型辅助器具补贴(指导)目录》执行，共49类，对象以肢体、视力、听力、智力和精神残疾为主，自2017年1月1日起执行至12月底。是年受理申报辅具14人，按规定报销金额3.11万元。

【加强社会保障】

实施“两项补贴”政策 依据《漳浦县人民政府关于完善困难残疾人生活补贴和重度残疾人护理补贴制度的实施意见》，规定困难残疾人生活补贴每人每月70元；护理补贴为：一级重度残疾人每人每月为100元，二级重度残疾人每人每月50元，由县民政局牵头组织实施，县残联负责残疾类别、等级的审核。至年底，新审核困难残疾人生活补贴1777人，一级、二级重度残疾人护理补贴3101人。

实施残疾人托养服务补助项目 残疾人居家托养项目纳入为民办实事项目，是年，向321名有托养服务需求，在劳动年龄段内(男16—59周岁，女16—54周岁)未就业，属于当地扶贫建档立卡、城乡低保户和其他低收入困难家庭的智力、精神和重度肢体三类重度残疾人实施居家托养服务补助，每人补贴2000元，合计64.20万元。“福乐家园”机构托养项目资助对象需在“福乐家园”托养机构长期托养，同时符合居家托养补助要求未享受本项目居家托养服务资助，受助50人，每人补贴5000元，合计25万元。

残疾人危房改造工程 完成2016年度“安居工程”第二期验收工作，给予12户农村贫困残疾人每户补助7500元。

社保补助 对自主创业的残疾人给予社保(医保)补助，受助37人，发放补助款8.97万元。

【助残关爱活动】

走访慰问活动 “两节”期间，组织各乡镇(场)残联开展“迎春送温暖”关爱贫困残疾人走访慰问活动，受助残疾人287人，发放慰问金10.28万元。

志愿者活动 营造全社会关爱老年人听力健康及残疾儿童预防与早期康复教育工作的氛围，在“全国爱耳日”“全国助残日”期间举行各种助残活动，组织各乡镇残疾人工作者、县特殊教育学校全体师生及各条战线的助残志愿者参加活动。

“全国助残日”系列活动　在5月21日第27次助残日期间，结合“推进残疾预防，健康成就小康”主题，协调有关部门多形式开展残疾人文化进家庭—“五个一”活动，举办残疾人公益演出，组织残疾学生及家属、志愿者、全县残联工作者、残工委成员单位代表观看县特殊教育学校残疾学生会演。

【教育与就业服务】

扶残助学　落实《漳浦县人民政府关于加快推进残疾人小康进程的实施意见》，推动全县残疾人教育事业的发展，扶助残疾人青少年和残疾人家庭子女接受教育，完成学业。受助在校中等教育以上(含非全日制高等教育)、残疾学生和残疾人家庭子女159人，合计助学金26.95万元。其中，受助残疾人子女全日制高等及以上教育学生91人、中等教育37人；残疾学生全日制高等及以上教育19人、非全日制高等教育1人；助学标准为中等教育每学年1000元，非全日制高等教育每学年1500元，全日制高等及以上教育每学年2000元。

推行分散按比例就业　依法推进残疾人分散按比例就业，做好年度按比例就业审核工作，受理企业170家，为有就业需求的残疾人提供工作岗位。征收残疾人就业保障金940万元。组织4名有就业需求的残疾人参加漳州市“福乐就业　牵手行动”残疾人就业招聘会暨残疾人高校毕业生职业能力测评，有2人在活动中实现就业。

扶持就业创业　残疾人就业创业项目纳入为民办实事项目，对就业年龄段(男16—59周岁，女16—54周岁)的残疾人从事种植、养殖、个体从业，给予创业补助，受助93人，合计补助46.50万元。

【残疾人文体活动】

7—9月间，配合省、市残联选拔残疾人运动员参加省和全国田径锦标赛。9月，残疾人胡秋金参加2017年全省岗位精英职业技能选拔赛，获剪纸项目一等奖；10月，又参加2017年中国技能大赛“宜生到家杯”全国残疾

10月25日，漳浦县残联第六次代表大学召开　　(蓝智伟　摄)

人岗位精英职业技能竞赛，取得剪纸项目第八名的成绩，获“巾帼巧手”称号。

【信访维权】

做好残疾人信访积案排查，化解矛盾纠纷，对来访者热情接待、耐心解答、妥善解决，无出现越级上访和重大恶性案件。处理残疾人及家属在漳州市12345便民服务平台咨询类9件，已全部及时办结，县信访件中无信访。实施残疾人机动轮椅车燃油补贴，补助惠及216人，每人补贴260元，合计5.62万元。

【更新残疾人服务状况和需求信息动态】

分3期专门召开培训会，对全县300多名调查员进行业务培训，做好入户调查指导。此次专项调查完成全县329个社区25912名残疾人的专项调查。其中，入户调查24245人，电话调查789人，完成入户调查率为93.60%，复录合格率100%。县残联对各乡镇场、园区残联的调查工作开展情况进行及时督导和考评，做好验收工作，顺利完成专项调查工作任务。

（撰稿人：陈春华）

·漳浦县关心下一代工作委员会·

【概况】

2017年，漳浦县关工委新发动参加关工委组织的“五老”人数112人。至年底，全县建立各级关心下一代组织503个，参加关工委成员人数6793人，其中“五老”参加关工委人数2986人，“六大员”(报告员、帮教员、家教员、科教员、志愿辅导员、文化市场督导员)队伍2598人。被漳州市文明建设指导委评为“2015—2017年度漳州市未成年人思想道德建设工作先进单位”。

【用最新理论成果武装青少年】

开展以“不忘初心、牢记使命、永跟党走—学习贯彻党的十九大精神”为主题的宣讲活动，活动覆盖全县各中小学，累计举办宣讲报告会90多场，受教育青少年3.30万人次。

【法制教育】

各级关工委利用各种资源，做好《中华人民共和国未成年人权益保护法》和《中华人民共和国预防未成年人犯罪法》的宣传，开展法制教育，提高青少年爱国思想，遵规守法，提高自我保护意识。是年，举办法制教育专题讲座81场，受教育青少年3.20万人次。

【为青少年办实事好事】

开展“关爱青少年月”活动，活动期间，召开返乡大学生座谈会33场次，走访贫困大学生1300多人，发放慰问金29万多元；慰问特困青少年1400多人，发放慰问金52万元。举办扶贫助学奖学奖教基金会融资活动19场，收集资金74万元，用于扶贫助学和关爱老年活动。各级关工委发动社会各界对新录取的大学生进行扶贫助学奖学奖教活动，是年资助奖学奖教3500人次，发放金额430万元以上。其中助学800多人次，金额220万元以上；奖学2500人次，资金200万元左右；奖教200人次，资金10万元。此外，在金秋助学活动中，县关工委资助新被录取的特困大学生26人，发放扶助金5.20万元；县工青妇及老促会、慈善总会、扶贫协会等单位，共计扶助248人，发放扶助金53.60万元。

（供稿：县关工委）

·漳浦县老区建设促进会·

【概况】

2017年，漳浦县老区建设促进会以书画、摄影作品展、红歌演唱会、诗词朗诵及在《金浦报》出专版、在县电视台开设专栏等形式，开展宣传革命历史、弘扬革命精神“红五月”活动；协助做好车本村红色文化活动中心、靖和浦游击根据地旧址、中共漳浦县委机关旧址等革命遗址的修复与建设；做好老区学子奖学金发放，获年度全国老区宣传一等奖(六连冠)。

【红五月宣传活动】

以“红五月”为契机，开展重

温革命历史，弘扬革命精神的宣传活动。在中央红军第三军军部旧址－县城红楼（县革命历史纪念馆）举行漳浦苏区创建、红三团成立85周年纪念大会暨《漳浦苏区革命史》首发式；在《金浦报》出版2期纪念漳浦苏区创建暨红三团成立85周年专刊。在漳浦电视台开展苏区革命史、老区建设成就的专题宣传活动；在县博物馆举办以弘扬老区革命精神为内容的书画、摄影作品展；在县老年大学、西湖公园南大门举办红歌演唱会2场；在山城村举办邓子恢点燃“山城烽火”为主要内容的诗词朗诵会；组织拍摄以红三团为题材的微电影《铁番号》。

【开展扶贫调研】

10月16日第四个全国“扶贫日”，县老促会与扶贫开发协会到赤岭乡土塔村举行座谈会，了解脱困村民生活生产情况。协助海尔集团“精准扶贫公益万里行”在漳浦开展捐赠活动，向贫困家庭捐赠30台冰箱等电器。

【助推革命遗址的修复与建设】

是年，先后在原靖和浦苏区、闽粤边区革命中心村—车本村修建红色文化活动中心，红色旅游餐厅；重修邓子恢民国二十一年（1932年）率领闽南红一支队和秘密农会会员，打败国民党张贞部的多次围剿，建立靖和浦游击根据地旧址—山城村吴氏祖祠；修复民国二十一年（1932年）4月中央红军攻克漳州的红三军七师司令部旧址－石榴镇石榴村许氏民宅；修复中共漳州中心县委机关旧址－南浦乡南浦村徐氏民宅；新建靖和浦苏维埃政府副主席、漳浦县委书记吴庭坚纪念亭；整修民国二十五年（1936年）10月在杜浔镇过洋村龙跡亭（龙潭后井）成立的中共漳浦县委机关旧址和民国二十九年（1940年）霞美镇虎崆岩漳浦县委机关驻地旧址。

10月18日，县老促会工作人员在石榴镇车本老区村调研扶贫项目实施情况　　（老促会 供图）

【老区学子奖学金发放】

做好2017年度黄仲咸、科华奖学金和苏区大学新生奖学金发放工作。举行老区贫困学生建档立卡及贫困户大学新生助学金发放，惠及老区贫困学生28人，大专生每人助学金3000元、本科生每人4000元。

（撰稿人：詹辉）

·漳浦县科学技术协会·

【概况】

2017年，漳浦县科协按照建设科普中国e站统一部署，指导建立科普e站9个；在福建万辰生物科技股份有限公司成立市级院士工作站，鼓励、倡导4家企业与院士对接；开展科普宣传教育，以“三下乡”“全国科普日活动”等为平台，开展科普活动；推动各协会、学会开展工作，选送5篇论文参加市级评选。

【科普宣传教育】

提高科普宣传社会化程度，参加卫生、科技、文化“三下乡”活动，发放宣传资料610份，科普挂图121张，科普手提袋230只，受益群众4800人。参加“科技活动周”“全国科普日活动”，开展科技咨询服务，科普展板进校园、进社区。9月，在科普日期间，联合县红十字、县妇联在县实验小学开展“急救应急与包扎”专题知识讲座以及“安全知识”视频收看，提高学生的科普常识。

【协会、学会工作】

调研了解各协会、学会社团登记情况及农协会、农艺师、医学会工作活动情况；了解榕树协会、蔬菜种植、河鲀养殖协会等基层协会运作情况。指导企业科协开展工作，慰问科技人员，鼓励支持各级科普带头人，并收集学术论文7篇，精选5篇参加市级论文评选。

【建设科普中国e站】

按照中国科协、省市科协建设科普中国e站统一部署，组织人员进农村、进社区、进学校开展指导工作。是年，市科协专项经费11万元，县级配套10万元。其中赤湖镇西城村3万元，湖西乡丰卿村3万元，佛昙镇东坂村、轧内村、后许村各2万元，绥安镇城西社区、南街社区各2万元，漳浦县实验小学2万元，漳浦达志中学2万元，老科协1万元。建立科普e站9个（其中乡村e站5个、校园e站2个、社区e站2个）。

【成立院士专家工作站】

在福建万辰生物科技股份有限公司成立市级院士工作站。协助省市科协与企业互动，鼓励、倡导美丽家香食品、同溢堂药业、福船一帆重工、福建微水环保等企业与院士对接，做好省、市级院士工作站的申请与储备。跟踪落实丰盛食品有限公司院士工作站的后续服务工作，配合省市科协妥善解决企业的经费问题。

【服务企业社区】

至年底，全县通过注册认证的科普员有841人，位居全市之首；科猫注册51人；26家企业安装专利检索系统；建设科普中国e站9个。组织科技工作者深入县实验小学、绥安中心学校开展科普知识讲座、防灾减灾等主题活动。

（供稿：县科协）

·漳浦县计划生育协会·

【概况】

2017年，漳浦县计生协会发放幸福工程款373万元，救助贫困母亲190户，发放小额贴息贷款贴息金额20.85万元，放贷417万元，贴息93户；慰问失独家庭106人次，发放慰问金12.72万元；紧急救助新发生特殊家庭19户，发放救助金38万元；开展金秋助学活动，495位学生获得省市县乡四级计生协会资助，资助金额64.86万元；评选出阳光女孩198人。

【服务模式创新】

开展心理辅导教育培训 举办心理辅导教育培训，吸引了近200名家长到场听课，为营造良好的家庭氛围、改善亲子关系、促进青春期孩子健康成长做充分的准备。

开展科学育养活动 在大埔村举办“儿童早期发展教育专题讲座”，为普及0—3岁婴幼儿家庭科学育儿提供指导。

畅通诉求渠道 以石榴镇为试点，设立法律援助工作站，开展计生法律援助知识专题培训。

【开展关怀服务】

推进“特殊家庭”帮扶项目春节和“红五月”期间，开展慰问失独家庭活动，慰问对象106人次，发放慰问金12.72万元；落实携爱家园志愿者帮扶活动经费10.20万元；开展紧急救助，救助新发生特殊家庭19户，发放救助金38万元。

金秋助学 是年，有495位学生获得省市县乡四级计生协会表彰及资助，资助金额64.86万元。

幸福工程与小额贴息贷款 是年，发放幸福工程款373万元，救助贫困母亲190户。至年底，幸福工程项目资金累计593万元，救助贫困母亲覆盖全县24个乡镇场（园），滚动资金累计3788.8万元，救助贫困母亲4322多户，惠及人口14462人。是年，计划生育家庭小额贴息贷款贴息金额20.85万元，放贷417万元，贴息93户。

【打造宣传载体】

开展重点宣传，评选出阳光

女孩198人，发放奖金和奖品累计7.90万元。巩固传统宣传模式，完善节假日慰问、义诊咨询、培训讲座等传统宣传方式。运用新媒介进行宣传，各级计生协会巧用善用新媒介，开通微信公众号9个，微博1个，搭建更有效的政府群众沟通平台。

（供稿：县计生协会）

·漳浦县社会科学界联合会·

【概况】

2017年，漳浦县社会科学联合会落实《漳浦县社会科学普及规划纲要（2016－2020年）》，重点围绕“千年古县”、革命老区、意识形态领域3个主题开展课题研究，1个课题项目获市级二等奖，3个课题项目获得市级三等奖，16个课题被列入县级课题研究立项，整理汇编成《漳浦县哲学社会科学研究规划课题成果汇编》。

【课题研究】

重点社科理论研究　围绕“千年古县”主题，开展《漳州历史名人文化研究（黄道周方向）》《传统村落文化保护与美丽乡村建设研究》《立足产业优势，打造河鲀特色小镇》等特色的历史文化及地域特点文化研究；围绕革命老区的发展史，开展“红色文化”研究，挖掘红三团对中国革命做出的贡献，形成的调研成果有《史海钩沉——一个革命老区村史迹追寻与历史贡献》《杜浔红色文化资源（县委机关旧址）的发掘保护与开发利用》等；围绕意识形态领域工作开展课题研究，形成的课题成果有《传统媒体与新媒体融合问题研究》《漳浦县基层宣传思想工作探析》《社会主义核心价值观培育与践行研究》《创建农村党校，加强党员意识教育工作创新研究》等。

研究成果　是年，漳浦县有4个课题研究被列入市级哲学社会科学研究规划课题立项，其中，县委宣传部课题组所研究的课题《传统媒体与新媒体融合问题研究》获得市级二等奖，《古雷整岛搬迁后的农民就业问题》《传统村落文化保护与美丽乡村建设研究》《史海钩沉》等3个课题项目获得市级三等奖。

【社科普及宣传】

“社科普及宣传周”活动　社科普及宣传周期间，举办“奋进金漳浦·喜迎十九大”大型社科图片展，制作展板28个，展出图片290幅；制作各类主题的科普挂图、展板26版。举办“福建省百场社会科学报告会”漳浦专场报告会。结合“三下乡”，组织社科知识宣讲“基层行”活动，组织县直27家单位到前亭镇宣传科普知识，发放科普宣传资料6000余份，接受咨询1800多人次。免费开放黄道周纪念馆、蔡新故居等社科普及基地和人文社科类展馆。在县电视台、广播电台、新闻网、《金浦报》、微信公众号开辟社科普及宣传周专题、专栏、专版宣传报道，扩大活动的声势和影响。

社科普及宣传　制作社科知识普及宣传栏，向各乡镇场、机关、企事业单位等提供中共十九大精神宣传展板80版，面积4200平方米。印制发放《党的十九大精神宣传手册》8000本。免费向基层和群众赠送科普书籍，将宣传触角延伸至乡镇、社区、企业、学校等各个层面。参加县委十九大精神宣讲团，全县开展宣讲活动35场。围绕“民俗活动”“美丽乡村建设”“法制宣传”“交通安全进校园”等形式，开展

7月28日，福建省百场社会科学专题报告会（漳浦专场）在县会议中心举行

（杜鸿　摄）

社科普及宣传活动。

市级社科普及基地建设 利用“蔡新故居”的社科普及宣传栏，把社科条例、蔡新人物介绍、廉政文化知识及中共十九大精神等内容上墙宣传。黄道周纪念馆修缮就绪，印发宣传折页，黄道周书法拓本等6000份，接待省市县各级科研人员学者200多人次，师生及群众3000多人次。拨款1万元，支持村级社科普及宣传栏建设。

“红色文化”宣传调研 组织社科人员到老区村考察调研，开展重走红军路、祭奠英烈、红色文化进校园等活动。参与组织纪念漳浦苏区创建暨红三团成立85周年“红色文化书画摄影展”。参与组织“漳州老区换新颜”摄影作品集。利用《金浦报》、微信公众号、广播电视等媒体加大红色文化的宣传力度。

（撰稿人：林杜鸿）

·漳浦县企业与企业家联合会·

【概况】

2017年，漳浦县企联主动热情为会员企业服务，为10多家会员企业争取惠企项目对接资金达250多万元，协助4家企业获得市级中小企业发展专项资金60万元，为24家会员企业争取激励金近40万元；引导会员完善企业证件，督促7家会员企业办理环评报备手续，18家会员企业通过环保验收，协助12家会员企业办妥企业房产证；搭建企业融资平台，帮助16家企业获得资金支持5000多万元。

【调解会员纠纷】

引导会员企业学法、用法、守法 向会员企业发送《中华人民共和国劳动法》《中华人民共和国劳动合同法》500份，筛选出《劳动合同法》相关法律，以简便易懂的方式向会员进行宣传，指导会员与员工签订合同，妥善处理用工关系。

参与劳动关系三方协调 会同县人社部门、工会组织解决3起涉及劳动关系的问题，为10多家会员企业的用工关系及劳动合同提供法律咨询服务，减少矛盾的发生。

参与会员纠纷调解 借助“一点一室”平台优势，联合县人民法院、检察院为会员企业保驾护航。是年，受理会员反映的矛盾和纠纷8件（涉及劳资纠纷2件、行政执法部门间接乱收费1件、债权债务4件、土地权属1件），妥善调处3件，执行2件。其中，3月，调解常务理事单位县电力公司与1家公司的用电欠费问题，促使该公司补交逾期电费6.70万多元；5月，调处1家理事单位与所在地开发区关于企业基础设施配套费返还的问题，促成开发区将拖欠的8.73万元基础设施配套费返还企业。

【协助申报项目兑现资金】

向会员企业发送2015年以来各级政府出台的惠企政策1000多份，并为10多家会员企业争取惠企项目对接资金250多万元。上报舜洋食品、联合发电子等2家会员企业参与省“专精特新”中小企业认定，每家获10万元奖励；协助元新食品等4家企业申报2017年度市级中小企业发展专项资金60万元；协助副会长单位鸿鑫果品公司申领县政府补助节约用地补助资金60万元；帮助宏森工贸公司、金浦汽车悬架公司联系申报企业技改、节能项目，各获得补助资金15万元；为24家会员企业争取激励金近40万元；协助贝尔工业公司、富民五金公司申报县政府拨付企业外出展销的补助款项。

【引导会员完善企业证件】

督促办理企业环评手续 组织16家会员企业参与县环保局座谈，向会员企业宣传环评和达标排放的重要性及企业投入整改的必要性，督促企业加强与环保部门的沟通与配合，按期完成企业环评和排污验收。是年，有7家会员企业办理环评报备手续，18家会员企业通过环保验收，获得环保部门许可证件。

指导补办企业房产证 协助部分会员企业由于历史原因及审批体制变化造成的已取得土地使用证、符合规划的工业厂房、厂区内生产配套建筑物权属登记遗留问题。指导会员企业准备好相关材料，缴纳有关税费，并定期跟踪。是年，协助12家会员企业办妥企业房产证。

【组织会员培训】

联合相关职能部门为会员组织举办培训活动4次，参训者近800人次。其中，7月27日，组织全县248家企业负责人和财务人员参加“2017年惠企政策宣讲暨人才政策解读交流会”，发放惠企手册和人才政策指南近500份；9月22日，组织200多家企业负责人或财务人员参加“供给侧改革下企业资本路径新思维”专题讲座。同时，组织80多家会员外出参加培训6场次。其中，3月17日组织20家企业到漳州参加企业信用风险防控讲座；10月26日组织10多家企业到漳州参加福建企业管理经验分享活动。

【搭建企业融资平台】

收集会员企业融资需求，综合银行业金融机构盘活存量信贷资产，引导企业及时对接银行业开发的信贷新产品、新业务，针对不同类型企业提供多样化、个性化的融资服务。是年，组织48家企业分别参加市经信委、县政府举办的金融调研会和融资对接会3场次，意向融资1.50亿元；帮助永顺食品、创盈公司、绿泰盛公司、新华鹏公司、全和公司等16家企业对接县农信社、邮储银行、中信银行、泉州银行、工行等洽谈融资事宜，获得资金支持5000多万元。

【关心服务会员企业】

关心会员企业　5月，组织113名会员到县健民医院免费体检；6月，帮助25家会员企业完成年度报告；10次组织会员参加同仁的项目开业活动，庆贺慰问金6.87万元。推荐17家优秀企业入会。

组织会员企业产品外出展销　组织100多家次会员企业分别8次到漳州、厦门、福州、上海等地展销，扩宽会员企业产品的销路及在外地的知名度，促进会员企业对外交流合作及招商引资。

（供稿：县企联）

•漳浦县红十字会•

【概况】

2017年，漳浦县红十字会结合“世界红十字日”“世界艾滋病日”等时间节点，广泛开展红十字特色宣传活动；以“六进”形式，举办应急救护培训班26期，培训急救员747人，开展普及培训4期，普及人数360多人；开展“博爱送万家”“红十字爱心公益日”等人道救助活动，发放慰问金及物资，惠及救助对象上千人；5月，被漳州市红十字会评为“2016年度推进重点工作优秀单位”。

【人道救助】

“博爱送万家”活动　开展“博爱送万家”活动，送出博爱物资160份（市红十字会下拨60份，自筹资金购买100份）；将物资发放给赤岭乡土塔村、南浦乡龙桥村、大南坂镇等乡镇的部分五保户、计生二女户、贫困学生等。

“红十字爱心公益日”活动　开展第十个“福建爱心公益日”，12月30日，县红十字会与海关漳浦办事处向石榴村村民发放慰问物资，向县实验小学6名贫困学生发放博爱物资，向漳州科技学院特困生送去8箱运动鞋，受益学生94人。

助医、助学、助困活动　为纪念第64届“世界防治麻风病日”暨第30届“中国麻风节”，1月17日，县红十字会、县疾病预防控制中心、县残联一同到龙海市程溪镇大田坑麻风村慰问3名漳浦籍麻风病休养员，向他们发放慰问金3600元和慰问物资。8月，厦门鹏拓塑胶制品有限公司捐赠4.70万元用于资助马坪镇应届贫困大学生。10月，县红十字会购买米、油、面等物资慰问盘陀敬老院老年人，并发放慰问款600元、运动鞋22双。

【红十字特色活动】

“5•8”红十字博爱周活动　为纪念第70个世界红十字日，迎接新修订《中华人民共和国红十字会法》施行，县红十字会开展“5•8红十字博爱周”系列活动。e时代红十字志愿者分别到官浔镇、六鳌镇看望定点帮扶萎缩症老人陈某团、地中海性贫血症儿童林某燕，发放慰问金1300元。7日，与县国土局、地震办在漳浦四中开展地震次生灾害应急疏散演练和培训活动，分发应急避险宣传手册。8日，在古雷腾龙芳烃（漳州）有限公司举办企业员工应急救护培训班。10日，联合微益联盟、漳浦论坛、漳浦晨报、蓝天救援队开展“血同脉·爱同行”无偿献血、造血干细胞入库活动暨“我是红十字人”主题宣誓仪式。现场献血71人次，献血量2.62万毫升，加入中华骨髓库6人次。

“世界急救日”活动 为纪念第18个“世界急救日”，传播“人人学急救、急救为人人”的红十字人道救护理念，9月6日，与县海洋与渔业局在深土镇大店村开展应急救护培训，近80名渔民参训。9月8日，举办第21期应急救护培训班，来自漳浦海盾见义勇为救援队、天福集团20名学员参训。

“世界艾滋病日”宣传活动 12月1日，联合县卫计局、教育局、疾控中心等单位在县职业技术学校开展2017年漳浦县“世界艾滋病日”主题宣传周系列活动，现场分发防艾宣传材料1500份、应急救护知识课本600本。

【遗体器官捐献】

7月26日，经过联系与沟通，因患白血病去世的大南坂镇上埔村10岁男孩张鑫宇的家属将遗体捐献给漳州卫生职业学院用于教学和科研。张鑫宇成为漳浦县首例遗体捐献者。是年有2名志愿者登记报名器官捐献。

【应急救护培训】

应急救护“进学校” 5月20日，在漳州科技学院开展应急救护培训暨防震减灾知识讲座，33名在校生受训。8月18日，举办教师应急救护培训班，21名教师参训。9月20日，在县实验小学开展应急救护培训，120名学生参训。12月20日，漳浦立人学校开展应急救护培训，44名老师及安保人员参训。12月23日，在漳州科技学院开展应急救护培训，43名师生参训。

应急救护“进农村” 9月6日，联合县海洋与渔业局在深土镇大店村开展应急救护培训“进农村”，近80名渔民参训。

应急救护“进企业” 是年，先后在腾龙芳烃（漳州）有限公司、漳州宜洋纺织科技有限公司、漳浦天福集团、华泰人寿保险股份有限公司、百合纺织有限公司、大叶伞业有限公司等多企业开展应急救护培训活动，参训员工230余人。在翡翠湾滨海度假区、漳州滨海火山国家地质公园、欢乐岛度假湾区开展旅游景区管理人员应急救护培训班，110名景区管理人员参加培训。其中，7月在漳浦供电有限公司连续举办4期培训班，对公司203名一线员工进行自救互救常识培训，195名员工取得红十字救护员证书。

【志愿服务活动】

县红十字会漳州e时代红十字志愿服务队每月定期组织红十字志愿小分队到六鳌镇、官浔镇慰问贫困户，送去红十字会的关爱，全年计送出慰问金5200元。志愿服务队员蔡春阳获“红十字志愿者”四星奖章、林琳获三星奖章、邱瑞芬获一星奖章。

（撰稿人：林欢初）

1月1日，县红十字会举行以“传承中华经典开启智慧人生”为主题的爱心公益日活动启动仪式 （县红十字会 供图）

法　治

·法治政府建设·

【概况】

2017年，漳浦县全面落实《中共中央关于全面推进依法治国若干重大问题的决定》《法治政府建设实施纲要(2015－2020年)》(以下简称《纲要》)和《福建省法治政府建设实施方案》，围绕县委、县政府的重大决策部署，服从服务中心工作，坚持把法治政府建设作为贯穿政府工作的主线，完善工作机制，规范行政行为，增强政府公信力和执行力，促进全县经济社会持续快速发展。

【部署依法行政】

部署年度依法行政工作　县政府主要领导多次主持召开县政府常务会议，听取推进依法行政建设法治政府工作汇报，对规范重大行政决策、行政审批制度改革、排查化解矛盾纠纷、依法行政绩效考核等工作提出一系列要求，强调要加强领导、完善制度、强化问责，推动依法行政、法治政府建设工作再上新台阶新水平。根据《福建省2017年法治政府建设重点工作安排》和《漳州市2017年法治政府建设重点工作安排》精神，结合实际，制定出台《漳浦县2017年法治政府建设重点工作安排》，将法治政府建设重点工作任务分解到各单位、各部门，统筹推进全县依法行政工作。完善依法行政考核指标体系，健全考核机制，对行政机关依法行政工作进行监督检查，将依法行政成效作为衡量各单位、各部门领导班子和领导干部工作实绩的重要内容，并纳入政府年度绩效考核范围。

完善依法行政工作考核机制　把依法行政工作纳入全县绩效考评同部署、同考核，年初有计划，年中有检查，年末有考核。召开县全面推进依法行政工作领导小组会议和县法治政府建设工作会议，总结分析上年度依法行政工作，制定法治政府建设年度工作计划，明确各项工作任务要求和责任，推动法治政府建设工作稳步开展。

【法治宣传教育】

启动"七五"普法　"六五"普法总结表彰大会顺利落下帷幕，全县表彰14个先进单位，69个先进个人。同时以县委、县政府名义印发"七五"普法规划及相关单位责任清单，分发到位。

新媒体新平台普法宣传　结合省市"七五"普法工作新要求，注重"互联网＋法治宣传"模式，创建"漳浦普法"公众号，保持每周至少更新一期的频率，是年，更新文章60期80篇。其中，6篇文章被漳浦广电新闻中心、漳浦政法、漳州普法等公众号转载，且有多条内容上"今日头条"版面。

推进法治文化建设　以"全面推进依法治国，加快建设法治漳浦"为主题，整合社会资源，强化公益普法，深化"法律六进"活动，推进各乡镇法治文化长廊(广场)建设。在县城建立法治宣传主题公园1个，在佛昙、前亭、深土、沙西、南浦、大南坂等乡镇建设法治宣传分公园。

重点领域重点对象的法制宣传教育　围绕重点项目、重点工程建设等关键领域，开展法制宣传教育，提高民众的法律意识和法制观念。结合一村一法律顾问工作，开展"法治古雷　平安港区"法治宣传专项活动，督导下垵、杏仔、岱仔、古雷、港口、油沃、西辽等7个建制村的法律顾问授课任务；在全县开展主题为“与法同行守护生命”的宣传活动；开展“树立农村法治意识”专题法治讲座、“乡村普法行”等专题法治讲座，授课范围涵盖全县21个乡镇场区，受众广，包括各乡镇三套班子领导干部、各村（社区）党支部书记、主任、综治协管员、调委主任、治保主任等。

完成市级“民主法治示范村”申报 全县22个候选村经纪检、计生和综治把关，顺利完成申报工作。10月，全县有4个村获国家级、省级“民主法治示范村”推荐。

特殊对象普法教育 打造全省首创的“漳浦县社区矫正和安置帮教人员教育基地”，通过开展每季度一期为期2天的封闭式课程安排，为百余名“两类人员”讲授中华文化传统、国学经典等课程，力推情理与法理结合双管齐下。结合社区矫正人员教育管理平台移动普法，定期编发社区矫正管理法律法规、警示口号等短信，开通后，每月2期，已发送社区矫正管理法规手机短信11期7000多条。是年，开展法治宣传活动13场次，举办法治讲座25场，上街设宣传咨询点58个，发放宣传资料2.50万余份，出动宣传车宣传112辆次，悬挂宣传横幅42条，接待法律咨询6380人次。

【落实《福建省法治政府建设实施方案》】

《福建省法治政府建设实施方案》发布以来，县政府高度重视，严格要求全县各级政府和行政机关结合自身工作职责，谋划和落实法治政府建设的各项任务，以法治思维和法治方式深化改革、推动发展、化解矛盾、维护稳定。结合漳浦县法治政府建设工作实际，调研论证，广泛听取意见，制定《漳浦县法治政府建设实施方案》，解读《福建省法治政府建设实施方案》要求的各项任务；按照任务时间节点，纳入全县2017年度法治政府建设重点工作安排，细化任务要求，明确责任主体。同时，根据《福建省法治政府建设实施方案》要求，修订完善漳浦县依法行政绩效管理考评办法，将《纲要》明确的新任务、新要求纳入考核体系，狠抓工作落实，以绩效考评促进工作质量优化提升。

【学习培训】

提升法治素养 落实领导干部学法制度，以领导干部为重点，以会议学法、专题培训、课题研讨、网上学习为主要形式，与“七五”普法有机结合，健全公务人员全员经常化、制度化学法用法的机制。根据《县政府常务会议学法制度》规定，每半年安排一次政府常务会学法活动，县政府领导班子成员、县直各单位主要领导分别学习《中华人民共和国国家赔偿法》和《中华人民共和国民法总则》。各乡镇政府、县直各单位利用周一学习例会，组织单位干部职工学习法律知识；各职能部门本着“干什么、学什么、用什么”的要求，运用各种方式学习专业法律法规，提高领导干部依法行政的意识和能力。县海洋与渔业局制定《漳浦县海洋与渔业系统法治宣传教育第七个五年规划（2016－2020年）》，组织干部牢固树立法治观念、增强法治意识、遵循法治要求，以法治精神、法治思维、法治方式推动各项工作。县交通运输局深化普法宣传，利用办公楼大厅LED屏滚动播放宣传标语20余条，结合“打非治违”“路政宣传月”“安全生产月”及“12·4”法制宣传日等一系列专项行动，开展普法宣传；有针对性向运输企业及相关源头单位发放宣传单600份和手机群发普法信息30万条，宣传超限超载的危害性，督促运输企业加强驾驶员教育，遵守交通法规，普及安全行驶知识，杜绝超限超载。县人社局强化法制培训，领会《社会保险法》《劳动合同法》等法律法规的精神实质，强化领导干部依法行政的意识和能力；定期组织机关公务员及行政执法人员参加政治理论和专业知识学习，加强《行政处罚法》《社会保险法》《劳动合同法》等专业法律知识培训，提升机关工作人员依法履行各项职责的能力。县公安局开展执法培训，5月，分批次安排案审民警参加省法制培训，规范民警的执法行为，提高民警的业务水平。

提高执法人员法治能力 各

部门采取参加上级举办的依法行政培训班，专业部门分散培训、以会代训，以案讲法等形式，督促各专业行政执法部门加强学习。是年，县城乡规划建设、卫生计生、市场监督管理、交通运输、国土资源、安全生产监督管理、公安等部门执法人员参加各级培训班达1700多人次。

【制度建设】

推进行政决策科学化、民主化、法治化　健全依法决策机制，增强公众参与实效，提高专家论证和风险评估质量，加强合法性审查，坚持集体讨论决定，严格决策责任追究。县政府坚持"集体领导、民主集中、会议决定"原则，强化议事和决策机制，重大问题提交县政府专题会议、县长办公会议、县政府常务会议集体讨论研究。落实《重大行政决策合法性审查》等6项制度，推进重大事项社会稳定风险评估，从制度的建立和落实上确保重大决策体现公众参与、专家论证、合法审查和集体讨论。发挥县政府法制机关的法律顾问作用，确保县政府重大行政决策事项和重点合同、协议经过合法性审查把关，降低政府行为的法律风险和稳定风险。这些制度的落实，有效推进古雷石化、红色旅游道路、万安产业园区等建设项目；同时，对港城大道等项目进行重大行政决策实施情况评估，行政决策科学化、民主化、法治化水平明显提高。

规范性文件管理制度　加强规范性文件监督管理，建立行政法规、规章和规范性文件清理长效机制。注重规范性文件的事前审查，落实规范性文件层级备案制度，做到"有件必备、有备必审、有错必纠落"。是年，县政府法制办对7件规范性文件进行事前法制审核，确保规范性文件既符合法律和上级政策规定并落实有效期制度。县政府对经审核后公布的规范性文件，100%及时上报市政府和县人大常委会备案，并在"中国·漳浦"门户网站上进行公布。

建立健全政府法律顾问　落实中央《法治政府建设实施纲要(2015－2020年)》提出"积极推行政府法律顾问制度，建立政府法制机构人员为主体、吸收专家和律师参加的法律顾问队伍，保证法律顾问在制定重大行政决策、推进依法行政中发挥积极作用"的精神，按照中办《关于推行法律顾问制度和公职律师公司律师制度的意见》和省委《全面推行政府法律顾问制度指导意见》及《漳州市全面推行政府法律顾问制度的实施意见》的有关要求，出台《漳浦县全面推行政府法律顾问制度的实施意见》，并聘请福建仁胜律师事务所律师郑仁川为县政府法律顾问。发挥政府法律顾问在重大行政决策、法治政府建设工作中的作用，在开展法治政府建设工作和作出重大行政决策中，合理听取法律顾问的意见或建议。

【改革行政审批制度】

完善行政审批和服务事项清单管理　是年，漳浦县继续完善行政审批和服务事项清单管理。落实省政府《关于进一步规范行政审批行为改进行政审批有关工作的通知》、省审改办《关于简化优化行政审批和公共服务流程的实施意见》要求，统一梳理口径。要求各单位以省级纵向清单、市级编制的县级参考目录、本级保留的目录清单及历年来上级下放、委托和取消事项为依托，结合实际，梳理本部门事项，确保做到事项名称统一、上级下放事项无遗漏、权力事项与本地实际相一致。是年，梳理并对外公布28个部门行政审批和服务事项共计655大项，其中155项含有子项658项，形成纵向清单总目录。并于10月30日以浦政文〔2017〕258号公布。经梳理，漳浦县2017年以来承接国务院、省、市取消下放事项为：承接国务院、省政府、市政府下放事项3项，对应取消8项，新增2项。各承接部门及时对接省、市对应部门，制定配套措施，优化审批流程，确保接得住、管得好。

建立健全"马上就办"机制　梳理公布"一趟不用跑、最多跑一趟"办事清单，成熟一批、公布一批，实现年内"一趟不用跑"和"最多跑一趟"的事项达到80%以上，"最多跑一趟"事项的办件量达到总办件量的70%以上。推动更多"最多跑一趟"的事项优化为"一趟不用跑"，转化率超过

50%。至年底,已全面梳理公布3批“一趟不用跑、最多跑一趟”办事清单共1297项。以推行网上办事大厅和实体大厅双轨制服务为目标,制定网上“局所联办”“县域通办”等10项创新制度,探索实践“互联网+政务服务”新模式,已建立的38家机关事业单位所有依申请的行政权力事项和公共服务事项等政务服务事项全部实现网上受理、网上办理。建立健全线上线下一体化的市、县、乡、村四级联动的政务服务网络体系,缩短权力事项审批时间,让企业群众享受到在哪办事都一样的服务便利,让基层群众不再“来回跑、跨地跑”,减轻办事负担,也从根本上解决信息共享难、企业审批难,群众办事难、办事繁、办事慢等问题。

【落实执法责任制和执法监督】

强化行政执法规范化建设及行政执法监督 改革行政执法体制,完善行政执法程序,创新行政执法方式,落实行政执法责任制,健全行政执法人员管理制度,加强行政执法保障。各执法部门在原有的规范行政权力运行的基础上,结合实际建立健全信息公开制度、集体讨论制度、自由裁量权制度、行政执法过错和错案责任追究、告知和说明理由、执法时限、案例指导、行政执法责任、监督检查、考核评议等相关配套制度。制定并执行自由裁量标准,采取建立自由裁量内卡,责任追究制度等措施,防止出现违法裁量、滥用裁量权的现象。创新执法监督方式,县人民检察院、县政府法制办、县效能办通过运用执法信息平台、“两法”衔接信息共享平台,对行政处罚运行实行全程、实时监控,提高执法效率和规范化水平。

建立行政执法投诉举报、查处机制 县政府在自觉接受人大监督、政协民主监督的同时,重视人民群众的监督和社会舆论监督,完善群众举报投诉制度建设,畅通受理渠道,主动听取社会各界对漳浦建设发展的意见和建议。县政府及各部门都设立监督投诉电话,在“中国·漳浦”网站上设立投诉专栏,凡是对政府及职能部门行政行为存在异议,特别是对行政执法行为有意见的,都可以在网上进行投诉,由有关部门负责处理,并将处理结果在网上进行答复,整个过程公开透明。完善行政处罚、行政许可公示制度,将行政处罚基准和典型案例向社会公布,将行政许可的条件、标准、程序、时限等向社会公布,接受社会监督。

【化解矛盾纠纷】

开展行政复议 县政府将行政复议作为依法化解行政纠纷和开展执法监督的重要手段,始终保持行政复议申请渠道通畅,行政复议案件数量一直位列全市前列。是年,县政府收到行政复议申请32件,受理29件,不予受理3件。已审结办结28件[维持10件、驳回11件、终止(撤回)1件、确认违法6件],在审1件。切实做到“案结事了,定纷止争”。

履行政复议被申请人职责 是年,县政府作为行政复议被申请人的行政复议案件20件,驳回15件,复议申请人撤回申请1件,维持2件,撤销1件,审理中1件。在配合漳州市政府法制办开展行政复议案件审理过程中,漳浦县均能按规定按时向上级行政复议机关提出书面答复并提交当时作出具体行政行为的证据、依据和其他有关材料,主动配合市政府法制办复议案件现场勘验等,较好地履行行政复议被申请人职责。

依法履行行政应诉职责 加强县政府与法院良性互动,发挥互动工作机制的主渠道作用,做好行政应诉工作,接受人民法院依照行政诉讼法对行政机关实施的监督,依法出庭应诉。是年,县政府行政诉讼应诉30件。对法院受理的行政诉讼案件,县政府在法定期限内提交答辩书和相关证据材料,并做好配合人民法院进行案件审理的相关准备工作。

强化人民调解 健全完善人民调解网络,建立县级人民调解中心和33个行业性人民调解委员会,5月,又成立电子商务争议人民调解委员会。健全完善考评机制,组织对全县乡镇专职调解员及村级人民调解员进行严格的绩效考核,对综合素质好、业务能力强的43名专职调解员给予续聘,淘汰7名不称职的镇村两级人民调解员。在长桥、旧镇、佛昙等4个乡镇成立以调解员名字命名的个人调解室,突破传统调解模式,利用调解员的人格魅力、影响力和独特的调解技巧,及“人熟、地熟、情况熟”的优势,在化解矛盾纠纷方面起到事半功倍的作用,提升人民调解的社会公信力和影响力,打造和谐稳定的新品牌。真正做到“哪里有人群,哪里就有调解组织;哪里有纠纷,哪里就有人民调解”。是年,向福建综合频道“调解有一套”栏目提供人民调解案例线索14条,拍摄5例人民调解案例在省电视台综合频道调解有一套播出。同时,运用新媒体创新调解宣传,开通“漳浦调解”微信公众号后,发布调解信息和相关调解知识58条。是年,全县排查出矛盾纠纷3094件,调处3094件,调处率100%,调处成功3087件,调处成功率99.77%。

(供稿:县政府办)

·公 安·

【概况】

2017年,漳浦县公安机关立刑事案件2114起,破834起,破案率39.50%,其中,立侵财案件1548起、破419起、破案率27.10%,立八类案件107起、破78起、破案率72.90%;发生现行命案3起、破获3起,破案率100%;抓获各类网上逃犯192人。

【社会治安管控】

打击“黄赌毒、盗抢骗” 破获涉赌刑事案件6起、查处涉赌行政案件32起;破获侵财案件296起,破案率29.30%,抓获侵财作案人员202人,起诉侵财犯罪嫌疑人101人,抓获侵财在逃人员41人。

流动人口与出租房屋管理 开展流动人口社会化采集,落实居住证制度。是年,登记流动人口26340人,其中:务工25754人,务农600人,经商421人,服务24人,因公出差5人,借读培训42人,治病疗养4人,保姆5人,投靠亲友16人,寻亲访友306人,其他6635人,办理居住证206张。登记租赁房屋6198户,清理标准地址346449条,清理率100%;安装门牌279771个,门牌覆盖率98.74%;访查房屋352396间,采集实有人口435761人,注销实有人口39582人,访查率98.74%。查处案件138起,抓获在逃人员27人,查缴重点物品62件,通过“牵挂你”平台找回走失人员13人次。

“低慢小”目标管控 开展“低慢小”目标宣传、摸排、管控工作,摸排1538台(个),无须列管7台,列管1531台(个),其中轻型或超轻型飞机1台,滑翔机1台,三角翼3台,无人机50台,孔明灯1449台,轻型直升机1台,系留气球10个,其他16台,有效确保全县“低慢小”目标“底数清、情况明、控得住、不升空”。

出海船舶治安管理 排查有证渔船844艘(其中,中型渔船217艘、小型渔船627艘)、小型无证船舶3681艘。逐人逐船签订《安全责任状》《出海船舶治安管理责任书》。将小型船舶定位装置购置费用202万余元纳入县财政专项经费;加强与小型船舶定位系统生产厂家联系,协调加快制作定位装置进度,组织基层单位加班加点安装小型船舶定位装置,并将运行轨迹纳入“漳州平安海域管控”系统,确保小型船舶管理管控落实到位。

物流企业管理 摸排寄递企业8家,分支机构12家,末端网点205个,物流企业84家。

【查处电信诈骗】

突出打防控并举,强化窝点清剿,加强重点区域整治和重点前科劣迹人员管控,推进防骗宣传教育,落实预警、止付等机制,遏制电信网络新型犯罪在漳浦县的发展和蔓延。是年,立虚假信息诈骗331起,破32起,涉案金额753万元,刑事拘留42人,打掉窝点5个,抓获犯罪嫌疑人32人,追缴赃款33.46万元。

【防范和查处经济犯罪】

是年,针对商贸公司领域、侵权假冒领域、税收征管领域出现的新动态,排查各类涉众涉稳经济犯罪利益受损群体4176人,完成指令核查38条,落地稳控12名省管敏感时期特别监控对象,稳控化解重点人员44人,列控重点人员3人,录入涉稳隐患排查处置管理系统92人。立刑事案件20起,其中立经济犯罪案件17起；破刑事案件21起，其中破经济犯罪案件19起；抓获犯罪嫌疑人45人，其中抓获经济犯罪嫌疑人29人，移送检察机关提起公诉33人。

查处制售假烟 组建乡镇专门巡防队伍，运用“无人机”开展巡控，实行“责任捆绑”，严肃责任倒查追责。是年，立假烟案件16起（其中涉烟机5起），破案11起（其中破年前案4起），抓获制假犯罪嫌疑人27人（其中刑拘13人，取保1人，拘留审查13人），移送起诉36人。其中，成功破获公安部挂牌督办“1103大南坂生产、销售伪劣产品案”，抓获制假犯罪嫌疑17人，批捕6人，移送起诉6人，判刑6人。

整治非法传销 先后开展“打击整治传销违法犯罪专项行动”和“创建无传销城市”活动。是年，接传销警情61起，立、破组织领导传销案3起，捣毁传销窝点21个，破因传销引发的非法拘禁等刑事案件15起，抓获因传销引发的其他刑事案件犯罪嫌疑人61人，提请批准逮捕43人，移送起诉43人。

查处非法集资活动 是年，摸排上报非法集资风险4条，稳控化解重点人员30人，报送非法集资动态3条。立、破何某敏非法集资案件1起，何某敏以组织民间“标会”的形式，吸收官浔镇西北村等地群众30多人参会，非法融资金额约450余万元。2017年1月“倒会”后，何某敏外逃。公安机关于6月27日正式立案侦查，9月13日破案，为群众挽回经济损失153万元。

【预防、惩处毒品犯罪】

持续开展“飓风肃毒2017”行动，破获毒品刑事案件22起，抓获犯罪嫌疑人37人，查处吸毒人员113人；“七类重点人员”尿检率为93.90%；收戒吸毒人员33人，收治率100%；见面访查吸毒人员923人，排查率100%；对923名吸毒人员进行分类，纳入分级分类管控吸毒人员923人（其中纳入高风险4人，中风险108人，低风险811人），分类管控率100%；实地检查易制毒化学品使用企业66家，易制毒化学品企业核查率100%；全面核查娱乐场所167家，场所、旅馆核查率100%；注销符合条件吸毒人员驾驶证65本，驾驶证注销率100%。社区戒毒社区康复工作取得较好成效，无脱失人员，管控率100%。通过省禁毒委禁毒整治关注县的验收。

强化预防教育 将预防宣传贯穿专项行动始终，举办禁毒宣传活动56场次，发放宣传材料3万多份，发送公益短信5万多条，受教育群众6万余人次。各乡镇张贴涉麻涉毒宣传海报3千多张，悬挂横幅200多条，每周2次对“五类”重点场所进行检查。

创新宣传载体 利用网络新媒体进行宣传，每月推出一期毒品预防知识在朋友圈传播，与县当地最有影响力的论坛合作发布有关毒品知识的帖子，号召全民共同参与禁毒防范。

做强宣传阵地 创建“漳浦县毒品预防教育基地”和“大南坂中学毒品预防教育示范校”，毒品预防教育基地已接待各类群体参观1万多人次。在县实验小学开展毒品预防教育学习，并录制课堂内容在学校每周进行反复播放。在各乡镇场分期分批设立落地式和墙体式大型禁毒宣传专栏532个。

突出宣传特色 在漳浦电视台每晚黄金时段插播“珍爱生命、拒绝毒品”宣传短片，每周一次向全县移动手机用户群发55万条禁毒短信，拍摄禁毒微电影《毒之殇》，聘请专业演员创作闽南方言禁毒小品《毒之害》和禁毒快板，并通过文化下乡方式到各个乡镇宣传演出。在“6·1”禁毒法纪念日、“6·3”虎门销烟纪念日与“6·26”国际禁毒纪念日分别举办大型禁毒专题文艺演出。

【出入境管理】

证件申请受理 是年，受理公民出入境证件申请35076人次。其中：受理普通护照申请7605人次，受理内地居民短期赴港澳申请21825人次，受理内地居民前往港澳定居申请14人次，受理内地居民前往台湾申请5495人次，受理台湾居民办证申请137人次。

入境人员管理 是年，境外人员入境临时住宿登记数6657人次。其中外国人1229人次、外籍华人16人次、台湾居民4396

人次、港澳居民972人次、其他44人次。查处涉外案件19起28人，其中外国人非法居留案件7起8人、非法入境案件12起20人(含非法就业1人)。遣送外国人6批次33人。

出境管控 法定不准出境人员报备信息新增在控606条、撤控164条；内控人员新增505条；国家工作人员报备信息新增在控461条、撤控20条。

【交通安全管理】

建成农村交通劝导站240个，其中示范劝导站24个。列入2017年省、市党委、政府为民办实事项目的24处重点交通安全隐患点、段整治全部完成。是年，纠违17718起，其中属严重交通违法15305起(其中醉驾76起，饮酒673起)。是年，接报交通警情8295起，同比减少113起，下降1.34%；发生一般以上交通事故163起，造成98人死亡、112人受伤，直接经济损失29.086万元。交通安全事故“四项指数”全面下降。

【铲除消防安全隐患】

排查人员密集场所单位584家，发现火灾隐患或违法行为479处，督促整改火灾隐患428处，责令“三停”6家，罚款29万元。检查住宅小区110处，发现并督促整改火灾隐患51处；排查易燃易爆危险品场所单位61家，发现并督促整改火灾隐患28处；排查租户203户，发现并督促整改火灾隐患129处；排查“三合一”场所3621处，发现问题2587处，均全部整改到位，整改率100%。

【维护网络安全】

发现上报各类敏感信息365条，删除有害信息500条，落地查控发布重点突出言论网民41人，约谈教育13人，稳控发布涉稳信息重点网民4人，治安处罚10人，纳入管控4人；排查无证网吧20家，查处违规有证网吧15家。

5月15日，县公安局与县金融系统联合开展“与民同心 为您守护”为主题的打击和防范经济犯罪宣传活动 (林云强 摄)

【完善接处警机制】

规范接处警工作机制，强化快速反应和分级派警工作；完善应急预案建设，建立情指一体、合成作战室等工作平台，提升快速反应能力和精准打击能力。是年接报各类报警60785起，其中有效报警26792起，妥善处置违法犯罪类警情4757起，交通警情7596起，处置消防警情656起，受理群众求助5082起。

【公安信息化建设】

落实全省铁路反恐联防工作要求，在县域铁路沿线布建59个公安视频监控点(61路视频监控)，并推送联网。在已建成全县报警监控系统第一、二、三、四期，古雷港区报警监控一、二期项目的基础上，再投入2000多万元，建设报警监控系统第五期(250个公安视频监控点、450路视频监控)，实现公安视频监控县域重点路段全覆盖；同时，推动公共安全视频监控建设联网应用(雪亮工程)，整合社会面各类监控装置310路，基本构建“点线面”全域覆盖的社会治安防控体系监控网。

【推进规范执法】

执法场所建设 逐步强化接警室规范化管理，从设立接警牌、接警人员去向栏、学习报警须知等入手，规范一线办案单位的接警工作。至年底，已成立33个非110接警区，其中基层派出所32个，一线9个大队整合接警区为刑侦大队1个负责非110接警工作，并按业务范围进行分流。各接警室完成接警台、音视频、《报警须知》、接警人员公开栏等硬件设备。

执法监督管理　坚持对每起案件进行考评、年终对全年的卷宗质量进行汇总、对全年的执法质量进行综合考评，并把每月卷宗质量、执法中存在的问题在全局进行通报，指导基层执法，提高执法质量。实行定期执法提醒制度，针对存在适用强制措施案件期限超期、执法考评发现的问题没有及时整改等问题，定期梳理出期限即将届满名单、案件"四率"在公安信息网上进行公布，逐人跟踪，逐案落实办案人员，限期提交审查、落实整改反馈。实行执法质量每月通报制度，每月组织法制员对全局案件进行交叉考评，并在网上通报各单位和执法民警的卷宗考评情况，要求对存在执法问题限期整改，未落实整改的予以通报。

执法信息化建设　落实网上执法办案机制，实行省公安厅关于案件100%在网上执法办案系统办理的规定，做到所有办案流程在网上办理，案件证据材料及生效法律文书及时、完整扫描录入，法律文书制作、信息填写准确、规范。对案件网上录入率、网上考评率及发现问题率、执法问题整改率问题，组织网上巡查考评，及时发现问题，跟踪督促整改。

【化解信访案件】

采取部门互助、心理扶助、经济救助、法律援助"四助"工作法，推进公安信访化解。是年，接待来信来访585人次、公安部转办30件次、省公安厅转办80件次、市公安局转办75件次、县信访局接访130件次、群众来信来访219件次；内导办理及受理信访事项166件，不予受理的53件，年内受理信访件同比下降20.50%。同时，运用教育、训诫和行政处罚等手段，提前介入缠访、闹访、非访中违法犯罪证据收集，加大对挑头闹事违法犯罪行为的打击力度，先后成立沙西、绥安等地信访侦办专案，打击查处非访重点人20人次。其中，刑事拘留11人次、行政拘留6人次、行政警告3人次。维护了全县信访工作秩序。

（供稿：县公安局）

·检　察·

【概况】

2017年，漳浦县人民检察工作强化检察监督，保持办案力度不减，开展警示教育150场次，受教育人数近万人，立案侦查贪污贿赂犯罪案件11件17人；加强刑事立案和侦查活动监督，立案监督20件28人，追捕追诉漏犯38人，发出《纠正违法通知书》8份；依法批准逮捕犯罪嫌疑人370人，提起公诉779人；加强矛盾化解全年举办不诉听证会29场，不捕46人，不诉41人。

【民生检察建设】

开展生态检察　打击非法采砂、非法滥伐林木等破坏生态环境资源刑事犯罪13件16人，从中查办公职人员渎职犯罪2件2人。依托巡回检察环保工作室，联合环保局、国土局等有关部门开展污水治理、矿山整治专项工作，督促相关部门关停7家超标排污企业、封停7家无证矿山，修复被毁林地2.65公顷。

开展未成年检察　实施未检案件"捕诉监防一体化"工作，落实教育、感化、挽救方针，坚持少捕慎诉，依法批准逮捕3人、不捕3人，提起公诉9人、不诉16人。与县司法局联合制定加强未成年人法律援助工作实施办法，做到未成年犯罪嫌疑人法律援助全覆盖。创新预防青少年犯罪宣传载体，开设未检电话专线、未检微信，开展"小记者法治体验日"等活动，联合团县委开展困境未成年人保护工作，为外来务工子女讲授法制课，定期发送司法保护动态信息。向教育局、公安局等单位发出检察建议4份，督促开展校园周边安全专项治理。拍摄检察救助微电影《爱的救赎》取得较好法制宣传效果，获得中央综治办、团中央联办微电影全国大赛三等奖。

深化扶贫领域职务犯罪专项工作　查办侵吞涉农惠民专

项资金1件5人，结合办案开展专项预防调查，通过检察建议督促专项资金和政策真正惠及贫困群众。

【检察监督】

惩防并举打击犯罪 落实国家监察体制改革前查办和预防职务犯罪的政治责任，保持办案力度不减、节奏不变。立案侦查贪污贿赂犯罪5件11人，渎职侵权犯罪6件6人，查办处级要案1件1人，科级干部3人。开展警示教育150场次，受教育人数近万人。开辟行贿犯罪档案查询直通道，提供查询951次，净化招投标市场。开展“预防职务犯罪邮路活动”，创新廉政教育模式，投递宣传手册800份。

强化检察监督 加强刑事立案和侦查活动监督，立案监督20件28人，追捕追诉漏犯38人，发出《纠正违法通知书》8份；推行司法亲历性办案，提前介入重大复杂案件13起，排除非法证据13份。加强对看守所监管活动监督，开展“入所谈话百分百”工作；开展“审前未羁押判实刑未交付执行”专项活动，排查出2006年来未交付案件11人，监督相关机关交付执行，已全部完成清理；受理羁押必要性审查48件，变更为取保候审措施29件；联合看守所开展安全大检查和医疗卫生专项检查，发现和纠正监管活动中违法违规行为6件。驻所检察室被高检院评为二级规范化检察室。加强审判活动监督，提出和提请刑事抗诉2件，获市中级人民法院改判2件；提请民事抗诉1件。加强行政检察监督，督促行政机关依法履职14件，开展矿山生态环境恢复治理保证金、防空地下室易地建设费专项监督活动，发出检察建议7件，督促补缴防空地下室易地建设费87.73万元。

【平安漳浦建设】

服务项目建设 选派4名院领导、18名干警到古雷、杜浔、佛昙、前亭、绥安等开发建设地，参与纠纷化解、法律政策宣传等工作，打击影响项目建设、企业发展等涉企刑事犯罪21件35人。在台湾农民创业园设立涉台服务窗口，建立企业家微信群，主动走访企业10家，挂钩帮扶企业8家，帮助解决实际困难，为经济发展保驾护航。

参与“八大专项行动” 履行批捕、起诉等职能，依法严厉打击严重暴力、涉爆涉枪、毒品、多发性侵犯财产等犯罪，依法批准逮捕195人，提起公诉325人。督促涉假挂牌乡镇开展专项治理工作，持续保持对涉假犯罪的严打高压态势，依法批准逮捕50人，提起公诉37人，制假势头得到有效遏制。开展打击电信诈骗犯罪专项行动，依法批准逮捕12人，提起公诉25人。参与道路交通安全隐患专项整治，依法对危险驾驶、交通肇事案件提起公诉162件162人。依法打击缠访、闹访和挑头非访等违法犯罪案件3件8人，维护正常的信访秩序。

加强矛盾化解 把化解矛盾贯穿到司法办案全过程，强化办案家访、检调对接机制运用，对双方已达成和解的故意伤害、交通肇事等轻微刑事案件，经公开听证后无异议的，尽量作不捕、不诉决定，全年举办不诉听证会29场，不捕46人，不诉41人，从源头上化解矛盾，做到案

8月10日，县人民检察院举办“走进检察院 法治共成长”小记者法治体验日活动
（蔡坛彬 摄）

结事了。探索建立律师参与化解和代理涉法涉诉信访案件机制，开展主动约访、带案下访，联合乡镇共同做好信访人教育、疏导，约访涉法涉诉信访人26人次，化解信访件17件。控申接待室连续四届蝉联全国检察机关“文明接待室”。针对重大会议期间县委交办的风险隐患清单，落实责任领导和责任人，参与相关乡镇的信访排查和矛盾化解，有效稳控风险隐患12件，保障重大活动和会议期间的社会安定稳定。

【检察体制改革】

开展员额检察官遴选，新任4名检察辅助人员为员额检察官，对辅助人员和行政人员进行归类定岗实现人员分类管理，加强一线办案力量。推行内设机构整合改革，简化行政机构和行政审批程序，落实员额检察官独立办案主体责任。实施绩效管理考核，提高工作质量和效率。员额检察官全部到一线办案，入额院领导带头办案72件，履职示范作用凸显。严格按照任务清单和时间表，配合县委、县纪委做好人员摸底、案件侦结和线索移交等工作，确保反贪、反渎、预防人员按期转隶到国家监察委。

【从严治检】

从严从实抓执法作风　建立“评查＋督察＋抽查”机制，对类案、员额检察官全年案件办理情况进行多重评查，确保检察权廉洁、规范运行。全年开展案件评查135件，案件督察110件，回访、约见不捕、不诉案件当事人65人次。开展“以落实中央八项规定精神为主要内容”的专项检务督察，发现纠正不规范问题2项。

自觉接受监督　坚持重大问题、重要部署、重要情况和重大案件请示报告制度，向县委书面报告半年检察工作、检察改革和学习贯彻中共十九大精神等工作。专题向县人大常委会报告巡回检察工作，得到充分肯定。加强同人大代表、政协委员的联系，邀请他们参加工作视察、案件评议、检察开放日等活动，认真听取意见，主动接受监督。

（供稿：县人民检察院）

·法　院·

【概况】

2017年，漳浦县人民法院切实履行司法职责，受理各类案件11457件，办结10756件，结案率93.88%，办结数同比上升17.53%；破解执行难题，开展会战36次，司法拘留365人次，曝光失信被执行人“黑名单”2621人，执结各类案件4313件，标的额5.59亿元；推进司法管理创新，推动院庭长办案常态化，组建13支新型审判团队，提高办案效能；健全案件评查机制，评查二审发改案件94件、文书1152件；推行司法公开，网上传生效裁判文书8187件。

【惩治刑事犯罪】

依法严惩各类严重刑事犯罪，加强人权司法保护。是年，受理刑事案件670件971人，审结617件882人，判处10年以上有期徒刑16人，5年以上10年以下有期徒刑41人。打击恶性暴力犯罪、多发性侵财犯罪，审结强奸、寻衅滋事、故意伤害、诈骗、“两抢一盗”等案件282件386人。惩处妨碍国家管理秩序犯罪，审结妨碍公务、拒不执行裁判犯罪13件20人。审结电信诈骗案件14件33人，32人被判处最高8年的实刑。判处制售假烟犯罪19件31人，全部从严判处实刑，其中被判处有期徒刑10年以上的10人，并处罚金748万元；审结危险驾驶案件119件119人，判处实刑37人，实刑率31.90%，同比增长11.40%。

【处理民商纠纷】

坚持“调解优先，调判结合”，妥善化解各种民商纠纷。是年，受理各类民商事案件5997件，审结5617件，标的额7.82亿元，调撤率51.13%。注重劳动争议、人身损害、“三农”等涉民生案件的审理，审结该类案件514件；参与化解漳浦奎星旅游用品有限公司拖欠48名员工工资纠纷，妥善解决群体性事件。审结离婚、抚养、继承等家事案件914件，调撤率81.83%。倡导诚实守信，平等保护各类市场主体，审结合同类案件1097件。审结金融借款、民间借贷案件2898件。

【调解行政争议】

坚持依法监督和支持并重，促进法治政府建设。受理行政诉讼案件114件，审结88件，审查非诉行政执行案件99件。加强司法监督，推动行政机关负责人出庭应诉，行政机关败诉率13.60%，同比增长7.50%，出庭应诉率100%。通过司法建议、培训授课、庭审观摩、联席会议等方式强化府院良性互动，加强依法行政指导，发出司法建议2份，分别被诏安县公安局、东山县民政局采纳。

【保障项目建设】

主动跟进古雷开发区、绥安工业区及万安、前亭等工业园区的项目建设，畅通司法服务保障“绿色通道”，及时妥善化解涉重大项目案件109件，标的额2.24亿元。依法有序参与化解前亭、万安、竹屿土地征收中的矛盾纠纷，妥善审理杜浔镇土地回收、古雷港征海、霞美港城大道征地补偿分配系列案件。参与生态环境专项整治，探索复绿补植、巩固水土等生态恢复方式，服务绿色发展。

【优化便民举措】

加强立案前程序选择告知引导，健全诉讼服务中心工作机制。落实立案登记制，深化预约立案、网上立案、“跨域”立案，便利当事人诉讼，是年办理网上立案、跨域立案25件，当日立案率98.65%。发挥简易诉讼、小额诉讼程序等制度优势，降低当事人诉讼成本。采取司法救助，批准困难当事人缓减免交诉讼费14.35万元，同比增长27.20%，发放执行救助基金43.10万元，为11名符合条件的被告人指定辩护律师，并推动将执行救助基金纳入省级财政预算。

【破解执行难题】

结合清理执行积案，统筹每周集中执行与日常执行，突出涉民生、涉特殊人员和挂牌督办等重点案件，打好“春夏秋冬”四大执行战役，先后按片区开展会战36次，司法拘留365人次，移送追究拒执犯罪9件12人，分批曝光失信被执行人“黑名单”2621人，实施信用惩戒45人次；执结万宝体育用品公司拖欠银行贷款1500万元案、佛昙镇花林村返还虾池案等一批影响重大的案件。是年，执结各类案件4313件，标的额5.59亿元。

【化解涉诉信访】

落实涉诉信访工作制度，把责任落实到立案、审判、执行和信访全过程，根据案件具体情况，分别采取释法疏导、司法救助、教育稳控等措施，逐案制定方案，实行滚动管理，化解稳控涉诉信访案件。是年，处理来信23件次，接待群众来访185人次，化解涉诉信访件26件。

【创新司法管理】

推动司法改革 做好法官员额制改革后续工作，出台《法律文书签署签发规定（试行）》，下放裁判文书审签权限，落实司法责任制。推行院长亲自开庭审案，推动院庭长办案常态化，是年，院庭长人均结案145件，同比增长31.82%。设立专业法官会议，提供疑难案件裁判咨询意见，统一类案法律适用，保障案件质量。组建13支新型审判团队，提高办案效能。推行随机分案机制，杜绝人情案、关系案。完成县人民法院权限内法官等级确定和晋升，设立法官考评委员会和法官权益保障委员会。

加强审判管理 强化审判运行态势分析研判，严格审限审批权，深化流程监控、程序监督，实现审判管理信息化、规范化、精细化。以被省人民法院确定为全省案件繁简分流机制改革示范法院为契机，推进案件繁简分流；邀请吉林大学教授开展繁简分流辅导讲座，指导干警解决实践困惑。健全案件评查长效机制，扩展评查内容；是年，评查二审发改案件94件、文书1152件。

不断拓展司法公开 全面完成审判流程、庭审活动、裁判文书、执行信息四大公开平台建设，扩展审判流程公开范围。推行生效裁判文书上网，上传裁判文书8187件到中国裁判文书网；推行公众开放日、新闻通气会、司法“六进”、审务微信。推行直播庭审，及时发送重大、典型案件的庭审或执行信息，庭审直播各类案件111件，向执行申请人发送信息44万余条着。

【司法能力建设】

注重理论实践相结合，建立分层分级分类动态学习培训机制，采用政治轮训、业务培训、结对帮带、庭审观摩、岗位练兵等方式，加强政治业务理论培训、司法技能实训，提升干警综合能力。是年，举办难案研讨、学习论坛、专题讲座、办案竞赛 18 场次，选派干警参加各类培训 187 人次。强化审判理论实务研究，有 45 篇调研文章获得市级以上奖项或被省级以上刊物采用，全院调研考评连续多年位居全市基层法院第一名，县人民法院被市中级人民法院记集体三等功。

（供稿：县人民法院）

·司法行政·

【概况】

2017 年，漳浦县司法行政围绕"平安漳浦""法治漳浦"，加大矛盾排查与人民调解力度，排查出矛盾纠纷 3242 件，调处率 100%，调处成功 3236 件，调处成功率 99.80%；规范社区矫正与安置帮教，接收社区矫正人员 4303 人，解除矫正 3704 人；深化基层法律服务，在 222 个村设立一村一法律顾问，建设法律援助服务网络，办理法律援助案件 450 件，受援人 256 人，为受援人挽回经济损失或取得利益 1129.10 万元。

【基层基础建设】

完成司法局业务用房的建设装修，7 月 11 日揭牌搬迁投入使用。加大基层司法所规范化建设的投入，完成南浦、佛昙、赤岭、长桥等 4 个司法所规范化建设，为 21 个司法所全部新配置办公空调、新电脑、打印机。加强基层队伍建设，调入 2 名公务员、安置 4 名军转干部充实到基层司法所，按 15∶1 比例为司法所增配 12 名社工。

【矛盾排查与人民调解】

建立完善重大复杂矛盾报告、工作台账报送、督导检查、责任追究报告制度，社会矛盾纠纷排查调处机制不断完善。在"春节""两会""一带一路峰会""金砖会晤""十九大"等敏感时期、重要节点，开展大规模维稳及矛盾纠纷排查调处活动 13 次。印发"矛盾纠纷排查"工作简报 12 期，通报排查信息漏报或报送不及时的单位 3 个，通报矛盾纠纷排查不到位、不及时的乡镇（单位）3 次，未执行零报告制度的单位 5 个。成立电子商务争议人民调解委员会，在长桥、旧镇、佛昙等 3 个乡镇成立以调解员名字命名的个人调解室；开展对乡镇专职调解员及村级人民调解员进行绩效考核，对综合素质好、业务能力强的 43 名专职调解员给予续聘，淘汰 7 名不称职的镇村两级人民调解员。拍摄 5 例人民调解案例在省电视台综合频道调解有一套播出；在"漳浦调解"微信公众号发布调解信息和相关法律知识 58 条。是年，全县排查出矛盾纠纷 3242 件，调处率 100%，调处成功 3236 件，调处成功率 99.80%。

【社区矫正与安置帮教】

规范社区矫正执法，加大对手机定位的抽查力度，严格请假、居住地变更和进入特定区域场所的审批。在全国首创建立县级社区矫正学习教育基地"幸福人生大讲堂"，强化法治教育和社会公德教育。完善危险程度排查、分析、研判机制和突发事件应急处置预案，加强对重点人员的管控。全县接收社区矫正人员 4303 人，解除矫正 3704 人，新增加社区矫正人员 465 人，新办理审前社会调查 459 件，监管 3346 名刑释解矫人员，在重大敏感时期未出现失控失管现象。

【公共法律服务】

深化基层法律服务 完成上级下达的 222 个村一村一法律顾问推进任务（即全县 317 个村的 70%）。以建设"12348"法律服务热线平台为切入点，在县、乡、村三级建设公共法律服务平台。发挥公证、律师、法律工作者为基层提供法律服务的作用，实施将法律顾问工作与乡村（居）普法、民主法治村（社区）建设、基层人民调解工作相结合的"四合一"工作机制。

建设律援助服务网络 在新建的县司法局业务用房临街一层建设法律援助接待大厅，推进各乡镇及司法所法律援助便民窗口规范化建设，扩大法律援助服务网络覆盖范围，方便困难群众及时就近申请法律援助。是年，办理法律援助案件450件，受援人256人，为受援人挽回经济损失或取得利益1129.10万元。

鼓励律师参与信访工作　引导群众通过正常的法律渠道解决信访问题，维护信访群众的合法权益和社会稳定。是年，律师、法律服务工作者参与信访接访82人次，解答群众法律咨询1516人次，化解社会矛盾纠纷694件。

公证服务　组织县公证处参与服务古雷整岛搬迁、征地、清理扫尾工作57场次；参与万安生态园林木、农作物、土地、两违拆建现场证据保全公证30余场次；参与鹿溪南岸林木、农作物证据保全、提存公证10余场次；参与前亭镇庄厝村委会全村虾池发包竞价现场公证7场次；参与港城大道两违拆建工作5场次；参与并服务江滨花园、印石花园、大亭花园拆迁安置房继承、赠予、分析协议公证150件。

【七五普法】

建平台　以“漳浦普法”“漳浦调解”微信公众号为依托，创建漳浦法治宣传推进群、漳浦司法行政工作群等宣传平台和社区矫正人员警示教育平台，定期编发社区矫正管理法律法规、警示口号等短信。

建基地　打造全县首个法治宣传主题公园，在大南坂等4个乡镇建成法治宣传长廊(墙)，在大南坂中学布置禁毒法治教育课堂，依托县毒品预防教育社会实践基地，把普法教育与禁毒教育有机结合。

建队伍　成立法律顾问普法队伍、乡镇(部门)执法普法队伍、专门法律服务团队3支普法宣传队伍。结合“12348”法律服务热线平台开展普法，发送社区矫正管理法规手机短信11期7000余条，律师上课24场次1080人参加，现场法律答疑咨询79场次接待818人次，热线咨询宣传76人次。

(供稿：县司法局)

【漳浦特色美食】

海蛎面线糊

※主料：八页海蛎肉500克、面线150克

※配料：青蒜小段25克、五花猪肉50克、干葱头末20克

※调料：精盐8克、味精4克、骨头汤1200克

※制作方法：

1、海蛎去碎壳，放精盐抓几下后清水洗净沥干，五花猪肉切成薄片待用

2、煸香葱头后将肉片、海蛎肉倒入锅中炒1分钟后倒入骨头汤煮沸，面线折断后放入沸汤中搅动几下，投入青蒜小段，放入精盐、味精调味即可出锅

※特点：滑润爽口、鲜香味美

※营养成分：蛋白质66克、脂肪30.8克、能量1054千卡、钙882毫克、铁29.5毫克、锌238毫克、维生素A177毫克、维生素E38.7毫克、维生素B1　0.54毫克、维生素B2　0.48毫克、维生素C3.36毫克

(2005年10月，获漳州首届美食文化节“十大风味小吃”)

漳浦美食协会供稿

军 事

·武装部工作·

【概况】

2017年，漳浦县人武部抓好民兵整组工作，完成3类72支民兵分队调整任务，加强军事训练任务，与县委党校开展联合，抓好现役武装干部的按纲施训，投入近60万元强化战备建设；圆满完成征兵任务，其中大学生新兵比例达到56.60%；开展助贫帮困，发放慰问金1.62万元，援建旧镇“八一希望小学”2万元。

【按质按量完成征兵】

抓好征兵业务培训、征兵宣传和兵役登记。1月，结合大学生返乡时机，向适龄青年发放征兵宣传手册4000余份。5月，协调县委宣传部制定征兵宣传计划，开通征兵微信公众号，开展漳浦籍军营好儿女“一镇一人物”评选推荐；并协调县教育局召开兵役登记工作会议，督促学校组织适龄学生依法进行兵役登记。7月，与县委宣传部联合举办以双拥征兵国防教育为主题的大型文艺晚会。全县18周岁适龄青年参加网上兵役登记，兵役登记率为100%；18～22周岁青年兵役登记率90%。圆满完成新兵征集任务。在新兵中，大学生比例达56.60%。

【民兵整组】

开展民兵整组，有计划地落实训练、点验和教育；是年，民兵营连部择重建设，应急队伍、海上民兵队伍、民兵情报信息员队伍组织健全。民兵营连长年龄、素质不断优化，其中有90%以上的营连长进村“两委”。加强基层武装部“一部一村”(乡镇武装部和民兵营部)规范化建设，投入20万元，分2批推进六鳌镇、官浔镇、前亭镇、湖西畲族乡等4个乡镇基层规范化建设。

【加强战备工作】

依据国防动员准备标准体系，修订完善作战、动员方案计划和突发事件应急预案。调整战备值班力量，值班人员由现役人员担任，确保不错勤误勤。常态化组织民兵综合应急分队点验拉动，6月，协调驻军部队、应急民兵140人，按照组织准备、动员集结、紧急出动、协同演练、组织回撤等过程，进行防汛救灾综合演练。加强哨所规范化整治，在投入18万元对山门民兵哨所进行基础设施和信息化建设基础上，向整美民兵哨所和4个乡镇基层武装部发放各类物资器材36.50万元。

【坚持按纲施训】

突出抓好现役武装干部的冬季大练兵，按照每月定计划、定时间、定内容、定标准，重点组织基础理论学习辅导、指挥技能、识图用图、体能等内容。与县委党校开展联合培训，采取理论授课、技能训练、示范观摩、小结考核等方式，组织全县基层武装部长集中强化训练，选送乡镇武装部长参加省军区组织的业务集训。为提高哨所民兵执勤能力，每月集中16名女哨兵，进行不少于2天的业务技能训练。加强军地情报协作，5月，组织18艘海上民兵信息船的点验，并逐船逐人进行业务培训。

【助贫帮困】

慰问贫困户、贫困党员和贫困复退军人，力所能及地为他们解决实际困难和问题。走访慰问马坪镇后康村贫困户6户，发放慰问金1.32万元；计生二女户5户，发放慰问金3000元。开展助学帮困活动，资助漳浦一中4位贫困学生1.20万元；援建旧镇“八一希望小学”2万元。

（供稿：县人武部）

·人民防空·

【概况】

2017年，漳浦县人防工作开展收取易地建设费专项活动，依法追缴易地建设费，建设项目10个；新批“结建式”人防工程项目11个。

【指挥通信建设】

将通信指挥建设摆在突出的位置，持续加强防空警报建设，组织技术人员3次检修防空警报系统，确保音响的完好率。“9·18”试鸣活动顺利进行，全县48台警报齐鸣，县电视台作了专题报道，发放手机宣传公告信息20万条。

【人防工程建设】

人防工程及其他地下空间开发既为战时防空提供人员掩蔽、物资储备、抢险抢修专业队和医疗救护等场所，也为平时救灾提供避难场所，更在较大程度上缓解日益突出的居民停车难问题，得到广大市民和社会各界的普遍重视。是年，新批“结建式”人防工程项目11个。

【依法收取规费】

按照省人民检察院和漳州市人防办要求，加强与县人民检察院、建设局协调，开展收取易地建设费专项活动。

（供稿：县人防办）

·支前双拥·

【概况】

2017年，漳浦县支前双拥工作以争创省级“双拥”模范城（县）活动为平台，强化国防教育与“双拥”责任落实，落实演训用地近20公顷，借用企业厂房5家、中小学校6所、民船30艘，动员疏散群众300多人，确保进驻漳浦训练的部队顺利完成任务；走访慰问驻军及部队离退休老干部，发放慰问金及慰问物资近60万元。7月，漳浦县被福建省委、省政府、省军区联合授予省级双拥模范县，系漳浦县连续第七届获此殊荣。

【国防与“双拥”教育】

形式多样开展教育活动　县各套班子领导到驻军驻地过军事日生活，强化领导干部的国防意识。清明节期间，县委、县政府和驻军组织机关干部、学校师生、部队官兵近万人分赴漳浦革命烈士陵园、皮定均将军陵园、虎硿岩等4个爱国主义和国防教育基地开展悼念革命烈士、弘扬革命烈士丰功伟绩的活动。在9月30日全国第4个烈士纪念日，县领导与县直机关干部、政法干警、驻浦官兵、师生代表等先后在县革命烈士陵园和石榴镇车本村红军烈士纪念园举行公祭仪式。

营造氛围　按照《省级双拥模范县考评标准》要求，分层次全方位地开展国防教育。4月，在《金浦报》报道宣传全县各地开展爱国主义教育活动；7月，举办漳浦县庆祝建军90周年暨征兵、双拥支前文艺晚会。在各乡镇镇区主要路口设立永久性大型“双拥”宣传标语牌，在县城和康大道打造双拥标语一条街，在假日新天国际小区旁设立“双拥园”。

【争创“双拥”模范城（县）活动】

完善组织工作机制　调整充实县支前双拥工作领导小组和创建新一届省级双拥模范县工作领导小组，分别由县委书记和县委副书记担任组长。按照党管武装工作的要求，建立完善双拥工作例会、议军会议、党政军座谈会、走访慰问、领导过军事日、双拥共建领导联系点、领导现场办公等工作制度，为“双拥”创建提供长效机制。

强化责任落实　把“双拥”工作纳入党政军重要议事日程，并作为全县精神文明建设和乡镇、县直单位年终绩效考核的内容，做到双拥工作与经济、党建等工作同安排、同落实、同检查、同考核。4月，下发《关于创建省级双拥模范县有关工作实行责任制的通知》文件，明确各相关单位工作责任，确保创建活动取得实效。把双拥工作作为“一把手”工程，春节期间，县各套班子领导和共建单位上高山、下基层走访慰问驻军官兵，帮助解决实际困难；走访慰问优抚对象，了解生产生活，检查双拥政策落实，现场协调解决具体困难。每次重大军事演习，县及各有关单位领导亲赴一线部署安全保卫，组织军需供应。

【提升支前综合保障能力】

做好入浦驻训部队支前保障服务 是年，先后有部队进驻漳浦进行海训、实弹射击训练及省武警总队进驻六鳌开展海滩反恐维稳演练等。按照部队驻训的要求，县公安局、边防大队出警100多人次、协助部队做好训练区域的安全警戒，公安交警全力保障过往漳浦机械行军部队的交通管制。驻训地乡镇，根据部队需要，落实演训用地近20公顷，借用企业厂房5家，中小学校6所，村委会、消防值勤点5处，民房22座、民船30艘，动员疏散群众300多人。县委副书记简洪坤，漳浦县委常委、人武部政委陈锦云，县政府副县长陈美慧，县人武部部长韩晓东等带领县政府办、支前办、驻训地乡镇领导到驻训现场慰问，送慰问物资近20万元。

抓好支前物资潜力调查 对原调查数据进行核对、修正、补充，做到潜力数据翔实，实时可控，真实能用。

支持基层连队“六个一好”项目建设 是年，省市县三级配套资金16万元支持漳浦县边防大队南境边防所建设蔬菜大棚及县消防大队食堂改造、饮水等项目。已完成建设投入使用。

帮助部队解决热点、难点问题 县财政继续为向全县随军待业家属发放生活补助费，发放标准每人每月500元，全年发放98.40万元。协调县教育部门解决25名军官子女进入重点学校就读。

支持部队现代化建设 支持部队项目建设，成立项目建设领导小组及办公室，具体负责协调地方与部队关于土地征迁、土地置换等相关事宜，建立定期会商制度，完成征地140公顷，如期交付部队使用。拨付科技拥军专项经费5万元，支持驻军某部建设电脑室。拨付55万元，用于县武警中队建设厨房及军营网吧、驻军某部下属分队基础设施改造、县人武部会议室信息化建设等。

【发挥桥梁纽带作用】

发挥联系军地的桥梁纽带作用，会同县人武部深入各驻军单位广泛征求意见和建议，为研究和筹划年度“双拥”工作提供第一手资料。协调各驻军单位开展抢险救灾、扶贫帮困献爱心活动，力所能及为特困群众解决实际困难。妥善协调驻浦各部队支持地方重点项目建设，先后协调旧镇镇至纵一线项目、蓝理路及周边道路改造工程涉及部队的军用光缆迁改；协调解决好鹿溪南岸、北岸以及万安生态园区项目建设部队光缆的迁改等，确保项目如期顺利进行。

（撰稿人：王荣新）

农林渔牧业

·农　业·

【概况】

2017年，漳浦县实现农林牧渔业总产值149.31亿元，同比增长3.10%；粮食播种面积3.04万公顷，产量19.23万吨，其中稻谷1.71万公顷，薯类9166.67公顷，豆类及杂粮4093.33公顷；蔬菜种植面积2.55万公顷，产量65.78万吨；水果2.26万公顷，产量35.91万吨。

台湾水果玉米在漳浦县试种成功。图为种植者正在玉米地浇水
（洪锦城　摄于8月）

【推进粮食生产现代化】

在全县6个粮食主产乡镇新建成连片34公顷以上粮食产能区17个，水稻工厂化机插育秧示范点5个，引进推广米质达部颁三等以上优质食用稻品种12个，推广水稻“五新”技术，实施“五统一”专业化服务。全县产能区水稻面积已达3267公顷，优质稻面积1933.33公顷，产能区建设规模居全市第一。推广水稻生产全程机械化，完成水稻机耕面积1.61万公顷，机插面积1400公顷，机收面积9466.67公顷；完成农机专业合作社作业面积2333.33公顷。漳浦县2017年度粮食安全省长责任制经漳州市政府考核组现场核查评分，获得100分（满分）的成绩。

【富美乡村建设】

以特色现代农业为主线，开展农产品质量安全、土地确权、生猪养殖污染整治、新农村建设等工作，投资16143万元，用于推进特色现代农业，投资1.19亿元，用于省级农民创业示范基地建设。

【特色现代农业】

特色现代农业　是年，特色现代农业中的“一园两项目”，完成投资额16143万元，占全年计划投资额7051万元的228.94%。石榴特色现代农业核心示范园，被确定为2017年首批省级“田园综合体”示范点；万辰食用菌生产基地分别被农业部和省农业厅认定为“2017年度全国农业农村信息化示范基地（2017－2021年）”和“省级现代农业智慧园”。

赤土立体现代农业核心示范园　规划用地面积333.33公顷，已建设光伏大棚160公顷，完成55%的光伏建设；完成建设立体现代农业菌菇、药材、特色蔬菜和高优水果等栽培60公顷。采取短中长期农业项目品种结合,同时配套建设农业休闲设施,边开发边投产边收益。

现代农业产业园“3211”工程 是年的“3211”工程主要是规划漳浦县食用菌现代农业产业园。县成立领导小组,制定项目实施方案并编制食用菌产业园2017—2019年建设规划,依托福建万辰生物科技股份有限公司的食用菌基地,建设漳浦县食用菌现代核心产业园,辐射带动周边长桥和石榴2个乡镇。是年完成2个项目建设,即食用菌瓶装生产线建设和袋摘生产线项目各一条,投资1.19亿元,已完成项目建设并投产,年可增食用菌产量8000吨。

福建农民创业园漳浦创业示范基地 是年,漳浦县省级农民创业示范基地建设项目主要是农产品展示平台及相关配套建设和观光农业科教实验区建设2个项目,由三茂农业有限公司和荔海家庭农场2家企业实施建设。项目计划总投资1051万元,新增投资430.10万元,安排补助金额200万元。至年底,项目已全部竣工并完成验收。

【农产品质量安全】

推进品牌农业建设,完成8个无公害农产品双认证、4个无公害产地认证,2个绿色食品、1个有机产品、2个著名商标、3个福建名牌产品认证,纳入可追溯监管信息平台管理的企业有40家,农资监管平台管理的农资经销企业有42家。在省市全年农产品质量安全抽检中合格率达100%,在全市农产品质量安全年终考评第一名。在厦门金砖期间,为会议供应莲雾1400公斤,生猪350头。

【生态农业建设】

畜禽养殖污染治理 推进畜禽标准化示范建设,推动畜牧业健康发展。是年,创建国家级生猪标准化示范场2家,省级肉牛标准化示范场1家,省级生猪标准化示范场6家,市级生猪标准化示范场60家。完成存栏250—1500头生猪规模养殖场改造28家,存栏1500头以上改造3家,完成可养区存栏250头以上规模养猪场升级改造245家。规模养猪场(户)污染物处理面达100%,建有废弃物资源化利用设施,其废弃物利用率达到70%,基本完成禁养区和可养区存栏250头以下猪场关闭拆除。农村人畜混居、粪污直排的现象有效消除,生猪养殖污染整治顺利通过中央、省政府环保督查。

化肥零增长减量化 实施“地力提升1112工程”,按照“减量、增效”的要求,是年,推广商品有机肥示范533.33公顷,辐射带动施用商品有机肥1066.67公顷,推广稻草秸秆还田技术2000公顷。累计推广有机肥3666.67公顷,推广测土配方施肥技术4.67万公顷。

农药零增长减量化 实施专业化统防统治和绿色防控,完成统防统治面积2.71万公顷次;绿色防控示范面积2373.33公顷,绿色防控推广面积4.01万公顷次;生物防控示范面积566.67公顷,生物防控推广面积4866.67公顷。

(撰稿人 蔡小玲)

·海洋与渔业·

【概况】

2017年,漳浦县海洋与渔业工作着力推进海洋经济发展,投入资金564.40万元,新建特色现代渔业项目3个;建立渔业船舶三级管理机制,规范船舶管理;全县渔业产值56.58亿元,同比增长4.10%;水产品总产量达44.38万吨,同比增长4.10%;未发生渔业船舶安全事件,未发生因涉外涉台渔业船舶被抓扣事件,水产品质量安全监督抽查合格率达100%。

【海洋经济健康发展】

是年,在“特色现代农业竞赛”中,新建南美白对虾人工繁育基地建设项目1项,渔业设施养殖基地1项,总投资469.10万元;标准化池塘改造1处,总投资95.30万元。完成海洋经济创新发展区域示范项目“利用贝类加工副产物制备天然牛磺酸产业化示范”和“海洋中药和海洋中药材研发技术平台”2项,项目已完成中期评估。“海洋农用生物制品研发公共服务平台”项目建设稳步推进。

5月4日，省政协副主席陈荣凯带队到漳浦县开展提升水产品安全专题调研
（陈毓康 摄）

【产业结构持续优化】

在巩固传统品牌养殖基础上，抓住省海洋渔业厅将河鲀产业纳入水产千亿产业链的机遇，采取"走出去"与"引进来"，加快壮大河鲀产业。组织技术人员到江苏扬中、海南等地参观学习当地的河鲀产业建设新模式、新思路；吸引农业部、市县领导、中科院有关专家到漳浦县现场实地考察，多举措学习借鉴、交流探讨，指导推动河鲀产业发展。

【海洋生态得到改善】

推动岸线修复，打造漳浦蓝色海湾，启动后蔡湾蓝色海湾整治项目前期工作，委托国家海洋局第三海洋研究所编制规划方案，并由县政府上报省海洋渔业厅转报国家海洋局。委托有监测资质的国家海洋局厦门海洋环境监测中心站对漳浦县近岸海域主要海湾开展海洋环境监测及海洋预警预报；对县域内5大流域入海口及重点养殖区、污染源的监测监控；制定《江河、流域海漂垃圾专项整治百日行动实施方案》，是年，清理海漂垃圾35余次，196.70吨，处置废弃船舶31艘，近岸海域生态环境得到明显改善。查处渔政违法案件41起，处罚金额9.70万元，查处非法采砂案件4起，处罚金额40万元。

【渔业安全稳步提升】

完善渔港、视频监控平台和视频会商系统等设施建设，新增10个码头渔港视频监控，实现对全县32个渔港、澳口的渔船实施监控以及与一线执法中队同步视频会商，及时掌握渔船动态。增置4台无人机及4台GPS数据采集器用于岸线及近岸海域巡查。开展渔业安全生产大排查大整治行动，是年，开展行动319次，出动执法人员1367人次，排查渔船1241艘次，发现安全隐患147项，均完成整改销号；立案查处41起，处罚金额9.22万元。

【船舶管理】

将渔业船舶三级管理与乡镇船舶专项整治相结合，形成由县安委会牵头，海洋渔业局具体指导，相关部门配合，沿海各乡镇具体实施的工作格局。创新建立网格化管理、船舶出海报备、违章记分等制度，提高渔业船舶安全生产管理水平。漳浦县乡镇船舶三级管理试点工作做法得到省海洋渔业厅通报表扬，并在全省推广。市政府也于12月24日在漳浦县召开全市乡镇船舶安全生产管理现场推进会。

【行政审批标准化】

在全省率先实行新造小型渔业船舶"三证"合办［小型渔业船舶检验证书、渔业船舶所有权登记证书（渔业船舶国籍证书）、渔业捕捞许可证书］，实行"互联网行政审批"新模式，在网上审批平台实行"一号受理，三证合办"，办理证书由EMS政证快平台直接送达，实现"一趟不用跑"，提高办事效率，节省办事成本。

（供稿：县海洋渔业局）

·林　业·

【概况】

2017年，漳浦县林业用地11.86万公顷，有林地面积11.19万公顷（其中乔木林分面积6.48万公顷、乔木经济林面积4.57公顷、竹林1400公顷），疏林地面积653.33公顷，灌木林地面积913.33公顷、无立木林地面积5140公顷。全县森林覆盖率56.31%，活立木总蓄积量450.80万立方米，林地绿化率94.30%。省级以上重点生态公益林面积5.59万公顷（其中中西林场2926.67公顷、下蔡林场273.33公顷、马口苗圃493.33公顷、古雷港经济开发区106.67公顷、国有农茶场2373.33公顷、乡镇集体部分4.98万公顷），占林业用地的47.18%，按保护级别分，国家级生态公益林2.73万公顷、省级生态公益林2.83万公顷。沿海沙滩林地的建制村49个，林地面积5211.73公顷，其中生态林3835.33公顷。

【营林造林】

开展造林苗木调查摸底和储备、调剂工作，做好植树造林苗木的供应保障，完成培育造林各类苗木398万株，其中桉树250万株，木麻黄34万株，相思类84万株，其他30万株。加强造林技术指导，安排专业技术人员挂钩各乡镇，协助各乡镇落实造林用地并进行造林作业设计。沿海基干林带建设是2017年省委、省政府为民办实事项目，为确保沿海基干林带建设顺利实施，采取对基干林带区位内的零星宜林沙荒地、宜林荒山进行造林、拓展基干林带区位内的非林地营造基干林带造林、林带修复等措施。是年，全县完成植树造林1061.40公顷(其中基干林带造林165.60公顷)，占任务的131.03%；完成森林抚育1778.93公顷，占任务的102.63%；完成封山育林867.13公顷，占任务的100%。

【深化林业体制改革】

深化集体林权制度改革 重点在优化林业服务中心环境上下功夫，为林业改革发展服务。是年，完成审核登记110个宗地，办证面积824.02公顷，其中，变更登记36宗地，面积472.40公顷；受理林权流转20宗，面积218.40公顷；受理林权抵押贷款25笔，贷款金额2765万元，抵押面积1156公顷。

3月12日，漳浦县开展义务植树活动 （陈道平 摄）

严管生态林，放活商品林 划定林地和森林、自然保护区、湿地、沿海防护林、森林公园、生态公益林等六条红线及17个县级自然保护区。落实生态效益补偿制度，按严格保护、重点保护和一般保护的三级保护等级进行经营管理，严禁在饮用水源保护区、水库集雨区、鹿溪上游等重要生态区位林地种植桉树速丰林。落实林业经营者对商品林的处置权，放开搞活商品林经营，正确处理放活商品林经营与保护森林资源的关系，加强林木、林地管理，严防乱砍滥伐林木，乱占滥征林地。

基本完成县属国有林场改革 县委、县政府成立县属国有林场改革工作领导小组，多次召开会议进行研究部署，先后印发《漳浦县人民政府关于漳浦县县办林场改革实施方案的请示》《漳浦县人民政府关于重新上报漳浦县县办林场改革实施方案的请示》《漳浦县人民政府关于要求设立漳浦县县属国有林场的请示》和《中共漳浦县委漳浦县人民政府关于印发漳浦县〈县办林场改革实施方案〉的通知》，推进县属国有林场各项改革工作。至年底，已将9个县办林场合并为1个林场，机构名称为“漳浦县县属国有林场”，定性公益一类事业单位，核定人员编制54人，下设9个分场。

【林木采伐限额管理】

执行上级下达的林木采伐

限额，完善林木采伐审批程序，加强伐区管理和非林业用地林木采伐运输源头管控，防范滥伐行为发生。是年，办理林木采伐许可证303份，采伐林木面积1753.13公顷，采伐林木蓄积量15.45万立方米。

【林业产业】

深化供给侧结构性改革，通过提高苗木产品质量、畅通销售渠道、加强产销对接、调整种植结构等方式，帮助企业顺利度过调整期，进一步转型升级。安排专项资金360万元，培育林业专业合作社（家庭林场）等新型林业经营主体，实施以“设施花卉、林下经济”为重点的特色现代林业项目，加快转变林业发展方式。是年，全县花卉种植面积5666.67公顷，花卉销售额12亿元，花卉出口创汇2500万美元。工商注册的花卉类企业525家，其中农民合作社120家，个体工商户230家，花卉从业人员达8.20万人。全县林下经济经营面积1.27万公顷，林下经济总产值近5.80亿元；全县从事林下经济的从业人员1.50万多人，企业经营的有10多家，其中从事种植业（含果园套种绿化苗木及林下培育花卉苗木）有1万多人、种植面积1800公顷；从事养殖业近5000人，林下养殖面积8667多公顷，养殖牛羊1万多头、养鸡鸭120万羽、养蜂2万多箱（群）；从事森林景观利用企业4家，利用林地67多公顷；创建省级林下经济示范基地1家，县级林下经济示范基地9家。

【森林防火】

完善和强化24小时值班制、全方位火情监测制、扑火应急预案制等森林防火机制、体系建设，狠抓春节、清明、金砖会晤和中共十九大等重点防火时段防范措施的落实。通过手机短信、电视广播、悬挂横幅和宣传车下乡等形式，开展森林防火宣传，开展森林防火宣传月活动1次，发送森林防火短信50万条，发放森林防火宣传海报、图册2500份，制作森林防火宣传横幅800多条。是年，发生森林火灾2起，无造成森林受害和人员伤亡事故。

【森林病虫害防治】

开展春、秋两季森防普查，清理枯死松树2568株，有效阻止松材线虫病传播蔓延。加强松墨天牛除治与防控，在松墨天牛的羽化盛期，通过采取大面积喷洒白僵菌、噻虫啉，挂设诱捕器等多种措施，综合防治松墨天牛，减少自然扩散概率。利用白僵菌防治331.13公顷，噻虫啉防治157.87公顷，挂设诱捕器150个，捕抓天牛4185只，有效防治材线虫病蔓延危害。建立和完善林业有害生物数据库，为科学制定林业生物灾害预警方案和防治规划等提供准确、客观的林业有害生物信息。开展全国第三次林业有害生物普查，踏查线路206条，调查点1036个，普查里程20.72万千米，普查发现漳浦县林业有害生物103种，其中有害昆虫类58种，有害病害类21种，有害植物类24种。

【林业执法】

先后开展“2017年利剑行动”“打击捕杀野生鸟类专项行动”“打击破坏非法占用沿海防护林地专项行动”“林地管理专项整治行动”“严厉打击毁林和非法占用林地专项行动”等多项行动。对全县范围内征占用林地、临时占用林地项目和林木采伐审批进行全面清查，通过逐项、逐乡镇、逐地块一一核查的方式掌握全县征占用林地和林木采伐审批的情况，查处涉林违法犯罪。是年，办理各类案件53起，其中，刑事案件17起，采取刑事措施15人；治安案件1起，治安拘留1人；林业行政案件30起。清除捕鸟网40米，放生蟒蛇2条。

【征占用林地审核报批】

做好重点项目征收占用林地审核报批服务，为经济建设创造良好营商环境。是年，上报并获上级审核同意的占用征收项目27起，占用征收林地面积347.63公顷，审核率100%。

（撰稿人：李闵）

·水　利·

【概况】

2017年，漳浦县加大水利工程项目建设，全年投资28928.37

万元，完成重点水利项目 13 个；加强河流管理，建立 89 条河流基础档案，设置 100 名县乡两级河长和具体河流河长，全面推进河长制；加强水资源管理，完成入河排污口普查 34 家，入河排污口标志牌 21 处；改造、配套、升级农村饮水工程，保障供水安全；实施水土流失系列工程，治理水土流失面积 500 公顷，改造高标准农田建设 1334 公顷。强化水行政执法，依法拆除鹿溪南岸占用河道的违章建筑 2283 平方米。

【水利工程项目建设】

2017 年度，漳浦县实施鹿溪水系综合整治工程一期项目、朝阳水库工程、万里安全生态水系项目、“十三五”农村饮水安全巩固提升项目、澎水灌区节水配套改造项目、常态化病险水库除险加固项目、水土流失综合治理工程、农村水电增效扩容改造项目、中小河流治理项目、漳浦县 2017 年高效节水灌溉项目县、漳浦县东部片区（一期）供水工程、全县河道岸线及生态保护画蓝线规划、冬春农田水利基本建设等 13 个重点水利项目，计划总投资 192003 万元，年度计划投资 19569 万元。向上争取资金 5791.66 万元，县级财政投入 8416.12 万元。实际完成水利投资 28928.37 万元，占年度计划投资的 147.80%；

【竞赛项目成效突出】

鹿溪水系综合整治工程一期项目是漳浦县参加漳州市“三抓三比、十项竞赛”生态与水系建设的评比竞赛项目。截至 12 月 31 日，完成投资 13136.50 万元，占年度计划投资 6380 万元的 205.90%。在全市“三抓三比、十项竞赛”单项评比中位列第二，主要经验和做法被《福建日报》《闽南日报》刊登。

【全面实施河长制】

出台《漳浦县全面推行河长制实施方案》，成立 24 个县乡两级河长办，设置 100 名县乡两级河长和具体河流河长，制定河长制工作“六项制度”，落实 114 名村级河道专管人员到位。开展河流基础资料调查收集建档，摸清 89 条河流基本情况并建立河流名录，建立 106 份“一河一档”，编制 7 个单元“一河一档一策”。开展重点流域河道清障“百日行动”和“小流域生态保护蓝线和岸线规划”。各乡镇建立农村垃圾“三级”管理机制和“河道漂浮物打捞清理长效管理机制”，加强小流域及农村水环境整治，做

竣工的鹿溪水系综合整治工程一期项目——鹿溪南岸生态护岸一瞥 （陈团章 摄于 12 月）

到有专人负责，有检测设施，有考核办法，有长效机制。漳浦县河长制工作通过市河长办验收。

【防灾减灾】

开展防汛备汛工作大检查，落实各级防汛责任制，编制修订完善各项防汛预案，提升防汛抗旱现代化水平，提高群防群测和避险自救能力，建立军警民防汛协防机制，备足防汛抢险物资等各项防御措施，提高防抗台风、暴雨、洪水、干旱等自然灾害的能力与主动性。争取财政资金160万元，购置大功率排水抢险车1部，缓解台风暴雨期间县城城市内涝压力。

【水利补短板工作】

实施城乡民生基础设施领域补短板 做好供水安全，对农村饮水巩固提升工程通过改造、配套、升级、联网等方式，发挥已建工程效益，提高农村集中供水率及自来水普及率。做好防洪防涝，县域内的6条中小河流治理项目已被列入中央薄弱环节防洪减灾项目库；鹿溪水系综合整治工程一期项目超序时进度完成年度计划投资任务。

实施水土流失系列工程 开展赤土、南浦2个乡镇水土流失治理项目，治理水土流失面积500公顷。实施朝阳中型灌区节水配套改造项目高标准农田建设1334公顷。开工建设赤岭乡赤湖溪安全生态水系建设项目。

【水行政执法】

加大河道采砂、水政水资源、水土保持监管力度，开展鹿溪、南溪等6条重点流域水环境巡查。配合鹿溪水系综合整治一期项目开展清障工作，依法清障拆除鹿溪南岸占用河道的违章建筑2283平方米。抽调13名工作人员在旧镇桥闸进行24小时河道采砂巡查监管；联合有关乡镇、交通、公安等部门加强非法采砂打击力度。

【水利行政管理】

全年受理水利行政许可和公共服务事项办件51件，办结51件，办结率100%，电子证照数完成217件。依法征收水资源费158.22万元，征收水土保持补偿费355.55万元；行政处罚8起，罚款10万元；发放水利项目整改通知书10份，全部整改落实到位。

【水资源管理】

健全取水许可论证制度，完成取水许可论证2处。开展入河排污口普查及论证，完成入河排污口普查34家，登记认定21家，设立入河排污口标志牌21处，论证审批排污口2家。开展水域使用及防洪影响评价，完成沿海大通道、万安工业园区等水域使用申请13处，桥梁防洪影响评价3处。完成县域水资源承载能力监测预警机制工作实施方案编制；完成旧镇垃圾焚烧发电厂水平衡测试设备安装工作；完成南溪和赤湖溪河道岸线及生态保护画蓝线规划；完成全县地下水警戒蓝线划定编制工作。

（撰稿人：杨雅燕）

·农机推广与服务·

【概况】

2017年，漳浦县农机站以发展现代农业为主线，推进“兴机富民”“强农惠农”政策实施，发放农机购置补贴资金44.36万元补贴机具38台套，受益农户19户；做好春耕备耕服务，组织农机技术人员深入各乡镇田间地头15次，对农机手技术培训12人次；加强农机监管，与农机手签订农机安全生产责任书94份，开展联合执法30次，排查一般隐患25项，当即整改23项，整改率96%，全年无发生农机安全生产责任事故。

【春耕备耕服务】

春耕季节组织农机技术人员深入各乡镇田间地头15次，指导农民应用农机化新技术，新机具，指导农机手保养调试和检修各类农机具，为春耕备耕做好准备。对农机手技术培训12人次，提高农机驾驶操作人员技能水平。开展农机务农工作，为农业生产提供机耕、机灌以及夏收、秋收等服务，减轻农民劳动强度，降低劳动成本。

【农机监管】

建立健全制度 成立领导

小组，制定《漳浦县农机管理站2017年农机安全生产工作要点》《2017年漳浦县农机安全宣传教育工作方案》。与农机手签订农机安全生产责任书94份，确保农机安全生产目标的落实。同时，加强农机安全宣传，利用电视、宣传栏、宣传单、标语等形式在乡镇村、集镇墟场、田园场院开展丰富多彩的宣传教育活动，营造浓厚氛围。出动宣传车12台次，发放各类宣传材料325本。

严把拖拉机入户年检关 对不符合要求的拖拉机坚决不予办理入户年检。是年，全县办理拖拉机入户9台，上牌率100%；拖拉机年检115台，年检率6%；拖拉机驾驶证期满换证59本；拖拉机持证率92.28%；核发拖拉机驾驶证23本。

农机安全监管 加强重大节假日及春耕、三夏等重要时节的农机安全监管，开展农机安全生产大排查大整治，排除农机安全隐患。出动农机执法人员、乡镇公安派出所民警、乡镇农机管理站联合执法30次，出动人员56人次，排查各类拖拉机58台次；检查中，排查一般隐患25项，当即整改23项，整改率96%。无发生农机安全生产责任事故。

【农机购置补贴】

根据《关于开通福建省2017年农机购置补贴辅助管理系统的通知》要求，漳浦县于5月16日开通2017年度农机购置补贴辅助管理系统。系统开通后，县农机站按照县农业局、财政局联合印发的《2015－2017年漳浦县农业机械购置补贴实施方案》，组织实施农机购置补贴工作。工作过程中，严格补贴程序，实行阳光操作，及时通过农机购置补贴专栏或当地政府网站或在乡镇所在地张贴等形式公示购机者购买信息；对购机者提供的农机购置补贴材料的合规性进行审核，并受理符合条件且材料完整的申请，对补贴额较高和有省级累加补贴机具重点抽查，对已拨付的补贴机具建档；同时，加强廉政风险防控机制建设，严肃补贴纪律，建立健全相关机制，通过电话、网站、信函等有效形式受理投诉。是年，实施农机购置补贴资金44.36万元（其中，中央补贴资金34.32万元，省级补贴资金10.04万元），补贴机具38台套，受益农户19户，涉及农机具轮式拖拉机11台、旋耕机12台，微耕机1台，增氧机14台。

（供稿：县机站）

收割机正在杜浔六万农场的千亩水稻田收割水稻　（洪锦城 摄于7月）

· 畜牧业 ·

【概况】

2017年，漳浦县畜牧业工作以实施生态文明建设为主线，加快畜牧业转型升级，投入资金1349.84万元，关闭禁养区猪场、可养区存栏250头以下猪场、存栏250头以上未提出改造或改造不达标猪场2570家，削减生猪存栏19.56万头。畜禽养殖面源污染防治，立案查处案件12起，罚款1.01万元，警告2起，取缔2家非法屠宰点，发现并责令整改饲料安全生产隐患21处，工厂化无害化处理病死猪4.70万头。

【整治畜禽养殖面源污染】

推进生猪养殖污染整治 落实"党政同责、一岗双责"，成立县生猪养殖面源污染整治工作领导小组和县鹿溪等重点流域水环境综合整治领导小组，县政府出台《全面开展生猪养殖面源污染专项整治行动方案》，县政府办出台《关于加快推进禁养区生猪养殖场关闭拆除扫尾工作的通知》和《关于加快推进生猪养殖面源污染防治工作的紧急通知》等10多份文件。开展4次专项督查检查，强势推进全县生猪养殖污染整治。是年，全县投入资金1349.84万元，关闭禁养区猪场、可养区存栏250头以下猪场、存栏250头以上未提出改造或改造不达标猪场2570家，削减生猪存栏19.56万头，完成省下达的整改任务。

可养区保留的规模猪场标准化升级改造　成立专门领导小组，制定《漳浦县(2016－2018年)可养区生猪存栏250－1500头规模养猪场(户)标准化提升改造实施方案》，设置申报条件和申报原则，明确建设目标和建设期限。对符合申报条件的规模猪场进行网上公示，接受群众监管。抽调财政、畜牧站、动物卫生监督所等单位技术骨干指导日常工作开展。

【春秋重大动物疫病防控】

调拨防疫物资　部署全县春季重大动物疫病防控工作，做好防疫物资供应。是年，调进禽流感疫苗180万毫升，牲畜口蹄疫疫苗30万毫升，羊反刍兽疫苗5万头，确保防疫期间防疫物资不掉档。

开展拉网式防疫注射　推行“五个一”(召开一次会议、下发一份文件、落实一笔经费、签订一份责任状、组织一次督查)的防控保障模式，推行“一线工作法”，做到工作有部署、经费有保障、防疫有目标、进度有跟踪、效果有评价，确保不发生区域性重大动物疫情。是年，全县免疫家禽高致病性禽流感108.62万羽，生猪口蹄疫18.73万头，牛羊口蹄疫2.04万头，羊反刍兽1.20万头。

【动物卫生监管执法】

制定工作方案　落实省、市关于开展动物卫生和动物产品无证经营查处行动的文件要求，制定下发《漳浦县开展动物卫生和动物产品无证经营查处行动实施方案》和《关于做好兽药经营企业审核换证和清理整顿工作的通知》等文件。将工作任务细化分解，落实到具体人，重点查处动物防疫设施设备严重缺失的无证养殖场(户)、逃避检疫的货主、逃避检疫的货主、屡犯动物防疫规定及违反准调规定的动物和动物产品经营者、无证经营的动物诊疗机构、无证生产的饲料和饲料添加剂企业。

推进无害化处理　县政府出台《关于印发漳浦县病死猪无害化处理工作方案的通知》，在长桥镇割后村漳州市众福生物科技有限公司建设日可处理病死猪6吨的无害化处理工厂。至年底，赤岭、南浦、石榴、长桥、湖西、官浔，赤土、马坪等乡镇及长桥农场配齐病死猪收集员，负责病死猪工厂化无害化处理。是年，全县工厂化无害化处理病死猪4.70万头，有效遏止病死猪乱丢乱扔现象，从源头上防止动物源性污染，确保不让染病动物及动物产品流入市场。

规范屠宰场管理　以中央环保督察工作为契机，开展“扫雷行为”，取缔非法屠宰点2家，

县畜牧技术员在指导前亭镇田中央村助发畜牧养殖专业合作社王国齐喂养骆驼牛
(洪锦城　摄于7月)

督促城关永祥牲畜定点屠宰场销毁已停止使用的肉品检验票据。建立屠宰场检疫和进场规范，制定各项制度并建立相关档案，督促屠宰场购买电子秤，安排人员负责督管病死猪和病害组织无害化处理。

确保供厦畜产品质量安全 派专人进驻福建趴趴跑农业综合开发有限公司猪场开展检疫，实行专人监控，做到头头检疫，落实“两锁两封”制度，在厦门金砖会议期间，提供优质安全土猪350头。

查处无证经营行为 结合全县生猪养殖污染整治，采取日常巡查，突击检查，开展以未取得动物防疫条件合格证为主要内容的专项行动，对可养区存栏250头以上列入生猪标准化升级改造对象的猪场进行专项整治，遏制非法养殖行为。

开展联合执法 以做好迎接中央环保督察工作为契机，联合开展打击生猪私屠滥宰行动。县动物卫生监督所联合县环保局，配合旧镇镇政府和盘陀镇政府取缔旧镇镇旧城村郑某山非法屠宰点，捣毁私屠滥宰锅灶；取缔盘陀镇东林村陈某达屠宰点。是年，累计出动执法人员130人次，检查规模养殖场80场、种畜禽场2家、动物和动物产品经营单位3个、饲料和饲料添加剂生产企业6家；开展养殖环节瘦肉精监测，采取猪尿样1323份，全部为阴性；立案查处案件12起，罚款1.01万元，警告2起，责令整改饲料安全生产隐患21处。

【培训宣传提高法律意识】

分发各类宣传材料1210多份，让社会和群众了解专项行动的目标和重点，自觉参与和配合专项行动。通过漳浦农业信息网平台及时跟踪介绍查处无证经营专项整治工作情况，对查处的案件进行公开曝光。加强养殖从业人员和加强基层队伍人员培训，7月26日，对全县第二批标准化改造的103家规模养猪场进行畜产品质量安全生产和有关法律法规培训，签订畜产品质量安全生产承诺书103份。9月29日，举办全县第一期兽药经营质量管理规范培训班，对兽药GSP验收标准要求和《兽药管理条例》等有关法律法规进行讲解和培训，参训人员110人。

（供稿：县动物卫监所）

【漳浦特色美食】

八宝芋泥

※主料：去皮净芋头300克

※配料：冬瓜30克、花生30克、白芝麻10 克、桔饼20克、桂花露10克、红枣25克

※调料：白糖100克、油葱10克、食用油75克

※制作方法：

1、将芋头洗净蒸熟去皮擀压成泥状

2、其它八宝配料切成米状

3、用热锅边炒边翻至泥状湿光亮，水分略干，香味飘散即成

※特点：香甜软滑、芋香飘溢

※营养成分：蛋白质9.8克、脂肪84克、能量1472千卡、钙203毫克、铁7.06毫克、锌8.8毫克、维生素A88.8毫克、维素生E37毫克、维生素B1 0.2毫克、维生素B2 0.2毫克、维生素C74.5毫克

(2003年8月，被福建省烹饪协会认定为“福建名小吃”)

漳浦美食协会供稿

工业 园区

·工业经济·

【概况】

2017年，漳浦县工业和信息化经济呈现出产业规模进一步扩大，发展层次进一步提升，可持续发展能力进一步增强的良好态势，全年完成规模工业总产值463.30亿元，同比增长20.9%，完成市下达目标427亿元的108.50%，超全年任务36.30亿元；完成规模工业增加值132.1亿元，累计同比增长19.10%，完成市下达目标122亿元的108.30%，超全年任务10.10亿元；完成工业投资122亿元，同比增长27.90%，完成市下达目标102亿元的119.60%，超全年任务20亿元。其中，全年完成工业技改投资56.60亿元，同比增长53.40%，完成市下达目标50亿元的113.20%，超全年任务6.60亿元；完成工业税收7.36亿元，完成年目标6.70亿元的109.90%，超全年任务0.66亿元；新增规模工业企业24家，其中，净增规模工业企业11家，是年新投建上规模企业6家，完成情况居全市第二。

【"三抓三比、十项竞赛"活动】

项目竞赛方面：同溢堂全年产值增幅95.92%，福船一帆进度205.93%；能力建设方面：新增研发投入500万元以上企业上报32家高新技术企业申报8家，获公示4家，工程技术中心和重点实验室年未开展申报评定工作，新增规模以上高技术企业11家，省级企业技术中心1家、市级现场通过5家，工业设计中心6家，供给侧结构性改革示范企业中的贯标2家，市级院士专家工作站1个。创新转型项目竞赛总体排名全市第一。

【协调经济综合运行】

强化目标任务管理和组织推进力度，按照推进转型升级加快科学发展的要求，做好跟踪、督促、协调和服务，保质保量地完成年初制订的各项目标任务。加强经济运行预警监测分析，面对是年整体经济环境不稳定和不确定的因素依然存在的状况，开展对重点监测企业的监测，抓好全县工业重点行业、重点企业、重点产品等运行情况的跟踪调研，分析全县工业经济运行走势，提出相应的措施和建议。对重点行业进行指导协调，加强与相关部门和行业协会间的联络，及时发现、反映和解决影响行业发展过程中的重要问题，指导重点行业健康发展

【助推技改和技术创新】

引导企业加快转型升级步伐，帮助企业提质增效。推荐申报年度省级重点技改项目库14个，其中，一季度推荐上报车城汽配、丹东农业、伟伊化纤、一帆新能源、飞秒（漳州）服饰、万辰生物等6家企业的6个项目，均批复入库；二季度推荐上报元新食品、致远皮革等2家企业的2个项目，均批复入库；三季度推荐上报新润食品、泰庆皮革、微水环保等3家企业的3个项目，均批复入库；四季度推荐上报盈丰食品、同溢堂、台玻等3家企业的3个项目，均批复入库。14个项目项目总投资20.87亿元，是年计划完成投资7.12亿元，实际完成投资6.61亿元。推荐申报入年度市级重点技改项目库6个（即盛鑫彩钢、美一食品、顶利来食品、盈丰食品、中绿食

品、联合发电子)。

【加大企业扶持力度】

处理历史遗留问题 针对未获得土地证、房产证的企业,协调发改、建设、国土、消防等有关部门多次召开协调会,主动靠前服务,按照《漳浦县人民政府关于妥善处理历史遗留问题规范工业企业房产证补办工作的实施意见》精神,为工业企业解决金融质押物问题。至年底,已接受154家企业申请补办,已有71家企业办结。

宣传推介惠企政策 收集、梳理2015年以来各级党委政府出台的惠企政策,汇编成册近2000份,分发给各企业;组织“进园区、下企业、惠企行”超30余批次。7月,举办“2017年惠企政策宣讲暨人才政策解读交流会”,全县248家企业参加会议,发放惠企手册和人才政策指南近500份。9月,组织200多家企业举办《供给侧改革下企业资本路径新思维》专题讲座,宣传、解读供给侧改革的有关政策,帮助企业树立现代融资规划理念和提供相关融资需求。组织白山鞍、茗林苑、天福、同正食品、新润、丰盛、宏发食品、美丽家香等60家次企业85人次参加的市工业设计讲座3期,拓宽企业工业设计思维。

搭建企业融资平台 向县政府推荐申报设立漳浦县睿信融资担保有限公司作为漳浦县政策性融资担保机构,公司注册资本人民币2亿元,由县国有资产管理办公室全额出资,帮助企业拓宽融资渠道、解决融资困难,促进企业转型升级。收集企业融资需求,综合银行业金融机构盘活存量信贷资产,引导企业及时对接银行业开发的信贷新产品、新业务,针对不同类型企业提供多样化、个性化的融资服务。是年,3次组织48家企业分别参加市经信委、县政府举办的金融调研会和融资对接会,意向融资1.50亿元;帮助永顺食品、创盈公司、绿泰盛公司、新华鹏公司等16家企业对接县农信社、邮储银行、中信银行、泉州银行、平安银行等洽谈融资事宜,获得资金支持3500多万元。

引导企业争创品牌、科技创新 3月中旬,结合开展“工业三品”专项行动,推荐丰盛食品、进丰食品、车城汽车配件等符合条件的企业,增强产品市场竞争力;组织车城、一帆新能源、致易、同溢堂、飞秒等5家企业申请2017年度省级品牌培育试点;引导同溢堂、一帆新能源等2家企业申报省级企业技术中心,同溢堂于9月完成省专家组现场核查并获认定为省级企业技术中心;推荐车城汽配、一帆新能源等2家企业申报2017年度省级“质量标杆”,于8月底完成评审答辩。组织28家企业提交105个作品参加由省经信委与漳州市政府共同主办的第三届海峡两岸(漳州)工业设计创新大赛,有14家企业21件作品终评入围。组织福船一帆新能源、同溢堂、天福茶业等3家企业申报省级工业设计中心;组织福船一帆新能源、同溢堂、天福茶业、车城、桂宏、村哲、华达等7家企业申报市级工业设计中心,经市专家组评审,福船一帆新能源、同溢堂、天福茶业、车城、桂宏、华达等6家企业工业设计中心被评为市级工业设计中心。推荐福建福船一帆新能源装备制造有限公司副总经理郭平、同溢堂药业有限公司生产部经理姚有福参加市级工业设计专家评选,2人均被评为工业设计专家,纳入漳州市市级工业设计专家库。

帮助企业争取各类项目及补助资金 是年,为企业争取各级奖励、补助资金1960余万元。推荐一帆重工、一帆新能源、蓝宝塑业、华达(福建)玩具、同溢堂药业、车城汽车配件、万辰生物7个技术创新项目,并获批列入2017年省级技术创新重点项目。组织申报节能循环经济项目:漳州香洲皮革有限公司电机系统节能项目,年节能量2564.90吨标煤,申请奖励资金61.56万元;漳州微水环保科技有限公司循环经济项目,年处置1.10吨含铬固废及1.28吨废油,烧成陶粒回收利用,申请奖励资金30万元;漳浦县中美食品有限公司节能技改项目锅炉改造,年节能量1255.11吨标煤,申请奖励资金30.12万元;漳浦县达川食品工业有限公司节能技改项目,原煤为燃料的锅炉改成天然气清洁能源的锅炉,年节能量283吨标煤,申请奖励资金6.79万元;福建金铺汽车悬架有限公司节能技改项目，改使用清洁能源液化石油气，年节能量462吨标煤，申请奖励资金11.09万元。帮助车城汽配申报获得省级企业技术改造专项资金补助79万元。上报“舜洋食品、联合发电子、丰滋雅食品、美一食品、月光休闲”等5家企业参与福建省“专精特新”中小企业认定，其中舜洋食品、联合发电子、丰滋雅食品3家获得认定，各奖励10万元。组织申报元新食品、顺益食品、美一食品、恒烨卫生用品等4家企业为2017年度市级中小企业发展专项资金项目，获得奖励60万元。组织申报漳州市圣元环保电力有限公司获得两化融合管理体系认定的专项补助50万元；申报车城汽车配件（福建）有限公司摇臂及中心拉杆项目的技改设备投资专项补助。帮助鸿鑫公司申领县政府补助公司节约用地建设厂房的60万元补助资金。兑现《关于落实保障措施加速工业跨越发展的若干意见》奖励四批次1087.40万元，兑现《关于实行项目投资和工业经济发展正向激励若干措施的通知》90万元，兑现首季规模工业企业稳增长奖金23.90万元。

审批服务　按照进度推进电子证照系统建设，做好办证存量数据导入电子证照生成管理系统工作；办结福建万辰生物科技股份有限公司投资项目、漳浦致远皮革有限公司项目等15个投资项目备案。

【节能技术应用】

制定《漳浦县燃煤锅炉节能环保提升工程实施方案》，推广电能替代工作，确保完成年度全县燃煤锅炉提升工作，禁燃区燃煤锅炉10蒸吨以下共有39台，已全部提升改造。指导全县小水电站和新能源发电企业电量上网运行审批上报，上报漳浦国投光伏有限公司、福建盈丰食品有限公司厂房屋顶光伏发电、漳浦盐场阳光普照光伏玻璃发电站、漳浦县龙湖水电站并网运行。

【强化对相关行业监管】

典当担保行业监管　对金源典当行、融兴典当行、品鑫典当行、通润担保公司、开源担保公司等5家类金融机构，每月开展日常监管，排查类金融机构涉嫌非法集资等违法违规情况风险，提高类金融机构的金融风险防范水平。3月16日，对通润担保有限公司进行现场检查，发现该公司存在未按规定提取未到期责任准备和担保赔偿准备金的问题，立即下达整改通知书，要求按时整改，通润公司按要求及时整改到位。

民爆生产销售企业监管　按照有关制度，对民爆物品生产销售企业福建联久民爆物品有限公司漳浦分公司开展日常巡查监管，督促指导企业严格按照民爆行业管理制度，做好经营情况、管理制度、信息系统等工作，确保企业安全规范经营。

取缔地条钢非法生产　做好排查巡查，落实“四个彻底”，对发现的2处疑似“地条钢”生产企业的中（工）频炉主体设备、变压器、除尘罩、操作平台及轨道全部拆除。落实属地监管责任，开展地毯式巡查复查，确保“地条钢”不新增、不反弹。

开展石材行业综合整治　对全县石材行业摸底排查，公示、上报区外石材企业和矿山企业拟执行差别电价企业名单。做好建筑饰面石材行业综合整治，引导石材产业科学规范有序，与环境保护协调发展。联合县环保局、财政局、国土局等单位对石材集中区开展全面检查活动。

【国有企业改制】

陶瓷厂、矿业管理站、经济协作公司、县印刷厂、医药公司、百货公司、纺织品公司、饮食服务公司、糖酒公司、五交化公司等10家企业职工全部完成安置，关闭清算工作进入关键阶段。铝土矿、钢板弹簧厂等2家企业职工全部完成安置，破产清算工作还未最后终结。

【安全生产管理】

完善安全生产工作机制，先后建立健全安全生产“党政同责”“一岗双责”制度、安全生产权力清单与责任清单制度、安全生产分级管控制度、安全生产日常管理制度、下达年度安全生产责任书，形成层层抓落实、一级抓一级的工作机制。开展安全生产大排查大整治百日行动、“三合一”场所火患清剿百日会战及厦门重要会议期间、中共十九大期间等安全生产大检查专项活动，对相关行业及企业进行安全大检查大排查大整治。加强重点行业安全监管，强化企业主体责任，完善应急预案，狠抓措施落实。

（供稿：县经信局）

• 信息化建设 •

【概况】

2017年，漳浦县加快信息化建设步伐，移动、电信等网络运营单位及铁塔公司全年共计投资3998.40万元，新建铁塔基站18座，改造扩容铁塔基站18座；前亭镇、赤土乡、深土镇被列为市开展农村移动宽带建设示范乡镇的试点乡镇，投资270万元，新增投放端口7000个，实现3个乡镇44个建制村及1个农场移动宽带全覆盖，推进信息高速公路建设，投资2700万元，新建和改造基站422座。

【企业“两化”融合及战略性新兴产业】

组织漳州圣元环保电力有限公司等3家企业赴福州参加省“两化”融合大会，了解“两化”融合政策助力企业转型升级。筛选漳浦玮柏自行车有限公司、车城汽车配件（福建）有限公司、漳州元新食品有限公司、恒烨（福建）卫生用品有限公司、漳州市阳光皮革制造有限公司、漳州市蓝宝塑业有限公司等6家企业申报并入选省级“两化”融合重点项目库；推荐福建致易电子科技有限公司申报并入选省级战略性新兴产业重点项目库，投资9000万元建设“卫星数字机顶盒全自动生产线及测试设备项目”已全部完成。引导企业开展两化融合管理体系贯标工作。完善企业管理体系制度，引导企业开展两化融合管理体系贯标工作，是年，有圣元环保、达川食品公司等2家公司通过国家两化融合管理体系贯标评定，恒烨（福建）卫生用品有限公通过专家评审，漳州元新食品有限公司、南顺针织时装有限公司、同溢堂药业有限公司等多家企业也陆续开展两化融合管理体系贯标工作，其中圣元环保公司获得国家两化融合管理体系贯标评定专项补助50万元。

【宽带、信息基础设施建设】

是年，前亭镇、赤土乡及深土镇被列为漳州市开展农村移动宽带建设示范乡镇的试点乡镇，全年完成投资270万元，完成3个乡镇44个建制村及1个农场移动宽带全覆盖，新增投放端口7000个，有效提高农村光宽带网络覆盖率。移动、电信等网络运营单位及铁塔公司全年共计投资3998.40万元，用于发展通信基础设施建设，新建铁塔基站18座，改造扩容铁塔基站18座。支撑海峡花木休闲小镇、盘陀茶文化小镇2个镇的互联网+、信息化运用配套建设；2个特色小镇公众区域开通63个4G基站，海峡花木休闲小镇花卉企业光纤接入79家，建设光纤资源288个AP、600个宽带信息点、新增10G　PON　960个LAN端口，改造扩容光缆建设新增光端口102个；已沿线开通59个4G基站，宽带建设项目落地26个；完成对盘陀镇平安监控视频工程、宽带扩容主干光缆工程及FTTH双向网改工程建设。

【信息高速公路建设】

信息高速公路工程建设是市政府2017年为民办实事项目之一，计划投资1.60亿元，新建和改造2500座基站，其中，漳浦县已按计划完成投资2700万元，新建和改造基站422座。

（供稿：县经信局）

• 电力工业 •

【概况】

2017年，国网福建漳浦县供电公司完成固定资产投资9427.15万元，累计完成供电量23.96亿千瓦时，同比增长7.94%；售电量22.41亿千瓦时，同比增长8.15%。全网最高负荷41.90万千瓦、最大日用电量787万千瓦时；电力用户37.99万户（其中：大工业534户，非普工业7940户，农业生产8828户，非居民照明3396户，居民生活用电32.59万户，商业1.94万户），同比增长13.85%；累计用户全年新增用电企业173家。完成纳税总额3494.97万元。实现连续安全生产4636天。

【营销管理】

服务民生　累计投资440万元，推动城市和高速公路快充网络建设，建成2个城市快充站，为各方建设充电设施、接通电网提供优质服务。建设东南花都电锅炉、中医院电锅炉、金士顿电锅炉等电能替代项目，通过用清洁高效的电力替代煤炭的直接燃烧，减少污染的排放，提升电气化水平。推进“互联网+供电服务”新模式，掌上电力、“95598”网站、支付宝等互联网服务渠道已覆盖13.90万客户。创新便捷服务，提供6种缴费方式，增加自助缴费终端13台、移动POS机53台和邮政便民点340个，开通自助缴费终端打印发票功能，免费提供企业发票寄送服务。营业厅实行“免填单”“一次性告知”和“一证受理”，低压用电申请实行“一岗制”作业、高压用电申请建立“三全”管控机制。业扩全流程管控实施“五个一”服务，确保客户早接电、早用电。推行注重“客户体验、个性服务”的“网格化”管理模式，实行服务包片网格化分区，缩小服务半径，最大程度缩短客户诉求响应时间和处理时间，业扩提速8.70%。

服务企业　加强与企业对接“连心”，常态开展客户满意大走访，为绥安工业园区、万安生态产业园区、旧镇工业园区、大南坂工业园区、古雷经济开发区等重点企业用电客户提供政策指导、技术咨询等服务，建立“一户一册”及时解决客户用电难题。设立古雷镇供电所，配备专职人员，加强与古雷开发区的对接，提供更加优质的供电保障。完善重点项目电力配套设施建设，以客户的用电时间倒排工期，按时完成漳浦长德商贸物流开发有限公司生产项目、金绿欧洲城、假日新天国际小区增容等4项省市县重点项目送电服务，为赤湖皮革园、旧镇台玻、万辰科技等重点项目用电提供安全可靠支撑。兑现优惠政策“暖心”，对全县符合优惠条件的9家重点工业企业兑现优惠电量约220.53万千瓦时、电费约64.55万元，为企业节省开支、降低成本。对漳州钜宝生物科技有限公司、漳州金宝来水产养殖有限公司等农民创业园49家用电客户兑现优惠用电量4650万千瓦时、电费793万元。兑现2017年四季度增产增效奖励条件趸售县企业1户，按每度0.33元奖励，涉及电量23.90万千瓦时，优惠电费7.91万元。按照省公司及省物价局新电价政策，围绕县委县政府中心工作，实行工商业同价，全年降低用户用电成本595.37万元。

【电网建设】

推进电网跨越　加快重点项目进度，加强与地方整体规划对接，滚动修编中低压配网规划，完成市公司、县政府2017年漳浦县电网建设责任状签订。漳浦县输变电布局规划通过政府评审，完成重点区域网格化目标网架第一次内审。强化计划考核落实，保证电网建设的质量和进度，完成年度电网建设投资2.60亿元，全年新开工及续建项目25项，同比增长25%，连续3年创新高。新增110千伏及以上主变容量23万千伏安，110千伏及以上线路73.30千米。

农配网改造升级　组织配电网诊断分析，完成漳浦地区“十三五”配电网滚动规划、“十三五”农村电网改造升级规划及村镇配电网台区规划。坚持市、县一体常态协调机制，推进配改项目分批次管理，完成配电网投资8897万元，新建132个村(台区)，新建线路79.29千米/17条，涉及8个镇区；改造9个村(台区)，改造线路12.81千米/8条，涉及1个乡镇；新增容量58.38兆伏安。

服务基础设施建设　配合县政府推进地方基础设施建设，完成石斋北路、万安片区、鹿溪北岸等3个工程的缆化。110千伏东升支线、110千伏升长线、110千伏长枕线、110千伏天长线、35千伏长霞线、35千伏澎水线、35千伏长南线等7条输电线路迁改工程按期完成。支持沿海大通道建设，完成海建线、林前线、正阳II回、北坂线、沙西线、草棚线、竹屿线、丹山线、铝矿线等9条10千伏供电线路迁改工程。

【安全生产】

设备运行维护　完成生产

性技改大修项目15个，完成春秋两季安全大检查问题整改。推进配电线路频繁停电整治，清理树竹6万株，综合检修31条次。配网故障率下降62.40%，高故障线路故障率下降66.60%。推广带电作业2300余次，支援兄弟单位开展带电作业400余次，减少用户停电时户数45000时•户，多供电3170.60万千瓦时。

灾害天气应对 对电网负荷情况进行准确预测，建立并完善多专业覆盖的电网风险预警机制，针对电网薄弱环节提前预控风险。通过反事故演习，掌握事故处理流程，提高应急事件的处置能力。安全抵御"纳沙""海棠""天鸽"等台风和强降雨等自然灾害，以最快速度恢复受损电力设施。

日常保电工作 梳理全县农村范围内"低电压"问题急需改造的项目，逐步通过新装和换装变压器、改造过载线路、增加供电线路截面等方式，提升供电能力。累计完成过重载配电变压器整治47台、出口低电压配变及用户低电压台区整治1071个，消除低电压4000户。累计完成保电任务9项，出动车辆186车次、保供电1200人次。

（撰稿人：张文辉、黄巧华）

•二轻工业•

【概况】

2017年，漳浦县二轻工业联社属下集体所有制企业经过连年的改制，尚余县五金铁工厂、县木器站2家已停业正在改制的企业，职工81人。是年，县二轻联社着重监督指导两家企业管好用好集体资产，确保资产能保值增值，不使集体资产流失。对两家企业的店铺出租，均要求要经企业集体研究，公平公开公正；并上报县联社审查批准后，方能实施。同时，加强对企业租金的管理，要求将租金收入全部用在职工的生活困难扶助、患病慰问及春节、老年节慰问。对职工办理社保医保，联社尽力提供服务。稳定职工队伍，对职工的诉求，联社做到热情接访，耐心听访，依法依情依理解决他们的访求。对个别缠访者，采用耐心解释，不激发矛盾，不扩大事态。是年，整个二轻系统没有出现到县以上信访上访事件。

（供稿：县二轻联社）

•绥安工业开发区•

【概况】

2017年，绥安工业区新增规模企业7家，完成年任务13家的54%；实现固定资产投资50.05亿元，完成年任务50亿元的100.10%；实现规模工业产值244.30亿元，完成年任务230.4亿元的103.70%；出口创汇29.65亿元，完成年任务25亿元的118.60%；税收收入4.84亿元，完成年任务4.65亿元的104%；实现限上社零1.97亿元，完成年任务2.10亿元的93.80%；至年底，已入驻绥安工业区的企业746家，总投资347亿元，其中规模工业企业127家。

【园区建设】

实施标准化园区建设 围绕园区建设竞赛活动方案和目标任务，根据《漳州市人民政府关于工业园区提升发展的意见》，加大基础设施建设投入力度.是年，累计完成投资5.10亿元，推进蓝理路、工业南路改造提升工程建设，完善各工业园区的水、电、路、管网等基础设施以及道路绿化、美化、亮化工程，完善园区服务功能，优化工业区发展硬环境。

优化产业布局 按照"各有侧重、突出特色、协调发展"的原则，对园区产业规划布局进行再优化再提升，突出产业特色，形成差异竞争、错位发展的良好态势。重点发展食品加工、轻纺制品、运动器材等三大主导产业。是年，园区规模工业产值187.40亿元，占比77%，其中食品加工产值103.06亿元，占比42%；轻纺制品产值47.88亿元，占比20%；运动器材产值36.46亿元，占比15%。

跟进省级开发区恢复工作 经过2年多的筹备，绥安工业区在总体规划、产业规划、规划环评、基础设施、经济效益等方面已具备省级开发区确认恢复条件；申报材料于4月中旬通过省发改、国土、住建、环保等部门审核，省商务厅于6月初将汇报材料上报省政府，待省政府批复。

推进和谐发展 开展安全生产、道路交通安全、综治维稳、打假、环保治理和打击取缔“地条钢”非法生产经营等宣传培训，开展大排查、大整治活动，完善基础台账，强化整改措施，排查率100%，隐患全部整改到位。

【招商引资】

开展招商活动 坚持一把手抓招商，主要领导累计外出招商12次，与乡镇联合开展招商活动1次；组织参加县第一季度集中签约开工竣工仪式、北京漳浦商会举办的漳浦投资推介会、漳浦（深圳）投资推介会和漳浦县第四季度集中签约仪式。

推进项目签约 是年，累计完成签约（含新批注册）项目44个，总投资43.70亿元，总注册资本12.12亿元。其中，外资项目14个，总投资1.80亿美元，完成年任务的113%，签约注册外资9766万美元（已报批注册外资4766万美元），完成年任务的93%；内资项目30个，总投资31亿元，完成年任务的124%，已报批注册资本5.40亿元，完成年任务的90%；外资实际到资2046万美元，完成年任务的31%；引办总投上亿元的工业项目9个。至年底，重点在谈项目8个，总投25.30亿元，均已明确投资意向。

盘活闲置厂房 先后嫁接瑞凯塑胶手机壳生产项目、拓和户外用品生产项目、庆鸿水产食品生产项目、金多宝面食制品项目、纽斯达金属钢管生产项目等十几个项目，盘活闲置厂房约3.22万平方米。

创新工作机制 加强互动交流，先后到古雷港经济开发区和上海东方龙商务咨询公司交流工作经验，了解招商动态，丰富招商信息，探索委托招商模式，提高招商引资效率和质量。实施园区挂钩跟踪机制，是年累计进各园区企业17批次，完成开发区闲置厂房资源摸底排查建档工作。筛选12个重要产业，围绕产业发展状况、产业主要聚集区、主要行业协会、产业的知名展会信息、行业的重点企业概况等方面调查收集整理重点产业信息，至年底，已完成食品加工、生物医药、机械装备三个产业的产业信息整理工作。

4月27日，省市领导在绥安工业区调研指导工作 （绥安工业区 供图）

【项目建设】

按照“五个一批”要求，围绕“意向项目促在谈，在谈项目促签约，签约项目促开工，开工项目促投产，投产项目促服务”的工作思路，理清清单、建立档案、落实到位。是年，工业项目数60个，开工新建项目34个，开工率57%；市级重点项目6个，全部开工建设，其中，际诺思、盈丰光伏均已竣工投产2个；县级重点项目19个，开工建设16个，开工率88%。

【创新转型】

推进技术创新 重点推进致易电子、盈丰食品、台玻光伏玻璃和伟伊化纤等企业通过技术改造、设备更新，提升产品市场竞争力，提高企业产能效益。

推进产品创新 重点推进同溢堂、伟伊化纤、丰滋雅食品、玮柏自行车、盈丰食品等企业产品研发创新。

优化服务平台 完善和实施配套四通物流园创业港、金浦教育园区、创客空间等11个公共服务平台建设。其中，四通物流园创业港总投资4亿元，至年底，已完成投资1.06亿元，已招引40多家企业入驻。建成投用彩蓝员工公寓、兴利达员工公寓、长德商贸城等5个邻里中心，其中彩蓝员工公寓的土地证和房产证十几年历史遗留问题得到圆满解决。

【服务企业】

服务龙头企业　做好盈丰集团的保增长服务和福建致易电子有限公司卫星电视接收设备加工贸易生产资质报批服务，协调解决伟伊化纤、舒香、泉兴和顶味等8宗项目用地进行土地登记办理相关证件问题，解决伟伊化纤和丰滋雅因楼距不符合要求而无法办理“房屋所有权证”问题。

精准帮扶减产规模企业　针对2016年绥安工业区24家规模工业企业出现成产的情况。是年，工业区推行“一线工作法”，深入了解企业确实存在的困难，进行点对点帮扶，全力帮助减产规模企业实现由负转正。

整改项目用地问题　推进批而未供土地整改，整改完成批而未供项目14宗，面积23.83公顷。推进闲置土地整改，查处闲置土地21宗，面积53.43公顷，均已整改到位。

帮助企业招工引工　是年举办企业招聘会10场，其中，与县人社局联合举办6场，单独举办4场，累计为企业招到2200多名工人，为企业缓解用工难的问题。

（撰稿人：陈俊阳）

•漳浦台湾农民创业园•

【概况】

2017年，漳浦台湾农民创业园加快推进项目建设，漳龙林业循环经济产业园完成土地征收130.89公顷，完成固定资产投资5793万元；海峡花卉集散中心完成投资4.10亿元，引进花木企业142家；闽台兰花产业园完成基础配套设施固定资产投资4044万元；发挥两岸新型农民培训基地平台作用，举办培训班8期，培训学员607人次；台湾农民创业园核心区，入选首批国家农村产业融合发展示范园；海峡花木休闲小镇，入选福建省第二批省级特色小镇。

【入选省、国家级示范点】

入选首批国家农村产业融合发展示范园　12月，由国家发改委等7部门联合印发通知，漳浦县农村产业融合发展示范园成功入选，这是漳州市唯一入选的示范园。漳浦县国家级农业产业融合发展示范园创建于漳浦台湾农民创业园核心区，以漳浦台创园管委会下属长桥农场、长桥镇、官浔镇所属行政区域为主。

海峡花木休闲小镇　海峡花木特色小镇主要依托百里花卉走廊、东南花都、海峡花卉集散中心等产业基础，利用花博会影响力，打造集花卉博览、花木生产、花木集散交易展销、花木休闲度假、花木研发、文创一体的主题小镇。12月，海峡花木特色小镇入选福建省第二批省级特色小镇。配合海峡花木休闲小镇建设，加快招商落地建设力度，菱云（漳州）农业科技有限公司5.53公顷莲花种植项目已基本完成，主要发展观光、休闲、国学教育的莲花禅修生态园，总投资4800万元。

【项目建设】

推进漳龙林业循环经济产业园发展　完成土地征收130.89公顷，占一期用地87.51%，为产业园发展提供土地保障。同时做好项目对接，已有固投项目数2个，投资额2.05亿元。至年底，完成固投5793万元，其中，智能家居柔性制造工程项目年加工300万平方米的板式定制家具项目，总投资额1.65亿元，已完成固投1826万元；福建福松工贸有限公司年加工3.50万立方米胶合板项目，总投资额4000万元，已完成固投3967万元。

现代农业硅谷项目　规划建设面积200公顷食用菌产业园区，建设集引进、研发、生产、观光、学习为一体的现代高新农业园区。其中海峡两岸（漳州）现代农业硅谷”项目，占地40公顷，规划投资10亿元，已完成投资4亿元，引进台湾食用菌优良品种、生产技术和设备。主要生产金针菇新品种，日产6万瓶，正式投产后可达到日产10万瓶、30多吨食用菌鲜品。

海峡花卉集散中心一期项

1月22日,漳浦台创园举办第四届迎春兰花展　　(吴明洋 摄)

目　规划面积300公顷,建设管理中心、资财市场、物流服务区、检验检疫隔离区、台湾农民村及花卉苗木窗口。已完成投资4.10亿元,一期133.33公顷项目区已建成投用,引进花木企业142家,已全部入驻,累计交易额30多亿元。

闽台兰花产业园　项目规划用地100公顷。规划投资4.50亿元,基础设施建设配套资金5000万元。至年底,已完成基础配套设施固定资产投资4044万元。

【组织台企参与成果展销】

组织4名台湾嘉宾、7名台湾青年参加"6•18"在厦门举办的第九届海峡论坛•两岸特色乡镇交流暨生态农业对接会,成功签约项目3个,合同金额5000万元。参加"6•18"海峡论坛•第十五届海峡项目成果交易会,从台湾引进优良新品种苗木20多种。9月,组织园区天福集团、漳州三本、台丰山生态农场、蜜源农场等8家台企参加北京第十五届中国国际农产品交易会,其中天福"绿豆糕"获展会金奖。11月,组织园区6家企业参加由农业部主办的南京国际博览会;组织以台创园花卉产销协会为主的各成员会员,第九届农博会、第十九届花博会。

【发挥培训基地平台作用】

以两岸新型农民培训基地为平台,利用闽台农业专家的学识和经验,开展两岸农业专家研讨交流,培育新型农民和农村实用人才。6月13—17日,为配合海峡论坛•海峡(漳州)茶会,培训基地举办海峡两岸新型农民茶叶培训班,邀请台湾及大陆茶叶专家授课,组织实地考察参观。10月30日至11月3日,举办海峡两岸新型农民致富带头人新型经营主体培训班。11月1—3日,举办海峡两岸新型农民现代农业(果业)培训班。11月16—19日,举办海峡两岸新型农民食用菌培训班。是年,举办培训班8期,培训学员607人次,其中台胞43人次。

【落实优惠政策】

是年,天福、钜宝、三本、同正、长生5家企业共获得现代农业贷款贴息补贴额度150万元;钜宝、蜜原、天福、三本、聚智农业、台丰山、天意等台农企业获得基础设施配套补贴520万元;陈建中、陈金在等台湾优秀人才获得120万元的人才引进补贴。

(供稿:漳浦台创园)

•花博园(花博会)•

由农业部、国台办、国家林业局、中国贸促会、中国食品工业协会和福建省人民政府共同主办的第九届海峡两岸现代农业博览会•第十九届海峡两岸花卉博览会于11月18—22日在漳浦马口花博园举办。该届"农博会•花博会"秉承"花开两岸、合作双赢"的办会宗旨,坚持"专业化、特色化、市场化"的办会方向,围绕"绿色发展•优质果蔬"主题,突出特色,求实创新,推进农业供给侧结构性改革,推动产业转型升级。展会设立花卉精品展区、果蔬展区、食用菌展区、现代农业展区、林下经济专题展示区、"漳州味"食品展区、台湾展区和"一带一路"等10个展区,面积4.10万平方米,还有28万平方米的室外展园(花博园),展示展销农产品及其加工品、生产设备（装备)、技术成果等1.20万多种,吸引1100多家企业(其中台湾企业近50家，外企44家)组团参展,此外,宁夏中卫、新疆木垒等漳州市对口援建地区均组团参展。来自越南、日本、俄罗斯、荷兰等20多个国家,全国20多个省份以及台湾地区的2000多名客商、专家学者应邀参会。博览会期间,35万多人次到场参观。

奇花异草争奇斗艳　与往届相比,该届花展规模大、景致美、展品精、技术新,亮点和特色较多。一是参展的展品多,集中展出20多个专业门类、近7000盆(件)精品,参加评奖的展品近1500件;通过艺术造景,融入漳州传统文化，打造出争奇斗艳、姹紫嫣红的“花卉大世界”。二是品种新,该届花展突出展示新品种花卉除有永生花、牡丹、新品种海棠花、新品种水仙花等,还有从匈牙利引进的能在黑暗中发出荧光“魔术花”是首次在现场绽放。三是精品多,各类精品是从全省2000家花卉苗木企业中逐级筛选出来的名优特产品，按专业品类规划布局分成鲜切花、国兰、洋兰、盆景、杜鹃花、水仙花、永生花、干花仿真花、盆栽花、插花艺术、种子种苗与资材、仙人掌与多肉植物、观赏鱼、富贵籽和牡丹等展区,并另设第九届中国花卉博览会金奖展示区。四是设立林下经济板块,展示有开唇兰(金线莲)、石斛兰(铁皮石斛)等传统食用药用与工业用花卉产品,还有各种精深加工项目等。福建省花卉协会组织全省业内专家对参评展品进行分类评选，评选出花卉精品388件，其中,南平市兴一春百合园艺有限公司选送的鲜切花百合、红中红等54件作品为第十九届海峡两岸花卉博览会金奖;泉州市泉美生物科技有限公司选送的千红粗肋草等104件作品为第十九届海峡两岸花卉博览会银奖;厦门和鸣花卉科技有限公司选送的蝴蝶兰、芳美甜心等共230件作品为第十九届海峡两岸花卉博览会铜奖。

现代农业硕果累累　博览会期间,漳州市11个县(市、区)

11月18日,第九届农博会·第十九届花博会在漳浦马口东南花都开幕　　(蓝智伟 摄)

均赴会设置专门展区，集中展示各县的优势特色农产品、龙头企业的精深加工品以及“三品一标”认证产品。既有平和琯溪蜜柚、云霄杨桃、南靖巴戟天等地理标志认证产品，也有天宝香蕉、诏安青梅、东山芦笋、华安坪山柚等绿色健康的地方特色产品，还有各种以果蔬为原产料，采用新设备、新工艺生产的新优特食品。农博会•卉博会期间，举办漳州名优特农产品全国采购商大会，邀请中国连锁经营协会采购商委员会委员单位、京东、一亩田、华润万方等知名电商、大型商超等专业客商参会，与漳州的上百家龙头企业、农产品行业协会(商会)等进行现场对接，着力推介漳州名优特农产品。为提升漳州茶的质量水平，扩大漳州茶品牌的市场影响力，还举办漳州市“水仙花”杯茶王赛，评选清香型铁观音、浓香型铁观音、白芽奇兰、八仙茶、红茶等5个系列的茶王，金奖11个，30多个优质奖，并专门设置茶王展区展示推介获奖产品。

示范推广先进生产模式 博览会优化提升现代农业馆，突出农业“五新”与信息化技术的融合使用，重点示范推广一批现代农业“五新”产品，智慧农业、示范推广农业物联网、循环农业等农业发展新模式。如航天蔬菜新品种，土壤调理剂、重金属修复剂，生物农药、特种除草剂等，在推介产品的同时，采用图片、视频等形式现场演示集成精准施肥施药、水肥一体化、绿色防控等生态技术模式。现场演示利用物联网将展馆与漳州国家现代农业示范区基地进行链接，实时观察这些基地的生产过程，通过展会平台，展示高产、高效，资源环境可持续利用的农业先进生产模式。旨在通过展会平台，把高产、高效、资源环境可持续利用的农业先进生产模式推广给广大农业从业者，共同推动现代农业发展。博览会期间举办的第十届中国蘑菇节，有绿宝集团、东方食品等国家级龙头企业、上市公司参展，还有上海、浙江、山东等产业发达地区企业参展，通过全产业链，展示鲜品、活性提取物等精深加工品以及食用菌机械。在推介产品的同时，采用图片、视频等形式现场演示食用菌微生物循环工程，示范推广食用菌生态循环经济这种绿色高效生态农业模式。此外，还举办食用菌工厂化生产、食用菌养生文化、“一带一路”食用菌产业发展等专题讲座。来自20多个国家和国内20多个省份的近2000名嘉宾和行业代表到会座谈交流、洽谈对接。

搭建平台促交流发展 一年一届的农博会•花博会是推动漳州对台对外交流合作最重要的平台之一，也是促进产销合作的桥梁。该届博览会的台湾展区围绕果蔬主题，组织近50家台湾本土企业，带来台湾果蔬产业发展的新品种、新技术。并邀请台湾业者参展参会，着力推动两岸农业经贸合作和文化交流。而“一带一路”展区即邀请俄罗斯、越南、马来西亚、土耳其等10个国家的食品果蔬企业参展，展示咖啡、坚果、燕窝、清真食品、越南糖果、泰国果干、法国葡萄酒、土耳其橄榄油等各国特色产品及加工品。博览会期间，还举办漳州名优特农产品全国采购商大会，推动产销双方对接合作。邀请中国连锁经营协会采购商委员会全体委员单位、京东、中粮、《糖业烟酒》杂志等专业客商、媒体参会，与漳州的上百家市级以上龙头企业、果蔬专业合作社、家庭农场等进行实地对接，促进名优特农产品的销售，为采购商推介漳州生态绿色的优质农产品。贯彻人才强国战略，举办海峡两岸人才与项目对接会，推介中高级人才与企业对接，为漳州经济社会发展招贤纳才。邀请省内外以及台湾地区的中高级人才、职业经理人、知名猎头公司等参会，为企业、高校、人才搭建对接合作平台。有284家企事业单位推出中高级岗位935个，涉及计算机电子、建筑、金融、机械制造、石油化工等多个行业领域，职位层次高、待遇优、专业面广，并提前开通企业需求预对接系统，最大限度提升对接实效。同时举办院士专家工作站成果展，展示漳州31家院士工作站与企业合作取得的良好成效。举行“生态＋漳州味食品”产业对接活动，从技术、资本、人才、产销等4个方面，组织漳州食品企业与国内外科研院所、投融资机构、猎头公司等进行洽谈对接，向中国热科院、华中农大、台湾万嘉棠等科研院所、企业征集科技成果265项，面向全市食品企业征集技术需求100项、资本需求43项，技术对接项目83项、总投资额16.93亿元，对接资本项目26项、意向融资额15.39亿元，签订技术联合研发协议10项，有30个技术对接项目、10个资本对接项目进行集中签约。通过举办对接活动，推动生态优势、资源优势转化为品牌优势、发展优势。

突出实效增发展动力　为发挥展会载体作用，将农博会·花博会真正打造成为资本、技术、项目、人才合作平台，坚持把“谋划项目、招商引资”作为办会的重要内容，结合漳州市开展的“三抓三比，十项竞赛”活动，抓招商，促项目落地，有40个项目在现场签约，总投资额超过200亿元；其中漳浦县参加现场签约的项目4个，包括1个央企项目，1个民企项目，2个外资项目。其中央企华润电力投资有限公司华南分公司与台创园签约的漳龙林业循环经济产业园“互联网＋”智慧能源项目，总投资6亿元，将打造集“发－输－配－售”为一体的电力供应产业链。

展示“花样漳州”独特魅力　为向海内外的宾客宣传推介漳州丰富的旅游资源、特色民俗文化，农博会·花博会开展“花样漳州”十佳系列评选活动，有充满海滨风情的十佳最美渔村，承载悠久历史底蕴的十佳最美古村落，独具闽南特色的十佳伴手礼、十佳名小吃、十佳民俗表演等等。展会期间，还设置“花样漳州旅游十佳”展区，对评选出的十佳系列进行展示推介，并举行颁奖仪式。

（撰稿人：姚鸣声）

【漳浦特色美食】

梅竹鱼鲈鱼扇

※主料：野生鲈鱼1条约900克

※配料：猪前腿肉肉125克、水发香菇5朵、净荸荠15克、扁鱼末8克、葱姜汁8克、胡萝卜15克、青蒜叶15克、西红柿15克、蛋黄羔15克、黄瓜20克

※调料：精盐8克、味精6克、胡椒粉5克、香油5克、白糖3克、料酒5克、上汤50克、生粉6克、湿淀粉12克、明油10克

※制作方法：

1、将鲈鱼宰杀刨鳞去内脏洗净，取出2片身肉（带皮）用刀批成夹刀片，放入碗里调基本味上浆腌浸片刻，另将前腿肉、香菇（3朵）、虾仁、荸荠分别剁成细末置于碗里，加入鸡蛋液、扁鱼末、葱姜汁、白糖、香油、精盐、味精、胡椒粉，用少许生粉搅均成内馅料

2、取个大长盘抹上明油，将鱼片分别夹入内馅，逐个摆于盘里成扇型。在扇根部分别用鲈鱼的头及尾加工摆成，扇面用香菇切摆梅花树，蛋黄羔、胡萝卜点缀梅花，然后上上笼蒸约8分钟熟后取出；另将黄瓜、胡萝卜、青蒜叶分别焯水，刻成竹子及竹子及西红柿点缀装饰物摆放于梅花鱼扇上面

3、炒锅置于中火上，投入上汤，调味后用湿淀粉勾成米汤芡，滴入明油，浇淋于梅竹鲈鱼扇上即成

※特点：精工细作、艺术美观、味道鲜香、滑嫩爽口

※营养成分：蛋白质122克、脂肪44克、能量893千卡、钙744毫克、铁12.3毫克、锌18.7毫克、维生素A230毫克、维生素生E8.88毫克、维生素B1　0.85毫克、维生素B2　1.25毫克、维生素C10毫克

（2004年10月，被中国烹饪协会认定为“中国名菜”）

漳浦美食协会供稿

商务 贸易

•商业贸易•

【概况】

2017年，漳浦县商务经济持续平稳发展，实现外贸出口总额43亿元，同比增长23.50%；社会消费品零售总额114亿元，同比增长12%；开展外出招商引资活动178场次，签约项目104个，总投资449.1亿元，其中，央(国)企项目4个，总投资30.59亿元，落地项目40个，总投资89.3亿元，外资实际到资1.3亿美元，同比增长1.90%。

【招商引资】

深化招商活动 落实"一把手"抓招商，是年，县领导外出开展招商引资活动46场，各乡镇主要领导也带队外出招商，全县开展外出招商引资活动178场次，利用招商引资"大平台"开展招商。参加各种招商活动，包括海峡论坛(茶会)、"9•8"投洽会和"11•18"花博会等，通过各种活动，落实签约项目，发布重点招商项目，邀请重点客商参会，宣传漳浦投资环境。组织集中签约仪式6次，分别是3月30日在大南坂工业园举行的项目集中签约仪式、4月22日在北京举行的漳浦(北京)投资推介会暨项目现场签约仪式、6月16日在第九届海峡论坛•第四届海峡

4月18日，县商务局举办招商实务培训班　　(商务局 供图)

(漳州)茶会上的集中签约仪式、6月22日在深圳举行的漳浦(深圳)投资推介会暨项目现场签约仪式,11月18日在第九届农博会上的集中签约仪式、12月27日举行的第四季度项目集中签约仪式。

创新驻外招商 创新招商引资工作机制,组建泉厦、深圳、江浙、潮汕4个驻外招商机构,从各个单位抽调精干力量开展常态化驻点招商。驻外招商活动取得良好的项目对接成果,4个驻外招商局共接待客商来漳浦考察80多批次、外出拜访企业150余家;生成在谈项目24个,落实签约项目4个。

【推进内外贸经济发展】

引导企业开拓国际国内市场 组织企业参加各类展示展销会,其中,组织2家企业参加“闽货华夏行•北京站”展销、3家企业参加第九届海峡论坛茶食品展销、3家企业参加海峡论坛漳州茶食品展、2家企业参加“闽货华夏行•上海站”展销、2家企业参加中东欧博览会(新疆)展销、4家企业参加第十九届花博会•第九届农博会“漳州味”展销,组织7家企业参加第121届广交会、6家企业参加第122届广交会,取得较好的展销成果。

做好内外贸发展资金及配套政策的对接落实 争取内外贸补贴资金550万元,惠及26家企业。具体为加工贸易转型升级资金35万元,惠及企业1家;第一、二季度省级出口信保扶持资金106万元,惠及企业9家;市场体系建设资金250万元,惠及企业3家;省级副食品调控基地项目改造建设资金69万元,惠及企业5家;市级第一、二批生猪储备补贴资金14.90万元,惠及企业3家;商务综合执法试点建设及升级改造资金20万元;第三季度省级出口信保扶持资金55万元,惠及企业5家。

加快农贸市场提升改造工程建设 实施“万村千乡市场工程”,培育面向农村市场的大型流通企业,建设乡镇商贸中心。是年,全县有3个农贸市场提升改造项目被列入市政府“三抓三比、十项竞赛”活动,已全部竣工投入运营,并通过市政府农贸市场提升改造考核组年终考核。

【电子商务】

推进“国家电子商务进农村综合示范县”建设,是年,全县电子商务交易额30.65亿元,同比增长24.90%。其中网络销售额12.59亿元,同比增长29%;快递收件量409.63万件,同比增长38.30%;派件量1308.23万件,同比增长28.80%。2月,商务部委托第三方对漳浦县开展“国家电子商务进农村综合示范县”绩效评价,经评价漳浦县位列福建省首批十个示范县第三名。

人才培育工程 组织开展各类电子商务人才培训54场,参训人员6932人次,对象涵盖全县各行业各领域。拓展电商领域产学研合作,壮大充实本地电商人才队伍。

平台创建工程 打造漳浦电商服务中心,已建成201个村级服务站并投入运营,5个建档立卡贫困村已全覆盖。依托电商协会“任淘e购”、邮政“邮乐购”等平台,实现代购、代销、代缴费、收发快递、小额取款等便民服务功能。

物流支撑工程 依托供销、邮政部门资源优势,投建县级物流配送中心、供应链仓储中心和21个乡镇分仓、201个村级服务站,构筑高效率全覆盖的县乡村三级物流配送体系。至年底,农村电商三级物流体系已正常运作,物流车辆每日往返县仓与村点,实现村点快件当日收寄,解决双向物流最后一公里瓶颈问题。

品牌培育工程 引导企业无公害农产品、绿色食品和有机农产品认证,以品质、品牌换市场;建立产品可追溯体系,形成示范带动效应。以“一镇一品”为抓手,导入工业设计、文化设计、包装设计理念,依托电商协会开展网上品牌发布推广系列活动,累计挖掘农特产品52款,组织开展30个系列农特产品单品的网上营销项目,培育“六鳌地瓜”“六鳌紫菜”“白山鞍荔枝干”“畲乡蜜柚”等一批地方特色农产品品牌。

【商务执法】

坚持“安全第一、预防为主、综合治理”的方针,抓好商务执法,做好成品油市场管理、商场、超市、星级以下餐饮住宿、报废汽车回收拆解、"12312"商务举报投诉等管理工作，维护市场秩序，保障消费者和企业的合法权益。是年，出动车辆112车次，执法人员387人次，检查商贸企业166次，其中安全检查142次，执法检查24次，发现问题246条，当场整改160条，下发《限期整改通知书》42份、《停止违法行为通知书》6份，均已完成整改；查处违法案件5起，行政处罚2.30万元。

（撰稿人：王建坤）

·供销贸易·

【概况】

2017年，漳浦县供销社以服务"三农"为宗旨，加快推进"新网工程"建设，发展农村电子商务，全县供销系统实现商品购进总额128625万元，同比增长32.20%。其中农副产品购进54738万元，同比增长25.25%；商品销售总额147059万元，同比增长34.55%。其中农业生产资料销售21137万元，同比增长5.90%。生活消费品零售39300万元，同比增长27.14%；实现利润总额424万元，比上年增加48万元。

【"新网工程"】

加大投入力度，推动县域"新网工程"建设。是年，重点抓好前亭供销社日用消费品配送中心和官浔供销社日用消费品配送中心建设，其中，前亭供销社日用消费品配送中心建筑面积1540平方米，总投资540万元，已投入使用；官浔供销社日用消费品配送中心大楼占地面积4611.80平方米，建筑面积为2200平方米，总投资530万元。

【农村电子商务】

主动承接"漳浦农村电商"服务中心、服务站点的建设任务，着力打造农村电子商务"六个一"工程：一是建立一个本地生活网"任淘e购"交易平台，对接"供销e家"，利用电脑PC端、手机APP客户端、微信公众号、服务号进行网上交易；二是建立一个系统阵地，着重建设3000平方米的县级电商服务中心，20个镇级电商服务总站，200个村级电商服务站（代买代卖、收发快递、缴费服务）；三是建立一个运营中心，创建漳州供销云仓网络科技有限公司，注册资金600万元，供销社企业入股120万元，占股20%；四是建立一个依托在中通快递系统中的县级同城物流派送系统"速递e站"；五是建立一个可提供在线培训和集中学习的培训学校；六是建立一个新农人组织，组建懂农业、懂电商的供销社"新农人"团队。电子商务平台运行以来，农村"大众创业、万众创新"充分体现。有漳州区域内14家企业和基地、40个大类的近百余个优质、特色的农产品、工艺品和老字号上线，成为"互联网＋"战略在漳浦县农村的具体实践。发展态势迅猛，农产品上行效果明显，2017年供销电商快递件4100万件，农产品电商销售额1.30亿元。

5月，漳浦县供销合作社被中华全国供销合作总社授予"基层标杆社"称号

（供销社　供图）

【农资市场供应】

采取积极措施，做好农资供应服务，满足农业生产需要。尽量减少中间流通环节，降低成本费用，让利给农民。开展"放心农资工程"活动，组织专门力量，对

所属的农资企业、经营门店进行清理整顿，督促企业建立健全农资商品质量保证制度、完善商品购销记录，形成农资产品质量的可追溯机制，杜绝不合格农资商品和假冒伪劣农资商品通过供销社渠道进入市场。开展测土配方施肥、水肥一体化、统防统治、农技培训等农业社会化服务，帮助农民科学合理施肥用药，增强为农服务针对性、科学性。是年全县供销系统120家化肥店售给农民农业生产资料11.21万吨。其中尿素2.11万吨，碳铵1.79万吨，磷肥2.24万吨，钾肥9297吨，复合肥4.39万吨，供应各种农药1097吨。不仅供应数量充足，质量保证，价格平稳，而且规格品种齐全，结构比例合理，供应及时，农民满意。

【为农服务】

加快村级综合服务中心建设，是年新增加村级综合服务中心12家，经营面积765平方米，辐射服务群众2万人，年销售额2200万元。新发展农民专业合作社7家，全县供销系统的农民专业合作社总数达到59家，带动周边农户9350多户，从事农业产业化经营。发挥“漳浦县农村合作经济协会”的服务功能和作用，加强对全县农产品生产、销售环节的技术指导、营销策划和信息服务，对接生产与市场，促进农产品流通。

（供稿：县供销合作联社）

• 粮食流通 •

【概况】

2017年，漳浦县粮食流通工作以全面落实粮食安全省长责任制为抓手，在全县粮食系统开展“粮食质量安全建设年活动”，加强应急成品粮油监管，加快推进粮食联合储备库建设，已累计完成投资1.10亿元。圆满完成1.11万吨夏季储备粮轮换任务。

【粮食安全省长责任制】

落实2017年度粮食安全省长责任制考核工作，参照2016年省、市对漳浦县粮食安全省长

10月16日，县粮食局上街开展“世界粮食日”宣传活动 （杨凯 摄）

责任制考核情况，查缺补漏。细化考核指标，逐项逐条抓好贯彻落实，多部门并举开展资料整理收集；落实牵头责任，加强部门沟通协调，与其他成员单位建立紧密联系，联合农业局开展世界粮食日摆摊宣传活动，组织相关单位深入基层倡导珍惜粮食、反对浪费的良好风尚。

【联合储备库建设】

2017年，总投资约1.6亿元的福建省漳浦粮食联合储备库建设工作顺利推进，在施工中，严格按目标落实施工进度，对每一施工环节进行每日不定时巡查督促，做到8小时内全员在岗、节假日轮流到岗、重要节点通宵值班；同时，严格按照设计标准、严把质量关。至年底，已累计完成投资1.10亿元，超额完成年度投资计划。

【夏粮轮换和储粮安全】

夏粮轮换　为确保轮换任务圆满完成，工作人员深入基层农户一对一进行粮食收购政策宣传，并利用乡镇、村二级各种大小会议进行宣传，将夏粮收购各种政策宣传至每家每户，使之家喻户晓。在收购现场张贴公布国家早籼稻（三等）最低收购价格（130元／百斤），不收人情粮、不过人情秤、不弄权勒卡、不刁难送粮农民。除进行本地收购外，还通过网上公开招标的方式采购粮食。圆满完成1.11万吨夏季储备粮轮换任务。

储粮安全　严格执行“三天一小查、七天一大查、风雨随时查”的查仓制度，实行定人、定量、定仓、专人、专仓、专账制度，明确奖惩制度，落实储粮安全责任制，确保储粮安全。

（撰稿人：潘秀娟）

·烟草专卖·

【概况】

2017年，漳浦县烟草专卖局（分公司）持续加强专卖管理，查获涉假案件13起，收缴假烟878件、烟丝17.26吨；推进市场开拓，确保卷烟营销量稳定增长，年卷烟销售总量43543箱，实现税利4.24亿元，同比增长6.31%，查处违法案件143起，完成上级下达的各项指标。

【专卖管理】

是年，查获涉假案件13起，制假烟机10台，收缴假烟878件、烟丝17.26吨，同比分别下降75.50%、81.50%、81.50%、83.50%，四项主要指标均大幅下降。加强对2015年以来涉假案件的侦破追刑，审结涉假案件19件31人，实刑31人，实刑率100%。加强市场监管，全年查处市场卷烟案件143起（其中5万元以上案件6起），涉案卷烟142.16件，依法取缔1户违法违规卖烟大户。规范经营管理，以整治真烟非法流通为重点，执行“一案双查”（指真烟外流案件办理过程中，对“外”查市场违法违规线索，并开展后续跟踪监管；对“内”查有无内部不规范生产经营问题，并依照有关规定进行责任追究的一种监管方式），没有发生流出区外的大要案。

【卷烟营销】

深化“五要素”（指卷烟品牌订足率、订足面、市场价格、社会库存和商品存销比）运用，通过抓状态调控，抓市场开拓，抓品牌培育，实现销量稳、结构升、状态好的效果。卷烟销量稳定增长，是年，销售卷烟43543箱，同比增长1.54%。卷烟结构平稳提升，一、二类烟占总量比重64.28%，同比增长4.68%；条均价142.60元，同比提高3.82元。核心规格保持上扬势头，其中“灰狼”“中华”“利群”等3个核心规格卷烟的销量在原有较高基数上仍保持着两位数的增长。重点品牌集中度提高和细支、低焦卷烟销售快速增长。

【基础管理】

注重降本增效　以开展“精益管理改善年”活动为契机，抓好预算管理、物流成本、物资采购、工程建设、资产处置等重点工作，向专卖管理、卷烟营销、成本控制要效益。超额完成市局下达全年降本增效160万元的任务。

基建与基础工作　赤湖工作站完成主体竣工、二次装修和第三方审核和不动产证的办理，领取“不动产证”，并通过市局对赤湖工作站竣工财务决算审计。

落实安全生产责任制，落实安全主体责任，加强安全宣传教育培训和安全设施建设工作，实现全年“九个为零，一个控制”(损失3万元以上的火灾责任事故为零；造成死亡或者重伤的工伤责任事故为零；造成严重后果的道路交通事故为零；损失3万元以上的财物被盗责任事故为零；燃气、锅炉压力器爆炸，雷电造成设备损失，或因用电系统、电器设备引起火灾，造成财产损失3万元以上的设备责任事故为零；损失3万元以上的烟草制品责任事故为零；造成人员死亡的食物中毒责任事故为零；新增职业病例为零；网络信息系统重大安全责任事故为零；控制全年轻伤责任事故负伤率在2‰以下)的安全管理目标。

【社会公益】

2月，慰问计生二女户2000元，慰问烟草零售户5000元，慰问县边防大队、解放军某部海防四连各2000元；7月，“八一”慰问县边防大队2000元；9月，向马坪镇仙都村特困户发放帮扶金9000元；11月，捐赠马坪镇仙都小学道路建设款2万元；12月，向深土镇敬老院捐赠资助费2万元；12月，向赤湖镇老年人活动中心捐赠老年人活动资助金1.60万元。全年累计赠送各项公益资金7.80万元。

(撰稿人：陈志达)

•盐业管理•

【概况】

2017年，县盐务分公司依法开展盐政工作，严厉打击私盐贩销活动，维护食盐市场的安全稳定，是年，全县销售小包装食盐1159.38吨，同比减少184.28吨，销售大包装食盐2262吨，同比减少1598吨；片区(含漳浦、平和)查获案件386件，办结案件53件，查获盐产品129.47吨，没收盐产品数6.77吨，罚款数额1020元。查获省外小包装盐产品119.13吨。

【市场动态监控】

针对漳浦县属产盐区，群众用盐意识不高，加上省外矿盐企业以超低的价格让利经销商抢占片区市场等现象，有针对性地对省外盐最容易受冲击的乡镇及相对薄弱的村进行跟踪检查，并组织客户经理及小配送及时跟进，加强小配送力度，凡是无法整车及边远、零散的订单均采取小配送方式及时送到，抢时机、抢机遇及时占领食盐市场，防止省外盐的二次冲销。

【防外盐渗透】

针对省外盐冲销情况，加强与市监局、经信局等相关部门的联系配合，建立信息通报、信息联络、办案协作等制度，组织联合执法，依法查处非法经营食盐活动及不合规省外盐的冲销，维护盐业市场秩序。是年先后查获益盐堂、雪天、百仙、天井、天鹅、中盐东兴、老盐帮等省外盐119.13吨，并查处封存老盐帮设在旧镇食盐仓库。

【季节性加工用盐管理】

在管好常规用盐的同时，加强对季节性加工用盐的管理，做到早布置、早安排，制定工作方案，组织实施。加强源头打击和市场监管，采取有效措施，最大限度地阻止私盐、省外盐的冲销。

【碘盐宣传】

以“5•15”“3•15”时间节点为平台，开展普及碘盐知识和碘缺乏危害知识的宣传。同时，以薄弱乡镇村、偏远山区、餐饮店、工厂(学校)食堂为重点，开展“三进”活动，走村入户，了解群众食用碘盐情况。结合宣传，开展专项整治，以碘盐覆盖率低、私盐冲销严重的乡镇村以及餐饮店、学校工厂食堂为重点，进行拉网式市场检查。通过边走访、边宣传，边检查，边整治，防止非碘盐、假冒碘盐流入农户、餐饮业和学校(工厂)食堂，不断净化碘盐市场，提高碘盐覆盖率。

(撰稿人：朱拥军)

经济管理

•发展规划与实施•

【概况】

2017年，县发改局做好国民经济和社会发展计划（草案）报告的编制实施，以及“十三五”规划实施，推进全县110个重点项目进展，落实2个项目参加市“三抓三比、十项竞赛”活动，完成投资26541万元；向上争取补助项目24个，补助资金7880万元，助推8个民生项目实施；办理审批核准类项目131件、备案类项目636件；落实“6•18”“11•18”工作任务，对接项目52项，总投资15.80亿元。

【编制和实施年度计划】

编制2017年上半年国民经济和社会发展计划报告、2017年国民经济和社会发展计划（草案）报告，报经县人代会审议通过后，及时下达实施。按照市下达指标任务，与县统计局衔接，做好2017年经济指标月调度。做好提前谋划事宜，在征集各科局意见基础上，对2018年主要经济指标作出初步安排。做好稳增长效能督查、国务院第四次大督查、省效能办第二轮督查的自查报告起草。抓好“十三五”规划实施，对于列入市规划的重大事项、重大项目实时跟踪推进。撰写《关于加快厦门港南岸漳浦片区开发建设研究的调研报告》《关于推进我县供给侧改革与产业转型升级研究的调研报告》《关于供给侧结构性改革的调研报告》《关于招商引资工作的调研报告》《关于对全县医药卫生体制改革工作情况的调研报告》等文章供县委县政府决策。做好全县经济社会发展进展情况的监测、分析、总结。

【重点项目进展】

确定重点项目110个，年度计划投资167.90亿元。实际完成投资168.70亿元，占年度计划的100.50%。37个省、市在建重点项目全年完成投资108亿元，占年度目标103.50亿元的104.30%。全县完成固定资产投资318.90亿元，同比增长24.90%，超市下达奋斗目标25.90亿元。

【落实“三抓三比、十项竞赛”】

2017年，漳浦县2个参赛项目完成投资26541万元，占市下达年度投资任务的132.70%，高于市下达年度投资任务32.70个百分点。其中龙美湾旅游区完成投资15019万元，高于市下达年度投资任务50.20个百分点；海峡生科于2月22日实现新三板挂牌，在全国股转系统挂牌公开转让；申报海峡花卉集散中心现代交易市场及盘陀镇茶文化产业集聚区2个省级现代服务业集聚示范区项目，均已通过市级评审；海峡花卉集散中心园区于6月30日获得第二批省级现代服务业集聚示范区（现代专业交易市场类）命名；7月，漳浦县“国家电子商务进农村综合示范县”通过验收；欢乐岛旅游小镇于11月28日获得市旅游发展委AAA景区命名；将200万元的现代服务业发展基金纳入年度县级财政预算；成立睿信融资担保有限公司，类似于产业发展基金，为全县的建设项目（含服务业项目）提供融资担保。

【争取补助资金】

2017年，漳浦县向上争取补助项目24个，补助资金7880万元。其中，中央预算内投资补助项目7个，补助资金2529万元；省级预算内投资补助项目10个，补助资金5351万元。利用补助资金助推白竹湖农场等5个危旧房改造配套基础设施项目、县档案馆、漳浦职业技术学校综合实训楼、县委党校迁建工程等民生项目的实施。

【项目审批】

是年，办理各类事项767件（其中审批核准类项目131件、备案类项目636件），总投资450亿元。所有事项均在承诺期限内办结，为项目单位提供高效、便捷的服务。开展网上审批电子证照库建设，按要求做好漳州市电子证照管理系统有关工作，做好电子证照清单，批文底图与案例，并批量上传批文700多件，提升网上办事大厅的办事效率和服务水平。推进智能审批和全程网办，实行企业投资项目网上备案，通过“福建省投资项目在线审批监管平台”实现企业投资备案类项目“一趟不用跑”或“最多跑一趟”改革，使项目备案全过程可在线办理。全年实行网上备案企业投资项目365件。

【深化改革】

推进医改工作　坚持医疗、医保、医药“三医联动”，强化体制机制创新，推进各项改革，深化公立医院改革，推进医疗保障制度改革，深化基层医疗卫生机构综合改革，健全完善分级诊疗体系，发展社会资本办医。

完成车辆标志化管理　承担县公车改革办工作。完成全部一般公务用车和行政执法用车标志喷涂和公务用车综合服务平台建设，完成县直机关公务用车服务中心办公场所和停车场场地建设，车辆定位系统于6月24日全部安装完成，车辆调度系统于6月26日安装完成。全县取消车辆191辆，其中报废44辆，清退78辆，封存69辆（已拍卖成交12辆）。

落实PPP试点城市工作　上报朝阳水库，县城中心城区路网提升工程，万安生态产业园区基础配套设施建设，前亭镇污水处理厂，湖西、佛昙、霞美至沿海大通道连接线、官浔至花都公路项目，万安园区至沿海大通道连接线项目等6个传统基础设施PPP项目列入2017年漳州市传统基础设施PPP招商推介项目手册。

【对接项目】

落实“6•18”“11•18”工作任务。“6•18”征集企业技术需求22项，完成市下达任务11项的200%；对接项目44项，完成市下达任务35项的125.70%，总投资14亿元。组织飞秒（漳州）服饰发展有限公司和漳州市美丽家香食品股份有限公司2家企业参展，上报同溢堂药业有限公司温肾益阳的药物及其制备方法产业化项目参与典型对接，取得成效。做好“11•18”生态＋漳州味食品产业对接活动，已完成征集企业技术需求21项，完成市下达任务6项的350%。对接项目8项，完成市下达任务6项的133.30%，总投资1.80亿元；推荐签约项目3项，完成市下达任务3项的100%；邀请中国热带农业科学院香料饮料研究所博士、青岛海洋生物医药研究院教授等签约代表8人。资本需求项目2项，完成市下达任务的100%。

【服务企业】

提升企业上市及“场外市场挂牌”服务水平，筛选符合条件的意向优质企业申报2017年省市重点后备上市（挂牌）企业，已有盈丰食品、金绿置业、万辰生物科技、海峡生物科技、一帆新能源、顺洋食品、宏盛园艺、美丽家香等8家企业被列入名单。其中，杨基生物、宏盛园艺、美丽家香已在海峡交易中心成功挂牌交易，海峡生物科技、万辰生物科技股份已在新三板挂牌，盈丰食品股份有限公司上市申报材料已送至省证监会审查。帮助成功上市及挂牌的企业申报上市奖励及“场外市场”挂牌资金补助，已帮助海峡生物科技申报120万挂牌奖励。

【精准扶贫脱贫攻坚】

根据县委、县政府《关于调整2017年县直机关干部挂钩帮扶建档立卡贫困户的通知》，做好贫困户建档立卡，实行一户一档案，落实一户一帮扶，确保帮扶责任落实到位。完善贫困村基础设施建设，争取以工代赈项目2个，其中大南坂镇下楼村道路改建项目6万元，赤湖镇半石村新社自然村环村道路改建工程6

万元，2 个项目均已完工。

（撰稿人：陈吴源）

·统计·

【概况】

2017 年，漳浦县高质量做好各项统计工作业务，统计政务信息宣传、能源统计、基本单位名录库等 3 项专业工作在全市年度县（市、区）统计业务工作综合考评中名列第一，科技和文化产业统计工作名列第二；顺利通过漳浦县第三次全国农业普查验收和涉及 11 个乡镇、16 个小区的人口抽样调查质量验收。

【统计制度方法改革】

开展投资统计制度改革试点方案培训，推进投资统计制度方法改革试点工作，为建立财务支出法投资项目统计报表制度做好前期准备。部署规模工业企业统计规范化建设，开展规模工业报表填报、数据质量联审及统计台账等规模工业企业统计规范化建设培训。组织对规模工业企业统计工作规范化建设验收，规范企业统计管理，提高统计数据质量。

【统计法治建设】

宣传《中华人民共和国统计法》《统计违法违纪行为处分规定》和新出台的《中华人民共和国统计法实施条例》等统计法律法规，营造依法统计的良好社会氛围。对佛昙镇、六鳌镇、湖西乡、赤岭乡开展常规统计监督检查，开展基层统计调查单位数据质量执法检查，配合上级开展相关专业数据质量专项检查，参与全县企业年报信息和经营行为跨部门“双随机”联合抽查，提高统计数据质量。开展国家企业信息与归集运用工作，将 2015 年后受到统计执法处理的 6 家企业的信息发布到国家企业信用信息公示系统，依法向社会公示。

【拓展统计服务领域】

通过中国漳浦门户网站、漳浦统计微信公众号等载体及时发布统计资料，推进统计信息公开，发挥统计信息服务领导、服务社会的作用。加强经济运行预警监测，提出措施建议，为党政领导和有关部门指导经济工作、加强宏观调控提供统计服务。配合县效能办制定 2017 年度乡镇、县直机关绩效评估指标设置和方案拟定，协助做好市对县绩效评估工作。做好《政府工作报告》有关部分的审核修改和数据提供，为有关单位提供统计数据证明 12 份。做好 2016 年新增、新上规模企业认定。

2017 年漳浦县国民经济主要指标

表 2

指标名称	计量单位	全县	增长%	县辖	增长%
地区生产总值	万元	3857384	8.70	3418986	9.00
1.第一产业	万元	772089	4.20	616470	4.50
2.第二产业	万元	1404383	8.40	1244464	8.30
工业	万元	1050755	9.20	1021662	8.70
建筑业	万元	354028	6.10	222802	6.40
3.第三产业	万元	1680912	11.10	1558034	11.80
人均地区生产总值	元	46343	7.60	-	-
农林牧渔业总产值	万元	1493149	3.10	1191998	3.40
规模以上工业总产值	万元	4757961	10.20	4633482	10.10
全社会固定资产投资	万元	-	-	-	-
1.固定资产投资	万元	3792780	3.60	3188738	24.90
2.农村私人投资	万元	-	-	-	-

续表 2

指标名称	计量单位	全县	增长%	县辖	增长%
社会消费品零售总额	万元	1139894	12.00	-	-
财政总收入	万元	292578	9.30	231099	16.50
地方级财政收入	万元	199737	2.50	155063	14.90
财政支出	万元	571890	12.10	509591	13.70
金融机构人民币存款年末余额	万元	3081632	-2.80	-	-
金融机构人民币贷款年末余额	万元	2545128	14.20	-	-
金融机构人民币储蓄存款年末余额	万元	1761263	4.00	-	-
实际利用外资(验资口径)	万元	201462	138.10	86222	1.90
出口总值	万元	429500	23.50	-	-
城镇单位在岗职工平均工资	元	-	-	-	-
城镇居民人均可支配收入	元	33573	9.40	-	-
农村居民人均可支配收入	元	18106	9.50	-	-
居民消费价格指数(以上年同期为 100%)	%	101.10	1.10	-	-
土地总面积	平方千米	2149.31	-	-	-
年末户籍人口	人	930429	1.90	-	-
年末常住人口	万人	83.70	1.10	-	-
城镇化水平	%	50.30	3.50	-	-

(供稿:县统计局)

·审 计·

【概况】

2017 年,审计(调查)项目 39 个,审计查出主要问题金额 13 亿元,其中违规金额 580 万元,管理不规范金额 12.95 亿元。审计核减工程投资额 2463 万元,处理应上缴财政资金 582 万元,应归还原渠道资金 844 万元,移送处理事项 5 件,移送处理金额 1235 万元,其中移送纪检监察机关 2 件,移送有关部门 3 件;提交审计信息 59 篇,被批示、采用的审计信息 26 篇次。

【预算执行审计】

审计查出主要问题金额 10.62 亿元,其中:未按规定纳入预算管理 6.21 亿元,未按规定征收缴纳收入 396 万元,资金滞留闲置 2514 万元。

县财政局审计 审计发现县财政局在组织县本级预算执行中存在未按规定编制预算;未按规定纳入预算管理;预备费编制未达到法定要求;支出挂账;预算收支内容不够真实;向非县财政管理预算单位拨款;国库集中支付制度未全面执行到位;个别会计核算事项有待进一步规范等问题。财政资金信息化管理情况专项审计调查发现向非最终收款方拨款;部分预算支出未纳入信息系统管理等问题。

抽查部门预算执行情况 发现存在项目支出预算执行进度率低,超预算支出等问题。抽查部门决算发现存在决算草案数据编报不实问题。

抽查专项资金 发现六鳌镇金龙渔港开发有限公司一期渔港建设专项资金使用中服务采购均未按立项文件规定进行招投标问题。

绥安工业区管委会预算执

行及其他财政收支审计　发现预算编制不够细化，无编制部门预算及批复，预算收支内容不够真实，向非绥安工业区财政管理预算单位拨款，银行账户管理不规范等问题。

县地税局税收征管和优惠政策执行情况　审计发现有土地登记但未缴纳土地使用税，房产登记但未缴纳房产税，违规享受税收优惠政策等问题。

【行政事业单位审计】

对发改局、司法局、林业局、农业局、移民局、赤湖镇、佛昙镇、县疾控中心、前亭工业区等9个单位开展审计，审计发现违规发放补贴，国有资产管理、处置不规范，专项资金管理不规范，“三公”经费管理不规范，公款私存，会计核算管理不规范，使用不合规的票据报支等问题。

【固定资产投资审计】

完成江滨花园B区一期工程、绥东溪景观改造、南门溪景观改造，县医院空调及通风工程、智能化系统工程、配电工程、气动物流系统工程等15个项目的工程结算审计，送审工程造价4.56亿元，净核减造价2463万元。审计发现存在审核人员无按招标文件、投标文件、建设合同等文件精神办理结算；现场勘察深度不够，审核工程变更不到位；无按工程量计算规则及计价规范办理结算，计算失误、重复计算工程量；竣工图未能反映实际施工情况，现场少施工、无施工的项目无作或少作造价调整等问题。

【专项资金审计】

财政事权和支出责任划分情况　专项审计调查发现政府职能定位不清，中央与地方事权和支出责任划分不尽合理，地方政府财权与事权不够匹配，事权、财权不够明确，地方政府财政压力大，上级出台政策、要求地方配套，增加地方财政负担等问题。产业转型升级资金使用绩效情况专项审计调查发现产业转型升级补助资金未及时拨付，未按规定专账核算等问题。

支持现代农业发展资金使用绩效情况　专项审计调查发现资金未及时拨付使用、滞延在有关单位、不能及时发挥作用2444.64万元。其中粮库建设补助资金1239.82万元，联合建库资金1462万元。

市级以上林业专项资金收入拨付使用管理情况　专项审计调查发现资金未及时拨付使用、滞延在有关单位、不能及时发挥作用2319.82万元，森林生态效益补偿基金联户管护资金未发放到林户132.16万元，森林生态效益补偿基金未及时拨付使用180.89万元。

2015至2017年度村镇垃圾治理政策落实情况　审计发现保洁员配备未达到上级要求，在推广二次分类法方面全县尚未实现每个农户配备干、湿2个垃圾桶以及每个村要设立1个有毒垃圾收集点，三格化粪池建设方任务完成不均衡、部分乡镇、村三格化粪池新建改造依旧采用水泥预制品，乡镇污水处理设施建设存在重建设轻管理，卫生保洁经费来源不足等问题。

湖西乡赵家城村、六鳌镇新厝村的造福工程专项资金　审计发现部分造福工程危房改造补助对象不符合补助条件，造福工程集中安置区未达到基础设施建设补助规模，违规向造福工程危房改造农户收取基础设施建设捐资款等问题。对两个村129户不符合造福工程补助条件的对象收回补助资金165.72万元、集中安置区基础设施建设补助资金370万元，归还原资金渠；退还收取的基础设施建设捐资款55.20万元。并移送漳浦县纪检监察机关对相关责任单位及相关责任人进行追责。

滨海新区高新技术产业园基础设施配套项目跟踪　审计发现产业园一期道路工程未能按期完工，土地征迁遗留问题、影响后续基础设施建设顺利实施等问题。

万安生态开发项目一期项目跟踪　审计发现项目施工超合同期完成、项目进度缓慢问题。

【经济责任审计】

是年，对发改局、司法局、林业局、农业局、移民局、赤湖镇、佛昙镇、南山茶果场、县疾控中心等9个单位、12位领导干部实施经济责任审计。审计发现违规发放补贴，国有资产管理、处置不规范，专项资金管理不规范，工程项目管理不合规，财政收入应缴未缴国库，“三公”经费管理不规范，公款私存，会计核算管理不规范，使用不合规的票据报支等问题。审计查出主要问题金额，其中违规金额272万元，管理不规范金额12385万元。

（撰稿人：张秋）

· 市场监督管理 ·

【概况】

2017年，漳浦县市场监督管理工作新登记各类市场主体21941件，食品经营许可2200家、药品经营许可60件、特种设备备案414台、压力管道4家；办理股权出质15家、动产抵押8件，指导企业融资12.47亿元。查处各类违法违章案件254起，罚没款242.94万元；受理消费者各类申诉举报案件405件，办结率100%，挽回直接经济损失23.10万元；至年底，全县实有市场主体总量达55394户。

【保障食品药品安全】

落实市委市政府为民办实事项目 10月底，全部完成全县25家幼儿园“食堂明厨亮灶”创建工作，促进全县校园食品安全保障水平稳步提高。

开展食品药品安全信用体系建设 推进分级评定，开展分级评定1391家次。推进食品药品企业日常监督检查和检查项目“全覆盖”，完成食品生产企业120家、食品流通经营户1458家、餐饮单位1601家、保健食品经营企业28家、药品生产经营使用单位781家、医疗器械生产经营单位126家的风险评级，完成率100%。

巩固推进食品安全示范县成果 建成“县食品药品溯源系统监控指挥中心”，全县有100家食品生产经营及餐饮单位纳入电子监管溯源管理。

开展流通环节食品专项整治 开展水产品、蜂产品、腐竹、糕点和饼干等多项食品专项整治，加强学校食堂及校园周边食品安全治理，检查学校食堂614家次。集中整治城乡接合部和农村地区药品质量安全和药品类易制毒化学品、含特殊药品复方制剂和疫苗等专项检查，检查相关企业199家次，对存在问题的企业当场责令改正。

完成重要活动保障任务 是年进行11次重要活动保障任务，其中省市级首长级别接待保障3次，高职和中高考3次，援外保障3次，其他保障2次。

强化食品药品抽检 抽检食品321批次（5批次不合格），药品、医疗器械121批次(2批次不合格），药品快检抽检200批次，对抽检质量不合格的商家及时立案调查。

药品医疗器械监测 抓好药品不良反应、医疗器械不良事件监测，累计完成ADR(药物不良反应)评价580例，MDR(肿瘤多药耐药性)报送125例。

【特种设备安全监察】

开展特种设备安全专项整治，打击特种设备安全违法违规行为。开展金砖会晤保障、电梯、液氨制冷特种设备、燃煤锅炉、危险化学品等各项专项整治20余次，上半年，查处电梯、起重机械、锅炉、气瓶案件7起，罚没款18万元。开展特种设备大排查大

11月14日，漳州市副市长吴卫红在漳浦县检查明厨亮灶工作 （胡舒婷 摄）

整治百日行动，对使用单位进行日常监督检查223家，对发现的安全隐患都及时督促企业整改到位，实现闭环。督促企业到期特种设备及时开展检验检测，全年检验电梯790台，起重机180台，厂(场)内机动车辆129台，大型游乐设施5台，锅炉241台，锅炉能效测试30台，压力容器450台，压力管道12套。提高特种设备目标责任考核的四个工作成效指标完成率，做好设备的注册登记和定期检验，是年，全县特种设备使用单位隐患整改率达98.63%，使用登记率97.59%，定期检验率95.74%，工作人员持证率100%。加强液化气充装站气瓶数字化管理，加大气瓶充装单位现场监察力度，督促充装单位落实企业安全主体责任，规范安全管理落实充前、充后检查制度，履行气瓶送检义务，落实气瓶去功能化的报废处理。督促充装单位报废液化气钢瓶1152只，工业气瓶180只，查扣报废液化气钢瓶800余只。

【市场专项整治】

是年立案查处各类经济违法违章案件282起，罚没款267.74万元。加大对假冒伪劣商品、广告违法、商标侵权、不正当竞争等扰乱市场行为的查处力度。集中整治房地产市场秩序，约谈房地产开发商，并对各重点楼盘进行检查，查处房地产违法行为2起，案值10万元。开展机动车安全技术检验机构监督，对现有3家机动车安全技术检验机构(永恒、威林、安平)进行检查，新增1家机动车安检机构。做好双随机一公开工作，成立联合检查组；完成双随机抽查工作企业84户，农民专业合作社47户，个体工商户318户，跨部门随机抽取的企业153户。加快推进国家企业信用信息公示系统(即“一张网”)建设，召开全县“国家企业信用信息归集与运用”工作推进会暨业务培训会议，确保企业信用信息公示系统信息归集工作进展顺利，全县参与企业信用信息归集的45个部门，归集涉企信息6019条。

【保障消费者合法权益】

制定《漳浦县市场监督管理局信访投诉举报处理流程》，从制度上规范信访投诉举报的受理、处置、回复等关键环节的办理。是年，受理各类申诉举报案件405件，办结率100%，调解成功率100%。其中，受理“12331”转办件44件，“12345”转办件19件，“12365”转办件6件，全部依法办结。挽回直接经济损失23.10万元，办理诉转案23件。举办“网络诚信　消费无忧”为主题的“3•15”国际消费者权益日活动，设立现场消费维权投诉点，开展灯谜竞猜，现场为群众讲解如何识别假冒伪劣产品。

【2016年度年报公示】

早谋划早部署，做好宣传发动，建立每月一次的年报进展情况分析会和定期通报年报工作进度制度。建立约谈机制，每月对排名最后1名且达不到进度要求的基层所，由县局分管领导约谈该所所长，督促其抓好年报工作。全县完成2016年度各类市场主体年报46122户，年报率97.84%。其中：内资企业年报率94.01%，外资企业年报率91.35%，农民专业合作社年报率95.49%，个体户年报率99.28%。各类市场主体年报率排名均进入全市工商(市场监管系统)前5名。

【应急处置管理】

应急处置食品安全中毒事项3起。在处置佛昙湾、赤湖前湖湾由于海水赤潮引起的青蛤中毒事件中，抓住应急黄金4小时，第一时间启动食品安全应急预案，及时发布消费警示，连夜开展市场管控，使此次突发事件得到有效处置；发出预警信息3则2万条次，收缴青蛤25.50公斤并就地进行销毁，劝导下架疑似贝类水产品3公斤。

【打造优质营商环境】

推进营商环境建设　落实“多证合一”登记制度改革，建立县政府主导，县市场监管局牵头，县税务、发改、人社、统计、法制、行政服务中心等部门参与的工作协调机制。自10月1日起，在“五证合一”基础上，整合发改委、住建、检验检疫机构等部门的12个证件和组织机构代码证、税务登记证、社会保险登记证、统计登记证一起，与营业执照合并办理，营造公平透明竞争的营商环境。推行“多证合一”改革后，办理“多证合一”内资企业510家、外资企业8家。新增规模以上高技术企业1家，为桂宏工业、欧莱富康复器材、金名山光电、联合发电子及致易电子等5家企业完成行业代码变更。

实行全程电子化建设 落实国务院“互联网＋政务服务”、省政府“一趟不用跑”“最多跑一趟”和省工商局推进企业登记全程电子化工作的要求，推进工商登记注册便利化、企业登记全程电子化。出台《推行“互联网＋企业登记”改革实施方案》，完善“互联网＋企业登记”服务机制，实现审批服务事项“一网通办”。是年，办理各类市场主体登记1.33万件，发放电子营业执照9579户，占企业总数的88%；办理网上登记企业1762家、冠县名网上名称预先核准1411件。

提升窗口服务效能 做好市食品药品监督管理局下放的食品生产许可和医疗器械经营许可审批事项的衔接落实工作，在文件下发之日起20个工作日内完成承接工作。实现50%以上进驻行政服务中心事项流程控制在1个环节，90%以上进驻事项流程控制在2个环节以内。

【企业创牌、商标培育】

推进“地标”规范使用、管理，指导“杜浔酥糖”获准注册为地理标志证明商标，并推荐其参加2017年世界地标大会。做好兴业富农农产品商标奖励工作，收集2015年、2016年度符合申领条件的农产品集体商标9件，著名商标4件，普通商标31件，申领奖励金额20万元。

【建立“1＋X”专项督查常态化机制】

通过对全县各乡镇宾馆饭店、商场超市、烟酒门市、国有企业等依法采取实地察看、约谈相关人员、要求企业提供自查报告、签订承诺书等方式，检查是否存在“定点消费、使用公款定期支付、出入不对外开放的高端隐秘场所”等问题。检查旅游景区1处，高档宾馆、酒店、会所、娱乐场所118家，签订承诺书70份，企业自查报告70份，未发现违反八项规定行为线索。

（撰稿人：蔡绍玲）

· 土地资源管理 ·

【概况】

2017年，漳浦县国土资源管理以“保发展、守红线、惠民生”为主线，以保障资源、合理利用为目标，保障项目用地需求，受理上报省政府用地项目48个，面积265.11公顷，获批35个项目，面积176.71公顷；做好批后土地供应，办理供地94宗，面积328.92公顷；加强土地综合整治，超额完成市政府下达补充耕地任务数83.33公顷，高标准农田建设任务数576.67公顷；维护民生权益，及时拨付征地补偿安置费8149.98万元，基本生活保障安置被征地农民1858人。

【保障项目用地需求】

项目用地报批 采取“抓早、跟踪、挖掘”等形式，争取多批土地。是年，受理上报省政府8个批次和8个单独选址项目，合计48个项目，面积265.11公顷。其中已获省市政府批准6个批次和5个单独选址项目，合计35个项目，面积176.71公顷。是市政府下达用地指标的1.89倍，为万安工业园、前亭工业园、漳龙林业循环经济产业园、九龙江木业科技园、港城大道等一批重大项目提供用地保障。

批后土地供应 加大批后监管力度，办理土地供应，是年，办理供地94宗，面积328.92公顷。加大批而未供土地处置盘活力度，完成2000年至2015年批次供地192.46公顷，提前完成下达126.80公顷的处置任务。

土地收储出让 通过政府主导与市场调节相结合的运作模式，有计划、有组织、有程序地开展国有建设用地收储、出让工作，是年出让国有建设用地使用权46宗，总面积140.59公顷，总成交价56.64亿元，创下历史新高，为漳浦县城市建设提供强有力的经济支撑。

【土地资源保护】

开展规划调整完善和永久基本农田划定 预留好交通、水利、电力部门的项目用地，确保能源交通等公共项目的建设。在综合发改、建设、环保、水利等相关部门及乡镇政府意见的基础上，由划定作业单位借助实地影像图、依据技术规程和各项规定进行划定,既确保各类建设的需要,又保护基本农田。至年底,漳浦县全域永久基本农田划定方案已按规定时间完成,并通过上级验收,土地利用总体规划调整完善工作已基本完成,等待与省市同步上报。

清理闲置土地 根据闲置土地调查的结果和实际存在的问题,采取延长动工期限、协议有偿收回、无偿收回等方式进行处置。完成省委巡视组核查的闲置土地18宗,福建省土地市场动态监测与监管系统显示的闲置土地37宗。组建工作组进驻赤湖工业园,集中时间和精力开展赤湖工业园闲置土地处置,已收回闲置土地10宗。

引导促进土地集约利用 引导建设项目使用疏林地、园地和未利用的荒山荒坡等低丘缓坡地,促进工业园区用地、废弃工矿用地、低效用地的合理开发利用;推广节地型建设模式和节地型产业发展模式,利用低丘缓坡128.02公顷,占批准用地总面积72.44%。

【土地综合整治】

是年,市政府下达漳浦县补充耕地任务数83.33公顷,高标准农田建设任务数576.67公顷。至年底,在补充耕地方面,已完成项目4个,新增耕地面积6.93公顷;正在实施项目6个,可新增耕地57.74公顷。在高标准基本农田建设方面,正在实施项目4个,面积477.83公顷。在旧村复垦方面,已验收项目4个,规模7公顷,新增耕地6.93公顷,增减挂钩指标6.93公顷;正在实施项目2个,规模6.85公顷,拟新增耕地6.68公顷。

【矿政管理】

第三轮矿产资源总体规划编制 成立规划编制领导小组并进行资金预算,委托厦门市公物采购招投标有限公司进行招标采购,确定闽东南地质大队为规划编制作业单位,漳浦县第三轮矿产资源总体规划已于2017年8月通过听证论证。

地灾搬迁及地灾点治理 完成《漳浦县2017年度地质灾害防治方案》修编,建立2017年汛期地质灾害应急指挥系统,完善地质灾害点群测群防监测网络,实现防御地质灾害零伤亡。完成赤土乡溪东村闪门社孤石(危岩)等3个地灾点的治理。做好地灾搬迁,拟搬迁30户,涉及140人;至年底,已完成搬迁10户,已开工建设1户,尚有19户正在择地建设。

【地政管理】

不动产统一登记 自4月28日开展不动产统一登记工作后,县不动产登记中心窗口办理各类不动产登记业务7546宗。

土地变更调查与遥感监测 2016年度,国土资源部下发漳浦县监测图斑1755个,面积964.01公顷。为确保年度土地变更调查与遥感监测工作顺利通过国土资源部的核查,县国土资源局与技术协作单位逐个核查监测图斑,做到对监测图斑情况了如指掌,并一一定性。漳浦县土地变更调查工作成果顺利通过国土资源部审核。

2016—2017年农村地籍房屋调查 计划完成调查建制村数144个,至年底,已完成招投标建制村150个,占全县建制村总数的52%,超过原定计划。已开展调查的建制村110个,达到计划数的73%。

【维护土地资源管理秩序】

落实动态巡查制度 结合国土资源手机移动执法平台,在原有的基础上拓宽巡查范围,提高巡查频率,健全巡查台账。全县应巡查区域数为353个,每月覆盖率均为100%,上报疑似违法线索102宗,巡查发现违法102宗,查处率100%。

完成2016年度土地卫片执法监督检查 国土部下发漳浦县2016年度遥感监测图斑1006个,其中疑似违法图斑总数1000个,面积103.08公顷,占用耕地35.03公顷,已督促各单位继续查处整改。是年,立案查处国土资源违法行为598起,处罚款640.62万元。

【保障民生权益】

征地补偿管理 依法履行征地报批前的征地告知、确认、听证程序,执行征地批后“两公告一登记”;做好征地补偿监管,做好被征地农民的社会保障审查,维护被征地农民合法权益。

是年，发出征地告知书105份，拟征收集体土地264.33公顷、使用国有土地91.47公顷，需补偿总金额2.19亿元，发出"征地两公告"10批，及时通过征地调节资金拨付征地补偿安置费用8149.98万元，基本生活保障安置被征地农民1858人。

排查化解国土资源信访 坚持主要领导负总责，分管领导包案件，责任科室包调处的信访化解模式。对受理的信访件及时转办交办、及时调查处理、及时反馈答复，对来电来访咨询耐心细致做好政策法规宣传解释，使信访群众得到满意答复。是年，收到各类信访件163件，其中来信76件，来访34件，来电53件，均按福建省处理信访事项"路线图"答复，信访报结率100%。同时，办结人大代表建议和政协委员提案9件，满意率100%。

（撰稿人：蔡更新）

·价格管理·

【概况】

2017年，漳浦县物价工作做好重要民生价格监测，设置民生商品价格监测点8个，采集品种50个，并通过市物价局门户网站进行价格公布；加强价费监管，落实"放管服"改革政策，取消停征的行政事业性收费项目41项；落实"三张清单"，向社会公布县物价局行政权力18项；落实惠农惠企政策，查处乱收费价格违法案件2起，经济制裁102万元；开展价格公共服务，完成各类认定85起，总标的金额3857万元。县价格认证中心被省价格认定局评为"价格认定工作质量优秀单位"。

【价格监测】

落实稳价控价的各项措施，做好重要民生价格监测，设置民生商品价格监测点8个，采集品种50个；药品类监测点3个，采集品种20个，每周一上传至市物价局门户网站"晒价格"专栏。新增劳动力市场价格监测点8个，保证监测数据的准确性和时效性；新增赵家堡、翡翠湾、火山地质公园3个景区监测点。

【价费监管】

落实"放管服"改革政策 简政放权，取消停征行政事业性收费项目41项，其中漳浦县涉及7个单位，项目有环境监测服务费、房屋转让手续费、卫生检测费、委托性卫生防疫服务费、河道工程修建维护管理费、河道采砂管理费、渔业船舶和船用产品检验费、预防性体检费、婚姻登记费、收养登记费等。

落实"三张清单" 完成编制本单位行政权力清单、公共服务事项清单和责任清单。已公布的县物价局行政权力18项，均为公共服务事项，其中涉及多部门监管责任事项2项。通过一系列的梳理与权力下放，推进物价行业在内的政府行政审批制度相关改革工作。公布废止的价格规范性文件目录，对1997年至2017年8月31日间制定的价格规范性文件进行全面清理，并下发文件给予废止，通过政府网站向社会公布。

落实涉台涉农优惠电价 台湾农民创业园电价优惠858万元；福建省农民创业园电价优惠10.20万元。

【惠农惠企政策】

围绕群众最关心、最直接、最现实的利益问题为重点，先后开展涉企收费专项检查、客运票价检查、商品房明码标价检查、节日市场价格检查和群众反映的信访案件检查。全年查处乱收费价格违法案件2起，经济制裁102万元。处理各类信访件34件，落实答复率100%。

【价格认定】

涉案价格认定 是年完成刑事案件涉案物品价格认定224件，认定标的金额6231.44万元，为司法机关定罪量刑提供准确的价格依据。

涉税财物价格认定 对县城区、部分乡镇镇区区域内存量房、沿街商业门市、店面交易计税基础价格进行调整。本次下调幅度较大，调整后的交易计税价格较为真实反映存量房、自建房和商业店面市场交易价格情况，降低交易双方的税收负担，有利于促进交易市场的繁荣。在全省首创制定《涉税价格认定工作规则》，得到省、市物价局的高度肯定。完成存量房交易价格认定，全年完成存量房交易价格认定364件，成交金额25.76亿元，税收收入2143万元。其中自建房认定115件，成交金额4350万元，税收收入122.51万元。

【价格公共服务】

重点区域、重点项目的征地拆迁价格认定和调解服务 为县城拆迁、古雷征迁、万安工业园征迁及各乡镇重点项目的征迁工作提供价格认定和价格调解服务，完成各类认定85起，总标的金额3857万元。其中：古雷半岛东侧陆域征收工作指挥部对地磅附属物及机砖厂附属物等价格认定17起，标的金额278.70元；绥安镇征地价格认定12起(含县城拆迁)，土地面积14.27公顷，标的金额807.95万元；万安生态工业区征地价格调解38起，土地面积28.80公顷，养猪场6个，鱼塘3个；其他各乡镇的价格认定18起，土地面积29.57公顷，标的金额339万元。

赤湖皮革园区供气价格服务 协助赤湖皮革园区形成供气价格调节方案，解决园区长期的供气矛盾问题，至年底完成成本专项审计。

(供稿:县物价局)

·安全生产管理·

【概况】

2017年，漳浦县安全生产管理强化安全事故隐患的排查与治理，开展以危险化学品、非煤矿山、烟花爆竹等领域为重点的安全整治专项行动，稳定推进安全生产管理，全县发生生产安全事故16起、死亡12人、受伤13人、直接经济损失6.54万元，四项指数呈全面下降趋势，没有发生较大及以上生产安全事故，全县安全生产形势持续稳定。

【安全生产责任】

将安全生产列入全县环境建设年工作内容，严格落实各级各部门“党政同责、一岗双责、齐抓共管”责任体系，如期召开每季度防范重特大安全事故工作会议及安委会成员例会，部署针对性工作措施。开展消防安全、“三合一”及人员密集场所、渔业船舶、交通运输、建筑施工、非煤矿山、危险化学品、烟花爆竹、特种设备、燃气管道、民爆物品、水电油气等重要基础设施、重要目标、重要单位、公共人员密集场所等安全生产大排查大整治。结合阶段性、季节性工作重点，组织开展元旦、“五一”“汛期”“十一”等安全生产专项督查10次。对群众来信来访、领导批示企业反映的公共安全隐患问题，通过召开专题会议、实地察看、现场办公、信访件转办等方式协调相关部门进行解决。开展漳州香洲皮革有限公司“1·1”事故、“3·15”道路交通事故调查。

【重点领域隐患治理】

危险化学品监管 全县有行政许可的危险化学品企业80家，其中，生产企业2家，批发企业3家(剧毒品经营企业1家、三酸批发企业1家、制氧厂1家)，加油站69家，乙证零售企业6家，安全标准化三级达标企业100%。开展综合治理专项部署，明确37项危险化学品安全监管的具体工作和治理措施，厘清负有危险化学品安全监管职责的28个部门职责分工。完善从业单位监管档案建设，督促指导辖区危险化学品生产、储存、经营、使用、运输企业、燃气企业、涉氨制冷企业130多家建立健全安全监管档案。开展危险化学品经营企业“百日行动”专项督查，检查危险化学品企业205家次，联合执法3次，发出《责令整改指令书》42份，《现场处置措施决定书》12份，《复查意见书》45份，排查事故隐患191条，已整改185条(其他6条未到整改期限)；并约谈中石化、中石油2家国有企业漳浦片区负责人，通报“百日行动”期间检查中发现的安全隐患问题。强化散装汽油购销安全管理，组织全县80家危险化学品从业单位集中学习《福建省散装汽油购销安全管理办法》，要求各加油站自查与自纠；组织监管人员检查各加油站使用散装汽油销售实名登记系统情况、监控录像等。经过多轮的排查整改，69家加油站已全部安装散装企业销售实名登记设备及监控设施，并按照《管理办法》落实散装汽油销售各项管理措施。至年底，查处加油站违法行为8起，处行政罚款10.80万元，取缔非法加油站1家，取缔无证经营氧气、氩气、氮气和乙炔经营单位1家。

非煤矿山监管 全县“两证”齐全的非煤矿山12家。落实非煤矿山企业安全生产主体责任，印发《非煤矿山安全监管工作重点》，加强安全生产教育和培训，推进安全标准化工作，完善非煤矿山企业安全生产条件。强化安全监管责任落实，严格执行新、改、扩建设项目安全“三同时”制度和安全生产许可制度。先后开展春节后复产检查、“百日行动”大检查大整治、汛期专项安全检查和日常例行检查，出动执法人员84人次，作出检查记录42份，发出整改指令书11份，隐患整改复查意见书11份，发现隐患45条，整改45条，整改率100%。

烟花爆竹监管 全县烟花爆竹批发企业4家，零售经营点61家。3月5日，召集全县烟花爆竹经营企业烟花爆竹领域安全生产大排查大整治“百日行动”动员会，观看“2•16”事故及烟花爆竹事故警示宣传片，要求各烟花爆竹经营企业开展安全生产大排查大整治自检自查。结合“百日行动”，深入各烟花爆竹经营企业，检查烟花爆竹批发企业落实企业安全生产规章制度、应急预案及应急设施设备配备等落实情况；检查各烟花爆竹零售点独立封闭的专柜销售、配备消防器材以及“两关闭”“三严禁”行为的落实情况。

【“打非治违”专项行动】

加大“打非治违”力度，重点打击非法生产经营行为和生产经营过程中强令冒险作业、“违章指挥、违规操作、违反劳动纪律”等违法违规行为。根据各乡镇政府上报和市监局移送4起案件，组织人员进行核查，查实2起，取缔2家非法经营单位。介入事故调查，按照“四不放过”原则查清事故原因，跟踪事故隐患并整改落实到位；对漳州香洲皮革有限公司“1•1”一般生产安全事故进行立案查处，对该公司处以25万元行政处罚，对该单位主要负责人处以上一年年收入30%罚款的行政处罚。是年，查处烟花爆竹类违法经营行为6起，处行政罚款2.10万元。

【标准化建设】

危险化学品方面，组织开展企业标准化提升工程，督促企业加大安全投入，加强日常检查，强化隐患治理，保障标准化制度有效运行；至年底，辖区77家危险化学品企业，均取得安全标准化三级达标证书。非煤矿山方面，各非煤矿山企业均能明确职责分工，严格落实“一岗双责”，推进三项安全生产先进技术，100%实行中深孔爆破和液压锤作业管理，标准化创建活动有序有效开展；至年底，辖区12家企业，已全部通过验收并取得标准化三级达标证书。烟花爆竹方面，4家烟花爆竹批发企业已全部取得安全标准化三级达标证书。工贸行业方面，已有73家取得的安全标准化三级达标证书。

【监控防范措施】

建立监控系统日常巡查和预警通报机制 开展重大危险源监控中心规范化建设，全县排查存在重大危险源企业5家，其中液氨使用企业2家，储存批发液化石油气企业3家，现已全部完成重大危险源监控市、县、企业三级联网。指定专人每日巡查重大危险源监控系统，对巡查发现监控系统故障的企业，及时核实原因，督促企业整改，确保在线监控完好率；对每起监控报警及时跟踪报警原因及处置情况，每季度制作并通报报警原因分析，督促企业进一步规范作业安全管理，落实安全措施。

强化重大危险源场所安全隐患整改 根据上年度2家液氨使用企业重大危险源场所专家检查意见，组织业务人员对隐患整改到期完成情况进行复查，督促企业履行主体责任，切实消除事故隐患。

督促、协助主管部门设立重大危险源分控中心 督促、协助县规建局设立重大危险源分控中心，实现其辖管的3家储存批发液化石油气企业实时在线监控信息共享，预警、消警5次。是年，县重大危险源监控中心出动执法人员27人次，实际监察重大危险源企业9家次，发出检查记录9份，责令限期整改指令书3份，复查意见书2份，排查并完成事故隐患整改5处。

【安全生产宣传教育】

以第十六个“安全生产月”为契机，围绕“全面落实企业安全生产主体责任”主题，开展安全生产宣传咨询日、安全生产应急预案演练周、“安康杯”知识竞赛、影视公益广告作品征集活动等宣传教育活动，利用短信平台发送安全短信10万多条，在县城区LED屏上滚动播放宣传标语200余条。开展安全培训，举办培训班15期，参训人员826人次。与县党校组成共建单位，将《中共中央关于推进安全生产领域改革发展的意见》和《福建省安全条例》纳入党校科级班、青年干部班培训内容，并由县安办派出安全生产经验丰富的工作人员到校授课，受训143人次。

（撰稿人：何永祥）

·海关监管·

【概况】

2017年，东山海关驻漳浦办事处接单审核进出口报关单957票，货运量7289.07吨，货值6751.89万美元，征税1094.51万元，无纸化通关率为100%。其中，进口报关单257份，货运量5115.34吨，货值2273.72万美元，进口种类主要为盐渍牛皮、蓝湿牛皮等多种牛皮商品；出口报关单700份，货运量2173.73吨，货值4478.17万美元。监管转关运输车辆63车次，集装箱72标箱，货运总量1059.72吨，转关单数77份。

【加工贸易】

办理备案料件成品归类申报表52份，手册备案27份。手册变更127份，深加工结转384份，实地下企业走访22家。核销手册30本，办理余料结转34票，转稽查部门下厂核查8次，后续补税7票，补征税款3.60万元；内销征税69票，征税282.87万元，涉及保税边角料及料件的内销。皮革企业的蓝湿二层牛皮及蓝湿皮头及修剪皮头等边角料内销金额较大。

【一般贸易业务量大幅增长】

报关单量同比增长124.65%，税收同比增长248.54%，赤湖皮革园牛皮进口及蔬菜食品类出口为主要增长点。

【牛皮类业务增长较快】

牛皮类企业报关单票数增长202.56%，货值增长222.63%，新办电子化手册量增长50%，实际进口货值增长90.34%，实际出口货值增长30.94%。特别是赤湖皮革园企业泰庆皮革有限公司为台湾最大皮革生产企业，原建厂于台湾和温州，由于漳浦良好的营商环境和高效通关效率，遂关闭其在台湾和温州工厂，全部搬至漳浦。

【电子类产品增长迅速】

辖区内的电子企业福建致易电子科技有限公司原为深圳大型电子生产上市公司，由于其设备生产核心部件需保税进口，海关驻漳浦办事处派专人指导其办理加工贸易业务，自投产后产量大幅增长，报关单票数同期增长1712%，实际进出口货值增长2953.55%。

（供稿：东山海关漳浦办事处）

·出入境检验检疫·

【概况】

2017年，漳州检验检疫局漳浦检验检疫办事处接受报检8771批，3.95亿美元，同比增加11.56%和减少1.09%。其中出境报检8702批，3.83亿美元，同比增加11.55%和减少2.56%；入境报检69批，1183.82万美元，同比增加13.11%和93.46%；出具检验检疫证书5001份，同比增长32.90%；签发原产地证书1718份，签证金额1.10亿美元，同比分别增长2.60%和40.87%。签发出境木质包装检疫除害处理合格凭证1.20万份。

【推进和完善国家级示范区建设】

按照“五位一体全覆盖”的示范区建设目标，打造“一企一策”扶持模式，引导企业建立“自检自控”体系，激发企业抓质量的主动性。宣传培训，举办出口保鲜蔬菜产季培训班，发放农药安全使用知识、检验检疫政策法规等资料3000份，发布国外预警信息37条。强化农业投入品管理，组织对示范区农资市场、基地和企业的联合执法检查，规范农业投入品的流通、使用和追溯管理。强化风险监控，根据 e-CIQ 系统要求对系统抽中需查验送检的货物，按照国抽系统设定的要求全项目检测，完成 140 个出口产品监控任务，产品涉及保鲜蔬菜、加工食品、水产品和化妆品。

【优化检验监管模式】

在风险分析的基础上实行以风险管理为核心，以生产企业自检自控水平和产品风险监控结果为抓手，以信息技术推动全过程监管，强化产品质量安全事前事中事后监管。结合全程监管与重点监控，对示范区出口食品农产品检验检疫实施“即报即放”新模式，使监管更科学高效。

【建立示范区诚信机制】

推进企业质量诚信体系建设，联合各职能部门建立诚信管理制度及体系，搭建质量信用共享平台。以年度监管、检政联合检查为契机，对违规企业实施黑名单制度并定期进行网上发布。完善产品质量追溯和责任追溯体系，优化企业质量信用采集、考核、管理、公示、评价机制，开展信用评级工作，推进企业分级分类管理，提升企业诚信和自律意识。是年，示范区内 2 家保鲜蔬菜龙头企业德立信、丰收园被国家质检总局评为诚信 AA 企业。

【食品农产品检测平台建设】

漳浦检验检疫综合实验室现有博士、硕士等 8 人的专业队伍，配备有各类高精检测设备 30 多台套，可检测项目 250 多项。同时，加强检测中心实验室软硬件建设，扩展检测项目，实现当地出口食品农产品当地检测，平均可缩短 2 个工作日的检测周期。是年，检测样品数 2100 多份，1.60 万多项次。

【助力优势产品出口】

优化升级产地证签证管理模式，在有效利用微信等多媒体平台广泛宣传的基础上，深入企业普及原产地知识，进行零距离上门培训，增强企业主动办证的积极性。简化业务办理流程，在原有的产地证“通报通签”制度，签证“无收费”“零等待”的基础上，推行产地证签证“零见面”的模式，提高自贸区原产地证书利用率和覆盖率，帮助企业利用原产地优惠政策开拓秘鲁、韩国和智利等市场。帮扶辖区特色农产品在新领域和新品种出口方面取得新突破，指导帮助漳浦县冻干猕猴桃、冻干杨桃丁首次出口美国，魔芋首次出口葡萄牙，荔枝汁首次出口加拿大和泰国，汉麻籽首次出口澳大利亚，热烘干蘑菇首次出口德国。

(撰稿人：江晓宁)

检疫检验漳浦办事处工作人员到基层开展业务工作检查指导（吴炀 摄于3月）

财政　税务

·财政·

【概况】

2017年，漳浦县公共财政总收入累计完成23.11亿元，同比增长16.52%，位居全市各县市区第一；地方公共财政收入累计完成15.51亿元，同比增长14.90%，位居全市各县市区第二。全县公共财政预算支出完成50.96亿元，同比增长14.33%，其中：县级预算安排支出42.97亿元（含新增债券转贷资金6.58亿元）；上级专款补助支出完成7.99亿元；民生项目支出43.59亿元，同比增加5.50亿元，增长14.44%，占公共财政支出比重的85.45%。

【提升财政综合实力】

收入态势稳中向好　从规模上看，全县公共财政预算总收入计划完成23.10亿元，同比增长16.30%，完成市下达收入计划的107.55%；地方公共财政预算收入计划完成15.50亿元，同比增长14.50%，完成市下达收入计划的106.47%。财政收入总量首次位居全市第二。

抓好财源建设　支持重点骨干税源企业发展壮大，落实纳税百万元以上重点税源企业联系监测制度。建立各部门涉税信息共享机制，加大税收清欠力度，落实“两增一减”工作部署，确保税收及时入库。规范和加强政府非税收入征管，做到应收尽收。

筹措各项资金　通过加大税收征管力度，压缩公共行政事务支出，实现增收节支。向上争取各项转移支付资金23.57亿元，争取地方政府债券资金8.20亿元，其中：新增债券资金6.58亿元、置换债券资金1.62亿元。盘活财政存量资金，加快支出进度。通过聚财、谋财等措施，保障2017年县委、县政府重点工作、民生工程的建设资金需求。

【推动产业经济发展】

扶持企业创新发展　拨付资金2790万元，用于落实省、市支持企业发展创新的相关政策，落实省、市支持企业冷链物流、外贸出口，落实2014—2015年品牌创建及高层厂房建设扶持奖励政策。

促进科技成果转化　拨付资金610万元，用于对接省市推动项目企业加快科技创新与成果转化；落实县委、县政府科技“三下乡”“三抓三比、十项竞赛”科普活动，完善校园、社区、农村科普设施建设经费保障；促进专利技术产业化，落实科技创新技术奖励补助。

创新支持方式筹资　鼓励和引导社会资本加大投资力度，持续深入推广PPP（政府和社会资本合作）模式。至年底，全县已入财政部PPP平台库的PPP项目8个、总投资81.10亿元，有效填补全县资金短缺需求。

【支持重点项目建设】

保障市政工程建设　通过争取上级专项资金、新增债券、融资、合作土地拍卖等渠道，为市政建设工程提供45亿元的建设资金。安排农村自然村水泥路建设资金1810万元，安排危桥改造资金362万元，安排公交车定额补贴资金288万元，公交新能源车补贴336万元。安排资金4.60亿元，支持港城大道、旧镇至沿海大通道连接线，靖和浦红色旅游公路，旧镇、佛昙湾特大桥工程建设，推进县城区7条断头路建设。

加强生态环境治理 是年节能环保方面累计投入资金约4933万元。新增城市空气自动监测站2个;继续对鹿溪等流域水环境综合整治;支持创建国家级生态县、生态乡镇;环境监测站“三级站”达标体系保障运行;支持黄标车报废处理;支持创建全国文明县城工作经费。

【促进农村农业改革发展】

推进农业综合开发 成功争取石榴省级田园综合体项目,获得省级以上农业综合开发项目资金补助1亿元,分3年到位。申报漳浦县生态循环农业建设,获得省级立项,向上争取省级及以上农业综合开发资金1500万元。继续抓好佛昙镇2017年高标准农田示范项目和石坂片小流域生态综合治理项目建设,建设高标准农田694公顷,投入资金1700万元。

突出农业提质增效 拨付资金2.30亿元,分别用于加快推进石榴现代农业产业观光园、赤土农光互补、农业硅谷三期等项目建设;推进农村土地承包经营权确权登记颁证工作和“两权”抵押贷款试点;加快畜禽养殖场标准化提升改造,进一步防治农业污染;加强农业基础设施建设,推进饮水安全提质增效、河岸生态保护、中小河流治理、渔船避风港建设等项目。

推进美丽乡村建设 拨付资金1.20亿元,用于整治农村旧房裸房、生活污水、生态环境,改善乡村生活环境,推进全县21个省级美丽乡村“千村整治”;落实“一事一议”财政奖补,完成美丽乡村项目4个,传统村落保护项目2个,重点项目建设32个,普惠制项目117个。

【保障民生支出】

优先发展教育事业 继续落实城乡义务教育“两免一补”政策,对公办寄宿制学校建档立卡经济困难家庭和低保家庭寄宿生按1000元/生•年标准进行生活费补助。巩固完善义务教育学校校舍安全保障,新争取18个校舍建设项目,新建校舍4.95万平方米。建立健全和落实教育助学金政策,对学前教育按在园幼儿数3%的比例分档资助,对城乡义务教育公办寄宿制家庭经济困难学生实行营养餐、生活费补助,对高中教育按在校生10%的比例分档进行资助等。

推进脱贫攻坚 安排县级财政扶贫资金2498.31万元,用于实施精准扶贫,占上年地方公共财政预算收入的18‰,比国家规定的3‰超出15个千分点,支持全县5个扶贫开发重点村、少数民族发展、造福工程易地扶贫搬迁、建档立卡贫困户增收脱贫等项目建设。

完善公共文化体系 拨付资金1919万元,用于支持图书馆维修、设备购置和广播电视台的广播电视应急直播车的配套设备购置;支持免费电影放映和文化广场管理等,丰富群众文化生活;支持文物及文化设施的保护和维修;支持群众性体育事业发展。

健全城乡社保体系 拨付资金1.51亿元,用于基层医疗卫生机构的创建和修缮、对综合医院建设实施贷款贴息、完善养老服务体系。提高全县农村五保供养保障标准提高至571元/人•月,农村低保保障标准提高至300元/人•月,城市低保保障标准提高至350元/人•月,发放高龄补贴和特困老人慰问。保障就业管理和困难人员就业补助,开发公益性岗位314个,缓解就业压力。落实村组织职业化管理经费保障。

【财政管理改革】

强化预算约束 全面建立预决算和“三公”经费公开制度,加大专项资金使用的监督检查、绩效评价和信息公开力度,建立“双随机一公开”检查机制,提升财政监督效率。落实中央八项规定精神“1+X”专项督查,建立“1+X”常态化检查制度,严格控制行政成本。推行政府购买服务制度,推进财政内控制度建设,完善岗位职责。

强化财政收支管理 深化国库集中支付制度改革,推进国库集中支付电子化改革、预算绩效管理、财政管理一体化信息系统推广应用;强化预算执行动态监控,完善支出进度通报和考评机制,加快支出进度跟踪和管理;推进政府采购网上公开信息系统建设,提高政府采购透明度和效率。

严控政府性债务　制定和完善政府性债务预警机制，完善政府债务限额管理，政府性债务与财政预决算同步公开。

（撰稿人：蔡婕琼）

•国　税•

【概况】

2017年，漳浦县国税局征管户数1.69万户，其中，增值税一般纳税人3467户，小规模企业7051户，个体工商户6391户。市局下达税收收入任务完成情况：全年组织税收收入14.2亿元，同比增收40056万元，增长39.25%。占市局任务数13.8亿元的102.98%，超收4112万元。其中，直接税收收入13.41亿元，办理免抵调库8002万元。县政府下达税收收入任务完成情况：全年累计收入11.33亿元（直征10.53亿元，调库8002万元），同比增收2.57亿元，增长29.32%。占年初任务数11.3亿元的100.29%，超收327万元。

【规范税收执法】

深化税务行政审批制度改革，行政许可事项受理都在规定时限内办结，对保留的7项行政许可事项加强改革后续管理，杜绝变相实施行政许可的情况。加强税收执法监督，配合上级局审计、巡视及督察，制定《开展税收执法大督察工作方案》，剖析执法过错和执法疑点，做好防范纠错工作，降低日常执法风险。规范行政复议受理，全年行政复议1件，按照《中华人民共和国行政复议法》及上级有关文件要求进行受理和反馈。做好税务行政应诉工作，依照法定的程序行使税收职权，及时跟踪案件诉讼动态，完成2次行政应诉。

【提升纳税服务水平】

推进国地税资源合作　是年，国地税部门联合创建办税服务厅，实现一个窗通办两家业务；创新税收宣传方式，以税收主题公园为依托，联合申报创建全国税收普法基地；联合税收稽查，减少下户次数；联合举办8场培训会，惠及800余名企业财务人员。

开展“问需求·春风进万家”活动　建立税企联系员制度，印制税企联系卡、相关宣传材料、纳税人意见建议调查问卷等；深入企业重点税源企业及营改增类型企业，了解企业生产经营状况、涉税需求及办税困难，力求打通税收服务最后一公里问题。

推广电子税务局应用　增设自助办税区自助代开和自助售票机，缩短纳税人办税时间；举办12期纳税人学堂培训活动，惠及1000多户次；线上线下齐发力，实现税务机关和纳税人的“双减负”，提升办税效率，达到税企共赢的效果。

【税收改革任务圆满完成】

各项税收优惠红利精准“落袋”　是年，全县有841户小微盈利企业享受到税收优惠政策，受惠面达100%，享受减免税额803.28万元；3家企业享受研发费用加计扣除，加计扣除金额751.20万元；5户企业享受资源综合利用增值税即征即退优惠政策，办理退税910.50万元。

提升评估质效　是年完成有税评估76户次，入库税额1329.43万元；稽查结案户数11户，查补入库税款920.40万元，

12月4日，县国税局与地税局联合开展税收宣传活动　（史斌　摄）

罚款5.71万元，滞纳金12.33万元。

提升征管质量 对皮革生产企业实施以电控税与以气控税相结合的管理办法，规范效果明显，全年皮革生产企业缴纳增值税、企业所得税4500万元，同比增加1071万元，增长31.23%。

推进实名信息采集 开展多种形式宣传信息采集要求、开通预约及延时服务、配齐高清拍摄仪等，确保采集工作有条不紊；跟踪实名办税进度，及时更新实名信息采集率数据，有序推进实名办税工作，规范诚信纳税秩序。

（供稿人：卢志强、林秀颖）

·地税·

【概况】

2017年，漳浦县地税局组织各项收入15.91亿元，同比增收1.74亿元，增长12.28%，其中：市局口径税收收入8.72亿元，比上年同期7.96亿元增收0.76亿元，增长9.50%。扣除营改增不可比因素，同口径增收2.57亿元，增长42.40%。完成市局任务6.40亿元的136.19%。政府口径收入7.92亿元，比上年同期7.62亿元增收0.30亿元，增长3.90%。扣除营改增不可比因素，同口径增收1.79亿元，增长29.60%。完成县政府任务7.02亿元的112.90%。社保基金收入6.40亿元，比上年同期5.58亿元增收0.82亿元，增长14.70%。办税服务厅获“2017－2019年度省级青年文明号”，主办的税收主题公园被授予“漳浦县青少年税收普法教育基地”称号，并被省局推选参评总局的全国税收普法教育示范基地。

【落实税收政策】

严格落实各项税费优惠政策，助力企业发展。落实小型微利企业税收286户，优惠税款403.20万元；落实仓储物流企业减半征收城镇土地使用税3.92万元；落实残保金优惠政策，惠及用工人数30人以下企业1901户纳税人；落实江海堤防费优惠政策，免征254万元，惠及283户；减征失业保险费379.43万元，惠及874户纳税人。

【纳税服务】

落实“一趟不用跑、最多跑一趟”“马上就办，办就办好”“便民办税春风行动”等一系列服务举措。打造“互联网＋政务服务”优化办税体验。通过推行网上预约办税、扫码一次性告知、24小时自助办税、移动AAA办税等便民办税举措，拓展POS机、微信、自助终端机等税款缴纳渠道，提供智能化、人性化服务，变“纳税人跑腿”为“信息跑路”，极大优化纳税人办税体验。

【税收征管】

多管齐下增强税收征管力度。加强多税种管征，加大对房地产未完工项目土地增值税预征及已完工项目清算力度，全局入库土地增值税1.69亿元，同比增长27.07%。加大房产税、土地使用税的管征力度，与县国土局建立“以地控税、以税节地”工作机制，通过数据交换，查补土地使用税182.82万元、房产税共计361.27万元。加强企业所得税纳税评估，成立12个纳税评估小组，对全县37户企业进行企业所得税评估，查补税费163.47万元，全年入库企业所得税1.51亿元，比增48.03%。加强税收风险管理，成立风控中心，配强配齐人员，强化税收风险管理，1-12月对450户企业存在疑点进行纳税辅导，辅导入库税款4714.02万元。深化国地税合作，联合开展国地税数据比对、税务检查、排查风险管理试点；共建办税服务厅，7月31日起，国地税窗口业务“双厅运行、一岗通办”，全面实现“进一家门、办两家事”，8-12月，地税办税服务厅窗口已受理国税业务4856件；联合开展税银合作，与本地金融机构签订“银税协议”，主动向金融机构推送纳税信用B级纳税人名单，享受融资优惠措施。银税合作提供小微企业贷款8户，合计金额1150万元。

【全国首家OTO税收主题公园】

借助原有的道周公园，植入各种税费元素，丰富税收主题公园的内涵，涵盖税收沿革、税收征管、税收优惠、纳税服务、税种费种介绍、税收与发展、税收文化等，引入互联网＋税务的思维,创新打造全国首家线上线下(OTO)税收主体公园。纳税人可以通过智能终端游览公园的3D实景,通过3D实景实现"网上游园"。4月全国第26个税收宣传月,福建省首个以税收为主题的公园——漳浦税收主题公园4月26日开园。是日,在线下实体公园内举办了税收诗歌朗诵、税收书法展示、税收剪纸表演、税务问题咨询、观光税务走廊等活动;线上通过互联网技术实现全程直播与在线互动。这种现实与虚拟结合的"逛庙会"形式,最大限度吸引纳税人参与,并且使其在自得其乐当中受到潜移默化的税收普法教育。

【税收科研】

全年有12篇科研论文被《漳州地税研究》采用,1篇被省税务协会采用,获2017年度漳州市地方税务局优秀税收科研成果一等奖1篇、二等奖3篇、三等奖2篇。

(撰稿人:蔡燕美)

4月26日,全国首个线上线下税收主题公园在漳浦县开园　　(杨硕毅 摄)

金融 保险

·中国银监委漳州银监分局漳浦办事处·

【概况】

2017年，漳浦监管办辖区(漳浦县及古雷经济开发区)共有6大类19家银行业金融机构，包括2家法人机构及17家一级支行，分别是:政策性银行1家（中国农业发展银行漳浦支行)、国有大型银行7家(中国工商银行漳浦支行、中国工商银行漳州古雷新港城支行、中国农业银行漳浦支行、中国银行漳浦支行、中国银行古雷港支行、中国建设银行漳浦支行、中国建设银行古雷港支行)、邮储银行1家(邮政储蓄银行漳浦支行)、股份制银行5家（兴业银行漳浦支行、兴业银行古雷港支行、中国光大银行漳浦支行、中信银行漳浦支行、中信银行古雷港支行)、城商行3家（泉州银行漳浦支行、厦门银行漳浦支行、福建海峡银行漳浦支行)、农村中小金融机构3家(漳浦农村信用合作联社、漳浦民生村镇银行、福建漳州农村商业银行漳浦支行)。全辖区银行业网点72个，银行从业人员1000余人，银行业资产超200亿元。

【守底线防风险】

守牢信用风险　按照信用风险防控靠前抓早、事中看紧、加紧处置原则，着重关注辖区大额不良贷款，督促机构加快处置进程，较好地保持辖区银行机构信贷资产质量。

关注潜在风险　关注并参与对企业的化险救助，参与县政府牵头的政银企联席会议制度，建立专门报表按月监测数据变动，对接政府部门及时掌握进展。

紧盯案防风险　开展案防严管行动督查并发出监管意见书督促整改。联合公安机关做好两年一度的辖区机构安全评估，对辖区内的76个营业网点、29个离行式自助银行和自助机具、3个业务库进行全覆盖安全评估，促进辖区安全保卫环境。是年，漳浦银行业无案件发生。

【多举措提供服务】

配套政策文件　配合县政府、县人行制定《关于漳浦县进一步提升金融服务水平防控金融风险》等有关政策，引导金融机构提质增量有效服务实体经济。是年，辖区内2家法人机构均完成小微企业“三个不低于”(小微企业贷款增速不低于各项贷款平均增速、小微企业贷款户数不低于上年同期户数，小微企业申贷获得率不低于上年同期水平)及无还本续贷笔数，金额比年初上升6个百分点的目标。联合县银行业协会出台《倡议书》，开展“保护消费者权益、提升金融服务质量”的银行服务规范年活动，倡议辖区内银行机构不断优化服务流程和服务态度，打造让消费者满意的银行。

开展金融宣传　是年，发起并主办2大系列宣传活动。其中，古雷新港城“远离非法集资”宣传自1月5日开始至3月28日结束，其间，举办集中宣传活动8场，机构网点通过LED滚动宣传、网点引导、海报悬挂等形式，形成“7＋24小时”的不间断配套宣传。9月，开展“金融知识进万家”宣传，进校园、进乡镇、进社区，有针对性地分别向大学生、村民及居民进行金融知识宣传，扩大普及范围。2个系列宣传活动发放宣传材料近6万份，受众近30万人次。

（撰稿人：薛巧贤）

·中国人民银行漳浦县支行·

【概况】

2017年，漳浦县各项存款增幅下滑明显，至12月末，全县本外币各项存款余额310亿元，同比减少8.30亿元，下降2.60%，增速比全市平均增速低14.20个百分点。金融融资总量持续扩大，是年，全县金融融资总量新增加36亿元，同比增长103%，其中，银行机构贷款新增加32.34亿元。银行信贷资产总体较好，但潜在信贷风险压力加大。至12月末，全县银行机构不良贷款余额1.33亿元，同比增加0.32亿元，贷款不良率0.51%，同比上升0.06个百分点。从整体看，全县银行机构不良贷款率仍处于较低水平，控制在漳州市3%警戒线之内，信贷风险总体较好，但资产质量下迁压力依然较大。据统计，至12月末，全县金融机构关注类贷款19.50亿元，比2016年增加10.34亿元，银行潜在信贷风险的压力进一步加大。

【贯彻货币政策】

加强政策传导　撰写、报送《2017年上半年漳浦县金融运行分析报告》，全面梳理辖区货币信贷政策执行情况，预判发展趋势。协助县政府组织召开漳浦县2017年金融工作会议，传导解读稳健中性货币政策，就优化金融供给结构、破解金融供给短板、发展直接融资等方面提出有针对性的措施建议。组织召开货币信贷政策执行情况座谈会，开展约见谈话，实施现场检查督导，印发《风险提示》《预警书》和《窗口指导意见书》等，发挥窗口指导功能，提高金融机构对货币政策意图的领会和对宏观经济金融形势的认识，增强政策执行力。

完善政策工具　落实宏观审慎评估体系要求，引导2家地

4月22日，人民银行漳浦县支行举行漳浦县金融机构全面贯彻实施“3号令”宣传月启动仪式暨全县金融系统第三届职工乒乓球团体赛　　（吴惠玲　摄）

方法人金融机构科学开展信贷投放、按季度完成MPA测评，针对评估结果开展约谈、预警，有效提升宏观审慎评估质量。实施平均法考核存款准备金，发挥其调控功能，加强对2家法人金融机构流动性状况的日常监测与监督检查，对漳浦县农行“三农”金融事业部执行低于农业银行正常标准2个百分点的存款准备金率。引导金融机构合理运用自主定价权，实现差异化、精细化定价，健全科学化的定价机制，并自觉维护良好的市场竞争秩序。

【信贷工作】

推广应收账款服务平台融资 通过成立应收账款融资服务平台推广领导小组、走访企业牵线搭桥、加强跟踪和考核通报等措施，各金融机构创新模式，加强平台宣传营销等手段，推广和探索应收账款服务平台融资及模式，取得较好的成效。至12月末，辖内金融机构开展应收账款融资业务31.10亿元。

引导信贷助力房地产去库存 至12月末，全县金融机构个人住房贷款余额46.20亿元，同比增长43.40%，是年新增加住房按揭贷款14亿元，同比多增4亿元，新增住房按揭贷款占全部新增贷款44.30%。

拓展小微企业融资渠道 至12月末，全县有136家非金融企业和机关团体与金融机构发生信贷业务，总授信金额186亿元，贷款余额135.26亿元，比年初增加6亿元，同比多增5.3亿元。同时，辖内各金融机构利用大数据资源，加强对“普惠金融卡”等自助循环产品和“快e贷”“融e贷”“网捷贷”等网上快捷审批的创新信贷产品的营销，支持个人创业就业。至12月末，农信系统普惠金融卡用信余额15.50亿元，比年初增加3.50亿元，网上快捷审批款余额8984万元，比年初增加7859万元。

助推绿色信贷取得新突破 推进各金融机构创新绿色金融产品，完善绿色金融内部环境管理体系，开展绿色金融项目融资业务，以特许经营权、未来受益权、应收账款、农业设施等为抵押，加大新能源开发、污水处理、农村饮水和生态经济领域信贷投放。至12月末，贷款余额5.77亿万元，比年初增长40%。

【加大对“三农”信贷支持】

深化农村承包土地的经营权抵押贷款全国试点工作 通过加强对辖内金融机构试点工作的业务指导和督促，加强与政府部门的沟通协调，开展业务培训，完善和丰富“农村承包土地的经营权＋”的融资模式，推动政府出台《关于进一步完善农村土地承包经营权流转服务体系建设的实施意见》，加快农村土地承包流转机制建设。至12月末，累计发放农村承包土地的经营权抵押贷款3.97亿元，贷款余额2.07亿元，参加试点银行机构13家，基本实现全覆盖。

探索“1＋N”信贷模式 指导农信社围绕漳浦县特色产业扶贫发展规划，创新“帮扶”扶贫贷、“入股”扶贫贷、“收购”扶贫贷、“就业”扶贫贷，探索开展“新型农业经营主体＋贫困户＋贷款”农业产业链融资，推进全县特色产业发展的扶贫工程。至12月末，农村信用社累计发放扶贫贷款1000笔，金额3198万元。

推动林下经济信贷业务 指导、推动涉农金融机构及时与县林业部门进行对接，按照“一行一品”的原则，推进“林权”“农业设施”和“承包土地的经营权”等漳浦特色的涉农创新信贷产品，解决林农贷款抵押难问题。至12月末，金融机构以林权抵押贷款、农业设施抵押贷款、农村承包土地经营权抵押贷款及林农个人贷款模式发放贷款余额3.60亿元。

加大海洋经济信贷支持 推动漳浦民生村镇银行与六鳌镇政府签订《推进六鳌镇海洋经济发展合作备忘录》，组织金融机构开展“送信贷下乡”活动，创新融资模式，加大对现代海洋渔业、海洋制造业、现代海洋服务业等领域的支持。至12月末，全县银行机构海洋经济贷款余额120亿元，比年初增加5.10亿元。

【金融稳定工作】

落实存款保险制度 组织辖内各银行业金融机构，开展形式多样的存款保险制度知识宣传活动。审核2家法人金融机构本期保费基数，受保存款及应交纳保费金额，并要求按期足额缴纳保费。组织对2家法人投保机构开展存款保险现场风险评级。

“两管理、两综合”工作　对辖内21家金融机构的12项业务开展情况进行综合评价，评定“A”类机构4家，“B”类机构11家，“C”类机构6家。对兴业证券漳浦营业部开展经营稳健性评估。

农村信用体系建设　至12月末，全县银行机构贷款不良率0.50%，居漳州各县(市)最低。评定信用乡镇9个，信用村210个，涉农金融机构农户信用档案建档率达79%。评定信用农户71002户，信用户占农户建档的44.70%。全县农村信用体系建设成效明显，基本实现“金融生态县”创建目标。

【人民币管理】

强化现金供应工作管理，抓住重要时间节点开展人民币收付业务暗访35次，确保辖区旺季现金供应，做到“总量平衡、券别合理、安全运转”。抓好硬币自循环工作，引导、督促有关银行业金融机构配置硬币自助兑换机，至12月末，新增硬币自助兑换机2台，推动漳浦公交公司与辖区近10家硬币使用大户建立硬币自循环合作关系。做好2017年纪念币发行兑换的相关工作，加强日常反假货币管理，打击假币犯罪。开展形式多样的反假货币宣传，在绥安镇大埔村开展反假货币助力美丽乡村建设活动。

【反洗钱】

督促金融机构强化资金监测，加强可疑交易线索的排查分析与报送，提升报案线索转化为案件率。对辖内25家金融机构开展考核评级并通报，以监管走访＋约谈方式对反洗钱工作基础较为薄弱的机构开展非现场监管，约谈3家、走访10家。举办贯彻实施中国人民银行〔2016〕3号令宣传月活动启动仪式，推动“3号令”7月1日顺利实施。

【国库】

严格执行三级审批制度，筑牢内部管理安全“两条底线”，组织对商业银行、信用社代理国库业务开展执法检查，规范业务操作，确保国库资金安全。督促抓好辖区各期国债平稳发售，依托全县“助农取款服务点”平台，推进农村普惠国债服务零距离。协助财政部门盘活存量资金9536.27万元。推动乡镇国库集中支付改革，辖区21个乡镇已全部实行国库集中支付。

【外汇业务】

通过召开会议或到银行、企业开展政策解读、接受咨询、业务辅导等形式，抓好外汇管理政策的宣传引导，全年开展宣传、咨询服务16场次。应用跨境资金流动监测系统，加大非现场监测力度，筛选异常主体，开展有针对性的监测核查。针对异常交易主体和经办银行，及时开展对企业主体约谈和对银行窗口指导，防范异常购汇和资金流出。对辖内7家外汇指定银行2017年1月个人购汇业务情况进行现场专项核查，维护辖区外汇经营正常秩序。根据8月全省外汇管理工作视频会议精神，针对外汇形势的变化，有针对性地实施窗口指导，通过改变监测约谈方式方法，从关注大额转向关注异常。抓好对辖内银行和企业的监测，把银行挺在一线，督促银行强化真实性审核责任，促进境外直接投资真实性、合规性。

【支付结算管理】

ACS系统运行管理　开展防范和打击电信网络新型违法犯罪工作，利用“3•15”及“5•15”等节点组织宣传活动，提高群众防骗意识。针对漳浦农联社发现的一起不法人员在县联社城关信用社自助设备安装盗刷设备盗取客户信息、盗刷客户资金的案件，做好应急处置。推广手机银行业务和电子银行承兑汇票业务。加强辖区人民币银行结算账户的管理，至12月末，全县人民币银行结算账户年检率达到95.85%。

推进助农取款服务管理　制订《漳浦县助农取款点星级评定管理办法(试行)》，推动助农取款服务可持续、规范化。获县财政拨付2016年漳浦县银行卡助农取款点补贴资金9.83万元。

【征信管理】

按规定做好企业和个人信用查询工作，把个人信用查询时间由每周3个上午改为3个全天。加大对金融信用信息基础数据库接入机构的管理力度,加强信用信息安全管理。至12月末,受理企业信用报告查询138家次,同比增长176%,受理个人信用报告本人查询1.26万人次,同比增长189%。

【金融消费者权益保护】

经沟通协调,推动漳州科技学院把《金融知识基础教育》列入20级财务管理专业教学课程安排,共12课时。组建"漳浦县金融知识普及教育讲师团",进中小学校校园授课。开展"普及金融知识,守住'钱袋子'"活动及"金融知识普及月"活动。深入社区、企业、农户开展集中宣传活动5场。组织辖区金融机构到漳州实小古雷分校、古雷中学、长兴小学、特殊教育学校开展讲座,普及金融知识。将金融宣传常态化,制作12版金融宣传展板,内容涉及金融消费权益保护、反洗钱等常识,轮流放在各个商业银行门口进行宣传。

(撰稿人:李建德)

·中国银行漳浦支行·

【概况】

2017年,中行漳浦支行本外币各项存款余额36.02亿元,时点比年初增加167亿元,日均新增2.06亿元,完成率排列辖区第六,市场份额在四大行中占27.51%,较年初增加2.48%,连续两年存款总量和市场份额均居四大行之首;本外币贷款余额13.19亿元,比年初增长6052万,市场份额10.41%,较2016年末下降1.15个百分点,贷款总额和市场份额及新增量份额均排后;截至12月末,公司贷款零不良,零售贷款不良余额249万元,银行卡不良余额425万元,全年贷款不良率控制在分行设定的目标规划值内;全年实现税后利润5854万元。

【拓展代发薪业务】

发挥中行社保卡发卡银行及助农取款点遍布全县的优势,在2016年的基础上,2017年4月、6月、11月分三批迁移竹屿盐场6942户,实现漳浦县企业社保退休人员工资16472户全部在中行漳浦支行代发,其中通过社保卡银行账户代发有13426户,占代发总量82%。在代发工资迁移的同时,为方便企业退休人员支取工资,及时布放服务点、配备POS机,大大方便群众,为业务拓展奠定的基础。

【网点渠道建设】

加大网点渠道建设的投入,年初,投入并完成佛昙支行装修搬迁;9月底,新增金芳楼离行式自助银行及漳州科技学院离行式ATM投产服务;10月,支行营业部开始内部装修改造;同时,支行4个网点共投产9台智能柜台并配备足够的服务专员,快速提高客户业务办理效率体验。

【国际结算业务】

为应对激烈的同业竞争,中行县支行深化日常服务,拓展基础客户,巩固重点客户,实现国际结算业务可持续发展。是年,新增国际结算无贷户13家,新入资本金户4家,至12月末,国际结算业务量为3.32亿美元,市场份额49.19%,比年初新增7.03%,超额完成年度目标的10.19%;跨境人民币结算业务量4.44亿元,市场份额58.42%,比年初新增11.82%,超额完成年度目标的18.42%。两项指标均稳居当地市场份额第一。

【案件风险防控管理】

把案防工作列入议事日程,坚持每周召开例会,按照"一岗两责"要求,逢会必讲内控案防。结合"蓝天工程2017"和案例警示教育年活动,强化员工规范意识、纪律意识、合规意识和案防意识的培养,开展系列的专项整治及排查,营造员工对于"红线""雷线"不敢违、不想违、不能违的氛围。

(供稿:中行漳浦支行)

·中国工商银行漳浦支行·

【概况】

2017年,工行漳浦支行本外币各项存款9.2亿元,贷款12.76

亿元，存贷资产结构明显改善，信贷投放进一步向优良客户集中，逐步退出“散小差”劣质客户，有效规避经营风险；中间业务收入264.43万元，继续保持快速发展；财务贡献率进一步加强，累计完成清收、核销及转化不良资产9420.30万元；利息收入6837万元，继续保持有效增长；实现税后利润3407.27万元。

【以增存促增收取得明显成效】

把握重点抢占市场　以代理养老统筹基金为突破口，创新服务手段，为客户提供人情化服务，达到巩固老客户、发展新客户、带动“潜”客户的效果，有效推动业务的发展。2017年度营销私人银行客户43户、基金销售3682.82万元、信用卡2740张、分期付款4723万元。

抓重点客户的维护　建立大客户档案，逐步推行差别化服务。落实划街包片营销，推行“地毯式”营销，巩固和发展工行在区域的地位。同时，突出抓块头大骨干和工行品牌优势，实现规模效应。

提升对公存款竞争力　以机制促发展，明确对公存款牵头部门职责，建立由网点主管与专职公存客户经理组成的公存拓展队伍。完善对公存款考核办法，落实大额存款划转上报审批制度，确保资金最大程度在县工商银行封闭运行。2017年度对公存款余额34329万元，比年初增加6359万元。

【优质资产业务】

加大个人住房按揭贷款支持力度　定位于个人优质客户群体和优质楼盘，深入市场开展细致的市场调查，确定发展对象。巩固城区市场，开拓城区周边市场，尤其加大纯按揭项目的营销力度。对符合准入条件的楼盘，营销人员做到一次性把客户资料完整收集，尽快上报，申请机构准入。至年底，营销楼盘7个，个人贷款余额达4.62亿元，比年初增加2267.17万元。

支持、发展有一定规模民营企业　通过建立中小企业金融服务项目库途径，解决制约工行信贷业务发展困境，谋求并实现适合工行实际的资产业务发展之路。不断增强市场竞争力，抓好重点优质客户贷款，深入各大重点优质企业，全方位为企业提供金融服务。

【清收盘活】

狠抓清收盘活工作　对清收盘活实行实时监测，定期通报，明确清收奖励的原则、对象和范围，设立清收盘活专项奖。至年底，“两非贷款”清收5.20万元，批量转让、核销9378.74万元，信用卡核销14.80万元。不良贷款余额2207.23万元，不良率1.73%，信贷资产质量得到明显改善。

加强清收盘活制度管理　继续推行行长挂点清收盘活制、专管行长负责制、清收盘活工作问责督办制。对支行出面协商签订的协议，承办人员及时做好后续工作，并实施定期问责，通报结果，督促落实到位。做到定目标、定时间、定措施、定奖惩，包落实、包管理、包清收“四定三包”的责任制，从整体上提高清收盘活的工作效率。

加大对抵债资产的处置和管理　用足用活清收政策松紧尺度，在实际操作中，准确把握政策原则，综合运用以资抵债、表外息减免、核销呆账等各项政策，尽最大可能带动不良贷款本息的清收。对重点关注客户贷款逐户逐笔进行分析研究，一户一策，制定切实可行的风险化解方案，提高清收转化比例。

【提高中间业务收入贡献率】

开展“六到位”工作　即“抓好认识到位，人员到位，任务到位，激励办法到位，员工培训到位，特色宣传到位”。

加大个人理财营销步伐　强化全员实业务学习培训，号召营销人员把握资本市场回暖良机，抢占市场份额。客户经理“一对一”“面对面”及时向理财金客户传递产品信息，提高客户对工行保本理财产品的认知，2017年度，个人理财销售13354万元，代理保险245.54万元，代理国债7.08万元，代发工资1410户。

发展保险代理业务　实施系统营销，突出抓好柜面保险代理以及抵押财产法人、个人贷款客户保险资源的开发，建立完善保险代理业务考核激励机制。

强化银行卡的市场营销　围绕市场营销、全面收费、专业化经营3项重点开展工作，促进卡业务由数量扩张型向质量效益型转变。银行卡业务收入迅速增长。是年牡丹借记卡营销5235张。

（供稿：工行漳浦支行）

•中国农业银行漳浦支行•

【概况】

2017年，农行漳浦支行实现营业收入16534万元、拨备前利润12515万元、净利润7277万元。实现中间业务收入2845万元，市场份额居四大行排名第二。实现历年表外利息清收额472万元，完成市分行下达计划的497%。

【存款基础得到夯实】

通过抢抓大客户、大项目、国企、央企、优质民营企业，以及学校、财政、医院等机构类客户，抢抓个人按揭贷款客户、非按揭贷款客户、个人贵宾客户、征地拆迁补偿户，有力引存增存。在四大行整体日均存款下滑的背景下，实现日均存款平均每月增长2000多万元的增长速度，补平日均存款3.70亿元的缺口。至年末，各项存款时点余额39.40亿元，比年初增加0.50亿元，增量在四行占比208.11%，排名第二；各项存款日均余额38.20亿元，比年初增加0.50亿元。

【新增贷款再创新高】

跟进服务古雷开发区的填海造地、港口码头、石油化工等项目，对接漳浦万安工业园、水库、道路等PPP项目，发展个人信贷业务，支持优质经营农户。至年末，各项贷款余额29.30亿元，比年初增加1.70亿元，其中，个人贷款增加3.50亿元，按揭贷款是年净增量3.05亿元，比上年全年多增2.44亿元，四行占比30.97%，比2016年年末提升19.66个百分点，“四行”排行第二，提升了一位。

【对公拓户成效显著】

是年，成功营销福建古雷石化有限公司一般资本金账户、福建漳州港口有限公司（省交运集团控股）基本账户、国道324线漳州九龙岭隧道项目3个专户，福建漳州芗城区华兴小额贷款股份有限公司（生能源集团下属公司）一般账户，江滨御江府项目（漳浦地王）主体漳浦县碧桂园房地产开发有限公司基本账户，花都项目主体漳州花都高尔夫置业有限公司一般户等8个重点客户的账户，带来稳定存款约4.30亿元。对接漳州市古雷港区医院银医通项目、2017年省重点项目漳浦万安工业园首个PPP项目、古雷港基础设施建设项目（古雷产业基金20亿元）、长江三峡集团投资的海上发电项目等，形成良好的合作意向。跟进朝阳水库、县城断头路（中冶集团中标的蓝理路）、污水处理等项目，已形成初步合作意向。对公自主理财产品日均增量、新拓展优质法人贷款客户、机构客户有效户新增、第三方存管有效户新增数、国际业务优质客户新增等5个指标均超额完成计划。

【零售发展取得突破】

抓好办贷效率和柜面服务质量，以个贷营销为引擎，推进零售业务发展。卡电业务综合考核排名全市农行第一，其中个人重点客户群掌银有效渗率

3月23日，农行漳州市分行领导一行到漳浦县农行开展工作调研

（林云强 摄）

29.80%，比上年末提升14.70%；代发工资客户净增数1419户，完成率315.33%，全市排名第一；I类户借记卡新开户数22438户，完成率166.21%，全市排名第一；贵金属营销成效明显，销售赏月图金100套、赏月图银870套，分别占全市农行赏月图金、银销售量的33.56%、50.67%，实现中间业务收入10.60万元；6个乡镇网点有5个网点的存款市场份额高于当地信用社；与福建省农业信贷担保有限公司的合作取得实质性进展，佛昙养殖大户成功发放全省农行首笔农业担保贷款，金额45万元。

【风险管控有力推进】

通过上门催收、帮助客户寻找买主，清收处置成效显著，至12月底，自营不良贷款现金清收额269.38万元，完成年度计划的150%。成功全额收回漳浦闽荣纺织工业有限公司结欠10多年的表外利息444.50万元；成功拍卖已核销贷款漳浦县万宝体育用品有限公司抵押物工业用地及工业厂房，可成功收回结欠10多年的不良贷款1178.29万元。继续保持着法人贷款“零不良”，年末不良贷款控制额、新发生不良贷款余额均控制在计划额度内。

【服务“三农”】

发挥国有商业银行的金融骨干作用，支持重大基础设施建设、民生工程及产业转型升级等项目的发展。拓展惠农贷款业务，投放普惠惠农卡发卡余额10122张，比2016年投放量增加491张；新发放惠农卡贷款户4586户，比2016年投放量增加244户；累计发放惠农卡贷款余额20.70亿元，比年初增加2.60亿元。持续推广农村承包土地经营权抵押贷款，至12月末，全行农村土地经营权抵押贷款5户，贷款余额3037万元，其中法人贷款3户，贷款余额2988万元，贷款2户，贷款余额49万元；贷款累计发放金额15455万元，不良率为0。贷款主要投向苗木业、养殖业、农业。落实《中国农业银行漳浦支行关于推进金融扶贫工作的实施方案（2016－2020年）》，对有贫困村的乡镇逐一挂钩帮扶，进行定点帮扶指导；设立金融扶贫工作站，在辖内9个网点门口悬挂“金融扶贫工作站”牌匾，为建档立卡贫困户提供金融服务。

（供稿：农行漳浦支行）

·中国建设银行漳浦支行·

【概况】

2017年，建行漳浦支行细化经营管理，全面提升全行价值创造力和市场竞争力，各项业务稳健发展，实现主要指标在当地同业和系统占比提升。

资产负债大幅增长　实现主要指标系统占比和同业市场占比提升。在同业四行占比中：一般性存款市场占比从18.89%提升到21.11%，贷款市场占比从27.09%提升到32.39%；在系统占比中：一般性存款系统占比从5.37%提升到5.66%。

存款业务　全行一般性日均余额20.38亿元，新增3.20亿元，在四行占比57%。时点存款余额20.74亿元，比年初新增2.76亿元；一般性存款新增四行占比第一。

信贷业务　截至12月末，全行各项贷款余额30.73亿元，比年初新增9.64亿元（含信用卡划账）。贷款时点、日均新增四行排名第一。

资产质量保持较好水平　全行不良贷款350万元。其中，公司类保持零不良，个人类不良贷款350万元，控制在分行下达的371万元以内。

经营效益　全年实现支行账面营业利润7778万元，比上年同期大幅增长。

客户基础不断夯实　新增对公账户370户，新增居同业第一；新增个人有效2.40万户，客户数量不断壮大。

信用卡发展继续保持优势　信用卡分期审批通过1.30亿元，居全市第一；其中汽车分期近6000万元，占全市的20%。

创新业务取得新突破　全行在学好用好新一代系统中，成功营销全市首笔聚合支付、“善缘通”“建筑工程意外险”新业务。

【推进存款市场份额提升】

对公存款方面，主动走访、

联系县政府及政府各部门，取得存款信息资源。开展 PPP 项目营销，及时跟进民生补短板项目。维护机构、企业、房地产等存款大户，抓住机构及公司客户的存款。在个人存款方面，抓好重点客户、做好重点产品、拓展新的重点业务及拓展重点区域"四个重"。继续推进网点转型战略，盘活人力资源，推进电子银行、智慧柜面机等渠道运行效能，提升电子银行签约率、动户率及自助渠道的替代率，提升综合服务能力。

【加强管理争市场份额】

开展形式多样、内容丰富的"助力旺季营销"劳动竞赛活动，进一步激发广大员工开拓市场、积极作为。加强对新的大型房地产项目的跟踪落实，开展源头营销和精准营销。加强存量按揭楼盘走访和营销，定期与个贷楼盘按揭专员召开交流会等，提高办理效率，提升当地个贷市场份额。同时，以"调结构、防风险、抓管理、保质量"为重点，持续将贷后管理作为一项基础工作长抓不懈，提高贷后管理能力和水平。对于风险化解无望的潜在不良个贷客户、信用卡客户，做到"应诉尽诉"。

【抓好服务树形象】

按照全行上下优质文明服务管理要求，落实好服务培训、检查，客户接待日工作。以创建四星级网点、开展"三比三看"为契机，加大服务规范管理，完善服务功能。以创建文明单位为契机，落实文明行业、行风创建工作，塑造建行良好的企业社会形象。

（撰稿人：陈明川）

·中国农业发展银行漳浦县支行·

【概况】

中国农业发展银行是国家三大政策性银行之一，是直属国务院领导的中国唯一的一家农业政策性银行。政策性银行不以营利为目的，不开展个人业务，专门为贯彻、配合政府社会经济政策或意图，在特定领域内充当政府发展经济、促进社会进步、进行宏观经济调控的工具。中国农业发展银行漳浦县支行于 2010 年 12 月 28 日成立，是漳浦县唯一一家政策性银行。中国农业发展银行漳浦县支行成立后，始终坚持履行服务"三农"的职责，截至 2017 年年底，累计发放短期贷款 1.58 亿元，仓储设施贷款 3000 万元，农村基础设施建设贷款 7.40 亿元，土地整治贷款 4 亿元，产业化龙头企业贷款 2200 万元，有力支持地方经济的发展。2017 年，被漳浦县政府评为"优秀单位"称号，被省分行评为"2017 年度业务经营十佳县级支行"。

【业务经营绩效显著】

2017 年，中国农业发展银行漳浦县支行各项贷款余额 3.58 亿元，同比增加 1.62 亿元，其中短期贷款 8756.41 万元，中长期贷款 2.50 亿元，政策性挂账贷款 2054.80 万元；各项存款余额 1.97 亿元，同比增加 1.49 亿元，其中企事业单位存款 1.73 亿元，财政性存款 2367.34 万元；全年实现账面利润 905.34 万元，同比增加 695 万元，增幅达 331.16%；全年除政策性挂账贷款 2054.80 万元外，无出现不良贷款。

（供稿：农发行漳浦县支行）

·中国邮政储蓄银行漳浦支行·

【概况】

2017 年，中国邮政储蓄银行漳浦县支行各项业务存款余额 27.67 亿元，在全县存款下降近 10 亿的情况下，保持年净增 1.40 个亿；各项贷款余额 13.73 亿元，贷款新增量占全县金融机构增量 15%；支行获省分行"2014—2016 年度先进单位""2015—2016 年度文明规范服务星级网点"和市分行"2017 年（2016—2017 年度）先进集体"称号。

【服务地方特色经济】

结合当地经济发展特点，立足服务省内 2 个特色农业领域，建设 3 类重点合作平台，创新产品服务，推进信贷业务专业化、批量化和综合化发展。在全省范围内率先突破农业设施抵押贷款业务后，持续跟进，从漳浦县沿海养殖行业资金需求出发，在重点乡镇持续开展渔业养殖推介工作，小额贷款及家庭农场贷款累计授信达24181万元，为漳州市授信量最高。抓住政府出台海洋渔业发展扶持政策的机遇，深入沿海各村，累计授信17279万元，结余10737万元，在全县渔船抵押贷款中占比达80%以上。

【拓展农村金融服务】

结合邮储银行“百乡千村”活动，在各乡镇开展“邮储银行党团合力，金融服务助您展业”系列活动。组织业务人员下乡走访、营销，搭建银政、银村合作平台。是年，累计开展现场业务推介会15场，受理客户252人，累计授信1779万元。

【为小微企业提供融资平台】

全面铺开与相关单位“服务中小微企业”的合作，以拓宽企业融资渠道，破解长期困扰企业发展的资金短缺难题。至年底，小微企业贷款累计授信近2.50亿元，结余1.74亿元，解决了漳浦县部分小微企业发展中存在的资金问题。县支行在中国邮蓄总行优秀管理单位评选中，获评为“小企业特色支行建设管理优秀单位”。

【提升网络服务水平】

开展“服务管理”活动，以“规范出习惯、习惯成文化、文化出口碑、口碑树形象、形象创效益”为总体工作思路，以示范网点为抓手，提升窗口形象，通过开展“每周进步一点点，每月前进一大步”网点服务规范化标准贯彻、服务明星支行和服务明星个人评选、推广服务示范窗口和服务标兵等活动，提升网点服务水平。获省级四星服务网点称号。

【构筑公众教育服务机制】

保持365天常态化开展公众教育宣传，通过在支行及各网点LED灯上面播放与非法集资警示相关内容，向群众宣传非法集资的危害性；通过“有奖问答”促进消费者对金融知识的认知，不定期以“有奖问答”的形式在营业大厅内举行金融知识讲解活动，让客户加深对金融知识了解；在佛昙联创广场、天福茶博院、车站、新港城居民区、县域各单位及企业等地方开展“金融知识普及月”“金融知识进万家”系列宣传活动，以摆摊、入户宣传、课堂讲解等多种方式，向群众介绍人民币知识、反洗钱、金融政策法规、征信、支付结算等内容，增强群众对金融知识的了解。

（供稿：邮政储蓄银行漳浦县支行）

·漳浦县农村信用合作联社·

【概况】

2017年，漳浦县农村信用合作联社总资产137.60亿元，各项存款余额93.69亿元，各项贷款余额43.91亿元，存贷款总量居县内各家金融机构首位，已发展成为漳浦县存贷款规模最大，机构网点、从业人员和社会贡献最多的农村金融主力军。年缴交税收6676.60万元，是漳浦县企业第二大纳税大户，连续7年获评漳浦县“纳税大户”。

【发展普惠金融】

坚持支农支小　巩固和发展县域农村金融主力军作用，从考核机制和增加涉农贷款等方面加大对“三农”经济发展和实体经济的金融支持力度，确保各项支农惠农政策落实到位。至年底，涉农贷款余额41.12亿元，比年初增加4.41亿元，增幅12%，涉农贷款占比达93.65%；小微企业贷款余额10.7亿元，同比增加1.15亿元，增长12.15%。

助力绿色产业　响应国家留住“绿水青山”的号召，发展绿色金融，助力县域实施生态战略，对高污染的纸业、生猪养殖、冶炼等行业减贷或不贷；对环评虽达标的食品加工、养殖业根据污染情况慎贷；把信贷资金重点对接花卉、林业、铁皮石斛、食用菌、民宿、乡村旅游等绿色产业。3月，与比高新能源公司合作推出“光伏贷”等绿色科学的信贷产品，至年底，已发放“光伏贷”贷款51户，金额664.47万元。

开展普惠金融工作　设立普惠金融学校和普惠金融工作站，加强农村金融宣传力度。至年底，已设立普惠金融学校4

家；并选择21个营业网点设立普金融工作站。

精准扶贫 作为漳浦县唯一的扶贫贷款承贷金融机构，是年，创新推出“贫困户＋龙头企业”等扶贫经营模式，扶持作物种植、畜牧、海产品养殖等产业，由“输血”式扶贫向“造血”式扶贫转变。至年底，累计发放扶贫贷款999户，同比增加624户，贷款金额3101.06万元，同比增加1543.31万元。

【惠农富农政策】

推进“金融服务不出村”工程 解决农村金融“最后一公里”的问题，优化便民点布局，布设“小额支付便民点”，实现全县村村农村金融综合服务全覆盖。至年底，漳浦联社在全县28个网点的265个建制村布设“小额支付便民点”252个，覆盖率95.09%。

改善农村信用环境 推进信用村（镇）的建设步伐，完善信用农户、信用村、信用乡镇和信用社区的评选机制；规范管理，落实资金、利率、授信额度等优惠政策，改善农村信用环境。至年底，累计评定9个信用乡镇、202个信用村，信用乡镇覆盖率42.86%。

形式多样开展金融宣传活动 是年，先后开展“3·15”、非法集资、反假币、反洗钱、综治等为主题的金融知识宣传活动，到古雷新港城、象牙、车本等地摆摊设点，向客户讲解普及金融知识。在宣传活动中，分发宣传折页1.60万多份，赠送金融读本1500多份，提供现场咨询20场次。在营业部、赤土2所普惠金融学校开课8堂，向客户们讲授农户建档、农e贷、征信、新型诈骗手段、反洗钱等内容；同时在辖内28个营业网点的LED循环滚动播放金融宣传标语，网点显眼位置张贴相关宣传海报、风险提示，在专门位置摆放宣传手册供客户阅读等，向客户发送金融宣传短信60多万条。

（供稿：县农村信用联社）

7月6日，漳浦县农村信用合作联社与前亭镇党委、政府联合举行共同促成延源畜牧养殖有限公司与助发养牛合作社签约仪式，以“贫困户＋龙头企业”的扶贫贷款合作使用模式，为32位贫困户社员发放专项扶贫贷款160万元。

（陈囿吕 摄）

· 中国人寿保险漳浦支公司 ·

【概况】

2017年，人寿保险漳浦县支公司实现股份总保费收入17204万元。其中：首年期交保费3954.18万元，同比增长20.84%（其中十年期及以上期交保费2832.42万元，同比增长32.72%）；长险首年标准保费2278.36万元，同比增长37.03%；短期险保费1189.25万元，同比增长53.90%。全年接待临柜客户10023人次，其中满期给付及理赔1989人次，合计给付金额5602.5万元；年度办理理赔案件1356件，赔付金额995.81万元；全年保单借款件数为6077件，借款金额达9761.46万元。2015—2017年，连续3年获全国“成长百强”县称号。

【项目带动实现业务快速发展】

根据市公司的经营节奏及项目运作，在不同时期开展多样化的销售活动。特别是在第一季度，公司加大平台运作力度，通过职场训练，细化实操，坚持标准等一系列改进方式，实现十年期保费507万元。在三、四季度业务竞赛中，公司不断改进平台运作成效，借助TM平台和如意随行新品上市，狠抓访量，精细运作，最终实现首年期交、十年期交、标保三项期交目标全面达成。通过项目的运作，使公司实现既定的销售目标。

【强化风险管控机制】

加强费用管控　落实市公司财务预算政策，强化销售渠道费用管控，减少行政办公费用支出，确实将有限资源投入到销售一线，进一步提高销售渠道费用预算管控能力，实施严格费用动支管控办法，养成增收节支的好习惯。

控制业务风险　持续开展“送培训、送指导、送监督”活动，提升柜面服务销售、服务客户技能，强化服务时效的跟踪管理，采取措施提升服务质量、服务时效和客户的满意度；履行收付费管理规定，严把业务处理关键环节，筑牢风险防线。

强化各类风险管控　把风险防范贯穿业务发展的全过程，组织员工开展风险防范主题的警示教育活动，全员上国寿E家学习内控合规知识和反洗钱法规知识并全员参与在线考试。开展防范非法集资诈骗专项治理工作，加大销售误导滚动自查自纠检查力度，发现问题及时整改。开展第八届“诚信我为先”活动，引导销售人员诚实守信展业，防范销售误导风险和销售风险的发生。

落实销售实名制　落实保监会《人身保险客户信息真实性管理暂行办法》要求，新业务确保客户信息真实完整并遵守销售实名制；加强犹豫期新单回访工作。

开展反洗钱工作　组织开展反洗钱宣传工作和开展人行组织的反洗钱知识宣传活动，获得漳浦县金融系统首届知识竞赛“优胜奖”，在县人民银行洗钱机构评级中获B级单位，在全县报险行业中位列第二名。

加强岗位风险教育与管控　严格执行总公司单证、印章管理制度，围绕单证、印章、权限等风险管控重点，开展专项检查。加强关键岗位风险教育及检查制度执行，开展日常监控、突击检查和专项核查，防范经营风险；强化违规违纪行为的问责力度，依法、依规从严、从重查处违法违规行为，切实防范违规违纪行为及案件发生，确保公司实现“零案件、零处罚、低风险”。

【提升客户服务水平】

本着“有利于客户服务，有利于支持销售，有利于提高运营效率”的原则，提高服务保障水平，做好各项服务。加大回访力度，防范化解经营风险，严格做实各类授权回访，有效保障客户的利益。做好保全、理赔送培训进职场工作，服务销售人员，依托理赔统一作业平台的推广使用，优化理赔流程，加强及时报案宣传及从报案到付费的全流程跟踪，全面加快理赔效率。推进1+N服务品牌建设，提升客户满意度。

（撰稿人：陈阿纯）

• 中国人保财险漳浦支公司 •

【概况】

2017年，人保财险漳浦支公司保费收入7891.39万元，同比增加325.03万元，增长4.30%，完成年计划98.64%，实现利润1339万元，完成年计划155.45%。7条产品线实现正增长，船舶险保费收入96.33万元，同比增长13.08%；企财险保费收入217.90万元，同比增长19.34%；家财险保费收入285.38万元，同比增长124.71%；货运险保费收入91.14万，同比增长118.41%；工程险保费收入196.12万元，同比增长101.89%；责任险保费收入495.18万元，同比增长16.80%；健康险保费收入4.17万元，同比增长107.46%；4条产品线出现负增长，车险保费收入4595.13万元，同比减少1%；意外险保费收入285.38万元，同比减少26.55%，农业险保费收入317.69万元，同比减少36.09%，信用险保费收入0.01万元，同比减少83.33%。

【制定非车险经营策略】

对车险市场竞争激烈的状况，制定策略，利用人保公司在非车险领域专业性、技术性强优势，组建一个专职非车险业务部门，培育新的规模销售渠道，以未承保和近年脱保的优质规模企业为重点，抓新增保费拓展；同时，强化续保管理与考核，提升企财险规模客户数量续保率。

【推进车险业务发展】

加强车商团队建设 调整业务发展思路，建立分管副经理、车商业务部、车商专员业务、经办人员联动机制，提高车商沟通公关能力。加强车商团队建设和与4S车行的合作，转变业务督导方式，提高车险续保率。

突破续保率 在新车销售不好、费率下行的情况下，把突破续保率作为车险工作的重中之重。抓好客户信息真实性整改、督导知识地图、专业团队建设等基础性工作，提高渠道业务续保率，重点促进优质次新车续保率提升，带动整体家用车续保率突破。

加强业务督导考核 关注体量大、竞争程度低的次新车市场，在提高风险识别能力的同时，加大竞回专业团队建设和业务督导考核力度，拓宽竞回渠道。提升修理厂推修资源置换比，持续提升竞回业务对车险整体业务发展贡献度。是年，家用车竞回率均在25%以上，月月完成市公司下达的目标。以二网车行与县域车行为重点，实施进取性的资源配置政策，强化驻点团队建设和考核力度，严防新车跑冒滴漏。整合理赔资源，严肃推修纪律，利用车商运营管理平台和智能送修系统提升精细化管理水平，以资源换资源"，确保增量份额市场第一。

【严格理赔管控】

把好理赔"出口关"，以服务能力建设、合规能力建设、管控能力建设作为理赔工作的导向，从制度、措施、服务上进行管控。强化理赔工作纪律，加强理赔线内控合规建设加强廉政建设，将理赔思想引入正确轨道。

（供稿：人保财险漳浦支公司）

·中国太平洋人寿漳浦支公司·

【概况】

2017年，太平洋人寿漳浦支公司完成新保2410万元，标保11149万元；健康人力完成1530人次；新增健康229人次，绩优人力完成581人次，优化理赔流程，全年理赔372件，理赔客户数193人，支付金额394.28万元。

【抓制度促业绩】

以"基础管理，培训突破，部门经营"为抓手，抓紧出勤率，实行本部早夕会，乡镇网点周例会。以部门为单位举办形式多样的团康活动，提升团队的凝聚力。聚焦"举绩人力"和"新人留存率"，着力推行人人出单。年活动率创历史新高。合规经营，加强业务品质管理。每周开展一次反洗钱活动，使业务团队保持清醒头脑，防止违法违规行为发生。开展自查自纠，及时发展问题，解决问题，杜绝经营风险产生。

【开展保险宣传服务】

响应国家"保险姓保"原则，结合公司推出的百万医疗"乐享百万"，推行老客户保障大升级活动，为千家万户送上百万医疗保障。推广科技个险，寿险APP等更好更快捷客户后续服务，普及率100%。以业务部，业务室为单位，每周以"远离贫穷，从一份保障开始"为主题，到各乡镇开展保险宣传，让社会更加了解保险的意义与功用。开展用e坐堂等先进的仪器，为客户进行健康检测，或带客户到医院体检；老保单兑换积分等多种形式的服务活动。

【加快储备干部培育】

以组织发展为核心，强化架构增员，聚焦人力发展。抓住分公司培育储备干部的政策，面谈储备干部60人，送到河南优秀机构学习28人次，晋升主任16人，为业务的发展提供稳定的原动力。

（撰稿人：赵雪娇）

社会民生

·民政事务·

【概况】

2017年,漳浦县提高城乡社会救助水平,将农村低保补助标准从原来月人均196元水平提高为300元,发放农村低保金和高龄补贴3672万元;城市低保补助标准从原来月人均323元提高为420元,发放城市低保和高龄补贴资金685.58万元;支付城乡医疗救助基金7033万元,发放重度残疾人补贴2416.80万元;提升优抚水平,发放重点优抚对象抚恤补助资金2202万元,发放农村老兵老年生活补助金576万元;救助流浪乞讨人员965人次;办理结婚登记5732对、离婚登记1545对。

【城乡社会救助水平不断提高】

农村低保　根据《漳浦县人民政府关于提高农村居民最低生活保障标准的通知》,从2017年起,漳浦县农村低保标准由原来的家庭年人均收入2800元提高到4050元;同时,相应提高农村居民最低生活保障人均补助标准为3600元/年,农村低保补助标准从原来月人均196元水平提高为300元。是年,全县有农村低保对象8280户,低保人数10837人,基本实现应保尽保。同时,对全县80周岁以上农村低保老年人968人,每人每月增发100元高龄补贴。累计发放农村低保金和高龄补贴3672万元。

特困人员供养　根据《漳浦县人民政府办公室关于提高我县城市低保标准和特困人员救助供养标准的通知》,从7月起,城乡特困人员按照供养方式和护理等级制定的供养标准,全县有城乡特困人员1803人,其中集中供养19人分布在2个乡镇敬老院。年累计发放城乡特困人员供养资金1337.45万元。

城市低保　全县有城市低保对象1112户,低保人数1387

3月29日,民政局与团县委联合举行漳浦县困境未成年人社会保护试点项目授牌启动仪式　(陈心逸　摄)

人。是年,城市低保补助标准从原来月人均323元提高为420元,并对不同特困群体实行分类施保。同时,对全县80周岁以上城市低保老年人106人,每人每月增发100元高龄补贴。累计发放城市低保和高龄补贴资金685.58万元。

临时救助 是年,累计受理困难群众申请临时救助4312人次,发放各类救助资金366万元。有效解决低收入群众的突发性、临时性基本生活困难。

城乡医疗救助 是年,全县城乡医疗救助对象参加城乡居民合作医疗保险20938人,支付资金314.07万元。通过全额资助参合参保,确保医疗救助对象能够享受基本医疗保障服务。受理城乡医疗救助对象救助32140人次,年城乡医疗救助基金支付医疗费用累计7033万元。

落实城乡重度残疾人福利 是年,城乡重度残疾对象持有二代证已申请残疾补助13497人,累计发放补贴2416.80万元。

【强化监管精准救助】

规范操作程序 规范申请、审核、评议、审批、公示、发放"六个程序",建立信息核对、动态管理、监管机制、定期核查、制度衔接"五项机制",确保精准识别救助。

借助信息化技术手段 借助福建省救助申请家庭经济状况核对平台,实现信息共享,有效解决城乡低保、住房救助、临时救助、医疗救助、教育救助、低收入家庭认定等申报对象家庭收入财产状况核准难的问题,提高低保保障对象认定的准确性,推进低保管理规范化和救助精准化,使真正有困难的群众能及时得到有效救助。

规范城乡低保动态管理 以乡镇村(社区)两级入户调查、邻里访问、民主评议、会议记录、公开公示等方式,加强城乡低保的动态管理。根据福建省救助申请家庭经济状况核对平台反映的数据,乡镇、村(社区)民政工作人员对申请人的家庭收入、财产状况进行100%入户调查,县民政局按照"不低于30%的比例入户抽查"的要求做好复核甄别认定。对因死亡或因家庭收入发生变化超过低保保障标准的对象给予及时注销、停发,对因灾因病因残等导致生活困难的对象及时纳入保障范围,做到"应保尽保,应退尽退"。是年,全县通过复核认定清退城乡低保对象1788人,新增城乡低保对象261人。

【农村低保对象与扶贫开发建档立卡对象数据衔接】

是年,全县有扶贫开发建档立卡贫困户3941户11193人,其中农村低保与扶贫对象重叠交叉对象2423户3592人。建立农村低保和扶贫开发数据互通信息共享平台,实现对低保对象与建档立卡贫困对象动态监测、工作机制的有效衔接。对完全丧失劳动能力的、无劳动能力的、无法通过开发性扶贫措施实现脱贫的人口,全部纳入低保给予兜底保障,做到应保尽保。对有劳动能力的和部分丧失劳动能力的对象纳入建档立卡对象实施帮扶。配合扶贫部门,加强技能培训,加大政策、资金帮扶力度,鼓励其自力更生,摆脱贫困,退出低保。将农村最低生活保障标准与农村建档立卡的贫困户标准"两线合一",做到民政救助与精准扶贫相衔接。促使民政救助对象通过社会救助和扶贫支持两条路径实现脱贫致富。

【救灾工作】

完善救灾管理体制 贯彻落实《中华人民共和国防震减灾法》《地质灾害防治条例》等法律法规,健全完善救灾工作管理体制和运行机制,实现灾害救援高效、迅速的目标。下拨救灾专项资金118万元,及时足额拨付到各乡镇场,使灾民得到及时有效救助。

灾害信息员队伍建设 以乡镇场为主导,以村为主体,明确专人为灾害信息员,建立起纵向连接县、乡、村三级,横向连接县直各职能部门的灾害信息员队伍。及时将灾害信息员信息录入县信息平台。

开展防灾减灾综合创建 制定防灾减灾预案、应急转移安置方案的编制、避难场所临时安置点、救灾物资储备仓库的设置等工作都得到落实。在全国防灾减灾"5·12""10·14"宣传日,参与由县地震办、科协、绥安镇政府联合举办"防灾减灾进社区"文艺演出、"防灾减灾进校园"活动。向城西社区、赤岭乡拨付省级专项补助资金10万元。

【优抚安置】

及时足额发放优抚各类资金 按季度及时发放各类优抚对象抚恤补助资金，为1922名重点优抚对象发放抚恤补助资金2202万元。农村籍退役士兵的老年生活补助金足额发放，为3465名农村老兵发放老年生活补助金576万元。为98名老年烈士子女发放老年生活补助金42万元。为各类重点优抚对象发放春节和“八一”慰问金、门诊补助金共计157万元。

规范优抚资金发放手段 规范各类优抚对象抚恤和生活补助金的发放，在抚恤补助资金社会化发放的基础上，对重点优抚对象核准的医疗补助金和针对优抚对象个人的其他补助，能实行社会化发放的，原则上实行社会化发放。同时，转变发放时间，将过去按季度、按一年等节点发放统一转变为按月足额发放。

精细管理优抚数据 利用优抚专用身份证识别设备、高拍仪等先进设备，对优抚信息管理系统里现有的优抚对象数据信息进行更新管理，补充资料，核对内容，对新纳入抚恤补助范围的新增对象按照系统设置的具体条目，及时录入数据，并采集上传优抚对象电子照片、身份证等资料，确保数据客观真实，准确无误。开展优抚对象年度核查，是年，随机抽取958名入户核查对象，核查对象持身份证在规定的时间到指定的地点利用核查手机进行拍照采集个人生活照、户口簿、身份证等材料，做到不错、不漏一人。对已去世人员或不符合享受待遇条件对象进行注销取消，共注销去世优抚对象148人，取消不符合对象1人，取消农村老兵有退休金人员120多人。

清明期间的纪念活动 对烈士陵园进行除草、剪枝、清洗等卫生整治，确保陵园环境卫生整洁。清明节期间，县烈士陵园接待烈属及社会各界的祭扫活动3000多人次。对赤湖镇新发现的4个烈士墓的维修保护进行指导，建成小型烈士陵园。同时，石榴、深土、六鳌、霞美、佛昙等有烈士纪念设施的乡镇均在清明期间组织开展纪念活动。

及时发放门诊补助费 4月，向全县1900多位重点优抚及时发放每人每年180元的门诊补助费，发放34.40万元。春节期间，发放慰问金90多万元。

退役士兵安置 整理完善全县1978—2014年城镇退役士兵、转业士官安置情况花名册；完成2016年转业士官安置后工资核算，资金申请以及“五险一金”相关手续的办理；审核完成2016年入伍大学生一次性奖励金的审核工作；接收2017年转业士官65人，已与市安置办完成档案交接。

光荣院管理 开展“爱岗敬业”活动，光荣院每位工作人员与2位院民结对子帮扶，做院民的贴心人知心人，建立亲情关系。为光荣院配足院民所需的各种药物。聘请护理员负责给重病老人喂食、喂水、服药、洗身、洗衣等。

【社会事务管理】

婚姻登记 依法办理结婚登记5732对，办理离婚登记1545对，办理补领婚姻登记证1813份，办理收养登记3件。

儿童福利 完成年度留守儿童信息收集，并将相关信息反馈给教育局、公安局等相关单位，全县排查农村留守儿童2006人，其中四类儿童16人。推行镇村干部职工和留守儿童挂钩结对制度，每名留守儿童至少和1名镇村干部职工形成挂钩关系，帮助留守儿童解决日常一些实际困难。是年，全县在册孤儿59人，其中新增孤儿4人，每人每月基本生活补助保障金900元，累计发放62.40万元。

社区居家养老服务 制定《漳浦县建设智慧城市“互联网+养老”暨“一键通”呼叫服务信息平台实施方案》并上报县政府通过，引进社区居家养老专业化服务组织落地服务。总投入414.80万元用于城乡社区居家养老服务项目，其中政府购买服务224.80万元，服务站建设190万元。引导规模较小的养老服务机构、城乡社区居家养老服务中心(站)、农村幸福园(院)等，采取与周边医疗机构签约合作或通过设立卫生所(室)、医务室等方式，初步实现医养结合，为老年人提供医疗康复服务。

民间组织管理 依法依规

登记管理社会组织，把好审批登记关，完成全县社会组织年检工作。办理社会团体成立、变更及换证48家，注销6家；办理民办非企业成立2家、变更3家。至年底，全县依法登记的社会组织414家，其中社会团体126家(是年成立8家)、民办非企业单位288家(是年成立9家)。

流浪乞讨救助 实行全天候救助全覆盖，加强与公安"110"、城市执法局及定点医院等部门的业务沟通，开展街头救治、救助；劝导流浪乞讨人员入站接受救助或为其提供必要的食物、生活用品等救助服务，对患重病的流浪乞讨人员，及时送定点医院救治。为临时陷入困境生活无着流浪乞讨人员提供食物、返乡乘车凭证及途中伙食费等救助服务。是年，救助流浪乞讨人员965人次。

未成年人社会保护试点工作 指定绥安镇城西社区为未成年人社会保护试点工作窗口单位，指导社区对辖区内进行全面摸底建档，经过评估对社区未成年人进行分类帮扶管理。有针对性组织开展"手拉手结对共建""送温暖、献爱心"各种关爱未成年人的活动。分批次组织辖区范围300多名初高中新生到城西社区接受法制教育宣讲。

殡仪服务 整顿和规范殡葬服务活动管理，核定殡仪车辆乘坐人数不得超过5人，规范丧属严禁沿途抛撒冥纸或燃放鞭炮。5月28日，启动简易房骨灰盒搬迁工作，至年底，完成9046个骨灰盒搬迁任务。是年，火化遗体4613具，其中减免特困群体及优抚对象85.30万元，火化率100%。

【区划地名管理】

地名普查 漳浦县第二次全国地名普查补查补更完成地名5449条，3月，县地名补查补更工作通过验收。

标准地名的词目表采词与词条释文编写 开展《标准地名词典》的词目表与词条释文编写工作，最终确定词目表47条，词条释文编写已于6月完成。

完善各乡镇主要街路命名、更名 配合公安局二维码标准地名工作，完成各乡镇道路命名、更名14条。做好古雷新港城社区划分，重点做好新港城安置区社区居委会划分设立，已划分并设立18个社区，命名96条道路。

界线管理 制订并实施漳浦县2017年行政区域界线管理及平安边界建设工作方案，对全县21个乡镇进行平安边界创建考评，确保边界地区社会安定稳定。开展界桩界线巡查，与市民政局界线办共同对云霄、龙海两县的界碑进行巡查维护。调处旧镇镇及大南坂镇村界纠纷。

(撰稿人：蓝阿劳)

·人力资源和社会保障·

【概况】

2017年，漳浦县实现城镇新增就业人数5960人，下岗失业人员实现再就业2013人，城镇就业困难对象再就业362人，分别完成下达任务指标的101%、100.65%、103.43%；城镇登记失业率2.09%，控制在任务指标3.50%之内。全县城镇基本养老保险参保8.1万人，失业保险参保3.78万人，工伤保险参保6万人，城乡居民养老保险参保4万人，同比分别增长4.77%、10.66%、17.90%、0.61%；被征地养老参保人数4744人，发放被征地养老保险818万元。为5534名机关事业单位离退休人员发放离退休金2.57亿元，按时足额为4332人次发放失业金621.66万元。

【多渠道推动就业】

落实国家和省市就业创业扶持政策，特别是直接面向用人单位及高校毕业生、农村转移劳动力、精准扶贫对象、就业困难人员、退役军人等重点群体，推进重点群体就业创业。通过走出去、引进来，继续与江西、广西签订长期劳务协作，服务企事业用工；开展公共就业服务和企业用工调剂，满足企业用工需求，营造良好用工环境。加强职业技能培训，抓好"春潮行动"农民工职业技能提升计划、"互联网＋"从业创业人员培训。

【人事人才管理】

举办大中专毕业生供需见面会 是年举办4场，邀请196家用人单位，提供财会等20多个职业工种，6024个就业岗位，与企业达成意向性协议的大中专毕业生716人。

大中专毕业生档案服务　进档2828份，出档634份，签订就业协议314个。

专业技术职务管理　办理各类专业技术职务聘任、续聘1085人，大中专毕业生专业技术初级职务资格确认工作，审核通过176人；呈报上级评审各类专业技术资格172人，非公有制企业专业技术人员中、初职务资格16人；专业技术人员和高技能人才继续教育认证9971人次，换发证书近2000本。

人事工资管理　为符合晋级晋档的11398人增调资，办理机关事业单位职工调进244人、调出246人的工资基金增减，225名新录（聘）人员的工资核定、14名军转干部工资核定，办理各项工资变动1632人次。公开招聘事业单位工作人员334人（卫生系统92人，县直事业单位42人，教育系统200人）；办理人员流动130人；做好1名在岗“三支一扶”人员的服务管理。办理副科级以上任免事项63人次；办理开除公职处分6人，辞职手续17人。组织全县4400人干部网络培训及2210公务员应急管理网络培训。

工作人员考核　完成2016年度12058名政府序列行政机关及事业单位非领导职务工作人员考核工作，其中考核优秀等次2032人、考核称职等次9675人、不定等次288人、不称职等次25人、未参加考核38人。

退休干部职工管理　按时办理干部职工退休110人，干部职工病故抚恤批复140人，审批遗属补助对象77名，审批退休干部职工高龄补贴280人；慰问退休干部167人次，探望住院干部42人。首次将退休人员公用经费每人每年800元纳入财政预算。完成机关事业单位5489人退休人员的待遇调整工作，人均每月增资额202元。

【人才队伍建设】

制定柔性引才支持政策，申报引智项目，指导用人单位用好用足引进高层次人才等政策，推进人才与产业融合。加大引进人才力度，继续组织县域内规模以上企业和高新技术企业赴省外劳动力输出大县开展招聘活动，协助古雷港区建成人力资源市场。

【提升劳动维权保障能力】

开展非公有制经济组织落实劳动合同制度专项行动，提高劳动合同签订率。着力解决劳动关系领域的突出矛盾，落实欠薪属地管理责任，加大劳动监察执法力度，强化劳动保障监察行政执法与刑事司法联动，推行“黑名单”及“诚信企业”查处拒不支付劳动报酬等违法犯罪行为。依托劳动人事争议纠纷多元调处中心平台的优势，开展各项工资支付、劳动力市场秩序清理整顿、女职工劳动权益保护、规范劳务派遣等专项检查，检查11家劳务派遣公司以及51家用工单位。加大劳动争议多元调处力度，受理案件1086件，为2518名劳动者讨薪2531.28万元。依法依规解决各种矛盾和问题，受理信访件76件，全部按照信访程序办结。

【信息平台建设】

落实为民办实事项目，推进城乡居民养老保险村级信息化经办平台建设，实现城乡居民养老保险业务全程信息化即办平台，业务申办“不出村”。做好信息安全建设，推进“金保工程”灾备系统建设，规范人社业务专网布局，防止在信息节点上出现安全隐患。

（供稿：县人社局）

•住房公积金管理•

【概况】

2017年，漳州市住房公积金管理中心漳浦管理部狠抓管理，稳健运营，新增住房公积金归集单位55个，提升住房公积金提取使用，办理职工提取笔数10372笔，金额26622.33万元，发放贷款943笔，金额33089万元；住房公积金业务收支双双增长，业务收入2520.95万元，业务支出1266.55万元，实现增值收益1254.40万元。

【住房公积金归集扩面成效显著】

继续把住房公积金扩面作

为工作的重中之重，开展多种形式的催建催缴工作。是年，新增住房公积金归集单位 55 个，与上一年度同期略有增长。

【住房公积金使用大幅提升】

放宽住房公积金使用政策后，住房公积金贷款发放额和住房公积金提取额不断增长，资金使用率快速提升。在住房公积金提取方面，是年支付职工提取使用住房公积金 26622.33 万元，办理提取笔数 10372 笔，比上一年度同期增加 3222 笔。贷款发放方面，是年发放 943 笔，金额 33089 万元。至年底，住房公积金累计发放 107444.43 万元（含贴息贷款）。

【资金使用管理】

加强购房提取住房公积金管理 在审批住房公积金提取和贷款方面，严格执行市中心提取政策规定，按程序严格把关，特别是加强异地购房提取公积金审核，防范骗取、套取住房公积金行为。

加强租住商品住房的提取住房公积金审核 按市中心规定执行，每人每年提取的额度为本人各自的提取额度，不得提取配偶等家庭成员的额度。

规范信贷程序 防范贷款风险，加强逾期贷款的催收力度，把催讨逾期贷款作为年度工作重点，多举措并举，只要发现逾期贷款，都及时跟踪，通过打电话、上门催讨等常规手段相结合进行定期或不定期催讨，直至当事人还清拖欠的逾期额。至年底，漳浦管理部实现住房公积金贷款逾期率为零。

完善住房公积金个人和单位信息 加强与各归集银行协作，住房公积金个人和单位信息已基本完善，有利于加强今后住房公积金的管理。

（供稿：住房公积金漳浦管理部）

· 老区建设 ·

【概况】

2017 年，漳浦县加大支持革命老区社会经济发展力度，争取省级基础设施扶建项目 12 个资金 30 万元，市级特色产业补助项目 3 个资金 24 万元；验收老区基点村新建水泥路 25 千米，兑现市级补助资金 125 万元、县级补助资金 425 万元；修复，修建闽粤边特委机关旧址、龙迹亭中共漳浦县委成立旧址等。

【支持老区社会事业发展】

是年，验收老区基点村新建水泥路 25 千米，兑现市级补助资金 125 万元。争取县政府对老区村 2016－2017 年度水泥路建设 85 千米的补助资金 425 万元；争取市级特色产业补助项目 3 个，补助资金 24 万元；争取省级革命遗址维修（中央红军第三军第七师司令部旧址维修）项目资金 10 万元；省级基础设施扶建项目 12 个，资金 30 万元，县政府配套 30 万元。呈报革命遗址维修（石榴镇山城村“雷公会”革命旧址）项目，并通过省、市老区办验收。

【传承弘扬红色文化】

在红三军军部旧址（绥城红楼）举行漳浦苏区创建、红三团成立 85 周年纪念会暨《漳浦苏区革命史》首发式。在《金浦报》出版 2 期（4 版）纪念漳浦苏区创建暨红三团成立 85 周年增刊，宣传邓子恢遵照毛泽东指示创建靖和浦苏区，成立红三团的功绩。在县博物馆举办以弘扬革命老区精神为内容的书画、摄影作品展；在县老年大学、西湖公园南大门举办 2 场红歌演唱会。在山城村举办邓子恢点燃“山城烽火”为主题的诗词朗诵会。组织拍摄以红三团为题材的微电影《铁番号》。

【注重革命教育阵地建设】

对全县革命遗址进行调查摸底，澄清落实。完善位于石榴镇车本村的闽粤边特委机关等旧址修复，修建红色文化中心、红色旅游餐厅。整修位于杜浔镇过洋村龙迹亭的中共漳浦县委成立旧址。是年，原中央红军东路军第三军军部旧址——绥城红楼和车本闽粤边特委机关旧址被省政府确定为省级文物保护单位，同时被省委党史研究室确定为红色教育基地。

【关心“五老”人员及遗偶生活】

革命“五老”每人每月生活定补 1070 元，“五老” 遗偶每人每月生活定补350元。元旦、春节期间开展对每个“五老”、遗属慰问活动，做好“五老”、遗属医疗补助及日常生活困难补助。

（供稿：县老区办）

· 库区移民事务 ·

【概况】

2017年，漳浦县大中型水库农村移民列入后期扶持范围的现状移民总人数核定为17671人，其中直补移民10867人，移民分布于17个乡镇场52个建制村103个自然村；另有小型水库原迁移民433人，小型水库移民分布7个乡镇场8个建制村12个自然村；向上争取水库移民补助资金2616.26万元，发放后扶直补资金600多万元，惠及移民群众10867人；投入2000多万元，实施12个乡镇场14个移民自然村的新农村建设。

【落实后扶政策】

后期扶持资金发放　是年，发放后扶直补资金600多万元，惠及移民群众1.09万人，人均600元。走村入户慰问移民困难户、特困户207户，发放慰问金8万多元。

移民新村整治建设　在巩固第一、二批试点移民村整治的同时，按照省移民局确定的整治任务，采取整村推进和分类推进相结合的方式，投入2000多万元，以自然村为单位，有计划、有步骤地实施12个乡镇场14个移民自然村村内路面、巷道及房前屋后整治硬化，库区路灯和部分移民房屋立面修缮等建设工程，实现14个移民自然村“硬化、净化、亮化、美化”目标。

【朝阳水库移民安置前期工作】

根据朝阳水库建设前期工作领导小组工作职责分工要求，多次深入中西村，与移民代表面对面座谈，倾听移民意愿。及时向省移民局安置处沟通请教，按质、按量、按时完成朝阳水库移民安置规划报批工作。朝阳水库建设前期工作做法在全省培训班作经验交流。

【创建“平安库区”】

宣传引导　以解决影响库区移民安全感的治安稳定问题为重点，在全县库区和移民安置区开展“平安库区建设宣传月”活动。通过广告牌、宣传栏、简报和广播等媒介，围绕“学法律、讲权利、讲义务、讲责任”主题，开展公民道德、法律法规和移民政策宣传，提升移民群众的知晓率和参与度。

依法及时处理来信来访　建立移民来信来访接待、登记、交办、转办、催办、督办和办结反馈工作制度。按照“六定责任制”（定案件、定人员、定时限、定责任、定措施、定奖惩）的要求，依法及时处理移民来信来访，妥善解决移民反映的问题，做到件件有着落，事事有回音。是年，移民信访突出问题和矛盾纠纷的化解率100%，基本实现“无矛盾纠纷积压、无矛盾纠纷严重激化、无较大规模移民集体上访和群体性事件、无越级集体上访、无进京到省非正常上访”的“五无”目标。

矛盾纠纷排查化解　把矛盾纠纷排查化解工作作为维护库区稳定的突破口，成立“排查整治突出问题、保障库区跨越发展”工作领导小组和库区调解委员会，定期排查调处，做到经常

9月23日，朝阳水库移民安置小区举行开工奠基仪式　（许秋生 摄）

排查与集中排查、面上排查与重点排查相结合，重点问题专题调处，统筹解决库区社会稳定问题。组织开展42次实地调研活动，深入14个乡镇场34个移民村，与镇、村移民干部及移民代表面对面互动，倾听移民对后扶项目建设意见和诉求，正面宣传政策，提高移民群众对移民政策认知和满意率。

构建库区维稳网络 成立信访维稳应急工作队及制定《移民突发事件应急工作预案》，建立健全县、乡、村三级信息网络，发挥库区维稳信息员的“预警”作用和库区网络舆情引导员的“引导”作用，及时掌控库区动态，把矛盾纠纷隐患解决处理在萌芽状态，确保“一般矛盾纠纷不出村、大的矛盾纠纷不出乡镇、重大疑难矛盾纠纷不出县”。是年，全县14个政府集中安置的移民乡镇场34个移民村“平安库区”创建达标率100%。

【项目实施安全监管】

加强对项目现场的检查督促，要求施工单位应遵守工程建设安全生产有关管理规定，严格按安全标准组织施工，并随时接受行业安全检查人员依法实施的监督检查，采取必要的安全防护措施，消除事故隐患，确保项目实施和质量安全；做好《项目监测评估记录》，对发现问题及时发出整改函和督办函，督促施工方整改落实，全县库区移民项目建设安全顺利。

（撰稿人：王超）

·民族宗教事务·

【概况】

2017年，漳浦县争取到各级民族补助款1109.10万元，用于助力少数民族经济发展；加大少数民族特色产业培育，注册“畲乡土鸡”“畲村蜜柚”等农业商标，在湖西畲乡形成以顶坛芭乐、山后蛋鸭、后洞黄牛的“一村一品”产业格局；规范宗教活动场所管理，完成594间民间信仰场所普查和106间宗教活动场所赋码和换证。发动宗教活动场所及民间信仰场所持续开展慈善活动，是年，全县宗教界公益事业捐资773.58万元。

【民族经济】

争取资金促少数民族经济发展 是年，争取到各级民族补助款1109.10万元。其中，中央补助资金102万元（发展项目11个，补助款90万元；高山族专项扶持资金12.50万元），省级项目补助68万元（发展项目补助款50万元，危房改造搬迁补助款18万元，省级少数民族助学金44.60万元），市级补助款94万元，省政府挂钩帮扶湖西、赤岭2个畲族乡各400万元。

推动特色产业 助力民族乡村“造血”功能的培养，推动少数民族特色产业的发展。赤岭乡“趴趴跑”、玉凯龙等农业公司持续发展，注册“趴趴跑”“畲乡土鸡”“晚熟荔枝”“畲村蜜柚”等农业商标；湖西乡形成以顶坛芭乐、山后蛋鸭、后洞黄牛的“一村一品”产业格局。

发展畲乡风情旅游业 湖西畲族乡总投资1660万元的赵家堡－诒安堡保护设施建设项目已完成分项目步道建设及环境整治；引入漳浦古郡旅游开发有限公司，注册资本500万元，开发诒安堡民宿游及田园观光旅游，已投入200多万元用于租用十几套民房并进行装修，着手打造卧龙谷景区及朝天马峰生

2月11日，漳浦县举办第六届开漳圣王县城巡安民俗活动 （蓝智伟 摄）

态园项目。

【民族活动】

少数民族乡村文化旅游舞蹈技能培训　6月1—15日，举办漳浦县少数民族乡村文化旅游舞蹈培训班。通过培训，组建赤岭民族舞蹈队，参加第九届海峡论坛——2017海峡两岸少数民族体育文化节暨海峡两岸少数民族青年舞蹈大赛，并获得一等奖。

举行漳浦县首届“民族杯”篮球邀请赛　10月，县民宗局与佛昙镇政府联合主办首届漳浦县“民族杯”篮球邀请赛，丰富城乡群众业余生活，促进汉畲民族融合。

高山族人员培训　12月4—10日，以高山族的民族特色为重点，举办高山族人员培训，培训项目有民族理论、民族政策、民族法律法规和民族舞蹈、茶文化、电子商务等。

成立“漳浦县畲族文化研究会”　以挖掘、保护和传承畲族文化为重点，成立“漳浦县畲族文化研究会”。

两岸民族交流合作　1月21日，漳浦县向国家民委递交《关于漳浦县海峡两岸少数民族交流与合作基地建设情况的报告》，就漳浦县自2012年6月被国家民委授予“海峡两岸少数民族交流与合作基”以来，两岸交流与合作取得的成效、经验向国家民委报告。是年，湖西畲族乡组织民俗文化赴台交流团到台湾开展民族民俗文化交流。

【宗教事务】

宗教活动场所管理　对全县民间信仰10平方米以上的场所，进行全面普查，至年底，完成594间民间信仰场所普查；开展宗教场所赋码和换证，至年底，完成106间已登记的宗教活动场所和2间省级联系点的民间信仰场所的信息采集。

开展排查解决问题　深入到124家宗教活动场所进行消防安全、贯彻宗教事务条例、综治平安等方面的检查、排查，对不规范的场所，责令其限期整改；同时，解决了南宣寺老住持遗产、大南坂基督教堂办证等一些遗留问题。

慈善活动　发动宗教活动场所及民间信仰场所持续开展慈善活动，是年，全县宗教界公益事业捐资773.58万元，其中道教263.36万元，佛教363.12万元，基督教91.51万元，民间信仰场所53.08万元，天主教场所2.50万元。

浦台交流　县宗教场所组团到台湾1次，其间走访宫庙10处；接待台湾宗教场所参访团28批次1138人次。

（供稿：县民宗局）

·老龄工作·

【概述】

2017年，漳浦县老龄工作以“六个老有”（老有所养、老有所医、老有所教、老有所学、老有所为、老有所乐）为目标，健全基层老年组织建设，完善养老服务体系，推进老年文体活动开展，为老年人办实事好事，至年底，全县60岁以上老年人口13.30万人，占全县常住人口的14.60%。其中80—89岁老人1.87万人，90—99岁老人2891人，百岁老人87人，是漳州市高龄老人数量最多的县份。

【养老服务体系】

对全县先后建成的27个社区居家养老服务站（城市社区24个，农村社区3个），给予每个社区居委会老龄人活动中心安排每年2万元“居家养老服务人员、特困老人政府购买服务及工作经费”，合计54万元。首次对全县各个居家养老工作站实行绩效考评，其中城西社区、南街社区、北街社区和赤湖老年活动中心等11个居家养老工作站分别获得一、二、三等奖，并给予2万元～5万元不等的资金奖励。至年底，全县已建有敬老院16所、幸福园36所，床位3025个。

【老龄机构建设】

根据各村级基层老年协会的建设和工作情况，对日常管理工作较好和发挥社会作用较大的村级基层老年协会，给予每个协会以奖代补经费5000元；向46个村级基层老年协会发放资金23万元，主要用于老年协会添置必要的文体设备和弥补活动经费。县老龄办积极引导有条件的企业、居民小区成立老年协会，至年底，全县已有乡级老年协会25个，村级老年协会316个。

【基层老年协会建设】

各乡镇场把老年人活动场所建设当成办实事主要项目，赤湖镇投资200多万元，建筑1160平方米的镇老年人中心投入使用；至年底，已有绥安镇霞潭村、马坑村，赤湖镇东城村、山油村，佛昙镇后社村、东板村、花林村，旧镇镇甘林村、旧城村、浯江村、桥头村，杜浔镇过洋村、后姚村，石榴镇龙岭村、枋林村等，陆续建成新老年人活动中心并投入使用。

【老年人教育】

以县老年大学为示范，采取增加投入、资源共享、抓点带面等措施，加强老年教育工作。县老年大学有学员1200多人，开设课程26门，全校35个班、队、学会，各具特色，定时开展活动，校刊《漳浦老年教育》已出版12期，是全县老年教育宣传的主阵地。至年底，全县有老年学校345所，在校学员3万多人，老年人入学率28%。

【为老年人办实事好事】

向高龄老人发放高龄生活补贴 继续为80—89周岁老人每人每年发放高龄补贴300元，90—99周岁720元，100周岁及以上的老人每人每月发放300元（省、市另外发放每人每年2000元营养补贴），2017年，全县领取高龄补贴人数首次超过2万人（2.18万人），发放高龄补贴792万元。此外，绥安镇麦埔村、赤湖镇亭里村、前亭镇庄厝村、长桥镇友爱村等村为全村老年人发放固定生活补助。

慰问特困老年人 重阳节期间，市、县老龄办开展慰问特困老年人活动，慰问特困老人65人，市500元/人，县300元/人，发放慰问金2.37万元。

落实惠老政策 提高老年人免费乘坐公交车补贴标准，补贴标准从每年15万元提高到每年60万元。县老龄办跟踪公交车服务情况，将老年人乘车中存在的拒载等服务问题及时反馈给公交公司，督促公交公司进行整改，提高服务质量。继续免费为老年人办理优待证，是年为60岁以上老年人办理优待证2498本。

【"敬老月"活动】

重阳节期间，县委书记戴平忠到绥安镇、县长黄庆华到旧镇镇，看望和慰问部分老干部和高龄老人，为他们送去"百岁寿星"牌匾和慰问金；县五套班子领导也分别慰问百岁老人。市、县老龄办分别到石榴、盘陀、赤土、湖西等乡镇，看望慰问特困老人。县老龄委、绥安镇老龄委、龙湖中学、县中老年艺术团等单位联合在绥安镇城西社区联合举办"金秋重阳，灿烂老人"文艺汇出；万安生态产业园区举办庆祝"重阳节"午宴，近200名60岁以上的老人参加宴会；天福集团举办"茶孝六亲　重阳敬老"为主题的茶艺表演，邀请150多位高龄老人观看演出，并向每位老人赠送茶食品。

【老年文体活动】

全县有210多支老年文体队、300多支广场舞文体队常年在基层开展各项活动，广场舞越来越受广大老年人喜爱，成为城镇和乡村老年人娱乐的主导形式。万安农场、绥安镇上埔村被授予全省"老年健身康乐家园"示范点，大南坂镇新民村等54个单位被授予市级示范点。各地的基层老年协会、农体协相互配合，开展老年人健身活动，不定期举办老年健身健步走、泰迪球表演赛和门球、气排球、地掷球、太极拳、剑等多种比赛活动。

2017年漳浦县百岁及以上老年人简明情况表

表3

序号	姓名	性别	出生年月	周岁年龄	民族	婚姻情况	文化程度	健康状况	居住地(通讯地址)	城市	农村	新增
1	蔡铺	女	1914.11	103	汉	丧偶	文盲	一般	绥安镇王顶西7号	√		
2	陈满	女	1911.02	106	汉	丧偶	文盲	一般	绥安镇王顶北34号	√		
3	蔡火龙	男	1915.09	102	汉	丧偶	小学	半自理	绥安镇楼脚村楼前64号	√		

续表 3

序号	姓名	性别	出生年月	周岁年龄	民族	婚姻情况	文化程度	健康状况	居住地(通讯地址)	城市	农村	新增
4	王　得	女	1915.01	102	汉	丧偶	文盲	残疾	绥安镇罗山村铺后 14 号		√	
5	黄　恋	女	1916.03	101	汉	丧偶	文盲	一般	绥安镇麦埔村		√	
6	李松辉	男	1916.10	101	汉	丧偶	高中	健康	绥安镇印石花园 12 栋 603 室	√		
7	杨美金	女	1917.06	100	汉	丧偶	文盲	一般	绥安镇昌南路 14-3 号	√		√
8	曾敏英	女	1917.03	100	汉	丧偶	初中	一般	绥安镇许官巷造花巷 10 号	√		√
9	郭婉真	女	1917.01	100	汉	丧偶	小学	一般	绥安镇印石花园 12 栋 603	√		√
10	林有仪	男	1917.01	100	汉	丧偶	初中	一般	绥安镇西湖路 57	√	√	√
11	杨乌番	男	1915.05	102	汉	丧偶	文盲	差	赤土乡下坂村		√	
12	王　铜	女	1913.03	104	汉	丧偶	文盲	一般	旧镇镇桥头村港西		√	
13	蔡珠仔	男	1915.08	102	汉	丧偶	小学	一般	旧镇镇梅竹村城内 56 号		√	
14	蔡　寸	女	1915.08	102	汉	丧偶	文盲	健康	旧镇镇旧城村关帝庙 54 号		√	
15	黄　前	女	1915.11	102	汉	丧偶	文盲	一般	旧镇镇浯江村后埔边 36 号		√	
16	陈　贵	女	1916.03	101	汉	丧偶	文盲	一般	旧镇镇后垅村前厝 98 号		√	
17	欧阳连	女	1916.09	101	汉	已婚	文盲	一般	旧镇镇潭仔头村桥头圩 77 号		√	
18	陈美英	女	1917.07	100	汉	已婚	文盲	一般	旧镇镇城外村环城路 20 号		√	√
19	黄　兼	女	1917.08	100	汉	已婚	文盲	一般	旧镇镇梅宅村顶梅宅 87 号		√	√
20	许　银	女	1917.11	100	汉	已婚	文盲	一般	旧镇镇下示村前山 36 号		√	√
21	陈溪泉	男	1916.11	101	汉	丧偶	文盲	失明	马坪镇马圩村下柯 7 号		√	
22	戴乌镭	女	1917.07	100	汉	丧偶	文盲	半自理	马坪镇马圩村东郭 58 号		√	√
23	邱豆针	女	1917.01	100	汉	丧偶	文盲	一般	马坪镇后康村山尾 3 号		√	√
24	林亚顺	女	1911.08	106	汉	丧偶	文盲	差	霞美镇塔岭村埔上 20 号		√	
25	戴玉仔	女	1913.09	104	汉	丧偶	文盲	差	霞美镇溪仔村港仔头		√	
26	蔡　她	女	1917.04	100	汉	丧偶	文盲	差	霞美镇北江村		√	√
27	朱抄换	女	1911.08	106	汉	丧偶	文盲	差	霞美镇溪仔村港仔头 41 号		√	
28	林越前	男	1914.03	103	汉	丧偶	文盲	差	霞美镇五社村		√	
29	林顺照	男	1913.11	104	汉	丧偶	小学	一般	霞美镇霞美村		√	
30	陈阿尽	女	1914.10	103	汉	丧偶	小学	差	霞美镇中社村南面 138 号		√	
31	张伯全	男	1916.05	101	汉	丧偶	小学	一般	霞美镇巷内村		√	
32	蔡　笑	女	1916.05	101	汉	丧偶	文盲	一般	霞美镇霞美村		√	
33	林　仁	女	1917.05	100	汉	丧偶	文盲	残疾	霞美镇巷内村		√	√
34	陈　看	女	1917.12	100	汉	丧偶	文盲	差	霞美镇山前村		√	√
35	戴乌目	女	1917.06	100	汉	丧偶	文盲	差	霞美镇董门村		√	√
36	麦玉花	女	1915.11	102	汉	已婚	文盲	一般	古雷镇古城村		√	
37	林阿妹	女	1914.10	103	汉	丧偶	文盲	一般	古雷镇岱仔村庙前		√	

续表3

序号	姓 名	性别	出生年月	周岁年龄	民族	婚姻情况	文化程度	健康状况	居住地(通讯地址)	城市	农村	新增
38	林 然	女	1914.06	103	汉	丧偶	文盲	一般	古雷镇杏仔村		√	
39	陈快来	女	1917.11	100	汉	丧偶	文盲	差	古雷镇古雷村		√	√
40	魏乌糖	女	1914.04	103	汉	丧偶	文盲	一般	六鳌镇下寮村		√	
41	林 勤	女	1914.07	103	汉	丧偶	文盲	一般	六鳌镇大沃村		√	
42	林晓里	女	1916.12	101	汉	丧偶	文盲	一般	六鳌镇鳌西村		√	
43	林 润	女	1917.06	100	汉	丧偶	文盲	一般	六鳌镇鳌东村		√	√
44	魏 野	女	1917.08	100	汉	丧偶	文盲	残疾	六鳌镇下寮村		√	√
45	陈瑞珠	女	1915.01	102	汉	丧偶	文盲	健康	湖西畲族乡苏溪村大示36号		√	
46	魏莲招	女	1915.09	102	汉	丧偶	文盲	健康	湖西畲族乡苏溪村大示77号		√	
47	李帆仔	女	1915.07	102	汉	丧偶	文盲	一般	湖西畲族乡岭脚村京尾20号		√	
48	陈 荫	女	1917.01	100	汉	丧偶	文盲	一般	湖西畲族乡岭脚村岭脚115号		√	√
49	杨 棕	女	1913.02	104	汉	丧偶	文盲	健康	佛昙镇育才路16号		√	
50	陈 梅	女	1913.01	104	汉	丧偶	文盲	失聪	佛昙镇园东村梅东		√	
51	杨锦生	男	1913.05	104	汉	丧偶	文盲	残疾	佛昙镇下坑村		√	
52	杨茜娘	女	1915.10	102	汉	丧偶	文盲	瘫痪	佛昙镇东坂村大菜园124号		√	
53	杨桅娘	女	1916.10	101	汉	丧偶	文盲	一般	佛昙镇东坂村		√	
54	陈翁仔	女	1916.05	101	汉	丧偶	文盲	一般	佛昙镇人坪村		√	
55	戴其泗	男	1917.10	100	汉	丧偶	小学	一般	佛昙镇东坂村		√	√
56	陈饮仔	女	1917.06	100	汉	丧偶	文盲	健康	佛昙镇下苏村		√	√
57	杨 缎	女	1917.07	100	汉	丧偶	文盲	差	佛昙镇港头村		√	√
58	林乌螺	女	1911.08	106	汉	丧偶	文盲	一般	沙西镇高山村塘南113号		√	
59	陈阿软	女	1914.03	103	汉	丧偶	文盲	一般	沙西镇涂楼村大巷东162号		√	
60	陈阿娇	女	1914.09	103	汉	丧偶	文盲	一般	沙西镇庄前村庄西131号		√	
61	林 蚶	女	1915.05	102	汉	丧偶	文盲	差	沙西镇高林村		√	
62	陈涨水	女	1916.02	101	汉	丧偶	文盲	一般	沙西镇下寨村一组		√	
63	方快贞	女	1916.05	101	汉	丧偶	文盲	一般	沙西镇下寨村一组		√	
64	林咩仔	女	1915.05	102	汉	丧偶	文盲	一般	沙西镇河墘村		√	
65	周老益	女	1917.03	100	汉	丧偶	文盲	半自理	沙西镇白衣村		√	√
66	吴高亮	男	1913.09	104	汉	丧偶	文盲	残疾	石榴镇山城村		√	
67	吴盼仔	女	1916.05	101	汉	丧偶	文盲	健康	石榴镇攀龙村		√	
68	许老狮	女	1916.07	101	汉	丧偶	文盲	健康	石榴镇下车村		√	
69	张石榴	女	1917.11	100	汉	丧偶	文盲	健康	石榴镇石榴村		√	√
70	林态墘	女	1914.06	103	汉	丧偶	小学	失聪	深土镇塘头村		√	
71	魏招富	女	1916.04	101	汉	丧偶	小学	一般	深土镇下社379号		√	

续表 3

序号	姓 名	性别	出生年月	周岁年龄	民族	婚姻情况	文化程度	健康状况	居住地(通讯地址)	城市	农村	新增
72	魏　冉	女	1912.12	105	汉	丧偶	文盲	一般	深土镇大肖村		√	
73	林大耳	男	1913.10	104	汉	丧偶	文盲	一般	深土镇东庵村东庵 90 号		√	
74	玉　恩	女	1910.05	107	汉	丧偶	文盲	一般	深土镇锦东村		√	
75	林　赤	女	1917.07	100	汉	丧偶	文盲	差	深土镇南境村		√	√
76	许　琭	女	1917.11	100	汉	丧偶	文盲	差	官浔镇溪坂村		√	√
77	陈国庭	男	1916.11	101	汉	丧偶	文盲	失聪	南山场南山侨村 30 号		√	
78	杨水法	女	1916.08	101	汉	丧偶	文盲	一般	赤湖镇半石村		√	
79	杨　术	女	1916.12	101	汉	丧偶	文盲	一般	赤湖镇西潘村		√	
80	杨　晓	女	1916.08	101	汉	丧偶	文盲	一般	赤湖镇西潘村		√	
81	杨美英	女	1917.09	100	汉	丧偶	文盲	一般	赤湖镇西城村		√	
82	石现成	女	1917.01	100	汉	丧偶	文盲	一般	赤湖镇亭里村		√	√
83	谢　插	女	1917.07	100	汉	丧偶	文盲	一般	赤湖镇东城村		√	√
84	林　备	女	1917.05	100	汉	丧偶	文盲	差	赤湖镇南峰村		√	√
85	陈张仔	女	1916.02	101	汉	丧偶	文盲	差	赤湖镇月示村		√	
86	陈双金	男	1913.05	104	汉	丧偶	文盲	差	赤湖镇前湖村		√	
87	魏　爱	女	1913.10	104	汉	丧偶	文盲	一般	盐场竹屿北瑞街		√	
88	张荫来	女	1915.04	102	汉	丧偶	文盲	半自理	盐场竹屿北瑞街		√	
89	彭秀英	女	1916.03	101	汉	丧偶	小学	差	杜浔镇文卿村		√	
90	洪　执	女	1917.06	100	汉	丧偶	文盲	差	杜浔镇后因村		√	√
91	苏　兰	女	1917.08	100	汉	丧偶	文盲	残疾	杜浔镇院边村		√	√
92	余　春	女	1917.10	100	汉	丧偶	文盲	差	杜浔镇范阳村		√	√
93	柯　藤	女	1917.11	100	汉	丧偶	文盲	残疾	杜浔镇范阳村		√	√
94	蔡老淑	女	1917.01	100	汉	丧偶	文盲	失聪	前亭镇江口村		√	√
95	黄　加	女	1916.07	100	汉	丧偶	文盲	一般	前亭镇庄厝村		√	√
96	杨巧女	女	1917.03	100	汉	丧偶	文盲	一般	前亭镇田中央村		√	√
97	陈美钦	女	1917.05	100	汉	丧偶	小学	残疾	前亭镇大社村		√	√

(供稿:县老龄办)

规划建设 环境保护

·规划与建设·

【概况】

2017年，漳浦县城乡规划与建设工作以“城镇规划、城乡建设、行业管理、民生保障”四轮驱动，推进城乡基础设施建设，实施市政基础设施建设项目81个，全年累计完成市政基础建设投资50.20亿元，完成县下达任务指标的139.40%；1—12月，全县资质以上建筑业建筑总产值为9.26亿元，同比增长21.50%，名列全市第四。向上争取项目建设资金拨款20笔4367.417万元。

【城建规划】

城市规划编制 根据2016年评审意见，组织相关单位编制“漳浦县城市总体规划”。组织编制万安生态产业园区启动区规划、大南坂组团中心片区控制性详细规划及城市设计和县城区停车场、燃气、电力、给水、污水、消防等各类专项规划50余件。

村镇规划修编 完成南浦乡朝阳水库移民安置小区修规、前亭镇区污水专项规划、佛昙联创B—06地块规划设计方案、六鳌镇一级渔港码头控制性详细规划等9个项目技术审查及规划批复工作。完成前亭镇江口村村庄规划局部调整、县第二医院地块控制性详细规划等16个项目的技术审查和政府批复。

项目报批管理 梳理办理流程，优化服务，及时对外公布“最多跑一趟”事项11项，“一趟不用跑”事项1项；按照“五个一律”的要求，精简申请步骤，开展“减证便民”行动，对涉及企业、群众办事的各种证照、循环证明进行全面清理。逐步规范县城区内项目选址和规划管理，完成报审公建项目的选址意见书的核发、建设用地规划条件的给定及总平面建筑方案的技术审查。至年底，县规建局驻行政服务中心窗口累计审批项目选址45件、选址意见书110件、用地规划许可证78件、总平及方案审查122件、工程规划许可证138件、人员备案及质量安全监督293件、施工许可证89件、竣工验收备案23件、建筑起重机械相关事项135件、燃气相关事项66件，各项审批手续均能按时办结。

【市政基础设施建设】

城市综合交通工程 打通

建设中的漳浦县城区一瞥 （洪锦城 摄于9月）

"断头路"，开展"畅通城市"建设，全年实施市政道路建设项目33个，年度计划投资16.23亿元，实际完成投资19.36亿元，完成年度计划的118.28%。其中蓝理路及周边道路改造PPP项目工程包(涉及道路5条)，盘古大道(金浦大道至港城快速路)PPP项目工程包(涉及道路9条)，鹿溪南岸滨江片区一期道路工程金浦大道、滨江大道均于2017年开工建设；万安大道二期、文体中心周边道路、旗山南路、石斋南路、文昌路东段已竣工。3月22日交工验收的迎宾大道项目总投资10亿元，道路全长9.30千米，路宽90米，双向12车道，设计时速为60千米/小时，项目于2014年4月15日开工建设。配置绿道、人行慢道、景观系统和立交互通枢纽1座。全线采用改性沥青路面，配套建设供水、供电、供气、排水、排污等市政设施，路灯缆线全部下地。工程由中交三航局采用BT形式投资建设。

园林绿化建设　按照"300米见绿、500米见园"要求，实施"绿肺、绿线、绿景、绿水"四绿工程，提高城市总体绿量，完善绿地布局。加大城市园林绿化投入力度，是年实施园林绿化项目18个，累计完成投资1.71亿元，项目包括龙湖湿地公园、九曲岭公园、鹿溪驳岸景观工程、武庙广场、石斋北路片林等。加强对城市公园绿地的管理和养护，管养总面积达40.06万平方米，开展病虫害防治35次，修剪行道树2185株。通过拆违建绿、见缝插绿、拆墙透绿等，建设和发展街旁公园、社区公园、立体绿化、屋顶绿化，丰富和拓展城市的绿色空间，已相继建成街头绿地27个。严肃查处各类侵占绿地、破坏绿化、毁坏园林及设施等违法违规行为，是年处理绿化损毁案件4起，案值3.57万元。

公用事业　推进农贸市场建设，实施农贸市场提升改造项目3个，其中青年路农贸市场于10月竣工投用。开展黑臭水体治理，绥东溪流域整治已于9月底全部完工，累计完成投资1400万元，完成管道清淤11千米，提升改造截污管道11千米，溪底清淤5千米。完成县城区龙湖大道、朝阳大道等12条主次干道人行道及两侧排水排污清查工作，修复人行道面积886平方米，排污问题点13处。完成黄仓排污主干管清淤检测及维护，检测长度11千米。

停车设施建设　是年，完成道周路西侧停车场、旧中医院停车场、紫荆庭停车位、原酱油厂地块停车场等新(扩)建项目11个，总投资近1000万元，新增停车位990个。完成麦市街及金浦路停车位画线，新增小车停车位920个，摩托车停车位1700余个，非机动车位4200余个。完成公交停车亭清洗和维护，对18处破损灯箱进行修复。

【宜居环境建设】

美丽乡村建设　是年，漳浦县有20个建制村列入省级美丽乡村名列，其中美丽乡村示范村1个，美丽乡村整治村19个。全年累计完成投资8279万元，完成年计划投资的118.50%，拆除旱厕猪圈及临搭违建4.36万平方米，硬化村道21千米，新增绿化面积1.56万平方米，整治裸房超过10万平方米，铺设排污管道6.30千米。

镇村垃圾、污水治理　推进城乡环卫一体化，各乡镇、村基本达到"六个有目标"(有环境卫生管理办法或村民卫生管理公约；有一支按500人口一员配备的保洁队伍；有行之有效的卫生费收取办法；有每年每人不少于20元的资金投入并纳入财政预算；有卫生检查评比制度；有可落实的工作责任制)目标，是年累计收集处理农村生活垃圾约17万吨，日完成生活垃圾收集转运500吨以上，农村垃圾收集处理率达91%以上，全县农村垃圾无害化处理率95%以上。

农村危房改造　2017年，全县农村危房改造任务327户，其中年内竣工130户。

镇村建设综合管理　是年审查总平面布置图及建筑方案75件，办理51个地块出具规划设计条件及规划意见函；审核通过63个项目的总平面布置图，核发《建设项目选址意见书》67件，用地面积430多万平方米；"建设用地规划许可证"49件，用地面积240多万平方米；"建设工程规划许可证"37宗，建筑面积23万平方米；建设工程规划竣工规划条件核实3宗，建筑面积13.30万平方米。

【安全生产管理】

安全生产宣传 以“全面落实企业安全生产主体责任”为主题，发放安全宣传材料1300多份，出动宣传车辆44次，各工地至少悬挂3幅安全宣传标语，全县悬挂安全宣传标语139条。

健全安全监管工作机制 建成覆盖全县的建筑市场信用平台，加强现场管理，明确严格总包责任制。健全合同备案制的要求，对建设、施工、监理各方的责任及监管部门现场重点安全生产核查提出新的要求。是年，出动检查人员546人次，累计开展质量安全动态监管“双随机”检查项目185次，发出责令整改通知书185份，日常监督检查服务项目98次，发出责令整改通知书63份。根据住建部质量安全双提升工作要求，检查在建工程项目277次，发出责令改正通知单221份，有效规范各方主体履职行为。

确保工程质量和施工安全 重点抓主体结构工程砼强度、钢筋保护层厚度、楼板厚度以及钢筋原材、接头的抽样检测。加强预拌商品混凝土企业的监管，对全县10家商品混凝土企业开展12次检查评价，发出责令改正通知单11份，共评价记分130分。突出施工重大危险源监管，重点检查起重机械、外脚手架、建筑模板、深基坑等重大危险源。

加强汛期安全生产检查 坚持以“全覆盖、零容忍、重实效”工作机制落实各项防范工作，汛期期间发出防抗台风“紧急通知”3350余份，加固临时工棚180余座次，转移人员4500余人次，扶正加固行道树3万余株，清淤排污排涝点1600余处，排查管道井盖9200余处次，确保漳浦县建设系统汛期安全。

（撰稿人：卢有财）

·住房保障与房地产管理·

【概况】

2017年，漳浦县住房保障与房地产管理取得新进展，新办房地产开发资质企业6家，续办20家；办理商品房预售许可证71件13664套，面积135.40万平方米；房地产市场开发投资额约27.30亿元，商品房新开工面积44.86万平方米，完成商品房销售面积100.31万平方米；开展物业服务行业安全生产，下发整改通知书45份，给予4家物业服务企业信用减分；归集住宅专项维修资金1亿元，全县归集住宅专项维修资金累计2.45亿元。

【住房保障】

保障房分配有序进行 完成印石花园B区435套公共租赁住房及印石花园A区、益民家园35套可售廉租住房分配入住。

保障房日常动态管理 开展惠民家园、印石花园A区保障家庭年度审核，确保廉租住房真正用于解决最需要的弱势困难群体。对于年度审计发现的不再符合廉租住房保障条件但符合公共租赁住房保障条件的，租金调整为公共租赁住房租金标准收取；对收入情况变化已不符合保障条件的住房保障户，对10户存在工商注册或车辆登记信息异动的保障户进行核实整改。是年，收取保障房租金252万元，其中：惠民家园2017年度89户24.15万元、2018年度63户10.88万元；印石花园A区198户41.41万元，印石花园B区395户148.89万元；益民家园2016年度4户1.38万元，2017年度143户25.29万元。借鉴外地政府购买服务的经验做法，通过政府公开招投标方式确定印石花园B区物业服务企业。

【商品房销售】

强化主体管理 严格办理房地产开发企业资质审批、预售许可，对符合资质、预售条件的，按规定及时发放资质证书或预销售许可证。是年，办理房地产开发资质32件，其中新办一帆置业、佳利伟业等6家，到期续办夏商置业、福晟、漳发金地、漳浦联创投资有限公司、漳浦腾川玉龙旅游有限公司、漳州市弘安房地产开发有限公司等20家。办理商品房预售许可证71件13664套，面积135.40万平方米。同比分别增长65.11%、37.58%、65.99%。整顿规范房地产开发销售中介行为，检查房企22家，销售代理公司5家，发出警示函25

份，促进全县房地产市场稳定健康发展。

抓投资促销售　开展“三抓三比，十项竞赛”活动，推进房地产项目建设，及时了解企业运行动态，掌握楼盘的开发投资情况。对全县各房地产投资企业在建在售情况进行每月定时跟踪，对房地产固投和销售、从业人员状况配合发改、统计部门做到应统尽统。是年，全县新增房地产固投项目4个，即碧桂园御江府、四通创业港、唐郡漳浦文化创意、碧水丹山。全县房地产市场开发投资额约27.30亿元，同比下降54.69%；商品房新开工面积44.86万平方米，同比下降104.90%。完成商品房销售面积100.31万平方米，同比上升65.29%；销售金额58.31亿元，同比上升74.11%。其中商品住宅90.49万平方米，金额50.63亿元，同比分别上升63.58%和85.90%。

优化服务环境　强化服务意识，转变工作作风，简化手续，简化审批工作流程环节，强化一次性告知制、工作首问责任制，提供一站式服务、预约服务、延时服务。是年，审核发放房屋所有权证2687本，商品房预告登记3169件，在建工程抵押登记3件1251套，商品房按揭9978件，现房抵押登记698件，发放房屋他项权证698本，商品房分户与存量房（二手房）转移登记4176件，商品房备案登记8451套。

【物业服务管理】

区域卫生管理　检查和督促物管区域创卫各项工作目标、任务完成情况，6次参与创建国家卫生县城暨县城区环境整治百日行动，组织物管人员375人次，上街头清理责任包干区卫生，清运垃圾63车。印发县城区物业服务小区环境整治专项行动实施方案，建立健全物业管理小区长效管理机制。

安全生产整治　开展物业服务行业安全生产“大排查、大整治”百日行动及“三合一”场所火患清剿百日会战，排查整治安全隐患，对发现的隐患督促整改并进行复查，对未按规定整改的，给予相应的信用减分。下发整改通知书45份，给予4家物业服务企业信用减分。

前期物业服务管理　落实“放管服”专项改革关于取消物业服务企业资质审批的规定，探索建立管理新机制，服务新举措。是年，办理府前汇市、尚城豪庭西区、润璟金座等12个物业服务小区的前期物业服务合同备案。指导成立怡景园第二届业主委员会及聚源东岸业主委员会。归集住宅专项维修资金1亿元，至年底，全县归集住宅专项维修资金累计2.45亿元。5月，完成富丽山庄小区住宅专项维修资金的支取使用。

及时化解行业纠纷　建立物业行业纠纷人民调解委员会，制定调解各项制度，设立物业纠纷调解室，是年，接受信访投诉案件55件，均及时化解。着手解决华府小区办证历史遗留问题，加班加点完成所有楼栋初始登记，至不动产统一登记制度改革前，办理“房屋所有权证”542本。

（供稿：县房管局）

·生态环境保护·

【概况】

2017年，漳浦县生态环境保护工作以开展“国家卫生县城”和“国家生态文明先行示范区”创建活动为契机，投入资金3.25亿元，增加设备投入1.50亿元；推进“抓生态比城乡环境”和“生态与水系项目”2项生态建设行动，累计完成投资1.33亿元；开展流域整治，关闭抓除养猪场2449家，拆猪舍面积41万多平方米；做好县境内国控、省控企业总量减排，年度县城区空气质量平均达标天数比例为96.90%。县环保局被人社部、环保部评为“全国环境保护系统先进集体”。

【环保督察】

以迎接国家环保督察为契机，开展“国家卫生县城”和“国家生态文明先行示范区”创建活动。是年投入资金3.25亿元，增加设备投入1.50亿元，投入人力20多万人次，出动执法人员900人次，检查企业210家，查处违法企业20家，处罚金额31.67万元，查封扣押7起，下达行政处罚决定书14份。中央环保督察期间，办理中央环保督察转办件79件，办结79件，完成率达100%；处罚19家，责令整改74

起，罚款17.33万元，立案侦查1起，约谈10人，追责10人。群众反映的生态环境问题得到及时、有效解决。

【生态文明建设】

推进生态建设行动计划，是年主要抓好“抓生态比城乡环境”和“生态与水系项目”2项。2017年度，“抓生态比城乡环境”项目116个，计划投资86.97亿元，累计完成投资151.71亿元，完成总投资额的174.45%；“生态与水系项目”主要项目—漳浦县鹿溪水系综合整治工程一期项目于2月开工，计划2018年7月竣工。年度计划投资6380万元，累计完成投资1.31亿元，完成年度投资的205.90%，排名全市第2名。

【流域整治】

实施《漳州市地表水水质考核办法（试行）》，实行全县地表水水质考核，建立月通报制；编制《漳浦县鹿溪水体达标方案》《漳浦县南溪水体达标方案》；落实“河长制”责任制，坚持“三铁治水”。深化畜禽养殖污染治理，开展鹿溪等重点流域水环境综合整治“百日攻坚”行动和全县禁养区生猪关闭抓除行动，至年底，关闭抓除养猪场2449家，削减生猪存栏17万多头，拆除猪舍面积41万多平方米，出动执法人员568人次，检查企业236家，打捞水葫芦30公顷。

【大气防治】

制定并实施《漳浦县2017年大气污染防治行动计划》《漳浦县2017年空气质量提升工作方案》。在县城区开展施工扬尘整治，出动巡查人员189人次，检查工地46个次，检查主次干道58条次，严格控制扬尘污染。开展黄标车淘汰，实行周例会、调度通报、督查检查、限行管理、综合执法等多措并举，淘汰黄标车376辆，完成年度淘汰任务的100%。推进燃煤电厂超低排放改造，对漳浦龙口热电厂1#机组进行超低排放改造。台玻二期脱硫效率达85%以上，脱硝效率达70%以上，扬绿热能有限公司脱硫效率达70%以上，新增设的县城区空气自动监测站于12月10日建成投入运行，与省预报中心联网。2017年，县城区空气质量平均达标天数比例为96.90%。

【总量减排】

加强县城污水处理厂一、二期工程日常监管，每月调度，确保稳定运行；加强台玻（福建）光伏玻璃有限公司日常监管和每月调度工作，确保2#生产线脱硫、脱硝效率达到预期目标；加强扬绿热能有限公司日常监管和每月调度工作，确保脱硫效率达到正常效果；加强县境内国控、省控17家企业的监管，督促17家企业每月按时将监测数据上传到省市污染源企业自行监测数据管理系统。做好排污许可证的核查和办理，办理排污许可证269本，其中正式排污许可证253本，临时排污许可证16本。推进排污权交易工作，核定和出具总量指标确认意见函16份。

【环保审批】

推进行政审批制度改革，落实“放管服”政策和措施，为企业提供服务。将12项审批服务事项全部进驻县行政服务中心集中办理，减少申报材料43项，并将所有审批服务事项向省网上办事大厅集中，在市统一服务云平台上集中办理；确定排污许可证变更等7个事项为“最多跑一趟”；开展跨部门纵横为“多审一表、多图一审、横拟审批、职审职办”创新审批方式。推进“放管服”改革，建立“双随机”抽查机制，制定随机抽查事项清单7项，建立市场主体名录库173家，执法检查人员名录库31人。加强事中事后监管。便捷高效做好环评审批服务，累计办理环评审批77个，完成项目竣工验收35个。

【环境宣传教育】

把加强环境宣传教育贯穿环境保护工作的始终，召开环保动员会、推进会15次，并在“6·5”世界环境日、科普宣传周、水日等时间节点，开展环保知识进赤岭中心学校、鹿溪学校活动。编辑《环保简讯》15期，向各级报纸杂志报送新闻信息120多条（篇）。其中，“漳浦县全面提升危险废物规范化管理”在中国县域经济网、《福建日报》刊登，“大格局规划，让城乡入画”“真正还乡村以‘绿水、青山、宜居’”在《闽南日报》刊登。

（撰稿人：蔡聪智）

•市政管理•

【概况】

2017年，漳浦县市容市貌管理、卫生保洁、规划管控、市政维护、市场管理等工作力度持续加大，开展市容市貌专项整治21场，出动执法人员1932人次，整改不规范经营的餐饮店136家，流动摊点887摊次，签订《门前三包责任书》3650份；县城区日均清运垃圾111吨，乡镇场日均清运垃圾403吨；加强县域规划管控，协助拆除违建面积54.19万平方米。

【市容管理机制】

创新管理模式，在保障正常班、夜班上班制度的同时，增设错时班，延长执勤时间，增加巡查覆盖面。建立AB角制度，当A中队出现紧急情况、整治人员不足或须配合县委、县政府中心工作等情况时，B中队有义务全力配合A中队完成城市管理各项任务。落实县城区“门前三包”责任制，出台《漳浦县市容和环境卫生“门前三包”责任区管理实施方案》《漳浦县“门前三包”责任区管理工作考核评价办法》《漳浦县人民政府办公室关于建立“门前三包”责任区管理工作联席会议制度的通知》等。是年，开展市容市貌专项整治21场，出动执法人员1932人次，入店宣传3720余家，整改不规范经营的餐饮店136家，规范违规占道经营商家621家，流动摊点887摊次，下发《限期整改通知书》225份，清理各类横垂条幅432余条，签订《门前三包责任书》3650份，上墙责任牌约3650个。

【环卫保洁与清运整洁】

环卫保洁　强化责任意识，根据主次干道和各个社区的分布情况，将县城区划分成6个卫生责任区，把责任具体安排到每一个人身上。增强保洁力量，保洁公司增加清扫保洁班次，确保县城区全天候保洁；不定期组织对县城区域内各街道路面、街巷结合部、社区、小区的陈年垃圾杂物进行集中清理，清除各类卫生死角。提升改造城区年久失修、设备老化的垃圾中转站，提升改造升降架8座，更换所有的保险盒、旧线路，改建卫生间5间。

清运整洁　垃圾清运分为县城区和各乡镇，县城区清运对象为5个垃圾中转站、3个垃圾临时堆放点以及36个物业小区，日平均垃圾运输量约111吨；乡镇垃圾清运对象为全县19个乡镇场，日平均垃圾运输量约403吨。增加设备投入，新置标准铁皮垃圾箱（可回收、不可回收）200个和环保垃圾桶900余个，用于县城区主干次道和各个社区的垃圾收集。购置新型的道路清扫车12辆。

【县域规划管控】

县城区域　多次开展违章建设专项行动，配合县旧城改造征迁指挥部的征迁红线内、断头路片区及城郊接合部的管控工作，分片划区，责任到人。对钉子户、重点户、难点户严格管理。已发现各类违建抢建240起，及时有效制止148起，组织拆违行动85次，依法强制拆除92宗，拆违面积1.09万平方米。

南岸片区　实行24小时全天候巡查管控，按照“立即停，坚决拆，严监管，综合治”的原则，查处各类违法建设，对违法建设坚决做到露头就打，冒头就拆。是年，发现违搭抢建行为13起，当场制止11起，组织拆除2起，拆除面积410平方米。

万区生态产业园区　在加大巡防力度，安排执法人员在重点时段、重点部位严密防控的同时，采取“上门入户宣传先行，化解矛盾政策先行，自行拆除保障先行”的方式，对各类违法建设实行前置管理，从源头上减少群体性事件的发生。至年底，通过责令自行拆除，强行拆除等方式，责令停止建设64家，拆除违法建筑48起，拆除面积1.61万平方米。其中自行拆除12起，拆除面积1295平方米；机械拆除8起，拆除面积6280平方米；保障土地征收清表交地1051.87公顷。

【市政管理】

建筑垃圾专项整治　开展建筑垃圾专项整治46场，集中清理县城区道路两侧、建筑工地周边乱堆放的建筑及装修材料和垃圾;在金浦大道、金鹿路、中华路等部分路段设置防护栏,防止建筑垃圾屡清屡倒,不定期开展“滴撒漏”专项整治行动。是年,查处乱倾倒建筑垃圾行为9起,清理“滴撒漏”行为111起,组织清扫人员2136多人次,清理建筑及装修垃圾4600多立方米,设置防护栏约2500米。

实施亮化工程 完成县城区东胜路、鼎元路、湖滨南路、麦市街、金浦大道路灯改造,更换电缆6940米,LED灯24件(套)。全面检查国道324线8200杆路灯接地线等安全隐患,对发现问题的1600杆进行维护,改造缺损的路灯14杆,更换电缆600米。全县累计更换毁损的灯罩8240个,更换灯管1.63万个;维护朝阳花园、龙泉大厦、宏邦楼、地税大楼等夜景42幢,亮灯率常年保持在98%以上。

户外广告牌、“牛皮癣”整治 拆除未经审批私自设置、审批过期或存在安全隐患的各类违章户外广告设施,拆除户外大型广告牌13面1181平方米,罗马旗350个,清除违章展板7块。雇用专业人员分片区清除各主要街道、背街小巷、无物业小区的“牛皮癣”,探索不同材质、不同颜色“牛皮癣”清洗办法,防止“二次污染”。

查处私设路障、违章破路行为 对擅自占用人行道、私自设立停车位,做到发现一例制止一例,强制拆除屡禁不止路障18起。对无证施工、违章破路的行为,及时责令施工方停工,补报手续,累计督促补报审批手续的有25起。

流浪人员救助 安排5名工作人员,1辆救助车,负责县城区流浪人员救助安置,收容救助流浪人员13人。

【农贸市场管理】

针对县城中心农贸市场设备老旧,市场周边占道经营和脏、乱、差等现象,加强市场安全隐患排查,更换老旧用电设备,聘请安全员对市场每天进行安全检查。同时,每天安排6名市场管理人员,从凌晨5点开始上岗,对农贸市场占道经营、乱搭乱设进行疏导整治,疏导流动摊点3219摊,规范摊户及市场内店面商家36户,拆除违章搭盖626处,其中拆除黑网489张,拆除帐篷137个。

【“两违”综合治理】

牵头协调全县各职能部门开展“两违”整治,查处抢建违建、新占地抢建违建、侵占已完成的征地区域进行抢建违建等“两违”行为,配合乡镇拆除“两违”建筑,有效遏制“珊违”多发势头。是年,配合乡镇拆违22次,出动执法人员380人次,协助拆除违建面积54.19万平方米,腾出土地可利用面积77.75万平方米,优化利用73.62万平方米,利用率94.68%。被省“两违”综合治理专项行动领导小组评为全省“两违”综合治理专项行动表现突出单位。

【“渣土车”整治】

规范全县渣土车的运输、处置和管理,联合县公安交警大队、交通执法大队等部门开展渣土车整治行动,对各重点区域、重点路段、重点工地的不定期巡查,查处渣土运输车辆非法改装、拼装、无牌、无证、无资质、超载、超限、沿途滴洒漏等违法违规行为。是年,执法巡查278次,查处渣土车违法违规行为192起,对非法改装、拼装车辆强制割斗32起,罚款7.23万元,完成安装GPS录入管控平台45辆。

(供稿:县市容管理处)

交通　邮电

·交通运输·

2017年5月17日，漳浦县委书记戴平忠带领县直有关部门到旧镇镇至纵一线连接线项目建设现场开展调研活动。　　（洪锦城　摄）

【概况】

2017年，漳浦县拥有公路总里程2237.45千米，其中沈海高速66.50千米，国道G324线50.40千米，国道G228线57.45千米，县道242.10千米，乡道678.30千米，村道1142.70千米；道路运输经营企业212家，其中客运企业10家（出租车公司3家、旅游客运公司1家）、货运企业56家、危货企业4家、汽车客运站22家、汽车维修企业114家（二类45家、三类69家）、驾培机构6家、营运客运车辆135辆，出租车185辆、公交车76辆。全县拥有货运车辆3603辆。

【重点交通项目建设】

是年，漳浦县交通先行工程竞赛项目14个（完工2个、续建3个、新开工8个，前期工作1个），市级竞赛任务应完成投资18.90亿元，实际完成投资23.34亿元，占任务的123.50%，超序时进度23.50%。

漳州沿海大通道漳浦段佛昙湾、旧镇湾2座特大桥（完工）　漳州沿海大通道漳浦段全长57.30千米（佛昙湾特大桥2501延米、旧镇湾特大桥1818延米），概算总投资为33.50亿元，53千米路基路面工程已完成交工验收。是年计划完成投资5.34亿元，实际完成投资5.34亿元，占年度计划的100%。至年底，两座特大桥已完工并全线通车。

中共闽粤边区特委红色旅游经典景区（靖和浦）出口公路（完工）　项目里程33.10千米，项目总投资4.39亿元。项目分为4个标段，S2标段于2015年年底完工，S1、S3标段于2016年年底完工。S4标段里程长10.63千米，是年计划完成投资8453万元，实现主体完工，基本满足通车条件。实际完成投资8453万元，占年度计划的100%。至年底，S4标段已完成部分路基路面工程。

漳江湾特大桥及连接线工程（续建）　项目里程长6.31千米，其中漳浦段2.57千米，漳浦段估算总投资4.50亿元，按照双向六车道一级公路标准建设，路基宽度32米，沥青砼路面，项目建设年限3年。是年计划完成投资2亿元，完成部分下部结构施工及梁片预制。实际完成投资2.46亿元，占年度计划123.20%。至年底，完成桥梁下部结构，进行主桥墩柱施工。

漳浦港城大道（续建） 项目里程长13.35千米，按双向六车道一级公路标准建设，设计车速60千米／小时，路基宽度60米，沥青砼路面，隧道1360米，概算总投资约12.89亿元。是年计划完成投资3亿元，实际完成投资6.64亿元，占年度计划的221.40%。至年底，一期工程正在进行巷内隧道、瓷窑大桥及路基桥涵施工，二期工程完成部分路基土石方及桥涵工程。

旧镇镇至沿海大通道连接线工程（续建） 项目里程长2.92千米，项目概算总投资1.10亿元。是年计划完成投资5000万元，完成路基、桥涵工程，路面工程基本完成。实际完成投资8909万元，占年度计划的178.20%。至年底，完成部分路基路面工程。

G324漳州九龙岭漳浦段公路工程（新开工） 项目里程长3.50千米，估算投资4.10亿元，业主为漳龙集团，漳浦县负责征迁工作，征迁工作约完成65%，工程于5月开工建设。是年计划完成投资1.50亿元，实际完成投资15692万元，占年度计划的104.60%。至年底，隧道顺利掘进，完成部分路基工程。

湖西乡至沿海大通道连接线工程（新开工） 项目路线全长15.55千米，按双向四车道二级公路标准建设，路基宽度23米、水泥路面宽15米，概算总投资约2.55亿元。是年计划完成投资1.7亿元，实际完成投资1.85亿元，占年度计划的108.90%。至年底，正在进行路基土石方施工。

佛昙漳东线至沿海大通道连接线工程（新开工） 项目路线全长4.50千米。按双向四车道二级公路标准建设，路基宽度23米、水泥路面14.50米，概算总投资约9000万元。是年计划完成投资3000万元，实际完成投资4218万元，占年度计划的140.60%。至年底，正在进行路基土石方施工。

Y304万绥路、安义路道路工程（新开工） 路线全长12.53千米。按一级公路标准建设，沥青砼路面，双向六车道，路基宽度40米，概算总投资7.15亿元，项目业主为漳浦万安经济发展有限公司。1月开工建设，是年计划完成投资1.8亿元，实际完成投资2.26亿元，占年度计划的125.70%。至年底，正进行路基土石方施工。

X584赤土万安园区至深土沿海大通道连接线工程（新开工） 路线全长13.45千米，按双向六车道二级公路标准建设、设计速度60千米／小时、路基宽度50米、32米，总投资约7.59亿元。11月开工建设，是年计划完成投资5000万元，实际完成投资8616万元，占年度计划的172.30%。至年底，正进行路基清表。

前亭镇至沿海大通道连接线工程（新开工） 路线全长6.78千米，按双向六车道二级公路标准建设、设计速度60千米／小时、路基宽度32米，估算总投资约3.43亿元。12月开工建设，是年计划完成投资4000万元，实际完成投资1450万元，至年底，正进行路基清表。

X585坂旧线（观音亭至象牙）公路改造工程（新开工） 路线全长5.30千米，按双向四车道二级公路标准建设、设计速度40千米／小时、路基宽17.50米，估算总投资约1.52亿元。12月开工建设，是年计划完成投资4000万元，实际完成投资490万元。至年底，正进行路基清表。

三平至东南花都公路漳浦段（新开工） 项目里程长16.80千米，估算投资3.50亿元，按照双车道三级公路标准建设，路基宽度8.50米、12米，水泥混凝土路面。至年底完成部分路基及桥涵工程。由市交通集团代建。

国道G324线漳浦城关过境线工程（前期项目） 项目里程19.75千米，采用一级公路标准建设，双向六车道，设计速度80千米／小时，路基宽度33米、路面采用沥青混凝土路面，概算总投资13.50亿元。至年底，项目建议书已批复，勘察设计单位已确定，正开展设计工作，完成工可评审。

【农村公路建管养】

农村公路建设 是年计划

完成农村公路建设120千米，实际完成114千米，投资6840多万元，占年度任务投资额95%。

农村公路安全防护工程 完成全县农村公路县、乡道的安全生命防护工程389千米和为民办实事交通道路安全隐患18处整治工程，投入660多万元。

农村公路养护 对全县农村公路县、乡、村和自然村道2075千米做好养护管理。按照省政府“县道县管、乡道乡管和村道村管”的管养责任体系，对103千米的县道除日常有人管养外，每年进行不少于2次全面清理和修复。是年，投入农村公路养护管理资金1000多万元。

创建农村公路示范路 做好县道浮赤线湖西至赤岭段10千米的省级农村公路生态示范路建设。

危桥改造 完成投资1150万元，改造完成绥安镇鹿溪大桥、马坪镇马坪1桥，石榴镇过溪桥、龙屿桥和盘陀镇通坑桥、水阁桥等6座危桥；至年底，在建的有官浔镇康庄桥和杜浔镇黄金坂桥等2座危桥。

【运输行业管理】

推进城乡客运一体化 优先发展公共交通，全县公交车辆76辆，其中有52辆公交车从县城开往周边盘陀、旧镇、石榴、长桥、赤土等乡镇，基本实现县城周边公交城乡一体化。发展农村客运，全县农村客运车辆70辆，基本实现村村通客车。圆满完成春运工作任务，组织159辆客车、96辆公交车、185辆出租车参加旅客运输，春运期间安全发出客运2万班次，运送旅客47.90万人次。

客货运管理 落实物流“两个100%”，全县60家（含危货运输企业4家）货运企业全部与县交通运输局签订责任状，各企业也与员工签订承诺书；各乡镇负责与2170个个体运输业户签订责任状和承诺书。开展货运排查清理，已清理公告注销超期未换证的货运车辆1246辆，注销不具备经营条件的货运站3家。落实客运实名制购票，组织对入厦班车、客运站点、实名制管理、安检设施等进行大检查。漳浦车站实行实名制购票，中途上客实行实名制登记购票，农村客运实行实名制登记购票。规范维修行业，开展机动车维修市场专项整治百日行动，对存在“三合一”的现象开展“拉网式”“全覆盖”的隐患排查，对发现隐患9家企业，限期落实整改。加强培训行业管理，运用互联网推动驾培业转型升级，实施先培训后付费、计时培训计时收费、分阶段收费等新收费模式，提升培训服务质量。

安全生产 落实“党政同责、一岗双责”规定，以“平安交通”创建活动为载体，强化责任落实，运输行业未发生安全生产亡人事故，未发生消防安全责任事故和行车事故。对县客货运企业、危货运输企业、交通建设工程开展安全隐患排查和督查，监督检查企业102家次，排查事故隐患122条。其中，当场整改110条，限期整改隐患112条，投入整改资金26万元，对存在安全隐患的企业发出《交通运输违法行为责令改正通知书》56份。加大安全宣传教育力度，组织从业人员安全生产教育培训5期（场），受训人员700人次，发放安全宣传手册或材料5600份，悬挂宣传标语20条。

交通执法 先后开展“春雷”“雷霆”等系列行动，查处“非法营运”“超限超载”等非法违法行为，及“两客一危”、万安园区、县城区等重点领域重点区域整治。累计出动执法人员4850人次，出动执法车辆1260辆次，查处各类交通运输违章违法案件790起，罚没311.92万元。其中：超限运输违法案件236起，处罚136.30万元；货车非法改装案件316起，处罚85.20万元；非法货运经营案件66起，处罚19.80万元；查处非法客运经营案件42起，处罚54.80万元。

（撰稿人：陈嘉伟、刘睿华）

·邮政·

【概况】

2017年，漳浦县邮政分公司围绕“强经营、强管理、强发展、创增量、促增收、降成本、提效益、补短板”的中心工作，实施“一体两翼”经营发展战略，突出代理金融、包裹快递、农村电商

6月4日，中国邮政集团公司副部理张荣扶到漳浦邮政公司调研运营情况

（县邮政局 供图）

三大发展重点，企业经营持续向好，实现邮政总收入15428.44万元，完成年度预算的116.49%，同比增长32.73%；实现利润2259万元，完成市分公司下达的利润目标。

【业务基础管理】

规范工作秩序，在管理工作中始终坚持高标准、严要求，以流程办事、制度管人，细化量化各项基础管理工作。加大业务检查频次和力度，将风险降到最低限度。严格成本管控，实现增收节支。持续建设、完善"县乡村三级物流配送体系"和"农产品供应链体系"。坚持高标准严要求的原则，推进"五合一""三位一体"作业流程和生产模式改造，增强网运分拣、投递、包裹处理等能力。完善安全管理工作机制，开展"金盾""红盾""绿盾"、平安邮政创建等专项活动，确保邮政生产、寄递安全。

【业务发展】

"金融翼"发展持续创好 贯彻"以存款为核心"的发展理念，加大激励考核力度，强化网点经营管理，营造良好的发展氛围。是年，累计实现代理金融收入4692万元。截至12月31日，全县邮储期末余额达20.55亿元，年净增7457万元；活期存款占比、存款综合收益率分别为50.60%、1.68%；新增电子银行激活数7314户，电子银行交易替代率为94%，排名均为全市第一。

"寄递翼"不断发展 围绕包裹快递"十大目标、十大任务、十大方法"开展工作，调结构、强能力、提效益，包裹快递业务取得新成效。是年，累计实现国内包快收入319.63万元，完成年度预算的139.58%，同比增长105.73%，业务收入规模位列全市第三位。

专业联动不断增强 落实省、市分公司农村电商发展工作部署，承建政府农村电商项目，物流体系和供应链体系，于年初通过商务部组织的绩效评价。至年底，政府补贴1112万元，已全部到账，为农村电商事业的后续发展提供有效的软硬件支持。

基础邮务类业务转型发展 推进报刊、函件、集邮等基础邮务业务以及与包快、金融、农村电商的整合发展，组织架构改革后更加注重综合营销、综合协调，更加注重邮务类业务转型发展、联动发展。是年累计实现函件业务收入159.02万元，完成年预算指标的100.01%；累计实现报刊业务收入393万元，完成年预算指标的115.59%；累计实现集邮业务收入133.61万元，完成年预算指标的94.76%；累计实现增值业务收入404.02万元，完成年预算指标的100.01%。

（供稿：县邮政分公司）

·电信·

【概况】

2017年，电信漳浦分公司收入市场份额27.18%，发展天翼手机用户净增1.80万户，真4G用户净增4.20万部，真4G占比66.07%；宽带净增0.88万部，高清电视净增3万部，高清渗透率61%，百兆占比69.18%。被电信福建分公司评为“经营贡献奖”，被电信漳州分公司评为“效绩考核二等奖”“党风廉政建设先进集体”。

【业务成效】

教育信息化建设　签约教育信息化管理平台，为全县205间学校建设教育城域网，助力教育信息化。

基站建设　至6月15日，提前完成上级下达的424个LTE800M基站建设开通任务。

光资源建设　加大光资源覆盖，加快光端口扩容建设，新增AP光端口13733个、新扩容PON OLT下行业务端口432个、新建10个10G OLT点。全县累计光端口数超过20万个，有效保障光宽带高速畅通。

千兆小区建设　扩建10GOLT，致力千兆小区建设。宽带发展千兆引领、百兆主打、50兆入门，宽带流量倍增；完成扩建城东局等10个10GOLT，建成丽都新城三期、国际豪庭等2个标杆千兆小区。

打造“四小”品牌　投入资金24万元，新建、修缮9个农村分局“四小”（小食堂、小浴室、小卫生间、小活动室）“六好”（生活好、氛围好、管理好、学习好、形象好、绩效好）设施，改善农村分局工作生活条件。

【技能培训】

围绕网络基础、网络运营、数据运营、渠道销售、客户服务五个方面能力，开展员工岗位练兵、技能竞赛等活动，提升队伍综合素质和岗位竞争能力。开展“海西天翼杯”技能竞赛、“安康杯”竞赛等活动，助力天翼、宽带、ITV等各项业务发展。

（撰稿人：卢有财）

7月5日，漳浦电信分公司与县教育局举行教育信息化综合管理云平台项目合作签约　　（县电信分公司 供图）

•移动通信•

【概况】

2017年，移动漳浦县分公司围绕至2020年城乡实现4G和光网全面覆盖、固定宽带家庭普及率达到77%、移动宽带用户普及率达到85%、互联网普及率达到70%、城市和农村家庭宽带接入能力分别达到100M和30M的五年目标，持续开展网络提速行动，新建成2G/4G基站120个，新建成光纤端口0.70万个；建设全业务机房3个、管道60孔千米。

【网络提速行动】

实施“数字漳浦”，加快网络提速建设，累计投资5000万元，加强基础通信设施和实施无线宽带接入网扩容工程，新建成2G/4G基站120个，提升4G网络覆盖的深度和广度；率先开展5G网络部署规划，加快NB－IOT窄带物联网规模部署，推动下一代互联网在漳浦经济社会各领域的深度融合应用。

【建设“全光网县”】

加快光纤到户建设进度，是年，宽带新增覆盖203个建制村，新建成光纤端口0.70万个；建设全业务机房3个、管道60孔千米，140条大客户专线及城域骨干传输网实现扩容提速，提升县域光网覆盖水平。

【信息惠民】

做好取消国内流量“漫游”费的各项准备，7月1日起取消流量本地、全国差别，统一为全国流量。推广“移动不限量”等大流量套餐，用户可随时随地随心的流量使用。降低家庭宽带、企业宽带和专线使用费。助力漳浦“双创”(创全国文明县城、全国卫生县城)工作，为政务、医疗、教育及各项重点建设项目提供高速便捷的信息化网络。已安装移动视频监控网络500多条、接入办公专线超过300家、开通专线条数1000多条，其中百兆宽带占比达50%以上，企事业单位带宽价格平均下降30%。

(供稿：县移动公司)

·联通·

【概况】

收入 2017年，联通漳浦分公司全网收入8250万元，收入完成率93.10%，缺口304万元，同步增长2.60%。集客收入879万元，占比21.32%，公众收入3246万元，占比78.69%，行业收入份额占比12.93%。

用户规模(分专业占比、市场份额) 截至2017年，发展移网手机2.78万户，出账用户数18.34万户，用户净增1230户，行业出账份额26.78%。

流量释放 流量释放212.67万G。行业流量释放份额27.39%，同比提升6%。

毛利完成情况 漳浦县分公司收入8222万元，市场经营线成本2031万元，毛利6192万元，毛利完成率92.19%。

网络基本情况 截至2017年12月，2G基站318个，人口覆盖率80%；3G基站775个，人口覆盖率99%；4G基站610个，人口覆盖率96%。宽带端口43120个，端口利用率39.10%。

【新增收入有突破】

重点聚焦政府信息化、物流、医疗、教育、企业信息化、信息平台等六大信息化领域和绥安工业区、古雷开发区，以教育班班通、数字城管、智慧园区封闭式管理等信息化应用产品切入政府及企业的核心管理，配合“固网送流量”政策，赠送流量回馈客户，提升客户对联通行业信息化项目的服务感知。是年，实现与厦蓉高速扩容建设视频监控项目、司法局车载GPS项目、武装部山门哨所监控项目、绥安工业区监控等4个项目签约。年新增收入203万元。

【4G整转】

针对不同群体数量的大客户和企业，匹配相应的整转政策和资源，提升整体转网能力。在拥有新集团客户的同时，结合固网送流量的优惠政策，维系、挖掘存量集团。是年，完成4G用户整转项目26个，其中大型整转13个，中型整转3个，小型整转10个。

【推进非套流量营销】

依托政务、行业信息化应用和商企营销，重点聚焦流量V网平台、MIFI、APN和物联网卡等产品，签定号码网35.50万元V网平台流量合同，提升非套流量营销和项目嵌入营销能力。是年，流量累计释放63.27万G，流量收入2961.58万元，全市排名第二。

(供稿：联通漳浦分公司)

科技　教育

· 科学技术 ·

【概况】

2017年，漳浦县科技工作实施科技项目带动战略和知识产权强县战略，开展创新转型项目竞赛，申报认定高新技术企业3家，纳入高技术行业企业10家；3个项目纳入年度省级科技计划，获立项补助资金185万元；3个项目纳入市级项目，获立项补助资金70万元；推动企校技术合作，2家企业与高校开展技术合作，建立企业院士专家工作站1个；开展科技下乡服务，选派5名科技特派员挂钩5个贫困村，开展科技扶贫。

【竞赛活动】

按照《漳州市创新转型项目竞赛考评办法通知》要求，做好“三抓三比、十项竞赛”创新转型项目竞赛工作。是年，全县新增研发投入500万元以上企业申报35家；新申报高新技术企业8家，通过认定3家(即盛新彩钢、漳州微水环保、比速光电)；新纳入高技术行业企业10家。在全市创新转型项目竞赛评比，漳浦县获全市各县区第一名。

【科技项目申报立项】

省级科技项目申报　组织申报2017年度省级科技计划项目5个，其中3个项目获立项，获立项补助资金合计185万元。3个项目分别是：同溢堂药业有限公司的“益安宁研制与工业化生产关键技术研发”，申报省区域发展项目；华达(福建)玩具有限公司的“全新高智能化信息化婴儿车的设计与制造”，申报省对外合作项目；福建趴趴跑生态农业综合开发有限公司的“优质猪快速繁育及配套技术应用与推广”，申报省星火项目。此外，组织申报2018年省级项目8个，4个项目获得立项。

市级科技项目申报　组织申报2017年度市级项目8个，3个项目获立项，获立项补助资金合计70万元。3个项目分别是：福建扬基生物科技股份有限公司申报中小企业创新基金项目“铁皮石斛龙眼树林下仿野生立体培育与生物防治技术”，获扶持资金10万元；漳浦长禾农业机械有限公司申报中小企业创新基金项目“改进型履带自走式花生联合收获机的研究”，获扶持资金20万元；同溢堂药业有限公司申报的科技重大专项“安宫牛黄丸的产业化关键技术研究”，获扶持资金40万元。

【工业科技新成效】

新增高新技术企业3家　举办高新技术企业认定和研究开发经费归集培训，提高高新技术企业申报的积极性，做好研发费用核算归集，让企业享受激励创新税收优惠政策红利。组织漳浦盛新彩钢结构有限公司，漳州微水环保科技有限公司、美丽家香食品有限公司等8家企业申报年度高新技术企业认定。至年底，漳浦盛新彩钢结构有限公司、漳州微水环保科技有限公司、比速光电3家通过高新技术企业认定。

新增省级科技小巨人领军企业6家　是年，组织漳州仂元工业有限公司、漳州伟伊化纤有限公司等6家企业通过省科技小巨人领军企业认定备案。组织6家省科技小巨人领军企业参与申报研发费用加计扣除，其中有4家获得奖励专项资金合计

64.10万元。同时，组织福建和进食品、车城汽配等10家企业申报2017年第一批省科技型企业备案。

新增高技术企业10家 是年，漳浦县新增高技术企业10家，即福建致易电子科技有限公司、漳州桂宏工业有限公司、漳浦欧莱富康复器材有限公司、金名山光电(漳浦)有限公司、漳州联合发电子科技有限公司、盛新彩钢、漳州市万顺兴电子、村哲实业、鸿群电器、车城汽配。

2家企业获漳州市创新创业大赛奖项 是年，推荐微生活(漳浦)文化传媒有限公司、福建扬基生物科技股份有限公司等5家企业申报漳州市创新创业大赛，有2家企业进入决赛，其中漳浦长禾农业机械有限公司获得二等奖，奖励20万元，福建扬基生物科技股份有限公司获得三等奖，奖励10万元。漳浦长禾农业机械有限公司和漳州微水环保科技有限公司2家企业进入全省创新创业大赛决赛，漳浦长禾农业机械有限公司获得成长企业组三等奖，漳州微水环保科技有限公司获得成长企业组优胜奖。漳浦长禾农业机械有限公司成功晋级国家赛。

【企校技术合作】

走访调研了解企业发展现状、科技创新情况，收集企业技术需求10余项。推荐参加“11•18”食品技术对接会，有2家企业在会上签约，即漳州市美丽家香食品有限公司与中国海洋大学开展技术合作，研究海洋生物开发与加工项目；福建绿泉食品有限公司与江南大学开展技术合作，研究果蔬食品深加工项目。推荐同溢堂药业有限公司申报省科技成果购买补助项目，申请金额103.5万元，已获得省科技厅立项。

【自主创新、高水平研发平台建设】

推进创客空间（企业孵化器）建设，组织引导广盛创客投资管理有限公司、四通物流集团、麦埔村大学生创业园建设众创空间，并提交申报省市创客空间认定，其中广盛创客投资管理有限公司已经吸引入住企业20多家。挖掘漳州科技学院等企事业单位进行重点实验室申报。福建万辰生物科技股份有限公司与吉林农业大学李玉院士签订合作项目，组建福建万辰生物科技股份有限公司院士专家工作站，并于11月30日被批准为市级院士专家工作站。

【知识产权工作】

组织福建省仁常食品有限公司、福建福船一帆新能源装备制造有限公司、漳浦丰滋雅食品有限公司、漳州钜宝生物科技有限公司、绿力生物科技有限公司、望松集团有限公司等6家企业13人次参加知识产权知识远程教育培训，提高企业知识产权风险防范和保护水平。至年底，全县专利申请2032件，其中发明114件，实用新型1633件，外观设计285件；专利授权713件，其中发明6件，实用新型664件，外观设计168件，有效发明专利59件。申报市专利产业化项目1个。对2016年7月至2017年6月授权专利给予奖励，总金额300多万元。

【科技下乡服务】

选派5名专业技术人员为科技特派员与湖西乡后洞村、石榴镇龙岭村、赤岭乡土塔村、南浦乡美林村、中西林场中西村等5个贫困村开展实用技术技能培训，引导贫困村发展特色产业提高贫困村自我发展能力。邀请知识产权服务机构深入茶、花卉企业，开展专利申请、知识产权咨询、知识产权政策宣传等知识产权服务。跟踪督促省级专利培植企业漳州钜宝生物科技有限公司承担的“一种蝴蝶兰的育种方法等专利技术的产业化运用研究”、县级专利实施产业化《含茶系列食品专利技术的产业化应用》项目实施情况，促进花、茶企业转型升级。

(撰稿人：王春麟)

• 教育事业 •

【概况】

2017年，漳浦县有中小学、幼儿园572所，其中：公民办幼儿园367所，中小学203所，职校、电大分校、特殊教育学校各1所；在校生10.77万人，其中：幼儿7614人，小学生6.11万人，初中生2.54万人，高中生1.36万人。漳浦县被评为“漳州市高中教育教学质量先进县”“漳州市初中教育教学质量达标县”。

【学前教育】

贯彻落实教育部《3—6岁儿童学习与发展指南》，组织实施《漳浦县学前教育三年发展规划》，引导民营办学，发展学前教育，规范幼儿园保育教育管理工作。全县幼儿园367所（公办园26所，民办园241所），其中，省示范性幼儿园3所（实验幼儿园、第二实验幼儿园、江滨幼儿园）、市级示范性幼儿园3所（赤湖镇中心幼儿园、佛昙镇中心幼儿园、实验幼儿园古雷分园）、县级示范性幼儿园24所。公办园在园幼儿7614人，占入园幼儿20.30%；民办园在园幼儿2.99万人，占79.70%。全县幼儿入园率99.28%。

【小学教育】

小学教育以抓好学校教育教学常规管理、开齐开足省颁课程、提高教育教学质量为立足点，建立科学合理、全学科全覆盖的教育教学质量监测和评估体系。落实省颁课程，加强语、数之外的学科教学常规检查力度，组织实施体、音、美、信息技术等科目教学质量监测、四年级统测和六年级抽测。通过监测，提高全县小学的整体办学水平，推进小学教育均衡发展。全县小学（含教学点）161所，教职工3095人，在校小学生6.11万人，是年秋季毕业生9207人，招收新生10106人，全县学龄儿童入学率达100%。实验小学分校等4所学校顺利通过省级“义务教育管理标准化学校”评估验收，绥安中心学校、石斋小学被评为省级“课改基地校”。

【初中教育】

初中教育坚持“一中上线数”群众指标和“综合比”专家指标并重，解决流生多辍学率高、基础差学科不平衡、基础知识基本能力不扎实、“抓小头放大头”等问题。是年，全县有初中校32

8月30日，县教育局举行“慈善圆梦大学”及高中生孤儿助学金发放仪式　（教育局 供图）

所(其中九年制初中校4所),教学班536个,在校生2.54万人,应届毕业生8130人,秋季招生数9223人,初中学额巩固率99.40%。漳浦县被评为"漳州市初中教育教学质量达标县",道周中学等9所学校获"初中教育教学质量先进校",漳浦三中等19所学校获"初中教育教学质量达标校"。

【高中教育】

全县高中校11所(其中高级中学1所,五中、六中保留高中建制,只招收初中生),教学班264个,在校生13635人,应届毕业生4732人,秋季招生数4102人,高中毛入学率97.85%。针对高考考试使用全国卷改革方案,从师资配置、课程设置、业务培训等方面统筹规划,确保教学秩序平稳过渡。是年,全县高考本一上线率为19.61%,本科上线率为58.60%,漳浦县获"漳州市高中教育教学质量先进县"称号,漳浦一中获漳州市"高考功勋奖",漳浦二中、道周中学被评为"高中教育教学质量先进校",其他高中校全部进入"高中教育教学质量达标校"系列。

【职业技术教育】

漳浦职业技术学校开设机电技术应用等11个专业,教职员工220人,在校学生2315人,2017年毕业生764人,招收全日制新生702人。学校着重抓好技能型人才培养水平,不断优化课程专业设置,强化教学、学习、实训相融合,坚持文化课和专业技能培养两手抓。是年高职单招中,被本科院校录取2人,专科院校录取153人。漳浦职业技术学校被市教育局评为年度中职校教育教学质量考核"先进单位"。

【成人教育】

在全县形成以电大开放教育为主体,高校网络教育和函授教育、中职教育、社区教育等多类别、多层次的成人教育体系。漳浦电大学历教育涵盖理工、经济、艺术、医学等类别,已开设本、专科20几个专业,春季电大开放教育完成招生307人,招生数居全省县级电大首位。

【师资队伍建设与管理】

完善师资补充机制,是年,考录新教师200人(其中169名充实到农村学校),选调61名农村教师到县城学校任教。推进教师合理流动,落实《漳浦县义务教育学校校长教师校际交流实施意见》,有280名教师参加交流教学。实施名师工程、强师优教和名师带动工程,培养一批教学能手、骨干教师和学科带头人,建立拥有省市级研究型名师38人、学科带头人190人、骨干教师405人的名师队伍。持续开展"一师一优课、一课一名师"活动,有8节课获省级"优课",61节课获市级"优课"。

【教育督导与评估】

成立石榴、长桥、赤土、旧镇等4个乡镇片区督导组,从教育局机关抽调26名县督学、学校挂牌督学和会计核算员组成片区督导组,负责对各片区学校教育教学、财务审计全方位督促。12月8日,聘任第二届学校责任督学60人(含10名县政府督学),挂牌进行督学督导。

【改善办学条件】

是年,争取到省级及以上补助资金累计7136万元,其中"全面改薄"资金3884万元,"校安工程长效机制"省级补助资金1822万元,"公办幼儿园建设项目"省级补助资金960万元,"省级预算内投资项目"资金470万元。实施中小学(含幼儿园)建设项目69个,建筑面积9.63万平方米,总投资2.02亿元。推进智慧校园建设,投入1000多万元用于信息化建设,其中,教育信息化综合管理云平台投入996万元,中小学微课工作室投入74万元。9月8日,县委十三次会议审议通过《关于加快社会事业发展补齐民生短板确保如期全面建成小康社会的决定》,锁定教育领域民生补短板项目(2017—2020年度)项目100个。其中,幼儿园项目37个,计划投入3.35亿元,建筑面积13.66万平方米;义务教育建设项目29个,计划投入2.51亿元,建筑面积10.41万平方米;高中建设项目26个,计划投入3.47亿元,建筑面积14.38万平方米;职业教育建设项目8个,一期计划投入8870万元,建筑面积3.22万平方米。2017年,教育领域民生补短板开工建设的有万安中心幼儿园综合教学楼等6个幼儿园建设项目和漳浦立人学校教学楼等6个高中建设项目。

【落实惠民政策】

是年,发放各类惠民政策资金3343.34万元,其中,发放幼儿助学金83.55万元,受益学生1146人次;发放少数民族助学金91.73万元,受益学生1615人次;发放普通高中家庭经济困难学生助学金246.99万元,受益学生2505人次;发放普通高中建档立卡等家庭经济困难学生免学费42.16万元,受益学生527人次;发放寄宿生及贫困寄午餐生生活补助524.30万元,受益学生9951人次;发放中职学生国家助学金25.42万元,受益学生255人次;发放生源地助学贷款2224.19万元,受益学生数为3187人。争取少数民族教育提升工程资金105万元,组织实施丰卿民族小学等民族教育提升工程项目7个。

【校园文化建设】

以“美丽校园,文化入景”为导向,以打造“书香校园”为主线,通过开展素质教育成果展示、校园文化艺术节等活动,发挥校园文化的引领作用,校风、教风、学风建设不断优化。围绕社会主义核心价值观,持续开展“向国旗敬礼”“喜迎十九大”等主题教育活动。构建学校、家庭、社会“三结合”育人网络,开办家长学校课堂200多场次。强化校园体育,全县学校学生体质健康及格率100%,其中优秀等级率28.70%、良好等级率51.50%、合格等级率19.80%。漳浦三中等3所学校通过省体育传统特色项目学校(田径)评估认定。

【学校安全综治】

落实“每天5分钟,每周半小时,周末10分钟,每学期最后一节课”的安全教育课;定期开展法制法规教育、安全应急演练,强化交通安全和防溺水安全教育,细化学校安全管理,全面构建学校安全管理工作机制。健全物防、技防、协防、人防“四位一体”的校园治安防控体系。是年投入资金116万元,购买消防水带、应急灯、灭火器等消防安全设施;投入资金510万元,完善校园安防视频监控和报警装置,实现校园视频监控和报警装置并入公安110指挥中心监控平台。配备学校专职保安员176人。规范校车安全管理,对已购置的123辆国标校车配套GPS定位系统。开展平安校园建设,全县572所中小学、幼儿园开展“平安先行学校”和学校安全标准化两项创建活动,创建参与率和验收合格率均达到100%。

【党建工作】

3月,成立党务工作服务中心,全县原隶属乡镇党委60个学校基层党组织2281名党员于4月12日全部整转归口教育局党委管理。教育局党委下辖党总支4个,党支部103个,党员2947人。

【教育工会】

完成24所学校工会届满换届改选工作,指导实验幼儿园古雷分园完成建会。开展教职员工关爱活动,是年,慰问教育老前辈及一线困难户62人,发放慰问金5.58万元。

【离退教协会】

县离退教协会分设34个基层分会,有离退休教职工会员2700人。组织离退休教职工会员开展各项文体健身活动,组建7支门球队、5支气排球队;一大批退休教师参与当地广场舞、拳剑操队等康乐活动。开展为会员办实事送温暖活动,慰问特困户20户、是年逝世会员遗属57户、危重病号157人、80岁以上高龄教职工193人,发放慰问金7万多元。订赠老年读物《丹霞日志》287册、《新华每日电讯报》40份、《每周文摘》40份,分发基层分会供会员阅读。

(撰稿人:王惠星)

文化 传媒 旅游

·文化·

【概况】

2017年,漳浦县以丰富群众文化生活为理念,持续开展县级群众文化活动30多场次,带动各乡镇村文艺活动200多场次;县芗剧团下乡演出102场,放映农村公益电影3326场,西湖公园双号免费电影放映158场;加强文保单位的保护,先后投入资金2000多万元,完成蔡新府第二期、文庙教育廨、红三军七师司令部旧址等文保单位的修缮;提升公共文化服务水平,县图书馆图书流通13.80万多册,接待读者7.30万多人次;规范文化市场秩序,完成全县128家文化市场经营单位的换证和年检。

【群众文化】

群众文化活动 先后开展"雄鸡唱韵·梁鹿颂春"激情广场大家乐系列活动芗剧专场,"再上新台阶·建设新万安"万安工业园庆祝"五一国际劳动节"文艺晚会,纪念漳浦苏区创建·红三团成立八十五周年文艺晚会,"醉美茶都·印象盘陀"盘陀镇打造茶文化特色小镇暨计生"红五月"宣传活动专场文艺晚会,"拒绝毒品·青春出彩"2017年漳浦纪念《中华人民共和国禁毒法》实施九周年文艺演出,漳浦县文广系统"喜迎十九大·永远跟党走""七一"文艺晚会,"筑梦军旅·书写风流"2017年漳浦县庆祝建军90周年暨征兵、双拥支前文艺晚会,"奋进金漳浦·喜迎十九大"专题文艺晚会,学习宣传贯彻中共十九大精神暨"三下乡"活动"喜庆十九大·奋进新前亭"文艺晚会等文艺展演活动30多场次;主办、承办"书法家义写春联送祝福"走进官浔镇溪坂村、万安工业园区古陂作业区慰

新建成的漳浦关帝文化公园夜景 (蓝智伟 摄于10月)

问，绚彩蕴春——蓝达文美术作品展，中国书法名城名家作品邀请展，“孔子文化节”祭孔大典、漳浦县书画作品展，“黄道周书法奖”漳州高校大学生第一届书法联展暨全国第四届青年书法展，“八闽丹青奖”书法展作品创作看稿会等各类展览30多场次；带动各乡镇村文艺活动200多场次；县芗剧团下乡演出102场，组织获奖剧目《芝麻官系列》下乡巡演20场。

强化文艺创作精品意识 芗剧表演唱《孝悌歌》获第二届福建省曲艺“丹桂奖”大赛南曲（专业）组节目奖二等奖；芗剧《芝麻官系列》获福建省第八届百花文艺奖三等奖。此外，创作方言小品《拒毒》《帮扶》、新编竹马戏《唐二携妻逛漳浦》等节目，创排大型业务戏《双血衣》等剧目。

【非物质文化遗产保护与传承】

“非遗”进校园活动 扶持指导江滨幼儿园开展第二届木偶文化周系列活动，组织参加首个文化和自然遗产日“漳州非遗走进三坊七巷”展演活动，组织世界非物质文化遗产“漳浦剪纸”走进万安学校，举办“漳浦剪纸传承保护示范点”授牌和捐赠剪纸教学物资等活动，确保非物质文化遗产代代传承。

传统民俗活动 利用农村传统节日，组织举办民间传统民俗活动，是年先后举办佛昙龙舟文化节，湖西诒安堡、佛昙、赤湖、竹屿、旧镇等地的“穿灯脚”习俗，赤岭雨霁顶庙会“犇艺”活动，绥安西庙开漳圣王巡安习俗，杜浔文卿“排宵”祭祀等。各活动伴有舞狮、弄龙、锣鼓、八音鼓吹乐、大车鼓、大鼓凉伞、跑旱船、扛尪跳火、攻炮城等富有特色的民俗活动。

非遗展览、竞赛、培训 先后举办漳浦剪纸公益课堂，“迎七一”漳浦县老年大学剪纸学会成立暨小燕子画室创办二十周年剪纸书画作品展，漳浦县庆国庆、迎中秋漳浦剪纸精品展，第27次“全国助残日”系列活动之“无声的绽焕”——漳浦县特殊教育学校学生剪纸•手工作品展；县竹马戏（芗剧）传承保护中心开办“2017年戏曲艺术表演培训班”，开设戏曲表演基本功、唱腔、形体、表演、导演、打击乐等课程，聘请著名戏曲艺术老师夏松生、杨荐美，国家一级导演金爱珠、国家二级演奏员谢梁波等集训授课。

【文物保护】

文保单位安全管理 是年，出动人员922人次，对全县161处“县保”、16处“省保”、5处“国保”进行安全巡查，发出整改通知书9份。为文保单位配置消防干粉灭火器40支。对存在安全隐患的文物进行线路改造和修缮。已完成赵家堡、诒安堡、锦江楼、漳浦文庙等15处省级以上重点文物保护单位的安防建设，并在县博物馆建成全县文保单位安全监控中心，实行24小时全天候安全监控。

文保单位的修缮保护 是年，完成全国重点文保单位赵家堡建筑群修缮工程修编方案，并通过国家文物局审批。诒安堡城墙及城楼（东南角楼至北城门至西城门段城墙、南城门、西城门、东南角楼、东北角楼、西南角楼）、大宗家庙、下房官厅、小宗家庙上落、诒燕堂、勉求轩、小学（仁德堂）、西下楼、永福堂等9处文物建筑通过国家文物局立项批复，完成北门坍塌城墙的修复设计方案；组织设计单位完成全国重点文保单位蓝廷珍府第维修工程方案编制，并报国家文物局审批；完成过港王氏小宗、蔡新故居（永清堡）、中共漳浦中心县委旧址等3处县级保护单位申报第九批省级文保单位。基本完成全国重点文保单位锦江楼的修缮，启动锦江楼环境整治和管理房建设项目的勘察设计；是年投入资金180万元，完成蔡新府第二期修缮和牌匾布置；完成文庙教育廨、启圣祠工程建设。投入资金约400万元，完成漳浦文庙展览陈设布置。投入资金1000万元，基本完成旧县衙的复建工程。省级文保单位蓝理墓、海云家庙、六鳌古城的招投标工作正在实施中。先后投入200万元，对靖和浦中心县委机关旧址、红三军七师司令部旧址、山城烽火（吴氏祠堂）、石榴许氏祠堂（学宗学堂）进行保护维修、展览布置。

漳浦文庙复建竣工 漳浦文庙建于宋代，明洪武初重建。仅存的大成殿于2006年5月被国务院确定为国家级文物保护单位。2013年，漳浦县启动对漳浦文庙大成殿修缮及其他附属建筑的复建工程，以“左学右庙”的传统规制进行布局。2017年9月23日，漳浦文庙举行竣工剪彩仪式。

【公共文化服务】

县图书馆工作 在县图书馆开展“读者服务宣传周”“全民读书月”“有奖灯谜竞猜”等主题活动。推进电子图书借阅机、少儿一体机、手机移动图书馆、微信公众号、门户网站的建设，丰富县图书馆的APP资源。推进图书数据库建设，已建成书目数字库、漳浦县宗祠资料库，地方戏资料库、漳浦县非物质遗产资料库等4个数据库。对过期报刊进行整理、装订、上架，以方便读者查阅。是年，县图书馆办理读者证近4000本，图书流通13.80万多册，接待读者7.30万多人次，电子文献下载量超过2万次；全县所有农家书屋实行免费阅读。

公益电影免费放映 坚持每周逢双日公园公益电影免费放映和每村每月放映一部免费电影，丰富群众的精神文化生活。是年，放映农村公益电影3326场，西湖公园双号免费电影放映158场。

【文化市场管理】

规范文化市场秩序 完成全县128家（娱乐场所19家，网吧42家、印刷企业19家、音像制品11家、图书报刊零售店24家、经营高危险体育项目（游泳）2家、演出团体11家）文化市场经营单位的换证和年检。开展文化市场安全大检查，县文化综合执法大队出动执法人员3356人次，检查网吧278家次，娱乐场所160家次，印刷企业155家次，书店音像店85家次；发现安全出口不畅通等问题的有18家次，应急照明部分损坏的有12家次，灭火器压力不足或过期的有22家次，责令整改103起，排查安全隐患52处，立案查处10件。

开展“扫黄打非” 开展“护苗行动”“清源行动”“净网行动”“固边行动”，加强校园周边出版物市场和娱乐场所检查，查处校园周边兜售盗版、恐怖、迷信、低俗、色情的书报刊、音像制品及计算机软件无证照的游商和地摊；严禁在中小学校200米范围内新办网吧、电子游艺室、歌舞娱乐场所。

（撰稿人：黄翰清）

·新闻传媒·

【概况】

2017年，漳浦县新闻中心积极组稿、投稿，做好漳浦县关于经济、社会、政治、生态、民生、党建等各方面的宣传报道，做好重点、热点、难点、焦点问题的舆论引导，在各级党报党刊、官方网络等刊发各类消息、通讯等5347篇，其中央媒（包括《人民日报》、新华网、《中国县域经济报》等）上稿321篇，省媒（包括《福建日报》、东南网、《海峡导报》《海峡都市报》等）上稿1159篇，市媒（《闽南日报》、漳州新闻网）上稿3867篇，在全市“三抓三比、十项竞赛”宣传工作评比中漳浦县位居全市第一，《福建日报》县级上稿量全省第一。

【对接媒体传递正能量】

紧扣漳州市“三抓三比、十项竞赛”活动和漳浦县“四大重点区域”建设、打造“三张名片”等中心工作，通过对接上级媒体，增强互动，在《闽南日报》开辟全媒体“县域直通车”专版专栏，宣传报道“三抓三比 十项竞赛”工作成效；在《福建日报》新闻客户端“新福建”开通金漳浦地方频道，及时发布漳浦县资讯；在《中国县域经济报》宣传漳浦发展成就。先后发表《福建漳浦栽梧桐引凤凰》《项目驱动，助推产业转型升级》《渔光互补：上面发电，下面养鱼》《万安留水 万安留山》《向隧道深处挺进》《从大平台到“大观园”的嬗变》《好牛 真牛》《紧急救助》等多篇优秀消息、通讯，把漳浦的好故事讲好讲透。

【多媒体对外宣传】

在漳浦新闻网开辟专栏 是年，在漳浦新闻网陆续增设“中国正在说”“平安漳浦”“2017年网络媒体新春走基层”“一带一路·合作共赢”“网信事业新成就”“金浦环保行”“以环保督察为契机推进生态文明建设”“砥砺奋进的五年”“三抓三比、竞赛活动”“习近平:绿水青山就是金山银山”“习主席出访”“2017 年征兵宣传”“金砖故事美丽厦门”“砥砺奋进,继往开来(十九大特别报道)”“2017 年海峡两岸农博会•花博会”等 32 个专题专栏,并陆续制作相应的完整专题页面进行发布。

在《金浦报》开辟专版 在《金浦报》、漳浦新闻网开设中华经典大家谈、道德小故事、八德经典故事、经典名言、道德小漫画等栏目;同时,注重祖地文化资源的挖掘和利用,开设漳浦历代名人系列及“金浦故事”系列专版、专栏,寻访、追溯古圣先贤足迹和精神。

发挥微信公众平台作用 打造漳浦广播电视新闻中心微信公众平台和《福建日报》新闻客户端“新福建”金漳浦地方频道,及时报道漳浦县推进“三抓三比、十项竞赛”的好做法及涌现出来的好典型。是年,推送微信 240 多期,发布新闻资讯 1200 多条,有效提升正能量的传播速度和覆盖面。

(供稿:县新闻中心)

• 档案管理 •

【概况】

2017 年,漳浦县档案局(馆)接收档案 2243 卷、特色资料 50 多册、照片 800 多张;完成馆藏 320 万页档案全文扫描工作,录入文件级目录 68 万条;提供政府公开信息 143 件,接待公众查阅政府公开信息 125 人次;接待档案利用者 3500 余人次,提供档案资料 5300 余卷;至年底,馆藏档案 47306 卷,婚姻、收养等档案 78075 件,资料 1.20 万多册,照片 3800 多张。

【政府信息公开】

落实《中华人民共和国政府信息公开条例》和《福建省政府信息公开办法》的要求,树立为民服务意识,提升服务水平,发挥政府信息公开的作用,群众满意率 100%。是年,接收各单位报送的已公开文件 412 份,接待公众查阅政府公开信息 125 人次,提供政府公开信息 143 件,复印 310 页。

【档案资料接收征集】

以档案资源建设为重点,深入各乡镇场、县直机关,开展到期档案移交检查。提前接收县“两办”、发改局、民政局等利用率较高的档案 2243 卷;征集《漳浦苏区革命史》《美丽福建人文漳浦:福建省著名书画名家走进漳浦写生作品集》《台海:古雷变迁》等特色资料达 50 多册;征集省级书法协会漳浦籍书法家书法作品 40 幅、漳浦古楼堡照片 800 多张、先进奖牌 20 面。

【档案信息化建设】

加快档案数字化建设进程,改变往年等靠财政年度预算的工作模式,主动争取专项经费 64 万元。至年底,完成馆藏 320 万页档案全文扫描工作,录入文件级目录 68 万条。档案数字化采取脱机、专用光盘刻录和报送省档案馆等多样备份。实施档案数据共享,向县政府办、发改局、林业局、海洋与渔业局等单位提供馆藏档案目录数据。

【档案指导与监督】

健全、完善档案工作制度,公布《档案整理合格证制度》;与县委组织部联合印发《关于加强乡镇党委换届档案管理工作的通知》。依法开展档案执法督导活动。组织人员深入县直机关、乡镇场,采取听取汇报、现场查看、即时反馈和限期整改等形式进行档案移交、安全管理执法检查。加大基层单位历年积存文件材料、精准扶贫、农村土地确权等归档的监督指导力度。指导南浦乡后坑村“乡村记忆档案”示范项目顺利通过省档案局验收。基层多数单位依规做好文件材料归档工作并依法移交 2007 年前的档案。

【档案安全管理】

完善安全管理制度,落实责任制,梳理制发“档案安全保密管理制度”,签订档案安全保密责任书。针对馆库现状,做好馆库日常温湿度观测调控工作;定期清洁、消毒和投放防虫防霉药品,长期聘请专家防治白蚁,开展馆藏档案清库盘点工作,有效保障馆藏档案实体安全。开展馆库安全隐患自纠整改,建立台

6月9日，县档案局在国际档案日邀请省级书法协会漳浦籍书法家举办"走进档案馆"活动 （杨志林 摄）

账，有效防范安全事故发生。投入近8万元，采购、安装UPS长延时不间断电源和整合、优化库房视频监控，提高馆库安全系数，提升安全防范能力。加强档案信息发布和数字化安全管理。严格执行信息发布审核程序，做好全文扫描前涉密、敏感文件清理、登记工作，严禁将此类档案进行数字化，有效防止失泄密。投入3万多元，抢救修复馆藏破损档案A4幅面15533张。

【档案宣传】

以"6•9"国际档案日为契机，围绕"档案——我们共同的记忆"主题，采取动静结合，请进来、走出去等多方位的宣传活动。举办"走进档案馆"活动，6月9日，邀请省级书法协会漳浦籍书法家及社会人士走进县档案馆，实地察看、感受和体验档案、政府已公开信息查阅利用服务流程和档案数字化建设等，并现场进行书法创作，增进档案与社会联系互动。紧扣主题，创新宣传，围绕县委、县政府"十二五"以来取得的工作成效，制作、分发《我们共同的记忆－档案见证"再上新台阶，建设金漳浦"画册》。利用高考期间考生家长、商家云集县城的时机，组织局（馆）人员向场外等候的家长、志愿者、商家们分发《档案资料征集公告》"画册"等宣传资料2000多份。现场解答查档手续和流程，讲解档案的作用、价值和保护常识。参与漳州市首届珍贵档案文献评选活动，选送的《清末华侨王加禄个人档案》《民国重刊康熙〈漳浦县志〉》获评漳州市珍贵档案、入选《漳州市珍贵档案名录》。

【档案服务民生】

加强档案和政府已公开信息利用服务，简化查档手续，完善利用服务机制，严格执行查档零收费规定、《首问负责制》"办事不求人"等制度和服务承诺。是年，接待利用者3500余人次，提供档案资料5300余卷，复印、摘录档案6300多页。为群众解决个人权益、社会保障、工作查考和干部职级晋升、考察、人事档案审核、台胞寻根等提供相关真实可靠凭证。靠前服务，规范档案管理，为确保"美丽乡村"、农村土地确权、土地征迁等材料收集齐全、整理规范，多次深入乡镇、古雷征迁指挥部、赤湖工业园区管理中心等单位现场督导，规范档案整理5万多卷。与县委党史研究室联合编印《中国共产党漳浦县历次代表大会资料》。

【档案馆库建设】

县档案馆属"十二五"中央支持建设项目，做好2017年中央预算内资金补助的申报，获取中央补助资金500万元已下拨到位。

（撰稿人：何婧）

• 党史研究 •

【概况】

2017年，漳浦县委党史研究室编纂出版《福建中央苏区纵横－漳浦卷》中国共产党漳浦县历次代表大会资料》《中共漳浦县委执政纪要》2016卷及协助出版《漳浦苏区革命史》；发挥县革命历史纪念馆宣教平台作用，全年接待参观近2000人次，开展党史教育活动16场次；宣传红色文化，开展各类宣传活动8场次，赠送书籍及散发宣传资料1000多份。

【编纂出版红色文化书籍】

出版《福建中央苏区纵横—漳浦卷》 全书24万多字，客观反映漳浦苏区的历史地位和贡献，以及社会主义建设事业的辉煌成就。

出版《中国共产党漳浦县历次代表大会资料》 全书30万多字，收录、介绍中国共产党漳浦县第一次代表大会至中国共产党漳浦县第十三次代表大会召开的时间、地点以及出席会议的代表名单、会议议程、会议主要文件名称、会议组织机构和会议选举结果，供各级党政部门、党务工作者借鉴、参考和使用。

出版《中共漳浦县委执政纪要》2016卷 《中共漳浦县委执政纪要》2016卷分设重要活动、重要文献、执政论坛、典型案例、党委党组工作、乡镇场党委工作、重大事记等7个栏目，系统记载2016年度漳浦县委执政实践，总结执政经验，探索执政规律，交流工作信息，展示执政成果，同时为撰写漳浦地方党史留存了完整的基础资料。全书30多万字。

协助出版《漳浦苏区革命史》 与县老区建设促进会、老区办公室共同出版《漳浦苏区革命史》。

【党史宣传教育】

革命遗址保护、弘扬和传承 实施福建红色文化保护、传承和弘扬工程，推进革命遗址的保护利用。9月18日，省委党史研究室授予中共闽粤边特委暨中共靖和浦中心县委旧址为福建省党史教育基地，至此漳浦县有省级党史教育基地2个。

开展"漳浦县苏区创建暨红三团成立八十五周年"系列活动 举行红三团成立85周年暨《漳浦苏区革命史》首发式；参与微电影《铁番号》脚本审阅，于6月27日成功上映，该影片以电影的手法，再现了中国工农红军闽南独立第三团在党组织的领导和漳浦人民群众的支持下，浴火重生、英勇战斗，并在战斗中发展壮大的故事。

5月5日，纪念漳浦苏区创建、红三团成立85周年暨《漳浦苏区革命史》首发仪式在漳浦革命历史纪念馆举行　　（蓝智伟　摄）

发挥县革命历史纪念馆宣教平台作用 创新革命历史纪念馆载体，举办"传承红色基因　坚定理想信念""学党章党规、学系列讲话、做合格党员""未成年人思想道德建设图片展"等多个专题展览，提供新颖的革命传统特色课程教育，是年接待参观近2000人次。拓展协作，加强与学校、部队、企事业单位和社会团体的协作联系，组织社区党员到馆举行入党宣誓仪式、重温党的誓词等，是年开展党史教育活动16场次。延伸触角，改变过去坐等观众上门的传统做法，主动走进学校、社区、企事业单位以及农村宣传红色文化，开展各类宣传活动8场次，赠送书籍及散发宣传资料1000多份。

开发党史教育场馆 南浦大厝（现为南浦乡南浦村红军楼），是原漳州中心县委机关驻地旧址，中央红军东路军第三军、中国工农红军闽南独立第三团曾进驻此楼，其墙壁留存中央红军和署名为闽南革命委员会警卫营标语的字迹。县党史研究室协助南浦乡党委、政府将修缮后的南浦大厝，于5月将其开辟为党史教育场馆，并协助查找史实，收集资料，多次修改，为其拟定布馆脚本。

（供稿：县委党史研究室）

·地方志编纂·

【概况】

2017年，漳浦县方志委履行《地方志工作条例》所赋予的职责，编纂出版《漳浦年鉴（2017）》，完成《漳州茶志》系列丛书《漳浦县茶史话》初稿，完成《闽南金三角》系列丛书漳浦部分稿件编写；开展地方志法规宣传月活动，印发宣传手册1万册；《漳浦年鉴（2016）》获评全国地方志优秀成果（年鉴类）县区级综合年鉴特等奖。

【《漳浦年鉴（2016）》获全国特等奖】

8月5日，全国地方志优秀成果（年鉴类）评审结果揭晓，由漳浦县人民政府主办、县方志委承编的《漳浦年鉴（2016）》获评全国地方志优秀成果（年鉴类）县区级综合年鉴特等奖，成为全国17部之一、福建省唯一获此殊荣的年鉴。《漳浦年鉴（2016）》经漳州市、福建省方志委推选，作为全省16部参评年鉴之一，参加全国评审。经专家小组评审、全国地方志优秀成果（年鉴类）评审活动领导小组办公室复审及评审活动领导小组终审，《漳浦年鉴（2016）》脱颖而出，获得此次评审的最高奖项—特等奖。

证书

《漳浦年鉴（2016）》：

在第四届全国地方志优秀成果（年鉴类）质量评审中，被评为特等年鉴。

特发此证。

中国地方志指导小组
中国地方志学会
二〇一七年八月

《漳浦年鉴（2016）》获全国县级年鉴特等奖 （县志委 供图）

【推进《漳浦年鉴（2017）》编纂】

加强对各单位年鉴资料报送的指导、督促，4月，完成《漳浦年鉴（2017）》资料收集；8月，完成初稿；9月，送方志出版社审核；11月，《漳浦年鉴（2017）》出版印刷。

【做好《漳浦县志（1990－2007）》赠送】

《漳浦县志（1990－2007）》于2016年4月出版。是年，继续做好志书赠送和宣传。除按需给省、市方志委、方志出版社、省测绘院的册数外，对各县（市区）、漳浦县各单位进行发放赠送；同时，与全国各地区进行交流、赠送，已发放和赠送志书近1000册。

【其他地方志丛书编写】

完成《漳州茶志》系列丛书漳浦部分——《漳浦县茶史话》初稿，在此基础上结合实际进行多次讨论研究，做好其后续审改工作。完成由厦门、泉州、漳州三市组织编写的《闽南金三角》系列丛书漳浦部分资料收集与稿件编写。

【宣传落实依法修志】

将县志委每位工作人员的手机彩铃设置为“贯彻《地方志工作条例》，坚持依法修志，漳浦县志委祝您幸福平安！”5月，结合《地方志工作条例》颁布11周年，开展地方志法规宣传月活动，印发宣传手册1万册，利用报纸夹送发送到各单位、各乡村，宣传地方志法律法规、地方志发展成果等。

（撰稿人：林雪芬）

·体育·

【概况】

2017年，漳浦县制定和实施年度群众体育活动计划和全民健身运动会，举办群众体育活动

18场次；完成110名运动员省级运动员注册，派出247名运动员参加第十三届市运会，总锦标取得52.5金52.5银525.5铜的成绩，位列全市各县区第五名，总积分位列全市第四；县少体校通过“福建省体育后备人才基地”的认定；县文广体局被国家体育总局授予“2013—2016年度群众体育先进单位”称号。

【群众体育】

群众体育活动 组织举办群众体育活动18场次，主要有“三节”迎新春少儿围棋、大学生篮球、职工乒乓球、老年人门球比赛；“8•8”全民健身日系列活动乡镇篮球联赛、游泳比赛、轮滑比赛；迎国庆“羽协杯”羽毛球比赛，首届漳浦县“比高光伏杯”乒乓球邀请赛；承办漳州市围棋邀请赛，漳州市游泳邀请赛；参加福建省全民健身运动会足球、轮滑等比赛。

体育场所和体育设施建设 申报建设完成马坪镇马圩村社区多功能运动场、佛昙镇居委会笼式足球场、盘陀镇居委会室内健身房等3个为民办实事项目；申报南浦乡马苑村省级农民体育健身工程项目。全县农村实现村村有篮球场、村村有健身路径。

群众体育组织建设 社会体育指导员参加国家级培训1人、省级3人、市级9人，县级300人次。加强体育社团管理，组织体育协会学习全国群众体育会议精神，传达省、市体育局工作部署。开展群众体育实施计划等业务培训。成立漳浦县游泳协会和漳浦县太极拳协会。

【竞技体育】

完成省级运动员注册 是年，县少体校有田径、游泳、篮球、羽毛球、足球等5个项目110名运动员完成省级运动员注册。至年底，漳浦县有447名运动员参加省级注册。

组队参加第十三届市运会 漳州市第十三届运动会在漳州市区举行，县少体校派出247名运动员参加田径、游泳、足球、跆拳道、散打、摔跤、拳击、武术套路、举重、羽毛球、篮球、乒乓球、击剑等13个项目的比赛，总锦标取得52.5金52.5银525.5铜的成绩，位列全市各县区第五名（比上届前进2名），总积分位列全市第四（与上届持平）。

国内外大赛屡获佳绩 是年，县少体校输送的卢云秀、陈佳庆、黄艺真、黄艺、王国忠、陈燕飞、林鸿飞等7名运动员，代表福建省参加第十三届全国运动会帆板、水球、排球、篮球、田径及拳击项目的比赛。其中，卢云秀获帆板女子RS:X级银牌、陈佳庆获水球女子团体第六、黄艺真获排球女子团体第七、黄艺获篮球男子青少组第十一。卢云秀在1月23—28日美国迈阿密举行的帆船世界杯女子RS:X级比赛中获冠军，在4月23—30日法国耶尔举行的世界杯比赛中获第二名，在6月3—10日西班牙桑坦德举行的世界杯帆船总决赛中获第二名，在9月17—23日日本藤沢举行的世界帆船锦标赛中获女子RS:X级第三名。陈佳帅在12月9—10日2017年全国少年儿童游泳分区赛（漳州赛区）获男子100米自由泳第二名、50米自由泳第三名，100米自由泳通过国家二级运动员标准。

通过省基地认定 省体育局2018—2021年周期计划在全省县（市、区）少年儿童体校认定35～40个基地，于9月20日前进行申报，11月10日，省体育局基地评定工作小组到县少体校进行实地检查，经过专家对申报材料进行审核和实地评定，县少体校通过“福建省体育后备人才基地”的认定。

【体育彩票】

县体彩中心坚持“保持乐透型，促进即开型，发展竞猜型”的经营管理方向，落实贯彻彩票管理条例，增强网点服务水平，体育彩票销量保持较快增长态势。是年，全县累计销售体育彩票6371万元，完成全年任务96%。

（撰稿人：黄翰清）

•广播电视•

【概况】

2017年，漳浦县广播电视台落实广播电视节目“三审三校”审核制度，投入800万元建设播控、数据、录制、采编“四大中心”，启用高清全媒体直播车；推出精品栏目，办好专栏，做好中心工作主题宣传，播出广播电视新闻各2000多篇条；力抓向上输送新闻稿件，全年在中央级媒体上稿68篇，省级媒体上稿456篇，市级媒体上稿1300多篇。排名全市各县级台第一。

【中心工作主题宣传】

办好专栏 先后开设《再上新台阶 建设金漳浦》《三抓三比十项竞赛》《党风廉政促和谐》《创卫进行时》《普查三农惠民生》《打通“断头路”建设新县城》《金浦环保行》《创卫随手拍》《旧城改造进行时》《弘扬红军精神再铸漳浦辉煌》《砥砺奋进的五年》等专栏，继续办好《平安漳浦你我同行》《整治两违片花》《安全曝光台》等栏目，展现全县为加快建设生态宜居宜业宜游滨海新城取得的新成效新风貌。县广播电视台全年播出广播、电视新闻各2000多篇条。

制作宣传片 制作十秒城市形象宣传片在《福建新闻联播》中播出，向全省观众展示漳浦的历史文化底蕴、优美的自然风光和独具特色的人文风情，展现漳浦这座宜居宜业宜游滨海新城的独特魅力。制作系列宣传片《千年古县》《食品名城》《浪漫之都》和《大好河山金漳浦》4部。

拍摄微电影 与县委组织部、宣传部、老区办等单位合作，与奥佳影视传媒公司联合创意拍摄漳浦县首部红色题材微电影《铁番号》，于6月27日举行“红色主题周”启动仪式暨漳浦县首部红色微电影《铁番号》首映礼。

【抓新闻上稿】

根据漳州市“三抓三比、十项竞赛”宣传方案，组织记者深入采访。加强与省市“两台”的沟通联系，精心运作，与福建广播影视集团新闻中心的合作，在《福建新闻联播》节目中播出漳浦形象宣传片（10秒，全年播出）。从4月起，与福建广播新闻综合频率开展合作，确保全年“三抓三比、十项竞赛”的新闻100条以上。继续办好与市“两台”合作节目，在漳州电视台《漳州新闻》的《新闻互联网－漳浦篇》、漳州人民广播电台《漳州新闻》的《直播漳州－漳浦篇》优先安排“三抓三比、十项竞赛”稿件。是年，在中央级媒体上稿68篇，其中中央电视台13篇（《新闻联播》上稿1篇），中央人民广播电台55篇；在省级媒体上稿456篇，其中福建电视台上稿201篇，福建新闻广播和东南广播上稿247篇；在市级媒体上稿1300多篇。在全市各县级台中排名第一。

【推出精品栏目】

高清电视全天24小时播出，自办栏目主要有：《漳浦新闻》《传真干线》《金浦农家》《金浦故事》《美丽漳浦我的家》《交通视线》《记者再报告》《观点致胜》《天气预报》等。数字广播全天24小时播出，信号覆盖厦门、漳州以及泉州等，自办栏目主要有：《漳浦新闻》《成长1＋1》《音乐随身听》《欢乐联盟》《欢喜来卡拉》《女王驾到》《带着耳朵去旅行》《夜色情怀》《爱车天天汇》等。微信手机客户端有用户10万＋，用户覆盖全国各地；总点击量突破1100万＋，实现广播、电视节目在线直播、图文网站在线浏览功能。

【全省广播记者大走访走进漳浦活动】

承办福建新闻广播“喜迎十九大，建设新福建”——全省广播记者大走访首站走进漳浦活动，接待来自全省的68家电台、120多名记者采访报道漳浦经济社会发展的喜人成就。中央人民广播电台中国之声、新华网、光明网、《福建日报》、东南网、福建新闻联播、福建卫视新闻等主流媒体（栏目）对此进行报道；福建新闻广播在《福建新闻》中推出4集系列报道，各地广播电台也同步进行报道；《香港商报》推出3篇深度报道。

【精品工程建设】

创新节目制作方式，巩固精品工程，狠抓节目创优，选送优秀广播电视作品参加上级组织各轮次评奖活动，获奖作品8件次，其中：国家级行业奖4件；获省级奖4件。名列全市县级台节目创优竞赛前茅。

【节目编审】

每月根据上级新闻宣传要求和阶段性宣传任务，编制《漳浦县广播电视、广电网站宣传要点提示》，强化广播电视节目“三审三校”审核制度，针对新媒体发布特性，提高审核力度，实行“四审四校”。明确采、编、播全流程各环节审稿职责和校对职能，各档类节目根据流程步骤、时间节点、岗位职责有序分工、流畅运行、环环把控。制定《新媒体管理制度》，加强广播、电视、网站、微博、微信、LED屏以及手机移动客户端等七大宣传业态报道导向一体化管理严密防范各渠道意识形态渗透，发挥主流媒体在网络宣传与舆论斗争中的主力军作用。同时，把广告播出纳入宣传“三审三校”制度进行落实，是年国家工商总局对漳浦广播电视台广告的监测合格率达100%。

【立体化传播体系】

打造“四大中心”传播平台　投入800万元建设播控中心、数据中心、录制中心、采编中心。“四大中心”打破传统媒体和新兴媒体的界限，实现台网优质融合发展。完成广播电视无线数字信号覆盖工程建设，全县可移动收看中央台、省台、漳州台、漳浦台等16个频道电视信号、收听漳州台、漳浦台广播信号。

高清全媒体直播车正式启用　全媒体高清直播车系统经过多套方案比配，系统以4+2讯道规模构建，整车采用梅赛德斯奔驰凌特515商务车体打造，配备4个有线讯道，2个无线讯道，可实现微波、4G和光纤等多种信号传输功能，节目制作和传输一体化。直播车车身由北京环达汽车装配有限公司改装、福州朗星视频科技有限公司集成，总投资350万元，是全省县级台第一部高清全媒体转播车。

改造综艺演播大厅　年内启动包括舞台、灯光、音响、LED大屏、LED舞台、控制室等的升级改造。

融媒发展作为全省传统媒体与新兴媒体融合发展典型多次在全省广电会议作经验介绍和交流，县广播电视台《无线城市全媒体聚合平台》项目经省广播电影电视局评审和研究决定推荐申报国家广播电视总局文化产业发展专项资金重大项目支持。

【广播电视公共服务】

完善播出平台应急保障和监控机制　确保广播电视播出设备的安全运行，做好各类应急预案，保障广播电视节目的安全播出。

提高全县广播电视无线数字覆盖水平　加强数字无线覆盖网络建设，完善大峰山广播电视转播发射台数字化改造建设，至年底，无线发射有效覆盖范围包括县城及部分乡镇，群众可方便收看中央台大部分频道、省台卫视、漳州台、漳浦台共16个频道的标清信号和收听漳浦人民广播电台节目。

提升有线广播应急系统　全县21个乡镇和部分建制村广播应急系统已完成建设，实现市县乡村四级联播联控和应急预警；同时，组建有线广播应急抢修工作组，加强村村响建设巡查维护，到各乡镇开展镇村二级广播管理员技术业务培训。

（供稿：县广播电视台）

•旅游业•

【概况】

2017年，漳浦县加快项目建设，完成投资15019万元，实施年度省级重点旅游项目1个，完成投资256万元，完成13座旅游厕所建设；Hooray欢乐岛获评国家AAA级旅游景区、省级露营公园，并入选2017全国优选旅游项目名录；六鳌镇获评省级乡村旅游休闲集镇，绥安镇大埔村获评省级乡村旅游特色村；天福石雕园入选福建省首批优秀创意旅游产品名单；漳浦剪纸（李小燕）、杜浔酥糖（“联侨”牌）、广昌记翰林糕、祥桃豆仁饼入选2017年“福建好礼”。据第三方调查统计，全县接待旅游总人数445.61万人次，同比增长25%；实现旅游收入44.78亿元，同比增长31.70%。

【旅游项目建设】

完善提升旅游总体规划　《漳浦县旅游产业发展总体规划》和《漳浦县旅游产业提升专题调研报告》项目，已通过政府采购公开招投标形式确定由福建融景规划设计院有限公司和中国经济时报社联合编制，已签订合同，着手开展项目前期调研。

旅游项目建设　龙美湾旅游区是2017年度省级重点旅游项目，是年完成投资15019万元，完成一期崂岈山景区修缮及配套设施建设项目的立项报批、方案及施工图设计等前期工作；完成旅游接待中心及周边配套设施建设，开展海蚀地貌区域保护性修缮、海边观光栈道、游步道、停车场等基础设施施工。计划投资225万元在火山岛、石雕园、茶博物院、东南花都、翡翠湾、赵家堡、城内村、轧内村等地建设13座旅游厕所，已完成投资256万元，13座旅游厕所均建设完成。发展旅游新业态，推动火山岛、翡翠湾、欢乐岛自驾车房车露营地按照国家相关标准不断完善配套服务设施，构建多样化、个性化的旅游服务体系。

旅游项目招商引资　策划两帝师文化产业园、五里三城文化旅游区、白鹭森林公园生态旅游区、旧镇海水温泉度假中心、海月岩旅游度假区、石榴泉国际会议度假中心六大招商项目纳入省级旅游招商项目库。

【旅游市场营销】

开展旅游节事宣传活动　围绕“月月有活动，季季有高潮”的营销思路，在黄金周、小长假期间，开展翡翠湾举办第四届映像丝路沙雕艺术节、欢乐冰雪艺术节、风筝节；东南花都举办郁金香花展、七彩风车节、第九届海峡论坛·第四届海峡（漳州）茶会、鲜花糖果艺术嘉年华、稻草奇缘嘉年华、熊猫嘉年华、梦幻灯光节；天福茶博物院举办梅花茶会、海峡两岸名茶邀请赛；天福石雕园举办杜鹃花茶会等丰富多彩的旅游节事活动吸引游客。在翡翠湾景区承办市旅游发展委员会2017年“5·19”中国旅游日公益宣传活动，组织25名漳浦培智学校学生参与休闲旅游，并赠予学习用品，帮助残疾儿童圆旅游梦，营造“中国旅游日”公益惠民的良好氛围。

借助和搭建各类营销宣传平台　派员参加中国东北地区旅游交易大会、山东（济南）国际旅游交易会、中国—东盟博览会旅游展、2017福建旅游生活展等国家、省、市各类旅游推介会、交易会。组织县域内旅游企业参展第十三届海峡旅游博览会，购买16个展位，围绕“厦一站，漳浦”和“花样漳州·唐郡漳浦”宣传主题，进行展示推介。组织旅游企业参加“花样漳州”厦门旅游推

4月22日，翡翠湾举行第四届映像丝路沙雕艺术节新闻发布会　（蓝智伟　摄）

介会，开展“唐郡漳浦”旅游品牌宣传，展示漳浦丰富独特的旅游资源。组织旅游企业参展第九届农博会•第十九届花博会，宣传推广花样漳州十佳系列评选成果。对接厦门“金砖会议”，在厦门、漳州等地部分区域大型LED屏投放10秒旅游宣传广告，在厦门、龙岩、漳州投放150副公交站台广告，在厦漳沿海大通道、漳浦迎宾大道等地部分区域设立大型高立柱旅游宣传公益广告牌5幅。联合中国网中国视窗、中国苏南视窗、搜狐网开展媒体、达人、作家采风活动。在县旅游局官方微信、网站等电子商务平台发布旅游资讯、线路等信息，为游客提供智能、便捷的旅游服务。

【旅游安全监管】

层层落实旅游安全生产责任制，与辖区内11家旅游企业签订旅游安全生产责任状，督促其制定各项安全管理制度及应急预案，5个国家AAAA级旅游景区均开展消防培训和演练。在春节、“五一”“十一”旅游黄金周前夕，联合县公安、物价、安监、消防和市场监管等部门开展节前安全检查。从2月17日起，开展旅游行业安全生产大排查、大整治“百日行动”，对旅游企业落实旅游安全防范和市场整治措施进行排查整治，排查旅游企业37家次，排查安全隐患33条，当场整改24条，限期整改9条，规范旅游经营行为5项；确保景区、酒店安全设施设备及安全标识完备、提示齐全。加强旅游安全宣传教育，与漳州电视台联合开展“莹莹说安全”专题摄制活动，录制《礁石虽美，须慎行》《景区露营安全常识》2期旅游安全宣传片。全县旅游系统没有发生旅游安全责任事故和重大旅游安全事故。

【旅游服务质量】

联合县红十字会开展滨海旅游景区管理人员安全应急救护培训，提高旅游从业人员的安全意识和救护能力。采取联合执法、明察暗访等多种形式，对无证经营、超范围经营、承包挂靠的旅行社以及“黑社”“黑导”等进行重点查处。健全旅游投诉机制，建立全县旅游投诉统一受理平台，开通24小时旅游投诉电话，及时处理旅游投诉纠纷。全年接到旅游投诉8起，已全部办结，回复率100%。加大旅游法律法规宣传，开展旅游企业文明单位、示范窗口、平安景区等评选活动。

（撰稿人：张慧琦）

【漳浦特色美食】

翰林糕

※主料：陈年绿豆5000克

※调料：精盐10克、饴糖500克、白砂糖5000克、植物油1500克

※制作方法：

1、将陈年绿豆清洗、去皮

2、将去皮绿豆放进蒸笼蒸煮至绿豆完全熟透(用手捏碎呈现粉状)

3、将蒸熟绿豆平铺晒干后用面杆压成粉状

4、将水与白糖放在锅中煮沸，加入饴糖、食用盐，在煮的过程中要不断搅拌防止结块，搅拌至饴糖与白砂糖完全溶解后锅中的糖变成乳白色，翻糖制作完成后将结块翻糖用面杆压成粉状

5、将翻糖与植物油搅拌后再投入绿豆粉，搅拌均匀(以能捏成团为准)，放规具里压平成型即可

※特点：味甘祛火、清凉解毒

※营养成分：蛋白质1080克、脂肪1539克、能量50555千卡、钙5306毫克、铁420毫克、锌243毫克、维生素A1100毫克、维素生E1178毫克、维生素B1　12.6毫克、维生素B2　5.7毫克、维生素C0毫克

漳浦美食协会供稿

卫生 医疗

·卫计工作·

【概况】

2017年，漳浦县卫生计生工作，以提高医疗质量、服务水平为主线，加快推进医疗机构人事编制、分配制度改革；严格控制医药费用不合理增长，县级公立医院药占比(不含中药饮片)下降到28.37%，百元医疗收入(不含药品收入)消耗卫生材料为21.35元，药品耗材收入占比下降到38.71%；落实计生政策，出生人口1.96万人，出生率为21.01‰，政策内出生18431人，政策符合率93.85%，出生人口性别比为111.7∶100。免费孕前优生健康检查覆盖率达到84.50%；扶助计生奖扶对象9.96万人次，发放奖励扶助金2902.25万元，法定奖励扶助政策兑现率达100%；征收社会抚养费330万元，全县办理一、二孩生育服务登记和“再生育服务证”10505人次。

【医改工作】

落实办医自主权 县政府成立公立医疗机构管理委员会，制定内部工作规程，明确工作职责和履职形式，推动实质性运作。完善选拔任用机制，同步推进基层医疗机构人事编制分配制度改革。探索卫生技术人员“县管乡用”管理机制，合理核定基层医疗机构编制数，采取入编和占编不入编两种方式聘用人员。以院长目标年薪制为龙头，推进公立医院绩效分配、人事编制及财务制度改革。加强控费管理，严格控制医药费用不合理增长，县级公立医院药占比(不含中药饮片)下降到28.37%，百元医疗收入(不含药品收入)消耗卫生材料为21.35元，药品耗材收入占比下降到38.71%。

推动医联体建设 区域外，县医院先后与福州孟超肝病医院、复旦大学厦门儿科医院、漳州市医院建立医疗联合体，县第二医院与解放军第174医院、175医院签订医联体协议。区域内，县医院与旧镇中心卫生院、杜浔中心卫生院，县中医院与霞美卫生院、赤湖中心卫生院携手建立医联体，初步形成区域内外医疗资源的合作与互补。加强分级诊疗平台信息化建设，分级诊疗平台建设工作已全覆盖，全县

9月28日，省级紧急医学救援拉动培训在漳浦马口东南花都举行
(陈楚田 摄)

5家二级以上医疗机构已全部开展等级保护建设。基层医疗机构门急诊人数有所提升，基层医疗机构门急诊人次数较2016年增加10.80%。县级医院接收基层转诊患者564人次，向基层下转患者585人次。

改革完善药品采购制度 开展以医保支付结算价为基础的药品联合限价阳光采购，实施药品最高销售限价和医保支付结算价，参与采购片区医疗机构在省级平台挂网价格基础上进行带量采购。

深化医保制度改革 是年，扩大按病种收费和支付改革范围，新增500个病种，同步完善临床路径。

提升县域医疗服务能力 以提升县域医疗服务能力为重点，实施县级医院综合能力提升工程，推动县域医疗服务技术、协作、信息三大平台建设和六大中心建设，已完成消毒供应中心和心电诊断中心建设。

【计生奖励扶助】

扶助计划生育奖扶对象9.96万人次，发放各项奖励扶助金2902.25万元。具体项目为：部分计划生育家庭农村奖励扶助2301人，发放扶助金300.36万元；城镇奖扶333人，发放扶助金40.20万元；特殊家庭扶助340人，发放扶助金331.8万元(其中市级特扶160人，发放扶助金102.12万元；省级特扶180人，发放扶助金229.68万元)；对21户失独家庭实施紧急救助，发放救助金42万元；独女放弃生育指标贡献奖1559人，发放扶助金56.12万元；二女扎奖励2.89万人，发放奖励金1049.27万元；新农合补助6.68万人，发放补助金1001.29万元；二(独)女安居工程补助102人，发放补助金30.60万元；扶助二(独)女特困大学生78人，发放扶助金46.80万元；部分特殊家庭(曾经生育二孩及以上，现存一女或者无子女的家庭)95户，发放慰问金3.80万元。

【医疗卫生行政服务】

是年，县卫计局窗口办理卫生许可申请120家，医师执业注册申请225人，乡村医生执业注册申请12人，放射诊疗许可申请4件，放射工作人员许可10件，护士执业注册347件，医疗机构执业许可205件，母婴保健技术服务机构执业许可申请5件，办结率100%，及时率100%。

【卫计监督执法】

组织实施2017年重点公共卫生监督监测工作，常态化开展医疗服务卫生监督检查，重点开展打击非法行医工作，移送公安机关案件36起，责令停业(或取缔)23家；处理投诉案件2起，罚款2万元。

【流动人口管理服务】

流动人口管理 做好省流动人口系统监管及市综合平台流动人口出生信息的跟踪管理，做到每日上平台系统跟踪监管、每月考评(此项工作数据情况作为每月月评流动人口评分依据)；按时按质完成跨省信息协查20599条；县站通过微信群要求乡镇场流动站及时处理平台的信息数据，确保信息的协查率、反馈及时率、准确率均达到100%。截至9月30日，全县流动人口8.26万人。其中流出人口7.54万人，流出出生7811人，政策外446人，政策符合率94.29%；流入人口7187人，流入育妇2729人(跨省流入1181人、省内流入1548人)，流入出生132人，其中跨省流入出生14人，政策外1人，政策符合率92.86%，省内流入出生118人，政策外2人，政策符合率98.30%。全年流动人口信息新增率47.26%、注销率42.08%，信息协查率、反馈及时率均达100%，市综合平台流动人口出生信息协查率100%。

流动人口帮扶 春节前夕，开展走访慰问和帮扶流动人口活动，先后向绥东小学、六鳌中心学校、盘陀镇中心学校、湖西中心学校、赤湖镇中心学校、赤土乡中心幼儿园、大南板中心学校、石榴中心学校、佛昙南顺时装针织有限公司在校就读的贫困外来工子女，为每位学生送去书包和保温杯，有300名外来工子女受助。

【关爱留守儿童】

春节、元宵期间，慰问留守儿童120人次发放慰问金4.8万元，组织农民工活动10场，发放宣传材料1500多张、避孕药具1200

盒。“六一”儿童节慰问活动，全县慰问留守儿童366人，发放慰问金7万元。

【卫计队伍建设】

卫技人员招聘 是年，招聘入编58名医学类毕业生分配到各医疗卫生单位，其中研究生4人、本科毕业生42人、大专毕业生12人；入编4名乡镇卫生院定向临床医学专业本科生；聘用26名编外卫技人员。同时，签约5名定向乡镇卫生院的本土化大专学历临床医学定向生。

落实基层医疗机构人才优惠政策 根据《福建省卫生计生委、福建省人社厅、福建省医改办关于印发福建省基层医疗卫生计生机构人员卫生专业技术职务评聘工作实施办法（试行）的通知》精神，审核上报基层卫生专业基层高级职称评审21人。

加强人才培养 是年，有125名卫技人员参加上级医院的进修学习，其中省级12人、市级81人、县级32人。县级医疗单位邀请上级医师举办讲座25场、对口帮扶85人次；县级医疗单位对乡镇卫生院开展对口帮扶260余人次。8月，分4期对全县850名乡医进行全员培训，培训内容包括公共卫生、急救、康复、慢性病和中医适宜技术知识。

【提升医疗卫生服务水平】

强化医疗服务能力 县级公立医院均已完成预约诊疗、付费自助结算、检查结果自助查询终端配置，有效提高服务效率和服务质量。开展以落实医师多点执业注册、医疗机构人员、科室及仪器设备基本配置为重点的整治医疗机构违法违规医疗行为专项行动。强化医院感染控制管理，成立漳浦县医院感染质量控制中心，负责对全县各医院机构医院感染管理的日常检查指导、业务培训等。

落实公共卫生服务 建设群众满意的乡镇卫生院活动成效显著，参与漳州市2016年创建活动的6家卫生院顺利通过市级验收，其中，赤土、佛昙、官浔3家卫生院经市卫计委遴选上报省级“建设群众满意的乡镇卫生院”。开展公办村卫生所标准化建设项目竞赛活动，已完成投资872万元，完成率165.20%；21个示范公办村卫生所标准化建设项目已基本完成建设任务，医保终端开通。确定286家村卫生所为一体化管理对象和148家村卫生所为标准化建设对象，至年底，148家一体化管理村卫生所达标建设任务已基本完成。加快推进家庭医生签约服务，制定《漳浦县家庭医生签约服务工作方案》，明确收费标准，规定家庭医生签约服务包，以高血压、糖尿病为突破口，逐步扩大签约范围，优先覆盖老年人、孕产妇、儿童、结核病、严重精神障碍患者、残疾人、贫困人口等重点人群。采取团队服务形式，建立家庭医生签约责任制和签约服务进展情况月通报制度，实行网格化管理。至年底，共组成团队71支，常住人口签约率为33.40%，重点人群签约率64.16%。

开展乡村医生规范培训 培训乡村医生852人，培训率93.40%，考试合格率100%。重点抓好盘陀、南浦、赤岭、马坪等4个卫生院参与全市建设群众满意的乡镇卫生院创建活动。至年底，全县已有16个乡镇卫生院通过市级考核验收，杜浔、旧镇、赤湖、深土、前亭、石榴、赤土等7个卫生院被国家卫计委评为“群众满意的乡镇卫生院”。

【提高疾控能力】

规范做好传染病防控工作，加强传染病监测、预警、处置能力，保质保量完成疾病监测的任务指标。定期开展适龄儿童国家免疫规划疫苗查漏补种活动和儿童入学、入托查验预防接种证查验培训，及时处置疑似疫苗异常反应，上报并处置疑似疫苗异常反应42例。落实地方病、慢性病防治措施，规范居民健康档案管理。

【为民办实事项目建设】

按序时进度推进为民办实事项目（一期）5个子项目，其中，县疾控中心实验大楼项目、六鳌卫生院和赤岭卫生院建设项目于6月底开工建设，至年底已完成主体结构框架；官浔中心卫生院整体迁建项目11月完成招标，12月，开工建设；漳浦县第二医院整体迁建项目前期工作进入尾声。

【应急保障】

制定卫生应急预案管理制度,逐步健全各类突发公共事件处置程序。加强培训和应急演练,提升专业人员的业务水平和院前急救队伍应急响应能力与应急处置水平。是年漳浦县发生的疑似贝类水产品中毒事件,严格按照《漳浦县食物中毒卫生应急预案》的要求,从流行病学调查、实验室检测、医疗救治、防控措施等方面逐一落实,确保疫情得到有效控制。圆满完成第四届海峡茶会、高考、中考等重大的医疗卫生保障任务。

(撰稿人:陈惠强)

·疾病防控·

【概况】

2017年,漳浦县疾病预防控制中心加大重点传染病、慢性病的防控工作力度,做好基本公共卫生服务的各项工作,各项疾病预防控制措施有效落实;建档高血压患者53864人,糖尿病患者15979人,65岁及以上老年人免费体检42691人,国家严重精神障碍信息系统累计建档3674人,患者的管理率为96.46%;县级以上综合医院报告可疑病人1064人,到位790人,到位率为74.25%。为办理健康证人员提供免费健康检查8876人。被授予“2014—2016年度福建省免疫规划工作先进集体”“全省健康教育与健康促进工作先进集体”称号。

【传染病防控】

中心坚持24小时疫情报告值班制度,加强疫情监测、分析力度,定期印制并发送全县疫情月分析报告。是年,疫情网络直报上报卡片7802例,及时报告7794例,及时报告率99.90%,及时审核卡片数7802例,及时审核率100%,有效证件完整率97.96%,综合率99.57%。12月,开展一次全县25家医疗机构传染病报告质量与管理调查。

疾病监测　①霍乱监测:根据省市监测要求,从4月1日始,开展肠道门诊,至到底,收集肠道标本619份,海产品500份,检验结果均为阴性;外环境水210份,检验结果均为阴性。②麻疹监测:疑似麻疹风疹病例报告17例,无实验室检验结果为风疹、麻疹病例。根据省市监测方案要求,24小时调查率、48小时录入率、72小时血清送检率均到达100%。③手足口病监测:根据市CDC计划安排,完成手足口病病例咽拭子62份,其中肠道病毒通用核酸阳性62例,COXA16阳性0例,EV71阳性18例。④新破、麻疹、AFP监测:未发现疑似新破、乙脑、AFP病例。⑤蚊媒监测:5—10月,对石榴、长桥、盘陀、旧镇、南浦、霞美、赤土、佛昙、杜浔、赤湖、湖西、官浔开展蚊媒布雷图指数监测,布雷图指数分别为37、77、31、56、30、14、25、7、21、4、7、6。⑥食源性疾病监测:县医院累计报告食源性疾病病例126例,中医院报告130例,妇幼保健院126例,县第二医院71例。

疾病控制　相应传染病控制:脊灰、白喉、百日咳、麻疹、流脑无发现病例,均达到省市下达控制指标。手足口病:截至11月30日,网络直报发病2302例,重症病例2例。5月22日,县实验小学发生流感暴发疫情;12月1日,深土中心小学发生水痘暴发疫情,疫情均得到有效防控。

艾滋病感染者及病人管理　落实国家“四免一关怀”政策,对符合条件抗病毒治疗的艾滋病感染者,抗病毒治疗率80%以上。定期对艾滋病病毒感染者和病人进行CD4检测,对其配偶进行艾滋病病毒抗体检测,对本人和配偶进行宣传教育,采取必要的预防措施,避免婚内传播,随访比例90%以上。

【实施免疫规划】

4月,对全县2012年1月1日至2016年12月31日期间出生的儿童进行国家免疫规划疫苗查漏补种。全县脊灰疫苗应种人数2616人,实种人数1903人,接种率为72.7%;麻风疫苗应种人数620人,实种人数434人,接种率70%;麻腮风疫苗应种人数1025人,实种人数771人,接种率75.20%。上报并处置疑似疫苗异常反应43例。

【地方病、慢性病防治】

碘缺乏病防治　按照《2017年度福建省碘缺乏病监测实施方案》要求,配合市级专家完成碘缺乏病病情监测项目,采集学

7月1日，县疾病中心与旧镇中心卫生院联合举办以“党建引领，健康漳浦”为主题的庆“七一”文艺晚会 （蓝智伟 摄）

生碘盐200份、学生尿样200份；孕妇碘盐100份、孕妇尿样100份。受市疾控中心委托，每月按时在漳浦盐厂采集3个批次盐样并送检至漳州市疾控中心。县碘盐加工厂上半年检测2批次，18份，合格率100%，碘盐质量保持良好。

地方性氟中毒防治 按照《福建省饮水型地方性氟中毒监测督导方案（试行）》内容要求，对石榴镇象牙村、佛昙镇洞野村2个饮水型地氟病区村进行病情监测，调查监测村的户籍人口数、常住人口数、16岁以上常住人口数等人口学资料；分枯水期和丰水期各采集1个饮用水样500毫升，测定氟含量；调查改水工程规模、运行情况、供水范围以及受益人口等信息；检查病区村全部8—12岁儿童的氟斑牙患病情况，检查76人，未检出氟斑牙患者，氟斑牙检出率为零，氟斑牙指数为0.01。其中可疑病例2例，占全部受检儿童的2.20%。此外，在全县所有乡（镇、街道办事处）开展饮用水水碘、水氟含量调查，采集水样330份，全部送至市疾病预防控制中心检测。

血防监测 按照省及市疾控中心要求，进行全县血吸虫历史钉螺环境调查登记，其中环境包括历史有螺环境、现有钉螺环境、可疑钉螺滋生环境。计查螺面积10.18万平方米，重点对历史有螺环境、可疑钉螺滋生环境等进行查螺，均未发现钉螺。对来自和往返血吸虫病流行区的人员，重点是外来从事农作物种植与收割、水产养殖、水上捕捞以及工程建设等流动人群，采用血清学方法进行血吸虫病筛查210人，完成监测任务。

疟疾防治 加强疟疾防治力度，根据实际制定《漳浦县2017年疟疾防治工作计划》，采取加强传染源搜索、宣传教育、传疟媒介调查和流动人口管理等综合性抗疟措施，各项防治措施均得到有效的落实，未发生疟疾疫情的暴发流行。

鼠疫监测 总结往年鼠疫监测经验并结合实际情况，对绥安镇进行鼠密度监测，监测分城镇居民区、特殊行业、农村自然村三点进行，每月进行一次鼠密度监测。

2017年漳浦县鼠密度监测情况表

表4

月份	鼠密度%	城镇居民区鼠密度%	特殊行业鼠密度%	农村自然村鼠密度%
1月	5.10	5	3.80	6.90
2月	5.50	3.30	5	8.30
3月	8	6.80	7.50	10
4月	6.70	5	5.20	10.50
5月	8.70	5.50	7.50	13.30
6月	14.40	17.20	10.10	17.50
7月	9.90	12.30	2.70	16.70
8月	14.50	23.30	4.10	18.30

重性精神病人排查与随访　对辖区内常住人口开展拉网式排查，对排查出的重性精神病人，按照《重性精神病管理治疗规范》和《国家基本公共卫生服务规范》要求建档，及时录入“国家重性精神病基本数据收集分析系统”。各乡镇卫生院、社区卫生服务中心对辖区内纳入管理的病人每年至少进行4次随防；对病情不稳定或发现疾病有加重征兆的患者，及时进行危险性评估，并进行危机干预，防止发生肇事肇祸行为的出现。至12月31日，全县在国家严重精神障碍信息系统管理建档患者人数3701人；累计死亡患者人数257人，累计在册患者人数3444人，累计失访患者人数102人，非在管68人(拒绝管理)。全县患者在册率为4.21%，患者管理率96.72%，规范管理率为87.80%，累计服药率为69.28%，规律服药率27.35%，稳定率88.85%。

麻风病防治　持续采取对密切接触者及家属邻居检查，发现可疑线索对象及时反馈，及时复查，早发现、早治愈，控制传染源等有效措施，降低患病率和畸残率（患病率已下降到10万分之一以下）。是年，新发现病人1例，五级分类为LL型并予三联抗麻风病治疗；治疗管理现症病人3例，坚持按规定每月发药一次，定期检查肝功能、血常规，发现问题及时处理并汇报请教上级领导专家，服药治疗期间，当地兼职医生随时跟踪督导，做到发现一个督导一个治愈一个。

死因监测　按照国家“十二五”规划要求，2013年，漳浦县新增为省级20个国家死因监测点之一。是年，死因监测工作覆盖全县22个乡镇，3家县直医疗机构(县医院、县中医院、县妇幼保健院)，22家乡镇卫生院均为死因监测工作的责任报告单位，每个医疗机构均设1—2名专(兼)职人员，负责死因信息登记报告工作。2月，中心召开死因监测技术培训班，开展规范全县人口死亡医学证明和信息登记管理业务培训，以促进死因监测工作的规范化与完善化。

儿童与乳母营养健康监测　根据《国家卫生计生委办公厅关于印发中国居民慢性病与营养监测工作方案(试行)的通知》和《中国疾病预防控制中心关于落实中国居民慢性病与营养监测工作相关要求的通知》精神，是年，国家开展中国儿童与乳母营养健康监测工作，漳浦县作为全国125个监测点之一。根据实施方案要求，中心监测专业小组于10月17日至11月30日，完成盘陀镇与佛昙镇的0—17岁儿童青少年、2岁以下儿童母亲的营养与健康状况信息现场收集工作。

【卫生监测】

饮用水卫生监测　根据《全国饮用水卫生监测工作方案(2017年版)》要求，于枯水期、丰水期各采集出厂水、末梢水的水质卫生监测，城乡管网、二次供水的水质卫生监测，每次采集22份水样，共采集44份水样。农村集中式供水厂、学校自建水、分散式供水点的水质卫生监测，每次采集94份水样，共采集188份水样。每季度对城市用户水龙头水质监测，每次采集12份、共采集48份。并完成每个饮水安全工程监测点基本情况调查，包括营运时间、水源类型、供水方式、供水范围、覆盖人口、水处理工艺及检测结果通过网络上报省疾控中心。

创建国家卫生县城监测 对县城区域进行饮用水卫生监测，采集出厂水4份，二次供水18份，末梢水120二次供水，共采集142份。

消毒质量监测 开展1家幼儿园消毒质量监测，监测样品数19份；开展4家医院消毒质量监测，监测样品数101份。

学校卫生监测 全县抽查6所中小学校，其中小学1所、中学5所。监测项目：教室人均面积、黑板(高、宽、反射系数)、采光(玻地比、采光系数、后墙反射系数)、照明（灯桌距、桌面照度)、课桌椅(课桌符合率、课椅符合率)，每所学校抽查6间教室，采集36间教室进行教学环境卫生监测。

公共场所卫生监测 开展20家游泳场所的池水水质卫生监测；对辖区内住宿、沐浴、歌舞厅(KTV)、美容美发、超市等场所进行卫生监测，监测151家、样品数223份、公共用品监测样品数645份。

【创新结核病防治机制】

“三位一体”防治模式 根据《漳州市结核病防治服务体系方案》，于1月3日起实行结核病综合防治服务体系的新型管理模式。县卫生与计生主管部门指定县综合医院为承接辖区结核病患者诊疗的定点机构，并按要求配备相应工作人员、工作场所及开展工作所需设备。疾控机构协助定点医院做好患者诊治的交接，安排专业人员进驻定点医院指导日常工作开展。同时，落实结核病患者的医疗保险与医疗救助，切实减轻结核病患者的经济负担。

结核病病人发现情况 全年发现登记活动性肺结核病人240人，涂阳病人120人，其中新涂阳病人93人，活动性肺结核病人完成率66.30%(240/362)，新涂阳肺结核病人完成率58.49%(93/159)。

医疗机构报告可疑肺结核追踪情况 是年，医疗机构实际报告可疑肺结核病人1340人，转诊到位536人，需追踪804人，追踪到位492人，未到位312人，死亡15人，追踪到位率62.36%，总体到位率77.59%。

新涂阳患者满1年治愈情况 核查病人登记本、网络报告系统，2016年登记新涂阳病人150人，治愈128人，完成疗程2人，丢失17人，非结核死亡1人，不良反应1人，转入耐多药治疗1人，治愈率85.33%，达到85%的工作指标。

涂阳病人密切接触者调查 开展涂阳肺结核病人家属密切接触者的结核病筛查工作，是年，登记报告涂阳肺结核病人93人，登记密切接触者234人，已筛查234人，筛查率为100%，达到95%的工作指标。

学校密切接触者筛查 对辖区发现的学生结核病及时开展密切接触者筛查，并能及时书写筛查小结。是年，确诊学生肺结核病患者8例，按照《学校结核病防治工作手册》要求，及时做好追访及筛查工作并做好相关记录。其中1例为外辖区学生，已及时反馈市疾控中心通知患者所在辖区的结防机构进行追访及筛查。

督导情况 开展对乡镇卫生院、村卫生所的督导与病人访视。县督导员每月对辖区内22个乡镇(场)病人按项目要求如期进行督导，是年，督导乡镇240次，访视病人382人次。

结核病疫情监测 加强对县定点医院的技术指导，及时开展各类网上直报工作核实工作，做到每天一核实，每周对核实结果进行反馈，基本能按要求及时进行网络录入与报告。同时，开展全县结核病疫情进展情况动态监测，并及时上报给上级单位，为做好结核病防治工作提供较为完整的数据。

【健康教育】

利用媒介开展教育 向县电视台提供健康教育宣传短片11篇，每天在漳浦新闻播报前、后各播出2遍，时长1分钟，通过荧屏及时传播健康相关信息。中心固定宣传栏出刊6期，共建单位京里村宣传栏出刊2期；

LED滚动播放相关宣传口号18条；利用电信账单宣传结核病防治、控烟等各种防病知识，发送15万张；发送移动短信40万条，微信传单2期。

宣传咨询活动 开展卫生宣传活动13次，参与的专家、工作人员200多人次，直接参与现场活动的群众有2500多人次。现场发放各类宣传资料和宣传实物20多类，各类传单、折页、小册子等2.68万份，悬挂主题横幅13条，展出宣传展板80余版、纸巾100盒，碘盐150包，一次性宣传水杯4.20万个，艾滋病宣传笔记本1400本，指甲钳100支。

学校健康教育 结合卫生宣传日，分别在漳州科技学院、白沙中学举办2期健康教育知识讲座。4月，对某中学初一学生进行干预，在干预前先进行基线调查，行为形成率为61.39%。通过6个月的干预，10月，再次对参与基线调查的学生54人进行干预后问卷调查，行为形成率为89.03%，良好的行为习惯明显提高，取得较好效果。

医院健康教育 各医疗机构都设有健康教育咨询台，加强医院健康教育工作督导，促使医院把健康教育贯穿于医疗活动的每个阶段，向病人及家属开展有针对性的知识宣传和康复指导，以及提供面对面的健康教育服务。

社区健康教育 全县乡镇卫生院及村级卫生所(室)都设有固定的健康教育专栏，每2个月更换一次宣传内容，使社区居民能在闲暇之余学习卫生保健知识。

目标人群知识知晓率调查 调查城市居民、农村居民和在校学生各100人。三类人群合计应答题为5400题、答对题3922题，知识知晓率为73%，其中城市居民知识知晓率为76.90%，农村居民为67.70%，学生为73.20%。

【健康体检】

按照财政部、国家发展改革委《关于清理规范一批行政事业性收费有关政策的通知》要求，自4月1日始取消卫生计生部门的卫生检测费、委托性卫生防疫服务费以及预防性体检费等项目收费。开展食品从业人员预防性健康体检11496人，驾驶员体检33642人，学生健康体检5120人。

【基层公共卫生管理】

开展公共卫生督导，专业人员每季度对全县各乡镇卫生院公共卫生工作进行检查督导，发现问题及时给予指出并提出建议，督导结束后总结各方工作中的优缺点，并给予反馈。配合卫计局做好基层医疗卫生机构基本公共卫生服务项目的半年考核和年度考核工作。制定年度培训计划，持续对基层公共卫生专业人员进行业务培训。

(撰稿人：陈艺平)

·县医院工作·

【概况】

2017年，漳浦县医院不断提高医疗技术，提升服务水平，保障医疗质量和安全，收治住院病人3.23万人次，门急诊病人44.69万人次，出院病人3.21万人次，手术台数7987台，业务总收入2.56亿元；至年底，医院编制床位500张，全院干部职工833人，卫生技术人员708人，其中副主任医师以上职称49人，临床科室高级职称医师37人，临床药师4人，临床科室19个，医技科室11个。

【提升服务水平】

提供多种形式预约服务 实施分时段精准预约，坚持“预约优先”的原则，缩短预约患者候诊时间；推进基层转诊预约，与5家乡镇卫生院建立协作关系，建立医联体医院预约转诊平台，开通预约绿色通道。

保障门急诊医疗秩序平稳有序 科学调配门急诊资源，调整门急诊医务人员安排，合理安排医技检查设备和人力资源，实行弹性排班，确保门急诊医疗需求。

提高临床路径管理覆盖面 对116个病种开展临床路径管理，加强对临床路径的实时管理和全面统计分析。

营造良好的就医环境及人文环境 做到“一室一患”，设置“一站式服务平台”，改善服务流程，提高服务效率；各项就诊标识醒目、明确，便民措施、导医服务完善；开展禁烟宣传培训，建立管理制度，设立控烟监督员，设置室外吸烟区。

【加强薄弱学科建设】

加强急诊科建设，根据急诊人数配备相应的抢救设施，配备足够的、相对固定的急诊科人员；同时，加强急诊与院前急救的医疗信息共享和医疗服务衔接，加强急诊与临床科室间的衔接。有效缓解孕产妇床位紧张问题，将妇科与产科分开，产科增加47张床位。完成介入导管室、新ICU建设，新增ICU床位9张，提升危重病人抢救水平。提升传统优势学科水平，骨科、胸外科、普外科、神经内科、妇产科当选漳州市副主委单位，微创技术不断提高。

【强化医疗安全保障】

加强病历书写质量管理　每月对运行病历进行抽查，督查病历书写的及时性、规范性，治疗计划的合理性，三级医师查房等核心制度的执行情况，围手术期医疗文书的书写及病情告知的有效性等，做到及时发现、及时反馈、及时提出整改措施，及时效果追踪。

规范医疗行为　加强医疗质量管控，按照医院管理的18项核心管理制度，每季度组织一次科室综合目标考核，对医疗质量、病历质量、合理用药、合理检查、医技科室质控等检查情况进行分析和通报，针对存在的问题，要求相关科室及时整改。稳妥推进单病种管理和临床路径管理，保证医疗质量的持续提高，控制医疗费用。重新修订患者安全相关制度，提高医务人员对患者身份识别的准确性，完善关键流程的患者识别措施和手术确认制度及工作流程，对手术患者进行手术安全核查和手术风险评估。

加强对医师队伍的考核培训　2017年是医师定期考核周期，根据国家卫计委《医师定期考核管理办法》，组织医师网上完善个人信息，组织医师参加业务水平测试。落实国家卫计委医师电子化注册工作要求，组织全院医师进行医师电子化注册培训，并及时完成网上注册。

贯彻执行分级诊疗政策　制定《漳浦县医院关于推进分级诊疗制定的实施方案》《分级转诊指南》《双向转诊制度》《诊疗项目清单》等一系列配套文件，推进分级诊疗工作。

做好医疗纠纷的处置　针对协商或法院诉讼的每起医疗纠纷案件，组织相关医师进行分析讨论，引导患者及其家属通过医疗事故技术鉴定或司法鉴定的方式，分清医患双方责任，更好地解决医患纠纷。

落实医疗机构药品集中采购相关规定　按照《国家基本药物临床应用指南》《国家基本药物处方集》及《福建省基层医疗卫生机构用药目录》，优先选用基本药物和低价药。加强医院处方点评制度，每月对重点科室各抽查100张门诊处方和30份出院病历进行点评，对辅助药物、血液制品、抗菌药物、肠外营养制剂每次不少于3项，每年不少于4次，20种以上药物进行专项点评；从10月起，临床药师对运

5月21日，县人民医院联合县残联上街开展义诊活动　（县医院 供图）

行病历进行点评干预，提升全院合理用药水平。

加强医院感染管理 按照《医院感染管理办法》和相关技术规范与行业标准，强化手卫生的监督管理。按照《医疗废物管理条例》等法规和规章，加强对医疗废物的分类、运送、暂存处理工作，预防和控制医院感染，杜绝感染事件发生。

加强公共卫生管理 重点加强传染病防控及突发公共卫生事件处置，严格执行传染病疫情监测、报告制度，落实人感染H7N9禽流感、肠道传染病、登革热、结核病、艾滋病等重点传染病防治。是年，报告传染病4510例，其中乙类传染病1325例，丙类传染病2817例，其他传染病367例，无甲类传染病发生。报告食源性疾病126例，采集手足口标本70例送检，采集腹泻标本279例送检。组织传染病培训3场，培训人员1000余人次，发放健康宣传材料3500份。2月，县医院获得职业健康检查机构资质。

推动优质护理服务 深化护理改革，优质护理服务病房覆盖率达到100%；开展6S活动，规范护士良好工作行为，提高护理工作效率；落实不良事件报告制度，全年主动上报不良事件18例；护理部设置督导岗位，实行三级质控管理，保障护理安全。

【培训、储备人才】

有计划地培养和招聘卫生技术人员，是年，通过人社局考试招聘（编内）医疗本科生17人，硕士研究生1人，其中临床专业15人、麻醉专业1人、针灸推拿专业1人、中西医结合临床专业1人。是年外送上级医院规培医生19人，规培回院医生12人，选派57名卫生技术人员到上级医院进修学习。鼓励医务人员参加继续医学教育，聘请上级专家、院内专家举办全院性学术讲座18场次，协助举办《福建省县域医疗合作发展论坛》《福建省病理年会》，骨科、妇产科、五官科举办市级学术活动。组织医务人员进行“三基”培训、“三基”考核，护理部组织护理人员理论考试4场，操作考试8场，科教科组织医生、医技人员理论考试2场，操作考试6场。全院发表论文37篇，其中医疗26篇，护理11篇。

【医院教学与科研】

完善教学管理制度，促进我院教学制度化建设，组织召开教学工作会议，开展各项教研活动，定期举办学生讲座26场次。临床带教大、中专学生145人，接收基层卫技人员到院进修67人，培训全科医生10人。加强院校合作，与漳州卫生职业学院联合新增设一班护理大专班。

【拓展新技术、适宜技术】

是年，县医院开展的新技术、适宜技术有：全盆底重建修复术、经皮肾镜钬激光碎石术、临时起搏器、有创性颅内压监测、持续腰大池引流术、膝关节镜下前交叉韧带单束重建、胸腹腔热灌注化疗、动静脉内瘘术、半永久双腔静脉导管植入术、异位妊娠腹腔镜保守手术、腹腔镜下全子宫切除术等。

【推进公立医院改革】

做好药品网上招标采购和零差率销售工作 严格落实合理用药奖惩措施，2017年医院药占比（不含中药饮片）28.27%，比2016年下降5.27%。

规范高值耗材采购 建立高值耗材备案采购、阳光采购和竞价招标采购，建立监控目录，加大对不合理使用处罚力度，降低耗材比。是年，全院卫生材料收入占比9.85%，比2016年下降1.98%；百元收入消耗卫生材料18.66元，比2016年下降6.15元。

控制次均费用不合理增长 通过实施单病种付费和临床路径管理措施规范诊疗行为，严格执行医疗服务价格标准。是年，门诊次均费用198.43元，比上一年上升4元；住院次均费用4934.07元，比上一年下降386.95元。

完善绩效考核分配方案 对全院工作人员实行绩效考核，确定绩效工资总额，制定绩效分配方案和科室二次分配指导意见，制定绩效考核方案。考核主要以突出岗位工作量、技术难度、风险程度、服务质量、行为规范和满意度等为指标，并将考核结果与人员的岗位聘用、个人薪酬挂钩。

医院信息化建设 完成HIS、电子病历、合理用药、院感等系统的采购计划，完善心电、病理中心的信息系统建设，建设双向分级诊疗、联影影像中心、远程会诊中心等平台。完成二级信息系统安全等级保护建设，并通过福建省网络与信息安全测评中心测评。

医联体内部建设 落实双向转诊制度，畅通转诊渠道，形成区域内医疗资源合作与互补，医院各专业学科带头人轮流到医联体医院坐诊、查房、手术指导，提升医院影响力。利用三级医院对口支援漳浦县医院的契机，提升医院服务能力。继续接受厦门大学附属第一医院、福建医科大学附属第一医院、省肿瘤医院、厦门市儿童医院、漳州市医院对漳浦县医院的帮扶，与中山大学附属第三医院、福州孟超肝胆医院等医疗单位，建立医学联盟。

发挥县级公立医院龙头作用 建设县域医疗服务技术平台，已建立区域心电诊断中心、临床检验中心，并着手建立消毒供应中心、医学影像中心、病理检验中心和远程会诊中心。

【医疗设备、耗材采购管理】

规范医疗器械耗材采购，高值耗材100%执行阳光采购平台采购。专用设备投入2040万余元，其中政府招标采购12项1789万余元。购置医用血管造影X射线机（DSA）设备847.70万元，医用血管造影X射线机（DSA）配套设备93万余元。福建省影像建设项目65万元，心电中心建设已投入使用。院内自行采购小型器械设备，经议价采购，采购金额20万余元。耗材（含低值易耗品）、检验试剂和骨科植入材料采购4766万余元，其中骨科植入材料采购850万余元，同比采购下降6.50%。耗材、检验试剂、骨科植入材料采购价格经议价全年降低采购成本近90万余元。对检验科、供应室、手术室等耗材实行二级库房管理，取代以领代耗，加强耗材进销存管理。

（撰稿人：黄宽昇）

·中医院工作·

【概况】

2017年，漳浦县中医院技术职称人员数285人〔高级人数28人，中级79人，初级（师）132人〕，核定床位200张；门诊人数18.8万人次，同比增长11.59%；业务收入9430.09万元，同比增长0.30%；手术台数1605台；出院人数9447人次，同比减少412人次；病床使用率77.20%，病床周转次数36.40次；出院者平均费用5919.66元，同比减少2.30%；药占比（不含中药饮片）25.33%；百元耗材占比21.47%，门诊次均医药费205.55元，与上年度持平。

【推进医改持续进行】

控制医疗费用不合理增长 加强管理教育，采取有效措施，将责任落实到科室，对外科系统科室进行较严格控费要求，并实行责任追究，促进医院药占比和耗占比有较大降幅。是年，药占比（不含中药饮片）降至25.33%，百元耗占比降至21.47%。

建立医联体 与漳州市中医院建立医联体，在诊疗工作中得到指导和支持；与赤湖中心卫生院、霞美卫生院组合医疗联合体，推动基层首诊、双向转诊、促进分级诊疗体系建设。两位副院长分别到赤湖、霞美卫生院任分管业务副院长，协助基层医院开展工作。

【医务人员业务培训】

投入继教培训经费17.60万元，做好医务人员的医学业务进修培训。各临床科室每月安排一次业务学习讲课，年不少于12次；护理部组织护理人员技术操作培训和考试4场。医务科、科教科组织全院性学术讲座12次，组织全院医师基础理论考试1场，参加业务学习的医师1023人次；组织全院医师技能操作考试1场，参加培训的医师63人次。选派到上级医院进修人员20人（规培6人，进修7人，短期进修人员7人）。到上级医院参加学术会议23人次，上级医院专家到县中医院开展新技术培训3人次。参加省通讯医学教育175人，参加远程继续教育99人，参加公务员局组织培训214人。同时，做好人才引进及卫技人员录用工作，新录用卫技人员11人（其中研究生2人，本科2人，大专7人）。

【病历质控检查和处方点评】

定期检查，督促、落实“处方点评制度”及“合理用药、合理检查等管理规定”；定期抽查住院病历和门诊处方，坚持对抗菌药物实行分级管理，切实做到合理用药，因病施治。是年组织检查归档病历16次，抽查病历1078份，其中乙级病历33份，丙级病历2份，发现违反合理用药及抗菌药物使用细则51人次，处罚51人次。质控员检查出归档病历不合格19人次，违反临床输血制度34人次，均给予相应处罚。

【提升护理队伍素质】

以提高护理服务质量，规范护理操作规程为主题，加强护理队伍专业技能培训考核与管理。定期组织各病区护士长进行护理工作检查4次，针对存在问题提出整改跟进。安排相关人员到上级医院学习培训19人次，组织全院性护理人员学术讲座2场，组织护理三基、中医理论考试2场，技能操作考试4场。做好出院病人电话回访，各临床科室对出院病人进行病情跟踪、关心和康复指导。

【新技术新疗法】

邀请省级名老中医、专家到县中医院坐诊，方便病人。外科、妇产科，开展直肠癌、结肠癌、疝气修补、子宫全吊等腹腔镜手术。康复科开展浮针、脐针、切脉针灸，其中在7月开展三伏灸，为400余名患者进行非药物治疗，取得一定疗效。

【改善医疗条件】

更新医疗设备　投入资金1955.66万元，用于购置医疗设备（含血透室、病理科等医疗设备）；新建血透室、病理科，其中，血透室于6月开业，拥有血透机20台、血滤机2台等设备，可为72名肾病患者提供透析服务；

改善医疗环境　投入资金约1196.12万元，用于后勤保障，其中，各病区的病房实现无线全覆盖，方便患者及家属无线上网；新增13台自助机和7台排队叫号机，方便群众看病。

【履行职能关注民生】

开展基层卫生院对口帮扶，选派4名较有临床经验的副主任及主治医师分别到赤湖、赤土、杜浔、霞美等乡镇卫生院开展门诊及业务指导和学术讲座，全年帮扶212人次。组织下乡义诊4次，参加医务人员21人次，诊治患者约270人次，免费发放药品200余份。完成医疗保障任务31次，派出医务人员66人次，派出救护车34车次。“120”救护小组实施院外救护出诊1681车次，接回病人2011人次；接门急诊病人14895人次。

（供稿：县中医院）

·妇幼保健·

【概况】

2017年，漳浦县妇幼保健院加强孕产妇系统管理和儿童系统管理，降低孕产妇、婴幼儿死亡率，门诊人次数为22.83万人次，同比增长12.77%；住院总人次为7719人次，同比增长30.70%，其中妇产科出院病人4961人次，同比增加1289人次；新生儿科出院病人2758人次，同比增加524人次。总收入8257.69万元，同比增长50.50%。医疗收入5566.18万元，同比增长34.65%，其中：药品收入1123.74万元，药占比为20.19%，同比降低3个百分点；卫生耗材收入318.91万元；检验收入1295.26万元，同比增长59.49%；门诊收入2968.48万元，同比增长32.38%；住院收入2597.70万元，同比增长37.34%。

【妇女保健】

定期下乡指导，考核督查，确保保健人员每人下乡指导8天以上；定期召开妇幼例会，对妇幼重大公共卫生项目进行培训，开展孕产妇和新生儿死亡评审。是年，住院分娩率：全县有产妇数18834人，活产数18927人，住院分娩活产数18927人，住院分娩率100%。孕产妇系统管理：孕产妇系统管理17843人，系统管理率94.27%；高危孕产妇管理10281人，高危产妇住院分娩率100%。孕产妇死亡1例，死亡率为5.28/10万。

【儿童保健】

加强儿保工作，院组织人员先后4次对各乡镇卫生院儿童保健工作进行全面督导检查与指导；举办4期儿保培训班；制定托幼机构人员培训和定期督导制度，对托幼机构进行管理指导，覆盖率达100%。是年，7岁以下儿童健康管理数9.64万人，管理率92.90%。3岁以下系统管理数4.79万人，系统管理率92.81%。高危儿筛查数3101人，筛查率3.22%，对所有高危儿均进行登记管理及专案管理。新生儿访视17941人，访视率94.79%。新生儿听力筛查2.18万人，5岁以下血红蛋白检测64534人，检测率86.73%，6个月母乳喂养率95.96%。开展眼保健35093人、口腔保健2680人、心理保健3900人。新生儿死亡22人，死亡率1.16‰；婴儿死亡51人，死亡率为2.70‰；5岁以下儿童死亡67人，死亡率为3.54‰；无发生新生儿破伤风。

【优生检查与婚检】

2016年10月1日至2017年9月30日，男应检数4392人，女应检数4392人，男实检数3794人，女实检数3894人，婚检率为86.81%，疾病检出率3.93%。免费孕前优生检测3900对，完成63%。开展产前筛查，全部完成免费3000例、宫颈癌筛查5000例、乳腺癌筛查2000例。是年地贫筛查任务数5000对，完成3850对，完成率77%。

【疾病传播预防】

通过板报、宣传栏、上街咨询、观看录像等形式的健康教育活动，普及基本卫生知识，倡导健康生活方式，开展艾滋病、梅毒和乙肝母婴传播预防。是年，孕产妇艾滋病病毒检测18119人，检测率达96.20%；梅毒检测检18114人，测率达96.18%；乙肝检测18112人，检测率达96.17%。

【科技、人才强院战略】

加大人员培养力度 加强儿科、妇产科综合实力，招聘应届本科临床医学专业2人，通过公开招聘方式录用助产士12人、护理2人；招聘五官科医师1人。选派2名儿科护理人员到厦门市妇幼保健院进修NICU，选派3名医生到厦门市妇幼保健院进修男性科、五官科、阴道镜门诊。

实施新技术、新项目 加快开展腹腔镜、宫腔镜技术，能独立和在漳州市医院、厦门市妇幼保健院专家的指导下成功开展腹腔镜技术100多例。成立不孕不育科，选定妇产科、男性科医生各1名作为培养骨干。由帮扶单位厦门市妇幼保健院的下基层医生对其进行指导。

增购医疗器具 检验科购入地中海贫血基因分析仪、杂交仪与核酸提取仪。信息科根据二级等保要求，采购医院二级信息系统等级保护建设项目、网络安全准入系统、终端安全管理系统、入侵防御系统。放射科购入数字平板胃肠系统用于开展碘油造影技术。

【新农合、医保管理服务】

新农合总报销人次为5367人，总报销金额869.32万元(报销比例为46.69%)；职工医保总报销人数为39人，总报销金额为11.72万元。

(供稿：县妇幼保健院)

·爱国卫生运动·

【概况】

2017年，漳浦县爱卫会以创建卫生县城为平台，开展第29个爱卫月活动，发放健康知识宣传500多份，动员全社会关注健康，关注环境卫生；加强病媒生物防制工作，先后开展春季除“四害”消杀活动和秋冬季爱国卫生运动，动员270个部门、1.50万多人次参与，消杀面积360.80万多平方米，使县城区“四害”防制效果达到评价C级判定标准；推进农村卫生厕所普及率，定时收集好农村改厕的数据及做好改厕户的档案。

【第29个爱卫月】

在第29个爱国卫生月期间，县爱卫会联合县医院、妇幼保健院、县疾控中心等单位在县城新都广场开展“清洁家园、除害防病、共同面对抑郁、共促心理健康”为主题的健康教育宣传活动。邀请各医院专家现场为群众现场义诊、免费发放健康知识宣传材料500多份，动员更多的人关注健康，关注环境卫生，参与创建国家卫生县城活动。

【病媒生物防制】

将病媒生物防制贯穿在新时期爱国卫生工作中，加强卫生长效管理，降低“四害”密度，控制病媒生物危害。年初制定除“四害”的工作方案，以病媒生物防制专业队伍与群众运动相结合的办法，在4—5月开展春季除“四害”消杀活动，10—11月开展秋冬季爱国卫生运动，重点对县城区所有的大街小巷、公共场所、进行2次大规模除“四害”活动及县城区环境卫生整洁行动。清理垃圾5500吨，投放鼠药5980公斤，蚊药9500公斤，蟑螂药980公斤，参与部门270个，参与人数1.50万多人次，消杀面积360.80万多平方米。11月，市爱卫办组织专家针对漳浦县“灭蚊、灭鼠、灭蟑、灭蝇”先进城区创建工作进行考核，县城区“四害”防制效果达到评价C级判定标准。

【社会健康教育】

是年，根据国家有关公共场所卫生管理规定和《福建省爱国卫生条例》规定，制定《漳浦县城区公共场所禁止吸烟暂行规定》，通过各种媒介开展社会健康教育，加强县直医疗单位控烟工作指导，利用各种“卫生日”做好主题宣传教育活动和创建无烟单位、控烟健康教育，提高群众健康知识的知晓率。

【卫生单位评审】

县爱卫会与县文明办联合发出《关于开展卫生单位(社区)评选工作的通知》，要求各单位于9月上报申报表和自评表等材料，同时组织专家定期不定期以暗访暗查的形式对卫生单位(社区)进行检查评比，提高卫生管理水平，加大创卫工作力度。

【省级卫生乡镇评审】

按照创建国家卫生县城对省级卫生乡镇、卫生村的要求，加强对各乡镇开展省级卫生乡镇、卫生村创建的督促指导。9月，市爱卫办组织专家对漳浦县石榴镇车本村、攀龙村等5个建制村及盘陀镇官坡村、上洞村等4个建制村创建省级卫生村进行考核，同时对石榴镇和盘陀镇2个省级卫生乡镇届满进行复审，对漳浦县省级卫生乡镇、卫生村取得的成绩给予充分肯定。

(供稿:县爱卫会)

【漳浦特色美食】

芋泥夹饼

※主料:槟榔芋250克

※配料:油炸花生末25克、甜冬瓜条末15克、桔饼末10克、鸡蛋1粒、熟白芝麻40克、特制绿豆饼干或绿豆茶饼干(薄而圆)20个

※调料:白糖30克、葱头油20克、生粉20克、食用油750克(用后耗30克)

※制作方法:

1、将槟榔芋洗净蒸熟去皮，凉却后擀成泥状，下锅炒烫，投入白糖、葱头油、花生末、甜冬瓜条末、桔饼末、白芝麻，炒出香味起锅成甜芋泥待用

2、另取2个绿豆饼干或绿豆茶饼干，单面拍粉并将芋泥合夹成饼，边缘滚生粉、拉蛋液、再拖白芝麻;依上述全部制成芋泥合夹饼的生坯，投入4成热油锅炸至外酥内烫捞出沥油即成。芋泥夹饼又叫绿茶佛饼

※特点:芋香浓郁、外酥内软、味美爽口

※营养成分:蛋白质21.5克、脂肪59克、能量844千卡、钙369毫克、铁9.9毫克、锌6毫克、维生素A197.6毫克、维素生E31.2毫克、维生素B1 0.3毫克、维生素B2 0.38毫克、维生素C12.6毫克

(2003年8月，被福建省烹饪协会认定为“福建名小吃”)

漳浦美食协会供稿

气象测报　防震减灾

· 气象测报 ·

【概况】

2018年，漳浦县气象测报工作以服务为主线，做好各个季节时段的气象预报预警，制作各种天气专报预报124期，发布各类气象灾害预警信号342次，发送预警短信100多万条。测报质量全省第一，预报质量全市第一；履行法律法规赋予的责任，开展防雷装置设计审核、竣工验收、气球施放等行政许可审批活动。是年核准防雷装置竣工验收15件。

【提升气象服务水平】

气象灾害的监测预警及服务　加强天气监测，针对每次天气过程，及时做好短时临近天气预报、气象灾害预报预警服务。全年制作《重要天气报告》78期，《重要气象信息专报》58期，《重要专题气象服务》13期，《短时临近预报》及直通式气象服务53期，发布各类气象灾害预警信号342次，发送预警短信100多万条。测报质量全省第一，预报质量全市第一。抓住有利时机，开展人工增雨作业，为工农业生产提供保障。

开展每周一期的农用天气预报服务　做好水稻、青枣、铁皮石斛服务专题，适时开展春耕春播服务，灾害监测预警评估，完成服务材料42期。开展农村“六大员”的管理与培训，发挥乡镇信息服务站的功能，做好气象灾害防御标准化乡镇建设。

利用微信等自媒体开展气象服务　气象台根据需要，组建全县范围内的气象微信群，已建有3个气象服务群，成员1000多人，涵盖县乡村三级领导、种植养殖大户、媒体记者等。全年发送预警短信100多万条。

【气象法制社会管理】

根据《中华人民共和国气象法》《福建省气象条例》等法律法规赋予的职责，履行社会管理责任，开展防雷装置设计审核、竣工验收、气球施放等行政许可审批活动。是年核准防雷装置竣工验收15件。联合县有关部门，对全县涉氨制冷企业、易燃易爆场

3月9日，省气象局党组书记、局长董熔在漳浦县气象局开展工作调研

（陈英俊　摄）

所进行防雷安全监管。深入企业进行防雷安全检查，重点紧盯易燃易爆危化等领域。建立健全防雷安全管理工作台账，梳理核对县域内危险化学品、易燃易爆场所及单位名单，为社会安全提供保障。

【气象科普】

3月23日世界气象日期间，邀请漳浦《小主人报》小记者学员50多人参观气象台，到县第二实验小学、石斋小学开展气象科普知识讲座。在5.12减灾日到绥安中心学校开展气象防灾减灾宣传，受众人数2000多人。11月2日，到前亭镇参加"三下乡"活动，发放气象科普宣传材料600多份。

【全年季节气候状况评价】

冬季（2015年12月—2016年2月） 冬季平均气温15.5℃，比历年平均高1.2℃，属显著偏高。12月偏高，1月异常偏高。最高气温27.1℃，出现在1月8日；最低气温4.5℃，出现在2月12日。冬季降水量156.80毫米，比历年平均偏多5%，属正常年份。其中，12月偏多，1月显著偏少，2月正常，受西南急流影响，2月22日出现暴雨（74.10毫米）。冬季日照时数364.70小时，比历年平均少13.50小时，属正常，其中，12月正常、1月正常，2月正常。

春季（3—5月） 春季平均气温20.3℃，比历年平均高0.3℃，属正常。最高气温31.8℃，出现在5月31日；最低气温7.9℃，出现在3月3日；月际变化：3月平均气温正常，4月平均气温正常，5月平均气温正常。春季降水量313.30毫米，比历年平均偏少37%，属偏少。月际变化：3月雨量偏多、4月正常，5月显著偏少，但在5月16日出现暴雨，降水量达53.70毫米。春季日照时数375.40小时，属正常年份。月际变化：3月、5月日照偏少，4月日照显著偏多。

夏季（6—8月） 夏季平均气温27.8℃，与历年平均持平，属正常，6月、7月正常，8月偏高。极端最高气温36.6℃，2天（8月19、20日）；极端最低气温21.0℃，2天（6月15、16日）；出现日最高气温≥35℃的高温天气13天。夏季降水量828.90毫米，比历年偏多113.60毫米约16%，属正常。其中，6月偏多，7月偏少，8月正常。受西南暖湿气流和切变线影响，6月12日（65.20毫米）、13日（56.60毫米）、17日（65.20毫米）、18日（61.70毫米）出现暴雨天气。受台风影响，8月1日出现大暴雨（151.50毫米）、27日出现暴雨（78.50毫米）夏季日照时数650小时，比历年平均偏多53.30小时，属正常。

秋季（9—11月） 秋季平均气温24.2℃，属偏高。9月异常偏高、10月偏高、11月正常。最高气温达37.6℃，出现在9月27日。9月27日出现的37.6℃和10月1日出现的35.3℃，均创历史同期纪录。"23型"秋寒出现在10月21日，"20型"秋寒出现在11月18日。秋季降水量142毫米，比历年偏少123.80毫米约47%，偏少，9月显著偏少，10月偏少、11月偏多。10月17日至11月7日，连续22天无降水。秋季日照时数462.90小时，比历年偏少20.80小时，属正常。9月显著偏多、10月正常、11月异常偏少。

【关键期天气】

春播期（2月下旬—4月上旬） 春播期旬平均气温16.1℃，比历年平均低0.1℃，属正常，其中2月下旬平均气温13.2℃，属偏低，3月份平均气温15.8℃，属略偏低，4月上旬20.2℃属偏高，2月24—26日，全县各地出现3天日平均气温≤12℃的低温阴雨天气，无倒春寒天气出现。2月下旬至4月上旬，总雨量167.80毫米，比历年平均偏少25毫米13%，降水主要集中在2月下旬，进入3月之后降水持续偏少。总日照时数165.70小时，比历年偏多14.50小时约10%。

汛期（4—9月） 2017年汛期（4—9月）总降水量1121.80毫米，与历年同期偏少129.90毫米10%，其中前汛期（梅雨季4—6月）降水量620.50毫米，比历年平均偏少32.10毫米约5%，后汛期（台风季7—9月）降水量501.30毫米，比历年同期偏少97.80毫米16%。4—9月，平均气温26.1℃，与历年同期相比偏高0.6℃，极端最高气温37.6℃，出现在9月27日，同日长桥镇出现40.1℃的高温极值。高温日数19天,比常年偏多8.50天。4—9月≥50毫米暴雨日有7天,其中最大日雨量出现在8月1日,日雨量达151.50毫米。

台风季（7—9月） 台风季共有5次台风影响漳浦县,分别为第2号台风“苗柏”、第10号台风“海棠”、第13号台风“天鸽”、第14号台风“帕卡”和第16号台风“玛娃”。降水量501.30毫米,比历年同期偏少97.80毫米16%。

【气象灾害】

低温阴雨 2月，出现强降水,虽有利于春耕,但2月24—26日,连续3天日平均气温≤12℃的低温阴雨天气,不利于春播。

强降水 受西南急流影响，2月22日出现暴雨（74.10毫米）。4月21日8时至22日8时,受低层切变影响,全县普降中到大雨,沿海部分乡镇出现暴雨。县气象站过程雨量为22.90毫米,4个雨量站超过50毫米,以霞美镇的61.50毫米为最大。4月26日8时至27日8时,受低层切变线影响,全县普降中到大雨，部分乡镇出现暴雨天气,县气象站过程雨量为41毫米,7个雨量站超过50毫米，其中以万安82.20毫米为最大。21日雨季开始。受高空槽和低涡切变线影响,5月15日下午至16日清晨，全县普降暴雨,16日县气象站出现暴雨天气，降水量达53.70毫米。受西南暖湿气流和切变线影响,6月12日(65.20毫米)、13日(56.60毫米)、17日(65.20毫米)、18日 (61.70毫米),8月27日出现暴雨(78.50毫米)天气。

台风

1.受第10号台风“海棠”尾部西南急流影响,8月1日全县普降暴雨，部分乡镇出现大暴雨,县气象站日雨量达到151.50毫米，其中以大南坂腊山村210.30毫米为最大。

2.受第13号台风“天鸽”外围东南风急流影响,8月22—24日,全县普降中到大雨,部分乡镇出现暴雨,过程雨量县气象站56.80毫米，其中以石榴镇142.20毫米为最大。

3.受第14号台风“帕卡”外围环流影响,8月27日，全县普降中到大雨，部分乡镇出现暴雨,其中以县气象站的78.50毫米为最大。

大风

1.受第9号台风“纳沙”和第10号台风“海棠”外围环流的共同影响,7月30日14时至31日14时,漳浦盐场出现10级大风(24.50米／秒)。

2.受第13号台风外围东南风急流影响,8月22—23日,沿海普遍出现大风天气,阵风达到6～7级,以红屿极大风速15.90米／秒为最大。

3.受第14号台风“帕卡”外围环流影响,8月26日夜间至27日白天，沿海出现6～8级大风，以霞美镇17.30米／秒(8级)为最大。

4.受第16号台风“玛娃”影响,9月3—4日,沿海出现6～8级大风，最大出现在红屿岛的19.20米／秒。

（撰稿人:杨珂玲）

·防震减灾·

【概况】

2017年,漳浦县防震减灾工作按照“以防为主”的原则,投入93万元采购应急救援设备,编印《漳浦县地震应急预案（修订)》《漳浦县“十三五”防震减灾专项规划》；发放各类宣传材料2万多份，群发短信10000多条;对12个工程项目进行抗震设防评审,增建6处Ⅲ类标准地震应急避难场所,推荐城西社区汤泉世纪(一期)、花开富贵2个小区申报创建国家级地震安全示范社区。县地震办获年度全省县级防震减灾工作考核先进单位。

【应急队伍设施建设】

完善应急救援队伍建设和管理 强化专业救援队伍建设,投入93万元采购一批应急救援设备,移交县消防大队统一使用管理，并做好应急救援装备培训。加强业余救援队伍建设,将漳浦蓝天救援队更名注册为漳州市蓝天救援服务中心,使之正式成为漳浦县第一支民间救援力量,其业务范围是突发事件应急救援和自然灾害应急救援,主要任务是协助政府应急体系开展防灾减灾教育培训，参与包括地震等各种灾害事故救援行动。完善“三网一员”队伍构建，加强全县“三网一员”培训。

地震应急避难场所建设 有序推进应急避难场所建设，按照“十三五”规划要求，平均每个乡镇（街道）建成的地震应急避难场所不少于1处。是年在南浦、石榴、前亭、赤湖、湖西、杜浔等乡镇，建设南浦中学、漳浦五中、前亭中学、达志中学、民族华侨中学等6处Ⅲ类标准地震应急避难场所，11月底全部建设完成并通过验收，使全县已建成地震应急避难场所达到18处。对12处已建好的地震应急避难场所管护进行定期巡查，确保其功能能够正常发挥。

地震应急响应与处置 印发《漳浦县地震应急预案（修订）》《2017年度漳浦县震情跟踪方案》，对全县地震应急各项准备工作进行部署。严格执行24小时震情值班制度，加强节假日和全国“两会”、厦门“金砖”等重要时段值班，及时上报观测报表和地震异常现象，做好社会舆情监控，维护社会和谐安定。

【台网管理】

加强地震预警建设，保障省监测中心震情不间断，省、市、县震情畅通。完善地震台站管理，对区域内的地震烈度速报台、强震台、和GPS基准站的地震监测仪器运行情况、辅助配套设施是否完善、观测点环境等进行全面巡查，建立台账。针对巡查中发现的问题及时整改，有效保障地震监测设施安全，提高地震监测工作质量。出台管理办法，完善地震宏观观测网，加强4个地震宏观观测点的观测员实时跟踪监测，做好宏观点的观测资料上报。

5月14日，县地震办在新都城市广场举办“防震减灾进家庭”文艺宣传活动
（陈茜　摄）

【防震减灾宣传】

开展全市“第六个防震减灾宣传月”活动，结合全国“第九个防灾减灾日”“唐山地震纪念日”“科技宣传周”等节点，深入学校、社区、机关、企事业单位宣传防震避震、应急避险、自救互救等知识。以安全示范社区创建为契机，在社区每家每户发放地震宣传手册和应急包、在有线电视台播放科普宣传片、建设科普教育基地等宣传活动。是年发放各类宣传材料2万多份，群发短信1万多条，在办公大楼、县城主干道及城市综合广场的电子屏幕上播放科普宣传标语，在县电视台播放《三分钟告诉你什么是地震》短片；同时，举办应急演练、技能培训、科普讲座、咨询活动，提高民众防震减灾意识和应急处置震害能力。

【震害防御能力建设】

加强地震安全示范社区创建指导，划拨专项经费5万元，用于推进地震安全示范社区创建和巩固。推荐绥安镇城西社区汤泉世纪（一期）、花开富贵2个小区申报创建国家级地震安全示范社区。加大《中国地震动参数区划图》（GB18306－2015）宣传，严格落实国家新标准，确保新建、改建、扩建工程达到抗震设防要求。是年参与教学楼、医院、污水处理厂等12个工程项目抗震设防意见评审。做好农村工匠培训，11月下旬举办培训班，对各乡镇农村工匠开展为期2天的技术培训。

（撰稿人：徐慧卿）

乡　镇

·绥安镇·

【概况】

2017年，绥安镇完成固定资产投资15.67亿元，完成年任务108%；规模工业总产值5.07亿元，完成年任务173%；财税收入7.44亿元，其中国税收入3.43亿元，完成年任务100.23%，地税收入4.02亿元，完成年任务100.46%；工业项目投资额3.43亿元，工业技改1.25万元，总技改11.67亿元；限上社会销售品零售总额10.9亿元，达到序时进度，新增限上社零企业10家，超额完成1家，净增文化产业法人单位数15家，超额完成5家。

【招商引资】

坚持“走出去，引进来”战略，每月开展一次招商引资，新引进总投资2.50亿元的虎炉水库乡村旅游项目。已在漳浦(深圳)推介会上成功签约，项目的落地将补充县城周边乡村特色旅游短板。

【项目征迁】

推进县委、县政府交办的县城区“断头路”等一批重点项目征迁扫尾工作，为项目建设提供用地保障。是年，完成征迁项目32个，征地180.89公顷，拆迁面积5.70万多平方米。鹿溪南岸片区、鹿溪北岸二期、龙湖公园等项目征迁也取得较大的进展。

【城乡面貌】

加大城区“创卫”力度　出动铲车、挖掘机等机械，对房前屋后、集贸市场、池塘、污水池等

12月7日，绥安镇举办“平安漳浦 美丽绥城 巾帼创卫”文艺晚会　　(陈心逸 摄)

卫生死角的陈年垃圾进行集中清理;健全生活垃圾转运市场化运作机制,按照“村收集、镇转运、县处理”的模式,生活垃圾做到日产日清。创建麦市街、金浦大道2条示范街区及大埔、京里、麦埔、罗山、草埔、寨窑等6个省级卫生村为示范导向,以点带面,在全镇各村掀起城乡环境卫生大扫除大清理高潮。加大“两违”治理,拆除违章建筑和违法占地总面积6.66万平方米,完成年度任务的109.95%,腾出土地面积3.67万平方米,拆后土地利用率达76.83%。

美丽乡村创建　提升大埔村美丽乡村建设品位和内涵,知名度越来越高,前来参观游客日益增多,是年再获中国休闲美丽乡村、福建省旅游特色村等称号。新创建省级美丽乡村示范点罗山村,依托东罗岩自然优势,因地制宜,分步分期有序推进。

【生态环境保护】

建立完善网格化环保监管体系,开展矿山整治、污垃治理、工业污染整治,突出河道水面管控治理,完善河道漂浮垃圾打捞清理市场化运作机制,确保辖区内的鹿溪、割后溪、后井溪等水流域不受污染。推进生猪养殖治理,完成202户生猪养殖户拆除整治。加快“黄标车”淘汰,淘汰镇域内“黄标车”184辆。

【精准扶贫】

完成国家扶贫网“两不愁、三保障”数据清洗和镇、村干部及县直单位挂钩帮扶系统录入。启动实施总投资320万元的后港村蔬菜种植扶贫项目,完成扶贫小额贷款34户、贷款资金87.30万元;造福工程和危房改造补助对象分别为5户和33户。是年,全镇贫困户142户412人全部实现脱贫。

【社会事业】

优先发展教育事业　加大教育投入,加快校安工程建设,完成道周中学、第二实验小学、马坑小学、罗山小学、霞潭小学等一批中小学义务教育基本均衡建设,办学条件大幅改善。

卫计服务更加优质　全面实施“两孩”政策,落实各项奖励扶持措施,开展计生“5•29”活动,表彰100名优秀女组长,开展生育关怀、安居工程、金秋助学等活动。社区卫生服务中心和卫计服务中心新址装修进入扫尾阶段;创建炉尾村卫生所为公办村卫生所标准化建设示范所,以点带面,加快乡村卫生一体化建设。

社会管理扎实　开展“平安绥安”创建活动,在县城区各街道及重点部位安装高清探头391路,县城外19个建制村的主要路口、重点位置安装视频监控探头292个,实现实时动态监控。成立重大活动安保维稳工作领导小组,化解历年信访积案14件,省市交办风险隐患清单30件。

安全生产　建立健全“党政同责、一岗双责、齐抓共管”安全生产责任体系,强化安全生产监管,排查重点行业领域安全隐患15家,发现隐患7处,全部完成整改。排查“三合一”场所807家,投入30多万元实施“三合一”场所技术改造工程。重视道路交通安全,22个村(社区)的交通安全义务劝导站已建成并投入运行,投入36万元整改消除道路交通安全隐患16处。加强农林安全监管,完成300例农产品农药残留检测,抽检合格率达到100%。

(供稿:绥安镇党政办)

•旧镇镇•

【概况】

2017年,旧镇镇实现固定资产投资7.40亿元,规模工业产值8.57亿元,合同外资440万美元,实际利用外资220万美元,出口创汇650万美元,财政总收入3417万元,社会消费品零售总额完成2.61亿元,农村居民人均纯收入18027元,同比增长11%。

【项目建设】

重点项目建设全面铺开　海西如意城、粮食联合储备库、沿海大通道连接线等重点项目全面推进。其中,年度计划投资3亿元的海西如意城和年度计划投资7500万元的粮食储备联合建库项目为市级重点项目,海西如意城一期和粮食联合储备库在年底前完成主体结构封顶。

项目征地力度加大 新征项目用地近34公顷，其中港城快速通道、沿海大通道连接线、海西如意城二期、伟宏工业、贝尔工业，粮食联合储备库进场道路、海西天然气管网工程分输站等项目征地有序推进，海西如意城一期征迁完成。

【基础设施】

完善基础设施 S201省道排水工程、S201省道防撞墙工程、佛旧线城外村至埔尾村路肩硬化工程、苑上村台玻路口加宽工程、白沙村海防执勤道路、石桥村海防执勤道路、东厝村水土流失综合治理项目、交通劝导站等民生项目建成投入使用；第三实验小学及附属幼儿园、海西天然气管网工程分输站、沿海大通道连接线、港城快速通道旧镇段等民生项目已在征地。

村级为民办实事项目 完善村级民生项目督查制度，督促各村确保年初表态的村级民生项目的落实到位，74个村级为民办实事项目有效落实，各村水泥道路、农田水利设施、便民服务场所等各项基础设施得到较大改善。

【美丽乡村】

美丽乡村建设 美丽乡村整治建设村后垅村结合石牛尾“传统古村落”建设，重点拆除房前屋后猪圈、禽舍、旱厕、临时搭盖建筑等，开展污水处理、改建三格化粪池及环境卫生整治，各项工作有条不紊地进行。至年底，已投入60多万进行外围的整治和拆迁，投入128万元进行万苑线石牛尾路段两侧的美化、亮化。

“两违”整治 拆除违法建筑5.26万平方米，完成年任务数的117%，拆后土地利用率达100%。苑上村、浯江村、后垅村、潭仔头村、岩埭村、东厝村、山仔村、西埔村、林美村等9个村申报市级“无违建”村。通过以点带面，进一步增强全镇治违控违意识，建立健全“两违”治理长效机制，有效遏制“两违”行为的发生。

生态旅游显露雏形 举办第四届乌石荔枝采摘节，乌石天后宫接待游客10多万人次。推介乌石妈祖－秀才村－海云岩－万亩荔枝园等绿色生态游，启动乌石龙山风景区栈道工程建设。

【社会保障】

社会事业有序开展 完善覆盖城乡的社会保障体系，如期完成新农保、新农合筹资。开展“红五月优生优育指导”“携爱家园”温暖计生特殊家庭慰问等活动，宣传贯彻计划生育法律、法规，计生工作指标完成情况良好。

推进乡村卫生服务一体化 下示村等14个村乡村标准化卫生所通过市级验收。开通医保终端服务，纳入医保定点机构，同步落实一般诊疗费政策，方便群众就医。

扶贫攻坚初战告捷 对缺乏劳动力或因病因残等难以脱贫的贫困户，进行低保兜底，做到不落下一个贫困户。是年，脱贫77户240人。至年底，全镇建档立卡贫困户已全部脱贫。

【社会大局】

妥善处置群众信访 注重初信初访化解，对重点信访件实行信访挂钩和领导包案制度。是年，接到县级以上信访件21件，与上年度同期31件相比减少32.20%；已签订息访息诉4件，积案化解5件，没有发生影响稳定的重大案件和突出问题。

开展创建平安旧镇活动 发动社会各界参与平安旧镇创建活动，做到有组织、有宣传、有引导、有效果。发挥“品牌调解室”的作用，发动镇、村专职调解员、返聘退休干部及村主干、农村威望老人参与调解。是年，调解矛盾纠纷403起，调处成功率100%。

（撰稿人：刘子源）

·霞美镇·

【概况】

2017年，霞美镇完成生产总值15.20亿元，同比增长10.40%，其中工业总产值4.07亿元，同比增长7.30%，农业总产值9.35亿元，同比增长15%，实现财政收入2625万元，同比增长10%，完成固定资产投资5.03亿元，同比增长11%，农村居民人均纯收入15699元，同比增长10%。

【经济建设】

扎实推进项目建设　全镇建设项目19个,总投资8.70亿元,年度投资5.03亿,其中省重点项目1个，市县重点项目4个。至年底,完成10千米自然村“村村通”水泥路;坡耕地改造、霞美溪生态水系改造、山头庵生态公园、美丽乡村、鸿雅果蔬、南渔饲料等项目;港城大道、农村饮水安全巩固提升工程、高效节水灌溉项目、高标准农田改造、巷内小学新校舍、晟鑫物流、隆瑞建材、国财果蔬等项目正在加紧建设施工中。

招商引资成效显著　加大外出招商力度，组织到福州、厦门、广东等地开展招商活动。是年服务招商引资项目5个,其中2017年新上项目2个,2016年老项目3个;固定投资8亿元的福建腾安物流有限公司项目正在洽谈跟进。

农业发展特色鲜明　把发展特色农业作为“三农”工作核心,鼓励大户承包、发展家庭农场等农业生产形式,构建特色种养殖乡镇,特别是致力从品牌培育、规模养殖、质量提升等方面扶持牡蛎、鲍鱼、枇杷特色产业。全镇发展牡蛎吊养21467公顷,年产值1.50亿元，是全省最大的牡蛎生产加工基地和牡蛎贸易集散地之一；吊养鲍鱼1.50多亿粒,年产值6亿元;种植枇杷734公顷,年产值近亿元。

【城乡统筹】

农村设施不断夯实　开工建设高效节水灌溉项目、高标准农田改造、农村饮水安全巩固提升工程。投资350万元,建设坡耕地水土保持改造项目,综合治理土地面积137.73公顷；实施鸿雅果蔬、国财果蔬、永在水果、海贝尔科技等农业载体,服务三农;沿海大通道建成通车,新建自然村“村村通”水泥路10千米，安装村道巷道路灯153盏。扩大完善山头庵生态公园,完成霞美溪生态水系建设,并通过省级验收。

“两违”治理严格执行　深化“两违”综合治理实施方案,落实“两违”管控,开展农村违法违

9月22日,霞美镇完成霞美溪安全生态水系建设并接受市级完工复核　(蔡盛典 摄)

规建房“百日大清查”专项行动，重点加强对漳东线、港城大道、沿海大通道霞美段两侧、辖区内各溪流流域两侧、下蔡后辽海域、古雷港区周边及耕保区的巡控，对违法违规建房零容忍，拆除违法建筑21宗，拆违面积2.09万平方米。

新村面貌焕然一新　省级美丽乡村山岭村新建公厕3座，污水处理池1个，完成2150米的排水沟建设，硬化村道2.30千米，安装巷道路灯35盏，种植绿化树360多棵，拆除旱厕猪圈259间，清理陈年垃圾550车，配套卫生桶950个，实现村容村貌整洁有序。

镇村环卫形成长效　完善垃圾中转站渗滤液池设施，续建一个30立方米的堆放池，已投入使用。重点清理镇区道路两旁、河边、沟渠等堆积的陈年垃圾901车；定期对已运转的生活污水池设备进行检查、检修，对污水绿化苗进行养护，确保污水处理池正常运行。村村建立健全环卫保洁长效机制，实现所有自然村全覆盖，镇村环卫工作进入常态化、规范化和长效化。

【民生事业】

精准扶贫有效推进　开展建档立卡“回头看”，对全镇贫困户进行精准再识别，有270户845人。坚持统筹“安居扶贫、教育扶贫、产业扶贫”等有效措施相结合，解决8户建档立卡贫困户的住房难问题。做大做强“霞美三粒”和枇杷种植加工产业，通过土地流转收入、劳务报酬所得、种植示范带动等形式，为贫困户年收入增加万元以上，走出一条特色产业扶贫路子。至年底，全镇全部实现脱贫，低保政策兜底113户204人，建档立卡贫困户新农合、新农保减免政策全部落实。实施“希望工程圆梦”行动，对3名贫困学生发放助学金8000元。对接上级政策，有89户享受“雨露计划”政策优惠。

卫计服务日益完善　强化基本公共卫生服务，开展进村义诊、“两癌”筛查、健康宣教等服务。对眉田等10所村级卫生服务所进行标准化建设，完成山前村作为示范公办村卫生所建设，并投入使用。改革完善计划生育服务管理，开展计生“红五月”计生女组长计生知识竞赛，发放农村二女户、独女户“阳光女孩”奖励费1.20万元、“金秋助学”奖学金2.16万元。

文教事业迅速发展　建设1个镇级和6个农村宣传文化长栏。实施文化惠民工程，镇综合文化站、农家书屋等文化设施完善，拥有全市第一家乡镇级书画院并多次举办乡镇级书画展。组织一批农村文化能人和文艺活动骨干，在传统节日期间，以“我们的节日”为主题，开展经常性的经典诵读、节日民俗和文化娱乐活动，组织乡镇杯篮球赛、广场舞比赛等活动，丰富群众的精神文化生活。推进素质教育，提高办学质量和效益，强化控辍保学措施，保持中小学入学率100%。

惠民政策落到实处　按照“应保尽保、应退尽退”的动态管理制度，是年动态调整低保户143户187人。申报农村危房改造对象25户，公益性岗位上岗22人，办理各类大病救助对象50例，发放各类惠农资金300余万元。争取“一事一议”等项目资金12个、1530万元。

【社会环境】

社会治理全面开展　开展综治平安宣传活动，出动宣传车70多次，发送短信7000多条，发出宣传单1.5万多份，营造良好社会舆论氛围；创建黄埔和中社2个平安村，以点带面，推进全镇平安创建工作。加强打假宣传，设置大型宣传广告牌5个，组建打假巡查工作队，形成每周巡查至少2次的工作机制，辖区内没有发生制售假烟问题。排查涉稳人员65人，重点行业2个，消防安全隐患场所333家，分解责任清单，落实整改措施，确保没有发生重大安全事故。

矛盾调处效果明显　加大矛盾纠纷调处力度，及时有效化解社会矛盾纠纷，有效解决群众反映强烈的各类信访突出问题，共查各类矛盾纠纷118起，调处成功109起，成功率92.40%。

安全生产常抓不懈　落实责任，实现省市县、镇村安全生产责任体系“五级五覆盖”；加大安全生产宣传力度，实施“五落实五到位”制度，提升企业的安全生产意识；做好安全生产隐患大排查大整治，对已排查出4家无证经营液化气经营点、28家个体经营餐饮场所燃气进行跟踪访查和整改；建立镇村组三级安全网格管理，深排严整安全隐患，组织部门联动大检查5次、村级安全隐患大排查50余次，排查326家单位，检查24家重点单位，全部整改完成。

持续开展环境保护　加大无证违规小企业小作坊整治力度，完善环评准入机制，全年取缔小作坊式企业3家。落实生态红线保护机制，将3座小(二)型水库、霞美溪主干道纳入生态红线保护区。落实“河长制”，深入企业开展排污检查，整饬畜禽养殖场违规建设，全镇关闭拆除生猪养殖场164家，面积2.21万平方米，消减生猪1.04万头。

（撰稿人：蔡晓宏）

·杜浔镇·

【概况】

2017年，杜浔镇支持古雷港区建设，完成项目征地面积247多公顷，拆除“两违”建筑面积2.10万平方米；完成固定资产投资7880万元，规模工业总产值1.32亿元，财政总收入3909万元，社会消费品零售总额1.54亿元，农村居民人均纯收入1.5万元。

【服务港区建设】

项目用地征迁　作为古雷港区的重要组成部分，把服务港区开发建设作为第一要务来抓，在“人员配备、时间投入、经费筹措”上给予优先保障，统筹安排项目，强化责任主体，确保按时按量完成征迁任务。是年，完成项目征迁任务11个，征地面积200多公顷，有力支持港区重点项目落地建设。

“两违”管控　深化“两违”综合治理专项行动，按照“三区域”“四重点”“六先拆”原则，对重点“两违”对象进行查处。是年，巡查制止“两违”抢建装修行为766宗，拆除“两违”面积2.10万平方米，依法处罚非法运输“两违”建材运输车辆186辆。

【改善人居环境】

环境卫生整治　投入200多万元，在全镇范围开展卫生集中整治，通过建立“以奖代补”“考评公示”“社会监督”等卫生长效机制，环境卫生得到明显的改观，各村环卫队伍运转正常，实现垃圾日产日清，是年处理垃圾14000多吨。

流域水环境治理　对镇域内各条河流分别明确一名班子领导为河长，招募8名河道专管员，实行“一河一档”“一河一策”专项整治，突出抓好杜浔溪重点流域水环境治理、沿河畜禽污染治理等。投入120多万元，对杜浔溪、文卿、徐坎、过洋、林苍、城里等村溪流、渠道、排水沟、港道加固清淤以及东港清淤治理。

生猪养殖污染整治　整改中央、省环保督察反馈问题，做好养殖户思想工作，动员在规定时间内自行关闭拆除；立足群众利益，尽可能弥补养殖场的损失，在县财政50元/平方米拆除奖励标准的基础上，镇财政额外增加20元/平方米补助。是年，退养关闭养殖场229户，退养生猪25375头，完成拆除验收197户，拆除面积3.15万平方米。7户规模养殖场已完成升级改造。

【补齐民生短板】

脱贫攻坚成效显现　对全镇的建档立卡贫困户进行2次动态调整，有建档立卡贫困户276户819人，至年底，均已全部实现脱贫；其中，稳定脱贫5户17人。实施安居工程扶贫，有9户32人享受造福工程扶贫搬迁补助；向92户建档立卡贫困户发放中央财政扶贫资金补助30.15万元，扶助其发展特色产业；通过农信社贷出精准扶贫小额贷款48.80万元，惠及34户贫困户。

提高社会保障能力　城乡居民养老保险参保率超过95%，所有低保对象实现应保尽保。批准3批309户住房困难户危旧房改续扩建，实施危房改造工程，已有37户建档立卡贫困户危房改造顺利竣工。发放农业支持保护补贴资金328.60万元，惠及农户12951户，补贴面积2902公顷。春节期间，向262户贫困户发放慰问金15.72万元。

【社会事业】

深化社会治理　推进平安杜浔建设，开展维稳“八大专项行动”，道安综合整治及查处制售假烟。及时妥善化解信访，32件信访件全部办结，化解信访积案4起，中共十九大及厦门金砖会议期间均没有出现越级闹访缠访事件。投入25.60万元，对448家消防“三合一”场所进行技改，夯实安全生产基础。

开展移风易俗 作为市纪委“移风易俗工作联系点”，开展“六个一”活动，进村入户签订拒赌承诺书2万多份，开展反赌倡导宣传活动，举办移风易俗主题文艺晚会，与省新闻出版广播影视系统联合在文卿村举办“走基层”慰问演出。移风易俗工作取得较好成效，社会风气明显改观。

社会民生事业 开展教育“全面改薄”工程，其中徐坎小学投入240万元，建筑面积1200平方米，后因小学投入300万元，建筑面积1350平方米。民生水利设施不断优化，投入500多万元，实施高效节水灌溉、“十三五”农村饮水安全巩固提升（一期）工程等一批水利项目。新建农村水泥路14.90千米，硬化巷道5.80千米。

（供稿：杜浔镇党政办）

·沙西镇·

【概况】

2017年，沙西镇实现规模工业产值6690.80万元，完成固定资产投资1739.90万元；新增限上社会消费品零售企业2家，完成县下达任务的200%；新增限上社会消费品零售个体户1家，完成县下达任务的100%；完成限上社会消费品零售总额9745.90万元；实现企业出口创汇388万元，完成县下达任务的388%。

【项目征迁】

完成漳江湾特大桥及连接线征地总长4千米（陆域长1.50千米、海域长2.50千米）项目征迁土地、海域各10公顷。完成沿海大通道（沙西段）项目土地84.35公顷、坟墓118座、房屋3户449.96平方米的征迁。完成云平高速（沙西段）项目征地0.53公顷，确保项目顺利开工建设。完成古雷区域（沙西段）峰头水库引水工程项目征迁扫尾工作。完成海西天然气征迁。

【民生项目】

美丽乡村建设 投入318万元，建设高山、庄前、高林人饮工程项目，解决3个村自来水用水问题。分别投入150万元、120万元，建设河墘村、庵兜村富美乡村工程。投入200万元，建设蓬山村污水处理（一）期项目。投入50万元，整治西溪河道淤泥堵塞、水葫芦、河道两侧垃圾清理。投入60万元，完成全镇570户三级化粪池网格化改造工程。投入10万元，完成蓬山、高山、涂楼、庵兜村宣传文化长廊建设。投入100万元，开展省道漳东线两侧环境卫生整治。

脱贫攻坚精准到位 抓好贫困户的干部结对帮扶，落实造福工程，保障贫困户住房问题，落实贫困户小额信贷政策，规范扶贫资金，做实、做细、做好产业扶贫，实现贫困户的长期稳定增收。是年，全镇扶贫贫困户162户518人，实现全部脱贫。

“两违”整治不折不扣 实行包片分区、责任到人的巡查管控机制，按照“拆、防、化”的治理要求，重点对漳东线、沿海大通道沙西段两侧红线内、海月岩景区及耕保区的巡控。拆除违建物2.21万平方米，完成县下达目标任务的110.74%。

社会保障体制日趋完善 发放低保（五保、重度残疾人）生活补助资金30多万元，发放临时救济金6万元，发放贫困母亲“幸福工程”32万元，发放自然灾害生活补助2万元，新型农村合作医疗参合率100%，新型农村社会养老保险参保率94%。

【社会事业】

加大教育资金投入 投入资金281万元，建设北旗小学教学楼，改善北旗村教育用房紧张问题。投入30万元，完善海月岩景区的景点修复。

计生工作 着力解决困扰计生工作的重点、难点问题，出生人口性别比治理效果明显，是年，全镇出生人口性别比112∶100，完成县下达指标任务。

改善卫生环境 开展进村义诊、健康宣教等服务活动，对村级卫生服务所进行标准化建设，改善医疗环境。发挥垃圾中转站功能，做到生活垃圾日产日清。开展生猪养殖面源污染专项整治，关闭拆除（包括去功能化）生猪养殖（场）户6家，全拆1家584.76平方米，去功能化5家1350.14平方米。加大资金投入，整治西溪、乌桥港溪、埔里溪水流域环境污染。

（撰稿人：薛宇超、卢小环）

· 古雷镇 ·

【概况】

2017年，古雷镇以石化基地建设为主线，完成新港城社区划分命名工作，揭牌成立17个社区党支部、居委会；加快整岛搬迁、征地、收海扫尾工作步伐，全部完成13个建制村、面积1270.80公顷的收地和清表，完成177座大小庙宇搬迁，迁移过渡安置坟墓6000多座；视困难群众的生活救助，全镇有32户35人纳入低保救助，有53户53人纳入五保户救助；向297户困难群众发放慰问款33.44万元，向273户优抚对象发放慰问款5.46万元。中怡精细化工主体工程于12月15日动工开建，古雷炼化一体化项目于12月26日开工建设。

【加快征迁扫尾步伐】

整岛搬迁扫尾圆满完成　按照“依法征迁、合理赔偿、妥善安置、公平公正”的原则，拔钉清障，在既定的时间节点，圆满完成整岛搬迁遗留任务，为石化启动区PX、PTA和海顺德特种油品项目率先投产以及古雷炼化一体化项目等重大项目落地投建创造条件、铺平道路。

收地收海扫尾成果喜人　先后完成古雷炼化一体化、锦江石化、海顺德二期等重点项目收地、迁墓等工作任务，全部完成13个建制村、面积1270.80公顷的收地和清表，古雷半岛西侧海域和东侧海域收海顺利完成，全面满足重大项目建设用地用海需要。

庙宇搬迁成绩斐然　着眼于满足石化基地封关运作需求，抓好庙宇搬迁过渡等后期工作，从6月3日始，全面启动整岛庙宇搬迁过渡。用一个月时间完成13个村177座大小庙宇搬迁任务，15场庙宇搬迁仪式井然有序。

整岛坟墓迁移全面铺开　5月，选址欧圣公司原建筑物作为坟墓迁移临时过渡安置点，在较短时间内完成装修，满足坟墓迁移需求。按确认、登记、发放、安置等程序启动整岛坟墓迁移工作，至年底，迁移过渡安置坟墓6000多座。

【补齐民生保障短板】

健全社会保障体系　巩固和发展城乡居民医疗保障制度，全镇城乡居民医疗保险参保率达到100%；落实城乡居民养老保险政策，全镇居民养老保险参保人数1.93万人，参保率达95%；60周岁以上老人均可享受每人每月800元搬迁人口补助金。重视困难群众的生活救助，全镇有32户35人纳入低保救助，有53户53人纳入五保户救助。

关爱弱势困难群体　开展精准扶贫，弱势群体应保尽保，较好地解决困难群体的生活难问题，全镇50户95个贫困人口稳定脱贫。开展春节慰问，慰问困难群众297户，发放慰问款33.44万元；慰问优抚对象273户，发放慰问款5.46万元。

引导群众转型就业　重视失地失海农民再就业，适时引导农民提早转产转业，鼓励和支持他们往服务、加工、贸易等第三产业发展；举办企业招聘会，与石化基地无缝对接，提供就业岗位1600余个。推行“互联网＋”模式，扶持培植农村电商园，推动涉迁群众就业转型，全镇有3000多人从事网上销售土特产、海产品等。

重视教育基础设施投入　结合古雷搬迁总体规划，建成漳浦县实验幼儿园古雷第二分园，于秋季顺利开园，增添360多个幼儿学位，解决新港城适龄儿童就学难问题。

优化道路交通设施　排查整改道路交通安全隐患12处，在13个小区道路入口建立13个交通安全劝导站，完成新港城道路路面沥青铺设，并在各个十字路口、学校等重点路段安设减速带和交通信号灯。

【社会事业全面发展】

建立健全社会基层组织　完成新港城社区划分命名工作，

揭牌成立17个社区党支部、居委会，组建17个社区筹备小组，择优推荐178名社区干部。试行社区管理服务职能，实行村、居双轨并行运作，确保村改社区的顺利过渡和社会稳定。

深化平安古雷建设 围绕"八大专项整治"和"征迁扫尾"中心工作，以深化"平安古雷"建设为主线，创新社会治理机制，完善立体化社会治安防控体系，提升维护公共安全能力水平，社会公众安全感平安"三率"持续提升。开展"七五"普法和依法治镇工作，排查化解稳控因征迁引发的各种苗头性矛盾，确保社会大局的安定稳定。

落实计生人口政策 加大财政投入，投入计生经费50万元，人均投入12元，其中计生事业经费41.50万元，协会生育关怀基金8.50万元。慰问计生困难户87户及计生特殊家庭23户，发放慰问金5.06万元；二女结扎户中考加分登记41人；金秋助学发放二女、独女户助学金本一4人0.64万元，本二15人2.25万元，计生家庭意外伤害保险投保1453户，完成县下达人数的100.06%。

（撰稿人：林水坤）

·古雷新港城安居服务中心·

【概况】

2017年，古雷新港城安居服务中心创新社会管理机制，主动对接古雷征迁指挥部，协调相关职能部门，全力服务古雷港区，服务搬迁群众后续工作，着力解决联系服务群众"最后一公里"问题，推进新港城平稳健康发展。

【搬迁群众后续服务】

搬迁群众后续服务 安居服务中心以服务好搬迁工作、服务好群众为出发点，及时对接古雷征迁指挥部选房组，协调指导地产公司、物业公司做好群众前期选房、验房、入住等工作，协调水务、电力、燃气、广电等相关部门做好选房群众入户手续及后续服务。

小区物业管理 完善新港城物业管理选择机制，推动物业管理向社会化管理转型，制定物业公司考核机制，督促物业公司做好小区环境卫生、电梯安全、公共秩序、公共安全等管理。

市容市貌管理 重点解决新港城区域内占道经营、垃圾乱堆、摊点乱摆、违章建筑、车辆乱放、乱贴乱挂等突出问题，通过标本兼治、综合治理，提升城市品位。

【新港城建设】

农贸市场建设 协助古雷港区建设局做好农贸市场的规划、选址、建设等工作，力促农贸市场项目早日开工建设，早日方便群众日常的生产生活。

公共交通设施建设 协助做好公交车停放点、公交候车亭等建设，方便群众出行、务工。

监控系统的建设 协助相关部门做好新港城区域内监控系统的规划、建设，为新港城社会治安稳定打好基础。

【创建和谐宜居环境】

排查化解矛盾 重点排查小区物业管理中与群众之间存在的矛盾，排查相关服务部门在工作中与群众之间存在的矛盾，排查群众与群众之间存在的突出矛盾，及时协调，将矛盾化解在萌芽状态。

加强信息收集 建立健全接访制度，协助古雷镇政府、公安机关做好维稳信息的收集、分析，采取有效措施化解矛盾，消除不稳定因素。

检查评比解决问题 采取股室分片包区责任制，每天由各驻区的协管员就小区内卫生、消防、电梯维保、乱搭乱建、违规饲养禽畜等工作进行检查评比。定期就小区管理存在的问题召开碰头会，协商解决，促进各项工作有序开展和落实。

【社区文化法制宣传】

提高群众法律意识 在城区内宣传禁止赌博、吸毒等违法行为，宣传政府明文禁止如燃放烟花爆竹等违法违规行为，宣传非法集资、诈骗等违法行为，引导群众合理利用资金，谨慎投资。通过广播、宣传栏、手机短信、网络等有效载体的政策宣传引导，促进群众进一步提高法律意识，提高自我防范能力。

加强社区文化建设 在各

小区开展群众喜闻乐见的文化活动如开展科技三下乡、广场舞等活动，丰富群众的文化生活，引导群众向健康积极生活方向发展，促进社区精神文明建设。开展用电、用水、用气、乘电梯等方面安全意识的宣传，促进群众生活方式的转变，引导群众从思想、生产生活习惯等逐步由农民向市民转变，由农村向城市转变。

（供稿：古雷新港城安居服务中心）

·六鳌镇·

【概况】

2017 年，六鳌镇实现固定资产投资 17 亿元，同比增长 30.40%；规模工业产值 26.67 亿元，同比增长 3.90%，财政税收总收入 8662 万元，同比增长 23.50%，限额以上社会消费品零售总额 8987.70 万元，同比增长 3.10%，农村居民人均纯收入 16548 元，同比增长 4.30%。

【项目引领】

福建福船一帆新能源通过增资扩股、资产收购、技改建设，实现重装码头全面开工，喷涂、重装车间建成投产，承接订单同比增长 88%，生产产量同比增长 95%，利润同比增长 77%，成为上市后备企业；大唐漳州六鳌风力发电场顺利完成技改和重大检修任务，实现发电量 1.72 亿千瓦时、同比增长 12%，创税收 718.90 万元；福鑫、祥龙、台玻等一批硅砂企业不断优化生产工艺，通过专业化和精细化生产，实现产值、税收双增长。

【现代农业】

加快农业产业化进程，投入 500 万元建成新厝村百亩优质地瓜示范基地，投入 400 万元建成总面积 110 公顷的万六片国家农业综合开发高标准农田六鳌片区，新增和改善除涝面积 60 公顷。特色农产品产业格局基本形成，“六鳌地瓜”“六鳌紫菜”知名度逐年增加，市场占有量日趋扩大。

【全域旅游】

2017 年，六鳌镇被评为省级乡村旅游休闲集镇，是当年度全市唯一获此殊荣的乡镇。全镇旅游接待总人数突破 100 万人次，旅游直接收入 8 亿元，同比分别增长 25%、33%。龙美湾旅游区一期建设全面启动，六鳌半岛旅游度假中心征迁任务基本完成，翡翠湾旅游度假中心品牌创建不断深化。虎头山一级渔港创新“渔港＋旅游”模式，打造出全省首个功能齐全的渔港综合体；环六鳌古城美丽乡村建设初具规模，鳌西、鳌东、东门美丽乡村建设不断巩固提升，店下美丽乡村建设进展顺利，成为六鳌镇又一道新的风景线。

【民生事业】

落实产业扶贫项目 2 个、造福工程扶贫搬迁 5 户 19 人，发放小额信贷 21 户 97 万元，全镇 130 户 397 人全部脱贫。教育教学事业持续发展，六鳌第二中心幼儿园主体结构基本建成，淑华学校、大澳小学综合楼建设全面启动，六鳌中心幼儿园获评县级示范性幼儿园，六鳌中学教育教学水平继续保持全县前列；六鳌卫生院综合楼建设有序推进，乡村卫生服务一体化建设顺利完成；大澳

12 月 1 日，六鳌古城西门开工建设　（郑文强 摄）

文化活动中心建成投用，鳌东、鳌西农村文化广场不断完善。

【社会治理】

社会矛盾纠纷有效化解，是年排查调处矛盾纠纷55件，调解成功55件，调解成功率达100%。加强对各行业、各领域的安全监管，开展安全生产大检查100次，整改安全隐患63处，未发生重特大安全事故。

（供稿：六鳌镇党政办）

·深土镇·

【概况】

2017年，深土镇实现固定资产投资7.90亿元，同比增长219%；规模工业产值13亿元，完成年任务10.80亿元的120%；新批内资合同注册资本2.40亿元，完成年任务7000万元的342%；财政总收入2520万元，完成年任务2520万元的100%；出口创汇3.4亿美元，完成年任务3.36亿美元的101%；新批外资合同注册资本300万美元，完成年任务300万美元的100%；社会消费品零售总额9000万元。连续六届被评为“省级文明乡镇”。

【项目开发】

开展招商引资，新签约1000万元以上项目6个、总投资3.80亿元。其中，总投资5000万元的懿欣隆果蔬实现是年开工、是年建成、是年投产；总投资1亿元的圣安食品二期建设项目竣工并投入使用；安贸兴实业、盈通实业、隆达昌农产品、海之圣海产品、自然道有机肥生产等5家企业均在办理土地报批手续及征地。

【农业农村工作】

是年，农业种植面积9.64万平方米，农业总产量12.50万吨。实施“龙头企业带动、种植大户带动、品质品牌带动”三带动，投资6000万元的融达昌农产品批发市场完成一期土地征迁及土地报批，投资一亿元的圣安食品二期项目已竣工并投入使用。基础配套不断完善，投入550万元完成西半片区第一标段人饮工程扫尾工作，先后投入600万元完成塘头村坡耕地、东庵村路下溪及大店村水土流失综合治理项目。投资3000多万元的欢乐源农业休闲观光旅游项目进行试营业。

【新农村建设】

致力打造漳浦东南部枢纽点和宜居宜业商贸旅游中心，总投资6.50亿元的小城镇综合体项目加快建设，商住区、市民广场、文化艺术中心等项目有序推进。累计投入2.50亿元，建成沿海大通道（深土段）、大店村海防路、10千米农村水泥路和22处道路交通安全设施。投入500多万元，打造近院、示埔2个美丽乡村示范点，提升宜居深土品牌内涵。建立垃圾治理长效机制，实施生活垃圾日产日清，改善农村环境。加大“两违”整治力度，加大县道两侧、沿海大通道两侧200米食品工业园、陆航机场红线范围内186.67公顷土地等重点区域管控，拆除违法建房、违章搭盖3万平方米。

【社会事业】

推进脱贫攻坚，通过扶贫贷款、造福工程补助、修缮补助、扶

3月28日，深土镇举行圣安食品有限公司二期开工奠基仪式

（深土镇　供图）

贫助学、大病救助、帮助就业等途径帮助152户贫困户329人实现脱贫。发放种粮综合直补、渔船油补等补助资金300万元，争取8个“一事一议”项目财政奖补资金145万元；新农合报销补偿2400万元，发放新农保950万元，发放困难补助金、低保金、慰问金等30多万元。

（撰稿人：陈宇鸿）

·赤湖镇·

【概况】

2017年，赤湖镇实现规模工业总产值45.90亿元（含赤湖工业园，下同），完成年任务的104%；固定资产投资16.30亿元，完成年任务的125%；外资到资3240万美元，完成年任务的324%；出口创汇2.93亿元，完成年任务的150%；财政总收入7869万元，其中国税6549万元，地税1320万元。年度综合工作绩效考评位列全县第一名。

【工业发展】

拥有规模工业企业38家，同比增加9家，纳税和出口大户企业13家。传统产业石板材饰面加工、农副产品加工市场稳中向好。皮革园新增富盈和瑞泰2家企业顺利投产，全年皮革园实现产值33亿元，同比增长35%，纳税5500万元，同比增长31%。皮革园、五金园开展闲置土地清理，完成闲置土地清理42宗、面积157.33公顷；投入1000万元完善赤湖工业园基础配套设施建设。

【农业基础】

完成前张、山油片区农业综合开发高标准农田建设项目，农田节水灌溉改造工程等水利设施相继竣工投入使用。赤湖桥闸、月示桥闸除险加固完成项目勘探、设计等前期工作；赤湖溪安全生态水系项目已纳入省计划盘子，即将开工建设。前湖二级渔港项目完成一期建设。完成全镇土地确权工作。

【城镇面貌】

完成5个村1023户，园地33.42公顷、房屋4680平方米的疏港公路征迁任务；谋划总投资2200万元的镇区主干道“3+2”改造项目，已完成沿线店面征迁23间、拆除建筑面积1600平方米。持续开展“两违”专项整治，完成拆违5.34万平方米。

【社会事业】

举办皮革杯乒乓球邀请赛、人口计生红五月、广场舞、象山首届诗词朗诵会等文体活动；完成危房改造80户103人、造福工程11户37人，实现全年90户243人的贫困人口预期脱贫攻坚目标。农村安全饮用水巩固提升工程、象山公园一期扫尾及二期建设、赤湖溪堤防与护岸工程、下黄沉水桥开工建设、西潘海防执勤路等民生事业稳步推进。

（撰稿人：杨维勇）

已竣工的赤湖堤防及护岸工程综合治理项目　（蔡盛典　摄于10月）

·佛昙镇·

【概况】

2017年，佛昙镇完成固定资产投资4.90亿元，完成年任务的113.50%；实现规模工业产值

13.10亿元，完成年任务的101.20%；社会消费品零售总额1亿元，完成年任务的100.68%；财税收入8725万元，完成年任务的109.50%；实现出口创汇2.85亿元，完成年任务的151.30%；外资实际到资526.40万美元，完成年任务的119.60%。

【城镇建设】

佛昙商贸城完成建设面积17万平方米，含18栋高层建筑，内配套有室内商业步行街、好易购全国连锁购物中心、横店电影城、华美达安可酒店等高端设施。转入二期工程约11万平方米的商品房和地下停车场的建设。滨港公园、笼式足球场等设施相继建成投入使用。

【农业农村】

农业发展特色鲜明　以创建河鲀特色小镇为契机，打造河鲀文化品牌，“佛昙美味河鲀”名声响亮。佛昙森海食品公司通过中国渔业协会河鲀鱼源基地备案。

配套设施日臻完善　漳东线佛昙段至沿海大通道连接线、漳浦第二医院迁建项目征迁进入扫尾阶段。争取12个“一事一议”项目，累计投入资金530.74万元。完善镇区污水处理设施、配套管网建设及垃圾中转站设施建设。开工建设白石、后社360公顷高标准农田建设项目。投资104万元，实施770户三格化粪池改造。“村村通”道路硬化4.36千米；建设岱嵩、吟兜、东坂等村农民休闲公园。实施岸头、石埕、吟兜村（一期）和先锋、大白石村（二期）农村饮水安全巩固提升项目，农村自来水入户率达96%，管道安装达到“一户一表一龙头”的标准。

富美乡村亮点纷呈　人坪村美丽乡村建设拆除废弃建筑物、猪圈、牛棚等4200平方米，配备垃圾桶500个，整治裸房10栋，绿化树木250株，铺设1.20千米村级水泥路。轧内村以提升富美乡村建设品位为目标，完成环湖人行步道及生态公园等基础设施建设，被评为“福建省二十佳旅游特色村”，成为全市乡村游的主要景点之一。

建设中的佛昙湾特大桥进入桥面建设阶段　　（印枫　摄于10月）

【民生事业】

脱贫攻坚精准到位　完成349户911人贫困对象建档立卡，落实镇村干部挂钩帮扶制度。低保政策兜底174户286人，建档立卡贫困户新农合、新农保减免政策全部落实到位。实施“希望工程圆梦大学”行动，发放助学金1.50万元，帮扶4名贫困学生。完成雨露计划产业扶贫培训36人，落实小额贷款98笔308.70万元，发放产业扶贫资金8万元。

卫计服务逐步完善　对后社、整美等10所村级卫生服务所进行标准化建设，打造东坂村示范卫生服务所。发放“金秋助学”奖学金5.60万元、小额贴息贷款20万元、“幸福工程”扶助款32万元；投入12.15万元，开展“生育关怀”行动；投入10.12万元，为计生二女户和独男户发放意外保险伤害保险单。

文教事业协调发展　举办元旦跨年文娱晚会、“佛昙魂中国梦”端午晚会等5场晚会及第五届龙舟文化节系列活动。打造园东、石埕、岸头等6个村基层宣传文化长廊，完善村级宣传文化阵地建设。佛昙第二中心幼儿园（东坂）教学综合楼主体已封顶，下苏、蓉山小学“改薄工程”有序推进。

落实社会保障措施　完成造福工程11户，危房改造23户；办理低保户、五保户1105户1343人；新农合参合人数5.34万人，新农保参保人数2.1万人，做到应参合应参保对象不遗漏。

【社会环境】

“两违”专项整治　重点对沿海大通道、漳东线佛昙段两侧红线内、漳浦海岸新城周边及耕保区的巡控，拆除18处违建物5.08万平方米。

综治信访维稳　化解“问题清单”，小嵩垦区虾池矛盾纠纷，已引导双方走法律程序；下苏虾池矛盾纠纷，已对虾池进行封存停养，进行调解处理。

安全生产　投入20万元，配套道路交通安全设施，整改道路交通安全隐患24处；投入4万元，建成岸头、东坂村道路交通安全示范劝导站；对全镇70家餐饮场所进行拉网式排查，排查使用醇基燃料餐饮场所8家并整改到位；对辖区内“三合一”场所进行消防安全检查，并督促156家“三合一”场所整改落实到位。

改善生态环境　对辖区内无证开采、露天采矿等问题进行排查整顿，取缔13个无证开采矿点，完成青山挂白治理。开展生猪养殖面源污染专项整治，关闭拆除生猪养殖(场)户55家，其中全拆14家，拆除面积7116平方米，去功能化27家1.11万平方米，关闭退养14家。

(供稿：佛昙镇党政办)

•前亭镇•

【概况】

2017年，前亭镇完成规模工业总产值38.96亿元，完成年任务120%；税收收入4645万元(其中国税1775万元，地税2870万元)；工业投资6.45亿元，完成年任务的110%；技改投资2.07亿元，完成年任务106%；固定资产投资12.10亿元，完成年任务的120%；注册合同外资300万美元，出口创汇1.06亿元，完成年任务110%；社会消费品零售总额2.97亿元，完成年任务的156%。

【项目建设】

项目征迁　厦门港南岸滨海新城前亭后蔡项目区完成征地245.17公顷，坟墓迁移26座，拆除建筑物6户，并完成全部土地交地；前亭镇工业园完成620多公顷土地征收，东部片区自来水厂项目完成13.33公顷的自来水管道土地征用。

项目建设　开展“一对一”挂钩帮扶活动，助推项目早日落地、早出效益。单个项目年度投资超5000万元8个，新开工项目5个，其中总投资亿元以上项目2个。秀岛4条道路建设完成；变电站投入使用，东部自来水厂管道安装完成。

【农业农村】

现代农业稳步增长　加大农业基础设施项目投入，完善生产条件，提高产出率。发挥元新、顺益食品龙头带动作用，扩大水产养殖规模，发展精深加工。以蜜原生态农场为示范，带动莲雾、水晶芭乐等高优水果种植，引办农业休闲旅游项目，助推蜜原生态农场由向观光农场转变。

富美乡村建设　投入150万元，实施洛运村富美乡村建设，完成村主干道、次干道、巷道硬化，并配套建设排水排污管道、沿路绿化。过港村新村住宅小区完成土地填方、平整；后蔡

11月2日，前亭镇举办“喜庆十九大，奋进新前亭”为主题的，学习贯彻党的十九大精神暨“三下乡”活动文艺晚会　(郑小平　摄)

村安置小区一期建设开始启动。投入439.30万元，硬化村级道路9.20千米；投入200万元，用于文山村移民项目工程建设；投入100万元，架设村级路灯。

精准扶贫　落实各项扶贫开发政策，做好对贫困户、五保户及残疾户的救助扶持，通过结对帮扶、产业扶持、教育培训、小额免息贷款、造福工程等项目实施，至年底，全镇建档立卡的贫困人口137户399人全部实现脱贫。

卫生清洁行动　投入100万元，完成村级垃圾清理发包，确保村级卫生清洁机制得到有效落实；投入30万元，开展卫生环境整治行动。加强垃圾中转站管理，落实垃圾统一堆放、统一运载、统一处理，确保全镇垃圾做到每日必清，全镇日均垃圾处理量达到16吨。

“两违”专项整治　对镇区的各主干道及两侧土地严格管控，拆除违建6宗，面积3.72万平方米，腾出土地3.94万平方米，拆后土地利用面积3.94万平方米，总利用率达100%。

【社会管理】

计划生育常抓不懈　宣传解读“全面二孩”新政策，制度上严抓管理，落实奖惩措施。是年，全镇计生政策符合率93.59%，出生率22.27‰，性别比113.4/100，各项指标表现良好。

教育卫生协调发展　投入1100万余元进行学校的基础设施建设，完成江口小学教学楼、庄厝小学教学楼、桥仔头小学教学楼、后蔡小学幼儿园校舍安全工程建设落实义务教育“两免一补”政策，坚持教育经费定期投入，帮助困难家庭学生入学。对过港、刘下等7个村卫生所进行标准化建设。

平安建设有成效　开展“平安示范村”创建和村级网格管理工作站建设，投资746万元，建设平安实体项目14个。重视初信初访，对合理诉求及时化解；对积压矛盾分批分期化解，小事不出村、大事不出镇。是年，化解矛盾纠纷210件，调处成功率100%；受理信访件20件，均已办结；漳州市“12345”政务平台投诉件25件，已全部答复处理。

社会救助　做好贫困户、五保户及残疾户的救助扶持，通过建档立卡、“挤水分”及“回头看”等一系列程序，完成全镇留守儿童、妇女、老人、低保对象、精神病患者等信息录入；是年，发放低保户补助资金236万元，发放残疾人补助资金44.76万元。发放造福工程项目补助12户，金额15.75万元、完成危房改造39户。

（撰稿人：卢有财）

·马坪镇·

【概况】

2017年，马坪镇完成社会固定资产投资1.46亿元，同比增长30%；财税收入450万元，同比增长8%；限额以上社会消费品零售总额5645.70万元，农村居民人均纯收入1.65万元，同比增长10%。

【项目工作】

争取项目资金支持，投资160万元分别实施林埭村和仙都村无址办公场所建设；投资2700万元实施马坪堤防及护岸工程项目，已进入征地和招投标阶段；投资120万元实施2.70千米的文仙路拓宽改造；投资120万元建设节水灌溉工程，建成后可改造林埭村近千亩的中低产田；投资120万元实施1.50千米海防路建设；投资35万元实施马圩村多功能运动场建设；投资90万元的文安美丽乡村建设。

【招商引资】

先后到漳州、泉州、福州、北京、台湾、广东等地，开展走出去招商活动5次。已签约深圳广富宝金融信息服务有限公司到漳浦大南坂4S工业园投资汽车贸易及金融服务项目；对接北京首创股份有限公司洽谈漳浦县农村污水处理PPP工程项目和对接福州穗丰企业管理有限公司洽谈动物饲料加工项目。

【推进“三农”工作】

发展现代农业　在继续发展杨梅、食用菌、油茶、毛豆、淡水养殖等五大生态产业的基础上，引进发展优质品种，扩种百香果20公顷，火龙果13.33公顷及名贵苗木等。

扶贫开发　建立健全挂钩

帮扶机制，完成134户424人贫困对象建档立卡，做到每个建档立卡贫困户都有镇村干部挂钩帮扶，已全部脱贫；采取多种扶贫渠道，加大产业扶贫力度，其中产业扶贫项目1个（仙都特阳果蔬合作社），扶贫示范点2个（林埭蜜宝百香果项目、文安福山百香果项目），发放产业扶贫资金16万元；完成雨露计划产业扶贫培训42人；落实小额贷款29笔116.50万元；落实造福工程12户41人。

美丽乡村建设　投入90万元实施文安村美丽乡村建设工程，按照“拆清楚、摆整齐、扫干净”的目标，开展环境卫生整治，实施村庄洁化、序化、绿化和巷道硬化等工作。投入120万元实施文仙路2.70千米拓宽改造，已完成道路两侧各1.50米拓宽。

生态环境整治　建立健全环境卫生整治机制，开展环境卫生整治，做到农村生活垃圾日产日清。开展生猪养殖面源污染专项整治，拆除生猪养殖户29家，其中全拆除的6家，面积1275平方米；去功能化23家，面积1.06万平方米。加大“两违”整治力度，出动人员500多人次，拆除违建面积1.37万多平方米。

（撰稿人：庄志杰）

·官浔镇·

【概况】

2017年，官浔镇实现生产总值13.20亿元，同比增长9.20%；规模工业产值1.10亿元，同比增长17.50%；社会固定资产投资8亿元，同比增长11%；财税总收入3001万元，同比增长9.50%，其中地税完成1116万元，国税完成1885万元；社会消费品零售总额0.88亿元，完成全年任务的55%；农村居民人均可支配收入2.98万元，同比增加6.90%。

【项目建设】

招商引资　组织外出招商引资12次，新批注册合同到资完成150万美元，年度任务200万美元，完成率75%。

重点项目建设　完成重点项目投资1.70亿元。其中县重点项目1个，即东南花都温泉山庄项目。

项目用地征迁　国道324线漳州九龙岭（官浔段）公路工程是市委、市政府为民办实事的省重点项目建设，该工程路线长3.48千米，需征地27.20公顷，应拆迁房屋总面积5425平方米。至年底，已完成征地25.74公顷，已交地23.33公顷，已拆除房屋4333平方米。

出口创汇　出口创汇完成524万美元，年度任务为700万美元，实际完成年度任务的75%。

【“三农”工作】

农业普查　在全国第三次农业普查中，对全镇9个建制村1个居委会的6547住户25227人口7711.80公顷的区域面积进行详尽普查，保质保量完成普查任务。

土地确权登记颁证　全部完成9个村的土地确权公示修改及合同签订，占比100%。并在对应的时间节点内都完成合同签署、证书颁发、资料归档。

食品农产品质量安全　完成农产品质量安全监测指标，接受省、市“检打联动”监测，合格率达100%。督导辖区内生产经营企业建立生产记录档案，推进农产品质量安全可追溯平台建设。开展农业种植养殖污染治理和本辖区农产品质量安全定性检测工作。

【扶贫攻坚】

对全镇建档立卡贫困户156户458人进行入户访查，入户查实率100%。健全挂钩帮扶机制，每名镇村干部分别联系1～4户贫困户，对贫困户实行结对帮扶。发放财政扶贫资金16.50万元，43户贫困户缅户享受3000元～6000元不等的产业扶贫资金。落实农村贫困家庭危房改造，对建档立卡中因住房困难的51户贫困户，结合造福工程搬迁项目和危房改造项目，落实易地扶贫搬迁10户，已全部完成竣工；危房改造41户，已在年底前全部开工。是年，完成脱贫退出75户218人（2016年已完成脱贫退出81户240人）。

【环境保护】

流域水环境保护　加强水资源保护，杜绝河道非法采砂、养殖和河道上乱扔病死畜禽尸体;投入120万元用于清理重点流域的水葫芦、水浮莲、建筑垃圾等。

生猪养殖治理 对下炉铁场4户及春建溪南可养区养猪场7户的污染问题进行整治;拆除禁养区猪舍41户,面积1.30万平方米,消减生猪6640头;完成17户可养区规模化养猪场提升改造。建设无害化处理池1座,强化病死畜禽无害化处理。

“两违”治理 建立日常巡查制度,分别在各个路段进行巡查稳控;每周召开两违例会,分析解决“两违”治理中存在的问题。利用村村通广播,镇执法宣传车开展“两违”宣传。出动车辆101车次、人员230人次,下达责令停工通知书107份,拆除“两违”面积1.50万平方米,腾出土地面积2.36万平方米,完成年任务的116%。

【环境卫生整治】

环境卫生整治 投入150万元,每村配备1名卫生监督员,按每500人口配1名保洁员,4辆垃圾车的标准,落实管护资金及管护人员。在各村建有污水处理设施,村主次干道配套污水收集管网。对各村的生活垃圾做到定时定点清理、收集,日产日清。是年,清理石头、柴草等废弃物251处,拆除没有保留价值的废旧房屋、残墙断壁和旱厕、猪圈、蘑菇房及各类违法乱搭乱建物45处,面积6525平方米,督促470户三格化粪池进行改造。

美丽乡村建设 在完善溪坂、山边花都新村、红霞生态新村、康庄田园新村的基础上,着力抓好国道324线官浔段环境整治,打造美丽乡村景观带。加快推进下炉村省级美丽乡村示范点建设,按照“分清楚”“扫干净”“保畅通”“摆整齐”的要求,合理规划,提升美丽乡村内涵。

【综治维稳】

队伍建设 全镇配备维稳信息员25人、维稳群众工作队员36人、网络舆情引导员8人。并成立有16名队员的镇直治安巡逻队和和54名队员的村级治安巡逻队。

创新宣传模式 在镇区主要街道设置宣传广告,新安装平安建设公益广告牌3个,更新原有公益广告内容6个,在各村主要路口及镇区悬挂相应的横幅标语36条。印发平安建设宣传单8000多份,制作综治计生宣传抽纸盒1万个。将宣传资料分发到各家各户,使综治平安创建工作家喻户晓。

及时化解矛盾纠纷 落实镇每月2次、村每周1次的排查制度。强化敏感时段社会管控措施,建立全方位的社会稳定预警机制,从源头上预防和减少矛盾纠纷。发挥司法所、派出所、“德煌”人民调解工作室和村级调解员4支维稳队伍的整体合力,围绕“三农”问题和政府重大决策问题,进行大排查、大调处。是年调解各类矛盾纠纷42起,调处成功率100%。信访工作保持连续三年零积案,初信初访第一时间化解的良好势头。

【计划生育】

年度出生476人,出生率17.70‰,自然增长率11.90‰;是年度出生人口政策符合率95.20%,含补报往年出生人口政策符合率95%;出生人口性别比为123.5∶100。对计生户帮扶政策落实到位,发放二女绝育奖励费44.20万元,投入5.40万元作为“生育关怀”金秋助学专项资金,为1123户办理计划生育家庭意外伤害保险,发放慰问金5.7万元,发放“幸福工程”项目款和小额贴息贷款32万元。征收社会抚养费32.35万元。

(供稿:官浔镇党政办)

· 长桥镇 ·

【概况】

2017年,长桥镇完成地区生产总值15.30亿元,同比增长6%;外出招商12次,完成签约5家,投资额12.15亿元;规模工业总产值9.59亿元,同比增长30%;固定资产投资完成8.53亿元,同比增长33%,省级重点项目林业循环经济产业园和市级重点项目万辰生物科技股份有限公司三期项目,完成投资3.52亿元;财税收入6816万元,同比增长21%;农村居民人均纯收入1.90万元,同比增长9.20%。

【产业结构】

“农业硅谷”项目带动作用 项目第三期总投资3亿元,用地面积8.67万平方米,建筑面积6.20万平方米,计划年产鲜菇9900吨、产值1.30亿元;年加工菌类产品3300吨、产值8250万元。至年底,三期项目已进入投产阶段,整个厂区日产金针菇120多吨。

“海峡花卉集散中心”辐射作用 以长桥镇作为福建海峡花木休闲特色小镇所在乡镇之一的有利契机,通过与海峡生物科技股份有限公司对接,谋划生成10个建设项目,已全部完成发改立项并统计准入。是年,完成固定资产投资2.15亿元,完成任务数的107.50%。中心已有100多家企业进驻,是福建省最大的花木交易市场。辐射带动周边东升、友爱等村花卉苗木种植业的发展,促进农民增收。

“林业循环经济产业园”项目建设 意向进驻木材加工企业已有90余家,已完成工商注册企业37家,完成发改立项企业12家。是年,新征土地6.67多公顷,具备承接大项目的能力和条件。

【镇村面貌】

2017年,镇村两级多方筹措资金,落实多项惠民工程,特别是“环境整治示范村”潭阳村,建设了村级综合服务场所和人口健康示范园;进行村庄整治,对村道两边乱种乱搭、村内危房旱厕进行无盲区清理拆除;在草坂百年老榕树下建设农民文化休闲综合场所,硬化平埔和潭西线水泥路1600多米,改造和新建村内雨污分离沟渠管道500多米,三格化粪池基本实现全覆盖。东升村投入100多万元,新建农民公园一处,占地4000多平方米。启动生态水系建设,已完成设计、预算、评审。

位于长桥镇林业产业园区内的巢居木结构有限公司,采用欧洲国际领先水平的双五轴加工中心自动化墙体制造连线 (洪锦城 摄于5月)

【社会事业】

教育医疗卫生 加大校安工程建设力度,投入600多万元,完成中小学教育均衡工程建设;投入410万元,原址重建长桥中心幼儿园,9月投入使用。投入45万元,完成割后村、溪内村、春光村、东升村和友爱村示范公办村级卫生所一体化建设项目,医疗基础设施得到明显改善。

综治平安建设 加强社会矛盾隐患纠纷的排查调处,是年,调解民事纠纷130起,调解成功率达98.80%。持续加强安全生产督查管理和道路交通安全隐患整治和宣传,没有发生重特大安全生产事故和交通事故,年度辖区内因道路交通事故死亡人数比上一年减少84%。

社会保障 农村社会救助体系、低保和五保户等制度得到有效保障,是年新农保参保率95.80%,新农合参保率100%。

【基础设施】

干线南浦乡至纵二线(割后村)公路工程已全线贯通。完成4个村村道硬化,分别是溪内村田厝、顶厝、塘野自然村道路硬化1.50千米,青果村虎尾至洋中自然村道路硬化1.50千米,长桥村顶洋引水渠道及机耕路建设工程,东升村村道硬化1.20千米;春光村堀仔桥危桥重建工程已建成通车,启动潭阳桥和春光桥2座危桥重建工程。

【精准扶贫】

是年,造福工程异地扶贫搬

迁6户28人，已全部竣工，农村危房改造9户，已全部完成。发放产业扶贫资金8万元，用于辅助发展“花卉＋高优水果种植”产业扶贫项目，惠及22户贫困户，另发放小额贴息贷款17户，金额76.40万元。通过多种方式解决贫困人员就业96人。并为全镇所有建档立卡贫困户办理扶贫保，为5户老弱病残贫困户办理低保。

（供稿：长桥镇党政办）

·石榴镇·

【概况】

2017年，石榴镇完成固定资产投资5.42亿元，同比增长45.70%；规模工业总产值3.38亿元，同比增长6.50%；限额以上社会消费品零售总额7371万元，同比增长3.40%；外资注册2.20亿元，同比增长430%；出口创汇850万元，同比增长5.20%，财政收入1951万元，同比增长18.60%。

【经济发展】

重点项目建设加速　石榴镇现代农业示范园区项目被列为省行动计划项目，累计完成投资1.48亿元，占年任务数100%；市级重点项目有2个（合本生物和天意农业），完成投资9626万元。

工业发展有所突破　飞秒服饰建成正式投产、洪流汽车悬架设备更新改造完成、金阳食品进行厂房扩建、福建木天工贸一期厂房建成投产、澳羚牧业着手开工建设。

招商工作成效明显　是年，签约项目4个，总投资20多亿元，分别是澳羚牧业奶制品加工项目、爱联生态养老、鲜麓居生态旅游和上德谷休闲农业项目。

交通道路建设稳步推进　红色旅游道路S3标段扫尾及S4标段建设加快推进，其中，S4标段长10.63千米，计划投资1.16亿元，完成道路征迁工作并进行路面施工；S3标段全线贯通。投资1亿元的山旧线观音亭至象牙段道路拓宽改造项目进入征地阶段。

石榴现代农业园示范核心区鸟瞰　（洪锦城　摄于6月）

【农业农村工作】

发展特色现代农业　重点建设农业、文化、旅游"三位一体"的以"四季花果、红色文化、温泉养生"为主题的漳浦(石榴)田园综合体项目,产业园核心区内道路、水渠、大棚等设施工程,火龙果、白芨示范基地等顺利推进。同时,抓好万亩高产创建示范片项目,稳定粮食生产面积;注重效益和市场竞争力,做精做优高优水果、生物医药、花卉、工厂化食用菌、石榴填鸭等特色产业,扶持林下种养殖和产品采集等林下经济发展。

完成土地确权　全镇18个村,全部完成土地确权合同签署、证书颁发及资料归档工作。

美丽乡村建设　突出产业发展、环境整治、文化提升、生态保护等内容,累计完成投资350万元,推进攀龙村美丽乡村建设步伐,打造象牙至车本沿途美丽乡村景观带。

推进"两违"整治　"两违"巡查管控力度加大,及时拆除违法占地建筑。车本、龙岭、山城、胜利等4个建制村通过市"无违建"验收,国土部门"卫片监测督查工作"考评排在全县前列。

提高生态文明建设水平　开展生猪养殖污染整治,拆除禁养区养猪场442户,面积7.49万平方米,拆除面积系全县各乡镇最多;同时,注重可养区内10家养猪场标准化升级改造。推进河道管护、五沿"青山挂白"、黄标车淘汰等专项整治;开展农村生活垃圾治理提升专项行动,加大污水、垃圾处理设施建设力度,完善垃圾收运体系;造林绿化40公顷。

【民生项目】

推进精准扶贫　按照"一个目标、两个带动、三扶三到"的要求,推进精准扶贫、精准脱贫,抓好危房改造及入户帮扶。是年,投入资金700余万元,落实产业帮扶152户、就业帮扶86户、资金帮扶67户、安居帮扶106户、其他帮扶45户。至年底,实现全镇全部脱贫。

实施民生工程　抓好义务教育均衡发展和村级卫生所一体化建设;完善镇敬老院及村级老人养老设施建设。推进鹿溪小流域、石榴小流域水土综合治理项目及旱涝保收工程、小农水项目,完成温斗、下车、芳林等村334公顷土地整理。推进水环境综合治理,提高流域水环境质量。

【平安石榴创建】

妥善调处矛盾纠纷　每月召开矛盾排查会,排查调处各类矛盾纠纷220起,调处率达100%。加大初信初访调解,并通过采取有力措施,化解陈某雄、吴某圳、吴某崂等3起信访积案,

道路交通安全整治　投入30多万元,实施道路安全工程,完善道安基础设施,遏制重特大事故发生。投资近200万元,实现辖区18个村视频监控全覆盖。

(撰稿人:朱杨辛)

·盘陀镇·

【概况】

2017年,盘陀镇完成项目固定资产投资145394万元,完成重点项目投资9734万元,完成工业固定资产投资40397万元,完成规模工业产值29.4936亿元;实现国税收入8776万元,地税收入622万元;完成社会消费品零售总额1.47亿元。

【加快推进项目建设】

先后完成先发街道路建设、天福肉制茶食品厂一期5760平方米的厂房建设、天福温泉疗养中心8040平方米游泳馆建设;加快总建筑面积2.07万平方米的茶叶电商园项目建设;投资195万元,新建650平方米的蒲野村组织活动场所;投资200万元,新建480平方米的上洞村组织活动场所。

【"三农"工作】

基础工作稳步推进　开展生猪养殖污染专项治理,关闭拆除禁养区生猪养殖场147家,拆除面积2.56万平方米;落实重大动植物疫病防疫工作责任,没有出现重大疫情。完成农作物播种面积1753.33公顷,总产量2.49万吨。加强森林防火及森林资源管理,完成植树造林13.67公顷,没有发生森林火灾、非法占用林地、盗伐林木等现象。开展第三次全国农业普查,全镇有

6523户普通户、108户规模农业户和63户单位户有农业生产经营。投入450万元，建设农村安全饮水二期项目，于12月完工。

扎实开展精准扶贫　落实全镇118户368人贫困对象的帮扶责任人和帮扶措施，实施一批扶贫项目，是年按计划脱贫42户120人，已实现全面脱贫。推进安居工程，落实造福工程扶贫搬迁对象8户21人，改善贫困户的居住条件。发放中央财政扶贫资金二批次共16万元帮助72户贫困农户发展生产，协调银行发放扶贫小额贴息贷款18笔14.50万元，支持贫困户发展种、养殖业。

完善基础设施建设　投入12万元实施蒲野段赤桧桥河道清淤及旧桥抛石拆除工程，投入228万元实施官陂村堤防及护岸工程。

落实农村土地确权合同签订　全镇11个建制村土地确权合同已按上级要求和序时进度全部入户签订。

加快美丽乡村建设步伐　推进总投资为150万元的上洞村美丽乡村建设，重点整治乡村生活垃圾和农村禽畜污染，设置垃圾收集点5处，配备保洁员3人，拆除猪舍或去功能化21户，去功能化面积2511平方米，全拆面积2336平方米。

加大资源管控力度　加大对非法采矿和采砂场的管控，取缔2个非法采砂场，拆除建筑面积4985平方米，腾出土地2.49万平方米；开展危房改造，拆除危房58座，拆除建筑面积7563.44平方米，经审核批准改建58宗，占地面积为6350.90平方米。

保护生态环境　落实“河长制”，建立河道档案，加强水资源保护、城乡生活污染防治、农业面源污染治理。投入23万元，用于盘陀溪主要河道水面漂浮物清理打捞，确保河道畅通。持续开展五沿“青山挂白”、黄标车淘汰等专项整治行动，开展生猪养殖污染专项整治。

【社会事业】

推进计生工作　全镇出生580人，其中计划内出生547人，计划外出生33人，出生人口政策符合率96%，出生人口性比例110.70∶100，各项指标均保持在全县控制范围内；办理一孩准生、再生育服务证、流动人口服务证368本，上门服务群众400余人次，实现计生窗口服务零投诉。

提高社会保障水平　完善社会保障体系，提高社会保障水平，全镇新型农村合作医疗保险参保人数达26745人，参保率100%，新型农村社会养老保险总参保9659人，参保率95.40%。

综治维稳有序进行　投入资金50万元，用于综治维稳、治安打击、打假巡查、安全生产、道安整治、消防安全、群防群治、平安建设等工作。建立健全信访、矛盾纠纷排查调处化解机制，排查调处各类矛盾纠纷45起，办理信访件4件，结3件，化解信访积案1起，没有发生群体访、越级访，敏感时期、重大活动、重要节日期间安定稳定。

安全生产常抓不懈　加强食品安全、校园安全、交通安全、消防安全、企业生产安全等方面的隐患排查整治力度和监管检查，确保不发生安全事故。出动1800余人次，开展平安宣传、交通安全劝导、治安巡逻、打假巡查等；利用送法下乡为契机，组织巡回检察官、包片民警和驻村律师、法律工作者等为群众提供法律咨询；在各村主干道张挂平安横幅60条，书写固定标语12处，张贴创建平安标语500多张，各种宣传海报200多张，发放平安问卷入户调查2万多份，营造平安祥和氛围，实现全年安全生产零事故。

推进教育事业发展　投资760万元建设盘陀第二中心幼儿园，投资204万元建设象洞小学，象洞小学已完成新址征地8000平方米。

（撰稿人：吴玉玲）

·大南坂镇·

【概况】

2017年，大南坂镇完成规模工业总产值45.40亿元，占年任务45.20亿元的100.50%；固定资产投资8.61亿元，占年任务4.30亿元的200%；招商引资2.25亿元，其中内资1.30亿元，占年任务1.30亿元的100%；外资1515美元，占年任务750万美元的202%；财政收入（不含工业园区）505万元，占年任务200万元的252%。

【项目建设】

突出重点项目建设，做好项目对接，促进项目签约，做好项目跟踪服务，力促项目早动工、早竣工、早投产。是年，全镇重点项目6个，计划投资3.80亿元，其中盛鑫二手车、丰骏万达、嘉瑞工贸、南港兴业等4个项目已竣工投入使用，彩露华文化旅游观光项目和通宝品牌汽车项目正在施工中。

【招商引资】

采取“走出去”“请进来”的招商模式，先后到泉州、深圳、厦门等地开展招商活动12批次，签约引进项目4个，分别是漳南苑农业开发、绿力生物科技、塑鑫旺新型模板、浦顺新能源，总投资约3.5亿元；另有在谈项目6个。

【特色农业】

因地制宜、挖掘优势，扶持扬基、丰收园等农业龙头企业，利用龙眼树、荔枝树等低产低效老果林，种植仿生铁皮石斛、金线莲、草珊瑚等名贵中药材134多公顷，提升农业发展综合效益，有效带动本地农民致富增收。

【优化发展环境】

巩固“两违”整治成果 坚持包片分区、责任到人的巡查管控机制，按照“拆、防、化”的治理要求，对相关违章建筑进行全面摸排建档，推进“两违”专项整治。拆除违建面积1.50万平方米，腾出土地面积1.30万平方米，为项目建设和基础设施建设提供用地保障。

改善生态环境 对辖区内无证开采、露天采矿等问题进行拉网式排查和整顿，完成青山挂白治理任务。开展生猪养殖面源污染专项整治，拆除生猪养殖户97家，其中拆除至地面10家，面积3322平方米，去功能化87家，面积2.37万平方米。推进黄标车淘汰整治，淘汰黄标车13辆。

安全生产 落实责任，实现省、市、县、镇、村安全生产责任体系“五级五覆盖”。落实“五落实五到位”制度，向社会公众、从业人员提供安全生产政策法规常识咨询与服务。开展安全生产隐患大排查大整治26次，参与人员180人次，对辖区内重点场所、重点区域进行全面安全检查，排查并整改隐患13项，没有发生安全生产事故。

综治维稳 强化镇村综治中心建设，加大制售假冒卷烟打击力度，镇打假队每周至少3次、村级巡逻队每周2次开展巡查；做好信访化解工作，成功化解信访积案3起；推进交通安全隐患整治，排查道安隐患13处，全部完成整改。

【民生事业】

社会保障能力持续加强 发放城乡低保、五保金70多万元，全镇低保、五保户生活得到有效保障；加强对困难群众的救助，发放临时救助资金4.40万元；投入8万多元，配齐小南坂村敬老院的床铺、被褥、厨房用具等生活用品，可同时满足27名老人的入住需求；推进城乡居民社会养老保险、新农合保障工作，为群众代办养老保险450人、医疗保险80人，新农合参保率位居全县第一。

脱贫攻坚精准到位 落实扶贫攻坚主体责任，实行“一把手”负总责，党政主要领导亲自抓，分管领导具体抓，层层落实好帮扶工作责任，把帮扶工作的目标细化具体到相关责任人，全镇15户贫困户都有具体人挂钩。同时，通过加大产业、就业、教育等多种扶贫渠道对贫困户进行挂钩帮扶，帮助贫困户致富增收。是年，有11户35人稳定脱贫，其余4户11人正常脱贫。

卫计服务逐步完善 开展进村义诊、健康宣教等服务活动，对金岗山、刺塘后等5所村级卫生服务所进行标准化建设，打造新民村示范卫生服务所；发放“生育关怀　金秋助学”奖学金1.50万元；投入资金8.30万元为计生二女户和独男户发放意外保险伤害保险；发放“幸福工程”扶助款26万元，发放小额贴息贷款10万元。

社会事业协调发展 投入900多万元，实施新民、上埔2所小学“薄弱校”提升工程；投入500多万元，完成6千米的村级道路硬化工程，涵盖梧陂、刺塘后、下楼、金岗山等村；动植物防控免疫率达100%,有效防范传染病发生；落实各项惠民政策，发放农业支持保护补贴43.20万元，惠及农户972户；投入3000多万元，完成危房改造124户。

（供稿：大南坂镇党政办）

·南浦乡·

【概况】

2017年,南浦乡固定资产投资3.44亿元,完成年任务的239.20%;社会消费品零售总额0.32亿元，完成年任务的134.52%;工业固定投资2.29亿元，完成年任务的168.30%;工业技改投资1.47亿元,完成年任务的216.40%;农村居民人均纯收入1.32万元，同比增长22.20%。

【产业结构】

按照“绿色农业、生态南浦”的发展理念，鼓励生态农业、特色农业、观光农业相融合的农业发展新路子,提高全乡农林用地利用率,扩大绿竹笋、花卉苗木种植面积,“南浦绿竹笋”特色品牌市场效应逐年扩大。引导群众拓展电商营销、品牌营销等营销方式,增加农民的收入。

【民生工程】

投资2.50亿元，实施路、土、水36个民生工程建设。324国道至南浦乡7.20千米道路全线贯通，打通南浦乡东西通道，打破制约南浦发展的交通瓶颈;实施旧村复垦工程、水土流失综合治理和坡耕地综合治理等农业设施配套工程，改善农田水利条件，促进农业增产增效;实施南溪防洪堤建设、地质灾害点治理、水库除险加固等基础设施建设工程，改善农民生产生活条件。

【精准脱贫攻坚】

推进脱贫攻坚的精准开展，中西、美林2个重点贫困村如期摘帽脱贫；全乡56户188个贫困对象全部脱贫。危房改造27户,已全部开工,其中10户已竣工,竣工率37%。

【美丽乡村建设】

“一溪四园”景观格局逐步成型　以美丽乡村建设为抓手，围绕一溪（龙溪滨水景观带）四园(天正文化园、古镇文化园、祖师文化园、红军文化园)的景观格局,通过面上整治、节点打造、细节修饰,对各村进行美化绿化亮化,达到“小整治、大变样”的效果。

生态环境保护　全乡全面推行河长制,实现组织体系全覆盖、保护管理全域化、履职尽责全周期;扎实有效开展生猪养殖面源污染专项整治行动,取得一定成效,为建设“生态南浦”提供支撑保障。

乡村环境卫生整治　大坪村是年度福建省“千村整治”村庄,也是漳浦县环境整治“一事一议”项目建设重点村,至年底,投入整治资金120万元,以东西南北四城门为重点,完成部分陈年垃圾清运、黑臭水沟清淤、房前屋后杂草清除、空杂土地平整、废旧墙体拆除、柴堆草垛摆放整齐、污水管网及村内道路铺设。是年,南浦乡被确定为漳浦县第一批农村生活污水处理设施建设乡镇,至年底,乡集镇污水设施已建成并投入试运营;格式化粪池开工建设240户,已完成建设200户。

【服务朝阳水库建设】

规划投资14亿元的朝阳水库是省、市、县重点民生项目,南浦乡作为水库所在地,全力推动水库建设进程。是年,征收安置区土地36.17公顷、征迁坝址土地16.07公顷，置换林地59.87公顷、生态占补30.80公顷。

【社会事业】

计生工作保持全县前列　全面实施两孩政策,开展计划生育优质服务。是年,出生人口291人，其中政策内出生281人,出生率为19.40‰，政策符合率为96.60%，人口自然增长率为14.10‰,全年孕情跟踪和访视服务到位率100%,宣传教育普及率95%以上。被县委、县政府评为“计生协会先进单位”。

教育事业稳步发展　马苑小学项目征地和前期规划设计基本完成。借助“南浦乡奖教奖学基金会”奖教奖学机制,筹资7.40万元。

卫生工作持续加强　投入90万元用于乡卫生院修缮,投资

20万元用于马苑、龙桥、大坪、美林、中西5个建制村卫生所一体化建设；农村合作医疗参合率达100%。

健全综治网格化管理平台　深化“平安南浦”建设，对全乡86个监控探头进行整修，并入公安治安管理网。组织志愿者参与群防群治，登记在册平安志愿者253人，其中单位志愿者123人，热心志愿者130人，加大“两违”整治及朝阳水库库区管控力度，处置“两违”面积1.50万平方米。矛盾隐患排查45起，调解45起，调解率100%；发生信访案件5起，息访息诉5起，结案率100%，省市县交办信访积案3件，化解率达100%。

推进文化宣传　投入13万元用于南浦、大坪、后坑、美林宣传文化长廊建设。举办“穿越龙溪古镇－最美乡村”乡村穿越跑、“情系龙溪”诗词吟诵会、首届“龙溪圩红色文化杯”女子钓鱼挑战赛等“贯彻党的十九大精神　情系龙溪”大型文化宣传系列主题活动，丰富群众的文化生活。

（撰稿人：陈永连）

•赤土乡•

【概况】

2017年，赤土乡实现规模工业总产值5.68亿元，同比增长4.30%；固定资产投资23.99亿元，同比增长421.80%；财政收入2758万元，同比增长64.30%；实际利用外资1601万美元，同比增长90.90%。成立招商工作组分别进驻深圳、泉州开展招商引资，已有10多家企业到赤土乡考察调研。在年度乡镇绩效考评中，赤土乡名列全县第二名。

【园区开发】

举全乡之力服务万安生态产业园区开发建设，做好园区征地、清表及各项基础设施工作，完成1066.67公顷土地的征收及清表、平整；“五纵八横”道路框架基本形成，2.16千米万安大道二期工程已建成；万安大道三期，即通往深土沿海大通道建设率先启动，已完成征地量的90%；安义路完成路基平整；万安幼儿园基本完工；220千伏和110千伏输变电站建成投入使用；南景、古陂安置小区完成规划设计。

【特色产业】

全省最大的光农互补项目效益显现，装机80兆瓦的光伏发电项目发电8000万千瓦时，实现预期的发电量。绿领现代农业发展主题“吃香喝辣”明确，规模逐步壮大，百香果、辣木、菠萝、名贵中草药种植面积达67公顷。旅游产业发展态势良好，建成占地26.67万平方米的旅游客服集散中心，国家级AAAA景区天福石雕园与白鹭森林公园游客快速增加；整合与开发寺庙资源，南宣寺、圣能寺、福寿禅院、仙峰岩和三官大帝庙等均按规划新增寺庙建筑及景点，游客日渐增长。名优水果丰盛，莲雾、百香果、余甘、苹果枣、荔枝、龙眼等十多种名优水果产量大价格优，农业效益不断提升，有效地带动农民增收致富。

【民生事业】

道路交通安全　通过开展联合执法、创新劝导方式，提高群众道路交通安全意识。现场发放安全头盔600个，交通安全宣传单500余张，并由60余名摩托车驾驶员佩戴安全头盔在乡主干道骑行宣传。投入10万元，对全乡主次干道12处道路交通安全隐患点进行整改，确保道路安全畅通、标志齐全完好。

“两违”管控　加强辖区“两违”管控，在巩固已取提成果的基础上，在全乡实施“一户一宅、先批后建、批后监管”政策；加大无违建村的创建力度，打造西洋、水头两个无违建村。及时发现、查处“两违”行为，是年，拆除“两违”面积2..33万平方米，有效遏制“两违”不良风气。

村部建设　投入100万元，新建占地2667平方米，建筑面积500平方米的前坂村村级综合服务场所；投入20多万元，分别对涺源、下坂、前坂等村部进行修缮、购置办公用具。

精准扶贫　围绕县委、县政府提出的“到2017年全面实现建档立卡贫困对象稳定脱贫”的行动目标，通过产业扶贫、造福工程、扶贫小额信贷、政策扶贫、结对帮扶等措施，是年，全乡贫困户195户634人全部实现脱贫。

美丽乡村　投入115万元

建设富含畲乡文化的下埔畲族村美丽乡村，通过上级验收；投入资金对已有的6个美丽乡村和11个村的环境卫生成果进行再巩固、再提升。投入500万元新建、扩建长12千注农村水泥路，农村路网逐步完善。

【社会事业】

教育卫生　实施岩山小学改薄项目，投入300万元建设建筑面积1500平方米的教学楼。开展创建群众满意卫生院活动，赤土卫生院被评为国家级群众满意卫生院。

社会安定稳定　排查化解矛盾纠纷91起，息访息诉3起，未发生进京上省上访事件，未发生群体性闹事等事件，未发生重大恶性刑事案件，未发生安全生产事故。

（撰稿人：陈纯美）

·湖西畲族乡·

【概况】

2017年，湖西畲族乡加大招商引资力度，新引入外资企业2家，新增外资注册资本860万美元；新建、续建500万元以上项目10个，全年完成固定资产投资3.36亿元；推进现代农业发展，引入亮泰大棚蔬菜、黄皮尖椒、太空椒等高优蔬菜品种，在全乡形成顶坛芭乐、山后蛋鸭以及后洞黄牛等“一村一品”产业格局。全年完成地区生产总值9.29亿元，同比增长11%；农村居民人均纯收入17300元，同比增长9.70%；财政收入2343万元，同比增长4.40%，

【工业经济】

加大招商引资力度，服务企业发展，清理解决未开工企业的遗留问题，推进闲置土地项目嫁接。外资引进取得成效，新引入外资企业2家（诒安旅游公司、品芝峰科技公司），1家外资企业增资，实现外资注册资本860万美元，完成年目标任务300万美元的286.70%；实际到资350万

湖西畲族乡育培鲜切花公司的员工在大棚内栽种花苗　（洪锦城　摄于5月）

美元，完成年目标任务150万美元的233.30%。促进老企业扩建增产，帮助车城汽配公司解决历史土地问题，促进其增加投资2亿元；蓝创科技公司增资4000万元扩建厂房。全乡年完成工业投资1.87亿元，完成年任务指标1.70亿元的110%。盘活部分闲置土地项目，解决罗丽芬地块征地遗留问题，并办理招拍挂手续；推进闲置土地伯特利地块有偿回收，并成功嫁接给漳州铖成新材料科技有限公司。

【项目建设】

制定项目联系跟踪制度，对各个项目进行目标化、节点化，将任务逐个分解落实到乡党政每位班子成员身上。对项目建设实行全程跟踪，及时了解掌握项目建设情况、协调解决项目建设过程中的问题和困难，促进工作进度。是年新建、续建500万元以上项目10个，全年完成固定资产投资3.36亿元，完成年任务指标2.56亿元的130%。其中投资3000多万元，实施包括河道整治、水土流失治理、官塘路、顶坛小学改薄、后溪村美丽乡村建设及通自然村水泥路等十几个民生项目。

【现代农业】

大力发展现代农业，引进育培鲜切花项目，种植百合、菊花、兰花等鲜花13多公顷；引入亮泰大棚蔬菜项目，种植黄皮尖椒、太空椒等多个高优蔬菜品种，在山后村引入了台湾新品种粉红色火龙果项目。把以香蕉、荔枝、龙眼为主的种植结构引导调整到绿化苗木、无公害蔬菜水果等为主的现代农业上来。推进农业产业化、规模化发展，在全乡形成顶坛芭乐、山后蛋鸭以及后洞黄牛等“一村一品”产业格局。

【旅游产业】

总投资1660万元的中投项目赵家堡—诒安堡保护设施建设项目已完成分项目步道建设及环境整治，赵家堡—诒安堡展示、管理用房已竣工。引入漳浦古郡旅游开发有限公司，注册资本500万元，着手开发诒安堡民宿游及田园观光旅游项目，已投入资金200多万元。打造卧龙谷景区，首期投资100多万元建设景区配套道路1千米。推进朝天马峰生态园项目建设，是年新投入近千元，用于建设配套路及小木屋。

【生态创建】

聘用专职保洁员对沿高速配套路、景区道路及519、524县道等重点路段的两侧进行时时保洁。逐步建立各村卫生保洁长效机制，解决垃圾处理转运问题。投入300多万元实施后溪美丽乡村建设，建设480个标准三格式化粪池。

【“两违”整治】

开展密集巡查，做到日常巡查不留死角、“5+2”“白加黑”，不给违建抢建留有空间和时间。对辖区内分片、分级、分部门、分人员进行包干，建立监管区，确保责任到具体单位、具体人，严肃处理工作不到位、不作为、乱作为的单位或个人。突出整治重点，具体做到对顶风违建必打，属先拆对象必打，在重点区域违建必打的“三必打”，强势形成“零容忍”，打击一起，曝光一起，教育一片，让群众不敢违、不能违、不愿违。

【文体卫事业】

发动外出乡贤回乡关爱教育，热心助学，各村均筹措资金设立奖学奖教基金，其中顶坛小学新设立奖学奖教基金上百万元。坚持把计生专项活动与经常性工作结合起来，稳定低生育水平，人口计生工作保持在全县前列，被县委、县政府授予“2017年度漳浦县计划生育工作先进乡镇”称号。

(撰稿人：蓝米湖)

•赤岭畲族乡•

【概况】

2017年，赤岭畲族乡实现社会总产值4.05亿元，同比增长12.50%，其中，农业产值14795万元，林业824万元，牧业3459万元，渔业1657万元；完成固定资产投资2.02亿元，同比增长68%；工业项目投资7100万元，同比增长8.60%；完成财税收入569万元，同比增长11.56%(其中：国税423万元、地税146万元)；限额以上社会消费品零售总额完成1.66亿元，同比增长16.80%。农村居民人均纯收入15803元,同比增长10%。

【工业经济】

把招商引资列为工作重点，引进项目3个,即漳浦县畲鑫工贸有限公司，计划投资3150万元；漳州远鹏建筑材料有限公司,计划投资2580万元;漳浦瀚飞节能材料有限公司,计划投资1900万元。完成外资到资300美元,内资到资7700万元。

【特色产业】

利用丰富的山地资源优势，引导群众发展特色品牌农业。注册源为康生态农业有限公司,经营畲乡土鸡、黑山羊、巴马香猪、藏香猪等;注册“龟中宝”品牌，推广金钱龟、黄喉水龟、黄缘闭壳龟等庭院养殖;注册“畲发”品牌,推广种植油茶新品种,进行茶油深加工,打造集种植加工销售为一体的油茶产业链；注册“畲乡蜜柚”,对蜜柚进行包装销售,同时对接电商平台进行网上销售。推广“晚熟荔枝”品种,扩大特色产品销路。

【新农村建设】

开展生态环境整治,查处违法采矿和非法占用林地行为,补植复绿10公顷。实施“两违”整治,拆除违建筑57起,面积1.26万平方米。开展生猪养殖污染整治,拆除和去功能化养殖场(家)85户，养殖面积2.16万平方米,其中拆除6563平方米,去功能化1.50万平方米。实施河长制工程,清理河道、溪道24次,清理垃圾12吨。开展生活垃圾和污水治理,建立乡村收集转运长效机制,全乡收集转运生活垃圾180吨、污水40吨。通过生态环境整治,畲乡的村容村貌得到改善。

【扶贫攻坚】

实施产业扶贫发展，对117户贫困户发放产业扶持资金49万元，用于产业发展。对28户102人实施造福工程搬迁，改善居住条件。落实扶贫小额信贷,发放小额信贷资金37户146.20万元。实施教育扶贫,62名在校贫困家庭学生享受教育补助,发放补助款26.80万元。落实人身意外险,投保人身意外险911人次9.11万元,其中有12户获得保险理赔14.70万元。落实医疗保险救助,免除贫困户新农合缴费,减轻贫困户负担7.76万元。开展技术帮扶,向贫困户免费培训农业技术、家政常识等,帮助贫困户发展产业，拓宽就业渠道。实行结对挂钩帮扶,市领导和市直单位挂钩市级贫困村土塔村;市委宣传部下派干部担任土塔村第一书记,漳浦厦门商会同土塔村结对帮扶，其他市直、县直单位分别挂钩帮扶各民族村。是年,全乡55户174人全部如期脱贫。

【社会事业】

教育卫生 加大教育投入，推进教育均衡,全乡考上本一线学生23人、本二线学生19人；民族中学考上一中24人，连续10年获评市级教育教学先进单位。推进赤岭卫生院综合楼建设,启动乡村卫生所服务一体化建设管理,缓解群众看病难看病远的问题。修缮改造敬老院,配备30个床位。

民族事务 完成省级文物保护单位一蓝理叔父家宅修缮和周边环境绿化、美化、亮化,赤岭村被国家民委授予第二批“中国少数民族特色村寨”。成立“畲族文化研究会”，开展族谱对接等民族交流活动,特别是加强海峡两岸及省内外宗亲的交流、联系,促进民族团结进步;通过对接,一批的海内外宗亲回乡寻根谒祖。以“蓝理将军”为题材的电影《海之战》启动开拍仪式,编排大型芗剧《蓝门虎将》。

(供稿:赤岭乡党政办)

农林盐茶场

·石古农场·

【概况】

2017年，石古农场加强农业生产管理，投入资金3.40万元，及时对受损的小型农田水利工程进行修复。环境污染整治，对5家未达标排放的养殖场限期完成升级改造，拆除关闭猪舍3800平方米。农场实现工农业总产值5997万元，第三产业产值940元。

【生产经营管理】

投入资金3.40万元，对因灾损毁的沟渠、堤岸等及时进行维修，修护沟渠200米，简易石涵洞2处。对小(二)型垄仔坪水库进行大坝安全鉴定评价，确认其为“三类坝”，及时向上级有关部门上报大坝除险加固修复工程项目。继续鼓励适度规模经营，发展家庭农场和专业合作社，支持1户升级为家庭农场有限公司。

【社会事务】

环境污染整治 对辖区内污染源进行摸排，重点对生猪养殖面源污染进行集中整治，取缔不符合要求的养殖场1家，对5家未达标排放的养殖场限期完成升级改造，拆除关闭猪舍3800平方米；并对辖区内各养猪场进行登记备案，签署停养协议书，防止外来污染大户的流入，农场污染面总体呈现下降趋势。

新村建设 继续推进石古作业区危旧房安置区建设，投入45万元埋设雨污水管道及配套道路300米。25户危房改造，已有22户竣工，年度完成3户的集中安置。投入54万元，完成石古作业区至顶楼作业区绥安教练场道路硬化1.02千米。

精准扶贫 在原来基础上，对扶贫对象进行再清理再甄别，逐步跟进帮扶措施，20户扶贫对象全部完成脱贫任务。

【农场体制改革】

根据《中共福建省委 福建省人民政府关于进一步推进农垦改革发展的实施意见》(闽委发〔2017〕11号)文件精神，明确石古农场改革方式为剥离农场办社会职能并全部移交石榴镇管理，在石古农场设立相应社区(或居委会)。

(供稿：石古农场)

·万安农场·

【概况】

2017年，万安农场工农业总产值达2.78亿元。其中：工业总产值1.55亿元，农业总产值1.23亿元，工农业同比减少9.50%；国民生产总值5722万元，同比减少3%；农村居民人均纯收入1.66万元，全场规模企业2家。

【收地工作】

结合园区基础设施建设和项目引进情况，制定科学合理收地任务、范围，明确人员分工、时间节点，落实工作责任，实行签约、砍青、清表、迁坟、平整、交地“六举齐抓”土地征收新模式。至年底，基本完成启动区1000公顷土地收地及地块平整。

【项目建设】

累计投资351.60万元，完成道路、水利、民生等项目建设。其中，投资203万元，完成危房改造配套设施项目建设；投资16万元，完成海新作业区道路硬化工程；投资28.60万元，完成新村作业区道路硬化工程；投资33万元，完成西垅作业区景观工程；投资64万元，完成西垅作业区社内道路硬化工程；投资7万元，完成下埔畲族村文化活动中心配套工程。此外，在建建项目有：

万安大道二期 道路全长2.16千米，总投资5000万元，采用双向六车道一级公路兼城市主干道标准。至年底，道路主路面工程已完成，万安大道一期、二期链接路段已开放至K0+890中桥，可供来往车辆通行，其余路段正在进行非机动车车道土方工程施工。

安义路第一标段 全长4.77千米，路面宽40米，总投资约1.80亿元，是万安生态工业园重要的南北向交通主干道。至年底，正在进行管道工程和路基工程铺设。

万绥路、安义路第二标段 道路长4.30千米，总投资7.15亿元，6月开工建设。至年底，正在进行路基换填、管道铺设等工程。安义路第一标段、第二标段连接处已封闭，正在进行路基工程施工。

万安中心幼儿园 总投资960万元，建筑面积5500平方米，至年底，已完成主体建筑及室内简单装修。

【土地管控】

加强农场国有土地资源的规范管理，开展“两违”综合治理专项活动，对非法占建、抢建、非法买卖及变相承包土地、非法采矿、开采高岭土等行为进行管控，为园区建设和项目引进创造良好环境。是年，拆除“两违”建筑7宗，面积1.04万平方米。

【现代农业】

加快转变农业发展方式，推进农业科技创新，在农场形成以种植业为基础，以花卉为主导，以养殖、林果为支撑，有较强的市场竞争力的现代农业产业体系。做好产业结构调整，推广节能养殖、喷灌、滴灌、灌溉、大棚栽培技术，种植反季节蔬菜，提高农业综合生产能力。开展现代农业实用技术培训，提高农场职工群的种植技术水平。

建设中的万安大道二期桥梁工程 （洪锦城 摄于10月）

【民生事业】

垦区危房改造 年度农场垦区危房改造任务110套。至年底，投资165万元的危房改造项目已全部实施，其中，竣工102套，在建8套。

道路交通秩序整治 落实省、市、县关于道路交通安全综合治理“三年行动”要求，成立工作领导小组，设立交通劝导员，对辖区内隐患路段进行排查，先后投入8万元对各路段隐患点安装减速带、护栏、凸面镜等，清除安全隐患，遏制重特大交通事故发生。

民生保障 扩大职工社保、医保覆盖面，帮助职工解决社保遗留问题，对低保户应保尽保。开展精准扶贫，具体挂钩到人，是年，全场扶贫对象56户、157人，已全面完成脱贫。宣传新农村医疗合作和新型农村社会养老保险，是年，参合率、参保率均达100%。

卫生计生管理 是年，全场出生人数144人，政策出生136人，政策符合率94.40%，出生率22.32‰。开展农村生活垃圾综合整治行动，投入45万元对全场脏、乱、差现象进行整治，聘用专职卫生清运队伍和保洁人员，对全场各区（村）生活垃圾实行日产日清，有效地改善人居环境。

（撰稿人：林添国）

·长桥农场·

【概况】

2017年，长桥农场做好在建项目建设的服务，完成漳龙林业循环经济产业园6家花企业的搬迁安置，闽台兰花科技园完成大部分的土地征用，投入530多万元，完成店前作业区的新村库区移民的立面改造及库区移民的沟渠整理、道路硬化，结合垦区的危旧房改造工程，建成新房25幢；辖区内的生猪养殖户52户，完成省、县级整改各2家，关闭、拆除30家；落实惠农政策，发放粮食综合补贴和良种补贴资金5.89万元。

【在建项目建设】

漳龙林业循环经济产业园　产业园区址在长桥农场长峰作业区，项目于2015年6月开始赔青征迁，计划园区总面积333.33公顷，一期征用面积193公顷。至年底，项目征迁工作已基本完成。是年，协同漳龙木业有限公司办理53.33公顷的农用地转为工业用地及林地征占用，及园区生态林6.67公顷的占一补一工作，为300米长光缆迁移扫清障碍。至年底，园区内的7家兰花企业的搬迁安置工作已完成6家。

闽台兰花科技园　科技园址在长桥农场倒桥作业区，园区占地面积66.67公顷。至年底，完成大部分的土地征用，完成兰园大道、路灯、排水沟等基础设施建设，安置漳龙林业循环经济产业园搬迁企业4家。

库区移民的立面改造工程　投入400多万元，完成店前作业区的新村库区移民的立面改造工程；投入130多万元，完成库区移民的沟渠整理、道路硬化；均通过县移民开发管理局验收。

新村建设　结合垦区的危旧房改造工程，山边新村B区建成新房25幢。

【农业产业结构】

建立合理有效的土地流转机制，盘活土地资源。引导职工群众将一部分土地流转出来，进行规模经营，改变原有的传统的耕作方式。引导富余劳动力从事二、三产业。借助花博会、农博会，以海峡花卉集散中心为依托，开辟闽台农业交流提升农业产业化，调整农业结构种植。

【富美乡村建设】

落实国有垦区危房改造政策，是年投入75万元，危旧房改造50户，全部竣工通过验收。健全各作业区保洁队伍，投入经费20万元，增设卫生桶收集生活垃圾，做到生活垃圾日产日清。开展环境卫生整治，对辖区内的生猪养殖户52户，劝导其退养，以减少污染源。已有2家养殖企业完成省级整改，2家完成县级整改，关闭、拆除排污严重的生猪养殖户30家。做好重大动物疫病防疫工作，重点做好禽流感、猪蓝耳病、牲畜口蹄疫、猪瘟等疫病的控制，免疫率达98%。

【落实惠农政策】

指定专职人员跟踪，将惠农政策及时落实到农民身上。是年，发放粮食综合补贴和良种补贴面积52公顷，资金5.89万元；完成农田水利修复投资35万元。

（供稿：长桥农场）

·白竹湖农场·

【概况】

2017年，白竹湖农场完成农业总产值9500万元，同比增长6%，其中：工业总产值6500万元，同比增长7.50%，粮食总产量350吨，与上一年持平，水果产量1900吨，同比增长15%。

【农业生产】

发展特色产业，做好杨梅、桑葚的优化及补缺品种树苗，改进生产技术，提升杨梅、桑葚质量。引导职工、群众发展水果、蔬菜、玉米等农作物生产，全场有水果种植地专业大户72户。同时，做好富余劳动力转移，与县移民办、人社部门和相关企业单位联系协调，组织富余劳动人员参加技能就业培训；是年，实现劳动转移375人，完成技能新培训195人。

【民营工业】

农场民营工业以机砖生产为主，全场有机砖生产企业4户，年总产值1550万元。为发展市场，指导生产户进行品种更新，提高产品质量，逐步增加品种产量。

【社会事业】

计生工作 坚持每月例会了解计生工作进度，通报完成情况，布置工作任务。是年，农场有育龄妇女151人，计划内生育58人，政策符合率100%。

维稳信访 利用9幅固定标语，张贴宣传标语45条，流动广播等进行宣传，将工作分解到各片区包片干部。是年，农场“三率”完成上级党委下达知晓率75%、重视率85%、满意率95%的工作任务；创建平安家庭465户，创建率98%。没有发生刑事案件和信访件。

森林防火 农场有森林面积1000公顷，落实森林防火措施，加强场员防火意识，在去冬今春干旱季度，通过广播流动宣传、张贴宣传标语，涂新进入林区路口设置固定宣传牌，入户发放防火通告等形式，使森林防火做到家喻户晓。加强护林员上山巡逻力度，防止上山人员身带火种，制定扑火预案等，确保森林防火安全。

家园清洁 组织场部干部、职工、场员进行清理园周边垃圾、污水沟共计450人次，清理垃圾约215吨；督促清洁工及时清理堆放垃圾并组织相关人员不定时对生猪饲养户进行卫生检查。

（供稿：白竹湖农场）

·玳瑁山茶场·

【概况】

2017年，玳瑁山茶场位全场完成工农业总产值6854万元，同比增长4%。其中：工业总产值260万元，同比增长7%；粮食总产量295吨，与上一年持平；水果总产量3213吨，同比增长2%；茶叶产量125吨，同比增长8%。

【农业农村】

发展茶叶特色产业 改进茶叶加工技术，提升茶叶质量，促进市场竞争能力，全场有茶叶加工户5户，是年茶叶产量125吨，产值270万元。

国有农场土地使用权确权登记发证 成立土地使用权确权登记发证工作领导小组，做好国有农场土地使用权确权登记发证的相关历史材料的收集，经招投标，确定漳浦县科盛测绘有限公司为测绘公司。至年底已完成土地测绘。

垦区危旧房改造 投入200万元，完成危旧房改造10户；投入2.40万元，完成危旧房改造基础设施配套工程。完成全年的危旧房改造任务。

劳动力转移 主动与县移民局和相关企业联系，协调组织富余劳动力参加技能培训，推进就业，是年实现劳动力转移28人。

【社会事务】

卫计工作 全面实施二胎政策，每月召开计生例会，及时了解计生工作进度，通报完成情况并布置任务；做好每期的入户随访工作，做到逐一入户。是年，全场出生8人，政策内生育8人，政策符合率100%，征收社会抚养1.70万元。各作业区坚持每月进行卫生大扫除、清理水沟9次，雇用固定的卫生保洁员4人及固定垃圾车1辆。在特殊时期组织对各作业区进行“四害”的消杀。

信访与维稳 围绕维稳、信访、矛盾排查和平安建设四项内容开展工作，加强宣传力度，特别是做好越战老兵的维稳；排查民事纠纷3件，及时化解上访苗头，全年来没有出现越级上访。每月安排工作人员2次上山巡逻，对场辖区内的重点地区进行排查，确保没有发生制假现象。开展交通安全整治，每月组织道安人员上路劝导3次，在行动中查处无牌无证的21起，不带头盔的34起，超员的11起。

（撰稿人：蓝龙辉）

·南山华侨茶果场·

【概况】

2017年，南山华侨茶果场优化调整产业结构，种植南山双肩玉荷包70多公顷，名优荔枝收入200万元；投资80万元，实施危旧房改造25套；开展扶贫攻坚，9户26人实现脱贫，分别占全场应脱贫群众13户33人的69.23%和78.79%。

【调整产业结构】

按“一场一品”的发展思路，进行产业结构优化调整，引导群众对果树进行高接换种、改良，重点种植发展晚熟优质荔枝品种“南山双肩玉荷包”；至年底，全场已种植南山双肩玉荷包70多公顷，初步建成名优荔枝示范基地，是年，全场名优荔枝收入200万元。

【民生优先工程】

富美南山建设 投入近3万元，在侨村范围增设路灯5盏，维修改造46盏。加大生猪养殖污染源整治力度，完成生猪养殖去功能化2712平方米。

落实危房改造项目 是年，危旧房改造任务25套，每套占地面积100平方米，农场投资80万元，拆旧建新21套，异地新建4套，全部采用集中安置。

职工群众社会保障 通过各种渠道筹措资金，自1月起，将全场老职工社保个人应缴纳部分，由原来的每月每人代缴58.20元，提高到每人每月代缴158.20元，减轻职工负担。同时做好医保卡发放与激活工作，使群众应保尽保。

开展扶贫攻坚 是年，全场应脱贫群众13户33人，通过落实贴息贷款、教育扶贫、住房保障扶贫、就业扶贫等帮扶措施，已实现脱贫9户26人，剩下4户已以“光伏项目”为载体，继续做好扶贫工作，确保全部脱贫。

【社会事务统筹】

社会治安综合治理 围绕巩固深化“平安南山”的建设目标，由领导牵头、落实责任，实施“组织、制度、责任制、落实、督查”五个保障机制，不断完善维稳服务中心、村警务室、村级治保调解组织等基层基础建设，建立党政领导接访、包案调解制度，及时解决矛盾纠纷和突出信访事件的排查调处。

安全生产 严格按照安全生产相关文件精神，落实安全生产目标责任制，由经贸办牵头，深入茶叶工厂、建筑工地、水库库区等行业、企业进行宣传教育，加强检查指导，抓好事故隐患的排查整改，确保安全生产。

平安建设 加大宣传力度，除了张贴大字横幅和分发“平安南山、平安家庭”倡议书等常规宣传以外，还结合“三八妇女节、幸福进万家”等主题活动进行宣传，推进“平安家庭”创建活动。

计划生育 配合赤岭乡计生办，开展计生政策宣传和技术服务。是年，全场纳入计生人口年底数1308人，共出生26人，政策符合率90%(含往年)，征收社会抚养费1.80万元。

(撰稿人：蔡佳昱)

·中西国有林场·

【概况】

2017年，中西林场总收入为1836.61万元，完成年计划1246.41万元的147%；其中木材销售收入1038万元，占年任务的114%；上级拨入各项资金448.69万元；事业费145万元，多种经营承包上缴27.84万元，其他收入177.08万元。总支出2120.26万元，占计划支出的119%；是年资金超支283.65万元。

【林业生产】

营林工作取得成效 早安排，早部署，早谋划好造林工作，联系引进工队，5月，完成全年107.20公顷的造林任务，完成任务数的100.50%，其中，珍贵树种28.53公顷，占珍贵树种造林任务的214%，保存率达100%。实施森林抚育，完成森林抚育830.60公顷，其中中央抚育项目533.87公顷。科学经营示范林建设73.33公顷，其他抚育116.07公顷，完成任务数的238%。

木材生产 计划生产木材12280立方米，实际批证面积99.93公顷，批证出材量12295立方米；其中主伐择伐面积5.40公顷，出材量466立方米(含道路征用)。

木材销售 计划销售12280立方米，实际销售14640立方米；其中属于上一年度伐区三边库存新进仓木材2345立方米，薪材1383吨。

推进木材招投标 组织木材招投标9次，完成9个伐块99.93公顷的木材招投标。标的金额557.40万元，中标金额635.42万元，增加利润收入78.02万元。

【林木病虫害防治】

6月，桉树油桐尺蠖虫害再次发生，为防止虫害的发展和蔓延，及时聘请虫害专业防治队进行除治，实施桉树除治面积141.07公顷，施放白僵菌防治松材线虫蔓延238公顷，有效控制桉树油桐尺蠖虫害。同时，做好松木林班松材线虫病除治，按防控规程要求制定防控方案，采取以林分改造、枯死木清理、挂设诱捕器、喷洒白僵菌等综合防控措施。完成松枯死木清理350株，挂设诱捕器50个，林分改造47.33公顷，有效控制疫情。顺利通过国家、省、市林业主管部门的验收。

【良种基地建设】

林场相思林木良种基地是省重点林木良种基地，种子园共有5个相思品种，282个优良家系，26个无性系，总面积82.20公顷。通过几年的科学管理，其社会效益和科研价值已逐渐显现，多次获得省市有关领导、专家的肯定。8月，被国家林业局确定为国家级重点林木良种基地。

【安全生产】

落实安全生产责任制，组织全场干管人员收看安全生产警示片，并进行培训，把责任细化到人。加强现场管理，不定期开展安全检查，发现问题及时整改。是年，发放安全宣传单698份、张挂安全标语横幅56条、临时宣传牌105个。

【编制林场定岗定员实施方案】

为推进林场改革顺利实施，优化林场内部经营机制和加强管护站建设，在广泛征求职工对的意见和建议基础上，编制《漳浦中西国有林场定岗定员实施方案》，并按程序上报上级有关部门审批。

（供稿：中西林场）

·下蔡国有防护林场·

【概况】

2017年，下蔡国有防护林场经营总收入为271.97万元，同比增长9.61%；承包款收入58.89万元，完成年度计划的107.07%；银行利息收入213.08万元，完成年度计划142.05%；经营支出513.93万元，其中管理费用418.37万元，营林投资85.74万元，营业外支出9.82万元。

【林业生产】

围绕"绿色生态建设"主题，清查林空地，经过科学合理规划，开展造林活动。完成海边林空地补植套种木麻黄6355株；在沿海大通道附近的鲍鱼场拆除地上进行恢复造林、低产林分套种及石英砂厂厂边空地补植马大相思8100株，马占相思3000株；沿海大通道两侧绿化带种植绿化大苗(木棉)115株。新造林晴天浇水4.25万株次，幼林抚育扩穴除草1.11万株，苗木追肥3.59万株次，化学除草8.87公顷，病虫害防治41.20公顷。林道维修15.60千米，排水沟维修16.20千米。同时，根据省林业厅就关于省属国有林场扩大林地要求，寻求扩大林地的方式，先后与诏安岭下溪国有林场、华安葛山国有林场、南靖国有林场共同对外扩大林地合作，分别造林61.73公顷、71公顷、102.40公顷，在完成森林面积和森林蓄积"双增"任务上取得进展。

【土地管控】

把林地管护作为全场的工作重点，采取各种措施加强林地的管护。为有效地制止侵占、蚕食林地，滥伐、破坏林木的现象，加大管护巡逻力度，联合霞美镇"两违"管控办经常进入林区巡查。对周边村渔民、鲍鱼养殖户在林区道路上晾晒鲍鱼养殖袋，乱倒建筑垃圾、生活垃圾等影响交通安全和环境卫生现象进行清理整治。查处破坏林木3起，处赔偿林木损失共1400元；拆除占用林地建筑1起，面积约50平方米。

【森林管护】

制定《森林防火管理方案》，任务明确到各个片区，与护林员签订《护林防火管理合同》，责任落实到人，形成层层负责、上下联动、通力协作的工作体系。成立检查小组，对各片区森林防火工作进行常态性的督察、检查，发现问题及时整改，确保安全。抓好防火宣传，在林区主要路上设立防火宣传牌，通过发送森林防火、林地管护、林区平安建设宣传短信等方法宣传防火知识，提高村民的防火意识。严格火源管理，强化岗位值班及巡查监控等防范措施，在节假日和防火戒严期，将场部所有人员安排到重点地段值班，对重要部位严防死守。全年没有森林火灾发生。

【基础设施投入】

加大道路交通、排水排涝、输电和防风林带基础设施建设投入，提高土地使用和利用价值。是年，林场的生产管理用房及职工周转房建设项目（建设规模 1952 平方米，拟投资 488 万元）已经完成项目初步设计方案、项目概算及可行性研究报告的审批。

（供稿：下蔡林场）

·漳浦盐场·

【概况】

2017 年，地方国营漳浦盐场产盐 50163 吨，完成年生产任务的 104.94%；销盐 29150 吨，销售收入 1238 万元（含税），完成税收 619 万元（含晶浦公司 158 万元），完成年任务 88%；上缴职工社保金 570 万元，其中补缴 2004 至 2006 年期间中断的社保金 163 万元。

【科技创新】

注重科技创新，规范生产操作工艺，探索先进的生产方式，先后开发优质细白盐、精制食盐、日晒盐等一系列市场竞争力强的新品种。投入 439 万元的技改资金，完成 205 坎结晶池升级改造、春季蒸发池施沙压实、电力设施维护更新、道路维修、排泄洪设施清障以及防汛抗灾准备等。

【项目投资】

雄厝村投入资金 24 万元，建设石厝自然村小公园基础设施和安全设施工程。投入资金 10.30 万元，建设下尾自然村 500 米的乡村水泥路硬化和排污水沟。投入资金 69.10 万元，建设漳浦盐场海堤内港段加固工程，已通过验收并投入使用。投入资金 98 万元，进行排淡沟清淤工程建设，提高盐区排泄水能力。

【农村农业】

落实强农惠农富农政策，实施“一村一品”经济战略，雄厝村种植特色花菜，年产量 500 多

7 月 4 日，位于漳浦盐场竹屿村的光伏电站实现局部并网发电　（洪锦城 摄）

吨；竹屿水产养殖业持续发展，养殖品种多样化，混养效益日益显现，且带动水产品物流行业的迅速发展。是年，盐场水产品产值4500万元。完成第三次全国农业普查工作。

【社会民生事业】

脱贫攻坚取得成效 投入帮扶资金4.20万元，对20户贫困户进行结对帮扶、特色产业帮扶、技能培训帮扶、基础设施帮扶等多种形式帮扶活动。争取中央第二批扶贫资金6万元，对24户贫困户的农田基础设施进行更新改造。至年底，全场49户的建档立卡贫困户已完成全部脱贫工作(其中3户为贫困户清退对象)。

开展阳光低保 阳光操作，应保尽保，完成全场194户的低保核查，其中新增低保5户。是年，新型农村合作医疗参合率100%，城乡居民社会养老保险参保率95.10%。看望因病因伤住院职工，发放慰问金12.5万元。

平安建设 开展矛盾纠纷大排查，排查各类矛盾纠纷28起，调处化解28起，调处率100%；接到上级转发信访件1件，回复办结1件。开展道路交通安全综合整治，查处黄标车报废4辆，道路交通安全形势总体平稳。

开展“双创”工作 推动文明城镇和卫生城镇创建活动，投资5万多元，建成40多米的宣传文化长廊。投入45万元，用于辖区环境卫生综合整治，改善盐区面貌。

(撰稿人：陈建党)

·杜浔盐场(制盐分公司)·

【概况】

2017年，杜浔盐场(制盐分公司)加强安全生产管理，投入9万元，更新部分生产配套设备，以提质增产为方向，加强质量管理，投入10万元，更换盐膜；年产原盐3095.17吨，其中一级盐2592.44吨、二级盐502.73吨，完成生产任务的70.41%；年销售原盐1306.80吨，其中一级盐1047吨、二级盐259.80吨，完成销售任务的29.73%，

【原盐生产】

每周召开生产工作例会，让管理人员互相交流学习先进经验和工作技巧，根据气候趋势做出一周的工作部署，细化任务。严格按制盐操作规程组织生产，做到生产场面有组织、有秩序，发现问题及时协调处理。生产管理人员按各自职责在生产一线现场巡查和监督，促进原盐生产。上半年雨量比较分散，截至10月底总降雨量945.50毫米，有效天气156天，阴雨天141天；同时，由于纬五路项目用地、生产一线部分员工退休、病故等原因，滩场有效生产面积荒废25公顷，年产量减少。是年，产原盐3095.17吨，其中一级盐2592.44吨、二级盐502.73吨，完成生产任务的70.41%。

【原盐销售】

执行营销制度和调拨计划要求，根据调拨单据保质保量地组织调运。是年，总销售量1306.80吨，其中一级盐1047吨、二级盐259.80吨，完成销售任务的29.73%，总收入48.8万元(不包含省财政补贴)。至年底，原盐库存2449吨，其中一级盐2121吨、二级盐328吨。

【安全生产管控】

加强现场一线安全管理，坚持每月例行安全检查以及日常巡查，做好检查记录，发现隐患及时整改。投入安全生产整改资金9万元，更新部分照明线路、电机、直流泵、配电箱等生产配套设备，修护运盐道路，增添消防器材，临时生产线路搭架，消除安全隐患。定期不定期由生产管理部组织各工区召开安全生产会议及安全生产培训，贯彻安全生产文件精神和安全生产制度，加强职工安全生产培训教育。

【盐产品质量管理】

以提质增产为方向，坚持产量质量并重，根据各个季节的变化和各工区的实际情况组织生产，严格合理控制结晶面积，实行量卤开晒，较好地保证深卤和新卤结晶，6月，更换盐膜共投入费用10万元，为原盐质量创造条件。

(供稿：杜浔盐场)

人物

漳浦县副科级以上领导名表

中共漳浦县委员会

【书记、副书记、常委】

职务	姓名	籍贯	任职时间
书记	戴平忠	芗城	2016－06——在任
副书记	黄庆华	南靖	2016－06——在任
	简洪坤	南靖	2016－02——在任
常委	刘达文	漳浦	2011－07——在任
	陈锦云	福安	2014－05——2017－09
	黄国峰	漳浦	2016－03——在任
	黄海明	漳浦	2016－07——在任
	沈顺来	诏安	2016－07——在任
	戴文利	漳浦	2016－07——在任
	林苏洪(女)	诏安	2016－07——在任
	陈金生	云霄	2016－07——2017－09
	林志辉	龙文	2017－03——在任
	杨智龙	海原(宁夏)	2017－02——在任(挂职)

【中共漳浦县委系列单位】

县委办公室

主任	王永盛	漳浦	2016－08——在任
副主任	黄毅卿(女)	漳浦	2008－07——在任
	林建国	漳浦	2016－04——在任
	陈智海	漳浦	2016－08——在任
纪检组长	陈坤谋	漳浦	2017－09——在任
常务副组长	洪玲玲(女)	惠安	2017－09——在任

主任科员	黄艺军		
组织部			
部　长	沈顺来	诏安	2016－07——在任
副部长	洪照宏	漳浦	2006－07——2017－02
	陈同苗	漳浦	2012－09——2017－01
	邱志华	龙海	2015－06——在任
	陈耀胜	漳浦	2015－06——在任
	吴　佐	云霄	2017－02——在任
	戴鹏毅	漳浦	2017－02——在任
纪检组长	陈锦辉	漳浦	2017－09——在任
常务副组长	陈志民	漳浦	2017－09——在任
组织员办公室			
主　任	杨晓娟（女）	漳浦	2016－11——在任
副主任	王秀茗（女）	漳浦	2016－04——在任
正科级组织员	吴　佐（2 月免）	陈耀胜	
副科级组织员	黄世哲（2 月免）	高聪伟	
宣传部			
部　长	林苏洪（女）	诏安	2016－07——在任
副部长	陈玉宝	漳浦	2007－10——2017－02
	林建耀	漳浦	2009－12——在任
	苏英纶	漳浦	2011－10——在任
	卢艺福	漳浦	2015－03——在任
纪检组长	黄丙章	漳浦	2017－09——在任
纪检组副组长	陈来顺	漳浦	2017－09——在任
正科级干部	洪振垣（2 月任）		
主任科员	翁永祥（2 月任）	林机套	
县广播电视新闻中心			
主　任	戴贵盛	漳浦	2016－04——在任
副主任	杨立宏	漳浦	2016－04——在任
	曾惠龙	漳浦	2016－09——在任
	薛敏灵	漳浦	2016－09——在任
统战部			
部　长	刘达文	漳浦	2011－07——在任
副部长	蔡黎明	漳浦	2006－04——2017－02
	林甲主	漳浦	2016－11——在任
	陈德贤	漳浦	2017－02——在任
纪检组长	黄海南	漳浦	2017－09——在任
常务副组长	刘伟长	漳浦	2017－09——在任
副主任科员	许余宾（女）　陈志雄　张翠珏（女）		

政法委员会

书　记	黄海明	漳浦	2016－07——在任
副书记	林飞跃	漳浦	2009－12——在任
	王建峰	漳浦	2009－12——在任
	杨海峰	漳浦	2011－01——2017－02
	吴国豪	漳浦	2012－09——在任
	陈伟强	龙海	2016－02——在任(兼)
	蔡义林	龙海	2016－02——在任
纪检组长	陈国库	漳浦	2016－05——2017－09
	陈进财	漳浦	2017－09——在任
常务副组长	陈国库	漳浦	2017－09——在任
主任科员	何卫平		
副主任科员	陈葵艺　杨志坚　戴东跃　蔡罗坤		

县社会治安综合治理委员会办公室

主　任	王建峰	漳浦	2005－07——在任(兼)

610 办公室

主　任	吴国豪	漳浦	2012－10——在任(兼)

农村工作领导小组办公室

主　任	许少维	漳浦	2016－11——2017－02
	何进祥	漳浦	2017－02——在任
副主任	林荣斌	漳浦	2007－10——在任
	王建文	漳浦	2009－12——在任
	王亦成	安溪	2002－07——在任
副主任科员	魏志杰		

机构编制委员会办公室

主　任	何进祥	漳浦	2011－10——2017－02
	杨福山	漳浦	2017－02——在任
副主任	王紫菈(女)	安溪	2011－04——在任
	林为国	漳浦	2015－06——2017－02
	黄世哲	漳浦	2017－02——在任

机关事业单位登记管理局

局　长	叶冠文	漳浦	2015－10——在任

台湾工作办公室(县政府台湾事务办公室)

主　任	蔡红茂	漳浦	2010－08——在任
副主任	林松山	漳浦	2007－11——在任
	许智富	漳浦	2011－04——在任
主任科员	戴荣花(女)		
副主任科员	李荣彬(6 月免)		

台湾渔民事务工作站			
站　长	张有嘉	漳浦	2015－10——在任
县直机关党工委			
书　记	沈顺来	诏安	2016－07——在任(兼)
常务副书记	杨福山	漳浦	2010－08——2017－02
	杨历群	漳浦	2017－02——在任
副书记	卢全胜	漳浦	2013－04——在任
	王炳建	漳浦	2015－03——在任
纪委书记	陈志民	漳浦(赤湖)	2015－06——2017－09
	李庆川	漳浦	2017－09——在任
主任科员	何碧燕(女)　郑建鲁		
副主任科员	程银珠(女)		
老干部局			
局　长	陈同苗	漳浦	2012－09——2017－01(兼)
	吴　佐	云霄	2017－02——在任(兼)
副局长	陈飞彪	漳浦	2006－04——在任
主任科员	陈泗杰		
精神文明建设办公室			
主　任	陈国辉	漳浦(佛昙)	2010－08——在任
副主任	蓝培在	漳浦	2011－04——在任
	林燕坤	漳浦	2011－01——在任
主任科员	何志腾		
机要局			
局　长	杨志勇	漳浦	2016－05——在任
保密局			
局　长	王永华	漳浦	2015－06——在任
信访局(县政府信访局)			
局　长	蔡小彬	漳浦	2015－03——在任
副局长	洪宗华	漳浦	2011－04——在任
	陈晓宏	漳浦	2015－06——在任
党史研究室			
主　任	涂金城	漳浦	2016－08——在任
副主任	蓝晓君(女)	漳浦	2016－04——在任
党校(行政学校)			
校　长	沈顺来	诏安	2016－07——在任(兼)
常务副校长	蔡立芬(女)	漳浦	2016－11——在任
副校长	卢江艺	漳浦	2011－04——在任
	陈俊雄	漳浦	2011－04——在任

老龄工作委员会办公室

主　任	李文峰	漳浦	2015－06——在任

县委巡察办公室

主　任	方晓明	云霄	2017－02——在任
副主任	陈志华	漳浦	2017－02——在任
	林为国	漳浦	2017－02——在任

县委巡察组

组　长	张达永	漳浦	2017－02——在任
	杨昆仲	漳浦	2017－02——在任
副组长	蓝雅贞(女)	漳浦	2017－02——在任
	陈琳(女)	漳浦	2017－02——在任

【园区】

绥安工业区

书　记	陈建华	漳浦	2016－08——在任
纪委书记	郑贵德	漳浦	2015－06——在任

台湾农民创业园(长桥农业园艺科技合作园区)

书　记	陈德贤	漳浦	2012－02——2017－02
	杨海峰	漳浦	2017－02——在任
副书记	戴厝魁	漳浦	2015－06——在任
纪委书记	张少珍(女)	漳浦	2016－05——2017－09
	陈顺泉	漳浦	2017－09——在任

【单位党组】

卫生与计划生育局党组

书　记	王木泉	漳浦	2015－03——在任
副书记	胡建水	漳浦	2015－03——在任

人力资源和社会保障局党组

书　记	郑惠坚	漳浦	2015－03——在任
副书记	陈　斌	莆田	2015－03——在任

农业局党组

书　记	黄荣仙	漳浦	2016－11——在任
副书记	许少维	漳浦	2016－04——2017－02
	何进祥	漳浦	2017－02——在任

水利局党组

书　记	陈石金	漳浦	2015－03——2017－11

文化广电体育局党组

书　记	谢长生	漳浦	2015－03——2017－02
	蔡黎明	漳浦	2017－02——在任

副书记	何清江	漳浦	2015－03——在任

市场监督管理局党组

书　记	吴立宏	漳浦	2016－08——在任
副书记	王志伟	漳浦	2015－03——在任
	吴伟亮	漳浦	2016－04——在任

民政局党组

书　记	王瑞东	漳浦	2016－08——在任

财政局党组

书　记	陈衍龙	漳浦	2015－06——在任

林业局党组

书　记	张齐嘉	漳浦	2016－04——在任

商务局党组

书　记	王志勇	漳浦	2015－06——在任

国土局党组

书　记	林国辉	漳浦	2016－08——2017－02
	杨振有	漳浦	2017－02——在任

发展和改革局党组

书　记	高文贵	漳浦	2016－04——2017－02
	吕坤新	漳浦	2017－02——在任
副书记	林亚扁	龙海	2016－04——在任
	黄炳坤	漳浦	2016－04——在任

漳浦县人大常委会

【人大主任、副主任】

主　任	陈少华	漳浦	2011－12——在任
副主任	王予军	许昌(河南)	2015－06——在任
	张秀华(女)	云霄	2011－12——在任
	王朱申	漳浦	2015－06——在任
	王赐义	漳浦	2016－12——在任
	杨艺明	漳浦	2017－12——在任

【人大常委会委员】

杨和来　黄录章　陈志坚　吴秀莲(女)　卢合智　黄东辉　王少平
何俊明　戴仲云　黄金聪(专职)　陈丽蓉(女)　李色香(女)　庄志华(女)
王秋月(女)　洪照宏　林飞跃　卢艺福　张美珍(女)　何惠珠(女)
李富家　杨爱香(女)　陈展平　王　鸿(女,12月任)

【人大常委会工作机构】

纪检组

组　长	林进三	漳浦	2017－09——在任
常务副组长	丛美红(女)	霍邱(安徽)	2017－09——在任

办公室

主　任	杨和来	漳浦	2007－11——在任
副主任	陈志勇	漳浦	2016－11——在任

信访办公室

主　任	卢合智	漳浦	2015－03——在任
主任科员	林荣建		

人事代表工作委员会

主　任	黄录章	漳浦	2007－11——在任
副主任	刘如洁(女)	漳浦	2016－11——在任
主任科员	陈亚兰		

内务司法工作委员会

主　任	陈志坚	漳浦	2015－06——在任
副主任	杨达武	漳浦	2016－11——在任
副主任科员	张肇祥		

财政经济委员会

主　任	黄东辉	漳浦	2016－11——在任
副主任	林志鹏	漳浦	2016－11——在任
主任科员	邱秋荣		

教育科学文化卫生委员会

主　任	何俊明	龙海	2016－11——在任
副主任	王秋月(女)	漳浦	2016－11——在任
主任科员	林应璋　陈国辉		

农村经济工作委员会

主　任	王少平	漳浦	2016－11——在任
副主任	庄志华	惠安	2015－06——在任
主任科员	李开龙(10 月免)		

华侨台胞民族宗教委员会

主　任	戴仲云	芗城	2016－11——在任
副主任	戴顺龙	漳浦	2016－11——在任
主任科员	李色香(女)		

城乡建设环境资源保护委员会

主　任	吴秀莲(女)	漳浦	2015－06——在任
主任科员	林懿祥		

漳浦县人民政府

【县长、副县长】

县　　长	黄庆华	南靖	2016－06——在任
常务副县长	黄国峰	漳浦	2016－02——在任
副县长	陈美慧(女)	莆田	2011－12——在任
	郑世然	漳浦	2011－08——在任
	陈伟红	漳浦	2015－03——在任
	蓝主保	漳浦	2016－07——在任
	陈伟强	漳浦	2016－07——在任
	陈志伟	漳浦(赤湖)	2016－07——在任
县长助理	陈阳升	漳浦	2016－11——在任
县政府党组成员	魏建真	漳浦	2015－03——在任
	黄建平	如东(江苏)	2016－05——在任

【县政府系列单位】

政府办公室

主　任	陈志元	漳浦	2016－08——在任
副主任	陈世杰	漳浦	2015－06——2017－02
	陈良跃	漳浦	2016－08——2017－03
	洪贵荣	漳浦	2016－11——在任
纪检组长	郑建南	南安	2015－03——2017－12
常务副组长	赵杰铭	漳浦	2017－09——在任
主任科员	陈利平		
副主任科员	陈美兰(女)　刘友钦　林晓斌		

外事侨务办公室

主　任	杨腾飞	漳浦	2009－12——在任

支前双拥工作办公室

主　任	林绍东	漳浦	2010－08——在任(兼)
副主任	朱冬龙	漳浦	2013－12——在任

发展与改革局

局　长	高文贵	漳浦	2012－09——2017－02
	吕坤新	漳浦	2017－02——在任
副局长	林广雄	漳浦	2006.11——在任
	蓝汉义	漳浦	2007.10——2017－02
	何进祥	漳浦(官浔)	2011－06——在任
	林庆永	漳浦	2016－11——在任
纪检组长	黄少坚	漳浦	2015－06——2017－09(兼)
	张少珍(女)	漳浦	2017－09——在任

主任科员	蓝捷胜　黄炳坤		
正科级干部	高文贵(2月任)		
粮食局			
局　长	黄炳坤	漳浦	2015－06——在任
副局长	黄加进(副科级)	漳浦	2011－04——在任
主任科员	洪泰山		
物价局			
局　长	林亚扁(正科长级)	龙海	2012－09——在任
副局长	蔡建立(副科级)	漳浦	2006－04——在任
经济和信息化局			
局　长	蔡燕斌	漳浦	2016－08——在任
副局长	黄宏星	漳浦	2007－10——在任
	林寿明	漳浦	2010－08——在任
	刘　海	漳浦	2010－08——在任
	陈春阳	漳浦	2017－01——在任
纪检组长	洪玲玲(女)	惠安	2016－11——2017－09
	洪立学	漳浦	2017－09——在任
主任科员	阮金龙　杨跃进　刘健钦　黄卫西		
副主任科员	林艺华(女)		
商务局			
局　长	王志勇	漳浦	2015－03——在任
副局长	涂惠宗	漳浦	2016－04——在任
纪检组长	陈旺宝	漳浦	2015－06——2017－09
主任科员	李春跃　李毅杰　陈炳煌		
副主任科员	吴明智　戴文龙		
教育局			
局　长	王一鸣	漳浦	2016－08——2017－11
副局长	朱炉堃	漳浦	2007－11——在任
	杨惠聪	漳浦	2007－11——在任
	陈秋绒(女)	漳浦	2007－11——在任
纪检组长	李旺万	漳浦	2015－06——在任
主任科员	陈仁俊　陈志伟		
科学技术局			
局　长	杨长泰	漳浦	2007－10——在任
副局长	蔡昭生	漳浦	2003－09——在任
主任科员	郭镇东		
副主任科员	林志雄　陈吟泉		
知识产权局			
局　长	郭镇东	漳浦	2011－04——在任(兼)

民族与宗教事务局

局　长	杨历群	漳浦	2011－10——2017－02
	陈福强	漳浦	2017－02——在任
副局长	何子达	漳浦	2016－11——在任

公安局

局　长	陈伟强	龙海	2016－02——在任
政　委	林　锐	诏安	2011－02——2017－07
	陈德林	安溪	2017－07——在任
副局长	陈北河	漳浦	2005－07——在任
	蔡荣福	漳浦	2005－10——2017－05
	陈瑞强	漳浦	2010－06——在任
	林长盛	漳浦	2010－06——在任
	张文芳	漳浦	2016－02——在任
	何惠生	诏安	2016－02——2017－02
	侯志斌	龙海	2017－01——在任(挂职2年)
纪检组长	陈少任	漳浦	2011－01——在任
常务副组长	刘小纯	漳浦	2017－09——在任

副科级以上领导　李志能　张镇顺　陈坤山　刘小纯　李玉锋
吴文坚　林芳艺　叶晓秋　柯卫新　卢连色　蓝周全
蔡进生　卢志坚　黄瑞文　潘毅明　周浦和　李继伟
陈曲斗　林友发　许达强　陈福有　郑扬新　方艺斌
胡育斌　林炜江　黄秦贵　蔡耀辉　卓建金　李夙辉
徐河镇　郑进展　林育强　林　峰　林景珍(女)
王易升　范晓林　林瑞连　林雄志　林兴州　蓝绿野
俞慧武　邱志翔　林喻成　商荣裕　汤儒鸿　石建湘
余华恢　林志贤　张亚强　郑德金　黄延伟　许木林
杨龙泉　陈毅庭　邱清泉　林新军

副主任科员　陈世辉　余建生　林炎镇　邱亚教　林燕鹏　蔡玉山
林武定　林斌毅　齐浦明　林南生　陈智慧　陈少锋
蓝国安　刘　锋　刘进加　杨荣福　张雅田　庄朝坤
胡镇江　林太山　李进忠　张树义　王闽秋　潘忠川
黄宽定(1月免)　王世明　刘　琳(女)

民政局

局　长	王瑞东	漳浦	2016－08——在任
副局长	林国平	漳浦	2006－04——在任
	林绍东	漳浦	2007－10——在任
	黄成福	漳浦	2010－08——在任
	洪志敏	漳浦	2016－12——在任
纪检组长	何立志	漳浦	2015－06——2017－09

主任科员	许耀和　柯云东		

革命老区根据地建设办公室

主　任	许耀和	漳浦	2015－06——在任(兼)
副主任	赵永庆	漳浦	2002－09——在任
副主任科员	王珍妹(女,1月免)		

司法局

局　长	林耀雄	漳浦	2012－02——2017－02
	杨惠杰	漳浦	2017－02——在任
副局长	许剑平	漳浦	2011－04——在任
	吴明坚	漳浦	2011－04——在任
	陈胜湖	漳浦	2017－12——在任
纪检组长	陈进财	漳浦	2015－06——2017－09
副科级领导	张长伟　陈志豪　蔡建云　林栋梁　陈龙章　蓝良裕 杨海东　黄瞻洋　林志荣　蔡锴斌　林宝勇　庄东宏 许国富　林达辉　陈和国　吴金慧　蔡爱细　翁小勇 周艺清　张汉斌		
主任科员	陈正谦　林凤英(女)		
正科级干部	林耀雄(2月任)		

财政局

局　长	陈衍龙	漳浦	2010－08——在任
副局长	李建华	龙海	2007－11——在任
	陈顺利	漳浦	2006－11——在任
	黄文元	漳浦	2016－04——在任
纪检组长	丛美红(女)	霍邱(安徽)	2015－06——2017－09
主任科员	何志雄　陈云清		
副主任科员	蔡云忠　卢艺安　陈佶萍(女,3月免)		

人力资源和社会保障局

局　长	陈　斌	莆田	2015－03——在任
副局长	刘景文	菏泽(山东)	2010－01——在任
	许坤才	漳浦	2010－08——在任
	洪元峰	漳浦	2016－04——在任
纪检组长	吴赞生	漳浦	2015－06——2017－09
主任科员	黄伟安　陈宏辉　黄多佑　陈建南		
副主任科员	蔡恩平　商永进		
副科级干部	吴赞生		

县退管办

主　任	范志军	漳浦	2016－04——在任

机关社保中心

主　任	陈　力	漳浦	2016－04——在任

国土资源局

局　长	林国辉	漳浦	2016－08——2017－02
	杨振有	漳浦	2017－02——在任
副局长	陈国裕	漳浦	2010－08——在任
	林伟雄	漳浦	2007－11——在任
	杨国友	漳浦	2015－10——在任
	曾宪梁	漳浦	2017－02——在任
纪检组长	陈海泳	漳浦	2015－07——2017－09
	陈毅兴	漳浦	2017－09——在任
常务副组长	刘　强	文登(山东)	2017－09——在任
监察大队教导员	洪天德	漳浦	2011－04——在任
主任科员	吴良雄(8 月免)		
副主任科员	戴浦雄　郑建和　陈培强		
正科级干部	林国辉(2 月任)		
不动产登记管理局			
局　长	林伟雄	漳浦	2016－10——在任(兼)
不动产登记中心			
主　任	杨林辉	漳浦	2016－09——在任

城乡规划建设局

局　长	许志明	漳浦	2011－01——在任
副局长	陈海滨	漳浦	2009－12——在任
	陈琪斌	漳浦	2011－04——在任
	胡茂辉	漳浦	2016－12——在任
纪检组长	陈春龙	漳浦	2015－06——在任
常务副组长	何立志	漳浦	2017－09——在任
总工程师	陈顺庆		
主任科员	蔡传勇　林长辛		
副主任科员	洪松民　曾宪梁(2 月免)　欧汉洋		

人民防空办公室

主　任	翁慧建	漳浦	2010－08——在任
副主任	林长辛	漳浦	2011－04——在任
副主任科员	林孝杰		

市容管理处

主　任	陈进四	漳浦	2016－05——在任
副主任	陈宝玉(女)	漳浦	2010－04——在任
	陈裕斌	漳浦	2011－10——在任
	刘智阳	漳浦	2016－11——在任

住房保障与房地产管理局

局　长	蔡传勇	大埔(广东)	2011－04——在任

交通运输局

局　长	卢辉达	漳浦	2015－03——在任
副局长	刘俊育	漳浦	2003－09——在任
	管建亮	漳浦	2011－04——在任
	王晓彬	福清	2015－03——2017－02(挂职)
	郑福安	漳浦	2016－02——在任
纪检组长	陈坤谋	漳浦	2015－06——2017－09
副组长	许心意(女)	漳浦	2015－06——2017－09
执法大队长	黄维跃	漳浦	2015－03——在任
运管所长	洪德两	漳浦	2011－10——在任
副主任科员	刘建利		

水利局

局　长	陈石金	漳浦	2012－02——2017－11
副局长	郑荣裕	漳浦	2010－08——在任
	陈全来	漳浦	2016－04——2017－02
纪检组长	刘伟长	漳浦	2015－06——2017－09
总工程师	柯建龙	漳浦	2016－04——在任
主任科员	陈良溪　张庆新		
副主任科员	卢鸿宝		

林业局

局　长	张齐嘉	漳浦	2016－04——在任
副局长	赵建民	漳浦	2004－03——在任
	柯文森	漳浦	2007－11——在任
	林武强	漳浦	2011－01——在任
纪检组长	陈来顺	漳浦	2015－06——2017－09
公安森林分局			
局　长	杨道德	漳浦	2005－07——在任
教导员	陈志良	漳浦	2013－12——在任
主任科员	胡发屏　许达武		
副主任科员	朱国进　王世坦　卢美菊(女)		

农业局

局　长	许少维	漳浦	2016－04——2017－02
	何进祥	漳浦	2017－02——在任
副局长	蓝跃光	漳浦	2002－07——在任
	陈林生	漳浦	2002－09——在任
	张德生	诏安	2011－04——在任
纪检组长	林居南	漳浦	2015－03——2017－09
	陈艺伟	漳浦	2017－09——在任
主任科员	张德生　何建河　柯进平　陈龙伟　洪　苗(女)		

副主任科员	林六二		
正科级干部	许少维(2月任)		
畜牧局			
局　长	蓝跃光	漳浦	2008－09——在任(兼)
农业机械管理站			
站　长	陈龙伟	漳浦	2015－06——在任(兼)
库区移民开发管理局			
局　长	蓝和阳	漳浦	2016－08——在任
副主任科员	柯毅嵘(女)		
海洋与渔业局			
局　长	蓝永强	漳浦	2016－08——在任
副局长	洪俊杰	漳浦	2007－11——在任
	陈建榴	漳浦	2011－01——在任
	陈志华	漳浦	2013－04——在任
	刘建德	漳浦	2016－08——在任
纪检组长	洪立学	漳浦	2014－12——2017－09
执法大队教导员	郑向阳	漳浦	2011－04——在任
主任科员	林建明　王鲁安		
副主任科员	蔡振阳		
市场监督管理局			
局　长	王志伟	漳浦	2015－03——在任
副局长	蔡益华	漳浦	2016－04——在任
	蔡世坤	漳浦	2016－04——在任
	蔡海东	漳浦	2016－04——在任
纪检组长	林进三	漳浦	2015－06——2017－09
	王耀清	漳浦	2017－09——在任
副组长	吴耀坤	漳浦	2015－06——2017－09
	黄光明	漳浦	2015－06——在任(9月起为常务副组长)
正科级市场监管专员	吴伟亮　杨振林　刘南越　王荣元		
副科级市场监管专员	吴炼山　王元甫　林大军		
食品药品安全总监	詹富强		
副科以上领导	孔　飙　王蔗龙　陈志坚　林忠明　商毅平　魏其荣　陈勇团　陈永乐 林志强　张军强　陈飞鸿　陈启孟(1月免)　卢宗勇　陈银海　谢旭闽		
主任科员	王裕宏		
副主任科员	罗敬祥　尤长浦　林发福　郑文强　林汉武　刘清标 李榕珊(女)　许淑鸾(女,1月免)		
质量计量检测所			
所　长	陈银海	漳浦	2016－04——在任

卫生和计划生育局

局　长	胡建水	漳浦	2015－03——在任
副局长	赵　文	永泰	2011－04——在任
	陈秀珍(女)	漳浦	2002－08——在任
	林兰福	漳浦	2016－04——在任
	黄旺寿	漳浦	2016－04——在任
纪检组长	王电辉	漳浦	2015－06——在任
常务副组长	吴耀坤	漳浦	2017－09——在任
主任科员	卢和木　戴两全　陈捷生		
副主任科员	陈楚田　黄育香(女)　吴立艺		

审计局

局　长	杨惠杰	漳浦	2007－10——2017－02
	陈奕雄	安溪	2017－02——在任
副局长	陈励明	漳浦	2007－11——在任
	杨爱香(女)	漳浦	2009－12——在任
	陈龙春	漳浦	2011－10——在任
纪检组长	赵杰铭	漳浦	2011－04——2017－09
总审计师	郑少生	漳浦	2015－06——在任
任主任科员	欧阳忠宝		
副主任科员	张　秋　蓝太生(8月免)　李韶华(女)		

统计局

局　长	吕坤新	漳浦	2016－08——2017－02
	陈全来	漳浦	2017－02——在任
副局长	陈洁秋	漳浦	2011－04——在任
	林跃民	漳浦	2016－11——在任
纪检组长	刘　强	文登(山东)	2015－06——2017－09
主任科员	林高春		
副主任科员	蔡东香(女)		

国家统计局漳浦调查队

队　长	喻武东	龙海	2015－07——在任
副队长	林水金	漳浦	2007－02——在任
	方文忠	云霄	2009－12——在任
副主任科员	陈明金		

环境保护局

局　长	李英明	漳浦	2012－02——在任
副局长	陈捍南	漳浦	2011－04——在任
	尤芳艺	南安	2011－10——在任
	彭展科	揭阳(广东)	2017－09——在任
纪检组长	陈艺伟	漳浦	2015－06——2017－09

总工程师	胡守贤	漳浦	2011－04——在任
监测中心主任	刘贵熊	漳浦	2016－04——在任
主任科员	黄香莲(女)		
副主任科员	蔡聪智		
文化广电体育局			
局　长	何清江	漳浦	2015－03——在任
副局长	何亚万	漳浦	2011－04——在任
	林坤荣	漳浦	2016－10——在任(挂职)
	王耀庭	漳浦	2016－10——在任(挂职)
纪检组长	王耀清	漳浦	2015－06——2017－09
主任科员	赵　弘　李志鑫　李旺坤		
副主任科员	陈光辉		
执法大队副主任科员	梁学军　陈广生　林坤荣　王耀庭		
正科级干部	谢长生(2 月任)		
旅游局			
局　长	林耀宗	漳浦	2010－08——在任
安全生产监督管理局			
局　长	刘添顺	漳浦	2012－09——在任
副局长	许志强	漳浦	2002－09——在任
	江少红(女)	漳浦	2006－04——在任
	游瑞元	漳浦	2016－04——在任
	魏海泉	漳浦	2017－01——在任
纪检组长	林俊成	漳浦	2015－06——2017－09
副主任科员	蔡彬荣　黄宽辉		
档案局			
局　长	王朱林	漳浦	2016－11——在任
副局长	林桂荣(女)	漳浦	2011－04——在任
地方志编纂委员会			
主　任	赵惠娇(女)	漳浦	2011.04——在任
副主任	陈淑惠(女)	漳浦	2011.04——在任
二轻集体工业联社			
主　任	林连络	漳浦	2010－08——在任
供销合作联社			
主　任	张家生	漳浦	2010－08——在任
副主任	何明松	漳浦	2011－04——在任
	戴江艺	漳浦	2015－06——在任
	陈志勇	漳浦	2016－12——在任
主任科员	郑重振　陈长安		
副主任科员	郑林山		

地震办公室

主　任	陈熊武	漳浦	2015－10——在任
副主任	徐慧卿(女)	漳浦	2006－07——在任

【园区】

绥安工业区(副处级)

主　任	涂平辉	漳浦	2015－02——在任
副主任	洪旺枞	漳浦	2015－06——在任
	许志远	漳浦	2015－06——在任
	林兴林	漳浦	2015－06——在任
主任科员	吴继志　蓝伟斌　何思聪		

台湾农民创业园

主　任	戴厝魁	漳浦	2016－05——在任
主任科员	陈顺利(3月免)		

万安生态产业园

主　任	戴文利	漳浦	2016－08——在任(兼)
副主任	邱志远	漳浦	2016－05——在任
	黄乙滨	漳浦	2016－09——在任
	陈艺新	漳浦	2016－12——在任

赤湖工业园

主　任	杨亚中	漳浦	2016－11——在任
副主任	陈海田	漳浦	2016－11——在任
	张党恩	漳浦	2016－12——在任

政协漳浦县委员会

【主席、副主席】

主　席	林培兴	漳浦	2011－12——在任
副主席	吴水跃	漳浦	2011－12——在任
	何北贡	漳浦	2011－12——在任
	张少榕(女)	漳浦	2015－06——在任
	蓝振强	漳浦	2016－07——在任
副调研员	林仲文	漳浦	2011－08——2017－01

【政协第十四届常委】(按姓氏笔画排列)

王明煌　许秀练　李加添　张　群　陈文海　陈丽华　陈忠辉
陈挚纯　陈海亮　陈隆峰　陈毅媛　邱广生　邱志华　吴志民
郑文辉　林长贤　林少聪　林惠云　林瑞新　周文贵　周建阳
姚淑丹　黄文伟　黄全和　黄河生　黄国辉　梁加辉　谢秀莲

蓝玉瑛　蓝建进　蓝佳金　蔡文麟　蔡建文　薛福财　戴鹏毅

【政协各工作机构】

纪检组

组　长	林居南	漳浦	2017—09——在任
常务副组长	陈旺宝	漳浦	2017—09——在任

办公室

主　任	戴鹏毅	漳浦	2011—11——2017—02
	陈世杰	漳浦	2017—02——在任
副主任	陈伟斌	漳浦	2016—11——在任
主任科员	薛元民(6月任)		
副主任科员	陈伟斌(6月任,11月免)		

学习文史委员会

主　任	林惠云	漳浦	2011—10——在任
主任科员	陈叶纯(女)		

提案委员会

主　任	蓝建进	漳浦	2011—11——在任
主任科员	陈少辉		

法制与社会事务委员会

主　任	陈海亮	漳浦	2016—11——在任
主任科员	刘解法(6月免)　陈永生		

台港澳侨联络委员会

主　任	谢秀莲(女)	漳浦	2016—11——在任
副主任	陈一华(女)	漳浦	2015—06——在任
主任科员	曾荣彬(2月免)		

经济与科技委员会

主　任	陈挚纯(女)	漳浦	2015—03——在任
副主任	周壮丽(女)	漳浦	2015—06——在任
主任科员	陈民辉(6月任)		
副主任科员	陈俊武(11月免)		

文教卫体委员会

主　任	邱广生	漳浦	2011—10——在任
主任科员	何越仲		

民族与宗教委员会

主　任	林长贤	漳浦	2016—11——在任
主任科员	邱长土		

委员工作室

主　任	蓝玉瑛(女)	漳浦	2015—06——在任
副主任	陈俊武	漳浦	2016—11——在任

纪检监察

【县纪委书记、副书记、常委】

书　记	陈金生	云霄	2016－07——2017－09
	林志辉	龙文	2017－09——在任
副书记	林锦泉	漳浦	2016－07——在任
	程伟平	漳浦	2016－07——在任
常　委	赵翠玲(女)	漳浦	2011－07——在任
	陈汉章	漳浦	2015－03——在任
	杨增玄	龙海	2015－03——2017－06
	吴志强	漳浦	2016－07——在任

正科级纪检监察员　柯丽雯(女)　洪国华　林晋生　张少珍(女,9 月任)　陈艺伟(9 月任)　陈友文(12 月任)

副科级纪检监察员　蓝国明　胡水友　黄清源　张志伟　王超英(女)

【监察局】(12 月撤销)

局　长	林锦泉	漳浦	2016－08——2017－12(兼)
副局长	洪国华	漳浦	2015－06——2017－12(兼)
	蔡玉真(女)	漳浦	2016－07——2017－12

【县纪委、监察局工作机构】

办公室

主　任	陈锦坤	漳浦	2015－06——在任

信访室(举报中心)

主　任	张志强	漳浦	2015－06——在任

第一纪检监察室

主　任	潘渝文	南安	2011－04——在任

第二纪检监察室

主　任	陈剑锋	漳浦	2016－12——在任

第三纪检监察室

主　任	王　宁	平和	2016－03——在任

第四纪检监察室

主　任	李庆川	漳浦	2016－03——2017－09

案件审理室

主　任	林跃辉	漳浦	2011－04——在任

案件监督管理室

主　任	郑毅兴	漳浦	2015－06——2017－09

党风政风监督室(党风廉政建设室)

主　任	张达永	漳浦	2011－04——2017－02

组织和宣传部(宣传教育室)

部　长	李贺强	漳浦	2011－04——在任

纪检监察干部监督室

主　任	尤逸君	漳浦	2016－12——在任

县行政服务中心

主　任	方晓明	云霄	2015－03——2017－02
	陈丽蓉(女)	漳浦	2017－02——在任
副主任	林耀文	漳浦	2015－06——在任
	余进耀	漳浦	2015－06——在任

县机关效能建设办公室

主　任	林忠来	漳浦	2013－04——在任

【县监察委员会】(12月设立)

主　任	林志辉	龙文	2017－12——在任
副主任	林锦泉	漳浦	2017－12——在任
	程伟平	漳浦	2017－12——在任

委　员　　陈汉章　吴志强　洪国华　许九德

人民团体 社会团体

总工会

主　席	刘达文	漳浦	2011－11——在任(兼)
常务副主席	翁永金	漳浦	2013－12——在任
副主席	吴龙颜	漳浦	2011－01——在任
	蔡景龙	漳浦	2013－12——在任
	高亚益	芗城	2017－01——在任(兼职)

主任科员　　许启生　张美珍(女)　陈毅媛(女)

副主任科员　　林　恩(女)

共青团漳浦县委员会

书　记	杨　媛(女)	漳浦	2014－12——在任
副书记	李富家	漳浦	2014－12——在任
	陈赞敏	漳浦	2016－04——在任
	刘智阳	漳浦	2017－11——在任(挂职)
	林智勇	漳浦	2017－11——在任(挂职)
	蔡永法	漳浦	2017－11——在任(挂职)

妇女联合会

主　席	何惠珠(女)	漳浦	2016－11——在任
副主席	林丽琴(女)	漳浦	2013－12——在任
	简瑞斌(女)	漳浦	2013－12——在任(挂职)

副主任科员 胡晓君(女)

文学艺术界联合会

主　席	洪振垣	漳浦	2015－03——2017－02
	陈玉宝	漳浦	2017－02——在任
副主席	陈建新	漳浦	2016－04——在任

工商业联合会(总商会)

党组书记	黄河生	漳浦	2012－09——在任
会　　长	陈典平	漳浦	2011－10——在任
第一副会长	黄河生	漳浦	2015－04——在任(兼)
专职副会长	黄文海	漳浦	2015－04——在任

归国华侨联合会

主　席	吴世强	芗城	2007－02——　2017－02
副主席	王杰秀(女)	漳浦	2016－01——在任
副主任科员	何惟英(女)		

台湾同胞联谊会

会　长	张　群(女)	云林(台湾)	2015－07——在任

残疾人联合会

理事长	蓝振祥	漳浦	2016－11——在任
副理事长	林玉法	漳浦	2011－04——在任
	郑元顺	漳浦	2016－12——在任
主任科员	何玉纯(女)　杨少农		

关心下一代工作委员会

主　任	李宋保	林市(河南)	1991－06——在任

老区建设促进会

会　长	戴全成	漳浦	2003－07——在任

科学技术协会

主　席	吴世强	芗城	2017－02——在任
副主席	林建宗	漳浦	2011－04——在任
	林育珍(女)	漳浦	2015－06——在任
主任科员	商清来		

计划生育协会

会　　长	吴水跃	漳浦	2014－12——在任(兼)
常务副会长	吴森明	漳浦	2016－12——在任
副会长	李文胜	漳浦	2011－04——在任
	洪月卿(女)	漳浦	2014－12——在任
	洪振垣	漳浦	2014－12——在任(兼)
	郑惠坚	漳浦	2014－12——在任(兼)
主任科员	陈庆宝		

社会科学界联合会

主　席	翁永祥	漳浦	2010－04——2017－02
副主席	刘兆民	漳浦	2010－04——在任(兼)
	蔡立芬(女)	漳浦	2010－04——在任(兼)
	林杜鸿	漳浦	2015－06——在任

企业与企业家联合会

会　长	杨安乐	漳浦	2006－11——在任

爱国卫生运动委员会

主　任	戴文利	漳浦	2013－05——在任(兼)
常务副主任	王木泉	漳浦	2013－05——在任(兼)

红十字会

会　长	戴文利	漳浦	2014－03——在任(兼)
常务副会长	蔡美兰(女)	漳浦	2008－10——在任

法院 检察院

人民法院

院　长	郑通斌	芗城	2016－01——在任
副院长	林龙法	漳浦	2007－11——在任
	杨毅波	漳浦	2013－01——在任
	林伟文	漳浦	2013－01——在任
纪检组长	蔡和备	漳浦	2013－01——在任

正科级领导　张龙贵　黄瑞生　王道生　王文山　黄钢生
吴昭晖(女)　林镇一　陈文胜　姚国明

副科级领导　蔡雄斌　刘建头　许合兴　张勇军　薛建龙　许云川
洪和明　张建成　林惠勇　林振通　蔡仲仁　庄韦华蓝
叶春生　巫旭辉　庄江海　杨耀宗　吴成斌

人民检察院

检察长	吴绵棋	仙游	2016－01——在任
副检察长	林　海	漳浦	2010－03——在任
	林宏杰	漳浦	2010－03——在任
	陈永强	漳浦	2013－01——在任
纪检组长	许九德	漳浦	2013－01——在任

正科级领导　叶金荣　陈奕雄(2 月免)　卢望华(女,7 月免)　林海印(1 月任)
刘建南(1 月任)　徐国平(1 月任)　陈清华(1 月任)

副科级领导　林海印(1 月免)　刘建南(1 月免)　徐国平(1 月免)　陈清华(1 月免)
林炳合(10 月免)　林耀煌　陈福长　杨文鹏　郑建川　王惠明
郑坤川　张国宝　陈锦华　何丽娜(女)　李伟强　林悦欣　陈岩峰
洪水顺(1 月任)　郑章坤(1 月任)　陈赞友(1 月任)　郑旺兴(1 月任)

省、市驻县机构

国家税务局

局　长	黄黎明	龙海	2014－12——2017－01
	石学光	芗城	2017－01——在任
副局长	胡镇城	漳浦	2001－10——2017－01
	杨少民	漳浦	2010－07——在任
	郭建武	漳浦	2013－04——在任
	周毓文	平和	2017－12——在任
纪检组长	黄坤斌	龙海	2010－08——2017－06
	聂志腾	南靖	2017－06——在任

副科级以上领导　黄登旺　卢志强　张跃敏　洪堃海　许国防　康裕仁　刘文仁　蔡振强　许镇川　蓝永顺　李糖元　卢伟强　蓝文枝　许其成　许龙照

副主任科员　蓝扬辉　许惠美(女)　林加法　谢邦华　冯精专　文生　蔡鹏飞　何志强　陈陈文才　林志武　陈玉娟(女)　林一雄　陈日桂　蔡志民　许艺红(女)　刘文山　丁宝珊(女)　曾惠珍(女)

地方税务局

局　长	朱平然	东山	2012－05——在任
副局长	孙振华	潮州(广东)	2007－12——在任
	施自生	云霄	2012－05——在任
	黄军华(女)	漳浦	2015－06——在任
纪检组长	张家平	吉安(江西)	续任——在任

副科级以上领导　王一清　何文亮　张建新　郑鸿鹏　陈天海　陈宋来　陈爱强　陈镇勇　柯志华(女)　戴进明　林宝山(8月任)　黄志忠(8月任)

主任科员　王道明　杨仕奇

副主任科员　刘仲山　杨国辉　林剑鸿　郑长成　胡秀婷(女)

东山海关驻漳浦办事处

主　任	蔡伟强	漳浦	2016－01——在任
副主任	林智慧	漳浦	2016－01——在任

主任科员　林智慧　陈金福

副主任科员　刘雅婷(女,12月任)　章兴华(12月任)

漳州检验检疫局漳浦检验检疫办事处

主　任	刘顺国	龙海	2005－06——2017－05
	王以农	惠安	2017－05——在任
副主任	黄悦宏	芗城	2016－08——在任

副科级级领导　吴佳斌　杨龙寿　黄　昆　余建明

副主任科员　黄娟娟(女,7月任)

气象局

局　长	戴群春	南靖	2012－03——在任
副局长	杨珂玲(女)	漳浦	2014－04——在任
纪检书记	陈瑞林	漳浦	2015－02——在任

盐务局

局　长	朱拥军	龙海	2016－12——在任
副局长	王鹰鹏	漳浦	2016－12——在任
	曾亚保	莆田	2016－12——在任

烟草专卖局(烟草公司)

局　长	张族云	漳浦	2015－02——在任
副局长	陈　昌	长泰	2010－09——在任
副经理	陈艺惠	漳浦	2007－06——在任
纪检员	陈　宏	云霄	2014－09——在任

住房公积金漳浦管理部

主　任	曾建春	龙海	2015－07——在任
副主任	黄豪琛	漳浦	2003－06——在任

公路局

局　长	徐伟民	长泰	2010－01——在任
书　记	林树盛	平和	2013－09——在任
副局长	郑和友	漳浦	2010－03——在任
	陈秋伟	漳浦	2013－08——在任

邮政漳浦分公司

总经理	王德财	龙海	2013－10——在任
副总经理	郭海强	龙海	2016－09——在任
副主任科员	魏文杰		

电信漳浦分公司

总经理	杨火灶	华安	2014－05——在任
副总经理	陈进发	龙海	2010－12——在任
	黄美娜(女)	龙海	2015－02——在任
	曾　强	芗城	2015－11——在任

国网漳浦县供电有限公司

总经理	陈晓华	龙海	2014－09——在任
书　记	黄艺峰	漳浦	2012－05——2017－03
	李郭然	南靖	2017－03——在任
副总经理	林志国	漳浦	2010－03——2017－03
	林育生	东山	2013－09——2017－03
	黄添印	漳浦	2015－12——在任
	江　毅	闽侯	2017－03——在任
	徐辉明	长泰	2017－03——在任

纪委书记	吴琳丽(女)	云霄	2015－12——在任

福建移动通信有限公司漳浦分公司

总经理	黄狄超	南靖	2016－04——在任

中国联通有限公司漳浦分公司

总经理	柳　萍(女)	云霄	2015－12——在任

武装部 边防 消防 武警

人民武装部

政　委	陈锦云	福安	2013－05——2017－09
部　长	韩晓东	洪泽(江苏)	2014－02——在任
副部长	董夫稳	灵璧(安徽)	2017－07——在任

武警漳浦边防大队

大队长	洪小辉	芗城	2016－07——在任
政　委	杨东明	随州(湖北)	2015－03——在任
副大队长	谢红友	龙岩	2016－07——在任
	吴志军	芗城	2016－12——在任

武警漳浦消防大队

大队长	洪玉荣	莆田	2015－07——在任
教导员	邱禄金	龙岩	2016－12——在任

武警漳浦县中队

中队长	雷晓展	霞浦	2011－07——2017－06
	郑清峰	惠安	2017－06——在任
指导员	黄金泉	芗城	2016－06——在任

金融 保险

银监漳浦办事处

主　　任	李仕坤	漳浦	2012－07——2017－11
	陈志杰	漳州	2017－11——在任

人行漳浦县支行

行　长	陈汉伟	漳浦	2016－03——在任
副行长	郑文贵	漳浦	2007－03——在任
	林建南	漳浦	2011－02——在任
副主任科员	饶凤斌　陈朝曦		

中国银行漳浦县支行

行　长	胡瑚琳	诏安	2015－11——在任
副行长	陈红丽(女)	漳浦	2014－03——在任
	王跃华	漳浦	2014－08——2017－09

	许杰林	诏安	2017－09——在任
工商银行漳浦县支行			
行　长	许李琪	漳浦	2013－10——2017－03
	邱金城	漳浦	2017－03——在任
副行长	梁学耘	福州	2013－09——在任
	柯益民	漳浦	2017－09——在任
农业银行漳浦县支行			
行　长	陈戴本	南靖	2015－01——2017－01
	刘进丑	漳浦	2017－01——在任
副行长	博永进	仙游	2014－01——在任
	黄镇平	平和	2016－04——在任
建设银行漳浦县支行			
行　长	饶凤蔚	漳浦	2015－09——在任
副行长	林柳明	漳浦	2014－07——2017－04
	赵子荣	华安	2016－06——在任
	宁淑梅（女）	三明	2017－08——在任
县农村信用合作联社			
理事长	何清忠	云霄	2009－12——在任
主　任	林丰然	龙海	2015－05——在任
监事长	林亚坚	平和	2016－11——在任
副主任	蓝顺良	漳浦	2004－05——在任
	黄柳华（女）	华安	2015－11——在任
中国邮政储蓄银行漳浦县支行			
行　长	林建寿	芗城	2013－11——在任
副行长	张　陵	芗城	2013－09——在任
中国人寿保险漳浦县支公司			
经　理	沈文奇	南靖	2015－05——在任
副经理	吴文锋	漳浦	2015－05——2017－05
	陈志伟	龙海	2017－05——在任
中国财产保险漳浦支公司			
经　理	陈朝阳	漳浦	2015－01——在任
副经理	何永方	漳浦	2005－10——2017－06
	徐纬洪	漳浦	2015－01——2016－12
	陈振裕	漳浦	2017－03——在任
	卢李曲	漳浦	2017－04——在任
中国太平洋人寿保险漳浦分公司			
经　理	沈阿芬	芗城	2014－07——2017－05
	张永川	合川（重庆）	2017－05——在任

直属教育、卫生单位

漳浦一中

书　记	陈荣龙	漳浦	2007－11——在任
校　长	胡少吴	漳浦	2001－10——在任

县人民医院

书　记	洪振惠	漳浦	2013－04——在任
院　长	陈汉毅	漳浦	2013－04——在任

县中医院

书　记	陈古树	漳浦	2006－11——在任
院　长	卓　斌	平和	2013－04——在任

疾病防控中心

主　任	吴镇杰	漳浦	2016－11——在任

妇幼保健院

书　记	黄　芙	漳浦	2006－11——在任
院　长	方日明	云霄	2006－11——在任

乡镇场

绥安镇党委、人大、政府负责人

党委书记(副处级)	杨艺明	漳浦	2016－05——2017－07
	王上飞	漳浦	2017－07——在任
人大主席	刘秋玲(女)	漳浦	2015－03——在任
人大副主席	许月华(女)	漳浦	2016－08——在任
党委副书记、镇长(副级处)	洪和亭	漳浦	2016－05——在任
党委副书记	王基旺	漳浦	2015－06——在任(综治计生)
	曾志元	漳浦	2016－12——在任
纪委书记	陈健东	漳浦	2015－06——在任
组织委员	吴志阳	漳浦	2011－04——在任
宣传委员	黄贵义	漳浦	2015－06——在任
统战委员	王义斌	漳浦	2011－04——2017－06
党委秘书	王朝晖	漳浦	2015－06——在任
党委委员	林艺强	漳浦	2016－12——在任(武装部长)
	李　波	中卫(宁夏)	2017－02——在任(挂职)
副镇长	杨瑞峰	漳浦	2015－06——在任
	刘镇洁	漳浦	2016－12——在任
主任科员	陈荣南　杨昆仲(2月免)		
副主任科员	谢宝竹		

旧镇镇党委、人大、政府负责人

党委书记	王上飞	漳浦	2015－03——2017－07
人大主席	林中华	漳浦	2016－05——在任
党委副书记、镇长	柯文伟	漳浦	2016－05——在任
党委副书记	赵卫强	漳浦	2015－06——在任
	林艺武	漳浦	2016－05——在任(综治计生)
	许志远	漳浦	2016－12——在任(挂职)
纪委书记	林纯伟	漳浦	2015－06——在任
组织委员	胡志阳	漳浦	2015－06——在任
宣传委员	蓝小裕	漳浦	2016－12——在任
统战委员	王典林	漳浦	2016－05——在任
党委秘书	陈少斌	漳浦	2011－04——在任
党委委员	林志阳	漳浦	2016－12——在任(武装部长)
副镇长	李　芸(女)	漳浦	2011－11——在任
	王典林	漳浦	2015－06——在任(科技)
主任科员	张长贵　郑定在　刘天瑞		
副主任科员	邱王锦　林宏伟		

霞美镇党委、人大、政府负责人

党委书记	林振宗	漳浦	2016－05——在任
人大主席	王荷明	漳浦	2016－11——在任
党委副书记、镇长	卢惠祥	漳浦	2010－11——在任
党委副书记	洪文胜	漳浦	2016－12——在任(综治计生)
纪委书记	黄耀文	漳浦	2016－12——在任
组织委员	王连城	漳浦	2016－12——在任
宣传委员	蓝智煌	漳浦	2016－05——在任
统战委员	郑汉鹏	漳浦	2016－12——在任
党委秘书	周诗明	漳浦	2016－05——在任
党委委员	陈志卫	漳浦	2016－05——在任(武装部长)
副镇长	卢春华(女)	漳浦	2016－12——在任
	郑汉鹏	漳浦	2015－06——在任(兼)
主任科员	陈海东　陈少煌　王振中		
副主任科员	洪跃明　林惠婷(女)		

杜浔镇党委、人大、政府负责人

党委书记	陈志达	漳浦	2015－07——在任
人大主席	王洪德	漳浦	2016－05——在任
党委副书记、镇长	李相武	漳浦	2016－05——在任
党委副书记	方志坚	漳浦	2015－06——在任
	林伟杰	漳浦	2015－06——在任(综治计生)
纪委书记	陈满海	漳浦	2016－04——在任

组织委员	林立维	漳浦	2015—06——在任
宣传委员	王武乾	漳浦	2015—06——在任
统战委员	陈晓冬	漳浦	2011—04——在任
党委秘书	黄建生	漳浦	2016—05——在任
党委委员	黄攀辉	漳浦	2016—04——在任(武装部长)
副镇长	黄建生	漳浦	2015—06——在任(兼)
	洪素芯(女)	漳浦	2016—04——在任
主任科员	林海东　邱晚水　潘建春		
副主任科员	陈艺龙　邱晓婷(女)　陈梅燕(女)		

沙西镇党委、人大、政府负责人

党委书记	洪艺明	漳浦	2016—05——在任
人大主席	陈志坤	漳浦	2016—05——在任
党委副书记、镇长	涂文胜	漳浦	2016—05——在任
党委副书记	郑贵林	漳浦	2015—06——在任
	郑贵章	漳浦	2015—06——在任
纪委书记	陈安宏	漳浦	2015—06——在任
组织委员	郑秋强	漳浦	2016—04——在任
宣传委员	林加金	漳浦	2016—12——在任
统战委员	吴瑞宏	漳浦	2016—05——在任
党委秘书	陈长法	漳浦	2011—04——在任
党委委员	林志文	漳浦	2016—12——在任(武装部长)
副镇长	陈长法	漳浦	2016—01——在任(兼)
	陈杰辉	漳浦	2015—06——在任
主任科员	杨志文　陈小建　陈江山		
副主任科员	刘德武　洪国太		

古雷镇镇党委、人大、政府负责人

党委书记	卢建明	漳浦	2015—03——在任
人大主席	魏国华	漳浦	2015—03——在任
党委副书记、镇长	郑建和	漳浦	2016—04——在任
党委副书记	林其安	漳浦	2015—06——在任
	许开有	漳浦	2015—06——在任(综治计生)
	陈永国	漳浦	2017—03——在任(挂职)
	蔡泉江	漳浦	2017—03——在任(挂职)
纪委书记	张昌阳	漳浦	2016—05——在任
组织委员	邱远章	漳浦	2015—06——在任
宣传委员	胡艺发	漳浦	2016—12——在任
统战委员	黄华芬(女)	漳浦	2011—04——在任
党委秘书	杨春金	漳浦	2016—05——在任
党委委员	林志辉	漳浦	2011—04——在任(武装部长)

副镇长	邱远章	漳浦	2016－12——在任(兼)
	洪朝福	漳浦	2015－06——在任
主任科员	陈宝国　林建强　洪金辉		
副主任科员	林　松　邱智强		

古雷新港城安居服务中心

主　任	陈宝国	漳浦	2015－06——在任
副主任	林团助	漳浦	2015－06——在任
	张志文	漳浦	2015－06——在任

六鳌镇党委、人大、政府负责人

党委书记	林龙喜	漳浦	2016－05——在任
人大主席	陈志民	漳浦	2016－11——在任
党委副书记、镇长	蔡荣辉	漳浦	2015－03——在任
党委副书记	刘建发	漳浦	2015－06——在任
	戴智渊	漳浦	2016－12——在任(综治计生)
纪委书记	洪栋梁	漳浦	2016－05——在任
组织委员	蔡睿遒	漳浦	2016－12——在任
宣传委员	林开通	漳浦	2016－12——在任
统战委员	陈晓琼(女)	漳浦	2016－12——在任
党委秘书	陈绍龙	漳浦	2016－05——在任
党委委员	洪　正	漳浦	2016－05——在任(武装部长)
	林海坤	漳浦	2016－05——在任
副镇长	陈永源	漳浦	2011－04——在任
	洪　正	漳浦	2015－06——在任(兼，科技)
主任科员	陈敏雄　王荣安　林海坤		
副主任科员			

深土镇党委、人大、政府负责人

党委书记	许志刚	漳浦	2015－03——在任
人大主席	陈锦辉	漳浦	2015－03——2017－09
党委副书记、镇长	吴周杨	漳浦	2015－03——在任
党委副书记	林朝波	漳浦	2015－06——在任
	王志永	漳浦	2015－06——在任(综治计生)
纪委书记	戴伟泉	漳浦	2016－05——在任
组织委员	林智贤	漳浦	2016－12——在任
宣传委员	陈许凤(女)	漳浦	2016－12——在任
统战委员	陈志惠	漳浦	2016－05——在任
党委秘书	陈银国	漳浦	2015－06——在任
党委委员	郑辉强	漳浦	2015－06——在任(武装部长)
副镇长	陈永平	漳浦	2015－06——在任
主任科员	谢冬义　邱丽玉(女)		

赤湖镇党委、人大、政府负责人

党委书记	叶达国	漳浦	2016－05——在任
人大主席	黄进源	漳浦	2016－05——在任
党委副书记、镇长	陈建才	漳浦	2016－05——在任
党委副书记	吴少甫	漳浦	2015－06——在任
	蔡志毅	漳浦	2016－12——在任
组织委员	温晓暄	安溪	2015－06——在任
宣传委员	林志成	漳浦	2015－06——在任
纪委书记	陈志刚	漳浦	2016－05——在任
统战委员	杨添福	漳浦	2016－12——在任
党委秘书	洪清江	漳浦	2016－05——在任
党委委员	张泽强	龙海	2016－05——在任(武装部长)
副镇长	陈珠娟(女)	漳浦	2016－04——在任
主任科员	杨亚中　郑建华　林立志		
副主任科员	陈长泉　曾少雄		

佛昙镇党委、人大、政府负责人

党委书记	陈森辉	漳浦	2016－05——在任
人大主席	陈伟滨	漳浦	2016－05——在任
党委副书记、镇长	林秋德	漳浦	2016－05——在任
党委副书记	吴伟强	漳浦	2016－12——在任
	蓝武艺	漳浦	2016－12——在任(综治计生)
纪委书记	薛迎滨	漳浦	2016－05——在任
组织委员	蓝进强	漳浦	2016－05——在任
宣传委员	戴艺文	漳浦	2015－06——在任
统战委员	吴凌云	漳浦	2016－12——在任
党委委员	林剑军	漳浦	2016－04——在任(武装部长)
	陈志勇	漳浦	2016－05——在任
副镇长	陈志勇	漳浦(赤湖)	2015－06——在任(兼)
	李顺福	漳浦	2016－12——在任
主任科员	杨阳寿　蓝明顺　林志强		

前亭镇党委、人大、政府负责人

党委书记	王添文	漳浦	2016－05——在任
人大主席	林凯恒	漳浦	2016－11——在任
党委副书记、镇长	洪立新	漳浦	2016－05——在任
党委副书记	李向阳	漳浦	2015－06——在任
	杨东军	漳浦	2015－06——在任(综治计生)
纪委书记	陈聪明	漳浦	2016－05——在任
组织委员	王小波	漳浦	2016－04——在任
宣传委员	赵雪林	漳浦	2016－05——在任

统战委员	王　芳(女)	漳浦	2016－12——在任
党委秘书	陈瑞武	漳浦	2015－06——在任
党委委员	王榕鑫	漳浦	2015－06——在任(武装部长)
	陈焕伟	华安	2015－06——在任(兼,边防所长)
副镇长	赵雪林	漳浦	2015－06——在任(兼,科技)
	唐品涛	湖北	2016－12——在任
主任科员	陈鸿辉(12 月免)		
副主任科员	蓝杰麟　黄豪坚		

马坪镇党委、人大、政府负责人

党委书记	陈湘海	漳浦	2016－05——在任
人大主席	郑乾元	漳浦	2015－03——在任
党委副书记、镇长	杨水寿	漳浦	2016－11——在任
党委副书记	陈志东	漳浦	2015－06——在任
	郑艺真(女)	漳浦	2016－06——在任(综治计生)
纪委书记	陈维通	漳浦	2016－05——在任
组织委员	林周兴	漳浦	2011－04——在任
宣传委员	陈毅谦	漳浦	2015－06——在任
统战委员	陈志东	漳浦	2016－12——在任(兼)
党委委员	陈华东	漳浦	2016－12——在任(武装部长)
副镇长	林庆丰	漳浦	2016－04——在任
	陈毅谦	漳浦	2016－12——在任(兼)
主任科员	陈添坤　洪　璐		
副主任科员	张鼎铭　庄志杰		

官浔镇党委、人大、政府负责人

党委书记	王任艺	漳浦	2015－03——在任
人大主席	林振华	漳浦	2015－03——在行
党委副书记、镇长	朱艺辉	漳浦	2015－03——在任
党委副书记	许艳霞(女)	漳浦	2015－06——在任
	陈中坚	漳浦	2015－06——在任(综治计生)
纪委书记	林加成	漳浦	2015－06——在任
组织委员	林水林	漳浦	2016－04——在任
宣传委员	黄依俊	漳浦	2016－12——在任
统战委员	邝　斌	新田(湖南)	2015－06——在任
党委秘书	陈文来	漳浦	2016－06——在任
党委委员	黄进民	漳浦	2016－12——在任(武装部长)
副镇长	杨国原	漳浦	2016－12——在任
	林水林	漳浦	2016－12——在任(兼)
主任科员	林文秀　蓝亚杰		

长桥镇党委、人大、政府负责人

党委书记	卢长贵	漳浦	2016－05——在任
人大主席	蔡炳煌	漳浦	2015－03——在任
党委副书记、镇长	郭武军	漳浦	2016－05——在任
党委副书记	邱宝清	漳浦	2015－06——在任
	陈唐盛	漳浦	2015－06——在任(综治计生)
纪委书记	蔡剑义	漳浦	2015－06——在任(兼)
组织委员	罗悄袖(女)	漳浦	2015－06——在任
宣传委员	郑志华	漳浦	2015－06——在任
统战委员	罗悄袖(女)	漳浦	2016－12——在任(兼)
党委委员	李团寿	漳浦	2015－06——在任(武装部长)
副镇长	李团寿	漳浦	2016－12——在任
	陈启孟	漳浦	2016－12——在任
	林晓军	漳浦	2016－12——在任
主任科员	蓝荣何　黄锦山　蔡尧盛		

石榴镇党委、人大、政府负责人

党委书记	李伟国	漳浦	2016－05——在任
人大主席	刘哲勇	漳浦	2015－03——在任
党委副书记、镇长	何胜火	漳浦	2015－03——在任
党委副书记	吴锦州	漳浦	2015－06——在任
	邱志平	漳浦	2016－05——在任
纪委书记	涂秋生	漳浦	2016－04——在任
组织委员	陈建洪	漳浦	2016－08——在任
宣传委员	何远平	漳浦	2016－12——在任
统战委员	何朝政	漳浦	2016－12——在任
党委秘书	刘秋明	漳浦	2016－12——在任
党委委员	陈加元	漳浦	2011－04——在任(武装部长)
副镇长	陈建洪	漳浦	2015－06——在任(兼)
	郑　琼(女)	漳浦	2016－04——在任
主任科员	李文良　黄永坤		

盘陀镇党委、人大、政府负责人

党委书记	许坤煌	漳浦	2016－05——在任
人大主席	柯志伟	漳浦	2015－03——在任
党委副书记、镇长	蔡森梅(女)	芗城	2015－03——在任
党委副书记	陈水城	漳浦	2015－06——在任
	蔡泉江	漳浦	2015－06——在任(综治计生)
纪委书记	陈琳贵	漳浦	2016－04——在任
组织委员	蔡海利	漳浦	2015－06——在任
宣传委员	柯美华(女)	漳浦	2015－06——在任

统战委员	林天兴	漳浦	2016－12——在任
党委秘书	林艺明	漳浦	2016－12——在任
党委委员	王　勤	漳浦	2016－12——在任(武装部长)
副镇长	黄晓莹(女)	漳浦	2011－04——在任
	蔡海利	漳浦	2016－12——在任(兼)
主任科员	杨艺东　吴逢日　许海勇		

大南坂镇党委、人大、政府负责人

党委书记	郑煜辉	漳浦	2012－09——在任
人大主席	王　鸿	漳浦	2015－03——在任
党委副书记、镇长	王志明	漳浦	2016－11——在任
党委副书记	陈再荣	漳浦	2015－06——在任(综治计生)
	刘达宏	漳浦	2016－12——在任
	林兴林	漳浦	2016－12——在任(挂职)
纪委书记	杨永华	漳浦	2016－05——在任
组织委员	谢志民	漳浦	2016－12——在任
宣传委员	邱耀斌	漳浦	2011－01——在任(兼人武部长)
党委委员	吴海洲	诏安	2016－05——在任
副镇长	陈炎辉	漳浦	2016－12——在任
	许建有	漳浦	2016－12——在任
	郑国连	漳浦	2016－12——在任
主任科员	吴海洲　黄丙章(9月免)		
副主任科员	林连和		

南浦乡党委、人大、政府负责人

党委书记	张晓龙	漳浦	2015－03——在任
人大主席	陈长兴	漳浦	2016－11——在任
党委副书记、乡长	洪逸峰	漳浦	2016－11——在任
党委副书记	张华东	漳浦	2015－06——在任
	陈耀兴	漳浦	2015－06——在任(综治计生)
纪委书记	翁国安	漳浦	2016－05——在任
组织委员	林柱宗	漳浦	2016－04——在任
宣传委员	蔡明辉	漳浦	2016－05——在任
统战委员	陈道林	漳浦	2016－12——在任
党委委员	徐文献	漳浦	2016－04——在任(武装部长)
副乡长	陈道林	漳浦	2016－04——在任(兼)
	张捷平	漳浦	2016－12——在任
	张金兰(女)	漳浦	2016－12——在任
主任科员	徐文献　余华柱		
副主任科员	邱炳成　许寿明		

赤土乡党委、人大、政府负责人

党委书记	杨振有	漳浦	2012－12——2017－02
	蓝汉义	漳浦	2017－02——在任
人大主席	林乙平	漳浦	2016－08——在任
党委副书记、乡长	陈结定	漳浦	2016－11——在任
党委副书记	陈俊龙	漳浦	2015－06——在任(综治计生)
	卢海堤	漳浦	2016－08——在任
纪委书记	黄俊斌	漳浦	2017－01——在任
组织委员	黄惠芬(女)	漳浦	2016－05——在任
宣传委员	何时昕	漳浦	2015－06——在任(兼武装部长)
统战委员	魏建孟	漳浦	2016－12——在任
党委秘书	蔡雨来	漳浦	2011－04——在任
副乡长	魏建孟	漳浦	2016－12——在任(兼)
	林空印	漳浦	2015－06——在任
主任科员	林志盛　王景松　林福建		

湖西畲族乡党委、人大、政府负责人

党委书记	陈志勇	漳浦	2016－05——在任
人大主席	蓝周全	漳浦	2015－03——在任
党委副书记、乡长	蓝宗武	漳浦	2011－10——在任
党委副书记	林建伟	漳浦	2016－12——在任(综治计生)
	王万主	漳浦	2015－06——在任
纪委书记	陈振华	漳浦	2016－12——在任
组织委员	蓝志清	漳浦	2015－06——在任
宣传委员	杨正寅	漳浦	2016－12——在任
统战委员	蓝阿伦	漳浦	2015－06——在任
党委秘书	蓝米湖	漳浦	2016－12——在任
党委委员	吕火良	漳浦	2016－12——在任(武装部长)
副乡长	蓝志清	漳浦	2016－12——在任(兼)
	郑雯蓉(女)	漳浦	2016－12——在任
主任科员	陈跃罗　陈永国		
副主任科员	黄国荣		

赤岭畲族乡党委、人大、政府负责人

党委书记	林惠明	漳浦	2016－05——在任
人大主席	卢进才	漳浦	2016－05——在任
党委副书记、乡长	蓝素梅(女)	漳浦	2015－03——在任
党委副书记	柯建有	漳浦	2015－06——在任
	蓝永义	漳浦	2015－06——在任(综治计生)
纪委书记	陈安华	漳浦	2015－06——在任
组织委员	蓝长和	漳浦	2016－04——在任

宣传委员	何来福	漳浦	2016－12——在任
统战委员	蓝长和	漳浦	2016－12——在任(兼)
党委委员	陈和生	漳浦	2011－04——在任(武装部长)
副乡长	陈银发	漳浦	2011－04——在任
	陈智慧	漳浦	2016－04——在任
主任科员	张肇禧　戴文明		

大南坂农场党委、场负责人

书　　记	郑煜辉	漳浦	2012－09——在任(兼)
副书记、场长	王志明	漳浦	2016－11——在任(兼)

石古农场党总支、场负责人

书记、场长	刘哲勇	漳浦	2015－03——在任(兼)

万安农场党总支、场负责人

书记、场长	陈结定	漳浦	2016－08——在任(兼)

长桥农场党总支、场负责人

书记、场长	戴厝魁	漳浦	2016－06——在任

白竹湖农场党支部、场负责人

书记、场长	洪立新	漳浦	2015－03——在任(兼)

玳瑁山茶场党支部、场负责人

场长	王洪德	漳浦	2015－11——在任

南山茶果场党支部、场负责人

书记、场长	林子豪	漳浦	2016－12——在任
副场长	冯道东	防城(广西)	2004－03——在任
	谢晋安	漳浦	2016－12——在任

中西林场党委、场负责人

书记、场长	何明辉	漳浦	2016－06——在任
副书记	林国华	漳浦	2006－11——在任
	张发金	漳浦	2016－06——在任(兼纪委书记)

下蔡林场党支部、场负责人

书　　记	林国华	漳浦	2015－11——在任
副书记、场长	邱佳辉	漳浦	2015－11——在任

漳浦盐场党委、场负责人

书记、场长	杨跃进	漳浦	2015－06——在任
副书记	薛艺伟	漳浦	2015－06——在任(兼纪委书记)

杜浔盐场(制盐分公司)党支部、场负责人

书记、场长	洪锦通	漳浦	2011-12——在任

(注:为资料的完整性,领导名录除收录各单位副科级以上领导外,还收录各单位副主任科员以上非领导职务的工作人员。单位排名顺序不分前后)

· 2017年获地厅级以上表彰的个人名表 ·

（按颁奖时间顺序排列）

获省部级以上表彰的先进个人名表

获奖姓名	工作单位	获奖名称	颁奖单位	颁奖时间
林伟文	县人民法院	荣誉天平奖章	最高人民法院	2017—01
张建成	县人民法院	荣誉天平奖章	最高人民法院	2017—01
陈海华	县人民法院	荣誉天平奖章	最高人民法院	2017—01
蔡瑞生	县林业局	全省造林绿化先进个人	福建省委、省政府	2017—03
林智勇	县供电公司	全国五一劳动奖章	全国总工会	2017—04
王达民	县国土局	2017年度基本农田划定先进个人	国土部、农业部	2017—05
杨达武	县人大会	从事信访工作25年以上信访工作者荣誉证书	国家信访局	2017—07
林小周	县医院	全国卫生计生系统先进工作者	人社部、卫计委、中医药管理局	2017—07
陈毅峰	县人民检察院	全国检察机关侦防骨干人才	最高人民检察院政治部、反贪总局	2017—08
张国宝	县人民检察院	全国检察机关侦防骨干人才	最高人民检察院政治部、反贪总局	2017—08
郑坤川	县人民检察院	全国检察机关侦防骨干人才	最高人民检察院政治部、反贪总局	2017—08
周聿锋	县人民检察院	全国检察机关侦防骨干人才	最高人民检察院政治部、反贪总局	2017—08
黄海明	县委政法委	金砖国家领导人第九次会晤筹备和服务保障工作优秀个人	福建省委、省政府	2017—09
刘南越	市监局	推进非公党建工作表现突出个人	国家工商总局	2017—09
林锦发	县环保局	打击进口废物加工利用行业环境违法行为专项行动中表现突出个人	环保部	2017—10
郑文强	县市监局	全国食品药品监管系统安全标准技能竞赛二等奖	国家食品药品监督局	2017—11
江晓宁	漳浦检疫检验办事处	全国质检系统厦门金砖会晤服务保障工作突出贡献个人	国家质检总局	2017—11

获地厅级表彰的先进个人名表

获奖姓名	工作单位	获奖名称	颁奖单位	颁奖时间
蓝碧裕	县人民检察院	全省检察机关信息工作先进个人	省人民检察院	2017—01
陈惠宗	县农业局	2016年度农业科技网书屋应用竞赛活动优秀奖	省农业厅办公室	2017—01
谢　凤	县人民法院	五好文明家庭	省高级人民法院	2017—02
薛燕榕	县地税局	福建省1月“孝老敬新好人”	省文明办	2017—02

续表

获奖姓名	工作单位	获奖名称	颁奖单位	颁奖时间
陈伟琳	湖西乡后溪村	2016年度向上向善好青年	共青团福建省委	2017—02
林智勇	县电力公司	2016年度向上向善好青年	共青团福建省委	2017—02
郑稻根	县气象局	2016年度重大气象服务先进个人	省气象局	2017—02
余玉梅	县妇联	福建省“三八红旗手”	省妇联	2017—03
柯志华	县地税局	福建省“三八红旗手”	省妇联	2017—03
吴文法	县地税局	福建省“五一劳动奖章”	省总工会	2017—04
陈伟琳	湖西乡后溪村	2017年度福建省岗位学雷锋标兵	省委宣传部	2017—04
庄韦华蓝	县人民法院	“做合格司法警察”主题演讲比赛三等奖	省高级人民法院	2017—05
吴可彦	县残联	2016年度福建省优秀共青团员	共青团福建省委	2017—05
陈伟琳	湖西乡后溪村	第十四届福建青年五四奖章标兵	共青团福建省委	2017—05
林智勇	县供电公司	2017年度福建省践行社会主义价值观最美职工	省委宣传部	2017—05
林智勇	县供电公司	福建省杰出青年岗位能手	共青团福建省委	2017—05
林权惠	县疾控中心	2014—2016年度福建省免疫规划工作先进个人	省疾控中心	2017—06
李　静	县供电公司	优秀学员	省电力公司	2017—06
林伟雄	县供电公司	优秀学员	省电力公司	2017—06
黄添印	县供电公司	2017年度基建管理工作先进个人	省供电公司	2017—07
张荣山	县供电公司	安全生产先进个人	省供电公司	2017—07
施旭梅	县供电公司	财务工作先进个人	省供电公司	2017—07
杨福财	县人民法院	执行工作先进个人	省高级人民法院	2017—07
蔡秋莲	县人民检察院	全省检察机关先进个人	省人民检察院	2017—07
张霖菲	县人民检察院	检察机关刑事申诉检察人才库人才	省人民检察院	2017—07
林桂莲	县编办	2012—2016年度全省机构编制工作先进工作者	省人社局、编办	2017—08
翁源海	大南坂镇	在全市“两违”综合治理工作中成绩突出，记个人三等功	漳州市政府	2017—08
杨耀宗	县人民法院	全省法院系统第八届(2015—2017年度)文明行业创建竞赛活动先进个人	省高级人民法院	2017—09
林捷锋	县人民法院	刑事审判工作先进个人	省高级人民法院	2017—09
蓝跃炳	县人民检察院	全省检察机关侦查部门片区业务协作训练活动优秀学员	省人民检察院侦查监督处、干部教育培训处	2017—09
何惠宗	漳浦一中	福建省优秀教师	省教育厅	2017—09
陈国民	漳浦二中	福建省优秀教师	省教育厅	2017—09
魏两方	县教师进修学校	福建省优秀教师	省教育厅	2017—09
陈彦晶	大南坂中学	福建省优秀教师	省教育厅	2017—09

续表

获奖姓名	工作单位	获奖名称	颁奖单位	颁奖时间
蓝卫煌	民族中学	福建省优秀教师	省教育厅	2017－09
蔡旺民	长春中学	福建省优秀教师	省教育厅	2017－09
李锦华	县实验小学	福建省优秀教师	省教育厅	2017－09
陈兴珠	石斋小学	福建省优秀教师	省教育厅	2017－09
王少武	绥安中心学校	福建省优秀教师	省教育厅	2017－09
陈素心	石榴中心学校	福建省优秀教师	省教育厅	2017－09
庄永太	湖西中心学校	福建省优秀教师	省教育厅	2017－09
洪云峰	古雷中心学校	福建省优秀教师	省教育厅	2017－09
许科瑜	县供电公司	金砖厦门会晤电力保障工作先进个人	省供电公司	2017－09
李向阳	前亭镇政府	金砖国家领导人第九次会晤服务保障工作中表现优秀工作者	漳州市委、市政府	2017－10
江晓宁	漳浦检疫检验办事处	金砖国家领导人第九次会晤服务保障工作优秀个人	漳州市委、市政府	2017－10
陈长裕	县纪委	全省纪检监察系统先进工作者	省纪委、人社厅	2017－10
吴志强	县纪委	全省纪检监察系统嘉奖	省纪委、人社厅	2017－10
张族云	县烟草局	感动闽烟最美员工	省烟草专卖局	2017－10
林伟雄	县电力公司	技能竞赛一等奖	省电力公司	2017－10
魏惠城	县电力公司	技能竞赛二等奖	省电力公司	2017－10
何帷英	县侨联	2013－2017年度全省侨联系统先进工作者	省侨联、人社厅	2017－11
蔡小玲	县农业局	2016年度优秀农情员	省农业厅种植业管理处	2017－11
王跃明	县电力公司	缩短业扩流程时限劳动竞赛先进个人	省电力公司	2017－11
黄伟祥	县电力公司	2017年度优秀班长	省电力公司	2017－11
蔡小彬	县信访局	金砖国家领导人第九次会晤服务保障工作先进个人	漳州市委、市政府	2017－12
李伟国	石榴镇党委会	金砖国家领导人第九次会晤服务保障工作先进个人	漳州市委、市政府	2017－12
戴主岁	县人民法院	党的十九大和厦门会晤期间涉诉信访安保维稳工作先进个人、G20杭州峰会期间涉诉信访安保维稳工作先进个人	省高级人民法院	2017－12
韩魁欢	县人民法院	全省法院系统第二十九届学术讨论会论文二等奖	省高级人民法院	2017－12
黄炳坤	县人民检察院	全省检察机关第十六期司法警察培训班优秀学员	省人民检察院	2017－12
林锦辉	县人民检察院	全省检察机关第十六期司法警察培训班优秀学员	省人民检察院	2017－12
齐家彦	县人民检察院	全省检察机关精品公诉庭	省人民检察院	2017－12
谢　敏	县人民检察院	全省检察机关精品公诉庭	省人民检察院	2017－12

续表

获奖姓名	工作单位	获奖名称	颁奖单位	颁奖时间
蓝森林	县医院	福建省职工最可信赖娘家人	省总工会	2017—12
庄文彬	县农业局	2017年全省“三品一标”优秀检查员	省绿色食品中心	2017—12
吴可彦	县残联	《白云女孩》在第三届福建省启明儿童文学双年榜评选中获“提名奖”	省作家协会、省耕读书院	2017—12
吴可彦	县残联	《梅花谱》获福建省第31届优秀文学作品暨第13届陈明玉文学榜年度短篇小说提名作品	省作家协会	2017—12
王川军	县竹马戏(芗剧)传承保护中心	福建省第九届青年演员比赛戏曲器乐组银奖	省文化厅	2017—12
郭艺明	县竹马戏(芗剧)传承保护中心	福建省第九届青年演员比赛戏剧组铜奖	省文化厅	2017—12
吴可彦	县残联	《星期八》作品获漳州市第八届百花文艺一等奖	漳州市委、市政府	2016—12(补遗)

·副高级以上专业技术职务人员名表·

(2017年)

姓 名	工作单位	专业技术职务	任职资格确认时间
张顺围	县环境监测中心	高级工程师	2017—01—14
何蜜静	县职业技术学校	中等职业学校高级讲师	2017—06—15
杨仁德	县职业技术学校	中等职业学校高级讲师	2017—06—15
郭育忠	县职业技术学校	中等职业学校高级讲师	2017—06—15
黄淑妹	县职业技术学校	中等职业学校高级讲师	2017—06—15
蔡秀芬	县职业技术学校	中等职业学校高级讲师	2017—06—15
郑小良	海西恒业建设管理有限公司	高级经济师	2017—06—15
张小香	县委党校	高级讲师	2017—07—18
陈银行	县广播电视台	高级会计师	2017—10—27
林素华	澎水水库管理处	高级会计师	2017—10—27
陈裕雄	漳浦县医院	副主任医师	2017—12—18
张武生	漳浦县霞美卫生院	副主任医师	2017—12—18
许秋良	漳浦县医院	副主任医师	2017—12—18
涂志跃	漳浦县第二医院	副主任医师	2017—12—18
陈志勇	漳浦县医院	副主任医师	2017—12—18
陈玉香	漳浦县妇幼保健院	副主任医师	2017—12—18
黄景和	漳浦县医院	副主任医师	2017—12—18
林崇杰	漳浦县医院	副主任医师	2017—12—18
苏淑娟	漳浦县中医院	副主任医师	2017—12—18
何艳珠	漳浦县妇幼保健院	副主任医师	2017—12—18
吴海珍	漳浦县妇幼保健院	副主任医师	2017—12—18
涂茶春	漳浦县医院	副主任医师	2017—12—18
杨丽玲	漳浦县妇幼保健院	副主任医师	2017—12—18
陈泽明	漳浦县医院	副主任医师	2017—12—18
陈锡章	漳浦县医院	副主任医师	2017—12—18
陈惠英	漳浦县第二医院	副主任护师	2017—12—18
陈亚芬	漳浦县医院	副主任护师	2017—12—18
蔡春花	漳浦县医院	副主任护师	2017—12—18
黄丽娇	漳浦县医院	副主任护师	2017—12—18
王玉真	漳浦县绥安社区卫生服务中心	副主任护师	2017—12—18

续表

姓　名	工作单位	专业技术职务	任职资格确认时间
蔡雨泽	漳浦县绥安社区卫生服务中心	副主任医师	2017—12—18
陈国荣	漳浦县旧镇中心卫生院	副主任医师	2017—12—18
陈胜杰	漳浦县杜浔中心卫生院	副主任医师	2017—12—18
王景云	福建省漳浦县第二医院	副主任医师	2017—12—18
蓝文泰	漳浦县湖西卫生院	副主任医师	2017—12—18
陈建友	漳浦县绥安社区卫生服务中心	副主任医师	2017—12—18
潘医西	漳浦县赤湖中心卫生院	副主任医师	2017—12—18
陈文勇	漳浦县盘陀卫生院	副主任医师	2017—12—18
许毅霆	漳浦县杜浔中心卫生院	副主任医师	2017—12—18
曾耀辉	漳浦县医院	副主任医师	2017—12—18
陈清香	漳浦县旧镇中心卫生院	副主任医师	2017—12—18
刘福泉	漳浦县杜浔中心卫生院	副主任医师	2017—12—18
黄亚娟	漳浦县第二医院	副主任护师	2017—12—18
黄素琴	漳浦县医院	副主任护师	2017—12—18
陈碧真	漳浦县医院	副主任护师	2017—12—18
陈秀秀	漳浦县医院	副主任护师	2017—12—18
陈淑花	漳浦县妇幼保健院	副主任护师	2017—12—18
陈文山	杜浔镇林业工作站	高级工程师	2017—12—20
林和再	县森林植物防治检疫站	高级工程师	2017—12—20
邱满城	县村镇建设管理站	高级工程师	2017—12—25
曾杰睿	县村镇建设管理站	高级工程师	2017—12—25

漳浦县职改领导小组〔2017〕3号文件通知，同意确认

姓名	工作单位	专业技术职务	任职资格确认时间
范惠真	县实验小学	高级教师	2016—11—24
方丽花	绥安中心学校	高级教师	2016—11—24
陈龙安	绥安中心学校	高级教师	2016—11—24
黄跃武	湖西中心学校	高级教师	2016—11—24
刘火明	长桥中心学校	高级教师	2016—11—24
许旺林	石榴中心学校	高级教师	2016—11—24
曾文龙	前亭中心学校	高级教师	2016—11—24
林华明	赤土中心学校	高级教师	2016—11—24
戴晚德	霞美中心学校	高级教师	2016—11—24
林桂发	深土中心学校	高级教师	2016—11—24

续表

姓名	工作单位	专业技术职务	任职资格确认时间
林荣发	六鳌中心学校	高级教师	2016—11—24
陈秀珍	县特殊教育学校	高级教师	2016—11—24
蓝素芬	佛昙中心学校	高级教师	2016—11—24
陈艳卿	赤湖中心幼儿园	高级教师	2016—11—24

漳浦县职改领导小组〔2017〕4 号文件通知，同意确认

姓名	工作单位	专业技术职务	任职资格确认时间
李建东	万安学校	中学高级教师	2016—12—27

漳浦县职改领导小组〔2017〕8 号文件通知，同意确认

姓名	工作单位	专业技术职务	任职资格确认时间
陈长远	南浦乡林业工作站	高级工程师	2016—12—27
陈振忠	旧镇镇林业工作站	高级工程师	2016—12—27

漳浦县职改领导小组〔2017〕9 号文件通知，同意确认

姓名	工作单位	专业技术职务	任职资格确认时间
林朝伟	梁山水库管理处	高级工程师	2016—12—27
吴智慧	县水土保持站	高级工程师	2016—12—27

漳浦县职改领导小组〔2017〕14 号文件通知，同意确认

姓名	工作单位	专业技术职务	任职资格确认时间
涂湖南	县质量计量检验检测所	高级工程师	2016—12—27

先进单位

• 2017年获地厅级以上表彰的单位 •

（按颁奖时间顺序排列）

获省部级以上表彰的先进单位名表

获奖单位	获奖名称	颁奖单位	颁奖时间
漳浦县	2017年国家级出口食品质量安全示范区	国家质检总局	2017－02
县统计局	“农普剪纸”入选全国农业普查宣传作品征集活动优秀作品	国务院第三次全国农业普查领导小组办公室	2017－02
赤岭乡赤岭村	中国少数民族特色村寨	国家民委	2017－02
县委宣传部	第十二届全国青少年爱国主义读书教育活动“组织特别奖”	全国青少年爱国主义读书教育活动组委会	2017－03
县人民检察院公诉科	青年文明号	共青团中央	2017－03
赤湖镇老人活动中心	全国敬老文明号	全国老龄委	2017－03
县行政中心	全国巾帼文明岗	全国妇联	2017－04
县医院大内科	全国巾帼文明岗	全国妇联	2017－04
县供销联社	基层社标杆社	全国供销合作总社	2017－05
县方志委	《漳浦年鉴(2016)》获全国第四届地方志优秀成果(年鉴类)县区级特等奖	中国地方志指导小组、中国地方志学会	2017－08
中国人口报	2013－2016年度群众体育先进单位	国家体育总局	2017－08
县竹马戏(芗剧)传承保护中心芗剧《芝麻官系列》	福建省第八届百花文艺奖三等奖	福建省委、省政府	2017－09
县人民检察院控申科	第九届全国检察机关文明接待示范窗口	最高人民检察院	2017－10
县环保局	全国环境保护系统先进集体	人社部、环保局	2017－12
城西社区花开富贵小区	国家地震安全示范社区	国家地震局	2017－12
城西社区汤泉世纪一期小区	国家地震安全示范社区	国家地震局	2017－12

获地厅级表彰的先进单位名表

获奖单位	获奖名称	颁奖单位	颁奖时间
漳浦县	2016年省计划生育工作先进县	省人口计生领导小组	2017－01
漳浦县	食品安全社会共治示范县	省食安办、食药监局、财政厅	2017－02
县政府	全省政府系统信息报送优秀单位	省政府办公厅	2017－01
县人民检察院	全省检察机关检察委员会规范建设示范单位	省人民检察院	2017－01
县人民检察院办公室	全省检察机关信息工作先进单位	省人民检察院	2017－01
县人民检察院法警大队	2017全省检察机关司法警察专业理论考核总评成绩前十	省人民检察院	2017－01
赤湖镇关工委	“五好”基层关工委先进集体	省关工委	2017－01
县残联	集体三等功	漳州市委、市政府	2017－01
县人民法院民二庭	全省法院系统先进集体	省高级人民法院	2017－02
县气象局	2016年度农气观测质量第一名	省气象局	2017－02
团县委	2017年铁路春运志愿者优秀组织	全国铁路团委	2017－03
地税办税服务厅	2017－2019年度省级“青年文明号”	团省委、省地税局	2017－04
县广播电视台	2016年度新闻宣传合作优秀单位	省广播影视集团	2017－05
县卫计局	2014－2016年度福建省乡村医生培训点先进集体	省乡村医生培训中心	2017－06
县疾控中心	2014－2016年度福建省免疫规划工作先进集体	省疾控中心	2017－06
县环保局环境监察大队	2016年环境执法大练兵表现突出集体	省环保厅	2017－06
县老区办	2017年度老区宣传工作一等奖	中国老区建设促进会	2017－06
县老促会	2017年度老区宣传工作一等奖	中国老区建设促进会	2017－06
县人民检察院	第四届“为了明天—关爱青少年彩虹行动”微电影大赛三等奖	共青团中央维护青少年权益部、中央综治办一室	2017－06
县人民检察院法警大队	2017全省检察机关司法警察基本技能考核总评成绩前十	省人民检察院	2017－06
县教育局	第十二届全国青少年五好小公民“阳光校园我们是伙伴”主题教育活动优秀组织奖	教育部关工委、全国青少年五好小公民主题教育活动组委会	2017－07
县审计局	漳浦县城乡规划建设局长任期经济责任情况审计项目“2016年度优秀审计项目”	省审计厅	2017－07
县供销联社	全省供销合作社综合改革试点工作先进单位	省供销联社	2017－07
县人民法院	案件繁简分流机制改革示范院	省高级人民法院	2017－08
大南坂镇政府	在全市“两违”综合治理工作中成绩突出记集体三等功	漳州市政府	2017－08
县第二实验幼儿园	2017年基础教育省级教学成果一等奖	省教育厅	2017－08

续表

获奖单位	获奖名称	颁奖单位	颁奖时间
赤湖镇	2016年度全省农村宣传思想工作示范乡镇	省委宣传部	2017—09
县人民法院刑庭	全省法院刑事审判工作先进集体	省高级人民法院	2017—09
县人民检察院监所科	第五届全省检察机关派驻监所二级规范化检察室	省人民检察院	2017—09
县委宣传部	广播剧《一代相国蔡新》第十四届精神文明建设“五个一工程”贡献奖	省委宣传部	2017—10
县卫计局	2017年度《中国人口报》新闻宣传工作先进单位	中国人口报社	2017—10
县人民检察院	2017年度全省检察文化建设示范院	省人民检察院	2017—11
县人民法院	党的十九大和厦门会晤期间涉诉信访安保维稳工作先进集体	省高级人民法院	2017—12
县科协	全国科普日优秀活动单位	省科协	2017—12
县委政法委	金砖国家领导人第九次会晤服务保障工作先进集体	漳州市委、市政府	2017—12
绥安镇	金砖国家领导人第九次会晤服务保障工作先进集体	漳州市委、市政府	2017—12
县综治办	2013—2016年度福建省社会治安综合治理先进集体	省人社厅、综治办	2017—12
县地震办	2017年防震减灾先进单位	省地震局	2017—12
县司法局	全省司法行政系统先进集体	省人社厅、司法厅	2017—12
县人民检察院法警大队	2017全省检察机关司法警察队伍警务、能力建设专项活动基本先进单位	省人民检察院	2017—12
县安监局	2016年度福建省“安康杯”竞赛组织工作优秀单位	省总工会、安监局	2017—12
县物价认定中心	价格认定工作质量优秀单位	省价格认定局	2017—12
县市容管理处	全省“两违”综合治理专项行动表现突出单位	省“两违”综合治理专项行动领导小组	2017—12
绥安镇城西社区	省社区服务老干部工作示范点	省老干部局	2017—12
县竹马戏(芗剧)传承保护中心芗剧表演唱《孝悌歌》	第二届福建省曲艺“丹桂奖”大赛南曲(专业)组节目奖二等奖	省文联、文化厅	2017—12

•2017年度漳浦县纳税500万元以上企业名录•

(68家)

纳税1亿元以上企业(3家)

漳州市烟草公司漳浦分公司
漳浦县农村信用合作联社
万新集团

纳税5000万元至1亿元企业(2家)

天福集团
漳浦长德商贸物流开发有限公司

纳税1000万元至5000万元企业(33家)

漳州一帆重工有限公司
漳浦美伦房地产开发有限公司
漳浦县碧桂园联创房地产开发有限公司
同溢堂药业有限公司
漳州钱隆房地产开发有限公司
盈丰集团
漳浦联创世纪置业投资有限公司
国网福建漳浦县供电有限公司
福建泰信置业有限公司
漳浦金座置业有限公司
漳浦丽都房地产开发有限公司
福建福晟钱隆房地产开发有限公司
漳发金地(漳浦)置业有限公司
漳浦县碧桂园房地产开发有限公司
漳州润丰吉祥房地产开发有限责任公司
漳浦新假日房地产开发有限公司
漳州花都高尔夫置业有限公司
车城汽车配件(福建)有限公司
漳浦国源房地产开发有限公司
漳浦华顺置业有限公司
福建金绿置业发展有限公司
福建瑞森皮革有限公司
福建福船一帆新能源装备制造有限公司
漳浦夏商置业发展有限公司
漳浦县南顺时装针织有限公司
革新(漳浦)金属制造有限公司
福建和进食品制罐工业有限公司
漳浦亿雄置业有限公司
漳州信德皮革有限公司
漳州市阳光皮革制造有限公司
福建弘安建筑有限公司
漳浦百合纺织有限公司
福建新华东食品有限公司

纳税500万元至1000万元企业(30家)

福建港城房地产开发有限公司
明发(漳浦)房地产开发有限公司
格联特(漳州)轻工制品有限公司
中石化森美(福建)石油有限公司漳州漳浦霞潭加油站
漳州元新食品有限公司
台玻集团
鑫泰建设集团有限公司漳浦分公司
漳州佳利伟业置业有限公司
漳浦致远皮革有限公司
漳浦腾川玉龙旅游开发有限公司
漳州富洋皮业有限公司
福建锦溪房地产开发有限公司
漳州伟伊化纤有限公司
福建致易电子科技有限公司
大唐漳州风力发电有限责任公司
仂元集团
漳浦县达川食品工业有限公司
福建漳州翡翠湾旅游开发有限公司
中国葛洲坝集团第五工程有限公司
漳州市联合发电子科技有限公司
漳浦民生村镇银行股份有限公司

福建漳龙建投集团有限公司
漳州顺益食品有限公司
金名山光电(漳浦)有限公司
漳州市恒立欣房地产开发有限公司
漳州祥庆房地产开发有限公司
漳州伟浩化纤有限公司
漳浦前垣纺织有限公司
福建省丰盛食品有限公司
福建漳州市德昌皮业有限公司

文　献

在县委十三届三次全体会议上的讲话

中共漳浦县委书记　戴平忠

这次全会的主要任务是，深入贯彻落实党的十八届六中全会和省第十次党代会、省委十届一次全会以及市委十一届二次全会精神，坚定不移推进全面从严治党，凝心聚力加快建设富美金漳浦。现在，根据县委常委会研究的意见，讲四个问题。

一、进一步深入学习贯彻省第十次党代会精神

省第十次党代会闭幕后，按照省市委的部署，我县各级各部门有序推进省党代会精神的学习活动，县委专门成立了宣讲团并在乡镇和县直机关开展全覆盖的宣讲活动，掀起了学习贯彻的热潮。各级党组织要在前段的基础上，坚持理论联系实际，切实在指导实践、推动工作上下更大功夫。

一要把学习贯彻活动不断引向深入。全面把握省党代会的精神实质，把学习贯彻省党代会精神与学习贯彻党的十八届六中全会精神、省委十届一次全会精神结合起来，与贯彻落实市第十一次党代会精神、县第十三次党代会精神结合起来，并紧密结合“两学一做”专题学习，切实把广大党员干部群众的思想和行动统一到省党代会的决策部署上来，把智慧和力量凝聚到实现省党代会确定的目标任务上来。

二要全力加快富美金漳浦建设。紧扣“再上新台阶、建设新福建”这一今后五年福建发展的主旋律、最强音，认真对照省党代会提出的奋斗目标和重点工作，找准坐标定位，主动融入，积极作为，进一步梳理我县第十三次党代会和县“两会”提出的目标任务，深化细化思路举措，提升发展优势，补齐发展短板，加快推进我县经济社会发展。

三要推进全面从严治党。认真落实关于全面从严治党的部署要求，切实负起全面从严治党的政治责任，不断加强和改进党的建设，努力营造风清气正的政治生态，为我县各项事业发展提供坚强保障。

二、坚决维护以习近平为核心的党中央权威

党的十八届六中全会明确习近平总书记在党中央和全党的核心地位，全县各级党组织和广大党员干部学习贯彻六中全会精神，第一条就是要坚决维护以习近平同志为核心的党中央权威，坚决维护党的集中统一领导。

一要在思想上高度认同。深刻认识维护党中央权威和维护习近平总书记的核心地位是统一的，维护习近平总书记的核心地位，就是维护党中央权威；要牢固树立政治意识、大局意识、核心意识、看齐意识，切实打牢心中有核心、忠诚于核心的思想基础，更加紧密地团结在以习近平为核心的党中央周围。

二要在政治上坚决维护。服从核心、维护核心，就是服务大局、维护大局，就是最大的政治、最高的

纪律。要把信赖、捍卫、服从领导核心作为首要的政治纪律和党性原则，严守党的政治纪律和政治规矩，在维护党中央权威、维护党中央和全党的领导核心上始终保持清醒头脑，做到坚定不移。

三要在行动上坚定紧跟。自觉向习近平总书记看齐，向党的理论和路线方针政策看齐，向党中央决策部署看齐，坚决同以习近平为核心的党中央保持高度一致，确保党中央的各项重大决策部署在漳浦落地生根、开花结果。特别是要深入贯彻落实习近平总书记对福建工作的重要指示，全力推进漳浦各项事业加快发展，加快建设生态宜居宜业宜游的滨海新城，为“再上新台阶、建设新福建”作出更大贡献。

三、全面加强和规范党内政治生活

党的十八届六中全会审议通过了《关于新形势下党内政治生活的若干准则》。《准则》聚焦党内政治生活的薄弱环节，针对新情况新问题，从十二个方面作出了详细规定，为新形势下推进全面从严治党提供了重要抓手。全县各级党组织和广大党员干部要认真贯彻落实《准则》，聚焦突出问题，强化工作措施，着力落细落实。

一要加强思想政治建设。我们要始终坚定理想信念，深入开展“两学一做”学习教育，引导全县广大党员干部坚定理想信念，提高党性觉悟，严明政治纪律和政治规矩，增强“四种意识”。要坚持不懈强化理论武装，特别要学习贯彻习近平总书记系列重要讲话精神，用马克思主义中国化最新成果武装头脑、指导实践、推动工作。

二要严明党的政治纪律。《准则》坚持把纪律挺在前面，用铁的纪律从严治党，列出了严明政治纪律的正负“两张清单”，为全党提供了明确的行动指引。要坚决贯彻执行中央、省委和市委的重大决策部署，确保政令畅通、令行禁止。各级党组织要担负起执行和维护政治纪律和政治规矩的责任，对违反政治纪律的行为要坚决批评制止，不能听之任之。各级党组织和纪检监察机关要加强纪律执行情况的监督检查，坚决防止和纠正执行纪律宽松软问题。

三要密切同人民群众的关系。《准则》重申了人民立场是党的根本政治立场，把坚持党的宗旨、密切与人民群众的血肉联系作为加强和规范党内政治生活的根本要求。我们要始终坚持一切为了群众、一切依靠群众，从群众中来、到群众中去的群众路线。要始终站稳群众立场，办好民生实事，解决民生难题，让群众共享改革发展成果。特别是领导干部要经常深入基层一线，倾听群众呼声，协调解决问题，努力实现好、维护好、发展好最广大人民的根本利益。要始终尊重人民主体地位，尊重人民首创精神，坚持问政于民、问需于民、问计于民，充分调动广大群众的积极性、主动性和创造性。

四要坚持正确选人用人导向。我们要坚持党管干部原则，按照新时期“20个字”好干部和“三严三实”要求，注重把政治坚定、群众公认，在基层一线、重点区域、重点工作中实绩突出的干部选拔到领导岗位上来。要严格干部选拔程序，全面推行实名制推荐，严把廉政审核关，落实干部选拔任用责任追究制度，坚决防止带病上岗、带病提拔。要严明干部纪律，坚决整治选人用人上的不正之风。要深化人事制度改革，积极稳妥推进领导干部能上能下，建立容错纠错机制，切实让那些想干事、肯干事、干成事的干部能够干事创业。

五要严格党的组织生活。我们要按照《准则》要求，用好组织生活这个经常性手段，加强教育、管理、监督，切实解决不经常、不认真、不严肃的问题。每个党员无论职位高低，都要自觉参加党的组织生活，自觉交纳党费。要认真落实“三会一课”、民主生活会和组织生活会等制度，创新方式方法，进一步提高组织生活的质量和效果。要严肃开展批评和自我批评，严于自我解剖、及时整改问题，严肃认真提意见、满腔热情帮同志。

四、进一步强化党内监督

六中全会审议通过的《中国共产党党内监督条例》，对强化新形势下的党内监督作出顶层设计，为加强和规范党内监督提供了基本遵循。我们要认真贯彻执行《条例》，着力解决突出问题，着力增强党自我净化、自我完善、自我革新、自我提高能力。

一要强化监督责任。要强化党委(党组)主体责任、纪委监督执纪问责职责、党的工作部门职能监督职责、党的基层组织日常监督责任、党员民主监督责任，形成管党治党完整的责任链条。各级党组织要把信任激励同严格监督结合起来，促使党的领导干部做到有权必有责、有责要担当，用权受监督、失责必追究。特别是要把省委“五抓五看”要求纳入党内监督范畴，与贯彻落实《条例》紧密结合起来，推动主体责任有效落实。同时，要把党内监督与外部监督结合起来，推动形成监督合力。

二要强化监督举措。要加强巡察工作，认真落实《中国共产党巡视工作条例》和省委《关于建立市县党委巡察制度的意见》，严格按照《漳浦县委巡查工作实施办法》要求，进一步健全我县巡察工作机制，创新巡察方式方法，拓展巡察监督内容，形成上下联动的巡察一体化工作格局。要强化派驻监督，进一步明确职责、健全机制、提高能力，完成县级纪委派驻机构全覆盖。要强化监督问责，严格执行问责《条例》，用好问责这个“杀手锏”，对不担当、不履责的追责问责，让问责成为常态。

三要强化日常监督。加强对党员干部经常性的教育、管理、监督，坚持纪严于法、纪在法前，把握运用好监督执纪“四种形态”，及时开展约谈函询、诫勉谈话等，深化信访举报件办理“零暂存”工作，及时发现问题、纠正偏差。要加强对领导干部特别是“一把手”的监督，围绕管人、管事、管钱这条主线，通过严格执行民主集中制、完善领导干部个人有关事项报告制度、建立干部选拔任用问责制度、建立领导干部插手干预重大事项记录制度等，进一步强化对权力运行的制约和监督。同时，要驰而不息地抓好作风建设，坚决防止“四风”问题反弹回潮，以零容忍态度惩治腐败，严肃查处各类违纪违法案件，让群众更多感受到正风反腐的实际成效。

党的十八届六中全会突出强调，全面从严治党，落实《准则》和《条例》，要特别重视抓好领导干部这个“关键少数”，发挥领导干部特别是高级领导干部的示范带头作用。在省委十届一次全会上，尤权书记就加强省委自身建设，明确提出要做对党忠诚、加强学习、增进团结、清正廉洁、担当尽责“五个表率”的要求。就我们县一级而言，“关键少数”首先是县委常委和其他县处级领导干部，其次是在座的各位县委委员和其他科级领导干部。我们要深刻认识自身担负的重大职责，对标“五个表率”，以更高标准、更严要求抓好自身建设，努力为全县广大党员干部立标杆、作示范。

让我们更加紧密地团结在以习近平为核心的党中央周围，坚决贯彻中央、省委和市委的决策部署，进一步振奋精神、凝聚力量，开拓创新、扎实工作，加快建设富美金漳浦，以优异成绩迎接党的十九大胜利召开！

在县委十三届四次全体会议上的讲话

中共漳浦县委书记　戴平忠

经县委研究决定，今天在这里召开县委十三届四次全体会议。这次全会的主要任务是：认真贯彻落实省委十届三次全会、市委十一届四次全会精神，研究部署我县教育、卫生与健康、养老、城乡民生基础设施等领域补短板工作，加快提升社会事业发展水平，确保如期全面建成小康社会。

为开好这次全会，县委在广泛征求意见的基础上，起草了《中共漳浦县委关于加快社会事业发展补齐民生短板确保如期全面建成小康社会的决定（讨论稿）》，并将提交全会审议。这里，根据县委常委会研究意见，重点讲三个问题：

一、充分认识补齐民生社会事业短板的重要性和紧迫性

党的十八大以来，以习近平为核心的党中央始终把人民放在心中最高位置，高度重视保障和改善民生工作。前阶段，省委十届三次全会、市委十一届四次全会专门就民生社会事业作出了一系列安排和部署。我们要深刻领会习近平总书记系列重要讲话精神和省委、市委全会精神，进一步增强“四个意识”，不断深化对补齐民生社会事业短板重要性和紧迫性的认识。

第一，加快补齐民生社会事业短板，是全面建成小康社会的迫切需要。当前，全面建成小康社会已经到了决战决胜阶段。从全面建成小康社会指标体系看，按照目前我县的发展趋势，到2020年，人均GDP和城乡居民人均收入比2010年翻一番是可以实现的；但对照民生相关的指标，特别是教育、卫生与健康、养老和城乡民生基础设施的指标，目前还有不小的差距。我们要对照差距，查找问题，补齐民生社会事业短板，力争让改革发展成果更多更好地惠及广大人民群众。

第二，加快补齐民生社会事业短板，是深化供给侧结构性改革的重要内容。随着群众整体收入水平提高，人们对生活质量的要求也越来越高，对民生社会事业的期望值也越来越大。当前，群众反映强烈的“入园难”“看病难”“择校热”等问题，不仅是体制机制不完善的原因，最主要还是优质资源供给不足的问题。为此，我们要把投资更多投向民生领域，持续增加有效供给、优质供给，进一步均衡资源分布、健全体制机制，加快补齐民生社会事业短板，适应群众的需求变化。

第三，加快补齐民生社会事业短板，是保障和改善民生的关键举措。多年来，我们始终把保障和改善民生作为工作的出发点和落脚点，每年都办好一批为民办实事项目，各项社会事业取得了一定成效。但是，依然存在不少短板，比如：教育方面，突出体现在学前教育资源缺口大。目前我县公办幼儿园在园人数仅占幼儿在园数的19.5%，比全市平均水平低7.30个百分点、比全省平均水平低26.30个百分点。医疗卫生方面，住院难、看病难的现象依然存在。目前我县每千人卫计人员数和病床位数分别为3人、3.14张，比全市平均水平低1.93人和1.25张、比全省平均水平低2.70人和1.48张。养老方面，每千名老年人拥有养老床位数19张，低于31张的全市、全省平均水平；目前没有民办养老机构。城乡基础设施方面，体现在县城区交通拥堵问题突出，防洪防涝设施不够完善，农村污水垃圾治理能力不高，等等。这些短板问题，都是群众最关注、反映最强烈的问题，对此我们要有正确的认识，用有限的资金，做群众最急需的事情，进一步增强补短板的针对性、实效性，努力让漳浦人民更加有福、多福、幸福。

二、全面提升社会事业发展水平

当前和今后一个时期，我县加快补齐民生社会事业短板的总体要求是：全面贯彻党的十八大以来党中央一系列决策部署，深入贯彻习近平总书记系列重要讲话精神和治国理政新理念新思想新战略以及对福建工作的重要指示，统筹推进“五位一体”总体布局，协调推进“四个全面”战略布局，增强“四个意识”，牢固树立和贯彻落实五大发展理念，坚持以人民为中心的发展思想，按照省委十届三次全会和市委十一届四次全会决策部署，围绕“再上新台阶，建设金漳浦”新要求，紧盯薄弱、对接需求，突出重点、精准发力，加快补齐教育、卫生与健康、养老和城乡民生基础设施等社会事业短板，着力解决上学难、看病难、养老难、出行难、公共配套差等问题，不断增强经济社会发展的全面性平衡性协调性，让人民群众有更多获得感，确保如期全面建成小康社会。

主要目标是：到2020年，社会事业发展与全县经济发展水平基本相适应，公共服务体系更加完善，供给能力显著增强，“学有所教”“病有所医”“老有所养”和“宜居宜业宜游”等基本公共服务保障能力和水平迈上新台阶，社会事业重点领域主要指标达到或超过全市平均水平。各级各部门要紧盯县委提出的目标任务，始终坚持问题导向，聚焦精准发力，切实加快补齐短板步伐。

在具体工作中，要突出抓好以下五个方面：

一要聚焦载体支撑，着力强化项目带动。认真对照补短板目标，把补短板任务落到每一个具体项目上面，强化补短板的重要抓手和载体。到2020年，实施教育、卫生与健康、养老、城乡民生基础设施等领域补短板项目352个，总投资162.80亿元。其中，教育方面，实施幼儿园建设“工程包”、义务教育提升工程、高中办学项目、职业学校新校区等100个项目建设，总投资10.60亿元；卫生与健康方面，推进第二医院搬迁、疾控中心改造、乡镇卫生院等17个项目建设，总投资12.90亿元；养老方面，推进县级社会福利中心、农村幸福院、乡镇敬老院、居家养老、生态养老等174个项目，总投资20.50亿元；城乡民生基础设施方面，针对交通拥堵、环境污染、饮水安全、雨水洪涝等突出问题，实施61个城乡民生基础设施重大建设项目，总投资118.80亿元。针对这些谋划好的民生社会事业补短板项目，要列明清单、挂图作战、逐一落实，纳入“三抓三比、十项竞赛”重要内容，列入年终绩效考核，确保项目建设取得实效。

二要聚焦“学有所教”，着力提升教育供给质量。围绕办好人民满意的教育，不断扩大优质教育资源覆盖面，让漳浦的孩子既“有学上”，又能“上好学”。学前教育要公办与民办并重。实施幼儿园建设“工程包”，分三个年度建设37所公办幼儿园，力争到2020年在公办性质幼儿园就读儿童占比超过50%。加快完善新建住宅小区配套建设幼儿园具体实施办法，充分利用乡镇场闲置资源，配套建设一批普惠性幼儿园。推行政府购买服务的方式，扶持普惠性民办幼儿园发展，确保到2020年普惠性学前教育资源覆盖率达到85%。义务教育要均衡与优质并举。优先保障中小学建设用地，实施中小学扩容工程和义务教育提升工程，消除大班额现象。着力补足初中办学条件缺口，缩小城乡、校际办学差异。运用先进信息技术手段，大力推进标准化创建工作，至2020年，85%以上学校实现“义务教育管理标准化学校”。高中教育要改造与提升并行。加大资金投入，改造提升有办学基础的薄弱高中，加快实现漳浦一中、道周中学、达志中学创建省一级达标高中目标，力促省级高考课改基地、示范性高中实现零的突破，全面提升高中办学品质。职业教育要转型与融合并进。提升职业教育办学水平，加快推进漳浦职业技术学校新校区建设，力争2020年竣工投用。坚持服务发展、促进就业的办学方向，强化产教融合、校企合作，培养更多适应性强、针对性强的技术技能型人才。

三要聚焦“病有所医”，着力建设“健康漳浦”。坚持把维护人民健康权益放在第一位，努力为人民群众提供全方位、全周期的卫生与健康服务。要扩充优质医疗资源。通过完善提升县级三大医院配套设施、做大做强健民医院、和康医院、康宁医院等民营医院，扩充医疗机构床位数，力争到2020年实现千人均床位数达4.50张。要夯实基层医疗卫生。持续加大乡镇卫生院、社区卫生服务中心建设力度，推进村卫生所标准化建设，加快分级诊疗、远程医疗、医联体建设，实现全县基层医疗卫生机构基础设施、基本设备100%双达标，县域内就诊率提高到90%。要提升高端医疗服务水平。推进县级医院与省市高水平医院合作共建，加强与知名医学院校合作，有效提升医院学术水平、医疗水平和引进高端拔尖人才。要完善医疗卫生供给体系。科学配置医疗卫生资源，进一步完善县乡村三级医疗卫生服务网络。坚持抓疾病治疗与抓健康服务并重，加快推进县疾控中心达标建设，争创省级慢性病综合防控示范区。积极倡导健康文明的生活方式和大卫生、大健康理念，促进全民身心健康。

四要聚焦“老有所养”，着力完善养老服务体系。紧盯基本养老服务覆盖全体老年人和养老事业整体水平位居全市前列的目标要求，尽快补齐养老短板，打造漳浦颐养福地。要完善“嵌入式”的养老服务模式。围绕“县、镇、村”三级居家养老服务体系，加快居家养老服务照料中心、农村幸福院等标准化规范化建设，实施“互联网+”养老工程，构建“离家不离村不离社区”“没有围墙的养老院”，让老年人获得“触手可得”的功能组合式服务。要打造“高品质”的养老服务环境。以漳州市建设国家级医养结合试点城市为契机，统筹布局我县养老服务和医疗服务资源，在推进以县社会福利中心为重点的公办养老机构建设基础上，改造乡镇敬老院转型升级为农村区域性养老服务中心，同时，盘活政府和社会闲置资产用于养老服务。要推进“产业化”的养老服务建设。充分发挥我县得天独厚的生态、文化、旅游等资源优势，着力发展特色健康养生养老产业，打造具有漳浦特色的“浪漫之都•颐养福地”养老品牌。开发建设一批具有区域特色、产业联动的生态养老特色小镇和智慧养老示范社区，当前重点要积极对接总投资20亿元的爱联生态养老社区，力争项目早日落地建设。

五要聚焦“宜居宜业宜游”，着力完善民生公共配套。针对群众反映强烈的热点难点问题，突出重点、精准推进，努力满足群众对美好、舒心生活的追求。要让城乡交通更加畅通。完善城市环路与城市内部交通体系，确保两年内打通全部“断头路”11条18处，加快推进蓝理路等PPP工程包，全面提高城市道路循环能力。加快完善路网结构，重点要加快推进国道324线县城过境段外甩项目，以及港城大道和万安、旧镇等与沿海大通道连接线、坂旧线象牙至平和段改造工程等项目，实现沿海大通道全线通车。构建城市公交等不同层级的公共交通体系，稳步推进农村客运公交化运营。推进公共停车场建设，实施公共停车设施建设同步配建充电桩，有效缓解停车难问题。实施乡村公路提升工程，提高农村公路养护水平和改善农村公路通行能力。要让生态环境更加美丽。积极开展国家卫生县城创建工作，以点带面，提升全县环境卫生水平。大力推进“三铁治污、提升三质”专项整治行动，深化水、大气、土壤污染防治，当前重点要抓紧启动实施两个农村生活污水PPP工程包建设，确保到2020年所有乡镇建成生活污水处理设施、垃圾转运系统有效运行，所有行政村生活污水处理及生活垃圾收运处理全覆盖。大力实施防洪防涝工程，推进城市易涝点隐患排查整治，全面实施海绵城市建设，切实提高城市蓄水、滞水和渗水能力。加大农村安全饮水设施建设，重点加快推进全县最大的民生工程——朝阳水库建设，实现农村集中供水率和自来水普及率大幅提升。要让公共配套更加完善。快速推进县文体中心等设施建设，改造提升一批村（社区）综合性文化服务中心，进一步完善覆盖城乡的健身、物流、社保服务等基层公共设施网络，满足人民群众的多样化、多元化需求。

三、全力确保各项目标任务落到实处

一要加强组织领导。各级各部门要按照这次全会的部署，把补齐民生社会事业短板摆在更加突出位置来抓，尤其是各单位主要领导要强化责任担当，敢于攻坚克难，形成层层传导压力、层层抓落实的工作格局。要牢固树立全县“一盘棋”思想，加强组织协调，积极主动谋划，特别是教育、卫计、民政、建设、文化、交通等职能部门要各司其职、各负其责，主动衔接、通力协作，切实凝聚起补短板强大合力。

二要坚持统筹推进。各级各有关部门要根据经济社会发展、城市化进程和人口规模结构特征，科学研判各类社会事业需求，细化优化教育、卫生与健康、养老和城乡民生基础设施等专项规划，推动公共服务资源在空间分布、供给结构、建设标准、管理水平上更加科学合理。要深入开展“多规合一”，将社会事业规划与土地利用规划、城乡规划、生态环境保护规划等有机衔接起来，防止出现规划之间相互冲突、布局不一致的现象，避免造成新的浪费。

三要强化要素保障。关于资金不足的问题，政府要发挥主导作用，持续加大财政投入，维护社会事业的公益性，保障群众基本公共服务。要创新投融资方式，通过特许经营、投资补助、政府购买服务、PPP 等多种方式，吸引更多民间资本参与社会事业建设。关于人才紧缺的问题，要全面摸清紧缺人才需求缺口，大力实施教育、卫生等高层次人才引进工程，加快引进一批名师和名医。要采取倾斜政策，积极搭建人才成长平台，加大对社会事业领域人才的激励保障，调动各类人才的积极性和创造性。关于环境不优的问题，要用好用活各项环境提升利好政策，确保发挥最大效应。要建立社会事业项目快速审批机制，对列入社会事业补短板规划的建设项目，要开辟绿色通道、联审办理、提速提效。

四要发扬务实作风。社会事业是民生工程，工作做得好不好，群众感受最直接、体会最深刻，来不得半点含糊。对民生项目，要坚持高标准严要求，严把项目各个环节，确保每个项目都经得起历史检验。要结合推进“两学一做”学习教育常态化制度化，认真学习谷文昌、廖俊波同志的实干精神，深入一线查找问题，研究解决方法。要坚持正确的选人用人导向，推进一线考核干部，以实干实绩论英雄、比作风。对部署落实不力、工作不务实、不扎实、不敢担当的，要进行严肃问责。

加快社会事业发展补齐民生短板，事关百姓切身利益，意义重大。全县各级各部门要牢固树立和落实以人为本、执政为民的理念，振奋精神，真抓实干，确保如期全面建成小康社会，以“再上新台阶，建设金漳浦”的优异成绩，迎接党的十九大胜利召开！

深入学习全面贯彻党的十九大精神 奋力建设新时代富美金漳浦

——在县委十三届五次全会上的讲话

中共漳浦县委书记　戴平忠

这次县委全会的主要任务是，深入学习贯彻党的十九大和省委十届四次全会、市委十一届五次全会精神，进一步组织动员全县各级党组织、广大党员和干部群众，高举中国特色社会主义伟大旗帜，坚持以习近平新时代中国特色社会主义思想为指导，不忘初心，牢记使命，决胜全面建成小康社会。根据县委常委会研究，讲三点意见。

一、切实把思想和行动统一到党的十九大精神上来

党的十九大是在全面建成小康社会决胜阶段、中国特色社会主义进入新时代的关键时期召开的一次十分重要的大会，在党和国家事业发展史上具有重大里程碑意义。大会的主要精神集中体现在习近平总书记所作的报告和《党章（修正案）》中。报告描绘了决胜全面建成小康社会、夺取新时代中国特色社会主义伟大胜利的宏伟蓝图，进一步指明了党和国家事业的前进方向，是我们党进入新时代、踏上新征程、书写新篇章的政治宣言和行动纲领。《党章（修正案）》充分体现了党的十八大以来理论创新、实践创新、制度创新的成果，特别是把习近平新时代中国特色社会主义思想确立为党的指导思想，对在新的历史起点上进行伟大斗争、建设伟大工程、推进伟大事业、实现伟大梦想具有重大现实意义和深远历史意义。学习宣传贯彻十九大精神，是当前和今后一个时期的首要政治任务。我们要在前一段学习宣传的基础上，在全县进一步兴起学习宣传贯彻热潮，切实把思想和行动统一到十九大精神上来。

学习贯彻十九大精神，要认认真真、原原本本地研读十九大报告和新修订的党章，准确领会把握十九大精神的思想精髓、核心要义，着力在学懂弄通做实上下功夫。深入学习全面贯彻党的十九大精神，要重点把握以下几个方面：

一是新时代。党的十八大以来，以习近平为核心的党中央举旗定向、运筹帷幄，统筹“五位一体”总体布局，协调推进“四个全面”战略布局，解决了许多长期想解决而没有解决的难题，办成了许多过去想办而没有办成的大事，改革开放和社会主义现代化建设取得了历史性成就。经过长期努力，中国特色社会主义进入了新时代，这是我国新的历史方位。

中国特色社会主义进入新时代，我国社会的主要矛盾已经转换为人民日益增长的美好生活需要和不平衡不充分的发展之间的矛盾。主要矛盾的变化是关系全局的历史性变化，反映了我国发展的实际状况，揭示了制约我国发展的症结所在，指明了解决当代中国发展问题的根本着力点。但这并没有改变我国仍处于并将长期处于社会主义初级阶段的基本国情，没有改变我国是世界最大发展中国家的国际地位。

我们要深刻领会和把握中国特色社会主义进入新时代的重大政治论断，以更高的境界、更强的本领，积极主动地适应这种变化，在工作中锐意进取，努力创造无愧于新时代的新业绩。

二是新思想。十九大把习近平新时代中国特色社会主义思想写入《党章》，确立为我们必须长期坚持的指导思想，实现了党的指导思想的又一次与时俱进。习近平新时代中国特色社会主义思想，系统回答了新时代坚持和发展什么样的中国特色社会主义、怎样坚持和发展中国特色社会主义。我们要深刻领会习近平新时代中国特色社会主义思想重大的政治意义、理论意义、实践意义，深刻领会这一伟大思想的精神实质，真正做到内化于心、外化于行，从而更好地用它来武装头脑、指导实践、推动工作。

三是新征程。十九大报告指出，从现在起到2020年，是全面建成小康社会决胜期。2020年全面建成小康社会后，我们将开启全面建设社会主义现代化国家的新征程。十九大将全面建设社会主义现代化国家进程分两个阶段来安排。第一个阶段，从2020年到2035年，在全面建成小康社会的基础上，再奋斗15年，基本实现社会主义现代化。第二个阶段，从2035年到21世纪中叶，在基本实现现代化的基础上，再奋斗15年，把我国建成富强民主文明和谐美丽的社会主义现代化强国。这是新时代中国特色社会主义的战略安排，是我们党适应新的历史条件和新的时代要求作出的必然选择。我们要进一步坚定信心，强化举措，全力推进漳浦各项事业加快发展，在更高起点上加快建设生态宜居宜业宜游的富美金漳浦，努力为全面建设社会主义现代化国家作出更大的贡献。

四是新部署。十九大按照“五位一体”总体布局和“四个全面”战略布局，对我国经济建设、政治建设、文化建设、社会建设和生态文明建设等作出了新的全面部署。我们要结合漳浦实际，一条一条地研究，不折不扣抓好落实，把每一项部署具体化、项目化，使之成为漳浦发展的具体举措和生动实践，不断推动富美金漳浦建设取得更大成效。

五是新要求。十九大在深入分析全面从严治党面临的形势基础上，提出了新时代党的建设总要求，就是要坚持和加强党的全面领导，坚持党要管党、全面从严治党，以加强党的长期执政能力建设、先进性和纯洁性建设为主线，以党的政治建设为统领，以坚定理想信念宗旨为根基，以调动全党积极性、主动性、创造性为着力点，全面推进党的政治建设、思想建设、组织建设、作风建设、纪律建设，把制度建设贯穿其中，深入推进反腐败斗争，把党建设成为始终走在时代前列、人民衷心拥护、勇于自我革命、经得起各种风浪考验、朝气蓬勃的马克思主义执政党。我们要全面把握新时代党的建设的总要求，把管党治党的螺丝拧得更紧，不断提高党的建设质量，推动全面从严治党向纵深发展。

二、以习近平新时代中国特色社会主义思想为指导，奋力建设新时代富美金漳浦

学习宣传贯彻十九大精神，最重要的就是要把习近平新时代中国特色社会主义思想作为长期坚持的指导思想，统领改革发展稳定各项工作。党的十八大以来，习总书记高度重视和关心支持福建发展，先后三次来闽考察指导工作，提出了建设“机制活、产业优、百姓富、生态美的新福建”，为福建发展指明了方向。在省委十届四次全会上，于伟国书记深刻指出，习总书记把福建视为“第二故乡”，我们更有条件、更有感情、更有责任把习近平新时代中国特色社会主义思想，学得更深、悟得更透、贯彻得更具体，真正将这一重要思想贯穿和体现到新福建建设的全过程、各方面，让八闽大地成为这一重要思想落实最坚决、实践最生动、成果最丰富的示范区。因此，我们要把贯彻落实十九大精神，与贯彻落实习总书记对福建工作重要指示精神和省委、市委重要决策部署结合起来，紧盯目标任务，凝心聚力、奋力拼搏，一件事情接着一件事情办，一年接着一年干，确保各项工作落到实处。

(一)着力打造漳浦经济升级版。十九大报告指出，我国经济已经发生了由高速增长阶段转向高质量发展阶段的深刻变化，我们要准确把握这种变化，积极践行新发展理念，坚持以供给侧结构性改革为主线，实施创新驱动发展战略，不断增强我县经济创新力和竞争力。一要加快产业转型升级。推进“四大重点区域”建设，坚持一二三产业齐发力，加快打造漳浦产业升级版。加快发展先进工业，积极发展电子信息、新材料、生物与新医药、新能源等新兴产业，加快传统产业改造提升，探索运用“机器

换工”，推动数控技术和智能装备在工业领域广泛应用。充分发挥好万安、前亭等特色工业园区的载体作用，积极培育高新技术和新兴产业，加快产业集群集聚。大力发展现代服务业，要像重视抓工业一样抓好服务业，重点促进生产性服务业社会化专业化高端化、生活性服务业便利化精细化品质化，促进服务业总量扩张、结构优化、比重提高、水平提升。二要实施乡村振兴战略。坚持农业农村优先发展，按照产业兴旺、生态宜居、乡风文明、治理有效、生活富裕的总要求，建立健全城乡融合发展体制机制和政策体系。要以现代特色农业为重点，打响我县国家级现代农业示范区的品牌，充分发挥漳浦台湾农民创业园和省级“田园综合体”示范点的带动作用，做强做优现代农业产业，加快实现农业农村现代化。三要持续深化改革开放。以漳州被国家列为“构建开放型经济新体制综合试点试验城市”为契机，实施更加积极的开放战略。主动融入国家“一带一路”战略部署，深化与周边地区多领域合作对接。要秉持“两岸一家亲”理念，发挥漳浦县对台前沿优势，持续深化浦台各领域交流合作。要推进浦台产业深度融合，继续发挥台湾农民创业园等平台作用，以及天福集团等现有台资企业龙头作用，吸引更多互为配套的台资项目落户，吸引更多的台湾人才来浦就业创业。四要强化项目支撑作用。各项工作的落实最终都要以项目为抓手、为载体，没有一批实实在在的项目，不仅经济总量上不去，而且结构也调不成，转型升级就是空话，老百姓也不会满意。全县各级各部门要按照“五个一批”要求，积极谋划重点项目，不断充实项目库存，特别要推进一批对抓发展、惠民生具有重要引领带动作用的大项目好项目，以看得见、摸得着的项目建设成效，让老百姓切身感受十九大精神所带来的明显变化。

（二）发展社会主义民主政治。发展社会主义民主政治，关键是要坚持党的领导、人民当家做主和依法治国的有机统一。一要加强党对人大、政协工作的领导。要坚持和完善人民代表大会制度，支持各级人大及其常委会依法履行职责，更好发挥人大代表作用。要加强民主协商制度建设，支持人民政协发挥协商民主重要渠道和专门协调机构的作用，推动协商民主广泛、多层、制度化发展。二要充分发挥统一战线的重要法宝作用。加强党对统战工作的领导，支持民主党派、工商联、无党派人士积极参政议政、开展民主监督。全县统战系统，要进一步认识新形势下统一战线的战略地位和重要作用，充分发挥联系各方的优势，积极创新对台工作，加强自身建设，更好地服务漳浦发展大局。三要加快建设法治漳浦。坚持厉行法治，着力加快法治政府建设，加大全民普法力度，使全社会法治观念明显增强，让人民群众更加切实感受到法治的公平正义。

（三）不断提高漳浦文化软实力。十九大报告中强调，文化是一个国家、一个民族的灵魂。文化建设是我们经济社会发展的重要组成部分，要进一步激发全县文化创新创造活力，为加快富美金漳浦建设提供强有力的思想保证、舆论支持和文化条件。一要加强党对意识形态工作的领导。始终坚持党管意识形态工作不动摇，严格落实意识形态工作责任制，推进马克思主义中国化、时代化、大众化，进一步巩固马克思主义在意识形态领域的指导地位，建设具有强大凝聚力和引领力的社会主义意识形态。二要培育和践行社会主义核心价值观。坚持把社会主义核心价值观融入社会发展的方方面面，并转化为人们的情感认同和行为习惯。深入挖掘我县优秀传统文化蕴含的思想观念、人文精神、道德规范，结合时代要求继承创新，加强文物保护利用和文化遗产保护传承，让漳浦文化展现出永久魅力和时代风采。三要推动文化事业和文化产业繁荣发展。完善公共文化服务体系，深入实施文化惠民工程，丰富群众性文化活动。大力推动“文化+”产业发展，积极培育新型文化业态，建设一批文化产业基地、园区和产业群，不断壮大文化产业规模，优化文化产业结构。

（四）切实保障和改善民生。十九大报告指出，要坚持以人民为中心，把人民对美好生活的向往作为奋斗目标。我们要抓住人民最关心最直接最现实的利益问题，多办利民惠民实事，不断提高人民群众的获得感、幸福感、安全感。一要坚决打赢脱贫攻坚战。深入推进精准扶贫、精准脱贫，进一步完善各项工作机制，压紧压实脱贫攻坚责任，确保在今年内实现贫困人口全部稳定脱贫、五个贫困村全部脱帽。二要加快补齐民生社会事业短板。按照县委十三届四次全会的要求，重点补齐教育、卫生与健康、养老和城乡基础等社会事业短板，紧盯“四难一差”等突出问题，精准施策发力，不仅要提高资源供给总量，还要均衡配置资源，不断增强经济社会发展的全面性平衡性协调性。三要全力维护社会安定稳定。严格落实社会治安综合治理责任制，深入推进“平安漳浦”建设，加大推进“八大专项行动”力度，全面提升人民群众安全感。把厦门金砖会晤安保工作中总结的经验和建立的机制常态化制度化，提升预防和化解社会矛盾水平。严格落实安全生产“一岗双责、党政同责”，坚决遏制重特大事故发生，提升防灾减灾救灾能力。主动参与创建食品安全放心省活动，持续深化“餐桌污染”治理。

(五)积极践行生态发展新理念。十九大报告指出，“必须树立和践行绿水青山就是金山银山的理念，像对待生命一样对待生态环境”，把生态保护摆在了更加重要的战略位置。我们要以实现生态环境的“高颜值”和经济发展的“高素质”为目标，坚持一手抓经济、一手抓生态，深入实施生态建设“七个五”行动计划，不断巩固提升国家生态县创建成果。一要主动融入生态文明试验区建设。紧紧围绕福建省创建生态文明试验区的决策部署，增强主人翁的责任感和使命感，为全省全面完成试验任务作出我县应有的贡献。二要加快推进绿色发展。积极探索“生态+”模式，将生态理念融入经济社会发展方方面面。要健全绿色低碳循环发展的经济体系，严格控制高污染、高能耗、高排放产业发展，培育发展新能源、新材料、节能环保等绿色新兴产业，推动产业向高端、绿色方向发展。要强化约束性指标管理，鼓励集约节约用地，倡导节约、绿色、低碳的生活方式和消费模式。三要强化污染治理。持续推进“三铁治污、提升三质”行动，开展“清新水域、洁净蓝天、清洁土壤”三大工程，以解决危害群众健康和影响可持续发展的突出问题为重点，着力抓好小流域整治、黑臭水体治理、大气污染物综合治理等，让漳浦的天更蓝、地更绿、水更清、环境更宜居。四要加强生态系统保护和修复。坚决落实生态红线，严格按照重点开发、限制开发、禁止开发的区域定位进行开发保护；加强山体植被和景观保护，加大对“两违”、“青山挂白”、毁林占地、滥伐生态林、矿山违规开采、河道非法采砂等整治力度，切实保护好生态环境。

三、坚定不移推进全面从严治党

十九大报告指出，中国特色社会主义进入新时代，我们党一定要有新气象新作为。我们要按照十九大提出的新时代党的建设总要求，自觉担负起管党治党的政治责任，深入推进反腐败斗争，推进全面从严治党向纵深发展。

一要坚决维护以习近平为核心的党中央权威。党的十八大以来，习近平总书记站在时代和战略的角度，以深刻洞察力、敏锐判断力和战略定力，以非凡的政治魄力、卓越的领导才能和坚韧不拔的意志品格，引领我们迈进新时代。习近平总书记成为党中央的核心、全党的核心，是众望所归、名副其实、当之无愧。我们将坚持把党的政治建设放在首位，切实增强政治意识、大局意识、核心意识、看齐意识，自觉向习近平总书记看齐，向党中央看齐，始终在政治立场、政治方向、政治原则、政治道路上，同以习近平同志为核心的党中央保持高度一致，确保上级的各项重大决策部署在漳浦落地生根、开花结果。

二要坚持以习近平新时代中国特色社会主义思想为指导。党的十九大将习近平新时代中国特色社会主义思想确立为党必须长期坚持的指导思想，并写进党章，反映了全党共同意志和全社会共同意愿。全县各级党组织都要坚持以习近平新时代中国特色社会主义武装头脑、指导实践、推动工作，扎实推进“两学一做”学习制度化常态化，开展好“不忘初心、牢记使命”主题教育，教育引导广大党员干部坚定信念、牢记宗旨，团结带领全县人民万众一心、真抓实干，全力推进漳浦各项事业加快发展。

三要坚持正确选人用人导向。按照十九大提出的“建设高素质专业化干部队伍”的部署要求，坚持好干部标准，突出政治导向和实干导向，完善精准科学选人用人机制，着力打造一支忠诚干净担当的干部队伍。要继续大力推行“一线工作法”和“一线考察干部机制”，鼓励干部到发展一线建功立业，以干部作风大转变，进一步提振干部干事创业精气神。要坚持党管人才原则，深化人才发展体制机制改革，把各方面优秀人才集聚到富美金漳浦建设中来。

四要夯实基层党建基础。以提升组织力为重点，坚持组织覆盖和工作覆盖相结合，努力把各领域基层党组织建设得更加坚强有力。要选优配强农村带头人和驻村第一书记，促进农村发展、村民致富。要抓好基层党支部建设，落实“三会一课”制度，推进党组织设置和活动方式创新，着力解决一些基层党组织弱化、虚化、边缘化问题。要继续推行党委书记抓基层党建述职述评制度，不断增强基层党建工作实效。

五要驰而不息加强作风建设。大力弘扬“滴水穿石”精神和“马上就办”等优良作风，持续推进机关效能建设，狠抓工作落实，不断优化发展环境。要巩固落实中央八项规定精神成果，继续整治“四风”问题，坚决反对特权思想和特权现象。坚持惩前毖后、治病救人，加强对党员干部的日常管理监督，运用监督执纪“四种形态”，抓早抓小、防微杜渐。

六要深入推进反腐败斗争。严格落实无禁区、全覆盖、零容忍的要求，着力构建不敢腐、不能腐、不想腐的长效机制，巩固压倒性态势、夺取压倒性胜利。完善县委巡察制度，发挥巡察利剑作用，把党内监督延伸到基层，实现巡察全覆盖；特别是加强对群众身边微腐败问题的精准监督，让群众更多感受到正风反腐的实际成效。按照监察体制改革试点要求，组建县监察委员会，实现对所有公职人员监察全覆盖。

新时代开启新征程。让我们更加紧密地团结在以习近平总书记为核心的党中央周围，坚持以习近平新时代特色社会主义思想为指导，锐意进取、攻坚克难，凝心聚力、奋力拼搏，加快建设新时代富美金漳浦，为实现十九大描绘的宏伟蓝图而努力奋斗！

漳浦县人大常委会工作报告

（节选）

——在漳浦县第十七届人民代表大会第二次会议上

漳浦县人大常委会主任　陈少华

现在，我代表漳浦县第十七届人民代表大会常务委员会，向大会报告工作，请予审议，并请列席人员提出宝贵意见。

·2017年的主要工作·

2017年是县十七届人大常委会的开局之年。县人大常委会在县委的坚强领导下，在省市人大常委会的精心指导下，高举中国特色社会主义伟大旗帜，以邓小平理论、“三个代表”重要思想、科学发展观、习近平新时代中国特色社会主义思想为指导，坚持党的领导、人民当家做主、依法治国有机统一，深入学习贯彻党的十九大精神，全面贯彻落实习近平总书记系列重要讲话和对福建工作的重要指示精神，依法履行宪法和法律赋予的各项职责，努力发挥地方国家权力机关作用，为推进我县经济、政治、文化、社会和生态文明建设发挥了积极的作用。

一年来，共召开主任会议16次，举行常委会会议9次，听取和审议专项工作报告21项，讨论并作出重大事项决定、决议22项，形成审议意见13件58条；先后对2部法律法规实施情况进行检查，开展调研、视察和督查活动24次；任免国家机关工作人员132人次。全面完成了县十七届人大一次会议确定的工作任务。

一、紧扣工作中心，推动改革发展

坚持围绕中心、促进发展，充分发挥职能作用，推动全县经济社会健康可持续发展。

（一）尽力尽职服务大局。根据中央和省委市委关于推进监察体制改革试点工作的精神和县委的工作部署，主动对接配合，精心研究制定人大实施方案，确保按时选举产生县监察委员会。认真开展国家卫生县城创建和环境卫生整治工作督查，提出合理化建议，推动县委决策部署贯彻落实。县人大常委会领导挂钩重点项目和联系乡镇，经常深入项目建设现场和乡镇检查指导，促使项目建设扎实推进和挂钩乡镇各项经济指标顺利完成。县人大常委会机关挂钩联系贫困户，定期开展帮扶活动，与所在乡镇、村合力深入推进精准扶贫工作。

（二）适时议决重大事项。围绕县城区和万安生态产业园建设发展中的重大项目及资金安排，依法行使重大事项决定权，作出决议4项、批准资金42.31亿元，有力地支持市政道路等基础设施建设。同意县政府关于“十三五”规划纲要增加安全生产相关内容，进一步明确安全生产的重点工作和主要措施。作出关于在全县开展第七个五年法治宣传教育的决议，强化“谁执法谁普法”“谁主管谁负责”的责任落实。决定召开人代会、补选人大代表、人大自身建设等事项7项，促使地方人大工作更加符合宪法法律精神，更好反映人民意志与利益。

（三）依法做好人事任免。坚持党管干部原则，依法行使人事任免权，严格依法做好人事任免工作。2017年决定任命行政机关工作人员26人;任免司法机关工作人员20人次;任免县十七届人大常委会各工作委员会委员64人，为地方国家机关更好地履行职能提供有力的组织保障。任命人民陪审员22人，有利于推动公民依法参加审判活动，促进司法公正。决定任命或任命之后随即举行宪法宣誓仪式，有助于新当选的国家机关工作人员增强责任感、公仆意识和法治观念。

二、突出问题导向，增强监督实效

坚持以人为本、履职为民，深化法律监督和工作监督，推动监督工作取得新进展。

(一)加强法律监督，推动法律法规正确实施。按照突出重点、增强实效的原则，围绕公共领域安全，有针对性地开展道路交通安全法、农产品质量安全法等法律实施情况的检查，分别形成执法检查报告，连同审议意见，交执法机关办理。开展道路交通安全法执法检查，常委会组成人员针对检查中发现的问题，提出审议意见，对于道路交通安全法的正确实施，持续加强监管体制和能力建设，严厉整治道路交通突出问题，确保广大人民群众出行安全起着积极推动作用。通过对农产品质量安全法的执法检查，促进县政府及其职能部门围绕“从农田到餐桌”的各个环节，抓住农产品监管中的薄弱环节以及农产品生产经营中存在的突出问题进行整改，加强农产品品牌建设，严格落实属地监管责任，推进农产品质量安全管理工作长效化、制度化，切实保障广大人民群众“舌尖上的安全”。

(二)加强工作监督，促进依法行政公正司法。听取县政府2016年决算报告、2017年预算执行及调整的报告，审查批准县政府2016年决算、2017年预算调整方案;听取古雷港经济开发区、绥安工业区2016年预算执行、2017年预算及其预算调整的报告，批准古雷港经济开发区、绥安工业区2017年预算及预算调整方案。听取县政府关于审计工作报告，要求县政府加强对审计查出问题整改情况的跟踪督查和责任追究;听取县政府2017年上半年工作报告及2017年上半年国民经济和社会发展计划执行情况的报告，强调积极适应经济发展新常态，坚定推进供给侧结构性改革，做好“三去一降一补”工作，大力实施创新驱动发展战略，有效防范和化解风险，确保经济社会平稳较快发展;听取县政府关于安全生产专项工作报告，促进县政府不断完善三级监管网络，定期开展应急救援演练，及时排查安全隐患，推进安全生产管理规范化、制度化;听取县政府关于失业保险工作报告，推动县政府及其职能部门有效保障失业者基本生活，促进再就业;听取县政府关于城市建设与管理专项工作报告，督促县政府及其职能部门加强基础设施建设，创新城市管理体制机制，不断增强广大人民群众的幸福感和获得感;听取县政府关于分级诊疗制度实施情况专项工作报告，要求县政府夯实基层基础，发挥县级公立医院龙头作用，规范就医秩序，不断缓解广大人民群众“看病难、看病贵”等问题。听取县法院、县检察院2017年上半年工作报告，要求司法机关深入开展法治宣传教育，积极推动深化司法体制改革，优化职权配置，加强队伍建设，规范司法行为，不断提升司法公信力。

(三)关注社会热点难点问题，促进社会和谐稳定。围绕广大人民群众普遍关注的热点难点问题，先后开展法院执行工作、漳浦一中省一级达标校创建、气象服务“三农”、巡回检察、文物保护、电子商务发展、少数民族地区经济社会发展情况等工作调研，组织对美丽乡村建设和重点项目建设进展情况进行视察，提出合理化建议，引起了“一府两院”对相关工作的重视。督促县政府依法向县人大常委会报告年度环境状况和环境保护目标完成情况，自觉接受人大和人民群众监督。把信访工作作为监督工作的重要组成部分，主动参加信访联席会议，协助做好“厦门会晤”“十九大”会议期间信访工作。2017年共受理群众来信136件、接待群众来访62批121人次，认真听取信访群众合理诉求，坚持法治导向，健全和完善信访工作机制，推动涉法涉诉等问题的解决，依法维护信访群众的合法权益。

三、围绕主体地位，发挥代表作用

坚持夯实基础、拓展平台，支持和保障代表依法履职，更好地发挥代表的主体作用。

(一)夯实基础，保障代表履职。换届之后，以乡镇为单位，把全县290名县人大代表编成30个活动小组、1676名各级人大代表混合编成145个活动小组，为代表参加活动创造条件。每月向代表寄送有关文件和材料，及时通报常委会行使职权的情况以及县情县政，保障了代表的学习权和知情知政权。于2017年6月举办县人大代表初任培训班，邀请全国人大深圳基地教授和市人大人事代表委负责同志进行授课，进一步激发代表履职热情，提升代表履职能力和水平。依法接受个别代表的辞职请求，及时做好代表补选工作，确保代表工作连续性。认真落实代表活动经费，为代表活动提供有效保障。

(二)拓展平台，发挥代表作用。邀请县人大代表列席县人大常委会会议，参加常委会组织的调研、视察和执法检查等活动，拓展代表对“一府两院”工作的知情知政途径和履职渠道。直面县人大代表履新实际，确定2017年“6•28代表统一活动日”活动主题为“不忘初心，为民履职”，有效增强代表履职的责任感和使命感。不断拓展代表联系人民群众的平台建设，把乡镇人大代表工作室作为各级人大代表联系人民群众的重要平台，不断完善接访、议事、交办、督办、反馈等制度，推进代表履职常态化、长效化，进一步密切人大代表与人民群众的联系，畅通民意表达渠道，广泛听取、真实反映广大人民群众愿望和诉求。

(三)强化督办，提升办理质量。引导代表围绕全局性、普遍性问题提出议案、建议，增强议案、建议的针对性；完善督办机制，通过开展代表建议办理工作视察、检查和“回头看”等活动，对办理方案、进度、质量进行督查。将与民生关系密切、迫切需要解决的代表建议作为重点督办件，由县人大常委会领导进行重点督办；对于其他的代表建议按照对口联系挂钩的原则进行对口督办和协同督办。听取县政府关于代表建议办理情况的报告，提出审议意见，督促县政府及其有关部门及时解决办理过程中的突出问题，推动办理工作从“答复型”向“落实型”转变。县十七届人大一次会议期间，代表依法提出议案，建议、批评和意见93件，分解为191个交办件，交由46个承办单位办理，办结率为100%，满意率达89.20%。

四、加强自身建设，提高履职水平

坚持学习为先、提升素质，切实加强人大自身建设，不断提升依法履职能力和水平。

(一)加强思想、作风和制度建设。坚持党组理论学习中心组、机关党支部定期学习制度，使学习成为推动人大工作的强大动力。自觉用习近平新时代中国特色社会主义思想武装头脑、引领方向、指导实践、推动工作。坚持调研先行，建立健全常委会组成人员联系代表制度，通过走访代表，更加密切常委会与代表的联系，促使常委会的工作更好地体现广大人民群众的意愿与呼声。修订完善县人大机关工作制度，保障机关工作精细化、规范化，进一步提高议事质量和效率。

(二)加强人大新闻宣传和制度理论研讨。牢牢把握意识形态工作主动权，围绕常委会履职亮点，认真组织策划，加强宣传阵地建设，办好《漳浦人大简报》；积极向《人民政坛》《漳州人大》等杂志和省市人大网站投稿，进一步做好以宪法为核心、以弘扬社会主义法治精神为目标的法治宣传教育，有效提升我县人大在全市、全省乃至全国的影响力。主动组织县乡人大干部参加省人大组织的“推进人大工作创新发展，为再上新台阶、建设新福建提供重要保障”课题研讨，提交研讨论文49篇，有5篇论文获奖。我县人大宣传信息工作以及课题研讨论文获奖总数和等次均位居全市各县(市、区)首位。

(三)加强上下联系和对外交流。自觉接受省市人大常委会的指导和监督，主动加强与省市人大常委会的工作联系和沟通，得到省市人大常委会的大力支持和充分肯定，今年11月11日，县人大常委会作为全省两个县份之一，在全国人大第三期县级人大常委会负责人学习班上作了典型发言。加强对乡镇人大工作的指导，坚持乡镇人大主席列席县人大常委会会议制度，邀请乡镇人大主席参与县人大常委会的重要活动，支持乡镇人大依法履职，不断提高乡镇人大的整体工作水平。

县人大常委会一年来所取得的成绩，是在县委的正确领导下，县人大常委会组成人员、各级人大代表和县乡人大干部辛勤工作的结果，是县政府、县法院和县检察院密切配合的结果，是社会各界、乡镇人大和县人大常委会老领导、老同志大力支持的结果。在此，我代表县十七届人大常委会，向大家表示衷心的感谢和崇高的敬意！

在回顾总结一年来工作成效的同时，我们也清醒地看到，县人大常委会的工作还存在一定的差距和不足，主要表现在：监督工作回应广大人民群众重大关切还不够及时，监督方式比较单一，监督实效有待进一步增强；"审议意见"的监督功能依然弱化，督促"审议意见"办理工作的落实，还需继续探索和实践；讨论和决定重大事项的机制有待进一步规范和完善；对乡镇人大和代表履职工作的指导缺乏具体化。这些问题和不足，我们将在新一年工作中认真加以改进和解决。

政府工作报告

（节选）

——在漳浦县第十七届人民代表大会第二次会议上

漳浦县人民政府县长　黄庆华

现在，我代表县政府向大会报告工作，请予审议，并请县政协委员和其他列席人员提出意见。

·2017年工作回顾·

即将过去的2017年，是本届政府履职的起步之年。我们在习近平新时代中国特色社会主义思想指引下，认真贯彻落实市委市政府和县委决策部署，统筹推进“四大重点区域”①建设，突出抓好“十项重点工作”②，扎实开展“三抓三比、十项竞赛”③，实干创新，攻坚克难，基本完成县十七届人大一次会议确定的目标任务。预计全年实现地区生产总值329.50亿元、增长8.60%，固定资产投资312亿元、增长22.20%，规模工业总产值463亿元、增长9.90%，规模工业增加值130亿元、增长9.60%，一般公共预算总收入23.10亿元、增长16.30%，地方一般公共预算收入15.50亿元、增长14.50%，社会消费品零售总额113.60亿元、增长12%，实际利用外资1.03亿美元，出口总值39.80亿元、增长14%，城镇居民人均可支配收入33786元、增长10.10%，农村居民人均可支配收入18056元、增长9.20%。

一年来，我们围绕在全市“三抓三比、十项竞赛”工作中“夺第一、当先锋”的目标定位，大胆闯，认真干，园区建设、现代农业、项目融资等工作亮点纷呈。一是彻底完成古雷整岛搬迁扫尾工作，实现古雷石化基地封关运行；二是万安工业园9个月完成连片征地1.58万亩，具备承接大项目的基础条件；三是被确定为全省唯一的“全国重大市政工程领域PPP④创新工作重点城市”，新增PPP项目8个、总投资80.96亿元；四是石榴现代农业观光产业园成为全市唯一被财政部确认的省级田园综合体示范项目；五是集中为工业企业补办不动产证的经验做法成为全市推广的典型；六是成功举办中国皮革业发展论坛；七是沿海大通道漳浦段全线通车，成为带动我县沿海地区经济腾飞的黄金大道；八是朝阳水库正式开工，建成后将使全县人民都喝上源头清水；九是举行“喜迎十九大”百亿投资百个项目集中奠基开工、竣工投产仪式，掀起大投资大建设热潮；十是“三抓三比、十项竞赛”进入全市前列，彰显了大县实力，展现了大县作为。主要体现在：

工业发展步伐加快。完成工业投资115亿元、增长47.40%。园区布局优化提升。绥安工业区基础设施全面升级；万安工业园“五纵八横”道路建设全面铺开；赤湖工业园首批11家皮革企业全部投产，实现产值超30亿元。项目建设力度加大。持续“拔钉清障”，解决34个项目落地难题，联创光电、绿泉食品等27个项目开工建设，中电光伏、致易电子、敏捷动漫等21个项目竣工投产；净增规模企业11家、高新技术企业4家。招商引资氛围浓厚。以上率下开展外出招商220场次，促成签约项目96个、总投资231.90亿元，落地项目36个、总投资64.10亿元。企业帮扶成效显著。开展“追问题、解难题、促发展”活动，补办企业不动产证68家，盈丰、格联特、同溢堂、车城汽配等多家企业实现产值、税收双增长。

现代农业提质增效。预计实现农业总产值66.50亿元、增长3.5%。载体建设再创佳绩。石榴田园综合体完成投资1亿元，引进扬基铁皮石斛、康华芦荟等7个特色项目；赤土立体现代农业核心示范园建成光伏农业大棚60万平方米；海峡花卉集散中心入驻花木企业152家，实现交易额30亿元。基础配套不断完善。投入3.40亿元，建成一批水利、渔港和农业综合开发建设项目，虎头山一级渔港投入使用，建成5万多亩高标准农田。特色品牌逐步打响。新增农业龙头企业21家、国家地理标志产品1个、省级名牌4个、省级示范家庭农场6家，基本形成六鳌地瓜、佛昙河鲀等“一地一品、一地多品”的特色产业格局。

第三产业活力增强。预计实现第三产业增加值154.30亿元、增长12%。全年接待旅游总人数突破435万人次，实现收入44.80亿元，分别增长22.10%、31.70%。龙美湾旅游区开工建设，古雷欢乐岛入选全国优选旅游项目和国家3A级景区，六鳌被评为省级乡村旅游休闲集镇，佛昙轧内跻身全省二十佳旅游特色村。长德商贸城、漳浦创客空间投入使用，香江物流园、四通创业港加快建设，大南坂汽车4S产业园初具雏形。电商服务中心和互联网经济产业园正式运营，建成201个村级服务站，实现电子商务交易额25亿元、增长22.70%，国家电子商务进农村综合示范县通过考核验收。

宜居水平持续提升。实施城建项目119个，完成投资45亿元。启动创建国家卫生县城，打通“断头路”取得实质性进展。鹿溪两岸征迁同步推进，龙湖公园、蓝理路、滨江大道等市政项目开工建设。中心市场改造提升，青年农贸市场建成投用，标志标线、夜景工程、绿化美化全面升级，城市颜值显著提高。佛昙商贸城一期建成，深土碧水丹山、盘陀鹿水新城等城镇综合体加快建设。初步建成南浦大坪、佛昙人坪等一批新的美丽乡村。海峡花木小镇入围第二批省级特色小镇。佛昙湾、旧镇湾跨海特大桥建成通车，国道外甩、沈海高速万安互通口等项目前期进展顺利，漳浦汽车客运站主体竣工，新建农村水泥路120公里。强化“两违”治理，完成拆违58.90万平方米。完成造林绿化1.60万亩。关闭拆除养猪场2449家，重点流域水环境治理和面源污染专项整治取得明显成效。

社会事业齐头并进。全年民生投入43.60亿元，占财政总支出85.50%。脱贫攻坚全面发力，落实产业扶贫项目19个、造福工程扶贫搬迁195户820人，实施异地商会挂钩帮扶和“百企挂百村”工程，全县4219户12390人和5个贫困村全部脱贫脱帽。基本建成绥安中学科学楼和佛昙第二中心幼儿园、万安中心幼儿园等一批中小学幼儿园项目，新招聘教师200人，推出首批人才公寓29套；武庙重建，文庙、旧县衙和锦江楼修复相继完成，举办首届孔子文化节；新招卫技人员257人，县疾控中心、赤岭、六鳌、官浔等5个卫生项目有序推进。新建停车场4个、停车位245个。荣获省级双拥模范县七连冠。夺得第十三届市运会金牌28枚，杜浔籍运动员卢云秀摘得女子帆船世界杯桂冠。赤湖镇老年活动中心被评为“第二届全国敬老文明号”，赤岭村被评为“第二批中国少数民族特色村寨”，《漳浦年鉴(2016)》获全国地方志优秀成果特等奖，县环保局被评为“全国环保系统先进集体”。全县城乡居民养老保险参保率超过95%，11189个低保对象实现应保尽保，发放农村低保金和高龄补贴3990万元。古雷新港城17个社区居委会挂牌试运行。扎实开展维稳“八大专项行动”⑤，省禁毒重点关注县和道安综合整治重点县均已脱帽，食药品监管得到加强，顺利通过国务院安全生产巡查和中央、省委省政府环保督察，社会保持安定稳定。

自身建设不断加强。“两学一做”⑥学习教育呈现常态化制度化，认真贯彻中央八项规定精神。在全市率先推行“前店后厂”审批服务新模式，“最多跑一趟”事项由原来328项增加到433项。认真执行人大决定决议，办理人大代表建议93件、政协委员提案70件，办复率均100%。行政监察、审计监督继续加强，党风廉政建设和反腐败工作有力有效。此外，统计编制、物价粮食、民宗外侨、双拥支前、网络广电、工青妇残、老干老龄、老区老促等各项工作均取得新进展。

一年来的成绩，是县委坚强领导的结果，是全县人民团结奋斗和各方面大力支持的结果。在此，我代表县政府，向全县人民和全体人大代表、政协委员，向各人民团体和离退休老同志，向驻浦部队和武警官兵，向所有关心支持漳浦发展的各级各界人士，致以崇高的敬意和衷心的感谢！

在肯定成绩的同时，我们清醒地看到，我县发展还存在不少困难和问题，主要是：经济总量小、结构不优，工业发展水平不高，新兴产业和新动能支撑偏弱，投资增长后劲不足，缺乏大项目、大企业，区域城乡发展不平衡，教育、文化、卫生、养老等公共服务短板仍然不小，政府职能转变还不到位，慢作为、中梗阻问题仍不同程度存在等。对这些问题，我们将认真加以解决。

•《政府工作报告》有关注解•

①四大重点区域：古雷港区、厦门港南岸漳浦片区、万安标准化工业园区、县城中心区。

②十项重点工作：新型工业、农业农村、现代服务业、交通先行、公共配套、民生事业、生态文明、营商环境、综治维稳、党的建设。

③三抓三比、十项竞赛：抓招商比项目投资、抓生态比城乡环境、抓作风比营商环境，工业园区建设、创新转型项目、现代服务业项目、特色现代农业项目、重点民生项目、生态水系项目、特色小镇项目、精准脱贫攻坚、交通先行工程、公共配套项目等竞赛。

④PPP:Public-Private Partnership，又称PPP模式，即政府和社会资本合作，是公共基础设施中的一种项目运作模式。

⑤八大专项行动：坚决依法处理信访积案、打击制售假冒卷烟、整治交通安全隐患、打击虚假信息诈骗、打击暴力犯罪、打击“黄赌毒和盗抢骗”、打击网络造谣传谣、铲除消防安全隐患。

⑥两学一做：学习党章党规和习近平总书记系列重要讲话精神，做合格党员。

⑦三品一标：无公害农产品、绿色食品、有机农产品和农产品地理标志。

⑧生态+：生态与城市建设、产业发展、旅游项目、民生工程、历史文化等融合，推动产业发展、城乡环境、生活品质和城市品位转型升级。

⑨一溪两岸三桥四园五景：鹿溪，北岸、南岸，金浦大桥、印石大桥、得仙大桥，江滨公园、鹿溪公园、龙湖公园、南湖公园，十里慢道、九九梁峰、百舸争流、百亩荷塘、千年威惠。

⑩门前三包：责任人对责任区范围内的市容市貌、环境卫生、绿化亮化履行相应的责任要求。

⑪三铁、三质：铁的决心、铁的措施、铁的纪律，气质、水质、土质。

⑫六个一工程：一个全民健身活动中心、一个体育公园、一个游泳馆、一个田径场、一条健身步道或登山道、一个十件以上健身器材。

政协第十四届漳浦县委员会常务委员会工作报告

（节选）

——在漳浦县政协十四届二次会议上

漳浦县政协主席　林培兴

我代表十四届县政协常委会向大会作报告，请予审议，并请列席会议的同志提出意见。

·2017年工作回顾·

2017年是党和国家发展进程中极为不平凡的一年。党的十九大胜利召开，以习近平同志为核心的党中央，团结带领全党全国各族人民，开创了中国特色社会主义新时代。在这个伟大的历史进程中，我们在中共漳浦县委的坚强领导下，认真学习贯彻习近平新时代中国特色社会主义思想，坚持围绕中心服务大局，深入推进人民政协协商民主实践，为建设新时代富美金漳浦作出积极贡献。

一、献计献策献才智，在改革发展中聚势奋进

一年来，我们坚持把不断推动全县经济社会持续健康快速发展作为履行职能的首要任务，规范协商运作程序，着力提高协商质量。

1.紧扣中心开展政治协商。常委会注重发挥人民政协的协商民主重要渠道作用和专门机构职能，不断议政建言、实践创新。一是协商民主有序推进。按照“三抓三比、十项竞赛”的活动要求，制定《2017年协商工作计划》，明确协商议题，规范协商成果报送和协商意见反馈制度，使协商民主走向程序化和规范化。二是协商密度明显增加。先后就政府工作报告和特色现代农业发展、工业园区建设等，开展了8次集中协商活动，组织委员与党政领导面对面沟通情况，交换看法，商讨对策，形成40多条具体协商意见，助推党政决策的科学化和民主化。三是协商成果有效转化。坚持将专题协商结果书面报送县委、县政府。如，协商规划建设龙湖公园时所形成的高起点规划、合理配套、保护生态等6条意见；协商朝阳水库建设时所形成的加快安置小区建设、积极引导就业、加强设施配套、科学制定补偿方案等4条意见，先后被县委、县政府采纳落实，为项目建设发挥积极作用。

2.扎实有力开展民主监督。一年来，我们紧紧抓住群众关注的热点难点问题，不断创新和完善民主监督形式，努力提升民主监督实效。拓展监督范围。建立健全反映社情民意队伍网络，形成政协委员、界别、党派、团体、基层信息员等多元化反映收集社情民意的机制，通过社情民意逐步将监督范围延伸到农村、社区，充分利用委员贴近基层、贴近群众、贴近生活的优势，切实发挥日常监督职能，一年来共收集社情民意信息121条，向县委、县政府领导和上级政协反映社情民意信息105条，被上级政协采用35条。其中，《建议及时修订药品说明书以保障用药安全》等信息被省政协专报件采用，为党委政府了解民意、体察民情，促进问题的解决发挥重要作用。突出监督重点。我们以专项视察为重点，抽调参政议政能力强的委员和有关部门负责人或

专家，采取听汇报、座谈、实地走访、翻查资料等方法，对创建卫生县城、工业园区建设、城市建设等多项工作进行专项视察，经过反复论证、分析提炼，形成5篇视察报告，报送县委、县政府。

3.务实有效开展参政议政。一年来，我们充分发挥政协全委会、常委会、协商会等平台作用，认真履行参政议政职能。一是发挥界别委员建言作用。我们紧扣县委工作决策部署，为助推全县工作积极建言献策。在政协全委会和常委会上，安排不同界别的委员进行重点发言。如庄永宏委员《整合优化营商环境的法律资源，服务招商引资大局》、戴两全委员《提升基层服务能力，推进分级诊疗工作》等意见和建议已被相关部门转化为具体的工作措施。二是发挥协商调研议政作用。我们按照选题求准、调研求深、建议求实的工作思路，精心选择事关全县发展大局、事关社会和谐稳定的重要事项，组织对基层卫生院、威惠公园、朝阳水库、印池文化公园、开通旧镇桥闸等工作进行了专题调研，形成的5篇调研报告得到县委、县政府主要领导的重视。三是发挥文史工作资政作用。重视推动文史修编工作。以存史、资政、团结、育人为目的，大力传承漳浦地域文化和人文精神，努力实现“征集整理型”向“挖掘研究型”的转变，编印出版了《漳浦文史资料·第36辑》《漳浦古代诗词选》等2部史籍。重视推动文物保护与修缮工作。积极推动历史文化传承创新，大力推进文化遗产、非物质文化遗产和历史文化名镇、名村的保护开发。特别是在推动县城关帝文化公园、龙湖公园、文庙、旧县衙等项目的提案办理落实中，县委戴书记、黄县长作出批示，并交相关部门组织实施。

二、同心同力同节拍，在服务大局中勇当先锋

一年来，我们多渠道开展咨政建言活动，人民政协职能作用得到充分发挥。

1.聚焦兴县惠民广谋良策。今年来，委员们心系招商、情系项目，充分挖掘自身的人脉资源优势，认真捕捉项目信息，积极投身各项兴县惠民工作主战场。在寻找项目、引进客商、争取资金、“三农”提振、工业增效、电商发展、文化繁荣、旅游开发、教育强县、科技创新、卫生惠民、平安创建等方面做出了新的贡献。

2.聚焦项目建设勇于担当。一年来，我们坚持从全县的发展大局出发，将工作力量推向经济社会发展的主战场。一是机关干部主动担当。先后有5名政协领导、4名机关干部和部分委员在县城关帝文化公园、朝阳水库、古雷搬迁收海、竹屿阳光电源、县城建设及城镇综合体等项目建设一线担任指挥长、副指挥长和组长、业务骨干等工作。政协班子成员还经常深入基层、深入企业，做好挂钩乡镇和项目的跟踪服务工作，主动担当，为项目建设贡献力量。二是政协委员群策群力。我们号召广大政协委员和社会各界人士主动带头配合征迁工作，主动了解项目建设情况，帮助解疑释惑、化解矛盾、建言献策，以实际行动加快项目建设步伐。

3.聚焦民生民计献智献力。今年来，我们主动把委员履职融入脱贫攻坚之中，帮助实现脱贫目标。一是为脱贫攻坚献智献力。县政协领导和机关干部对口帮扶7个乡镇、14个村、31户的脱贫攻坚任务，定期到村梳理脱贫思路，帮助筹集帮扶资金，协调脱贫致富发展项目。政协机关选派1名科级干部到沙西镇涂楼村驻村蹲点，在一线就脱贫攻坚、党建工作、综治维稳等方面实施精准帮扶。异地商会深入开展“扶贫之光”活动，主动到挂钩帮扶村考察、了解、对接帮扶工作和项目要求，北京、上海、泉州、厦门、深圳等异地商会专门设立帮扶项目资金，以实际行动助推脱贫攻坚。二是鼓励委员献爱心。今年来，全体政协委员立足“一岗双责”，在精准施策上出实招、在精准推进上下实功、在精准落地上见实效，委员们的善举得到群众的肯定和赞誉。特别是工商界的委员、社会贤达和港澳台侨胞，如黄全和、吴志民、王建祥、刘跃平、洪泰荣、杨坤田、杨国强、杨小龙、杨集文、杨向阳、汤玲玲、梁加辉、黄华丽、蓝佳金、周建阳、张群豪、林炳义、林永民、林建平、林雄申、林海旭、郑洪坤、王阿文、王建枝、陈纪林、陈吉祥、陈瑞和、陈建中、陈展平、陈忠辉、黄万丁、蓝宝华、蓝宝菁、蓝智贤、蓝智强、洪星福、陈筱丹、简瑞斌、刘演习、郑明煌、方德华、黄亚斌、陈迪、吴玉玲等。他们积极参与社会公益事业。有的慷慨解囊、扶危济困，为贫困群众献爱心、送温暖；有

的心怀桑梓、情系教育，主动到中小学设立奖教奖学金；有的关注基层、关心农村，捐资修路建公园建公厕，用实际行动为社会做贡献。

三、抓好抓实抓长效，在维护和谐中全力跟进

一年来，我们发挥政协优势，积极维护群众利益，推动民生改善，凝心聚力共同促进社会和谐稳定。

1. **积极营造社会诚信氛围**。围绕构建社会核心价值体系，以县诚信促进会为依托，积极参与道德模范评选推荐，广泛宣传社会诚信典型事迹，认真开展诚信维权活动，大力弘扬社会诚信风尚。进一步丰富和拓展《诚信漳浦》会刊的创办和发行，宣传会员创建诚信的事迹。丰富完善"诚信漳浦"网站和"诚信漳浦"微信平台建设，积极促进社会民生重点领域的诚信文化建设，倡导形成"以诚实守信为荣、以见利忘义为辱"的社会氛围。

2. **积极促进民生福祉改善**。我们重视发挥政协提案在履行职能中的重要作用，着力抓好提案质量、办理质量、服务质量。县政协十四届一次会议以来，共收到委员提案76件。在县委、县政府的重视领导下，35个具体承办部门做到"领导重视、办理认真、部门协作、措施有力、落实到位"，提案件件有落实、事事有回音，提案办结率和委员满意率进一步提高。为县委、县政府作出科学决策、落实为民办实事、推动经济发展提供了更加广泛的民意基础和智力支持。促成了《关于整治中心市场环境的建议》《关于增加县城车辆临时停车位的建议》等一批提案的高效办理。

3. **积极推动族谱修编工作**。族谱修编工作是一项集民心的公益事业，我们专门成立族谱修编领导小组，倡导以"实事求是，谨慎细致，通俗易懂"为原则，组织发动民间力量和广大老百姓开展族谱修编和对接工作，为浦籍子孙，特别是港澳台同胞和海外侨胞寻根谒祖、文化交流创造有利条件和便捷通道。今年，顺利完成林、李等姓氏的族谱修编，陈、蓝、刘、张等4个姓氏正在收集汇总，即将修编完成。全县已完成12个姓氏族谱修编。

四、新风新貌新气象，在自身建设中扎实推进

一年来，我们坚持把加强自身建设摆在重要位置，强化创先争优意识，以学习强素质、以党建促规范、以作为树形象。

1. **多形式学习，思想政治水平进一步提高**。一是重视理论教育和业务学习。坚持把加强思想政治建设和业务学习放在首位，建立健全党支部"三会一课"制度，坚持党组成员带头讲党课，有重点、分层次地组织学习。深入学习党的十八大、十九大精神和习近平总书记系列重要讲话精神，深入学习政协章程和统战等理论知识，切实做到学懂弄通做实。二是扎实推进"两学一做"学习教育常态化、制度化。切实在改进作风上动真格，在落实全面从严治党要求上下真功，通过学习、教育和实践，政协领导班子、全体党员、机关干部理想信念进一步坚定，党性觉悟进一步提高，宗旨观念进一步强化。

2. **多措施并举，党的纪律建设进一步增强**。今年来，政协党组按照"党要管党，从严治党"的原则，以提升机关党建科学化水平为目标，以机关服务型党组织建设为重点，切实履行管党责任。加强支部建设，顺利完成支部换届工作，调整充实政协机关党支部队伍力量。调整充实工会、妇联组织力量。认真落实党风廉政建设"两个主体责任"，建立了常态的工作机制和有效的监督约束机制，机关党建和党风廉政建设工作进一步加强。抓住省委巡视组巡视漳浦有利契机，进一步加强和规范制度建设，严格执行中央八项规定和省市县委有关规定，简化公务接待、严格出差管理、精简会议文件，勤俭节约，三公经费逐年下降。

3. **多方面配合，机关服务水平进一步提升**。一是落实政协"三化"目标，不断健全和完善政协工作运行机制。研究制定党组工作、财务管理、保密工作等5项管理制度。在建章立制的基础上，深化文明单位和平安单位的创建工作，着力抓好各项制度的落实，推进政协工作有序健康发展。二是加强委员履职管理服务。强化委员履职保障，建立委员联络服务机制，进一步拓宽政协委员学习培训、联络联谊、服务管理的渠道。坚持走访慰问委员，关心支持委员事业发展。善于运用新闻媒体，讲好委员履职故事，展现委员履职风采。三是深化与兄弟县政协的联系协作，加强交流，互相学习，共同提高。接待

46 批次各级政协来浦考察调研，联合完成 38 个课题的调研协作，协办 2017 年世界闽南文化学术研讨会、全省政协科教文卫体委工作座谈会、市政协提案委员会第十次联席会议等重要会议，通过细心接待、严谨办会，有效提升漳浦知名度和良好形象。

一年来，我们励志奋进，开拓创新，各项工作取得了新成绩，为经济社会发展做出了新贡献。这是中共漳浦县委正确领导的结果，是县人大、县政府和社会各界大力支持的结果，也是各位委员、各界人士的聪明才智与心血汗水不断凝结的结果。在此，我代表县政协常委会向所有关心支持政协工作的各级领导和同志们表示衷心的感谢，向认真履行职责、努力奉献的全体委员致以诚挚的敬意！

看到工作成绩的同时，还应正视存在的问题：一是委员的思想境界和协商建言水平仍需进一步提升；二是委员个体作用和界别群体作用发挥得还不够充分；三是专委会和联络组的工作开展、考核机制有待创新完善。对于这些问题，都应在今后工作中认真分析研究，切实加以改进。

附　录

·重要文件(通知)目录·

县委(县政府)出台的部分重要文件(通知)目录

日　期	文　号	文件标题
1月10日	浦委〔2017〕3号	中共漳浦县委、漳浦县人民政府关于兑现2016年度人口和计划生育工作奖惩的决定
1月21日	浦委〔2017〕4号	县委、县政府关于关于漳浦县海峡两岸少数民族交流与合作基地建设情况的报告
2月8日	浦委〔2017〕5号	县委、县政府关于关于表彰2016年乡镇、县直机关绩效考评先进单位和纳税大户的决定
2月12日	浦委〔2017〕6号	县委、县政府关于关于2016年度“三比三看”竞赛考核结果的通报
3月30日	浦委〔2017〕11号	县委印发《关于落实省委全面从严治党检查移交问题清单和问责建议的整改任务与分解方案》的通知
3月30日	浦委〔2017〕12号	县委印发《关于落实市委2016年度责任制检查反馈意见的整改任务与分解方案》的通知
4月11日	浦委〔2017〕14号	县委、县政府漳浦县2016年度精准扶贫工作情况汇报
4月28日	浦委〔2017〕15号	县委关于印发《中共漳浦县委巡察工作2017－2021年规划》的通知
7月5日	浦委〔2017〕20号	县委、县政府关于漳浦县赴北京、海南、厦门、深圳招商考察的报告
7月6日	浦委〔2017〕23号	县委、县政府关于关于2017年上半年党政领导综治责任书落实情况的工作报告
7月24日	浦委〔2017〕24号	县委关于成立县委巡视工作联络组的通知
8月1日	浦委〔2017〕25号	县委关于县委巡视三组进驻漳浦县开展巡视有关情况的通报

续表

日　期	文　号	文件标题
8月25日	浦委〔2017〕27号	县委、县政府关于印发《漳浦县县办林场改革实施方案》的通知
9月20日	浦委〔2017〕30号	县委关于印发《省委巡视三组反馈即巡即改问题整改方案》的通知
12月15日	浦委〔2017〕38号	县委关于成立省委巡视反馈意见整改工作领导小组的通知
12月19日	浦委〔2017〕39号	县委关于转发省委巡视三组《关于对漳浦县巡视情况的反馈意见》的通知
12月20日	浦委〔2017〕40号	县委关于印发《落实省委巡视三组对漳浦县巡视情况反馈意见的整改方案》的通知
12月21日	浦委〔2017〕41号	县委关于上轮省委巡视发现的一些重点问题整改不够深入的情况报告
12月26日	浦委〔2017〕43号	县委关于成立中共漳浦县委离退休干部工作委员会的通知
12月26日	浦委〔2017〕44号	县委、县政府关于2017统计年计划生育目标管理责任制完成情况的报告
12月28日	浦委〔2017〕46号	县委、县政府关于2017年度党政领导综治（平安建设）责任书落实情况报告
12月31日	浦委〔2017〕48号	县委、县政府关于批准石榴镇龙岭村等五个贫困村达标退出的通知
2月27日	浦委发〔2017〕3号	县委关于印发《漳浦县2017年度县处级领导干部推进重点工作责任清单绩效考评方案》的通知
2月27日	浦委发〔2017〕4号	县委关于印发《县委2017年工作要点》的通知
3月31日	浦委发〔2017〕5号	县委关于加强和改进新形势下党校工作的实施意见
4月17日	浦委发〔2017〕6号	县委、县政府转发《县委宣传部、县司法局关于在全县公民中开展法治宣传教育的第七个五年规划（2016—2020年）》的通知
5月18日	浦委发〔2017〕7号	县委、县政府关于印发《漳浦县2017年度乡镇、县直机关绩效考评方案》的通知
5月19日	浦委发〔2017〕8号	县委关于印发《中国共产党漳浦县委员会工作规则》的通知
7月20日	浦委发〔2017〕9号	县委、县政府关于深化供销合作社综合改革的实施意见
11月13日	浦委发〔2017〕10号	县委关于认真学习宣传贯彻党的十九大精神的通知
12月1日	浦委发〔2017〕11号	县委、县政府印发《关于加快城乡民生基础设施建设的实施意见》的通知
12月1日	浦委发〔2017〕12号	县委、县政府印发《关于加快医疗卫生事业发展的实施意见》的通知
12月1日	浦委发〔2017〕13号	县委、县政府印发《关于加快教育事业发展的实施意见》的通知
12月1日	浦委发〔2017〕14号	县委、县政府印发《关于加快养老事业发展的实施意见》的通知
12月31日	浦委发〔2017〕17号	县委、县政府印发《关于稳定推进农村集体产权制度改革的实施意见》的通知

县政府出台的部分重要文件(通知)目录

日　期	文　号	文件标题
1月10日	浦政文〔2017〕1号	县政府关于漳浦县东线工程二期安置区控制性详细规划的批复
1月5日	浦政文〔2017〕2号	县政府关于成立漳州香洲皮革有限公司"2017.1.1"事故调查组的通知
1月13日	浦政文〔2017〕4号	县政府关于同意将漳浦县城武庙列为县级文物点的批复
1月13日	浦政文〔2017〕5号	县政府关于加强农村留守儿童关爱保护工作的实施意见
1月17日	浦政文〔2017〕7号	县政府关于漳浦县2017年度松材线虫病防控实施方案的批复
1月18日	浦政文〔2017〕9号	县政府关于漳浦海岸新城项目后蔡湾片区控制性详细规划(调整)的批复
1月20日	浦政文〔2017〕11号	县政府关于印发漳浦县全民健身实施计划(2016—2020年)的通知
2月4日	浦政文〔2017〕17号	县政府关于下达2017年全县固定资产投资计划的通知
2月26日	浦政文〔2017〕18号	县政府关于2016年推进依法行政建设法治政府工作进展情况及2017年工作思路的报告
2月9日	浦政文〔2017〕19号	县政府关于同意成立漳浦县赤湖工业园经济发展有限公司的批复
1月17日	浦政文〔2017〕21号	县政府关于申请批准漳浦县城乡总体规划(2015—2030年)的请示
2月10日	浦政文〔2017〕22号	县政府关于漳浦县农村承包土地的经营权抵押贷款试点自评情况的报告
2月10日	浦政文〔2017〕23号	县政府关于下达2017年度漳浦县渔业安全生产等责任书的通知
2月17日	浦政文〔2017〕27号	县政府关于分解2017年财政收入计划的通知
2月21日	浦政文〔2017〕28号	县政府关于下达漳浦县"三合一"场所消防安全整治工作责任书的通知
2月23日	浦政文〔2017〕32号	县政府关于前亭镇江口村村庄规划局部调整的批复
2月26日	浦政文〔2017〕33号	县政府关于继续实施促进全县工业经济稳定增长若干措施的通知
2月28日	浦政文〔2017〕39号	县政府关于调整各乡镇场征地区片综合地价的通知
2月26日	浦政文〔2017〕40号	县政府关于印发漳浦县人民政府工作规则的通知
3月2日	浦政文〔2017〕41号	县政府关于印发漳浦县乡镇财政国库集中支付制度改革实施方案的通知
3月12日	浦政文〔2017〕43号	县政府关于漳州沿海大通道(滨海一级疏港公路)漳浦段采用PPP模式进行存量项目改造有关问题的批复
3月14日	浦政文〔2017〕47号	县政府关于印发漳浦县2017年度国有建设用地供应计划的通知
3月14日	浦政文〔2017〕49号	县政府关于下达2017年重大动物疫病和动物H7N9流感防控工作责任书的通知

续表

日期	文号	文件标题
3月24日	浦政文〔2017〕55号	县政府关于前亭镇区污水专项规划的批复
3月24日	浦政文〔2017〕56号	县政府关于大南坂镇国道324线南侧03地块控制性详细规划的批复
4月18日	浦政文〔2017〕59号	县政府关于同意重新划定过港王加禄故居等4处县级文物保护单位保护范围和建设控制地带的批复
4月18日	浦政文〔2017〕60号	县政府关于申报中共漳浦县委机关旧址等四处文物保护单位为省级文物保护单位的请示
4月5日	浦政文〔2017〕61号	县政府关于漳州市九龙江林业工业科技园—漳州市坤基木材加工有限公司预约用地控制性详细规划的批复
3月31日	浦政文〔2017〕62号	县政府关于下达2017年度漳浦县海洋伏季休渔责任书的通知
4月10日	浦政文〔2017〕65号	县政府关于漳浦县2017SG04号地块国有建设用地使用权挂牌出让方案的批复
4月1日	浦政文〔2017〕66号	县政府关于黄仓工业区南4—2号、南6—2号收储地块控制性详细规划的批复
4月5日	浦政文〔2017〕67号	县政府关于漳浦县府前唐街A—01、A—02、A—03地块控制性详细规划的批复
4月13日	浦政文〔2017〕68号	县政府关于漳浦县鹿溪江滨板块J13地块控制性详细规划的批复
4月13日	浦政文〔2017〕69号	县政府关于福建漳龙林业循环经济产业项目子项目黄仓工业园1#地块控制性详细规划的批复
4月17日	浦政文〔2017〕71号	县政府关于印发漳浦县鹿溪水体达标与水质提升工作方案的通知
4月20日	浦政文〔2017〕72号	县政府关于同意2017年安全生产监管执法计划的批复
4月19日	浦政文〔2017〕73号	县政府关于提高漳浦县农村居民最低生活保障标准的通知
4月18日	浦政文〔2017〕75号	县政府关于印发漳浦县城区保障性住房回购和上市交易管理办法的通知
4月21日	浦政文〔2017〕76号	县政府关于印发福建龙睿投资有限公司2017年债券发行承销商比选工作实施方案的通知
5月2日	浦政文〔2017〕79号	县政府关于中央环保督查组交办中环督信转〔2017〕48号—2信访件调查处理情况的报告
5月2日	浦政文〔2017〕80号	县政府关于重新调整漳浦县城区、部分乡镇所在地域内存量房、沿街商业门市、店面交易计税基础价格的意见
5月4日	浦政文〔2017〕81号	县政府关于中央环保督察组交办中环督信转漳〔2017〕30号信访件调查处理情况的报告
5月3日	浦政文〔2017〕82号	县政府关于印发漳浦县驻外招商机构管理办法的通知

续表

日　期	文　号	文件标题
5月5日	浦政文〔2017〕84号	县政府关于中央环保督查组交办中环督信转漳〔2017〕37号—2信访件调查处理情况的报告
5月5日	浦政文〔2017〕85号	县政府关于中央环保督察组交办中环督信转漳〔2017〕45号信访件查处情况的报告
5月5日	浦政文〔2017〕86号	县政府关于调整杨美水库自然保护小区规划的批复
5月4日	浦政文〔2017〕87号	县政府关于中央环保督察组交办中环督信转漳〔2017〕37号—1信访件调查处理情况的报告
5月7日	浦政文〔2017〕88号	县政府关于中央环保督察组交办中环督信转漳〔2017〕46号—1信访件调查处理情况的报告
5月7日	浦政文〔2017〕89号	县政府关于中央环保督察组交办中环督信转漳〔2017〕46号—2信访件调查处理情况的报告
5月7日	浦政文〔2017〕90号	县政府关于中央环保督察组交办中环督信转漳〔2017〕56号—1信访件调查处理情况的报告
5月7日	浦政文〔2017〕91号	县政府关于中央环保督察组交办中环督信转漳〔2017〕56号—3信访件调查处理情况的报告
5月7日	浦政文〔2017〕92号	县政府关于中央环保督察组交办中环督信转漳〔2017〕56号—2信访件调查处理情况的报告
5月7日	浦政文〔2017〕93号	县政府关于中央环保督察组交办中环督信转漳〔2017〕56号—4信访件调查处理情况的报告
5月8日	浦政文〔2017〕96号	县政府关于中央环保督察组交办中环督信转漳〔2017〕71号信访件调查处理情况的报告
5月10日	浦政文〔2017〕97号	县政府关于中央环保督察组交办中环督信转漳〔2017〕89号—1信访件调查处理情况的报告
5月10日	浦政文〔2017〕98号	县政府关于中央环保督察组交办中环督信转漳〔2017〕89号—2信访件调查处理情况的报告
5月3日	浦政文〔2017〕99号	县政府关于全面推开“营改增”后外来建安企业税收征收管理工作的通知
5月13日	浦政文〔2017〕101号	县政府关于中央环保督察组交办中环督信转漳〔2017〕101号信访件调查处理情况的报告
5月12日	浦政文〔2017〕102号	县政府关于中央环保督察组交办中环督信转漳〔2017〕113号—1信访件调查处理情况的报告
5月12日	浦政文〔2017〕103号	县政府关于中央环保督察组交办中环督信转漳〔2017〕113号—2信访件调查处理情况的报
5月16日	浦政文〔2017〕104号	县政府关于中央环保督察组交办中环督信转漳〔2017〕113号—3信访件调查处理情况的报告

续表

日　期	文　号	文件标题
5月12日	浦政文〔2017〕105号	县政府关于中央环保督察组交办中环督信转漳〔2017〕117号—1信访件调查处理情况的报告
5月13日	浦政文〔2017〕106号	县政府关于中央环保督察组交办中环督信转漳〔2017〕117号—2信访件调查处理情况的报告
5月14日	浦政文〔2017〕107号	县政府关于中央环保督察组交办中环督信转漳〔2017〕132号—1信访件调查处理情况的报告
5月15日	浦政文〔2017〕108号	县政府关于加大力度加强批而未供和闲置土地处置工作的通知
5月5日	浦政文〔2017〕110号	县政府关于做好古雷石化园区B—2、B—5、B—7三宗填海造地工程项目海域使用权挂牌出让工作的通知
5月15日	浦政文〔2017〕111号	县政府关于中央环保督察组交办中环督信转漳〔2017〕144号—1信访件调查处理情况的报告
5月16日	浦政文〔2017〕112号	县政府关于福建省漳浦县电力设施布局专项规划(2016—2030)的批复
5月16日	浦政文〔2017〕113号	县政府关于中央环保督察组交办中环督信转漳〔2017〕132号—2信访件调查处理情况的报告
5月16日	浦政文〔2017〕115号	县政府关于中央环保督察组交办中环督信转漳〔2017〕149号—1信访件调查处理情况的报告
5月16日	浦政文〔2017〕116号	县政府关于中央环保督察组交办中环督信转漳〔2017〕149号—2信访件调查处理情况的报告
5月16日	浦政文〔2017〕117号	县政府关于中央环保督察组交办中环督信转漳〔2017〕149号—3信访件调查处理情况的报告
5月16日	浦政文〔2017〕118号	县政府关于中央环保督察组交办中环督信转漳〔2017〕149号—5信访件调查处理情况的报告
5月17日	浦政文〔2017〕119号	县政府关于中央环保督察组交办中环督信转漳〔2017〕144号—2信访件调查处理情况的报
5月17日	浦政文〔2017〕120号	县政府关于中央环保督察组交办中环督信转漳〔2017〕149号—4信访件调查处理情况的报告
5月17日	浦政文〔2017〕122号	县政府关于中央环保督察组交办中环督信转漳〔2017〕164号—2信访件调查处理情况的报告
5月17日	浦政文〔2017〕123号	县政府关于中央环保督察组交办中环督信转漳〔2017〕164号—4信访件调查处理情况的报告
5月17日	浦政文〔2017〕124号	县政府关于中央环保督察组交办中环督信转漳〔2017〕164号—5信访件调查处理情况的报告
5月18日	浦政文〔2017〕125号	县政府关于中央环保督察组交办中环督信转漳〔2017〕164号—3信访件调查处理情况的报告

续表

日　期	文　号	文件标题
5月18日	浦政文〔2017〕126号	县政府关于中央环保督察组交办中环督信转漳〔2017〕164号—1信访件调查处理情况的报告
5月18日	浦政文〔2017〕127号	县政府关于中央环保督察组交办中环督信转漳〔2017〕172号信访件调查处理情况的报告
5月19日	浦政文〔2017〕128号	县政府关于中央环保督察组交办中环督信转漳〔2017〕180号—1信访件调查处理情况的报告
5月20日	浦政文〔2017〕129号	县政府关于中央环保督察组交办中环督信转漳〔2017〕180号—4信访件调查处理情况的报告
5月20日	浦政文〔2017〕130号	县政府关于中央环保督察组交办中环督信转漳〔2017〕180号—6信访件调查处理情况的报告
5月20日	浦政文〔2017〕131号	县政府关于中央环保督察组交办中环督信转漳〔2017〕180号—3信访件调查处理情况的报告
5月20日	浦政文〔2017〕132号	县政府关于中央环保督察组交办中环督信转漳〔2017〕180号—5信访件调查处理情况的报告
5月20日	浦政文〔2017〕133号	县政府关于中央环保督察组交办中环督信转漳〔2017〕187号—4信访件调查处理情况的报告
5月20日	浦政文〔2017〕134号	县政府关于中央环保督察组交办中环督信转漳〔2017〕187号—10信访件调查处理情况的报告
5月20日	浦政文〔2017〕135号	县政府关于中央环保督察组交办中环督信转漳〔2017〕201号—4信访件调查处理情况的报告
5月20日	浦政文〔2017〕136号	县政府关于中央环保督察组交办中环督信转漳〔2017〕187号—2信访件调查处理情况的报告
5月19日	浦政文〔2017〕137号	县政府关于中央环保督察组交办中环督信转漳〔2017〕187号—3信访件调查处理情况的报告
5月19日	浦政文〔2017〕138号	县政府关于中央环保督察组交办中环督信转漳〔2017〕180号—2信访件调查处理情况的报告
5月22日	浦政文〔2017〕139号	县政府关于中央环保督察组交办中环督信转漳〔2017〕187号—5信访件调查处理情况的报告
5月21日	浦政文〔2017〕140号	县政府关于中央环保督察组交办中环督信转漳〔2017〕201号—1信访件调查处理情况的报告
5月22日	浦政文〔2017〕141号	县政府关于中央环保督察组交办中环督信转漳〔2017〕187号—1信访件调查处理情况的报告
5月22日	浦政文〔2017〕142号	县政府关于中央环保督察组交办中环督信转漳〔2017〕187号—7信访件调查处理情况的报告

续表

日　期	文　号	文件标题
5月22日	浦政文〔2017〕143号	县政府关于中央环保督察组交办中环督信转漳〔2017〕187号—8信访件调查处理情况的报告
5月22日	浦政文〔2017〕144号	县政府关于中央环保督察组交办中环督信转漳〔2017〕187号—9信访件调查处理情况的报告
5月22日	浦政文〔2017〕145号	县政府关于中央环保督察组交办中环督信转漳〔2017〕187号—6信访件调查处理情况的报告
5月22日	浦政文〔2017〕146号	县政府关于中央环保督察组交办中环督信转漳〔2017〕216号—2信访件调查处理情况的报告
5月23日	浦政文〔2017〕148号	县政府关于中央环保督察组交办中环督信转漳〔2017〕223号—6信访件调查处理情况的报告
5月22日	浦政文〔2017〕149号	县政府关于中央环保督察组交办中环督信转漳〔2017〕216号—1信访件调查处理情况的报告
5月23日	浦政文〔2017〕150号	县政府关于中央环保督察组交办中环督信转漳〔2017〕223号—1信访件调查处理情况的报告
5月23日	浦政文〔2017〕151号	县政府关于中央环保督察组交办中环督信转漳〔2017〕223号—2信访件调查处理情况的报告
5月23日	浦政文〔2017〕152号	县政府关于中央环保督察组交办中环督信转漳〔2017〕223号—4信访件调查处理情况的报告
5月23日	浦政文〔2017〕153号	县政府关于中央环保督察组交办中环督信转漳〔2017〕223号—7信访件调查处理情况的报告
5月23日	浦政文〔2017〕154号	县政府关于中央环保督察组交办中环督信转漳〔2017〕201号—3信访件调查处理情况的报告
5月23日	浦政文〔2017〕155号	县政府关于中央环保督察组交办中环督信转漳〔2017〕223号—3信访件调查处理情况的报告
5月23日	浦政文〔2017〕156号	县政府关于中央环保督察组交办中环督信转漳〔2017〕201号—2信访件调查处理情况的报告
5月24日	浦政文〔2017〕157号	县政府关于中央环保督察组交办中环督信转漳〔2017〕235号信访件调查处理情况的报告
5月24日	浦政文〔2017〕158号	县政府关于中央环保督察组交办中环督信转漳〔2017〕223号—5信访件调查处理情况的报告
5月25日	浦政文〔2017〕159号	县政府关于中央环保督察组交办中环督信转漳〔2017〕249号—4信访件调查处理情况的报告
5月25日	浦政文〔2017〕160号	县政府关于中央环保督察组交办中环督信转漳〔2017〕249号—5信访件调查处理情况的报告

续表

日　期	文　号	文件标题
5 月 25 日	浦政文〔2017〕161 号	县政府关于中央环保督察组交办中环督信转漳〔2017〕249 号—2 信访件调查处理情况的报告
5 月 26 日	浦政文〔2017〕162 号	县政府关于中央环保督察组交办中环督信转漳〔2017〕249 号—3 信访件调查处理情况的报告
5 月 26 日	浦政文〔2017〕163 号	县政府关于中央环保督察组交办中环督信转漳〔2017〕256 号—2 信访件调查处理情况的报告
5 月 26 日	浦政文〔2017〕164 号	县政府关于中央环保督察组交办中环督信转漳〔2017〕256 号—3 信访件调查处理情况的报告
5 月 26 日	浦政文〔2017〕165 号	县政府关于中央环保督察组交办中环督信转漳〔2017〕256 号—1 信访件调查处理情况的报告
5 月 27 日	浦政文〔2017〕166 号	县政府关于中央环保督察组交办中环督信转漳〔2017〕262 号—4 信访件调查处理情况的报告
5 月 27 日	浦政文〔2017〕167 号	县政府关于中央环保督察组交办中环督信转漳〔2017〕262 号—5 信访件调查处理情况的报告
5 月 27 日	浦政文〔2017〕168 号	县政府关于中央环保督察组交办中环督信转漳〔2017〕249 号—1 信访件调查处理情况的报告
5 月 27 日	浦政文〔2017〕169 号	县政府关于中央环保督察组交办中环督信转漳〔2017〕262 号—2 信访件调查处理情况的报告
5 月 28 日	浦政文〔2017〕170 号	县政府关于中央环保督察组交办中环督信转漳〔2017〕262 号—1 信访件调查处理情况的报告
5 月 27 日	浦政文〔2017〕171 号	县政府关于中央环保督察组交办中环督信转漳〔2017〕262 号—3 信访件调查处理情况的报告
5 月 27 日	浦政文〔2017〕172 号	县政府关于成立创建国家农业可持续发展试验示范区领导小组的通知
6 月 1 日	浦政文〔2017〕174 号	县政府关于成立创建漳浦县国家级农业综合开发田园综合体工作领导小组的通知
6 月 3 日	浦政文〔2017〕176 号	县政府关于公布第七批县级非物质文化遗产代表性项目名录及县级非物质文化遗产项目代表性传承人的通知
6 月 7 日	浦政文〔2017〕178 号	县政府关于下达 2017 年农业支持保护补贴资金的通知
6 月 12 日	浦政文〔2017〕180 号	县政府关于漳浦县党风廉政教育中心建设用地地块控制性详细规划的批复
6 月 13 日	浦政文〔2017〕182 号	县政府关于下达漳浦县 2017 年反走私工作责任书的通知
6 月 20 日	浦政文〔2017〕183 号	县政府关于古雷镇新港城社区居委会划及及命名的批复

续表

日期	文号	文件标题
6月20日	浦政文〔2017〕184号	县政府关于古雷港经济开发区街路命名的批复
6月20日	浦政文〔2017〕185号	县政府关于旧镇镇等乡镇部分道路、住宅小区地名命名、更名的批复
6月15日	浦政文〔2017〕186号	县政府关于中央环保督察组交办中环督信转漳〔2017〕276号—1信访件调查处理情况的报告
6月12日	浦政文〔2017〕187号	县政府关于国务院第四次大督查有关工作情况的自查报告
6月16日	浦政文〔2017〕188号	县政府关于南浦乡总体规划局部调整的批复
6月17日	浦政文〔2017〕189号	县政府关于中央环保督察组交办中环督信转漳〔2017〕276号—2信访件调查处理情况的报告
6月22日	浦政文〔2017〕191号	县政府关于加强困境儿童保障工作的实施意见
6月22日	浦政文〔2017〕192号	县政府关于印发漳浦县"十三五"加快残疾人小康进程规划纲要的通知
6月29日	浦政文〔2017〕194号	县政府关于公布漳浦县第一批历史建筑名单的通知
6月29日	浦政文〔2017〕195号	县政府关于下达漳浦县2017年度消防安全工作目标责任书的通知
7月3日	浦政文〔2017〕197号	县政府关于申报国家级田园综合体建设试点项目的报告
7月6日	浦政文〔2017〕199号	县政府关于成立漳浦县睿信融资担保有限公司的批复
7月13日	浦政文〔2017〕204号	县政府关于同意漳浦县基础测绘"十三五"规划的批复
7月13日	浦政文〔2017〕206号	县政府关于漳浦县公路建设改造PPP项目实施方案的批复
6月30日	浦政文〔2017〕210号	县政府关于印发漳浦县土壤污染防治行动计划实施方案的通知
7月27日	浦政文〔2017〕214号	县政府关于印发漳浦县2017年法治政府建设重点工作安排的通知
8月2日	浦政文〔2017〕218号	县政府关于做好第二次全国污染源普查的通知
8月16日	浦政文〔2017〕219号	县政府关于要求审查漳浦县土地利用总体规划(2006—2020年)调整完善方案的请示
8月18日	浦政文〔2017〕220号	县政府关于下达2017年安全生产目标责任的通知
8月18日	浦政文〔2017〕223号	县政府关于印发县城区公共场所禁止吸烟暂行规定的通知
8月25日	浦政文〔2017〕226号	县政府关于实行项目投资和工业经济发展正向激励若干措施的通知
8月31日	浦政文〔2017〕228号	县政府关于成立漳浦县数字化城市管理建设领导小组的通知
9月7日	浦政文〔2017〕231号	县政府关于成立2018年区域生态循环农业项目领导小组的通知
9月22日	浦政文〔2017〕237号	县政府关于成立漳浦县农村产业融合发展工作领导小组的通知

续表

日　期	文　号	文件标题
9月12日	浦政文〔2017〕238号	县政府关于贯彻落实国务院在市场体系建设中建立公平竞争审查制度意见的通知
6月4日	浦政文〔2017〕244号	县政府关于印发2017年漳浦县推进简政放权放管结合优化服务改革工作要点的通知
9月28日	浦政文〔2017〕245号	县政府关于印发漳浦县“十三五”控制温室气体排放工作方案的通知
9月28日	浦政文〔2017〕246号	县政府关于进一步完善农村土地承包经营权流转服务体系建设的实施意见
9月23日	浦政文〔2017〕247号	县政府关于印发漳浦县第一次全国海洋经济调查工作方案的通知
9月28日	浦政文〔2017〕250号	县政府关于提请审批漳浦县21个乡镇土地利用总体规划(2006－2020年)调整完善方案的请示
9月28日	浦政文〔2017〕255号	县政府关于同意撤销《征缴土地闲置费决定书》意见的批复
10月30日	浦政文〔2017〕257号	县政府关于漳浦县盘陀镇总体规划局部调整的批复
10月30日	浦政文〔2017〕258号	县政府关于公布县级行政审批和服务事项总目录的通知
11月7日	浦政文〔2017〕259号	县政府关于县人大常委会对县政府2017年上半年国民经济和社会发展计划执行情况审议意见办理情况的报告
11月13日	浦政文〔2017〕264号	县政府关于成立赤岭乡赤湖溪安全生态水系工程建设处的批复
11月17日	浦政文〔2017〕267号	县政府关于漳浦县乡村医生养老保障的实施意见
11月9日	浦政文〔2017〕268号	县政府关于开展特色小镇规划建设的指导意见
10月30日	浦政文〔2017〕273号	县政府关于印发推进城市污水管网建设改造和黑臭水体整治工作方案的通知
11月23日	浦政文〔2017〕275号	县政府关于印发2017－2020年度漳浦县竞技体育奖励办法的通知
11月28日	浦政文〔2017〕277号	县政府关于聘任教育督学的通知
12月1日	浦政文〔2017〕283号	县政府关于县属国有企业(公司)实施“三重一大”决策制度的通知
12月1日	浦政文〔2017〕284号	县政府关于印发《漳浦县人民政府所出资企业担保事项管理暂行办法》的通知
12月1日	浦政文〔2017〕285号	县政府关于印发《漳浦县行政事业单位国有资产管理暂行办法》的通知
12月5日	浦政文〔2017〕287号	县政府关于建立督学责任区管理和学校责任督学挂牌督导工作制度的实施意见
12月14日	浦政文〔2017〕291号	县政府关于《漳浦县水资源配置规划(2015－2030)》的批复
12月14日	浦政文〔2017〕297号	县政府关于漳浦县九龙江南溪河道岸线及河岸生态保护蓝线规划的批复

续表

日　期	文　号	文件标题
12 月 30 日	浦政文〔2017〕299 号	县政府关于公布县政府及其办公室规范性文件清理结果的公告
12 月 25 日	浦政文〔2017〕303 号	县政府关于表彰 2017 年度优秀提案和提案办理先进单位及个人的决定
12 月 30 日	浦政文〔2017〕305 号	县政府关于 2017 年推进依法行政建设法治政府工作进展情况及 2018 年工作思路的报告
12 月 28 日	浦政文〔2017〕312 号	县政府关于印发漳浦县加强国内渔船管控实施海洋渔业资源总量管理实施方案的通知
12 月 29 日	浦政文〔2017〕314 号	县政府关于盘陀镇茶文化小镇创建规划的批复
12 月 29 日	浦政文〔2017〕315 号	县政府关于福建海峡花木小镇创建规划的批复
12 月 30 日	浦政文〔2017〕316 号	县政府关于建立水稻生产功能区的实施意见
12 月 31 日	浦政文〔2017〕317 号	县政府关于进一步完善“十三五”期间森林资源目标责任制的通知

县委办出台的部分重要文件(通知)目录

日 期	文 号	文件标题
1月3日	浦委办〔2017〕2号	县委办、政府办关于2017年县党政领导集中接待群众来访时间安排的通知
1月16日	浦委办〔2017〕3号	县委办、政府办关于组织开展2017年春节、元宵期间文化活动的通知
2月6日	浦委办〔2017〕5号	县委办、政府办关于建立漳浦县党政领导干部联系专家工作制度的通知
2月23日	浦委办〔2017〕9号	县委办、政府办转发《中共漳州市委办公室、漳州市人民政府印发〈“三抓三比、十项竞赛”工作方案〉的通知》的通知
2月27日	浦委办〔2017〕11号	县委办关于调整县领导挂钩乡镇场的通知
2月27日	浦委办〔2017〕12号	县委办、政府办关于成立漳浦县“三抓三比、十项竞赛”活动相关组织机构的通知
2月27日	浦委办〔2017〕13号	县委办、政府办关于印发《漳浦县“三抓三比、十项竞赛”活动工作方案》的通知
3月2日	浦委办〔2017〕15号	县委办关于做好县委书记党建述职问题整改责任清单的通知
3月5日	浦委办〔2017〕16号	县委办、政府办关于开展漳浦苏区创建暨红三团成立八十五周年系列纪念活动的通知
3月5日	浦委办〔2017〕17号	县委办关于做好《中共漳浦县委执政纪要－2016年》稿件编撰及报送工作的通知
3月9日	浦委办〔2017〕18号	县委办、政府办关于调整漳浦县领导包库、包闸、包堤的通知
3月9日	浦委办〔2017〕19号	县委办、政府办关于成立2017年打击制售假冒卷烟重点整治工作领导小组的通知
3月9日	浦委办〔2017〕20号	县委办、政府办关于印发《漳浦县2017年度打击制售假烟重点整治工作实施方案》的通知
3月9日	浦委办〔2017〕21号	县委办、政府办关于印发《漳浦县2017年交通安全隐患重点整治实施方案》的通知
3月9日	浦委办〔2017〕22号	县委办、政府办关于调整漳浦县朝阳水库工程建设工作领导小组及进一步明确领导小组工作职责分工的通知
3月12日	浦委办〔2017〕24号	县委办、政府办关于印发《2017年漳浦县“抓招商比项目投资”活动实施方案》的通知
3月12日	浦委办〔2017〕25号	县委办、政府办关于转发《中共福建省委办公厅、福建省人民政府办公厅印发〈关于建立正向激励机制促进有效投资的八条措施(试行)〉的通知》的通知

续表

日　期	文　号	文件标题
3 月 20 日	浦委办〔2017〕29 号	县委办、政府办关于成立第十届漳州市老年人体育健康大会漳浦县代表团的通知
3 月 20 日	浦委办〔2017〕30 号	县委办、政府办关于成立第十三届漳州市运动会漳浦县代表团的通知
3 月 20 日	浦委办〔2017〕31 号	县委办关于成立县委巡察工作领导小组的通知
3 月 23 日	浦委办〔2017〕33 号	县委办、政府办关于做好 2017 年全县脱贫攻坚重点工作的通知
3 月 10 日	浦委办〔2017〕34 号	县委办、政府办关于成立漳浦县维稳“八大专项行动”领导小组的通知
3 月 10 日	浦委办〔2017〕35 号	县委办、政府办关于印发《漳浦县维护社会安定稳定“八大专项行动”方案》的通知
3 月 28 日	浦委办〔2017〕36 号	县委办、政府办关于印发《漳浦县抓生态比城乡环境工作方案》的通知
3 月 28 日	浦委办〔2017〕37 号	县委办、政府办关于印发《漳浦县特色现代农业项目竞赛实施方案》的通知
3 月 21 日	浦委办〔2017〕39 号	县委办、政府办关于成立创建新一届省级双拥模范城(县)工作领导小组
3 月 31 日	浦委办〔2017〕40 号	县委办、政府办关于印发《漳浦县生态与水系项目竞赛工作方案》的通知
3 月 31 日	浦委办〔2017〕41 号	县委办、政府办关于转发《漳浦县计生协会“生育关怀行动”专项资金救助实施方案》的通知
4 月 12 日	浦委办〔2017〕43 号	县委办、政府办关于成立漳浦县河长制办公室的通知
4 月 20 日	浦委办〔2017〕44 号	县委办、政府办关于印发《中共漳浦县委理论学习中心组 2017 年学习计划》的通知
4 月 25 日	浦委办〔2017〕47 号	县委办、政府办关于调整 2017 年县直机关干部挂钩帮扶建档立卡贫困户的通知
5 月 17 日	浦委办〔2017〕51 号	县委办、政府办关于 2017 年漳浦县重点项目实行分级管理和建立领导挂钩责任制的通知
5 月 23 日	浦委办〔2017〕52 号	县委办、政府办关于 2017 年漳浦县重点项目实行分级管理和建立领导挂钩责任制的通知
6 月 13 日	浦委办〔2017〕53 号	县委办、政府办关于进一步推进信访积案化解工作的通知
6 月 16 日	浦委办〔2017〕54 号	县委办、政府办关于成立漳浦县库区移民创业园建设领导小组的通知
6 月 16 日	浦委办〔2017〕55 号	县委办关于印发 《漳浦县学习贯彻习近平总书记重要指示精神深入开展向廖俊波学习活动的实施方案》的通知
6 月 16 日	浦委办〔2017〕56 号	县委办关于 2016 年度“星级平安乡镇(单位)”评定结果的通报
6 月 22 日	浦委办〔2017〕58 号	县委办、政府办关于开展处级领导挂钩帮扶减停产工业企业活动的通知

续表

日 期	文 号	文件标题
6 月 22 日	浦委办〔2017〕59 号	县委办、政府办关于进一步健全新闻发言人制度做好新闻发布工作的通知
6 月 22 日	浦委办〔2017〕60 号	县委办印发《关于加强县纪委派驻机构建设的意见》的通知
6 月 22 日	浦委办〔2017〕61 号	县委办印发《关于全面落实县纪委向县一级党政机关派驻纪检机构的方案》
6 月 22 日	浦委办〔2017〕62 号	县委办、政府办关于成立漳浦县维稳工作四个专项领导小组的通知
6 月 27 日	浦委办〔2017〕63 号	县委办、政府办关于成立漳浦县退役士兵安置和权益保障工作专班的通知
7 月 10 日	浦委办〔2017〕65 号	县委办、政府办关于印发《漳浦县集中打击整治电信诈骗犯罪专项行动工作方案》的通知
7 月 10 日	浦委办〔2017〕66 号	县委办、政府办关于成立打击整治电信诈骗犯罪工作领导小组的通知
8 月 9 日	浦委办〔2017〕68 号	县委办、政府办关于印发《漳浦县食品安全放心县创建方案》的通知
8 月 15 日	浦委办〔2017〕70 号	县委办、政府办关于成立漳浦县顶编代课教师工作领导小组的通知
8 月 22 日	浦委办〔2017〕73 号	县委办关于转发《中共漳州市委网络安全和信息化领导小组办公室关于加强全市党政机关企事业单位网站信息内容及网络安全保障工作的通知》的通知
8 月 27 日	浦委办〔2017〕74 号	县委办、政府办关于做好厦门金砖会晤安保工作的通知
9 月 13 日	浦委办〔2017〕75 号	县委办、政府办关于印发《2017 年漳浦县参与 21 世纪海上丝绸之路核心区建设工作要点》的通知
9 月 30 日	浦委办〔2017〕77 号	县委办、政府办关于做好市对县绩效管理工作的通知
10 月 15 日	浦委办〔2017〕78 号	县委办、政府办关于全面加强重大活动期间安保维稳工作的通知
10 月 27 日	浦委办〔2017〕82 号	县委办关于启用中共漳浦县委网络安全和信息化领导小组及其办公室印章的通知
11 月 22 日	浦委办〔2017〕85 号	县委办、政府办印发《关于加大脱贫攻坚力度支持革命老区开发建设的实施意见》的通知
11 月 25 日	浦委办〔2017〕86 号	县委办、政府办关于印发《漳浦县贯彻落实中央环境保护督察反馈意见整改方案》的通知
12 月 12 日	浦委办〔2017〕88 号	县委办关于漳浦县第五批驻村任职党员干部进村到岗有关事项的通知
12 月 12 日	浦委办〔2017〕89 号	县委办、政府办关于印发《关于进一步推进移风易俗工作的实施方案》的通知

续表

日　期	文　号	文件标题
12月26日	浦委办〔2017〕92号	县委办关于启用中共漳浦县委离退休干部工作委员会印章的通知
12月26日	浦委办〔2017〕93号	县委办关于调整部分县委领导分工的通知
12月26日	浦委办〔2017〕94号	县委办、政府办关于成立漳浦县农村集体产权制度改革领导小组的通知
12月29日	浦委办〔2017〕96号	县委办、政府办关于2018年县党政领导集中接待群众来访时间安排的通知
12月29日	浦委办〔2017〕97号	县委办、政府办转发《福建省党政领导干部自然资源离任审计实施方案（试行）的通知》
1月12日	浦委办发〔2017〕1号	县委办、政府办印发《关于坚持和完善计划生育目标管理责任制的实施意见》的通知
2月9日	浦委办发〔2017〕2号	县委办、政府办关于关于印发《漳浦县健全落实社会治安综合治理领导责任制实施办法》的通知
2月9日	浦委办发〔2017〕3号	县委办、政府办关于印发《漳浦县综合平安建设考评奖励办法》的通知
2月23日	浦委办发〔2017〕4号	县委办关于转发《漳浦县关心下一代工作委员会2017年工作意见》的通知
3月8日	浦委办发〔2017〕5号	县委办、政府办关于印发《漳浦县机关工作人员效能问责办法》的通知
3月9日	浦委办发〔2017〕6号	县委办、政府办关于印发《漳浦县“两违”综合治理单列管理实施办法》的通知
3月14日	浦委办发〔2017〕7号	县委办、政府办转发《关于发生假冒卷烟违法犯罪行为责任追究的暂行规定》的通知
3月15日	浦委办发〔2017〕8号	县委办、政府办关于印发《漳浦县全面推行河长制实施方案》的通知
3月2日	浦委办发〔2017〕9号	县委办转发《县委组织部关于强化在一线考察干部工作的实施细则（实行）》的通知
6月20日	浦委办发〔2017〕11号	县委办印发《关于推进“两学一做”学习教育常态化制度化的实施方案》的通知
7月12日	浦委办发〔2017〕12号	县委办关于印发《关于实行常态化谈心谈话制度的实施办法（实行）》的通知
7月14日	浦委办发〔2017〕13号	县委办印发《关于全面推行乡镇党委下派村级党风监督员制度的实施意见》的通知
8月28日	浦委办发〔2017〕14号	县委办、政府办印发《关于进一步深化基层医药卫生体制综合改革的实施意见（试行）》的通知

续上表

日期	文号	文件标题
11月6日	浦委办发〔2017〕16号	县委办、政府办关于印发《漳浦县优秀传统文化传承发展工程、实施方案》及其分解立项方案的通知
11月20日	浦委办发〔2017〕17号	县委办、政府办关于印发《漳浦县党政机关国内公务接待管理办法》的通知
11月20日	浦委办发〔2017〕18号	县委办、政府办关于印发《〈漳浦县党政机关国内公务接待管理办法〉实施细则》的通知
12月25日	浦委办发〔2017〕19号	县委办转发《县委宣传部、县委组织部关于认真组织学习〈习近平谈治国理政〉第二卷的通知》的通知

政府办出台的部分重要文件(通知)目录

日期	文号	文件标题
1月3日	浦政办〔2017〕1号	政府办关于印发漳浦县2017年春运工作方案的通知
1月9日	浦政办〔2017〕3号	政府办关于建立漳浦县农村留守儿童关爱保护工作联席会议制度的通知
1月11日	浦政办〔2017〕4号	政府办关于加强政府法制信息报送工作的通知
1月13日	浦政办〔2017〕5号	政府办关于印发漳浦县道安工作考评奖惩规定的通知
1月20日	浦政办〔2017〕6号	转发市政府办公室关于加快建设农产品质量安全"1213行动计划"实施方案的通知
1月20日	浦政办〔2017〕7号	转发省政府办公厅关于建立健全产业分析推进工作机制意见的通知
1月20日	浦政办〔2017〕8号	政府办关于成立漳浦县碳排放权交易工作协调小组的通知
1月11日	浦政办〔2017〕9号	政府办关于印发漳浦县2017年春运安全应急预案的通知
1月22日	浦政办〔2017〕10号	转发市政府办公室关于贯彻落实省政府办公厅进一步强化防汛防台风应急转移工作的通知
2月23日	浦政办〔2017〕12号	政府办关于印发漳浦县特困人员救助供养制度实施办法的通知
2月23日	浦政办〔2017〕13号	政府办关于印发漳浦县"三合一"场所火患清剿百日会战实施方案的通知
2月23日	浦政办〔2017〕14号	政府办关于印发漳浦县汗蒸洗浴等公共娱乐场所消防安全专项治理实施方案的通知
2月22日	浦政办〔2017〕15号	政府办关于开展全县安全生产大排查大整治百日行动的通知
1月15日	浦政办〔2017〕18号	2016年度乡镇保护和发展森林资源目标管理责任制考核情况的通报

续上表

日　期	文　号	文件标题
2月18日	浦政办〔2017〕19号	政府办关于印发漳浦县开展打击破坏沿海防林专项整治行动方案的通知
2月23日	浦政办〔2017〕20号	政府办关于实施道路交通安全管理工作二十条措施的通知
2月24日	浦政办〔2017〕21号	政府办关于切实抓好2017年造林绿化和森林经营工作的通知
2月23日	浦政办〔2017〕22号	政府办关于印发漳浦县城区2017年度旧城改造房屋征收实施阶段工作方案的通知
2月22日	浦政办〔2017〕23号	政府办关于印发漳浦县安全生产考核办法的通知
3月7日	浦政办〔2017〕26号	政府办关于成立推进现代农业产业园“3211工程”建设工作领导小组的通知
3月4日	浦政办〔2017〕27号	政府办关于第一轮安全生产大排查大整治百日行动专项督查情况的通报
3月9日	浦政办〔2017〕29号	政府办关于印发漳浦县矿产资源整治专项行动实施方案的通知
3月9日	浦政办〔2017〕30号	政府办关于开展全县燃气行业安全生产专项整治行动的通知
3月9日	浦政办〔2017〕31号	政府办关于印发漳浦县病死猪无害化处理工作方案的通知
3月14日	浦政办〔2017〕32号	转发县公安局县民政局关于实施标准地址二维码管理工作意见的通知
3月17日	浦政办〔2017〕33号	政府办关于印发漳浦县“十三五”卫生计生事业发展专项规划的通知
3月17日	浦政办〔2017〕34号	政府办关于印发漳浦县医疗卫生服务体系规划(2016—2020)的通知
3月21日	浦政办〔2017〕36号	政府办关于印发提升漳浦县环境空气质量专项行动2017年度实施方案的通知
3月28日	浦政办〔2017〕37号	政府办关于印发全面开展生猪养殖面源污染专项整治行动方案的通知
3月28日	浦政办〔2017〕38号	政府办关于印发漳浦县生猪养殖场关闭拆除奖励方案的通知
3月26日	浦政办〔2017〕39号	政府办关于印发漳浦县生猪养殖场关闭拆除验收方案的通知
3月27日	浦政办〔2017〕40号	政府办关于印发漳浦县教育机构接受社会捐赠资助管理办法（试行)的通知
3月27日	浦政办〔2017〕42号	政府办关于印发漳浦县2017年度地质灾害防治方案的通知
3月30日	浦政办〔2017〕45号	政府办关于印发漳浦县危险化学品安全综合治理实施方案的通知
4月1日	浦政办〔2017〕47号	政府办关于印发漳浦县(2016—2018年)可养区生猪存栏250—1500头规模养猪场(户)标准化提升改造实施方案的通知
4月5日	浦政办〔2017〕50号	政府办关于印发漳浦县2016年度土地矿产卫片整改工作方案的通知
4月1日	浦政办〔2017〕52号	转发县林业局财政局关于漳浦县森林生态效益补偿资金管理办法的通知

续表

日　期	文　号	文件标题
4月5日	浦政办〔2017〕53号	转发省政府办公厅关于2017年省政府“立项挂牌办理”任务分工方案的通知
4月6日	浦政办〔2017〕54号	转发省政府办公厅关于福建省12345便民服务平台监督管理办法等文件的通知
4月11日	浦政办〔2017〕57号	政府办关于下达2017年粮食生产指导性计划的通知
4月14日	浦政办〔2017〕58号	政府办关于加强施放气球安全管理的通知
4月12日	浦政办〔2017〕59号	政府办关于对全县非法采砂洗砂和采矿活动进行再整治再清理再规范的通知
4月17日	浦政办〔2017〕62号	转发县农业局关于漳浦县农作物秸秆综合利用及治理农用残膜污染工作方案(2016—2020年)的通知
4月17日	浦政办〔2017〕64号	政府办关于进一步加强救灾物资储备工作的通知
4月24日	浦政办〔2017〕65号	转发县扶贫办　县工商联关于漳浦县异地商会挂钩帮扶贫困村实施方案的通知
3月22日	浦政办〔2017〕66号	政府办关于印发漳浦县“互联网＋流通”行动计划实施方案的通知
4月21日	浦政办〔2017〕68号	转发市政府办关于贯彻落实国务院、省政府办公厅优化调整建设工程防雷许可工作的通知
4月20日	浦政办〔2017〕69号	转发省政府关于印发加快推进“互联网＋政务服务”工作方案的通知
4月20日	浦政办〔2017〕70号	转发市政府关于规范涉及行政审批中介服务组织管理意见的通知
4月24日	浦政办〔2017〕71号	政府办关于印发漳浦县2017年乡村卫生服务一体化管理实施方案的通知
4月25日	浦政办〔2017〕72号	转发市政府办关于漳州市电子证照系统建设实施方案的通知
5月3日	浦政办〔2017〕73号	政府办关于印发提升漳浦县环境空气质量专项行动2017年度实施细则的通知
4月27日	浦政办〔2017〕74号	转发县农业局县环保局关于以第三方运营推广微生物异位发酵综合技术治理养殖污染意见的通知
4月28日	浦政办〔2017〕75号	政府办关于印发深入开展乡镇场船舶安全生产专项整治工作方案的通知
4月28日	浦政办〔2017〕76号	转发国务院法制办公室关于征地类行政复议案件证据提交形式要求的通知
5月2日	浦政办〔2017〕78号	政府办关于印发漳浦县全民参保登记计划工作实施方案的通知

续表

日 期	文 号	文件标题
4月27日	浦政办〔2017〕80号	政府办关于印发提升漳浦县土壤环境质量专项行动2017年度实施方案的通知的通知
5月4日	浦政办〔2017〕82号	政府办关于关于印发漳浦县畜禽养殖污染防治规划(2016—2025)的通知
5月5日	浦政办〔2017〕83号	政府办印发提升漳浦县水环境质量专项行动2017年度实施方案的通知
4月20日	浦政办〔2017〕84号	政府办关于印发2017年漳浦县农村生活污水垃圾治理攻坚行动方案的通知
5月10日	浦政办〔2017〕86号	转发县防汛抗旱指挥部关于县城区防洪应急预案(修订)的通知
5月10日	浦政办〔2017〕87号	转发县防汛抗旱指挥部关于漳浦县防台风暴雨洪涝应急预案(修订)的通知
5月11日	浦政办〔2017〕88号	政府办关于印发漳浦县深化“两违”综合治理专项行动实施方案的通知
5月15日	浦政办〔2017〕90号	政府办关于加快推进生猪养殖面源污染整治扫尾工作的通知
5月16日	浦政办〔2017〕92号	政府办关于印发漳浦县促进商贸企业发展若干意见的通知
5月17日	浦政办〔2017〕93号	转发省政府关于取消31项行政许可事项的通知
5月17日	浦政办〔2017〕94号	转发市政府办关于全面推进“最多跑一趟”改革实施方案的通知
5月18日	浦政办〔2017〕96号	转发县卫计局等部门关于漳浦县“平安医院”创建工作考核办法及考核标准的通知
5月23日	浦政办〔2017〕97号	政府办关于印发全县火灾隐患排查整治工作方案的通知
5月23日	浦政办〔2017〕98号	政府办关于下达2017年度主要经济指标目标任务的通知
5月23日	浦政办〔2017〕100号	政府办关于推进信息高速公路工程建设的通知
5月26日	浦政办〔2017〕101号	政府办关于印发漳浦县政府投资项目审计审核管理办法的通知
5月26日	浦政办〔2017〕102号	政府办关于印发漳浦县政府投资项目跟踪审计实施办法的通知
6月1日	浦政办〔2017〕106号	转发县发改局　县财政局关于进一步加强中央和省级预算内资金管理规定的通知
6月2日	浦政办〔2017〕111号	政府办关于印发漳浦县2017年高效节水灌溉项目县实施管理办法的通知
6月5日	浦政办〔2017〕113号	政府办关于建立健全卫生县城长效管理机制的通知
6月5日	浦政办〔2017〕114号	政府办关于印发漳浦县公益性岗位开发管理实施办法的通知
6月7日	浦政办〔2017〕115号	政府办关于印发2017年政务公开工作主要任务分解表的通知
6月9日	浦政办〔2017〕116号	政府办关于印发漳浦县地震应急预案(修订)的通知

续表

日　期	文　号	文件标题
6月12日	浦政办〔2017〕117号	政府办关于印发漳浦县创建节约型公共机构示范单位实施方案的通知
6月13日	浦政办〔2017〕118号	政府办关于印发漳浦县赤潮灾害应急预案的通知
6月15日	浦政办〔2017〕119号	政府办关于印发县政府办2017年落实党风廉政建设“两个责任”清单的通知
6月15日	浦政办〔2017〕120号	转发省政府办公厅关于2017年省政府工作主要任务分工方案的通知
6月19日	浦政办〔2017〕121号	政府办关于开展森林火灾隐患大排查大整治百日行动的通知
6月22日	浦政办〔2017〕122号	政府办关于印发漳浦县城市房屋使用安全和房地产领域矛盾纠纷大排查大整治工作方案的通知
6月26日	浦政办〔2017〕123号	政府办关于印发漳浦县“九促”农民增收行动实施方案的通知
6月29日	浦政办〔2017〕125号	政府办关于印发《漳浦县2017年农村生活污水垃圾治理考核评比办法》的通知
7月3日	浦政办〔2017〕127号	政府办关于印发漳浦县自然灾害救助应急预案的通知
7月10日	浦政办〔2017〕129号	政府办关于印发漳浦县建设民间文化艺术之乡(剪纸、竹马戏)发展规划(2017—2019年)的通知
7月20日	浦政办〔2017〕130号	政府办关于印发漳浦县江河、海漂垃圾专项整治百日行动实施方案的通知
7月20日	浦政办〔2017〕131号	政府办关于印发漳浦县“平安渔业示范县”创建活动工作方案的通知
7月23日	浦政办〔2017〕134号	政府办关于印发2017年全县治理“餐桌污染”建设“食品放心工程”工作方案的通知
7月23日	浦政办〔2017〕135号	政府办关于印发食品安全有关问题治理方案的通知
7月27日	浦政办〔2017〕136号	政府办关于进一步加强乡镇船舶日常管理和海上安全生产工作的通知
6月5日	浦政办〔2017〕137号	转发省政府办公厅关于贯彻落实国务院和省政府廉政工作会议精神任务分工的通知
5月26日	浦政办〔2017〕138号	政府办关于印发漳浦县加快推进标准化工业园区建设落实提升发展保障措施实施方案的通知
8月9日	浦政办〔2017〕140号	政府办关于印发漳浦县贯彻落实国家生态文明试验区首批改革成果推广实施方案工作方案的通知
8月4日	浦政办〔2017〕141号	政府办关于印发漳浦县促进商贸服务业加快发展实施方案的通知
8月11日	浦政办〔2017〕142号	转发县残联县财政局关于漳浦县扶残助学工程实施方案的通知
8月11日	浦政办〔2017〕144号	政府办关于促进冷链物流加快发展六条措施的通知

续表

日　期	文　号	文件标题
8月11日	浦政办〔2017〕146号	政府办关于开展食品安全整治行动的通知
8月17日	浦政办〔2017〕148号	政府办关于印发漳浦县突发事件紧急医学救援预案的通知
8月17日	浦政办〔2017〕149号	政府办关于印发全县高层建筑消防安全综合治理工作方案的通知
8月23日	浦政办〔2017〕152号	政府办关于印发进一步做好规范性文件清理工作方案的通知
8月27日	浦政办〔2017〕154号	政府办关于印发2017年度漳浦县河长制工作考评办法（试行）的通知
8月28日	浦政办〔2017〕155号	政府办关于提高漳浦县城市低保标准和特困人员救助供养标准的通知
8月23日	浦政办〔2017〕157号	政府办关于印发漳浦县市容和环境卫生“门前三包”责任区管理实施方案的通知
8月25日	浦政办〔2017〕158号	政府办关于认真做好2016年度本级预算执行和其他财政收支审计整改工作的通知
8月31日	浦政办〔2017〕160号	政府办关于印发漳浦县消防安全临时管控措施任务清单的通知
9月1日	浦政办〔2017〕161号	政府办关于做好2017年度土地整治工作的通知
9月7日	浦政办〔2017〕165号	政府办关于印发漳浦县农村住房困难户宅基地审批工作实施方案的通知
9月12日	浦政办〔2017〕166号	转发县扶贫办等部门关于漳浦县扶贫小额信贷实施方案（修订）的通知
8月28日	浦政办〔2017〕167号	政府办关于2017－2018年度漳浦县城乡居民社会养老保险工作奖励机制的通知
9月22日	浦政办〔2017〕170号	政府办关于建立环保税收征管准备工作协调机制的通知
9月21日	浦政办〔2017〕171号	转发县残联县财政局关于漳浦县农村困难残疾人“安居工程”实施方案的通知
9月21日	浦政办〔2017〕172号	政府办关于切实做好特困人员生活自理能力评估工作的通知
9月25日	浦政办〔2017〕173号	政府办关于印发简政放权放管结合优化服务改革电视电话会议的通知
9月27日	浦政办〔2017〕174号	政府办关于规范江海堤防工程维护管理费征收管理有关问题的通知
9月27日	浦政办〔2017〕176号	转发县卫计局关于漳浦县流动儿童免疫规划管理办法的通知
9月21日	浦政办〔2017〕177号	政府办关于印发漳浦县大气、水、土壤污染防治行动计划2017年度实施方案（计划）的通知
10月17日	浦政办〔2017〕179号	政府办关于印发漳浦县“门前三包”责任区管理工作考核评价办法的通知
10月3日	浦政办〔2017〕183号	政府办关于做好城乡居民医保意外伤害补充保险工作的通知

续表

日　期	文　号	文件标题
11 月 6 日	浦政办〔2017〕184 号	政府办关于印发加强和规范乡镇船舶管理工作意见的通知
11 月 6 日	浦政办〔2017〕185 号	政府办关于进一步做好生猪养殖污染防治工作的通知
11 月 14 日	浦政办〔2017〕188 号	政府办关于印发漳浦县河长制工作责任追究制度的通知
11 月 14 日	浦政办〔2017〕189 号	政府办关于印发 2017 年度漳浦县河长制任务清单的通知
11 月 22 日	浦政办〔2017〕191 号	转发市政府关于推行环境污染责任保险制度的贯彻意见的通知
11 月 27 日	浦政办〔2017〕196 号	政府办关于印发漳浦县臭氧污染防治工作方案的通知
12 月 4 日	浦政办〔2017〕197 号	转发市政府办关于认真开展 2017 年度粮食安全省长责任制考核工作的通知
12 月 6 日	浦政办〔2017〕198 号	政府办关于印发漳浦县"十三五"防震减灾专项规划的通知
12 月 4 日	浦政办〔2017〕199 号	转发县农业局关于开展专项农田建成高标准农田实施方案的通知
12 月 15 日	浦政办〔2017〕202 号	政府办印发漳浦县 2017－2018 年度冬春水利建设及水利工程水毁修复实施方案关于的通知
12 月 22 日	浦政办〔2017〕207 号	政府办关于报送 2017 年度年鉴资料的通知
12 月 29 日	浦政办〔2017〕211 号	政府办关于印发漳浦县"十三五"水资源消耗总量和强度双控行动实施方案的通知
12 月 29 日	浦政办〔2017〕213 号	政府办关于印发漳浦县爱国卫生管理办法的通知
12 月 29 日	浦政办〔2017〕214 号	政府办关于印发漳浦县灭除四害管理办法的通知
12 月 18 日	浦政办〔2017〕215 号	政府办关于印发漳浦县各类交易场所清理整顿"回头看"工作方案的通知
12 月 18 日	浦政办〔2017〕216 号	政府办关于印发漳浦县交易场所风险防范和处置预案的通知
12 月 18 日	浦政办〔2017〕217 号	漳浦县推进普惠金融发展工作的实施意见
12 月 18 日	浦政办〔2017〕219 号	政府办关于印发漳浦县债券违约风险应急预案的通知
12 月 18 日	浦政办〔2017〕221 号	转发市政府关于漳州市绿色金融体系建设实施方案的通知
12 月 28 日	浦政办〔2017〕222 号	政府办关于印发落实中央第五环境保护督察组反馈的海水养殖超规划问题整治工作方案的通知
12 月 30 日	浦政办〔2017〕223 号	政府办关于进一步做好农村危房改造工作的通知
12 月 29 日	浦政办〔2017〕224 号	政府办关于印发漳浦县农村公路管理养护工作方案的通知

拼音检索

说 明

一、本索引采用主题词分析法，按主题词首字汉语拼音字母顺序排列。
一、栏目、分目标题用黑体字。“特载”“专记”“大事记”内容不作索引。
二、索引主题词后的数字表示页码，数字后的 a、b、c 表示栏别左、中、右。
三、空一字起排的款目为上一主题的“附见”。

E

F

G

H

J

K

L

M

N

P

Q

R

S

X

Y

Z

漳浦县人民政府办公室文件

浦政办〔2017〕207号

漳浦县人民政府办公室
关于报送2017年度年鉴资料的通知

各乡镇人民政府，国有农林盐茶场，各工业区（园）和台创园管委会，县直各单位及省市驻漳浦机构：

为做好2017年度《漳浦年鉴》编印工作，发挥年鉴资料“存史、资政、育人”的作用，经县政府同意，决定启动2017年度年鉴资料的报送工作，现将有关事项通知如下：

一、各单位所报送的资料，第一部分要有“概况”的条目及内容，余下的其它条目、内容力求详细全面，既要写出工作做法，又要写出工作成效或结果，特别是单一记事条目，以某一具体事物、事件、社会或自然现象为对象，内容包括：事主、时间、地点、经过、原因和结果，以及单位的年度大事记。所有的数据以全年为准。

二、单位、个人2017年获市级以上表彰受奖的，要写明所表彰受奖的名称、颁奖单位、颁奖时间。

三、各单位要列出2017年度本单位副科级以上的领导及副主任科员以上非领导职务的人员名表。如当年任免的，要写明任免时间和籍贯。

四、各单位需提供能反映本单位2017年度大事、要事的相片5张（用于年鉴彩页，需文字说明并注明拍摄人及拍摄时间）。

五、各单位所报送的资料要署上撰稿人的姓名，必须通过单位保密审查，由领导签名，并加盖公章。

请各单位于2018年3月1日前将年鉴资料（纸质版和电子稿）报送漳浦县方志委。电子稿可提交U盘，或发送至邮箱zpdfz@163.com。县志委地址：绥安镇青年路11号（原国税大楼）二楼，联系电话：3222416。

漳浦县人民政府办公室

2017年12月22日

抄送：县委办公室。

县人大常委会办公室，县政协办公室。

漳浦县人民政府办公室　　2017年12月22日印发